吕思勉全集

蒿廬詩詞、聯語
蒿廬文稿、筆記
吕思勉先生編年事輯

26

本 册 總 目

蒿廬詩詞、聯語

前　言

　　《蒿廬詩词、聯語》包括吕先生所作的詩、詞和聯語，題目系編者所擬。先生自謂："予于文學，天分頗佳。生平並無師承，皆讀書而自之。文初宗桐城，後頗思突破之，專學先秦兩漢，所作亦能偶至其境。少好宋詩，中年後亦好唐詩，但無功力，下筆仍是宋人境界耳。詞所造甚淺，亦宗常州而薄浙派。要之，予可謂古典文學之正統派。予于文學，未嘗用功，然嗜好頗篤；於新文學最無嗜好。讀新文學書，極少極少，因總覺其繁冗而乏味，故不終卷輒棄去也。予對一切學問之頑固而拒不接受，無如對新文學者。此於予亦爲一種損失。然習慣已深，恐不易改矣。此本不必與通知舊文學有關，然予自行檢點，此兩者似有關係。以兩物相形，厚於此，不得不薄於彼也。"①先生雖喜用文言寫作，但文言、白話也兼用並重，全看著述性質、讀者程度之需要。先生晚年曾自選生平所作之詩，就正於趙敬謀（元成）、陳研因（協恭）、汪叔良（厚）諸先生。詞是先生早年所作，向不示人。遺稿中有《夢秋詞》若干首，系先生親筆寫錄，下署陽湖吕思勉誠之學，明示習作。先生一生所撰的聯語甚多，均附記在日記中，然也隨日記的損失而丢失。一九五二年，先生整理殘存日記，從中輯出四十七則，後編者又發現若干草稿，合之共有六十三則。先生的詩詞、聯語曾收入上海古籍出版社"吕思勉文集"的《吕思勉詩文叢稿》②（二〇一一年十月出版），又按年編入上海古籍出版社出版的《吕思勉先生年譜長編》（二〇一二年十二月出版）。此次將先生的詩詞、聯語收入《吕思勉全集》出版，我們依先生手稿重新做了校對，趙敬謀、陳研因、汪叔良諸先生的評語，照原稿附印在先生詩句之下。

李永圻　張耕華

二〇一四年八月

---

　　①　吕思勉：《三反及思想改造學習總結》，參見《吕思勉全集》之《論學叢稿》下。

　　②　有關吕先生詩詞零星發表的情況，詳見《吕思勉全集》之《吕思勉先生編年事輯》附錄二《吕思勉先生著述繫年》的記錄。

目　錄

蒿廬詩稿

夢　秋　詞

聯　語

蒿 廬 詩 稿

元 旦① 癸卯

欲創東方民約論，廿年落拓一盧梭。關山蕭瑟悲秋氣，風日蒼涼感逝波。
不爲恩仇始流血，盡多新舊費調和。聞雞起舞中原意，我亦年年夜枕戈。

十二萬年中有我，修羅海上是前身。以何因果墮歷劫，杖佛慈悲轉法輪。下缺

二 十 初 度②

憂時淚比桃花豔，獨立心如梅子酸。下缺

絶句讀《儒林外史》③ 癸卯

蕭瑟湖山氣可憐，惹儂讀罷淚潸然。意根無著還無住，拭淚重觀器世間。

除 夕 書 感 丁未

畫虎迎神卒歲初，又看桃梗換新符。一年將盡猶堪守，兩歲平分候已除。

---

① 題目爲編者所加。第二首有殘缺。先生日記云：癸卯，是年予二十，元旦作詩數首，今尚記其一首，……其下半首則忘之矣。予是時思想極駁雜，爲文喜學龔定庵，又讀梁任公先生之文，慕效之。詩文皆喜用新名，史朗人姑丈嘗謂予曰：君之詩文，非龔則東，相與一笑而已。

② 題目爲編者所加。原首有殘缺。先生日記云：是歲（一九〇三年）二月二十初度，曾成絶句十首，今僅記……二語矣。

③ 按先生日記云：癸卯二月始讀《儒林外史》，成一絶云："蕭瑟湖山氣可憐，惹儂讀罷淚潸然。意根無著還無住，拭淚重觀器世間。"當時甚自得，實似通非通也。是月達如之福建，送以五律四首，今尚記"似冰一心白，飛蓬兩鬢青"二語。

爆竹聲喧人意懶，屠蘇春暖酒杯疏。問君賣盡癡獃未，如願如何總不如。

冷炙殘杯戀舊氈，迎新且祭舊詩篇。愁添甲子還書悶，待買聰明要著鞭。竹抱冬心盟歲晚，梅含雪意競春妍。紙窗竹屋搜新句，如此生涯又幾年。

> 此詩出，冠時、脊生、大姑均有和章，猶記冠時次疏韻云：「祝富有心求博濟，祭詩無稿笑空疏。」頗可見其抱負。末二句云：「賣癡卻老方多少，絕少奇方可駐年。」則竟成詩讖矣。

次文甫韻　戊申

流連詩酒又兼句，結習依然漫笑人。射虎可憐猿臂健，畫龍未許葉公真。愁中歲月誰能遣，客裏生涯不當春。臣朔自饑人自飽，臨流渾欲換儒巾。

> 詩凡兩首，其又一首已忘之矣。文甫是時成詩頗多，名《皖水秋聲集》。予最賞其「鶴淚風聲銷賭墅」句，餘亦不能舉其辭矣。滌雲是時方篤志讀書，贈文甫四絕，末一首有云：「立身各有千秋業，君上征鞍我閉門。」亦爲同人所賞。

戊申除夕

百年已過九千日，行樂誰盈十萬場。爲學吟詩不辭瘦，儻教被酒亦能狂。下缺

闌　影　戊申

半院殘暉照眼紅，簾前亞字仍朦朧。將花映水痕猶濕，待月籠煙望轉空。漫笑橫斜能礙日，居然淡定不驚風。沈香亭北知誰倚，併入驚鴻一顧中。

> 此亦社作，題亦雨農所命也。

風　箏　戊申

漫說春風似虎狂，一絲搖曳盡翺翔。隄防風勁收難轉，落去人家隔短牆。寄人簷宇渾無那，高處昂頭試一鳴。蝴蝶也知春意盡，隨風化作杜鵑聲。

> 此亦社作，頗爲達如所賞。

踏　青 戊申

□□□□□□□，一事無成鎮月忙。偷得浮生閑半日，也來郊外看春光。蜂蝶依依解送迎，因花相引出春城。閑來愛聽流鶯囀，更向遊人少處行。

社作。

春雪次叔陵韻 己酉

連日輕寒雨意纖，東風轉作朔風嚴。堆殘庭院猶疑月，望裏樓臺已布鹽。爲款陽和重掃徑，遣遲花信尚巡簷。一作"風信"。冰肌玉骨原堪冷，盡壓南枝到小尖。

彤雲凍合數歸鴉，誤卻清游七寶車。綺陌尚遲蘇小草，園林先遣著空花。暖隨池水融無跡，遮任簾旌已滿家。漁父不知年曆改，寒江猶自手空乂。

予與友朋嘗兩結詩社，第一次在己酉，主之者雨農，附之者予與冠時、脊生、叔陵五人而已。半月一集，社友各命一題，以探籌之法取之。此第一集，題雨農所命也。予與雨農各成七律四章，予詩有云："苦隨池水吹同皺，遮斷遙山笑不成。"同人頗賞其工。又有句云："柳條未綠先飛絮，梅萼迎人別有花。"亦有賞之者。脊生斥其太纖，將入惡道，其言是也。雨農詩第二章，爲同人所賞，曰："敵寒賒酒問鄰家，雙屐鴻泥一逕斜。草潤半蘇前夜雨，梅殘猶沁隔年花。南枝香已催初蝶，北郭陰仍覆凍鴉。指點灞橋驢背客，詩情爭奈改韶華。"亦不過輕倩而已。然雨農詩，予能誦者，僅此一章而已。叔陵以尖乂韻賦二律，予復和之，此其第一章也。第二章已忘，惟記末二語云："漁父不知年曆改，寒江猶自手空乂。"

贈朝鮮金滄江 辛亥

有兒兩眼如秋水，一老胸中絕點塵。道契虛舟能辟世，家藏野史未全貧。不言已備四時氣，佳句況如三侯醇。三侯，朝鮮名酒。儻許江南狎鷗鷺，浮家便與結比鄰。

滄江名澤榮，字于霖，朝鮮花開人。邃於學，詩文皆精妙，仕於其國，嘗貴顯矣。國亡後來奔，依張季直，居南通。辛亥予與屠敬山先生俱客南通，敬山先生撰《蒙兀兒史》，知滄江嘗修其國之史，欲觀其高麗一篇，相偕訪之。滄江不能華言，一子尚幼，不能作翻譯，然筆談娓娓不倦也。

送叔陵之關東並簡青屏營口　辛亥

孔公雖醉不廢事，差勝吾徒醒亦狂。慎莫隨波輕出入，相煩傳語到鯤魴。

　　余君青屏，予父之弟子也。婞直好言，予嘗憂其爲蓋寬饒。癸丑，以中風歿於營口，猶爲考終也。以中材而涉亂世之末流，豈暇計糞生之夭哉？

歸　　裝　辛亥

收拾歸裝去，無衣但有書。幾年違社燕，半世困鱣魚。竹馬塵生日，奔牛釀熟初。相憐椎髻婦，病髮不盈梳。是年余連失二子，婦亦大病。

呈屠敬山先生　辛亥

昔者乃蠻太陽罕，曾將辛苦惜男兒。公游萬里絕沙漠，今日歸來好著書。遼海風吹壯懷闊，長江月照道心虛。下缺。

偕詩舲達如游某氏園　壬子

軒軒松柏千尋舉，宛宛櫻桃一樹垂。池滿盡容魚跋扈，林深應有鳥棲遲。間經矮屋低頭過，偶遇閑花著意窺。難得傾杯同寫意，無妨騎馬夜深歸。

三十初度與達如千頃捷臣飲滬上酒家　癸丑

悲歡漸入中年境，憂患方知學道難。河上枯魚餘涕淚，山頭凍雀惜飛翰。偶抒狂論疑河漢，各有新詩共肺肝。差喜新來風景好，兩行垂柳拂雕鞍。

後 三 日 復 集　癸丑

豈以知音少，而疑吾道非。相逢四三子，亦足解憂唏。滬瀆花初發，松江鱖漸肥。宅心惟所擇，不復苦思歸。

詩舲招叔遠同飲兼懷文甫　癸丑

今日悔昨非，未必今皆是。金君縞紵交，十載結神契。憶昔識君時，我年才廿四。意氣各豪雄，顧盼輕一世。勳業詎足論，浮雲太虛耳。忽忽三十年，乃無立錐地。蒲柳驚變衰，芷蘭亦憔悴。生事日累人，皇云物外意。因憶短髯生，少年善奇字。出語坐客驚，成文宿儒避。貌如朝霞妍，欻若秋鷹鷙。同舟赴金陵，莫逆笑相視。流落七閩中，翩翩一書記。幕府累十年，旌麾自可致。更有史公子，澄清志攬轡。躍馬矢丹青，雕龍薄餘事。鵬翼待垂天，牛刀已小試。乃亦卻青冥，來此覓沈醉。此意詎可言，功名有時會。敝帚雖自珍，前魚世所棄。隱約常畏人，酌酒聊相慰。

題　　畫

片片飛花欲上天，風前無計可留仙。誰知飛到層霄路，依舊沾泥伴絮眠。

次　脊　生　韻

靜思世事與棋同，負局支持苦到終。一著偶差千劫定，輸贏畢竟太匆匆。

以上兩絕爲亡友王君冠時所賞，出追憶不記其年。

詠　　史　甲寅

阿蒙十五六，奮志事戎車。豈不念阿母，貧賤難可居。善哉元龍論，御將若養鷹。饑乃爲我用，飽則將飛騰。不見蜀二主，養士三十年。豐衣復美食，臨戰誰張拳。

賀弼熊虎士，口語竟亡身。載思臨命言，寧不慚其親。口禍非不知，骨鯁吐乃快。己快人必怨，終當與禍會。所以金人銘，特懍三緘戒。

甲寅春夏間，達如、千頃、敬謀、捷臣俱客海上，共結詩社，亦半月一集。敬謀旋北行，里中諸友之與者，通百、雨農、滌雲及周君啓賢、張君芷亭也，社名心社，其名爲通百所擬。凡二十七集而輟，此其第一集也，當時詩凡十首，今存其二。

紙　幣 四首存二　甲寅

錢神有論太詅癡，南朔陰陽各異宜。載道輜車充賞賜，連檣海舶致珍奇。最愁薄宦分微俸，況復徵縮異昔時。一炬可憐成底事，關津指點到今疑。

黃牛白腹太無端，誰念中原物力殫。盡有飛錢來異域，何勞白撰造三官。界分新舊依稀認，字合華夷仔細看。差勝告身能易醉，朝來買餅薦春盤。

　　此心社第三集也。詩凡四首，今記其後二首，前二首則忘之矣。第一首有“幾見飛鳧勞手數，一般跨鶴壯要纏”二句，爲捷臣所賞，然實纖仄不足道也。

春江花月曲 甲寅

春江花月繁華地，歌管年年沸如水。爲解吳儂厭舊觀，遂教菊部翻新技。何郎生小最溫存，嬌小由來似采雲。灃沅蘭芷多愁思，原隰榛苓解效顰。仙風吹向蓬萊住，遺抱琵琶作胡語。鶻健常教碧眼愁，鶯嬌每被纖腰妒。遊戲文章最擅長，歸來粉墨且登場。軒渠學作齊東語，結束能爲時世妝。泠泠指上冰弦誤，爭奈周郎不相顧。七尺誰憐臣朔饑，三年枉學邯鄲步。忽然聲價重遼西，捲上重來整鼓旗。欣看勞燕翩翩集，悵望青鸞寄語遲。京華矻矻多名士，功狗功人愁鉅子。隨陽且作稻粱謀，巢林合避金丸伺。刺繡何如倚市門，雪泥鴻爪且留痕。天涯淪落同爲客，海角棲遲最斷魂。深情曲曲傳眉嫵，從此梨園罷歌舞。攜得名花北里來，相將春柳門前駐。二十年來撲面塵，綠衣且現宰官身。屠門大嚼原豪舉，破甕尋思漫悵神。雲翻雨覆多遷變，一一能教肺肝見。今日應知禝蔑心，當年未革然明面。淩波仙子最嬋娟，顧影翩翩我亦憐。甘陵月旦侔馮賈，歊浦春申被管弦。曾經百戰何辭酒，南八男兒好身手。潘郎雖美子南夫，坐上玉人曾見否。丁君三爵遺徵歌，白板紅牙奈汝何。爲憐法曲知音少，每撫瑤琴感慨多。我言此意何須悵，世事而今空我相。衣冠但使肖侏離，規矩寧勞問宗匠。爭隨野鶩棄前魚，種樹還愁五石瓠。桑田滄海遷流盡，豈獨伶官泣路隅。

　　社作，題爲丁捷臣所擬。

懷　人　甲寅

人生如燕雁，蹤跡每相違。接席情如昨，聯床事已非。遐思花後發，吟興酒邊希。多少懷人意，泠泠寄玉徽。

亦社作。

高 漸 離 筑　甲寅

君不見荆卿匕首久寂寞，繼起乃有漸離筑。君恩友誼不可忘，變服何辭□□□。秦廷盛兵□□□□□。① 遂令暴祖龍，心怯一士嗔。散棄新聲屏曲宴，終身不近諸侯人。吁嗟乎！召公遺澤信悠哉，荆高比踵藏蒿萊。君不見秦中豈乏慷慨士，望夷軹道誰相哀。

亦社作，題爲千頃所擬。

消 夏 雜 詠　甲寅

翠篠娟娟映碧渠，蕭閑頗類野人居。清聲自愛風來後，幽韻還宜雨過餘。解笑何緣知味苦，消炎原祇要心虛。渭川千畝非吾願，三益相期共此廬。竹徑。

老幹虯枝欲化龍，階前猶自鬱青蔥。支離莫笑年來甚，觸熱何曾與世同。碎影每疑雲在地，濤聲不辨雨當空。清涼已足教吾健，豈待嚴寒識此公。松寮。

綠天深處影橫斜，卻暑何勞翠幕遮。幾日清陰屏户牖，十分涼意到窗紗。閑臨懷素書應健，卧學陶潛意亦嘉。雪藕調冰都厭俗，待餐甘露當丹砂。蕉窗。

百尺孤標小院西，孫枝入夏長初齊。爲憐勁節闌頻倚，更愛清陰酒自攜。夜靜渾疑琴有韻，秋來應許葉重題。飛蟬曲蚓争鳴噪，誰識高寒有鳳棲。桐院。

此亦社作。

月 夜 聞 笛　甲寅

梅花零落盡，此曲豈堪聽。留得關山月，送人長短亭。

---

① 原稿闕之如此，俟補正。

亦社作，題爲芷亭所擬。

殘　荷　甲寅

舊日橫塘路，重來有幾人。同根憐並命，墜粉亦成塵。越吹相思苦，江謳景物新。畫船空四壁，長夜孰爲鄰。

太液池邊路，曾陪解語人。繁華一回首，零落對蕭辰。無復花嬌豔，空餘子苦辛。紫河仙種在，猶得伴霜筠。

十萬花爭發，風流在鑒湖。凌波原似玉，擎雨亦翻珠。色豔歌人面，香飄舞女裾。涉江風露冷，採擷意何如。

由來君子意，豈屑效張郎。縱乏遊人顧，還堪屈子裳。江蘺原自秀，籬菊亦能芳。祇愁青蓋盡，何以覆鴛鴦。

亦社作，題爲通百所擬。

水　菸　甲寅

誰切黃金作細絲，由來此物最相思。清芬絕勝含雞舌，酩酊何勞舉鶴卮。並世幾人留醒眼，吾徒頗藉療朝饑。當年欲笑窮邊叟，醉倒田間不自持。

深閨長日鎮相憐，笑殺如蘭總自煎。星火更資杯水力，斜風疑裊篆爐煙。微波喜與櫻唇近，錦字重勞玉腕鐫。試共從頭追往事，遐方荒塚倍纏綿。

亦社作，題爲捷臣所擬。

蟲　聲　甲寅

誰遣商聲入短檠，寒蛩四壁最淒清。自隨節序鳴秋氣，敢爲炎涼怨不平。響和嚴飆剛九月，愁添霖雨又三更。是誰入耳偏親切，思婦樓頭客成程。

亦社作。

螢　火　甲寅

熠耀宵飛腐草魂，當年曾是近長門。漢宮恩怨原難盡，隋苑興亡且莫論。

乍見繁星來隔院，又隨明月過低垣。更無績女餘光藉，多謝深宵照耀恩。

　　　亦社作，題爲雨農所擬。

扇 四首存一 甲寅

吳中近事費論評，巧制家家重遠瀛。尺幅更增千里勢，重規羞説一輪明。翩翩恰稱侏儒手，搖曳還縈浪子情。輕薄衹今逾魯縞，明年知否伴嫠媧。

　　　此亦社作，凡四律，此其末章也。稿久亡而此章人有以之書扇者，乃
　　錄存之。

山居限六言 甲寅

臨水游魚自樂，開門野鳥爭喧。是處網羅不及，忘機予亦何言。當門一峰千仞，壁立愈覺清奇。得此俗塵可障，愚公焉用移之。

　　　亦社作，題爲通百所擬。

蝸 廬 乙卯

新來海上寄蝸廬，局促真如轅下駒。未必長身容鶴立，更堪短鬢效梟趨。飄零有劍空長鋏，出入無車況八騶。差喜尚存容膝地，本來此外復何須。

寄餘之婁河 二首存一 乙卯

寒蛩孤唱孰相酬，群鳥高飛自養羞。身向三江作孤旅，家徒四壁過中秋。勞勞世事終牽尾，颯颯西風漸打頭。吾已新來知所止，虛舟渾不繫中流。

辛亥登文筆塔遊人或見飛鳥而曰人是天邊之鳥鳥爲
當地之人信然二語蓋諺而其人誦之也頻年
作客追憶是言悵然有賦 乙卯

人是天邊鳥，鳥爲當地人。異鄉懷此語，回首一沾巾。擾擾煙塵暮，堂堂歲月新。頭銜堪自署，十載作流民。滬人謂無賴子曰流氓，或以之刻印曰吾流落不得歸，則

流氓也。

呂博山招同屠歸父童伯章莊通百李滌雲夜飲

毗陵勝事夢多年,□此來遊十月天。玉局先生煙雨際,荆川古宅菊花邊。閬風玄圃知何處,玉珮瓊琚響四筵。老境笑人無分在,黃昏猶自越寒阡。

代外舅題程青佩畫像贏而執麈　丙辰

昔聞子桑簡,今見禰衡狂。豈以居夷想,而爲適越裝。庶幾無長物,所適任徜徉。揮麈手如玉,清淡或未忘。

題　人　畫　册　丙辰

間過吳市思梅福,偶上嚴灘憶子陵。終是江南風景好,未妨頭白尚爲丞。

脊生過滬相訪賦詩見示次韻答之

野性由來不入時,孤行更欲語伊誰。偶過夕市謀微醉,卻遇良朋慰夢思。邃密商量惟爾獨,人天悲憫幾心知。興亡理亂疇能管,得少閑時且奕棋。

偕研蘅鍾英志堅游徐園

三年不到徐園路,今日重來意罔然。劫後園林猶晼晚,春寒草木自鮮妍。相期濁酒千杯醉,難得浮生半日閑。至竟江南多倦客,未聞急管已高眠。志堅擊節而歌,研蘅高臥,故云。

詩龕爲予畫扇就所畫物成一詩題之　戊午

江鄉饒芡藕,況有杖頭錢。壺觴時獨醉,看劍引書眠。

庚申端午客瀋陽得敬謀寄詩次韻奉答

浮海雄心在,摩天健羽摧。饑驅長作客,多病一登臺。話雨懷前事,鏤雲減昔才。山榴少顏色,倦眼向誰開。

幾人間田舍,吾亦稍懷安。歲月催人老,風雲袖手看。科頭思野服,負腹爲儒冠。薄酒酬佳節,狂歌白日寒。

附趙敬謀先生原作

飄忽十年別,相思鬢漸摧。高歌仍出塞,多難況登臺。市駿誰奇士,呼鷹失霸才。煙塵紛滿眼,懷抱鬱難開。

遼海藜床在,吾思管幼安。才憐並世少,名當古人看。載酒欣奇字,談經陋小冠。何時重剪燭,風雨夜窗寒。

偕伯商西農遊朝鮮渡鴨綠江　庚申八月二十八日

亥子明夷事可思,深衣白帽見殷遺。何當一舸丸都去,更訪當年永樂碑。

自車站出乘人力車過鴨綠江橋長二千九百五十
餘尺工事二年乃成云在橋上口占一詩
庚申八月二十八日

衣帶盈盈鴨綠江,當年曾此賭興亡。中原龍戰玄黃血,海外夫餘更可王。

遊義州公園口占一絶　庚申八月二十九日

營丘高聳馬訾橫,對岸群山列似屏。誰使邪摩來應讖,春風坐領統軍亭。

義　　州　庚申八月二十九日

簷低時礙帽,巷小劣容車。村舍對殘郭,官衙倚廢墟。山夷平野闊,江近稻田腴。雄關題署在,重閉意何如。關門題曰"海東第一關"。

安奉車中 庚申八月二十九日

兩山被紅葉，車行一徑間。下有細河流，一作"澗泉流"。並轂鳴潺湲。自橋頭
站而東南六十里弱，皆如此，土人稱之曰"細河"。十里見一邑，五里見一村。婦稚各自
得，雞犬靜不喧。每懷避世意，竊愛山景閑。所恨漁人多，破此秦桃源。

歸瀋陽與伯商西農飲於酒家而後入 庚申八月三十日

不耐懸車後，何人霸此州。山川銷王氣，風雨入邊愁。放虎知誰咎，嗷鴻
且未休。殷憂那向好，同上酒家樓。

贈小蘭外妹 庚申

吾家不好貴，兀兀窮讀書。亦不羨富厚，饘粥守故廬。人家有女子，刺
文炫羅襦。吾家有女子，經訓勤菑畬。朝曦夕燈檠，儼若老宿儒。憶我幼小
日，勝衣才能趨。扶床依伯姊，入室問皇姑。負劍辟咡詔，古訓常相於。以
茲遠流俗，篤志懷邃初。人事固已拙，□□□□□。毗陵古大邦，繼武多名
姝。詠絮抗謝庭，習禮分韋廚。祇今日凋敝，繼起疇握瑜。飽食日娛嬉，盛
飾徒襟裾。小蘭我自出，鄉學頗勤劬。六經與三史，心口時追摹。有姊曰小
蕊，亦復惜居諸。櫛風沐甚雨，負笈海之隅。飛飛每依人，宛宛憐兩雛。我
姑貧且老，得此良足娛。豈但曰有女，慰情聊勝無。努力慕賢孝，毋爲末俗
渝。昔賢賤文繡，所貴在令譽。尹姞行君子，詩人懷彼都。故家有喬木，長
係人謳歈。

吳春父椒父母夫人儲七十 壬戌

有親舉酒世上稀，古人此言良可思。吾鄉孝子吳春椒，真能以孝答親慈。
春椒孤露直早歲，大父遠宦淮之西。卅年作郡鮮旨畜，始知廉吏不可爲。
母兼父職教且養，機聲燈影宵遲遲。亭亭玉樹俄挺立，和聲況協壎與篪。大郎蜚聲
在藝苑，十年出幕遲旌麾。小郎政績留忽汗，遺黎有口皆豐碑。邇來營田東海
濱，疆理溝洫蘇民疲。人師之師衆母母，頌聲早遍江之湄。修德獲報豈顧晚，

羲馭拂若方朝曦。良辰八月二十六，攬揆喜見開金匜。北堂萱草老愈茂，中庭蘭竹紛葳蕤。醴泉千歲釀爲酒，萊衣舞綵相娛嬉。親慈子孝世所罕，即此足愧末俗漓。擇居我幸近仁里，願與國人矜式之。

奉化有三鳥

三鳥者，越東野人之言也。予既聞之，哀其意約而辭微，其稱名小而其指極大，爲之作詩云爾。

奉化有三鳥，夜夜長哀鳴。一鳥名怨鳥，本是貧家生。上有老大母，下有八弟兄。年饑不得食，十口莫能興。有人哀其饑，餉以八湯粢。食少人實多，均分理則那。一兒幼病癲，早失大母歡。舉杖敲其頭，殞身塵埃端。飲食必有訟，此理固所知。何意直凶歲，戈矛起階墀。死者長已矣，生者猶苦饑。一名負負落，負讀如背，本是貧家女。不識綺和羅，生小在蓬户。偶然遊綺陌，顧見東家姝。熒煌炫珠翠，容色何敷腴。凝睇願其華，歸來事蠶織。蠶眠要吐絲，向父索桑葉。父聞阿女言，淚落便如雨。去年賣居宅，今年賣田土。真椎地且無，種桑向何許。阿女聞父言，掩面便嬌啼。父聞阿女啼，泠泠心骨悲。奮身出門去，偷上東家樹。東家有主人，持刀便出圉。兩臂猶抱桑，頭顱倏委土。將頭實小筐，持示西家女。凡物各有主，汝父何不良。我今斷其頭，掛屍在青桑。女聞鄰家言，神魂忽騰迣。高飛向九霄，大呼負負落。精誠通帝座，世人終不聞。父屍不得收，哀鳴欲何云。一鳥名斷亢，亦是寒家娘。行年十六七，嫁與田舍郎。上堂拜阿母，阿母雙目盲。朝朝思肉食，家貧安可得。蹀躞階除下，忽見蚯蚓跡。掘蚓蹀作羹，持以奉阿母。終勝藜藿鮮，阿母大歡喜。槁砧從外來，見之便大怒。揮刀逐新婦，宛轉入廚下。霜鋒試一斫，頭顱落水缸。妯娌來見之，便澆以熱湯。精靈不得泯，化爲小鳥翔。小姑入廚下，喜鳥何玲瓏。戴頭思捕捉，舉手先關窗。生爲君家婦，命若螻蟻微。苦落形氣中，無翅不能飛。祇今有雙翼，豈復戀庭闈。奮翮奪窗出，四顧將何依。本家久零落，自托枯桑枝。朝朝不得食，夜夜長哀嘶。哀嘶亦何云，新婦信難爲。殷勤告行路，行人慎念之。

惠　山　乙丑

少日登臨處，重來已卅年。回欄仍曲折，檻水自清漣。帆鳥湖邊影，鶯花劫後天。滄桑門内感,回首一潸然。

予八歲時,侍先繼祖母、先父母、二姑游惠山,今三十五年矣。當時景
物,惟尊賢祠回欄曲折,猶能記之,餘皆不省記矣。

黿 頭 渚 乙丑

荒洲客至希,桃李正芳菲。獨立磯頭久,落花時上衣。

萬 頃 堂 乙丑

管社山前湖水平,斜陽天際照空明。若非内熱憂黎庶,便合漁樵了此生。

贈 藕 齡 乙丑

男兒不能躍馬馳天山,又不能閉門靜坐參枯禪。牛刀何處試一割,便合
歸營東海田。劉生飽讀詩與書,襁褓亦復知勤劬。荒江斥鹵少煙火,胼胝疏
泄爲溝渠。流民自占三百户,十年期可成大都。相疑劉生老農圃,英氣時時
見眉宇。運籌已謝韓張良,解紛猶擬齊贅婿。有田不歸如江水,何事江南久
留滯。嗟予無田歸未得,天涯奔走空皮骨。幾時並子結茅廬,同坐荒江看
落日。

贈 通 百 乙丑

人生不入時,齟齬固所甘。莊生年四十,入世情猶憨。伊予有同調,相見
彌忻然。興亡何足問,閉户參枯禪。

贈 子 修 乙丑

草木誰多識,蟲魚各有情。每因研物理,轉得契無生。桑下同三宿,絺衣
已再更。別離應念汝,杯酒氣縱橫。

忍翁出扇屬書賦詩贈之　乙丑

追風躡逸足，摩天鍛健羽。時俗習囂競，疇知養生主。迷陽任天機，獨有陸繩父。秉燭事春遊，暴書忘夏雨。窮巷日往來，藤杖行愀愀。畏約雖自甘，忘世知君詎。酒酣爥見跋，往往露肺腑。彊抑濟時心，清談日揮麈。諧雅妙解頤，聞之欲起舞。蟲書逼斯籀，蒼勁含媚嫵。故園不可居，十年長賃廡。下帷坐呫嗶，循墻走傴僂。古人時與稽，今人或予侮。人海波淺深，猶得容魴鱮。嗟予少狷毅，私智矜瓶瓿。視天時欲仰，畫地日復俯。跨馬鄉里違，擊鼓丞卿怒。好古復幾人，如魚自相煦。知己一以足，漫嗟獨行踽。淪棄固所甘，況乃傷貧窶。庶幾卜南村，與子同構宇。筋力雖云勞，晨夕聊可數。機事謝桔槔，抱甕日灌圃。

肖雲畫扇見詒詩以答之　丁卯

裙屐翩翩致足多，奇書萬卷況胸羅。南宮潑墨饒佳趣，容管高文賤舊科。幾輩黨人思戊戌，一生心事在煙波。逃名便是沽名者，塵海潛藏意若何？　肖雲爲梁任公先生弟子，好讀元次山文。逃名便是沽名，君語也。

送伯洪教授金陵　丁卯

龍蟠虎踞説昇州，破浪乘風作壯遊。冠帶乍圜新璧水，車書待整舊金甌。消除氛霧寧無策，奮跡功名會有秋。樹木衹今嗤計短，莫將詞筆換兜鍪。

贈　周　子　彥　丁卯

心所不欲爲，勉强而爲之。心之所欲爲，乃復不得爲。滬濱作客逾十年，暍來始識周子彥。屏人絮絮如老嫗，宵深燭跋不知倦。有時憤世亦大呼，高談使我心目眩。嗟嗞末俗□□□，捷徑窘步數善變。如君質厚雖少文，□□合使登高顯。如何淪落風塵下，長爲凡才作曹掾。伊余樗散甘淪棄，樂處荒寒謝郊甸。夙聞廟橋風景好，一灣流水環三面。幾時積得買山錢，卜鄰晨夕長相見。圍棋曲藝雖未工，坐對亦足忘貧賤。

贈　聯　玉　丁卯

牢落高陽舊酒徒，胸藏大智貌如愚。齮斯敢怨殷元子，龜策難知楚大夫。
無慮並時皆逸足，有孚與爾惜微軀。誰憐近市浮橋塊，萬衆塵囂一士臞。

孫厚父八十壽　庚午

步出東郭門，行行及西蠡。一水自南來，高橋翼然峙。昔年病徒涉，今日
可方軌。誰歟爲此橋，孫氏厚父字。孫翁少孤寒，節嗇到餅餌。膏臟不自滋，
攸懷在博濟。徐總統贈匾曰博濟爲懷。仁漿沾族黨，義粟逮鄰里。相莊賢孟光，於
義有同嗜。憐貧時拔釵，見餓或推食。齊心六十年，抑戒尚交勵。安行古所
難，況乃在叔季。皇天惟德親，晚有商瞿子。萊采被孫枝，蘭玉鬱蕙翠。攬揆
逢孟陬，霞觴喜同醉。永壽比南山，嘉徵可券致。翁又嘗建石橋於里北，命名曰永壽，
又建石橋於洛社，命曰南山。

偕鏡天肖雲正則游迎江寺　壬申

江外青山似有無，江頭西去片帆孤。哀絲豪竹年年感，贏得浮生似夢徂。
當筵有奏樂者。誰遣南邦作繭絲，關津指點到今疑。江干竹木由來富，便向茅簷
樹絳旗。

題嶠若斷齏課孫圖　壬申

伶仃哀百藥，辛苦斷殘齏。遺澤懷繩武，思賢合與齊。虛堂隱深竹，衡篳
對前溪。此景堪追憶，荒村動午雞。

蔣頌孚先生八十　癸酉

津沽戰雲黑如墨，外抗强鄰內妖賊。投戈棄甲何紛紛，蹀血孤軍衛京國。
當年誰佐轟侯軍，幕客名高天下聞。前筵借箸留侯策，據鞍磨盾枚皋文。堂堂
歲月難維繫，昔日翩翩今八十。舉頭猶是九州陰，拱手如聞寇讎揖。老子銜杯

感慨多，風塵潯洞奈民何。我言貞下起元運，浩歌合與人殊科。君家子弟多才俊，會見扶輪挽頹運。婆娑風月九齡年，重泛霞觴進良醞。

王冶梅畫譜予四歲既耽玩之中有一幅題曰一江風雨送歸舟畫一人坐蓬口一人蓑笠搖艣而行心頗好之癸酉臘月病中夢身坐蓬口而蓑笠者爲予搖艣翼日夜夢中復作一詩以詠此事當時知昨夢之爲夢而不自知其仍在夢中也依夢境以成夢不亦異乎 癸酉

夢中人坐畫中舟，夢裏還從畫裏遊。安得浮生如夢境，物惟意造更何求。人不能無欲，不能無物，世間之物，各有其形，各居其處，不能皆如人意之所欲，此人之所以不樂也。使物皆無質，惟人意之所造，又何不樂之有，夢中之意如此。

許冠群四十 己卯

蒿目看創痕，危身滯檻樊。萬金愈壯士，一髮睇中原。歲月方強事，煙波憶故園。幾時聞捷報，重與共清尊。

志義來出近作見示 己卯

稍覺離群氣類孤，相逢劫後一驚呼。兔株猶是人貧賤，蕉鹿寧知事有無。詩以窮愁時握管，客貧過從漫提壺。更煩今日江淹筆，爲寫當年鄭俠圖。

予少時行文最捷應鄉舉時嘗一日作文十四篇爲同輩所稱道今則沈吟如在飯顆山頭矣及門中陳生楚祥文思最敏而思理周澹詩以張之 己卯

萬言倚馬亦豪哉，垂老何圖見此才。氄毹名場三十載，又隨影事上心來。

題　畫 己卯

水落露危石，雲開見遠山。空亭無客到，倦鳥自飛還。

倭寇入犯遁跡滬濱辛巳冬租界淪陷翼年秋
微服返里舊居盡毀葺小屋以居卧室
隔墙即以種菜　壬午

卅年華屋處，蒿落倚茅廬。猶是傷離亂，皇云賦遂初。衰來思學圃，非種合先鋤。荷棘心方壯，秋風病欲蘇。

周君畏容嘗見其子年未二十而英氣勃發旋
去從軍隸三十五師日寇至戰死婁河劫後
返里過舊時談燕處愴然隕涕　壬午

延客新秋一味涼，披襟猶記悵虛堂。一作"敞虛堂"。羹葵飯菜知誰餉，欲向城南弔國殤。

書　所　見　壬午

短褶赤足漫提壺，察察應譏楚大夫。差勝車轅垂足坐，當筵使酒氣豪粗。

稍　覺　壬午

稍覺朱顏改，相逢白眼多。觀書今嬾甚，縱酒奈愁何。節物驚蕭艾，生涯翳薜蘿。五湖妖霧遍，未許辦漁蓑。時倭人方寇太湖。

檢書毀損過半　壬午

讀書益邪損，此事殊難計。少年寡思慮，謂書益神智。信哉六籍中，所言有倫紀。其如世異變，陳數非其義。庸夫墨守之，名實乃眩異。紛然喪所守，舉武輒顛躓。生心害於政，必或承其敝。信哉自擾之，天下本無事。安得祖龍焚，蕩然返古始。萬蔽一時除，勿復寶糠秕。失馬庸非福，塞翁達玄恉。

27

見　獵　壬午

見獵心猶喜，從鯖意未平。野人不爭席，何處托吾生。

亂後還里教授鄉校寓湖塘橋顧姓顧君父母皆年逾
七十矣寇至走湖北遭轟炸走湖南其父又走貴州
而其母還里其父至貴陽十餘日病死至今
不敢告其母顧君亦不敢服喪也　壬午

干戈滿天地，垂老惜分飛。腸斷猶縈夢，眼穿終不歸。椎心營野祭，忍淚著萊衣。多少蟲沙化，何心爲爾悲。

榮 女 三 十　癸未

汝大知吾老，家貧長苦饑。心應隨鵠舉，跡笑似犧縻。播越漸江海，稱名愧斗箕。西風方大起，畏約豈無涯。

井里全墟日，衰遲欲逮年。經營吾愧拙，枝柱汝惟賢。寄意丹青外，娛情沼沚邊。豐容應善惜，休遣換華顛。

再 示 榮 女　癸未

束髮受詩書，頗聞大同義。膝前惟汝存，喜能繼吾志。人生貴壯烈，齷齪安足齒。壯烈亦殊途，輕俠非所幾。嗟嗞天生民，阨窮亦久矣。蒿目豈無人，百慮難一致。聖哉馬克思，觀變識終始。臧往以知來，遠矚若數計。鳥飛足準繩，周道俯如砥。愚夫執偏端，靜詰若夢寐。庶幾竭吾才，靖獻思利濟。太平爲世開，絶業爲聖繼。人何以爲人，曰相人偶耳。行吾心所安，屋漏庶無愧。任重道復遠，成功安可冀。毋忘子興言，强爲善而已。

春 甫 七 十　癸未

四世一堂皆四世，康彊況直古稀年。沖和自是傳家寶，任恤猶聞續命田。

少有高名留楚越，老餘豪氣壯幽燕。尊生妙諦君知否？平淡真堪養性天。

歸少時舊居 癸未

五十年餘始復歸，鄉關寥落悵何依。雲飛佇看西風起，扶杖猶思駐夕暉。乘風破浪今何冀，合笑當年志事衰。差喜青燈黃卷在，尚應有味似兒時。

孝萱先生流徙南閩猶不忘母氏苦節詒書徵詩
可謂難矣率爾成章錄欽錫類

苦節能貞幾十年，機聲鐙影記依然。瞻烏爰止於誰屋，回首平山憶逝川。

東南中學校歌

　　常州東南有地名坂上，地有大泖橋、小泖橋，泖讀如柳。今小泖已堙，橋亦無存，惟大泖橋猶在，而音訛爲大劉。有佛寺，亦名大劉。日寇入犯時，坂上爲遊擊區，常州私立輔華中學遷居大劉寺中。民國三十一年秋，予嘗往教授，歷一年，三十二年秋冬又至其校者三次。日寇降，輔華遷入城，鄉人於大劉寺立東南中學，由何君在庠主其事。何君嘗屬予撰東南中學校歌二章，友朋中頗有善其詞者。後何君以非罪見流放，校亦不知如何矣。

　　大劉橋接小劉橋，風景正妖嬈，同堂學子喜相招。翩翾坂上初飛鳥，會見扶搖入九宵。

　　頻年抗戰意何堅，勝利喜今年，掃除氛霧再開天。舊邦新命還重建，爭取長途懍仔肩。

題王芝九及其夫人毛佩箴風雨同舟圖 乙酉

　　劫火流離中，幾人驚有我。左對復右顧，忽焉涕爲破。憶昔圖南時，汪洋浮大舸。歸燕近人飛，遊魚繞船哆。椰葉並籬垂，藤花蔽簷軃。火耕厭稻粱，山蔌足果蓏。碧眼舊恣睢，黑齒半袒臝。莫笑蠻荒蠻，殷勤冀負贏。回首望中原，連天黯烽火。豈不念邦家，津梁奈遮邏。稍聞黨禁解，歸裝自尬尬。小築在吳城，春光正淡沱。菁廬試誅茅，北窗許高臥。菁廬芝九室名。勞止冀小康，哀

29

此癉人癉。鼙鼓動地來，衝破蒼煙鎖。京雒塵汙人，幾輩緇衣涴。鴻飛向冥冥，海隅忍寒餓。前耕後或鉏，汝唱予則和。亥子矢艱貞，豈慮罡風簸。耐此歲寒時，取次韶光過。

張欽奇唐秀儀晶昏 丙戌

世事年來歷滄桑，于飛猶記舊時光。高門江左推王謝，雅範中原見孟梁。三徑何堪問松菊，一杯且喜靖欃槍。市朝卜築容偕隱，蘭玉庭前又幾行。欽奇舊居，日寇入犯時，盡毀於火。

贈　先　之 丙戌

孑遺相見還疑夢，身世離憂欲問天。江右烽煙接淮左，胼胝何處可營田。有田在東臺，盡棄之矣。

贈　文　木 丙戌

曾作大船窮瘴海，鄉關北望悵烽煙。生還且喜於今遂，又見吟情到酒邊。

女弟子楊麗天至北京入軍事學校書
來索詩賦此卻寄 辛卯

萬里遄征日，三年畜艾心。金城成衆志，漆室動哀吟。北海秋濤壯，西山夕照深。何時同奏凱，杯酒共江潯。

題傅鈍安遺墨

鈍安，醴陵人，清末入南社，南社衰，約其友於湘中相唱和，爲湘集。與姚大慈、大願、謝晉、李洞庭，稱湘五子。鈍安於辛亥革命、癸丑討袁，皆與其謀，屢參戎幕。又嘗一長沅江。時局擾攘，屢奔亡，後死於安慶。此冊乃其游杭越時手寫，所作詩寄其同邑友人劉約真，而約真爲之裝池者也。　壬辰運際貞元思五子，獨留間氣在湖湘。臥龍躍馬當年意，轉眼浮雲夢一場。茫茫禹跡記探奇，俊逸清新百首詩。尺楮流傳誰護惜，獨於劫後見襟期。

癸巳重九約真期集滬上公園嘯篁詩最先成即次其韻

稍覺逢時興不同，<small>吾鄉諺語謂遇節日曰逢時。</small>衰顏猶映酒杯中。春秋易逝原非我，書劍無成竟作翁。莫向東山怨零雨，欣瞻北闕曜朝瞳。卻慚無補絲毫事，懶逐車塵踏軟紅。

文木過滬出箋屬書口占相贈　<small>丁酉</small>

策馬何心向秀容，蹲鴟空願致臨邛。高丘回首頻沾臆，且入秋山采晚菘。

夢 秋 詞^①

阮郎歸　大姊惠蘭花賦此謝之

幾時清夢到瀟湘，風前瘦影雙。寒暉時復擁蓬窗，傳來王者香。　佩璲解，素心長，予情自信芳。美人不效世時妝，臨風舉十觴。

壺 中 天 慢

鶯啼燕語，又匆匆一月，好春過矣。冷到熏籠無夢在，種種惱人滋味。草綠如茵，花開似錦，庭院清於水。呼童掃徑，更看舊雨來未。　惆悵幾日登臨，危樓小坐，看蒼煙莫起，十二欄干閑倚遍，消受風斜雨細，濁酒添愁，新詞帶恨，判取甔騰醉，維摩善病，傷時長灑清淚。

臨江仙　壬寅舟泊丹陽次詩舲韻

霧淨煙沉波似練，一作“露重煙澄”。蘭橈遙指空江。晚涼吟盡聽寒螿。歸鴉零落處，雲樹亂千行。　閑倚孤篷思往事，月明照我衣裳。江天獨立影蒼茫。臨波還弄影，微覺野花香。

和達如木香詞　壬寅三月二十二日

清明過了，看亭亭架畔，素蛾青女。爲愛春寒偏耐冷，栽向簷前幾樹。嬌額曾塗，檀心未謝，香雪閑飛舞。歸來燕子，錦棚卻愛低護。　容我十日清狂，慎家庭院，記年時豪素。日暖風和三月盡，開也便傷遲莫。梅蕊分香，薔薇作

---

① 《夢秋詞》爲先生早年的習作，原稿題有“陽湖呂思勉誠之學”數字。

伴,卻惹封姨妒。金錢千萬,玉英買向何處。

阮　郎　歸　<small>壬寅三月二十五日</small>

夢回金鼎篆煙微,春深半掩扉。一年花事是耶非,<small>一作"是和非"。</small>斜陽燕子飛。　芳草遍,落紅稀,<small>一作"落紅肥"。</small>湘簾一桁垂。簾前坐待燕歸來,燕歸春不歸。

蝶　戀　花　<small>壬寅三月二十五日</small>

日暮園林花似霰,皓齒明眸,何處閑相見。枝上流鶯千百囀,新聲似怨韶光換。　樓上有人雙淚眼,望斷天涯,人比天猶遠。蝶亂蜂狂渾不管,飛飛還向深深院。<small>一作"只趁深深院"。</small>

菩　薩　曼　<small>壬寅三月二十九日</small>

一雙蝴蝶花間去,花迷蝴蝶疑無路。蝴蝶逐花飛,花迷蝶不迷。　愁來心似繭,眉黛渾難展。門外雨如絲,憶君君未知。

卜算子　鶯　<small>壬寅六月</small>

接葉暗營巢,耐盡風和雨。十日園林不見鶯,忽聽新聲度。　生怕落花知,還向花深處。驚起遼西夢不成,一枕無情緒。

慢　卷　袖　<small>壬寅六月十四日</small>

欄干閑倚,春光欲暮,看花開花落。何處是春歸,尋遍水邊竹外,望遍池臺樓閣。待得歸來,春光已去,春去更無跡,祇儂也難禁,蝶亂蜂狂,還抱花宿。　翠幃簾幕,夜寒羅袖應嫌薄。算祇有殷勤蛛網,<small>一作"多情蛛網"。</small>還留飛絮,盡日添絲屋角。並蒂花前,裴回月影,自淺斟細酌。驀酒上心來,記起年時,贏得蕭索。

浣　溪　紗

　　乍歸復出,過詩舲,話曩者徐園共遊之樂,不勝悵然。詩舲以小詞相送,率然和之。

　　載酒閑過舊草堂,冷煙絲雨別愁長,乍歸又復整行裝。　長記名園遊賞日,斑騅曾共繫垂楊,只今回首惱人腸。

聯　語^①

絕對一聯

月半月不半
天方天一方

菊鐘分詠六聯　<small>庚子</small>

籬畔露華前夜白
樓頭月色五更斜

三徑無言彭澤醉
一聲長嘯海山秋

陶令門前秋九月
姑蘇城外夜三更

秋從彭澤籬邊見
人在寒山寺裏聞

摩挲栗里歸來種
怊悵闍黎飯後聲

---

① 壬辰(一九五二年)七月,呂思勉先生從殘存日記中輯出聯語四十七則,後又發現先生所撰聯語草稿若干,現按年份先後一併鈔録刊出。

階前瘦損楊妃影
寺裏疏慵老衲聲

賀 人 遷 居 <small>代保東　辛丑</small>

小築幽棲容大隱
半藏圖史植名花

大　　門 <small>甲辰</small>

龢歡安福《東京賦》
忠信慈祥《禮經》

五湖三畝宅
上古葛天民<small>集句</small>

書　　房 <small>甲辰</small>

月圓人壽
酒國書城

大道不器《樂記》
良玉在攻《齊書》

學萬人敵
著等身書

努力加餐飯<small>古詩</small>
奮翅起高飛<small>又</small>

春芳役雙眼<small>孟郊</small>
秋月耿高懷<small>馮時行</small>

農 民 銀 行 代錫昌　乙巳

欲立而立人公則説
天助自助者均無貧

財幣欲其行如流水
粟米可使積若邱山

制輕重斂散
奉耕耘收藏

一夫罔不獲
三登曰泰平

省斂省耕徂隰徂畛
我疆我理多黍多稌

挽 冠 時

肝膽照人無愧燕趙慷慨悲歌之士
橫流舉世誰拔王郎抑塞磊落奇材

挽 雨 農 丁巳

同甘苦十年豈獨結交稱最厚
困風塵半世，可憐齎志竟長終

挽孟潤生庸生母夫人張

雁行軾轍舊齊名，懸知午夜丸熊，慷慨許爲范滂母
鴻案郝鍾留懿範，願與涼秋吊鶴，清芬共表女宗閭

挽劉葆良 戊午

日下舊聞多，方期野史亭成，重爲先朝存掌故
江南歸計早，何意茂陵園在，未容老去賦閒居

代胡敦復挽某夫人

畫荻仰詒謀，使鄉里皆曰願哉有子
采蘭期食報，乃昊天不吊遽奪之年

挽君特

我實以公而聞正法
今離此土庶歸極樂

代人挽陳毓真

不爲良相則爲良醫，平生起廢鍼膏，人言猶在
既阨其身復阨其後，此日家貧孫幼，天道何知

挽大姑 辛酉民國十年二月初六（舊正月廿七）卒

九族痛凋薾，踽踽誰親，回憶音容疑夢寐
卅年悲落拓，溫溫何試，每懷期望倍酸辛

挽脊生 癸亥

隘雖君子不由，聞其風可使貪廉懦立
文於古人無愧，繼自今誰與桓馬揚班

挽　志　毅　<small>癸亥</small>

荷鍤劉伶狂痛飲高歌直到死
畫餅向平願癡男嬌女若爲情

代人挽孫中山　<small>乙丑</small>

發弘願誓救衆生，中道而殂，壯志未酬千萬一
合六洲同悲大哲，東海有聖，此心無間朔南西

代元白挽周劍虎　<small>乙丑</small>

天年共惜夭龔勝
絶學何人紹許商

挽　外　姑

十年甥館相依，橐筆饑驅，青眼我慚楊簿貴
卅載高門著德，遺簪痛悼，白頭誰塞樂翁悲

又 代 肇 覺 挽

□□□□□痛明珠掌上奬輝營奠，幾回悲漼露
□□□□□正藍玉階前挺秀遄歸，何意痛奔星

挽餘之生母包夫人　<small>戊辰</small>

苦節三十六年，厚望後昆，痛樹靜風催，終未甘回蔗境
沉屙千五百日，備嘗諸厄<small>下缺</small>

39

挽　正　民 <small>庚午</small>

三世單傳自兹而斬
將衰二老何以爲情

挽　外　舅 <small>辛未　民國二十年四月十五（舊二月二十八）卒</small>

適館記因依，痛頻年羽鍛，山頭凍雀只今慚畫射
登臺悲望思，願此日神歸，天上驂鸞有子導靈旗

挽　保　東

房謀杜斷一身兼，況經猷澤以詩書，共許長才資作揖
雨橫風狂三月暮，正塵露神傷嬴博，更堪宿誓慟回車

叔知三兄相交卅載，無不盡之言，君神采英毅，高談抵掌，四坐爲傾。庚午之冬相遇海上，忽默默若不欲語，驚其意氣之消沉，而未知其病也。辛未三月予歸爲亡兒營葬，聞君以項疽入醫院，葬事竟，赴院省視，君已沈綿不甚能語。翼晨欲復往，君又以困篤舁歸第，俄頃遂以惡耗聞矣。追念舊交，能無長慟。

代族人挽幼舲兄

紹中原文獻之傳，有蘊未施，以文學稱豈其本志
負江左夷吾雅望，難進易退，就名節論無愧完人①

與妻共挽其三姑 <small>以孝女褒揚</small>

泉水縈懷思，言告言歸，佩帨諸姑更誰問
高山同仰景，盡哀盡敬，撤環有女未云多

---

① 上聯中兩個"文"字，先生用紅筆加有"△"記號。

挽　荀　八

是干城選，有保障功，憾長才未竟厥施，康濟爲懷，幸有孤星輝曙後
以戴笠交，結回車誓，痛一別遽成終古，飛揚跋扈，共誰話雨到宵分

挽　椒　甫

久別喜重逢，更兩月分攜，何意往歌來哭
長才資遠馭，乃一官落拓，空聞所去民思

挽寶臣叔母李夫人

三十年辛苦持家，賢孝可風，陟岵不憂華黍缺
七千里殷勤隨宦，清貧似水，炎州同寫荔枝圖

挽吳俊民　　春甫次子　癸酉

浩蕩風雲，絕世才猷終未展
支離東北，撫膺家國有餘悲

代意臣挽其夫人　　癸酉

命也欲呼天，枉勞卿辛苦枝梧，到頭若此
神傷其可久，更無復賤貧相守，今後何如

挽　蒲　臣　　癸酉　民國二十二年七月十三(舊二月廿八)卒

貧病交攻到死，竟無休息日
親知有幾回頭，忍憶少年時

代玉珂挽裴庚芳 _{癸酉}

不諧其須至竟長才孤遠到
無幾相見又驚訪舊熱中腸

挽 陸 坤 一 _{甲戌}

絶域喜生還，看九州龍戰猶疑，最憐海内風塵天涯涕淚^{其弟入共產黨}
^{通亡。}
精廬權寄跡，正萬里鵬飛待起，何意蘭摧玉露桂折金風

代公瑾挽劉半農 _{甲戌}

夢繞黄山，尊酒幾回縈寤寐
魂銷青塚，方言一卷重輀軒

代光華同學會挽□麗川 _{甲戌}

脱屣視浮名，黽勉同心，回首伶俜十年事^{約翰諸生離校，共建光華時，麗川}
^{適值畢業，毅然棄文憑去}
青燈懷共硯，淒涼訪舊，驚呼儔侶幾人存

挽 百 俞 _{庚辰}

干戈衰謝兩相摧，華屋山丘，□□□□忍回首
時難年荒同作客，九京風雨，素車何處送歸魂

挽蔣頌孚丈 _{庚辰}

夏屋近枌榆，記隨末坐談心，玉愌同傾，池北朋簪欣屢盍
春城深草木，忍復故鄉回首，金甌重整，渭南家祭慎毋忘

代利恒挽頌孚丈　庚辰

斷夢憶榆關，收拾雄心，止水惟盟鷗浩蕩
劫灰悲梓里，流離瑣尾，故園空望鶴歸來

又代錫昌挽蔣頌孚丈

避地憶追隨，寥落田園，出餞竟成終古別
肯堂資繼述，飛騰戰伐，前籌克慰九原心

挽瑞之從妹　辛巳

畢生情若同胞，百有五日重逢，詎意撫膺成一慟
入世備嘗諸苦，四十九年中事，於今回首復何言

代闓叔挽□□□

垂老痛流離，問幾年火熱水深，桃梗重逢，一昔竟成終古別
中興勞想望，正萬里雲飛風起，竹枝先萎，他年誰告九州同

代佑申族叔挽某君　某人好善，在上海法租界
爲外人足踏車仆傷而卒。

誰相如樂善好施，風義想平生，卓有謳思留衆口
何處是燕南趙北，險巇悲世路，哀哉邂逅竟捐生

送研因之廣西

壯志欲尋三戶楚
橫流誰是九方皋

無　題

什一不辭窮鬼笑
萬千其奈客愁多

無　題

強移鷦借愁棲息
猶自冥鴻畏網羅

菊

攜鋤三徑晚
對影一身孤

無　題

立定腳跟撐起脊
展開眼界放平心

無　題

同爲稻粱謀北轍
敢因杼柚怨東人

蒿廬文稿、筆記

前　言

　　《蒿廬文稿、笔記》收録吕先生所作的舊體文章，共有三十七篇，内容包括人物傳記、壽序、小史、序文、墓誌、興學記、祠堂記等，有些原是未刊稿，有些刊登於報刊、雜誌及紀念冊，現收集成一編，也是先生古典文學造詣的一個方面。另有筆記八十一篇，原是吕先生讀书閲報時隨時之記録，有些见之於残存日記，有些寫在零星的稿紙上，現也輯在一起，題目系編者所拟。先生的旧体文章，部分曾收入華東師范大學出版社的《吕思勉遺文集》（一九九七年十一月出版）和上海古籍出版社“吕思勉文集”的《吕思勉詩文叢稿》（二〇一一年十月出版）；筆記曾編入《吕思勉先生年譜長編》（上海古籍出版社二〇一二年十二月出版）。此次收入《吕思勉全集》，都依原稿重新做了校對，個别缺漏的現也按原稿补全。

李永圻　張耕華
二〇一四年八月

目　　録

蒿　廬　文　稿

筆　　記

蒿廬文稿

譽千府君行述

誥授奉政大夫晉授朝議大夫五品銜陞用知縣江浦縣教諭顯考譽千府君行述。

府君呂氏諱德驥，字譽千，一字展甫，晚自號志千。呂氏先世故居宜興，自明永樂間有諱成者，始自宜興徙居常州。及國朝遂爲陽湖人。曾祖諱子珊，嘉慶庚午順天鄉試舉人，河南偃師縣知縣。祖考諱佑孫，道光壬午順天鄉試舉人，安徽旌德縣教諭。考諱懋先，國學生，江西奉新縣知縣。

府君少有至性，嚴重如成人。九歲，髮逆陷常州時，先大父知江西奉新縣事，道梗音問不通。府君隨先大母莊恭人奉先世神主避居武邑循理鄉之龔家村。方是時，江寧、安慶既陷，長江上下游皆賊蹤，欲覓人之江北通音問於戚族，不可得。先大母體故贏弱，重以兵亂，倉皇出走，憂且勞，舊有肝疾劇作，以是歲六月轉徙豐北鄉之烏墩，遂棄養。府君哀慟蹢躅如成人。雖在亂離之際，附身附棺之物，必周且備。既殮，遂葬先大母於依東鄉之芙蓉圩。既葬，聞賊兵至，時邑人避難芙蓉圩者數十家，聞難皆欲棄府君行，同邑金華亭先生獨異府君，謂同行者曰：是子非常人也。乃間關挈府君抵江西，達先大父任所，時府君與先大父不相見者既四年矣。比相見，父子相持泣，左右莫不感涕。華亭先生爲先大父述避難時事，道府君年少不苟，臨難如成人。先大父喜，延師課府君讀。府君奮勉力學，日初出而作，夜漏三鼓始息，於書無所不讀，而尤好治經史之學。嘗曰：通經可以致用也，讀書萬卷而無益於世，雖多，亦奚以爲？故爲學不屑屑治章句，亦不爲高遠之論，務在平易達民情可措諸當世而已。年二十遭先大父喪，奉先大母華恭人自贛歸。時亂甫平，瘡痍未復，戚族之返里者多不能自立，府君竭所有振恤之。先伯父朗山公於府君爲從父昆弟，少嘗同居，情好至篤。及是，先伯父以府照磨候補江西。先伯父性慷慨好交遊，俸入常不給，府君傾資以濟之，無吝色。其篤族誼好施與類如此。免喪，補博士弟子員，聲譽藉甚。府君益勤苦自力於學，購求圖籍三萬餘卷，上自經史詞章之學，旁逮醫卜星相之屬，靡不淹貫，顧不自滿。暇嘗曰：學問之道無窮，期在人能自求之而已。年三十七補廩膳生。越四歲，選江浦縣教諭。府君既累試不第，亦不復求聞達，日以利物濟民爲念。

既之官，即諏訪浦邑之民情風俗，思所以振興之。浦邑瀕江，南與江寧相對，北通安徽之滁州，自滁州西北出鳳、潁，達陳、許，固要衝也。髮匪之亂，三遭兵燹，遺黎孑焉蕩盡，存者皆貧乏不自振，士循帖括之學，不知求所以致用。府君慨焉思以易其俗，乃敬刊臥碑訓詞，遍致之士流，以革浦邑士子放學健訟之弊。旋創月課，集邑之士子，諭之以通經致用之學，日以道義問學與諸生相敦勉，俗乃大進，人知自勵焉。歲甲午，朝鮮亂，日本兵犯順，我海軍熸，遼東陷，府君憤國勢之不振，則集邑之士子而諭之曰：時事日棘，勉爲有用之學所以報國也。士聞之，益感奮自勵於學。

歲丁酉，丁先大母憂，奉喪自浦返里。先五年，先伯父朗山公卒於饒州府照磨任所，舉室來相依，食指繁，生計益不給。府君處之泰然，曰：方今之世，憂國事恤民瘼之不暇，而暇言貧乎？既去官，橐筆游四方以自給。戊戌客江寧，己亥、庚子居於鄉，辛、壬、癸、甲客上海，乙巳客嘉興。

府君既絕意仕進，日思出所學，培成後進，爲國家儲有用之才，遇年少子弟，必勖之以躬行實踐求經濟之學，冀學成備朝廷任使。庚子兩宮狩西安，道遠轉運不繼，有咨運餉之策於府君者，府君告之以沿江入漢，自漢口抵襄陽，然後察視水陸形便，運粟西上。問者以其議獻當道，當道用其策以運粟，不數月，餉果大集，民不煩而事無闕焉。府君之積學以致用皆此類也。

歲甲辰，先姊逝世，姊幼承庭訓，能傳府君之學，工詩詞，善繪事，尤熟精掌故，擅女紅，戚黨有“針神”之目。在室善事父母，于歸後能宜其家。以遘瘵疾，中道徂謝，府君悼之甚，精力遂潛耗矣。

丙午二月，客嘉興，偶游市廛，遇大風，右肢猝痹不能動。電諭不孝往迎，遂於是月買棹歸。府君天賦強固，夙鮮疾病，年五十猶能舉重數十鈞，及是患偏痹之疾，雖右肢運動不便，而寢食言笑皆如常，醫家皆以爲無害。三月下旬，突患嘔吐，遍身出汗，遂動內風，終日沉睡不醒，急投參蓍峻補之劑，漸見痊可。四月中旬，脈數舌絳，兼以陰虧，更投滋陰補血之劑。不效，乃改延西醫，進平脈解熱健胃之品，證始漸平，右肢運動亦日便。六月中旬，忽患寒熱疾，幾動內風，復經西醫施以藥針，獲見平復，自此寢饋神識皆如恒時。方冀假以時日，可期漸次痊癒，不圖十一月初三日黎明時，呼吸忽漸粗，沉睡不醒，急延醫家施治，謂脈象尚平，復施以定風補血之劑，不復有效，漸至痰聲大作，脈洪氣促，中西醫家畢集，咸束手無策，延至初五日辰刻竟棄不孝而長逝矣。嗚呼痛哉！

府君生平仁恕矜慎，飲人以和，人望而知爲端人長者。事親孝，能先意承志，先大父母殁後，遇諱日，慘然無愉容。篤風誼，重然諾，人有急赴之，若己之私，雖當顛沛流離之際，必盡所能盡而後已。與人言溫溫若不克，未嘗面折人過，然人有失輒不敢使府君知。性儉約，所以自奉養者至菲，然戚黨賴以舉火者恒數十家。常雞鳴而起，夜分始息。舟車之中，讀書未嘗一日閑。游蹤所至，必考求其地之民俗習尚，物產豐嗇，閭閻疾苦，數十年如一日。其踐履之惇篤，任道之弘毅，蓋若天授。於學無所不窺，晚尤好治史學，歷代史籍，未嘗一日釋手，雖病中猶流覽如恒時焉。著有《抱遺經室讀書隨記》若干卷，詩集若干卷，藏於家。嗚呼，若府君者，積學勵行，宜顯於時，顧名不副行，僅僅終於一學官，且止於中壽，天之所以報施善人者何其酷哉！

府君生於咸豐二年七月二十五日寅時，卒於光緒三十二年十一月初五日辰時，享年五十有五。誥授奉政大夫，覃恩晉授朝議大夫。配吾母武進程氏，咸豐戊午順天鄉試舉人兆繽公女，誥封宜人，覃恩晉封恭人。子一，即不孝士勉，娶武進虞氏分省通判樹蓀女。女一，適武進丁氏廣東候補知縣守銘。

嗚呼，自府君捐棄館舍，忽忽涉旬月迫季冬矣。將以今歲十二月卜葬於武進依東鄉東荷花塘之新阡。志幽之文，礱石以待。伏念府君生平，政績在官，德望在里，宜有所稱以詔來者。

不孝昏瞀無似，於府君嘉言懿行不克窺見於萬一，謹就所知，次第一二，伏惟當代立言君子，錫之銘誄，以光泉壤，不孝世世子孫感且不朽。不孝孤子呂士勉泣血謹述。誥授光祿大夫、頭品頂戴、賞戴花翎、太子少保、前工部右侍郎、會辦商約大臣、姻世愚弟盛宣懷頓首拜填諱。

寫於一九〇六年

記潘振聲先生

潘民表，字振聲，先世自紹興徙常州，入陽湖籍。民表少孤，育於外家繆氏，同治癸酉，舉順天鄉試。光緒丙子、丁丑間，河南、山東西大饑，民表方聘佐東昌府幕，道見饑民滿野，即辭歸，募資赴振，布衣草履，往來窮簷間。遇水，則乘桴，或泛一小艇。時張勤果公曜撫東，深器之，一委以振事。嘗遷鄭州饑民於歷城之臥牛山，爲立紡織局，設義塾，俾能自立。其民皆言：潘公活我。辛卯，以勞績保知州，需次山東；乙未，署恩縣，補平度州。德人據膠澳，許築鐵路達濟南，並開沿路礦山。民表以畫界事與德人相持，巡撫毓賢疏請遷民表知泰安府。義和團起，京師戒嚴，民表欲募兵入援，會李秉衡督師北上，民表請從軍，不許。固請，乃檄調至營，至則秉衡已戰死，收其屍敗壁間。謁兩宮於行在，得旨回泰安任。民表歷官折獄最平，教民有犯，必盡法懲治，教士以書請者，皆不發。泰安民多入教，義和團敗，教民益張。民表居恒鬱鬱，力請免，乃以道員分發陝西。民表竟世稱義和團曰義民。上官知其廉，委辦督銷局。民表臥病數月，其下盜公款至二萬金，民表自愧無狀，仰藥死，時光緒三十二年也。年六十六。民表生平堅苦刻厲，然與人語，呴呴如老嫗，好勸人惜紙穀物，放生，施濟乞丐。其居官，每行部，必載錢以貸貧民。外家繆氏中落，民表爲立後，資以金。師林某，死無後，亦助以金，爲立後。友人周同玨繫獄，歲必寄金周之。褐衣糲食，雖居官未嘗改。其於振事，靡役不與，大河南北，無不知潘善人者。嘗入都，遇盜於良鄉，擊之，傷要墜車，一盜識之曰：此潘善人，嘗活我者也。掖之登車。盜後爲有司所獲，民表請曲全之，不能得，終身以爲恨。在山東，遇盜，輿夫告之曰：此潘某也。盜大驚，叩頭謝罪去。居官，嘗捕得竊，矜其窮，與千錢，曰：自今爲小負販，勿復竊矣。理訟，多集鄰右干證，皆予以飯錢。盜賊感其誠，勿犯其境。亦頗練達政事，吳大澄之在吉林，嘗檄民表屯田愛琿。其在恩，修河堤，設閘以司啓閉，除錢漕糧米放盤之弊，民尤德之。初民表年三十餘始娶妻，未十日，民表即以振事遠行，而其妻又以産難卒，遂終身不復娶。在泰安，買一妾，舉一子，常不令之官。民表死，喪羈於陝，妾與子亦留滯陝中不果歸。

寫於一九〇六年

先 妣 行 述

　　先妣武進程氏，曾祖考諱鳳，陝西三原縣知縣，曾祖妣武進屠氏。祖考諱應樞，嘉慶癸酉順天鄉試舉人，祖妣吳蔣氏。考諱兆緒，咸豐戊午順天鄉試舉人，妣吳蔣氏。外曾王父早世，家貧有子四人，外曾王母撫之以立。嘗因葺屋掘地，得金一船，外曾王母祝而埋之曰：無勞之賜，義不敢受，天若不忘程氏，以是蔪諸孤，不辱其先，所以賜也。故外王父兄弟四人，皆以文章經濟有名於時，及諸舅從母與其子孫，亦多聰明才智者。以至於思勉之生，故老猶咨述其事，以爲外家之所由昌焉。先妣年八歲，髮逆犯常州，一嫗走告，時外王父客京師，舉室皆婦稚，驚擾，先妣坐窗下讀書不動，嫗比去，以手撫其頂曰：是必有福，吾老，復直亂離，不獲見其成也。城陷，外王母率家人避難泰州，外王父聞難南旋，至山東，土寇起，縣令程公繩武留主軍事，提鄉兵數百人，日與賊數千戰，所殺傷過當。一日賊大至，戰不克，死之。耗聞，外王母乃復挈先妣及從母走山東，求外王父骨葬之。時外王父兄弟皆前歿，惟仲兄乃文知江西新淦縣事，間關往依焉。江西亦多土寇，環新淦數百里皆賊鋒，一日寇來，新淦君具舟，戒家人出避，而自督衆守城，先妣獨不肯去，曰：豈可使衆皆去，而伯父獨留新淦。新淦君爲詭詞以遣之，乃出。夜泊舟河步，有盜舟自遠至，列炬戈鋌耀波，舟子移舟匿叢葦中，戒舟中人勿聲。盜舟過，舉舟屏息，先妣獨大笑，一舟皆驚，已而賊退，復返新淦。數載，新淦君以忤上官意，棄官歸故里。先妣乃復返常州，年二十二，來歸我先府君。時寇初平，戚族多無以自立，先妣承先大母華恭人意，傾所有振恤之，有肆譎觚之技者，亦與之無少吝。或勸先妣盍少爲後日計，先妣不可，曰：恐傷姑心也。已而吾家果貧。先妣則躬履儉素，率婢媼朝而作，夜分始休，自晨昏侍養，以至於冠昏喪祭之務，靡不躬自經紀，無失其宜。故先妣事先大母三十年，而先大母未嘗知有貧之憂，而府君讀書居官，亦未嘗以家爲累。寒宗近支寥落，亂後存者，惟府君及先從父朗山府君二人，居官皆貧，而朗山府君又早世，舉室來相依。方是時舉家食指以十數，男未婚、女未嫁者十人。府君常客游於外，家中事無大小，皆先妣一人主之，以至於今日，喪者得以葬，老者得所養，幼者有所撫育，以至於成人有室家，皆先妣有以保聚之也。先妣少長華膴，而其治家率先勤苦，飲食居處之菲，雖食貧居賤者有不逮。性至明察，有譸張爲幻者，一見輒能知之，以一言摘發之，莫敢不廠。然至慈祥，其接人常以恩，遇事常好爲其難。其視人世富貴貧賤，憂樂毀譽，皆屬無足介意者，而慮事至深遠。少未嘗讀書，長自苦習之，以至於經史詞章，皆能貫通，所著有逸秋詩鈔一卷，讀書隨筆一卷。戚族中女子年及髻齔，其父母輒使居吾家，受教於先妣，皆能通知書史，習女紅，勤於內則，而明於應事。以去，至其終身未嘗不思先妣云。先妣生於咸豐三年八月十八日，卒於光緒三十四年八月十一日，享年五十有六。誥封恭人，覃恩晉封淑人。府君陽湖呂氏，諱德驤，字譽千，四品銜候選知縣，江浦縣學教諭。子女各一人，女適廣東候補知縣武進丁守銘，前卒。子思勉，縣學生，娶武進虞氏。思勉謹述。

寫於一九〇八年，係未刊單稿

鄭湘溪先生傳

　　有清末造，常州有隱德君子曰鄭君湘溪，隱於醫，以其術活人，無慮千萬，遠近稱爲鄭半仙。君仁心愛人，而强毅自力，少遭咸豐庚申之難，祖及仲父皆死於兵，親老轉徙鄉間，出斷釘廢鐵易錢，率日不得一飽，而事親備甘旨。父卒，葬之以禮。稍長，習業於名醫惲仲山。夜苦蚊蚋，納足甕中。冬，寒夜簀燈擁被讀，絮敗，取版壓之以取暖。數歲盡得其傳。返郡城，爲人施治，名大著，有力者爭延致之。然君爲貧病者診治則尤力，時或不取資，反給以藥，又爲糜粥食之，故貧病者爭就君。疾疫流行時，就診者室恒不能容，則假鄰近門首佇立以待，巷以內肩相摩也。黎明起，爲人治病，率日晡乃得食，食已則出診，夜分乃歸，又有請者則又往，雖寒暑霜露無難色。所治病，皆他醫所束手，君輒挽回之，或病實亟，至繞室旁皇不能寐，曰：吾求其生而不得也。初返郡城時，鄉人邀君月放診數次，以惠貧民，輒徒步往，雨則躡草履，足繭痛不以爲苦。後郡城亦設藥局，定期施診給藥，君贊成之力尤多。性孝友，以父早世，不逮終養，言則流涕，事母則曲盡順孝，被服飲食玩好之物，可以娛母者，力所能致，無弗致也。家有舊居，亂後頹廢，君順母意復之，鄰里之棲息其中者，皆給以資，使克遷徙，所費至數千金。有弟二人，仲亦死於兵，其季君教養之至成立，遂舉所賃廛畀之。叔父早世，事叔母如母，撫其子如弟，爲延名師課讀，戚族無力就學者，亦招使同學，一堂弦誦常十數人，如是者二十年。一妹適山陰劉氏，妹夫卒，無所歸，君曰於我殯，已復買地葬之，養其妹終身，嫁其孤女。凡戚族之貧不能自振者，君必爲之計久長，狡桀與處，必周必至；其窮老者，則定期分贍以錢米，或時就君食，食坐常滿。自君之祖及其昆弟多逋負，君壯皆償之，積債券盈寸。又好施與，州里養老恤孤之役靡不與，有以緩急告者，必得所求，故君以醫名於時二十年，及卒，顧負人千餘金。没之前一日，强起疏其數於册，以授其妻曰：吾不欲以財自累，且以累子孫，此負人者，多無券。我死，雖貨産質物必償之，他人負我者，不願兒曹知也。妻朱氏如其言。君以光緒十九年六月二十六日卒，年四十六。聞者知與不知，皆悲傷歎息，有哭失聲者。予先世與君至交，居又至近，晦明風雨，必相過從，家人有疾，亦輒詣君。君貌清臞以和，善談説，見病者尤呴呴以慈，有疾痛者，望見君，輒自減也。自君之卒二十年，而常州之人思之如一日，見其後猶竊竊然相與稱願，存問殷拳。且曰：以君之行，而貧且不壽，爲善者其懼矣。而其君子或論之曰：《周官》孝弟睦姻任恤之行,晚近以一身兼之者,惟君而已。聞者無間言。君諱光澤,字沛霖,湘溪其號。曾祖諱蘭,祖諱琳,考諱錦。君出後伯父鈞,聘劉氏,殉庚申之難,旌表入祀貞烈祠。娶顧氏,生子寶樹,繼娶朱氏,生子寶楨、勁、劼、勉,寶樹、寶楨皆前卒。勁本名忠輔,縣學生。女子二人,長適張自協,次未字。

寫於一九一三年

莊子宣先生傳

嘗謂治始於鄉,而憾晚近之世,隱德君子何少也。久之,乃聞吾邑莊君子宣之行於其族子通佰焉。君諱□□,①世居昇東鄉之茅堰,茅堰多文儒,而莊氏尤盛,父老傳説有所謂茅堰八莊者。予生也晚,不獲盡知其名字也。而君考鑒泉先生,諱□□,世父鑒山先生,諱□□,咸以積學有聞於時。君之少也,爲學自成,光緒丁亥受知於督學使者長沙王益吾先生,補邑庠生,復以貢入國學而應鄉試,屢躓,遂絶意科第,研求有用之學,於史學興地算術,所造尤深。嘗見舉鄉董,於平糶團練,咸有實績,鄉之人至今思之。而君居鄉,尤以培養人才爲急務,以爲善人多,則氣類不孤,欲有所爲,事皆易集。雖不必得位乘時,世事必有隱受其益者。君於學問,自視欿然,而遠近之士,聞風請益者踵至。君一一誘掖獎進,經師人師一身兼之,所成就者甚衆。若君族子通佰諱先識,邑人巢君肇覺諱楨,其尤表表者也。君子夢齡字與九,亦以學行惇篤爲世稱道。君晚歲嘗就其鄉設立昇東小學,子弟之受栽成者尤多,惜君早世,不獲久主其事也。君卒於民國四年□月□日,年五十七。夫人王氏,考諱□□,字宜。同邑後學吕思勉撰。

寫於一九一五年

陳君雨農家傳

君諱汝霖,庠名章,字雨農,江蘇武進縣人,世居城北之徐墅。十三世祖明善,工詩善書畫,構園林,名亦園,與諸名士燕集,世稱亦園先生。祖肇鏞,父金誥。君少出後世父金式。肇鏞知河南府,金式同知多倫諾爾廳,皆有政聲。君少隨宦口北,七歲,金式歿,歸里居亦園,從師讀,聲譽鵲起。年十六補邑庠生。二十後移居城市,邑中子弟慕其名,多問業者,所成就頗衆。三十歲

---

① 表示原稿缺字,下同。

主教江蘇省立第五中學,尤爲弟子所鄉慕,凡四年。遽以腹疾卒,時民國六年,年三十三耳。君資慷慨豪逸,重然諾,輕財物,好施與,於友朋氣誼尤篤。記誦博洽,文法六朝,詩宗晚唐,皆沉博絕麗。詞近夢窗,書效顔平原,挺勁中自含秀麗。三十後精研訓詁,於許書用力尤勤,惜未及有所述作。遺著存者,《雨農文稿》如干卷,《影亭詩草》如干卷,《搦紅詞稿》如干卷,皆未刊。子三:文梓、文泉、文傑。

寫於一九一七年

外王母行述初稿

程兆緒妻蔣氏,吳縣人,父兆鴻,安徽蒙城縣知縣。蔣氏年□□□歸兆緒,治家以賢能稱。粵匪陷常州,兆緒客京師,兄紱衡、弟繼臚皆死難。蔣氏挈全家幼穉避鄉間,聞□賊將至,悉埋簪珥於地,紉箋其上下襃衣,取兒輩姓名年籍各書於其衣之陰。賊至,蔣氏攜兩女沉於河,賊去,遇救得生。而鄉里有因避難死者,蔣氏出簪珥易資斂之。蔣氏有兄,爲學官靖江,繞道泰州往依焉。至青口鎮,遇賊,火及其廬,蔣氏堅不出,會風反火息,乃得間關挈幼稚抵江西,依兆緒仲兄乃文。蔣氏幼處華膴,工詩善書,曉音律。逮歸兆緒,食貧而安。亂離中,躬事勞作,十指皴裂。兆緒禦捻匪,戰死蘭山,蔣氏嫠居二十六年,杜門不出,人罕見其面,笑不見齒,櫛沐未嘗引鏡。每言及兆緒即泣下。疾,悉屏醫藥。曰:我未亡人也,又何求。乃文官江西新淦縣,既卒,家道中落。蔣氏復依其次女以居,光緒十一年十月卒,年六十七。蔣氏遇下有恩,終身不畜婢,然特明決。常州未被圍時,有抱布求貿者,蔣氏目之曰:此賊諜也。已而果然。其次女適陽湖呂德驥,亦以賢能著於鄉里,高年及見蔣氏者,皆謂其有母風云。

寫於一九二三年

徐夫人吳氏傳

夫人吳氏,先世安徽涇縣人,考景春始徙江蘇之武進。年二十二歸邑徐君觀瀾爲室,事姑以孝聞。善理煩劇,百務紛集,指撝立辦。戚族喪慶,必請主內事。臆成敗,尤多中。昆弟五人,伯兄最才而蚤世,吳氏有事亦必咨於夫人,然仁而愛人。其卒也,戚黨皆歔悼,有方食失匕箸而僵者。夫人卒於民國十二年夏曆九月,年五十有四。方夫人疾革時,齊變元、盧永祥搆兵,江浙倐擾,家人咸憂皇。夫人曰:吾行無愧天地,豈其臨命而罹茲酷邪? 處分後事,無憂怖之容,可謂知命者矣。生男子子三,女子子二,今惟長男震及一女存。予識震時,年二十餘耳,而能卓然有所樹立,行己有恥,博學於文,可以知夫人之教矣。呂思勉誠之撰。

寫於一九二三年

劉君脊生傳[①]

　　君劉氏,諱巽權,字脊生,號味農,宋名儒屏山先生之裔也。少穎異,讀書多所領悟。戚黨中有好洛閩之學者,君從問業焉。因頗讀宋五子之書,而性尤好文辭。初爲文,法桐城。最服膺曾國藩比合訓詁詞章之說,遂進求之,經史諸子,靡弗貫通,小學及馬、班、范、陳、李延壽諸史,所造尤深。性誠篤狷介,見人有一善,譽之不容口;有過,亦面折之。遇事持正論,侃侃不阿,尤悃愊遠聲華。當代知名士,慕君問學,多願與之交,君輒自抑退,曰:吾懼虛名盛而實學荒也。君既不好名譽,又立身近古人,而素貧賤,恃教授以自活。初教於里中私立溪山小學、永詒小學、半園女學,後乃教於江蘇省立第二工業學校者十年。歷事既久,稍益知當世人物情僞,不能無所憤悁於心,顧持其介節如故。體素羸弱,又劬學過甚,不知攝衛。民國七年,得腸胃疾,後時時作。十一年,復得肺疾,腸胃疾亦益劇,遂不可療。十二年七月三日卒於蘇州,年四十有二。君治學最勤苦,小時讀書,晨起衣服,夜臥解帶,必默誦所識古人之文,能背諷不遺一字者,蓋千有餘篇。考證經史,及論文字音訓,皆周密,人所不經意細故,往往穿穴之,得神解。論學,亟稱崑山顧氏、嘉定錢氏、高郵王氏,其所發明,精到處亦庶幾焉。論文,自壯歲以後,更好班固、陳壽;於詩,最好陶潛、杜甫。所爲詩文,皆古澹而格律謹嚴,人以文字就正者,一過輒能指其疵累,爲點竄一二語,即妥帖,莫不歡悅。惜素懶,有所得,多未筆之於書,詩文亦隨手散佚。歿後,其弟子徐震搜輯爲六卷云。妻楊氏,有賢名,先君卒。繼娶陸氏。子三:充葆、同葆、開葆。同邑呂思勉撰。

　　敬啟者:劉君脊生持躬清正,承學辛勤,既不近名,尤恥言利,中道殂謝,行路傷嗟。重以老父在堂,寡妻在室,遺孤長者方在入塾,小者未逮扶床,更無尺縑斗粟之儲,若爲送往事居之計。廉等早同游處,久共切磋,當其綿綴之

時，曾以藐孤爲託。庶終始經紀其家室，敢憚魚勞；期久要無負於平生，終虞蚊負。敢呼將伯，同助冲人。挹餘潤於廉泉，豈徒曰死者復生，生者不愧；感洪施於無既，尤足見仁者有勇，勇者有仁。敬布下誠，佇聞明教。吕思勉、譚廉、莊先識、陸繼讜謹啓。民國十二年癸亥。

寫於一九二三年

陳覺孺夫人家傳

　　夫人武進陳氏，諱警，字覺孺，年二十三歸同邑莊君先識爲繼室。夫人少嘗讀書而未暇深造，歸莊君之歲始入上海宗孟女學，肄業旋入常州粹化女學，後習保姆於浙江女子師範學堂。卒業以最優等冠其曹，反里與莊君共設滌氛蒙養院，並附設初等小學，爲蒙養生升進之階。夫婦盡瘁其事凡八年。粹化女學改爲武進縣立師範學校，夫人又兼任其附屬小學教務焉。成績爲社會所稱，而夫人以積勞致疾。民國九年三月二十九日卒，年三十七。夫人尤擅辯才，遜清光緒丁未戊申之際，滬杭甬鐵路議廢約自辦，夫人與同志設女界保路會，從事募集股款。國體既改，又與莊君設共和宣講會，宣講國民常識，登壇指畫，聞者動容。其它類此之事尚多，不具述。而其孝於親，友於兄弟，宜於家人，則雖謹守禮教者亦有不逮云。其死也，親故臧獲聞者皆爲流涕，諺曰："桃李不言，下自成蹊"，其是之謂乎。

寫於一九二三年，原刊《毗陵莊氏族譜》第二部第三七九頁

吴 孺 人 傳

　　吴有篤行君子曰汪德厚，與思勉交十二年，未嘗有一言一行之失，考其所由，蓋多出其母吴孺人之教。孺人考諱茂，世居徽之休寧，以避粵匪亂轉徙常州之孟河，遂家焉。孺人年二十而歸汪君啓，其先世亦歙人也。汪、吴故皆富有，遭亂中落，孺人未笄，即佐其母張孺人治家事，衣食不給，則佐以女紅。洎歸於汪，其勤儉一如爲女時。汪君善繪事，客居揚州十餘年，借粥畫以自給，恒苦匱乏，然能保其清節者，孺人之善居貧有以成之也。孺人生四男七女，皆躬自鞠育，夜分猶簷燈治衣履，雞鳴即起，操井臼，食未嘗一日甘，居未嘗一日安也。汪君中歲後幕游四方，所入稍豐，家計漸裕，顧自奉至菲，見困乏者，必周恤之，雖稱貸以繼，無少吝，曰非敢要譽於鄉黨朋友，所身受者未忘也。吴之人皆稱之曰仁。民國二年，年七十二卒。

孺人善繼其志,又十有三年而卒,年□□□。孺人性慈祥,終身無疾言遽色,接人以恩,多所顧念。所生四男,三皆前卒,惟季德厚存,女子子存者五,皆遠嫁。其晚境,實可念也。孺人於紛華無所好,惟頗喜文章,德厚自塾歸,必燈下課聽誦,熟乃已。嘗曰:人生世間,若駟之過隙,一朝溘逝,誰復知其艱難勞瘁,我死之後,得賢士大夫能文章者,記予之生平足矣。德厚以思勉爲能文而屬之,思勉之不文,則何足以傳孺人?抑聞之,天下惟有恒爲最難,孺人之德操,持之歷數十年而不渝,蓋幾於性之矣,可無以告後之人乎?故不辭而爲之傳。

寫於一九二六年

悼 雲 集 序

　　亡友劉君脊生之繼室陸夫人既卒之明年,其弟某,衷戚黨追悼之辭爲一編,名之曰《悼雲集》,將授諸梓,以永其傳,而屬序於予。猶憶劉君先妃楊夫人之卒,劉君榜其喪次曰:無如命何。自楊夫人之卒五年,而劉君卒,劉君卒五年,而陸夫人又卒。楊夫人素壯健,劉君亦劬學,能勞苦,其疾皆可無死,而卒不免於死。陸夫人年尤盛,卒遭癘疫,自疾至歿才三日,醫不及施其技,則誠可謂命也已。太史公曰:人能弘道,無如命何。豈不信哉!雖然,貴富壽考,固非人之所欲。人受性於天,受形於父母,父母全而生之。子全而歸之,則可以謂之無憾矣。貴富壽考,固非其所欲也。世衰俗敝,乃惟貴富壽考之願,願之而不得,則咨嗟太息而不足於命;且天之生人亦多矣,豈能人人予之貴富壽考?天地之所不能給,則非人性之所本欲審矣。非所願而願焉,不得而又以爲怨,豈非大冶不祥之物乎?君子之生也,求其無憾焉耳矣。無憾於其生,則亦無憾於其死,而壽夭爲不足計也。故曰:朝聞道,夕死可矣。故曰:人能弘道,非道弘人。能弘道者,固非命之所能厄,而又何憾焉?陸夫人在室,能守女儀,其父母嘉劉君之篤志於學,使嬪焉。既歸於劉,克盡婦職。未期而劉君病,未再期而寡。能持其家,撫其遺孤,身亦刻苦向學,底於有成,可謂能弘道矣。謂之非天,不亦宜乎?敢述所見,以塞介弟之悲。

寫於一九二八年

楊 君 楚 白 傳

　　君楊氏諱以珞,字楚白,常熟三塘鄉□□鎮人,少孤,劬苦力學,而事母至孝,應試累前列。母以其弱尼之,君遂棄舉子業,流覽醫籍,明於養身之道,更以強健,母乃解憂。世父□,嘗董鎮事,卒。鎮人舉君繼之,時年十九耳。精心規畫,事以畢舉。民國三年,鄉人又舉君爲董,鄉有塘曰奚,灌溉所資,以近江多淤墊,君請於縣議會,得款浚治,不足斥私財成之,至今賴其利。君能勤細物,嘗經商,寸縷尺帛,無所廢棄,以是稍饒裕。自治廢,君亦辭鄉事,始營私宅以居,其先公後私如此。十四年,縣復立議會,邑人舉君爲議員,未再期又解散。十八年,年四十四遽卒,知與不知,罔不嗟惜。君貌岸然,即之溫如。聞人善,揄揚若弗及。利於人,靡不力,未嘗求知。於公益,尤自靖。教子姓,必以道。其所行,皆安於心,故無所憂懼。有子九人,殤者七,或誨之禱祀,君曰:不愧暗室,又何禱焉。既被疾,詣縣求醫,將歸,友送之,君曰:術者謂我歲在己當死,恐不復相見矣。相與勞苦而別。其於死生之際,卓然不惑如此。夫人閔氏,賢有儉德,君之能斥財以利物,夫人成之也。子定烺,敦行好學,能世其家。

論曰:今之鄉長,古之大夫也。孔子稱孟公綽爲趙魏老則優,不可以爲滕薛大夫。其重之如此。海宇俶擾,生民雕瘵,所以培其元氣者,厥在鄉亭,安得如君者千百人遍佈宇内哉?

寫於一九二九年

紀念伍博純君月刊專號序

社會愈進化,則其畸形愈甚,古之言教育者,莫不以人民为先務。孟子言夏曰校,殷曰序,周曰庠,學則三代共之。校者教也,何邵公言,古之居民者,在田曰廬,在邑曰里,一里八十户,中里为校室,十月农事讫,父老教事谓此也。序者,射也,所以属民读书而习射。庠者,养也,行乡饮酒之礼焉。此皆所以教民。惟學为王大子公卿大夫元士之子及乡人之俊秀者,故入學成則任之以官,乃所以教士。故董子言,古之王者,立大學以教于國,设庠序以化于邑也。凡漢人之言教育者,王吉、刘向之徒,莫不如此。故以後漢大學之盛,而班固讥其庠序未设,德化未流洽也。教育不当偏重士子,而忽畧人民,可以见矣。岁月日积,社會之畸形愈甚,教育亦益偏枯,郡县學且有名無實,况于乡社之间乎?崔氏述曰:治民必藉于人,数十家而即为之长,数百家而即为之帅,则在下者不能欺,在上者不难治,吏胥無所投其隙,奸豪無所肆其暴。後世惟务省费,官日减日少,至于数万户,而止付之一人,即有贤令長亦不能遍理，況賢者不可多得，非假手吏胥，則置民事于不聞耳。假手吏胥，故吏胥橫，賦役獄訟，何一非吏胥操其權，倡賭盜賊，何一非吏胥為之主，吏胥富而閭閻日以敝矣。置民事于不問，則強凌弱眾暴寡，非忍慘無以自全，于是里巷之間，相率習為豪強，爭鬥以自保，無怪乎民日貧而俗日敝也。其言謂深切著明。然鄉官之廢，原由不得已而然，人有恒言曰：牧民親民，如牛羊不能自謀，而惟恃夫牧者之代為之謀，牧者而賢，類植其水草，時其游處，而牛羊苗壯肥腯焉。牧者而不賢，與不為之求牧與芻，而并而視其死，牛羊無如之何也。且人終已非牛羊，亦安得事事藉人代謀，而猶有其善其生乎。服官之非為民謀，而徒自為其身家謀，舊矣。民則不識不知，而一惟牧之者之酷。惟見官愈多，則擇肥而噬者愈多，而民何以自全乎？崔氏惟知治之不善，由于治事者之無其人，而不知治于人者，過于蠢愚，則治事者彌多，而敝彌盛。後世之省官，乃事勢相激使然，而非徒為省費起見也。故欲求真進化，惟在人民程度之增高，而欲言教育，必以普及與通俗為之本，理有固然，不可易也。中國自戊戌以降，言興學逾卅，多重學校教育而輕社會教育，言學校教育者，又重中學專門以上，而忽普及之義。蓋終不免有蓬之心也。惟吾友伍君博純不然，當勝清之末，舉國未知重普及教育通俗教育，而大聲疾呼以昌其義，且日奔走其事。至于民國之初，終以身殉，可謂先知先覺，自任以天下之重者矣。民眾教育館諸君追思之，于月刊為出專號，有以也夫。予與博純少常剧棋縱談，意氣相得，深知其為人，故于專刊之成，为发其義如此。二十年七月五日武進吕思勉。

王啓茵女士傳

女士溧陽王氏，諱啓茵，父鴻文，官奉天錦西知縣。女士生於奉天，故字奉；九歲而父歿，歸葬鄰邑武進，遂家焉。母汪氏目不明，女士事之以孝聞。十歲入武進縣立女子師範學校之附屬小學，十三歲畢業，升入師範，十九歲畢業。教授於武進公立覓渡橋小學者六年。忠於其職，循循善啓牖，視學者咸稱之。年二十三適武進張宜，其外弟也。事舅姑又以孝聞，明年孿生二女，長曰開孫，次曰成孫，是歲攜成孫，從其夫移居上海。明年一月，倭寇作，避之租界，所居隘。二月五日中煤毒，與成孫俱死，亦可哀已。女士有儉德，嫁時衣皆自縫。近歲民俗稍侈，務美衣甘食，游觀娛嬉，雖賢者不免焉。女士獨無所好，都邑所謂遊戲場者，足未嘗履，娛嬉之事，亦一不省，烹飪浣濯，咸躬親之。其卒也，知者莫不歎息焉。

吕思勉曰：夫子稱閔子之孝曰，人不間於其父母昆弟之言，世惟庸行爲難能，惟鄉黨之論爲不可欺也。予雅知女士之舅沂，女士之殁也，沂哀之，常爲人稱道之，聞者無間然，即女士之行可知矣。

寫於一九三二年

王省三先生小傳

君諱豐鎬，字省山，初諱企曾，字省三，號木堂，上海法華鎮人。生於清咸豐八年戊午九月四日，卒於民國二十二年十一月二十三日，春秋七十有六。君少敏慧，肄業於上海道應寶時所設崇正北官塾，月試必列前茅。年二十三，補邑庠生，文名藉甚。顧君高瞻遠矚，知海通以還，文學政事，月異而歲不同，斷宜深究，乃從所知習西文，又入西教士慕維廉所設學校肄業。年三十，入京師同文館。越二歲，薛君福成使歐西，奏調同文館生隨行，君與焉，升翻譯兼隨員，甚爲薛君所器。留歐洲凡六年，乃游美洲歸。君之在倫敦，嘗入不立斯毛斯歇爾學校肄業，故所學益進。歸國後，佐武進盛君宣懷辦理交涉事務，收回漢陽大冶道士洑馬鞍山鐵礦廠，議訂京漢鐵路合同，咸與有勞。又嘗率英、美、德、日四國礦師勘煤礦於皖、贛，得宣城南鄉犬形山礦，因開採焉。會萍鄉煤礦開，當局者議專營，乃罷採，時爲光緒二十五年。明年，蔡君鈞使日本，奏調君爲參贊，改橫濱兼築地總領事。又明年，盛君以交涉事繁，詒書招君返國，乃假歸。是歲應鄉試中式，座師爲戴君鴻慈，尤器君，明年清廷開經濟特科，以君薦。又明年，戴君等五人奉使考察各國政治，君以參贊從，專究心於鐵路。其後，九國考察記所載鐵路一編，君筆也。三十二年歸國，戴君奏保以道員用，分發浙江，嘗總辦全省警察及洋務局，又兼農、工、商、礦、電話諸局職，咸有成績。宣統二年，暑理浙江交涉使，三年即真。浙省收回西湖、寶石山、湖州海島、臺山、印山、拱宸橋、燕磯山各交涉，均君在任時辦結。日商違約在杭州城內設肆，令其遷出，在江山設樟腦公司，令其停閉，尤人所難能也。光復後，浙江巡按使屈君映光，力保才可大用。七年八月，起任浙江交涉員。後又一長湖北郵包稅局，以末疾歸。君夙慷慨，有志於用世，其才與學，又皆足以副之，亦嘗小有所試矣；而卒止於此，命也夫！民國十四年，五卅案起，上海聖約翰學校校長美人卜舫濟，毀我國旗，華人之爲教師者暨學生咸憤，去聖約翰，謀自立學校，而旁皇未有所適。君慨然謀於夫人費佩翠，捐所置法華鄉田數十畝畀之，校卒以成，今之光華大學是也。君夫人上海孫氏，早卒，費夫人其繼室也。子男七人：臨照、明照、德照、榮照、福照、恩照、華照，咸有學行，能世其家。臨照、明照、榮照早卒。

原刊《光華大學半月刊》第二卷第四期，
一九三三年十一月二十五日出版

記呂頌宜女士①

我邑呂頌宜女士，名永萱，丁蒲臣大令之元配也。女士自幼敏慧，工詩詞，善書畫，適丁才貌相當，唱酬甚樂，在閨房中，手不釋卷，博覽群書。不幸罹瘵疾，病榻呻吟中，猶日讀《太平廣記》，以資消遣，及卒，竟盡二百餘卷，其好學如此。惜年僅三十，所作詩詞，大半散佚耳。茲覓得其遺詞數首，清麗纏綿，急錄於下，以餉閱者。

《春陰 調寄高陽臺》云：

紙帳凝寒，熏篝夢冷，蕭條靜掩重門。一院迷離，描來淡月黃昏。東皇更自無情甚，又連宵、釀就陰雪。最無聊，天自懨懨，人自醺醺。　綠章不用通明奏，看梨酣棠醉，花正消魂。芳草芊緜，踏青絕少遊人。何時攜得東山屐，脫貂裘、換酒前村。乞天公、且放晴暉，且任禧春。

此首題下注代外子作四字，蓋為蒲臣大令代作也。

《念奴嬌 清明》云：

倚闌怊悵，怎匆匆，又是清明時節。既霽仍陰寒不減，花信廿番被勒。柳眼才舒，桃腮未展，孤負春風拂。蹉跎韻事，秋千又成虛設。　長記試茗停鍼，當時曾有好句題紅葉。太息年來渾不似，瘦損夢中詞筆。草草勞人，俗塵如許，往事休重說。凝眸立久，林梢又上新月。

《前調 春陰云》：

濕雲濃聚，正做晴弄暝，困人天氣。十丈遊絲飛宛轉，一縷春魂被繫。霧薄如煙，寒輕似水，陌上花開未。笑他鄰女，踏青空繡絲履。　最是紙閣沈沈，蘆簾不卷，閑門長深閉。乍醒宿酲還倚枕，消盡詩情酒意。鳥喚提壺，鳩催布穀，明日陰還霽。韶華已半，莫辭荷鍤買醉。

《壺中天 詞寄外子湖北》云：

---

① 此文系呂先生所擬，或先生草擬之後交送好友蔡鋮。蔡鋮字有虞，號焦桐，時在《武進商報》任職，故刊出時署名爲焦桐。

中秋過了，又雲濃霧薄，連宵風雨。釀就淒涼重九近，那管添人愁緒。玉枕啼多，錦衾寒重，況直人初去。房櫳靜掩，滿懷心事誰訴。　悄恨楚水吳山，離魂斷夢，可許迢遙度。料得今宵孤館夜，一樣擁衾無語。紙閣蘆簾，敲詩煮茗，何日長相敘。償錢牛女，此生總為貧誤。

原刊一九三四年十月二日《武進商報》，

題為《呂頌宜女士遺稿》

謝利恒先生傳

　　君武進謝氏，名觀，字利恒，世居縣西北之羅墅灣。羅墅灣濱孟河，孟河號多名醫，君祖葆初先生其一也。父鍾英先生，精輿地之學，工古文辭，為世名儒。君少承家學，性又穎悟，年十二，畢五經、四子書，於古今山川形勢，郡邑沿革，已瞭若指掌，又熟誦《内》、《難經》、《傷寒雜病論集》、《本草經方》。年十五，出就外傅，益肆力於史學輿地，精研《史》、《漢》、諸子，為文章不懈而及於古。時值甲午戰後，海内爭言維新，邑故有龍城書院，課應舉之文，及是，改為致用精舍，肄經、史、輿地之學，君與焉，試輒冠其曹。年二十一，肄業蘇州東吳大學，以丁外艱廢。光緒乙巳，始以地理之學，教授於廣州中學，已而兩廣優級師範、遊學預備科、陸軍中學、廣東法政、初級師範、陸軍小學、隨宦學堂聞君名，爭相延致。君口講指畫，學生咸欣然，自以為有所得，一時廣州地理教席，非君無以厭衆望。君以任課太繁，又母夫人不服嶺南水土，居三年，辭歸，為上海商務印書館編纂地理書籍。時澄衷學堂經費充裕，為海上私校冠，而辦理未善，風潮時起，歲戊申，董校事者延君主焉。君至則嚴管理，勤教課，澄衷學則，遂為諸校首屈。國體既革，武進人推屠君寄主縣政，以君鄉里碩望，延掌本縣教育事，君悉心擘畫，嚴考績，圖擴充，居二年而去。其始至也，學校三十，學生四千，其去也，學校百五十有八，學生六萬數千人，教育部第全國二千縣成績，武進次二。袁總統召君入都，欲使長省教育廳，君預燭洪憲之變，不欲仕，辭焉。民國三年，仍入商務印書館，主纂地理書籍，先後成圖書三十餘種。君以為一統志暨各省郡縣圖經，多詳於古跡風景若行事，而於地形、地質、氣候、風俗、物產，罕能道其詳，失地學真意，闕經世之用，銳意欲纂各省新志，未果。而治中國醫學者，謀編辭典，以諗商務印書館，商務印書館以屬君。君於醫，雖不以是為業，顧自幼熟誦醫經、經方，長而流覽弗輟，親故有疾，或為治療，遇儒醫、世醫若草澤鈴醫，有一技之長者，必殷勤詢訪討論,未嘗一日廢也。及受委託,即欣然自任,縱覽古今醫籍,旁及朝鮮、日本之書,汰其蕪,去其複,較其精英,歷時八年,成書三百五十萬言,而君鬚髮白矣。乃謝商務印書館,寓上海,名其室曰澄齋,以其技救人疾苦,又出其所心得,以詔後生,有志醫學者踵至。初,上海醫家設中醫專門學校於城中,延君長其校,君爲定課程,編講義,時在民國六年。實爲我國中醫學校之首創,海内繼起者,咸取則焉。十四年,神州醫學總會設中醫大學於閘北,又延君長其校,將以研究高深學理,爲全國醫學升階,凡數年,以時局不靖中輟。海上醫學團體多,而意見不一,君謀所以和會之。十八年,乃發起中醫協會。適中央衛生委員會通過廢止中醫案,中醫協會宣言否認,而召集全國醫藥團體代表大會。三月十七日開會,至者十有五省,醫藥團體百三十有二,出席代表二百六十有二人,提案百餘,成立全國醫藥團體聯合會,其後遂以三月十七爲國醫節焉。會既終,推君爲代表,入都請願,廢止中醫之案,由是得免施行。其秋,衛生署及教育部又頒《中醫學校名稱及管理藥商規則》,於本國醫藥業大爲不便。十二月,又召集第二次全國醫藥代表大會,至者十有七省,團體二百二十有三,出席代表四百五十有七人,君見推爲主席暨常務委員,始正中醫中藥之名爲國醫國藥。會既終,再推代表入都,蔣主席善之,命撤銷所布規則,中國醫藥始得無所束縛。二十年,中醫協會改組爲上海市國醫公會,歷次大會,君仍見推爲主席暨監察主席。是歲,中央國醫館成立,君見推爲常務董事。二十四年,中央醫館改選,君仍任理事,上海市衛生局試驗登記中醫者七,君五爲試驗委員。蓋自民國六年以來,君於國醫公務,靡役不從,亦云瘁矣。是歲,君年五十有六,國醫節後,乃謝世務,居澄齋不復出,但日爲弟子討論學術,而君弟子群謀輯君言論行事,以告當世,曰《中國醫學源流論》,曰《中國醫話》,曰《中國藥話》,曰《澄齋醫案》,曰《澄齋驗方》,曰《澄齋雜著》,曰《澄齋年譜》,附以《葆初先生醫集》、《鍾英先生文集》,凡如干卷,將次第刊行。而論者曰:君潛心醫學四十年,盡力醫事,餘二十年,問學弟子,無慮數千人,朝鮮、日本、臺灣、暹羅、南洋群島、坎拿大,凡華人足跡所至,無不耳君説,詔書與君相討論者,學説傳佈之廣,近古以來,未之有也。其嘗問業於君者,學輒有心得,取君説以治病者,輒有驗,蓋君於醫學理法,研之至精,而於新知融會貫通,無所隔閡,故能深探疾病之原,而參酌乎風土人情以爲變化,是以放之寒温熱三帶而皆準也。聞者以爲信。

呂思勉曰:君真振奇人哉!予識君時,年未弱冠,今逾三十年矣。予頗讀古書,喜事考證,自度無以逾於君。於醫學則一無所知,顧君不以爲無所知，讀古醫書，或時下問，相與賞奇析疑，其以能問於不能，以多問於寡如此。泰山不讓土壤，故能成其高，河海不擇細流，故能成其大，君所就之遠，固有由矣。世之知君者，以輿地醫藥之學及古文辭，顧君之所長，初不止此。予嘗與君上下其議論，君於千載以前，湮沉晦塞之事，洞見其所由，若燭照而數計，其於當世之事，剖析其得失，而逆測其遷流之所屆，蓍蔡弗能違也。君真振奇人哉。而僅以輿地醫藥古文辭鳴，時爲之乎，而豈君之志哉。

寫於一九三五年四月一日

潘 君 蕙 蓀 傳

大江以南，連巨舶，航溟渤，營貿遷者，世稱之曰北商。其業即萃於甬江之濱，其間往往有異人焉。以余所聞，則慈溪潘君蕙蓀其尤著者也。君諱賡九，生於清季英法聯軍入北京之歲，自是番舶益從衡海上，吾國商人營海運者，稍益苦其胺削矣。而君顧崛起於是時。君年十四始棄儒而賈，居寧波者數歲，其戚有孫竹橋者，業北商，知君才，招君往任以事。孫君謝事，蔣超廷者繼之，彌委任焉。其業綜南方所産爲北方所資者，運以北，復運北方之物以歸，萬貨填委，徵貴徵賤，旬日數變，而君居數千里外，發縱指示，若運諸掌，視物爲民用所急者，時時裁其賈以利人，世咸稱之曰廉賈，而獲利自倍。其才，蓋方佛古之范蠡，唐之劉晏焉。君性至孝，少失怙，母夫人鄭氏鞠之以長，侍膝下未嘗遠離。既丁内艱，乃北賈於青島，其後南歸，自設肆曰源潤，躬理其事者六年，年六十乃老。然地方公益，若敦宗收族，睦姻任卹之事，皇皇焉如恐不及，未嘗一日閑也。嘗葺宗祠，修譜牒，浚水道之淤塞者，董理育嬰堂、孤兒院，咸井井有條理。江之東，無不知爲善士者。儻所謂君子富好行其德者邪！君以民國二十四年十二月卒，享年七十有六。取於樓，有子男二人，皆先君卒。孫男五人。次二曰正鐸，與予同學於上海光華大學，予故知君事爲尤詳，樂傳其犖犖大者，以告後之人焉。武進呂思勉拜撰。

寫於一九三五年

鄞縣童亢聆詩聞先生五十壽辰徵求書畫啓事

昔齊有魯連子，爲人排難釋患，解紛亂而無所取，千載而下，讀史者猶仰其高風，而何意遇之並世乎？童君亢聆詩聞旅滬垂三十年，親知有危難之事，謀於君，罔弗解。有急，謀於君，罔弗得所欲，而未嘗有責於人。滬人知與不知，類能言之已，而不知君之所蘊積者，猶十百於此也。君先世本閩籍，明末始遷鄞。曾祖考諱□□，官通政使司，工詩文，善繪事，著有《過庭筆記》，以敦本業爲訓。考諱□，官□□勸業道，嘗設文源公司於淮北，欲以製鹽，又立同益公司，以運而致之於江南，事未大成而歿。君少穎悟好學，博涉經史。清末，畢業山東法政學校，例賜舉人。後又畢業於吳淞公學之商科。又嘗學德文、世界語、會計學、用器畫。辛亥革易，時君隨父居膠澳。民國三年，歐洲戰事起，膠澳亦被兵，乃奉父之上海，是爲君居上海之始。

　　未幾，丁外艱，君以時局否塞，無意仕進，乃從事於貨殖，與君考創同益公司者，以君英年有才，使襄理公司之事。時汽船之受鹽者，多泊口外，別以駁船運鹽致之，費既多，又船夫生命，時有危險。君測知灌河之口，足容汽船，爲設浮筒，立標杆，汽船始得入口受鹽。他公司之船繼之，灌河遂爲航行經途焉。東海徐公，總統國事，命路航郵電四業，各舉代表入京，君爲航業代表，請用華人爲船長及輪機長，後竟行之。銅山賈汪煤礦，負債數百萬，主其事者延君整理，君爲調和新舊意見，緩頰說喻職工，苦心擘畫者兩年，業以復振。鄱樂煤礦公司，累遭匪劫，破壞已甚，亦延君謀挽救，君爲改規制，延舊債償還之期，別籌新款，從事開採，亦得無輟。五卅案起，君方爲公共租界華人納稅會常務理事。議舉華人爲董事，以參市政，幾經折沖，僅獲設立華顧問，然其後舉華董之事卒成，亦君之力也。君以學識經驗首得會計師執照，行其業於滬。是業之規制程式，多君所創。復又合同業立公會，然所拳拳不忘者，尤在先世務本之訓。家故有田十五頃在皖江之濱，君乃遍加測量，疏理溝洫，廣購桑棉及他卉木，將以之立農場。經畫未就而兵禍起，地淪爲犬羊窟宅，乃小試其技於上海，立安園畜植場，期年成效大著。然終未忘情於皖也，嘗揭一聯於坐右，曰：□□終非□□，歸農乃是□□。可以知其所志矣。君性剛毅，有所作，必底於成，以鄉之所爲者觀之，他日者匀匀原隰，必見於皖江之濱，可豫決也。德妃林夫人，□□望族，佐君克理其家。君有丈夫子四。長書業，字丕繩，次書猷，字允嘉，皆能文章，並擅六法。次書德，佐君理安園，次書紹方幼。舊曆八月□□□日爲君五十生辰，書業等謀稱觴，以壽其親。君曰：五十知非之年耳，國難方殷，志業未就，安可稱慶？無已，吾家世擅書畫，吾雖無暇日事此，亦頗好觀覽，事收藏。汝輩又頗交當世風雅之士，其以尺楮，廣徵名作，以資紀念，可乎？書業等不敢違，使其友人□□述之，以請於並世之君子。

寫於一九三八年

鄞李夫人壽序

《易》曰：家人利女貞。所謂貞者，非曰執中無權，守一不變也。天行有常，不爲堯存，不爲桀亡。人事之紛紜，其利鈍蓋不可以逆睹，而吾之所以應之者，其道常貞夫一。夫然後足以持人事之衰，而待天心之復，故曰大壯利貞，又曰動乎險中大亨貞。惟貞故壯，惟壯故動，惟動故亨，其於家國一也。世衰道微，所謂士君子者，往往縱於無等之慾，以致天災而召人禍，及災禍之既至，則又選耎不自振拔。遇小利害，輒爲所乘，以致亡國敗家者，相隨屬也。吾見亦多矣。其貞固足以干事者，亦寡矣，而吾乃往往於女子遇之焉。豈天地靈淑之氣不鍾於男子而鍾於女子邪？亦其教有以致之也。乙丑之歲，予講學海上，始識餘姚朱君公謹，公謹之爲人寡言笑，而士自好之，所謂桃李不言，下自成蹊者。予固灑然異之，知其必有所自來，已乃知其承先澤而得於母教者尤多。君母夫人李氏，鄞望族也，其父曰讓卿先生。夫人年二十而歸於公謹之考，曰燕生先生。燕生先生之祖曰久香先生，仕於朝爲光祿卿。考肯夫先生官詹事，兩世皆累掌文衡。肯夫先生有丈夫子三，長字伯鼎，次字仲立，燕生先生其季也。肯夫先生以辛巳之歲，督學四川，歿於官舍。其妃李夫人之姑也。方挈其家抵萬縣，間關以其喪歸，時燕生先生方十歲。肯夫先生爲性廉而好施，有田一頃粥之，以服官於京師如貢禹。而其歿也，無一瓦之覆、一壟之植以庇其爲生如歐陽觀。讓卿先生實經紀其家，而肯夫先生之妃，以勤儉持之於內，用克撫其諸子，以至於有成。燕生先生既冠，擇於諸姪端莊明慧，足以持其家者，而得李夫人爲委禽焉。夫人歸朱氏，四年而姑卒，伯鼎先生蚤世，其妃曰汪節母，秉家政數年而老，一以委李夫人。朱氏三世同居，食指甚繁，而閨門之內，秩然有序，諸娣姒咸率從李夫人無間言。夫人於事無所不躬親，克勤克儉，以持其家，一如其姑，是以燕生先生兄弟得以讀書譚藝，不以家事紛其心。燕生先生之曾祖曰□□先生，嘗欲創立義塾而未遂。久香先生之官於朝，直清咸、同之世，疾朝士大夫之泄沓，盍棄官歸，始悉力成之。曰是實獲我心矣，乃名之曰實獲。及燕生先生時，世變益亟，先生曰：一年之計樹穀，十年之計樹木，百年之計樹人。樹人者，不可采春華而忘秋實。改爲小學，更其名曰實獲。朝而往，夕而歸，以訓迪其鄉之子弟，風雨寒暑無間，鄉之子弟承其教者，其爲文章及其立身行己，皆有可觀。辛亥之變，甲子之役，地方擾攘，得其一言而人心以安，其爲鄉里所孚如此。丁丑寇至，公謹迎養其父母於海上，而燕生先生，憂時感事，遽以疾卒。公謹兄公擇又蚤世，夫人雖迭遭家國之變，而其所以持其身，治其家者，其道初無改於平時，其可謂之貞固矣乎？鄞李氏之族，自明季以來，以衣冠氣節著聞鄉里者非一。而讓卿先生實以貨殖起其家，有才如計然、范蠡，吾有以知其非偶然也。剝極則復，貞下起元，天時人事之厄，於今亟矣。必有能大懲强暴，復我邦族者。七十稱觴，雖在羈旅之中，吾知不數年後，必當集今日之親朋於明越之間也。敢進兕觥，庶有孚於飲酒。

寫於一九三九年

先舅氏程君事述①

　予之外家，爲武進程氏。外曾王父知陝西省某縣，以廉潔名。與中朝某大臣有隙。一昔，夢白虎坐聽事。旦起，則聞此人已入軍機矣。懼罹禍，即告病歸，時年僅三十餘。居常州城内早科坊，旋卒。有丈夫子四人，外曾王母撫之，甚貧苦。一日，天雨，墻壞，躬自葺治，於墻根下得黃金一巨器，外曾王母祝曰：“非分之財，非所敢取天而哀念廉吏，使其四子皆克有成，則所願也。”復掩之。外王父諱兆緗，字柚谷，次居三。昆弟俱以文名，而外王父與其伯兄尤著。太平軍入常州，伯舉室殉難，以仲之子兼祧。諱運皋，字少農，亦以文名。書法尤秀骨天成，獨絶儕輩，客湖北藩司幕中數十年，晚官雲南寧州知州。民國初返里，十七年卒。舅亦工醫，宦遊所至，治驗頗多。晚猶讀醫書不釋手。外王父無子，有二女，次即吾母。外王父八歲，即能日課一詩。十三入邑庠，後中式咸豐某科順天鄉試，客京師。聞江南大營潰，南歸，至蘭山，道阻弗得行。助縣令某御捻，戰歿於湯家池。外王父經學湛深，於三《禮》尤精熟。嘗以説郊褅義爲某山長所賞，由是知名。亦工醫，又多藝事，時用鐘錶者尚不多，能修理者亦少，外王父拆閱數具，即自能裝置修治，不假師授也。先母諱棳，字仲芬，號靜岩。小時被難山東，轉徙兵間，僅讀《論語》二十篇，又讀《孟子》，至齊桓晉文之事章即輟學。然其後於經史古籍，無不能讀，亦能爲詩文，天資之高，並世所罕見也。外王父季弟蚤卒，有一子，諱運達，字均甫，兼祧外王父。性孤介絶俗。詩文皆法魏晉，書法北魏，又善畫。亦知醫，光緒庚寅辛

---

①　原稿無題，此標題係編者所擬。

卯間，佐旅順戎幕，其地無良醫，治人尤多。以不善治生，終身貧窶，常客游四方以自給。歲癸卯，卒於江西之南安。予家舊藏有外王父鄉試硃卷，及先舅氏所爲墓銘一篇，今皆在遊擊區中，存亡不可知矣。惟先舅氏《南浦詞》一首，予猶能誦之。詞曰："萬樹玉玲瓏，擁癡雲如墨，瀟瀟旋繞。暖閣幾圍爐？十年事，落葉西風都杳。寒光萬里，畫樓深處人初悄。白戰應嫌天地窄，誰取灞橋詩料？　那堪凍雀群飛，任研珠屑玉，暗迷昏曉。敲碎滿天，愁堆三徑，一雯難融殘照。冷凝風帽，舉頭歲月催人老。臨鏡試窺窗外影，贏得鬢絲多少？"乃丁酉歲客廣信時雪中作也。

寫於一九四〇年

嚴　大　家　頌

大家浙鄞仇氏女，幼以孝聞。年二十一，歸同邑嚴君焕章。二十四而寡。焕章之疾，大家衣不解帶，及革，泣曰：君盛年無祿，而予無子，將從君於地下耳。焕章曰：予母老，諸弟皆幼，卿復從我，是一家蕭散也。若能爲我立後，則予無子而有子矣。大家泣而許之。焕章既殁，事其姑以誠敬，生養死葬，靡不盡禮。諸叔次第取婦，乃析居。年四十餘，撫族之子柏齡爲後，成立未及，又以瘵殁。遺孤名揚，甫受書，名播，財學步。大家撫之以長。民國二十九年，大家年九十，其勞於嚴氏者，既六十年矣。先是邑父老嘉其苦節，欲請於朝而褒揚之，大家以姑亦盛年守節，不肯先，有司以聞，大總統並褒其兩世焉。孔子曰：道二，仁與不仁而已矣。夫人立身行己，其道至多，而孔子獨以仁爲言者，禮義知信，因所施而異名，核其實，則不忍，不肯相背負，凡事必先人後己而已，皆仁也。婦人以節孝稱者，其所禆益，雖若在一家，然推是心以行之，於群於國，何所不濟。今之言群治者，方以家之制爲不廣，而謀改弦更張之。然人之所以相人偶者，其制雖百變，所以善其事者，豈有二道乎？言女教及女子思靖獻於其群者，宜知所慕效矣。大家之初析居，屋僅數椽，以勤儉，家稍起。嘗出資助建宗祠，又斥田爲祭費。族不戒於火，喪其譜牒，又出貲助重修。里黨有以緩急告者，必助之無吝色。□年象山縣亢旱，盡所有以平糶，浙之人至今稱之。其所施不限於一家，已可見矣。予嘗講學於上海，與名揚友，聞大家事頗稔，嘉其仁心爲質，義以達之，信以成之，作是頌云。

寫於一九四〇年

武進蔣君墓碣①

嗚呼！此吾鄉耆宿蔣君之墓也。君諱□□，字□□，江蘇武進縣人，生七歲而太平天國軍入常州，君考□□，與弟二人，咸以守城殉難。祖考□□聞之，一慟而卒。君有兄一人，弟二人，又皆夭折，一家三世，存者惟君一人。母□夫人，攜君依母家，力女紅，鞠君以長。君之少也，爲學自成，及長，客游以給甘旨。歷武昌、開封、臺灣、天津，當道爭相延攬，與問其政事，所匡贊，咸有裨於時。後佐聶忠節公戎幕，倚任尤篤。庚子變起，聶公以孤軍枝柱內外寇間，多用君謀計。事亟，遺書促君南歸，留此身以有待，而聶公遂戰死。君感念知己，又知事無可爲，用世之志稍淡。辛亥後，遂隱居不出，時遨遊吳越山水間，爲歌詩以自娛。民國二十六年，日寇逼，君避兵鄉間，輾轉走上海。二十八年六月十五日卒，享年八十有六。先世塋墓，在武進之鳳篁橋。妃□夫人，先君卒，亦葬焉。君初以考死義，妣苦節，常願依先人丘壟，而地淪爲日寇窟宅。不得已以二十九年□月□□日，葬君於上海之虹橋。君之子□□憾焉。予以爲何憾之有。昔楚爲吳敗，子期以秦師逐吳，將焚之，子西曰：父兄親暴骨焉，不能收，又焚之，不可。子期曰：死者若有知也，可以歆舊祀。豈憚焚之。焚之而又戰，吳師敗，楚國卒復。夫骨肉歸於土，命也，若魂氣，則無不之也。嬴博去吳，千有餘里，季子不歸葬。而況區區數百里之間哉？君先世忠義，身又耆年碩德，膺鄉里重望，使鄉之人過鳳篁橋之墓，思君所以不克歸葬之故，永無忘今日之仇恥，用係乂我邦家，俾邦之先民，咸獲享其禋祀，其庸多矣。魂而有靈，將含笑於九京，而豈以不克歸葬爲憾乎。君有丈夫子三人，長□□，次□，次□□，咸有才行，能世其家。君雖未嘗用於世，而於吏治民生利弊，講之甚熟，有所得，皆著之日記，歷數十年。它日寇亂定，得而纂次之，將有以知君之志焉。

原刊《文哲》第二卷第四期，一九四一年出版

蔣竹莊先生七十壽序

莊子曰：吹呴呼吸，吐故納新，熊經鳥申，爲壽而已矣。壽固可以人力爲

---

① 蔣君，即蔣頌孚先生。

也。然道引之士，養形之人，率皆山林枯槁之徒，生無益於時，而道無傳於後，固未若孔子所云仁者壽，有大德者必得其壽之可貴也。世固有以宥密之功，致期頤之壽者，若衞武公之九十有五而猶命其臣以交戒者，其儔乎？書傳固數聞之矣。而予所親見者有一人焉，曰蔣竹莊先生。先生與予同里閈，予識先生時，先生年未及三十，今七十矣，而其筋力風采，猶與少日無大異，非有修爲之功，曷克臻此，固非徒恃稟賦者之所能逮也。程子曰："不學便老而衰。"豈不信哉！世運之隆窳，係於人心之敬肆。荀子言秦之士大夫，出於其門，入於公門，出於公門，歸於其家，無有私事，莫不明通而公，是以觀其朝廷，百事不留，恬然如無治者，用克四世有勝於天下。而晉之初，君臣荒嬉，不暇遠圖，卒致五胡之亂，非其明驗乎？近世士大夫，率多酣嬉怠惰，年未及五十，即頹然不自振，以致風俗苟偷，政事頹廢，國幾不國。孟子曰："生於其心，害於其事，發於其事，害於其政。"豈虛也哉？歐洲戰禍起，論者多咎英相張伯倫氏之選耎，然張伯倫氏年幾八十矣，猶日奔走於海陸之間，折衝於壇坫之上，此豈吾國士大夫所能逮乎？憤激之士，乃謂中西人勤惰之不同，由於種族之強弱，實非也。書傳言古士大夫一生之經歷者，莫備於《曲禮》。《曲禮》曰："五十曰艾，服官政。"官，宮也。服官政者，謀謨乎寺舍之中，而不必驅馳於原野，猶蒐狩之禮，五十不爲乘徒耳。"六十曰耆，指使。"指使者，居銜將之地，而不必躬親細務，此爲政之體宜然，而非其力之不勝也。"七十曰老而傳。"傳者，大夫七十而致仕，使爲父師，士爲少師，十月事訖，教於校室，所以承先而啓後，亦非無所事事也。《學記》曰："學然後知不足，教然後知困。"惟自強不息者，然後可以立人，則雖屆從心所欲之年，不容頹然自放也審矣。衞武公之九十而猶抑戒，其以此歟？夫古之道五十不爲乘徒，而《周官》力役之征野，至於六十有五，明不爲乘徒者，亦非其力之不勝，特世和平而少爭，上恬淡而寡欲，故不必竭民之力，而老者得以早安，猶之十五足以受兵，必三十然後與於行陳，不忍並鬥人父子也。世衰道微，貴富者肆欲而無極，以其非禮，觀於天下，其貧困失職者，則窮老而不得息，疾病不得所養者比比也。語曰："滿堂而飲酒，一人向隅而飲泣，則四座爲之不樂。"君子之存心，蓋非徒欲其身之康強壽考，而必躋一世於仁壽，世運之轉移，視乎一二人之心之所向。先生壯而從政，老而教學，所以躬行仁義，轉移當世之風氣者亦多矣。董子曰："命者，天之令也；性者，生之質也；情者，人之欲也，或夭或壽，或仁或鄙，陶冶而成之，不能粹美，有治亂之所生，故不齊也。故堯舜行德，則民仁壽；桀紂行暴，則民鄙夭。"天下有達尊三，爵一、齒一、德一。先生嘗有位於朝，而德爲薄海之所欽，今齒又屬古稀之年,其陶冶斯民之功,被於斯世者,亦既廣矣。仁者壽,有大德者必得其壽,耋耄期頤之年,可以操券而致,又何疑乎?敢晉一觴,用介眉壽,亦以爲斯世慶人瑞也。中華民國三十一年舊曆壬午一月二日同里後學呂思勉拜撰,葉百豐拜書,□□□□同拜祝。

寫於一九四二年一月二日

姜克群君興學記

孟子曰:"分人以財謂之惠,教人以善謂之忠。"有能兼是二行者乎?曰有。當陽九百六之會,周餘黎民,靡有孑遺,生人之道,幾盡矣。丁斯時也,見寒者則解衣衣之,見餓者則推食食之,日以救死扶傷爲務,可不謂惠乎?曰惠矣。然其爲惠也小矣。夫世之亂,不始於亂之日,必有其所由肇,何以爲召亂之媒,曰人之莫肯念亂而已。上説下教,日强聒不舍,可謂忠乎?曰可也。然而人不可以户喻,雖忠也,其效幾何?孟子曰:"得天下英才而教育之,三樂也。"天下之事,非一手一足之烈,是以知所務者,必陶冶人才,使之遍佈於天下,而千里之行,始於跬步。鄉校又教育之本也。孟子又曰:"爲天下得人者,謂之仁。"至於仁,而惠與忠又不足言矣。故孔子亦曰:"若聖與仁,則吾豈敢。"而其論人,亦不輕許之以仁也。然又曰:"魯無君子,斯焉取斯。"魯與天下小大殊,其理一也。師道立,則善人多。善氣薰蒸,則人才日出,安知爲天下得人,不出於其中乎!然則興學於亂世者,不亦仁術矣乎!□□姜君克群,賢而有才,當亂世居於鄉,兼嗇夫游徼之職,以靖其民。又出私貲餘萬金,以立□□□學,於今□三載,成績斐然。然且夫樹木者,睹其有成,猶欣然樂之,而人之受其芘陰者,亦指而懷思之,而況於樹人乎?君其有以自樂,而人亦必懷思君於無窮矣。

寫於一九四三年

朱君祠堂記

少讀書,嘗怪三代而下,賢人君子,憔悴其身,愁思其心,欲以輔翼其世者甚衆,而治卒不古若,其故何也?既而深思之,乃知爲治者貴有其具,尤貴有其人。三代而上,治法纖悉,人材衆多,比閭族黨之間,事無不舉,是以家給人足,俗美而風淳,此皆其時賢士大夫之所爲。君者善群,不過立於其上,而總攝其綱維耳。後世一縣之地，侔於古之一國，令長既孤寄於上，僚屬曹掾，亦多羈旅之士。古所謂鄉大夫鄉先生，與君共膺治理教化之任者，非杜門不與世事，則自儕吏役，同謀魚肉其民，民日貧日愚日弱，以得免死溝壑爲幸，尚安望家給人足，俗美而風淳哉？三代而下，治之近古者，莫若西京。其時十里一亭，亭有長，十亭一鄉，鄉有三老，有秩、嗇夫、游徼，其能舉其職者，民至於知有嗇夫而不知有縣令，其治安得不近古？然則爲治之道可知矣。鄉與朝争治，治之本也。此蒿目於治具之廢墜，人材之寥落者，所由一發憤而至於欲復井田封建歟？吾鄉遭洪楊之難，於今幾百年，喪亂之際，鄉大夫鄉先生有德於地方者甚衆，鄉之人至今樂道之，而爲衆所謳思弗忘者，尤莫德澤鄉之朱君竹軒若。君少學行修飭，爲鄉人士所歸仰。喪亂時奉母出避，亂平而歸，井里丘墟，田卒汙萊，白骨如莽。縣中設清糧局，以清釐田畝，招集遺黎，君實董其事。諸鄉之主此者，或利田之無主，干没入己，君則一一求其故主而還之。必不可求者，乃姑定爲公有，募人田之，而以其所入，共其鄉之公用。德澤鄉自治之基，於是立焉。司清糧者，縣中例給以舟車之費，君不之取，而以其貲募人檢拾枯骨。夫人袁氏，實主其事，久之，骴骼之暴露者略盡，葬諸鄉之南灣。又於大壩立祠堂，以祀遭亂之無後者。觀於君之所爲，然後知西伯澤及枯骨，古天子諸侯之祭，必及於因國無主之九皇六十四民，非遠人而不可追也。君故邑之名諸生，亂後以所學教於鄉，鄉之子弟，爲所裁成者甚衆。以世俗好祀文昌，乃放民間錢會之例，鳩錢三萬，權其子母，歸其母於與會者，而以其子錢，構屋孫墅，名之曰留耕堂。又以其餘貲置田，立文社以課後進。隆冬之日，常自斥米，以拯貧者。又鳩好善之士，施寒衣，必二百襲。夏則製藥，以濟病者。君有丈夫子三人，長曰湛恩，舉於鄉，北上應禮部試，買羊裘一領以奉君，君御之，色喜，既而曰：“吾有縕袍，足以卒歲。以此裘易吉貝，不亦分一人之温，以温衆人乎？”卒粥之，而以其貲增施寒衣。於戲！古之人所以大過人者，無他焉，善推其所爲而已矣。如君之所爲者，可不謂之善推乎？君於後進，雖所成就者衆，猶以未及設義塾爲憾。而以詔其次子溥恩，君殁數十年，溥恩卒成其志。於其鄉之小學，各設免費員，亦可謂善繼人之志，善述人之事者矣。君憔悴其身，愁思其心，以利其鄉之人者，殆無暇日。而性樂閑靜，嘗詔其子孫：“吾死之後，能别構屋於清曠之地，以棲吾神，則吾無憾矣。”君享年六十有六而殁。民國三十三年，君之殁既四十有八年矣。溥恩爲君營祠堂於北郊成，將集邑之人士，思君之遺澤者，共致祭焉。昔漢朱邑，爲桐鄉嗇夫，後致位列卿，將死，屬其子曰：“必葬我桐鄉，後世子孫烝嘗我不如桐鄉民。”及卒，民共爲起塚立祠，歲時祠祭不絕。君丁喪亂之後，教養其鄉之民者，凡數十年。其遺澤深入於人之心，豈讓古之循吏。祠堂雖成於其子孫之手，然思君之遺澤而欲奉其烝嘗者，豈特一姓之人而已哉！積善之家，必有餘慶。君有孫七人，曾孫十有一人，玄孫之在抱者已三人。使能循君之志，修君之遺教而益光大之，君子之澤，又豈僅五世而已。同邑呂思勉謹記。

寫於一九四四年八月六日

汪春餘先生壽序

孔子曰："仁者壽。"又曰："有大德者，必得其壽。"此非虛語也。仁者，天之所以生物之心也。秉是以爲心，行之而有得於己，天安得而不報之以壽？抑感應之道，物理自然，正不必侈語報施，高談天道也。管子曰："士農工商，國之四民。"夫能知禮義、循守矩矱者莫如士，而能爲豪舉、度越世俗者莫如商。若乃士也，而高掌遠蹠，不讓陶朱、猗頓之才，商也，而抗心希古，無愧季路、原憲之行，則非徒叔世所希逢，抑亦尚論所罕覯矣。有是才也，有是行也，克享遐齡，爲世矜式，謂非人瑞得歟？若吾鄉之汪春餘先生，其人哉。先生原籍徽州，大父□□君始遷常，皇考□□君，於兄弟次居七，而先生出後其第八叔父□□君。先生少業儒，與劉葆良、葆楨二先生同學，並有聲。以嗣父營布業，佐理乏人，棄儒而賈。端木貨殖，億則屢中，廉賈五之，坐致豐厚。先配卞夫人，佐之以勤儉，始於常州起居宅，又臨廛市立邸店，營田於邑西南之湟里。耳其名者，以爲陶朱、猗頓之流；而覩其人，則季路、原憲不翅也。已諾必誠，而恂恂如不能言者，趨時若鷙鳥猛獸之發，而謹慎周密，未嘗行險以徼一事之成。富而好行其德，戚黨鄉里有孤貧者，靡不振贍，有兄遭遇坎坷，所以奉養之者甚至。蓋嘗親炙先生者，皆謂讀《大戴記》、《曾子》十篇，則如見其人，而古人所豔稱三致千金而再分散之者，於先生特庸行耳。先生有丈夫子六人。長君紹泰，不幸蚤世。次子紹祖，繼爲家督，庀家事井井有條。陸子靜當家，學問有進，於紹祖庶幾見之。三子紹先，明於法律，長輔華中學幾二十年，近又爲建華銀行經理。儒而善賈，繼先生之志者，紹先其人歟？四子紹庭，工計度如許商，久處黌序，亦能樂育英才。五子紹訓，學醫於美利堅，居北平協和醫院有年，活人甚衆。六子紹年，甫入仕途，方展駿足。一門之內，塤箎競爽。非先生義方之教，曷克致此。先生高齡鬖鬖，客歲之春，疽發於背，見者皆爲之危。而先生精神完固，施治未久，即復其常，康强且更勝於昔。然後知祥和感召之理爲不虛，執德體仁，必臻上壽。固有莫知其然而然，不可必而可必者也。舊曆十月二十七日，爲先生七旬晉九（八十）壽辰，思勉辱與紹先、紹庭游處，知先生較深。邦人君子，謀爲歌詩，以介眉壽，謹述所知，敍其緣起焉。

寫於一九四六年

張咏霓先生創辦光華大學記

瀛海大通，時局亟變，教育之所以因應之者，亦宜隨之而變，顧能如是者實罕；新興之科學，及處事時應用之技，轉借外人所設立之學校，以彌其缺憾焉。外人之來設校者，十九由基督教會，其意誠欲以嘉惠我；顧異國之士，究不能深知吾國之情，又以信教故，所見或不免偏執，雖能以其學授學子，而所以用其學之道，則不存焉。畢業於教會學校之士，其能卓然自立者，必兼有得於學校之外，非學校之舉能培成之也。本國耆儒碩學，能以所學誘掖後進者，晚近益不多觀，間有之，又或於今世新知，隔礙太甚，歧道與藝而二之，亦非教育之道也。國人之能自立學，以代外人所立之學校，奄有所長，而抉去其短，以雪不自爲政之恥者，以上海光華大學爲著，而鄞張咏霓先生徑始其事，又身任其勞者，凡二十年焉。先生諱壽鏞，少通性理及經世之學，清末舉於鄉，服官以幹練稱，尤長於理財。民國成立，外長財廳，內爲部次長者甚久，使國用無缺，而又能保障其民，言財政者至今稱之，而興學尤爲先生宿志。民國十四年，日本紗廠設於上海者曰內外棉織會社，無故停工，工人求復工，日人遽開槍擊之，死者一，重傷者三十七人。學生大憤，起而募捐，以弔唁死傷者，游行講演，以警覺民衆，又爲公共租界捕房所拘，群衆集捕房求釋，捕房又開槍擊之，殺十一人，傷者無算，時爲五月三十日，世所稱爲五卅慘案者也。於是學校罷課，商店罷市，外人經營之事所雇用之華人皆罷工，延及他處，至廣且速，慘案亦隨之而作，顧民氣由是大張。國民革命軍方起嶺表，因而利導之，不平等條約之廢棄，租界之交還，實自此始也。方上海愛國運動之殷，教會所立學校有曰聖約翰者，校長美人卜舫濟氏，禁阻學生參與其事，且毀棄我國旗，學生五百五十三人，因是退學，華籍教職員辭職者十有九人，相與謀自立學校，一時知名之士，贊助其事者甚衆，先生亦與焉。衆遂推先生爲之長，名其校曰光華。賃廬始業，約翰學生多來歸，新生之聞風而至者亦衆，凡得九百七十人，逾於約翰之舊焉。先是上海王君省三，捐滬西大西路側之地六十餘畝，以爲校基，先生乃籌款以築校舍，逾年而成，大學暨附屬中學先後遷入。十七年,學生至者益衆,校舍不能容,乃以教室爲宿舍,權建茅屋以授課,而益募款事增築。至十九年而女生宿舍亦就,遂得兼收女生焉。明年,日人陷東北三省,二十一年一月,又犯我上海,至五月中,事乃定。光華初遷於滬西愚園路,外人越租界築路之區也,至是乃還。屋宇器物,幸無損壞,先生經營益力。二十三年,又建中學健身房及小工場,謀使學生益耐勞苦,習工作。二十四年,大禮堂成,校董、教職員、學生、校友詢謀僉同,名之曰豐壽,以王省三君諱豐鎬,偏取其諱,並偏取先生諱,示不忘也。光華之初立也,設文理工商四科。十八年六月,教育部許立案。秋,依部章設文理商三院,所延教師,皆一時知名之士,朱經農、張歆海、容啓兆、廖茂如、顔任光、朱公謹諸君,先後副先生綜理校務,廖君任附屬中學事尤久,論者皆稱爲得人。大禮堂既立,又築科學館,立療養院,並謀建體育館。校址去市遠,初營建時,即自設電燈廠以取明,鑿自流井而飲,鄉僻之地,稍益改觀矣。二十六年七月,倭人再入犯,八月,兵鋒及上海,光華再遷於愚園路,又轉徙入租界,然弦誦迄無輟。十一月十二三日,敵入上海西郊,光華校舍悉爲所毀,千間廣厦,存者三四間而已。自王省三君捐地後,先生頻年又有收買附益,合計幾百二十畝,至是皆鞠爲茂草焉。先生知我與敵相持方久,適商學院長謝君霖甫入川,乃屬其在川籌設分校,成都張君仲銘,亦慨捐地六十餘畝,以爲校址。二十七年,分校成立於成都,先生航海至香港,乘飛機至重慶,遵陸至成都,主持其事,規制粗定,乃歸。廖君茂如奉教育部命,籌設國立師範學院,先生遂自兼附屬中學主任之事。自民國二十年以前,先生服官京邑,校事皆由遙主,二十年以後,去官居滬,與師生益親。先生少耽問學,藏庋既富,述作尤多。尤重躬行實踐,服膺陽明知行合一之教,學生之薰其德而善良者甚衆。及是,以國難方亟,所以訓勗之者尤至,手定訓育綱領,分學生爲若干部,各設導師以領之,而自總其成。進學生,爲講所心得,經史子集,分別部居,學生記其所聞,先生又爲之訂定,皆裒然成帙;學生課作,躬自披覽,爲之指示,承其口講指畫者,於學皆有所得,而爲文章亦皆有法度可觀焉。今世之長學校者,或徒以其名位,於校事實鮮過問,如先生道德、學問、文章,真足爲世師表,而又能誨人不倦者,蓋亦鮮矣。三十年十二月,日人復與英美宣戰,太平洋戰禍作,上海租界亦爲所陷。先生知其必來相迫,乃將光華停辦,而使教職員分設誠正學社,以收容文學院學生,設格致學社,以收容理商二院學生,設壬午補習社,以收容附屬中學學生,教學實未嘗一日廢也。三十四年,先生年七十,光華之立適二十年。先生治事爲學過劬,得糖溺疾,潛伏之肺疾復作。七月八日,爲先生誕辰,光華師生校友來祝，先生於病榻延見之，猶殷殷以復興中華復興光華爲屬，越七日而卒。卒二十有七日，而日寇降伏，先生竟不及見，豈非天哉！然今光華業已復校，力謀復興，分校之在成都者，由川中人士接辦，更名曰成華。自東徂西，凡數千里，所以衍先生之道教者，方無窮也。先生在天之靈，亦可以自慰矣。

寫於一九四六年

許君松如傳

民國之初，有以儒而隱於醫者許君，諱保詩，中歲後以字行曰松如。浙江海寧人。家世科第，君年二十二入邑庠。縣府院試十三場皆第一。是歲科舉廢，或以未及與鄉會試爲君惜，君視之蔑如也。君少慧，又能自勤苦，故學宿成，於經史諸子靡不窮究。精於考據，小之訓詁名物，大之典章經制，咸詳收博證。手自鈔校迻録者數百千條。欲繼《日知録》、《十駕齋養新録》而有作焉。文法六朝，至淵懿，爲散行，亦樸茂。詩出入唐宋，隱寓時事，婉麗類西崑，而冲夷雅淡，又於王、孟爲近。詞取南宋，最服膺白石。善八法，於篆尤工，斟酌於玉箸、鐵綫之間，自爲法，起落肥瘦如一，見者或疑其非毛筆所爲焉。母朱夫人晚歲多病，君以是留心方藥，遂工於醫。辛亥革易，君始自吳移居上海。民國三年，主講同濟大學，日以國學與諸生相砥礪。時校中名宿甚多，皆深服君。而以疾求治者又日至，有自遠道以舟車來迎者，又有急卒招要於途者。課餘施治，往往夜分乃得歸。君慈祥豈弟，又治事縝密，熟於法制因革得失、中外同異。知君者咸勸君出仕，而君睹時局擾攘，知無可爲，乃曰："吾以學教人，以醫活人，不亦有益於人乎，奚必爲政。"在同濟數載，以求治者日衆，乃設診所。專以濟世爲務，迄其歾幾三十年焉。君治病至慎，遇疑難之證，必博考深思，及其得之，則發之至果，以是所治輒愈。初疑君所投劑者，繼乃歎其穿穴膏肓，若神施鬼設焉。嘗以所心得，著《診餘脞談》，論列諸家得失，深於此道者，無不稱爲得未曾有也。君天性和厚，而行履至謹，辨是非至嚴。未弱冠，讀宋儒書，即喜其踐履篤實，躬行焉。然不立崖岸，未嘗爲危言激論，有所不然，但析其理，不斥其事，而人自悔悟。平生無疾言厲色，雖遇臧獲亦然。貴賤老少，無不樂與之交者。然遇大事，發揚蹈厲，義形於色者不翅也。君有丈夫子一，曰聞淵；女子子五，曰蘋南，曰樂，曰時，曰韻藥，曰芳度，皆畢業於大學專門學校，以學與行有聞於時，皆君之教也。倭寇陷東北，君居恒憤悒。及二十六年戰事起，聞淵北走冀察，南上浙東，從事抗敵，以困瘁致

疾。君與夫人冒險難迎之至上海，療治獲愈。聞淵復請行，戚友多尼之。君
慨然曰："吾止此一子，寧不惜之。"已而曰："行矣，毋以家爲念。"可謂國而忘
其家者矣。三十六年八月五日，以胃疾卒于上海。春秋六十有四。聞者無不
流涕，有至失聲者，曰："君在，吾病無所懼，疑有所析，而患難有所歸，今已
矣。"非所謂桃李不言而下自成蹊者邪。

寫於一九四七年

張壽鏞先生傳略

　　張壽鏞(一八七六至一九四五)，字伯頌，一字詠霓，號約園，浙江鄞縣人，
生於清光緒二年(一八七六)。尊翁張嘉祿，於光緒三年登丁丑科進士，授翰
林院編修，兵科掌印給事中。壽鏞先生光緒二十九年登癸卯科舉人，任江蘇
淞滬捐釐總局提調。宣統二年，江蘇整理財政，改任度支公所科長。旋返鄞，
就寧波法政學堂監督，轉任杭州關監督。民國後，歷任浙江、湖北、江蘇、山東
四省財政廳長。十三年，任江蘇滬海道尹。

　　民十六年，國民政府奠都南京。四月，先生與鈕永健等十六人被任爲江
蘇省政府委員。五月，兼財政廳長及上海中央銀行副行長，並於財政部長及
次長到任前代理部務。九月，國民政府改組，孫科長財政，以鄭洪年及先生分
任次長。先生辭之再三，不可，十月中甫就職，並兼江蘇省財政廳長。十七
年，宋子文接長財政，先生於十月晉政務次長，仍兼江蘇省財政廳長。十九年
三月免兼職。二十一年一月，行政院改組，先生辭職，同月底，復任原職，七月
再辭。

　　先生理財自地方歷練出身，深洞其中利弊。歷經古應芬、孫科、宋子文三
任財長，均獲信界。尤以北伐持續，軍費浩繁，先生身兼中央及地方兩職。中
央則籌畫發行海關二五附稅、捲煙稅等國庫券八千六百萬元於先，以其與上
海金融界淵源之深，故又負勸銷認購之責於後。地方則當時東南初定，各省
經費自顧不暇，而中央經費幾全賴江、浙兩省籌措。先生整頓江蘇財政，清償
舊有省債，並每月解款七十萬元協助中央，爲各省之冠。

　　民十四年，上海發生"五卅慘案"，聖約翰大學師生五百餘人憤慨離校。
家長王豐鎬及先生等奔走自建大學，定名光華大學，推先生爲校長。當年九
月先行開學，相繼設文、理、商、工、法等科。十八年，教育部核准立案，正式設
文、理、商三學院及附屬中學。抗戰中，光華校舍被焚，乃在上海租界中賃屋

上課，並在四川成都建立分校。太平洋戰事後，上海部分停辦，改爲誠正文學社及格致理商學社，繼續上課；附中亦托名爲壬午補習社。數年中，先生親自授課不輟，講稿輯成《約園演講集》（一九四一年）、《經學大綱》（一九四三年）、《史學大綱》（一九四三年）等書。先生擔任光華校長垂二十年，三十四年七月因病逝世，年七十。

先生素好藏書，收羅近十萬册，民國二十一年手編《約園善本藏書志》一六卷，以其寧波鄉賢著述爲多。除據以輯成《四明經籍志》外，自二十年起，復就所藏刊刻《四明叢書》以廣流傳。至二十九年刊成七集，凡一六〇種，一〇八一卷。第八集未成而卒。其子繼志續刻，於三十九年發行，計十八種，九十六卷。先生於抗戰中與鄭振鐸、何炳松等接受政府委託，藉文獻保存同志會名義，在滬秘密搜購古籍，先後收得善本四八六〇部，普通本一萬一千餘部。除前述各書外，先生於光緒二十八年輯刻《皇朝掌故彙編》一百卷。二十五年及三十一年，分別刊行《約國雜著》及續編。三十一年撰刊《詩史初稿》十七卷等。

寫於一九四九年

光華大學小史

光華大學，創辦於民國十四年六月。先是，日本在上海所設紗廠曰內外棉織會社者，無故停工，工人求復工，日人遽開槍擊之，死一人，傷三十有七。各校學生聞之，大憤，募捐以事弔唁。遊行演說，以警誥民衆，公共租界捕房拘之，群衆集捕房求釋，捕房又開槍擊之，死十一人，傷者無算。時五月三十日，世所稱"五卅慘案"者也。於是民憤益甚，學校罷課，商店罷市，外人所傭華人罷工。起自上海，延及全國，所至慘案亦隨之起。美教會在上海所設大學曰聖約翰者，校長卜舫濟氏，禁學生參與其事，且毀棄我國旗。六月三日，學生五百五十三人，本國教員十九人偕去校。即設善後委員會，自謀立學。王省三先生聞之，捐大西路地六十餘畝，以爲校址。張詠霓、朱經農先生等咸爲籌募經費，規劃教科，乃定校名爲光華。公推詠霓先生主其事，先賃屋於法租界之霞飛路，以立大學；新西區之豐林橋，以立附屬中學。九月七日開學，舊約翰學生皆來歸，新生亦聞風而至，凡九百七十餘人，逾於約翰之舊焉。明年（民國十五年）春，校舍興工，費用由校董校長竭捐，學生籌募，不足，則發行建築公債以補之。秋，大學先遷入。又明年（民國十六年）春，北伐軍興，孫傳芳軍負隅上海，豐林橋迫兵燹，三月，中學亦遷入焉。屋少不足以容，乃以教室權充宿舍，而別構茆屋，以爲教室。秋冬之際，風雪淅瀝，然教者學者，精神奮發，曾不以是而少損也。十七年，秋，又從事捐募，再發建築公債，以成中學及教職員宿舍，時尚未能招收女生。十八年，又建女生宿舍，及冬而成。十九年二月，以走電毀於火。幸校舍保有火險，詠霓先生又多方籌畫，未幾即復舊觀，自是女生來學者亦濟濟矣。本校開學之初，即由詠霓先生爲之長，朱經農先生副之。經農先生去，張歆海先生繼其任。歆海先生去，設兩副校長，由容啓兆、廖茂如先生任之。附屬中學，初由陸士寅先生爲立，期而去，廖茂如先生繼其任。十九年，以中學事繁，辭副校長，容啓兆先生亦以事歸廣東，乃以朱公謹先生爲副校長。十六年六月，江蘇教育廳許本校附屬中學立案，十八年六月，教育部許本校立案。立校之始，嘗設文、理、商、工四科，旋以工科設備不易充實，不欲徒有其名，併入理科。既立案，遵章改爲文、理、商三院。歷年所延院長、系主任、教師，皆熱心飽學之士，學生亦能潛心奮勉。以是雖立校日淺，而其成績，視先進諸校，曾無多讓焉。二十年，東北變起，本校學生從事救國者甚衆，然仍不忘讀書，且益留意時事。明年，一月二十八日，十九路軍與日人戰於上海，至四月，戰事始停。而大西路一帶，仍不可居，乃賃屋於愚園路，於四月十日開學，而延緩暑假之期以補之，至六七月間，大、中學乃相繼遷回原址。二十三年，中學建健身房及小工場。二十四年，爲立校十周紀念，始籌建大禮堂。既成，詢謀僉同，偏取王省三、張詠霓先生之諱，名之曰豐壽，示不忘也。大西路本外人越界所築，用其水電，即須納捐於租界工部局。本校不忉外人越界侵佔，乃自置電機以取明，鑿自流井而飲。至是，政府築路曰中山，經本校之側，乃改建大門以臨之。是年，直詠霓先生六十壽辰，本校師生校友暨詠霓先生親故、社會熱心教育人士，咸謀所以爲壽。先生曰："若舉所以覜吾者，以俾益於光華，則吾不飲而已醉矣。"同人乃相與鳩貲勸募，科學館、體育館、療養院相繼設立。是時校基亦增辟至百十餘畝，規模益式廓矣。越二歲，日人大舉入寇，八月十三日，戰事延及上海，我校又遷於愚園路之歧山村，以其地仍爲越界築路之區。後大學又遷至愛文義路，三遷至白克路，中學則遷至成都路。而大西路校舍，於十一月十二、十三兩日，爲敵寇所焚，廣廈千間，存者不及百一也。時雖暫託於租界，詠霓先生知其不可以久，適商學院長謝霖甫先生入川，乃屬其在川籌備分校。二十七年春，在成都開學，川紳張仲銘先生慨捐校址四十餘畝，省政府又頗助以建築之費。康心如先生又捐建圖書館一座，規制亦有可觀。五月，詠霓先生至香港，自港乘飛機歷重慶至成都，策畫分校之事，並勉其學子焉。是夏，本校大中學皆遷至三馬路之證券大樓，廖茂如先生奉教育部令，入湘籌辦國立師範學院。中學主任，由詠霓先生兼領。是時國步艱難，教員學生咸含悲奮勵，來學人數，反有增加。二十九年，合大、中學至二千四百餘人，昔時所未有也。三十年冬，太平洋戰作，上海租界亦爲日人所佔。詠霓先生知本校必不爲其所容，乃將學校停辦，而屬文學院同人設誠正文學社，理商學院同人設格致理商學社，中學同人設壬午補習社，爲學生繼續課業，皆向教育部備案，雖不居學校之名，其實則無以異也。三十四年，詠霓先生嬰疾，浸尋益劇，是歲，爲本校二十周紀念，亦先生懸車之年。七月八日，爲先生初度，舉謝賀客，獨延本校師生校友代表，殷殷以復興中華、復興光華相屬，聞者感涕。越七日而先生辭世。又二十有七日而抗戰克捷，敵寇降服矣，先生竟不及見，傷哉！國土既光復，本校同人集議，公推朱公謹先生代理校長，在證券大樓復校。旋改組校董會，公推朱經農先生長大學，廖茂如先生長中學，成都分校以川人之助而成立者，舉以還諸川人，改名成華大學。是冬，教育部撥歐陽路二百二十一號敵產爲本校校舍，時軍醫署尚設第五戰俘病院於其中，一時不克遷讓，乃又增撥二十二號，於三十五年七月遷入。至三十七年，此兩號房屋，遂由本校承購焉。復校之初，經農先生尚任教育部次長，茂如先生亦以師範學院事，一時未克東歸，仍由朱公謹先生代長大學，張芝聯先生代長中學。芝聯先生遊歷歐美，又有倪若水先生代之。三十五年，經農、茂如先生相繼到校。明年六三校慶，校友之集者，分任募捐，以建宿舍。於是校友榮爾仁先生，爲紀念其尊人德生先生，捐建中學宿舍一座，名之曰德生堂。校董李祖永先生，亦以紀念其尊人屑清先生，捐建圖書館一座，名之曰清永圖書館，於是秋及明年春，相繼落成。校中亦籌建生物實驗室，及夏而成。冬，經農先生出國，參加聯合國文教會議，遂赴美利堅。三十八年三月，由校董會聘茂如先生代理校長職務。本校今日，一切設備，尚未能遽復戰前之舊，然繼起程功，亦庶幾相距不遠矣。創業難，中興不易，譬如爲山，方覆一簣，敢不勉乎。

寫於一九四九年

外王父程君傳

外王父程氏，諱兆綰，字元生，號柚谷，江蘇常州府武進縣人。祖鳳，陝西三原縣知縣，有廉名，與中朝某大臣有隙。一昔夢白虎坐堂上，晨起，則聞此大臣者入軍機矣，遂告病歸，時年未及四十也。旋卒。子應樞亦早世，有四子：長絨衡；次乃文，字繡農；次即外王父；季繼臚。外曾王母吳縣蔣夫人撫之以長，居常州早科坊。貧甚，墻壞，外曾王母自葺之，發土，得黃金一器，夫人祝曰：「天而不忘廉吏之後，使是四子皆克有成，則所願也。不勞之獲，匪所敢承。」復掩之。外王父兄弟四人，皆以文名，而外王父與其伯兄尤著。外王父年八歲，即能日課一詩，十三補縣學生，爲學喜博綜，於經尤邃。嘗以說郊禘義，爲某先輩所賞，欲使出門下，而外王父不可，其高介類如此。咸豐八年中式順天鄉試，以覺羅官學教習留京師。十年，太平軍入常州時，乃文祖舅官江西，繼臚前卒，而絨衡鄉居死難，家死者甚多。外王父聞難南歸，至山東爲土寇所阻。蘭山令繩武，族子也。走依之，助之禦寇，戰屢捷而寇益多。一日戰縣屬之湯池頭，傷脅卒，事聞，照知府例賜恤，入祀昭忠祠，蓋特典也。故老言外王父雖文人，而臨戰甚有謀勇，蓋其戰績甚多，故有此特典，然莫能舉其詳矣。外王母亦吳縣蔣氏，蓋外曾王母之姪也。無子，有二女，長諱綺，字少霞；次諱栜，字仲芬，吾母也。常州之陷，外王母挈幼稚存者避鄉間，復聞兵至，乃悉埋簪珥於地，而自紉其上下褻衣，取兒輩姓名年籍，各書於其衣之陰。兵至，攜二女投於水，兵去獲救。而鄉里同避難有死者，出簪珥易貲斂之。有兄爲學官於靖江，繞道泰州，將往依焉。至青口鎮，復遇寇，火及廬，夫人堅不出，會風反火息，乃得免。聞外王父及難，又攜二女至山東，求外王父骨改葬之。久之乃得間關至江西，依乃文祖舅。祖舅歿家落，又依次女以居。光緒十一年卒，年六十七。外王母少處華膴，工詩善書，曉音律。逮歸程氏食貧而安，性慈祥而特明察。常州之將被兵也，有抱布求貿者，外王母目送之，曰：「此殆敵諜歟？」已而果然。外王父與絨衡祖舅皆無子，乃文祖舅子運皋兼嗣絨衡，繼臚子運達兼嗣外王父。運皋字少農，少亦以文名，楷書尤工。以家中落，客游於外，居湖北布政司署數十年，晚乃知雲南寧州，民國初棄官歸，十七年卒。太平軍之入常州，運皋年八歲，舅氏乳母羅氏攜之避難，與家人相失。見兵至，則伏稻田中，兵去則出，如是者三日，乃得入破屋中。而寇復以之爲廄，羅氏攜舅氏蛇行歷數十馬腹下乃得出。後人見羅氏者，莫不稱爲有大功於程氏焉。運達字均甫，性孤介而有奇氣，弱冠游陝西，於廢寺中得鐵如意，因自號曰鐵如意生，取有剛德而能善用之之意。或曰鐵如意者兵器，北方大俠所用，嫻此者足敵五百人云。蓋好事者所造無稽之談，傳者因或傅會，謂舅氏嫻武事，非也。光緒十六七年間，舅氏佐旅順戎幕時，守旅順者爲黃仕林，淮軍宿將也。以敢戰起家，而晚嗜酒，紀律廢弛，舅氏佐之以嚴，誅尤不法者二人,軍紀稍肅。嘗寒夜軍驚,單衣怒馬獨出,撫之乃定。然仕林卒不可輔,遂去之。客臺灣,又客湖北,晚乃客江西,家屢空,恒以安命爲言,宴如也。三十年將自廣信如南安,自筮之,不吉,涕下。已而曰:"命也。"就道如平時,抵南安卒,年五十有一。舅氏少嗜酒,稠人廣坐間,議論風發。四十後絕不復飲,有與論當世之務者,輒退然如不能言云。

寫於一九五七年

先 考 妣 事 述

　　先考陽湖呂氏,諱德驥,字譽千,一字展甫,晚自號志千。先考幼而岐嶷,年九歲,太平軍逼常州,時先祖考晉廷君,諱懋先,知江西奉新縣事。先祖妣同邑莊夫人挈先考避難鄉間,遽卒。甫渴葬而兵至,同避難者數十家,皆欲棄府君行,金君華亭獨不可,乃攜先考渡江,依僧寺,又浮海入閩浙,久之乃偕至江西,送先考歸先祖考任所,時先考年已成童矣。幼學倍常兒,弱冠遂以文名,補縣學生,食廩餼。十應鄉試不雋,晚乃選授江浦縣學教諭,丁繼祖妣無錫華夫人憂歸,遂不復仕。光緒丙午十一月五日以腦溢血卒,年五十有五。先考爲學惇篤,少服膺經訓,號所居曰抱遺經室,於《易》尤邃。晚好言經世,喜讀史,考近代掌故,其言治務平易近民情,不爲高遠難行之論也。性寬厚而遇事極持正,尤好周恤。再從父朗山君,諱德峻,少遭寇難,依先祖考以居。先祖考歿任所,先考奉喪歸里。朗山君留宦江西,先祖考財産之隨身者,先考悉以與之。後朗山君早世,又迎養其家七口,爲婚嫁其男女云。配先妣程夫人,諱椶,字仲芬,號靜岩,武進名士柚谷君諱兆緒次女。太平軍之入常州,先妣年八歲,一嫗聞警入告,先妣坐窗下讀書不動。嫗歎曰:"非常兒也,是必有福。惜吾老,又直離亂,不及見其成也。"外王父時客京師,仲兄繡農君,諱乃文,知江西新淦縣事。季弟諱繼臚前卒,而長兄諱懃衡家居死難,家中死者甚多。外王母吳縣蔣夫人挈兩女走靖江,依其族兄。外王父聞難南歸,至山東,爲土寇所阻。蘭山令繩武,其族子也,走依之,助之禦寇,戰死於縣屬之湯池頭。外王母聞之,又攜兩女之山東,求外王父骨,改葬之。久之乃得,之新淦依其仲兄乃文,時先妣年已逾笄矣。前此僅讀《論語》二十篇,又讀《孟子》至齊桓晉文之事章而輟,至此乃復讀,亦不能專攻。然其後閱經史,無不能曉,亦能爲詩文,其天資蓋不可及。年二十三歸先考,時喪亂甫平,戚族之來求助者衆,繼祖妣華夫人性長厚,於譎觚者亦咸如其意與之。家稍落,或勸先妣:

盍少靳之，爲異日計。先妣恐傷姑心，不可。已而繼祖妣悉以家事委先妣，先妣則躬履儉素，而於婚喪賓祭諸事，咸躬自經紀，井井有條。事繼祖妣三十年，繼祖妣未嘗以貧爲憂，而先考讀書居官，亦未嘗以家事爲累，皆先妣之力也。先妣性明察而善教誨，戚族女子及笄，其父母使居吾家，受教於先妣者數人，皆能讀書，善女紅，終身念先妣不諼云。光緒戊申八月十一日以腹疾卒，年五十有六，與先考合葬城東之東荷花塘。子男一人，思勉。女一人，諱永萱，字頌宜，思勉姊也。少受教於先考妣，又與思勉同受學於武進薛念辛先生，亦能誦經史，工詩詞。適武進丁蒲臣，諱守銘。光緒甲辰以瘵疾先先考妣卒，年三十。

寫於一九五七年

莊母劉太夫人家傳

　　太夫人，武進劉氏，考諱曜躔，年二十四歸同邑莊公毅甫，時姑龔太夫人、所生王姑吳太夫人皆在堂，姑治家嚴而太夫人事之謹，戚黨賢之。咸豐庚申，太平軍逼常州，莊公以兩子屬太夫人，而身奉吳、龔兩太夫人謀避難。太夫人得出，而莊公被掠，久之乃出，謀歸兩太夫人，卒不克。太平軍勢益熾，遂與太夫人北渡江，客某縣之某地。莊公佐戎幕，治軍書。太夫人躬紡織以食。甲子歲，清軍復郡城，謀南歸，而莊公遽以疾卒，太夫人大慟曰：「吾歸莊氏十餘年，幸得逮事姑與王姑，今皆殉難，夫又死，何以生爲。」同居者唁之曰：「而子大者才十齡，次乃八歲，一朝身殉，如藐孤何。」太夫人乃黽勉治殯事如禮，携二子歸居先祠餘屋，使二子從師讀。時貧甚，夜則共一燈，太夫人織，二子讀其旁。然猶節衣食，周鄰里之困乏者，或稱貸不能償，亦弗責也，其好施蓋天性云然。太夫人卒教兩子，至於有成，宗黨迄今稱道弗衰。子三：長繡華，殤。次清華，舉於鄉。次瑞華，邑諸生。孫先識、文亞，亦以學世其家。呂思勉曰：「予觀世之遭亂離，卒克自振至於昌大者，其先必有艱貞之行。而士君子能積學屬行以顯其親者，亦必有所受之，蓋所積者使然，非倖致也。予嘗持此論，及聞太夫人之事，益自信云。」

写于何年不詳，原刊《毗陵莊氏族譜》第二部第三五一頁

莊仲咸先生傳

　　君陽湖莊氏，諱清華，字仲咸，號曉澂。民國廢陽湖入武進，遂爲武進

人。莊氏先世多名儒顯宦，君亦力學務致用。弱冠補縣學生，食廩餼，應鄉試久不售，至光緒甲午乃中式順天舉人，而君年四十矣。盛宣懷以道員居上海，辦理鐵路電報等事，君入其幕，多所襄贊。而嘗一歸常州，四至鎮江，又歷清河及湘潭、衡陽、祁陽、零陵、常寧等縣主平糶，散義振，多履艱險。而丁未五月資遣清江浦饑民千餘，陵晨出門，歸或破曉，劬勞尤甚，因此得腹疾，後中寒輒發，終身不能愈焉。君於名利至澹，鄉舉後睹時事日非，無意仕進，一應禮部試不中，遂不復上，以國史館漢謄録議敍知縣，兩江總督端方深器君，保以同知直隸州用。宣統己酉，分發山西，歷長電報、電話、鐵路、貨捐等局，勤且廉，待人以誠，下皆樂爲盡力。民國肇建，乞假南歸，後又長南京、鎮江、煙臺、蘇州諸電報局，在煙臺最久，凡九年，僚屬懷之尤深。君少工文辭，善書法，以家貧，年十八即授徒自給，歷三十年，慕從之者前後七十餘人。盛宣懷父康嘗延名士輯《經世文續編》，君與其列。所著有《慈蔭堂日記》六十卷，《家訓》十卷，《八十四歲自述》一卷，《雜著》一卷。民國三十七年八月十日即舊曆辛巳閏六月十八日卒，年八十有七。君未嘗治釋典，而晨興必誦《金剛經》三遍，數十年不輟，及臨命甚安詳，信釋氏者以爲福報焉。君既歿，後進之士咸曰：君孝弟忠信，仁心爲質，義以行之，不逆詐，不億不信，犯而不校，遇善舉必盡其力，與財窮乏，或待以舉火，而終身坦蕩無憂戚，儻晚近之完人歟？相與諡之曰靖惠。子男二人：先識，陽湖縣學附貢生，日本弘文學院師範科畢業；文亞，英國倫敦大學土木工程科畢業。皆以學行世其家。

写於一九五七年

汪叔良《茹茶室詩》序

予始識叔良，在民國乙卯，時予年三十有二，而叔良少予三歲。嗣後或離或合，合則欣然道故，相視而笑，莫逆於心；離則千里詒書相問候，亦或困於行役，曠絕逾時月，然相億未嘗或忘，越四十年如一日也。予少好爲詩，有所作皆書日記中。倭寇入犯，所居成瓦礫，日記存者無幾，詩亦所失過半矣。癸巳年七十，乃搜葺寫定之，凡得百一首，寄示叔良，叔良爲工書一册還之。叔良之詩，一删訂於戊子，再删訂於壬辰，至今歲乃寫以相示，僅百首。其寫定之早晚及存録之多少，亦相若也。四十年來風塵澒洞，陵谷變遷殆盡，區區文辭復何足道。抑叔良之爲人，持躬甚謹，而天倪甚和，與人交無城府，於是非黑白甚辨，而不爲危言急論，庸克以默，自全於世。家貧而好買書，晨夕讀誦弗輟，匪爲好名，衹以自娛。而間有考論，老生斂手。豈屑以文辭見，尤不僅以詩見。然詩者志之所之也，在心爲志，發言爲詩。人雖欲自晦，及其發之於言，終有不能自閟者。此百世以下之人，所由誦百世以上之言，而如見其人歟？空山之叟聞人之足音而喜，鳥獸不可與同群，吾非斯人之徒與而誰與？此又逃名之士所以自珍惜其所爲歟？叔良之詩曰："覽鏡深知無媚骨，哦詩偏喜索枯腸。"予雖不工詩，誦此二言，亦欲欣然把臂入林矣。丁酉七月弟呂思勉謹識。

寫於一九五七年

筆　記

絶　對

唐耘夫先生，名堯民，杭州人，精於醫。先君嘗患温熱病甚重，先生力言無礙，服其藥果愈。予小時嘗侍先生坐，先生告予有絶對二：一曰客上天然居，居然天上客。天然居者，杭州茶肆名也。予細思之誠不得其對。一曰月半月不半，予以天方天一方對之，當時同座者，皆不甚以爲然。然予細思之，似尚妥協也。

寫於一八九二年

石小泉先生及其佳句

石小泉先生，少産商家，性聰穎而不讀書。年九歲，家有事宴會，賓客滿堂，先生游戲其間。一客出對曰：紅酒攪白酒，先生對曰：新人間舊人。衆大驚異，乃使讀書，日數十行。舉優貢生，爲珠江訓導，[①]家嚴爲珠江教諭時爲僚，採飛箋唱和，日數十首，予亦從問業，多受其益，爲可感也。

先生詩佳者如春草：郊外極天憑馬試，江南匝地任鶯飛。又云：橋平朱雀今非謝，巷繞烏衣舊姓王。元旦試筆云：筆花頭上添新穎，人語聲中樂快晴。皆可誦也。（予於丁酉初月二日謁先生賀新，先生猶誦筆花十四字，蓋亦自得意也。）惜全稿已失，不能具記。他如：是誰引我出柴門（亦春草和韵），手折柴枝過短墙（煮雪和家君雪詩八首韵）等。人病其質，我取其真也。先生作文極捷，爲八股文不用起稿，亦不用坐治，但倚桌而書，頃刻立就。每作文，左手持旱烟，右手持筆，文已就矣，烟尚未燼也。所爲《江浦賦》極瑰麗，《湯補臣

---

① 珠江，即指江浦，時江浦亦稱珠江。

傳》（名華袞，湖南人）文筆亦一時之俊，惜未録副，忘之矣。

寫於一八九七年

紀李廣發事（光緒十年甲申）

　　江西饒州府守備李廣發，有勇力，能得士心，因事革職，疑知府某訐之，聚衆欲爲亂。老兵某，詣縣告之。縣亟告府，發兵逐捕。是時城中少年麇集者以千數，城外各船之鱗粹者亦幾千艘，一二日皆散去，廣發聞而遁。遣干捕四出踪迹之，至一村，有一屋，一婦人坐於床，一婦人立於旁，床前置紅水一盂。一婦人曰：吾子在外，吾婦將產，而能入吾室乎？而入吾室，吾必以血水沃汝頭。懼不敢進。告於縣曰：四鄉皆徧矣，無可疑者，可疑者獨是耳。且新婦之貌魁梧，必非女子也。縣使百人圍守之。内不敢出，外不敢入，三日糧盡。婦人冲圍而出，躡屋而登，緣屋而去，行步捷若猫，屋盡昇樹，樹盡登城，由城下而去，（前云在鄉，此云登城，必有一誤，不知如何，姑以所聞者書之。）追之莫能及。縣以聞於府，府以聞于上司，移檄各省徧緝之，三年莫能獲。縣祈夢于城隍司，乃得一夢。夢一盤，盤中一杯、一筷、一花，乃曰：此必挾伎飲也。俗以挾伎飲爲花酒云。使吏以所夢求之，抵湖北，有挾妓而飲于江者。時已昏莫，江中遙望，不能定其爲何人，然度其狂歌大笑，詼調醉呼，非將軍殆無是也。亟以告於縣（湖北某縣），縣使人馳告於伎曰：能留是夫宿者有賞，賞且重（平）。妓許之，告將軍曰：盍宿於是。將軍曰：嘻！吾獲罪之逃人也，尚安留。妓曰：噫！以將軍之雄武，且又去地遠，其誰能害君。將軍許之。天未明，將軍臥，勇士數人排闥入，斫將軍之足，傷。將軍曰：嘻命矣夫！妓誤我，臥而執人而殺之。衆莫敢近，以戈遙攢，捲殺之。（或曰：將軍飲于江滸，察其不備，斫傷其足，將軍猶奮，一兵禽之，衆共執之，遂正法焉。）方將軍之起事也，麾下或剖股以療遞臘書，或入於人家，而尋之則不見矣。一時材勇之士，或集於是云。將軍反，光緒九年秋也。或曰，冬，云其禽則十年春也。（前云三年不獲，此僅相去一年，前誤，亦並存之。）

　　悔學子曰：湖海承平數十年矣。奇謀詭計深才殊勇之士，皆伏而不出，而出者多以罪誅之且如守備者，吾寧必謂其無罪哉，特以人如陳平，則受金非其罪；人如李廣，則殺人非其罪耳。罪固各有當也，奚可以一例視乎，不胈而謀臣壯士，奚見宥於戎馬之世哉？

約寫於一八九七年

93

梁任公佚詩

戊戌變法後，上海某報曾刊載梁任公先生詩一首，詞二首，予當時最服膺康、梁，曾録存之。日寇入犯，舊居被炸成瓦礫之場，手稿半爲灰燼，而此紙猶存，亦出意外矣。今重録如下：詩云：文章有價足千秋，生不封侯死不休，人自憐才天自忌，問君何事典霜裘。詞云：惺忪無語倚銀屏，宿酒初醒，客夢初醒，忒楞楞地露蛩鳴，剔盡孤燈，數盡疏星。塵袂飄紅客鬢青，不是飄零，也算飄零，此情何計可消停，七卷蓮經，一捲騷經。（一剪梅）又云：却是如今成懊惱，踏遍天涯，何處尋芳草，瘦葉辭林聲悄悄，可憐容易秋來了。劍膽琴魂舊踪少，縱酒高歌。酒盡還狂笑，笑汝頭顱如此好，緣何索米長安道。（雜沓歌）該報云：兩詞皆甲午歲其戚某鄉試報罷，先生爲畫扇贈行者也。詩與詞俱不工，以人存之耳。

寫於一八九八年

藺相如完璧歸趙

唐世貞以藺相如之完璧歸趙，爲若有天幸。此不知事勢，而亦不諒於人情之言也。夫以秦趙之相交也，秦强而趙弱；而以秦趙之相戰也，秦能勝趙，而趙不能勝秦。此當日之情勢然也。和氏之璧，所值者未必止於十五城；十五之城，亦未必遂不如和氏之璧。而秦之所以以城易璧者，非輕棄城而重得璧，亦非輕得璧而重棄城，皆所以窺視趙之間隙耳。使趙以疑秦故而不與璧，抑以畏秦故而不受城，皆足以啓戒心而墮秦計。以畏秦之故而仍墮秦計，非計之得。相如之完璧歸趙也，始則予秦以璧而覘其信，既以秦不予城而仍返其璧。一彼一此之間，使直皆在趙而曲在秦，抑可謂之善謀國者也已。曰：相如之完璧則然已，獨不慮秦之興師以伐趙乎？曰：不慮也。秦以求璧覘趙，固所以窺其有備與無備耳。使趙獻璧而不争城，則秦人料其無備，必有以十萬壓邯鄲者。今趙懷璧而争城，則是示秦以有備，則秦人亦將懾其前定而不敢冒昧以興兵。是懷璧争城，相如之弭患於無形，而折衝於樽俎之間，其又慮秦之加兵於趙邪？觀於負荆之役，相如且以廷辱秦王者，曲全廉頗，知其所以拒秦者，思之深而計之久也。豈一孔之士，如世貞者所能知哉！（按當日情勢立論，相如完璧之苦衷可諒，筆亦能曲曲傳出。層層剔出，心細意到。)①

寫於一八九九年前後

望 之 之 死

　　蕭望之之被禍也，門下生魯國朱雲，勸其自裁。望之仰天嘆曰："吾嘗備位將相，年逾六十，而老入牢獄，苟求生活，不亦鄙乎!"字謂雲曰："游，趣和藥來"，遂飲鴆自殺。夫望之之死，誠是也矣。而雲之勸之則非也。何以謂望之之死爲是也。夫弘恭、石顯，營蔽當朝，望之即不死於前，亦必死於後。與其降志辱身，而仍死於後，何如全身遠害，而先死於前。此所謂與其死於獄吏之尊，無寧死於二三子之手也。其死爲是。若朱雲之勸則非矣。夫氣節者，可以律己而不可以責人。以氣節責人，則所謂不恕者也。豈有六旬黃發耄耋老師而責其飲鴆自盡者乎？使雲上萬言書，代陳其冤，則奈何？又使雲伏闕請代其死，則奈何？不問是非，不知曲直，而概以氣節責人，則是偏宕憤激者之所爲，而非所謂寬厚之君子也。然則如之何而可？曰：必也以寬恕待人，而以氣節律己也。蔡元定遠竄時，朋友送之有泣下者，元定夷然。朱子曰：朋友相愛之情，季通不挫之志，可謂兩得矣。嗟乎! 出處之間尚如此，而況乎死生之際哉!（雲之過在不明事理，至勸望之自裁，所謂君子愛人以德，惟端人而後有端友，若非其人，固不足語以氣節也。以此責雲，豈足爲雲之咎。)②

寫於一八九九年前後

匈 奴 朝 儀

　　甘露二年，匈奴來朝，詔有司議其儀。丞相御史曰："聖王之制，先諸夏後夷狄。匈奴位次，宜在諸侯王下。"太子太傅蕭望之，以爲單於非正朔所加，敵國來朝，讓而不臣，羈縻之誼，謙亨之福，位宜在諸侯王上。予謂望之之言是也。夫匈奴者，荒徼苦寒之地，耐飢寒，勤畜牧，倔强漢北，不爲漢臣。其去不足憂，其來不足喜。而其稽首而稱藩也，則足以寧邊境而息數世之甲兵，因而順之禮也。屈爲侯國，果何爲乎？且漢之匈奴，周之玁狁也。自周不能屈玁狁

---

① 括号内爲父師之批語。

② 同上。

以爲臣，而況漢乎！今既來朝，是千載之一遇也。設使匈奴因位在諸侯王下，怒而不朝，則奈何？又使匈奴不肯就位，則奈何？慕虛名而受實禍，是王莽之易藩國爲侯印也。吾故曰：望之之言勝也。（語簡而賅。）①

寫於一八九九年前後

蜀 事 雜 論

人皆以孔明與先主有君臣之知，惑於魚水之言耳。先主東征，孔明嘆曰：法孝直若在，必能使主上無行，就使東征，必不覆敗。夫古之位臣者，諫行言聽，膏澤下於民，而可以謂之大臣也。今戎國之大事，而不能一言，尚可謂之臣乎？法孝直之能制先主何也。曰先帝取蜀皆法孝直之功也。挾其恩怨以制之，其氣固足以攝之矣。且法孝直浮誕譎觚之人也，睹先之失計，必又有它並以制之矣。孔明則不能也。故曰：譎諫易，忠諫難。（制字過火。）②

曰：法孝直多報恩怨，而先主不誅。何也？曰：不敢也。是時入蜀諸事，惟孝直是賴。故不敢爾。然孔明之對或人也，其亦有兔死孤悲之嘆乎？

曰：然則孔明之能制法孝直，何也？曰：孔明正而孝直私也。

曰：然則孔明之不制法孝直，何也？曰：留以自輔而敵先主也。

曰：然則法孝直之能制先主，何也？曰：得孔明以爲之助也。二人合力，而先主不能肆矣。孝直死而孔明孤，遂有東征之役也。（援結黨羽以制君，武侯不爲也。何其厚誣古人乎？）③

曰：然則孔明之不諫，何也？曰：孔明若諫，頭顱已斫矣。

曰：然則孔明之從先主，何也？曰：惑於草廬之言，身入其中而不能去也。當是時，群雄角逐，無以漢室爲言者，而先主獨以爲言。故孔明以爲可定大事而言從之也。而孰知其爲雄猜陰鷙之人乎？入蜀以後，事事受裁抑於先主而不能去矣。然則孔明於先帝之時，誠不如於後主之時得行其志。（武斷不根之談，句亦粗俗，亟宜删去。淺測武侯矣，兩表之忠盡，鞠躬盡瘁之言俱在也。）④

寫於一八九九年前後

---

① 括号内爲父師之批語。
② 同上。
③ 同上。
④ 同上

明帝佛法之入

漢明帝遣使如西域迎浮圖，爲佛法入中國之始。千古譏之。雖然，是惡足以罪漢帝。佛之入中國也，運也，而帝適覯之耳。以此罪明帝，豈不謬哉！曠觀前古以來，宗教之流行，未有歷千年而不相通者。佛之立教也柔，故尊於西域，而中國自迎之；耶穌之立教也剛，故震於五洲而中國猶拒之。然則佛之尚其柔，固勝耶穌之尚其剛哉。

佛之入中國也，吾未見其壞中國之人心也，而有見其補中國之人心者矣。三代以下，孔教之所以不能行者而佛行之，非孔教之不如佛也。其扗紳縉笏者，群然而尊之，而僻壤窮鄉，有並孔子而不知爲何人者。人存政舉，人亡政息。三代以下，我孔子無傳教之門徒，豈足與異教爭勝哉？且孔子之教，又非能强途人而語之也。其立教之宗旨，巍然而自尊，而待人之敬之，豈能於山巔水涯之地，選教士，設教堂，聒婦孺而不舍哉？佛之立教也不然，緇衣比丘尼，隨地可容；禍福報應，隨人可動；梵音膜拜，隨地可施；而飾金碧而奏笙鐘，俗人復爲之張大。其盛行而不衰固也。嗟乎！禍福之說，人所自有也。佛因其固有者而聳動之，其足以禁人之爲惡者何如哉！以孔教化中國之學士大夫，而以佛教錮流俗人之心以彌其闕。天地之大也，吾何責焉。（數語通達物情，足以解兩教之爭。）[1]

寫於一八九九年前後

必　　先

時文有極謬者，己亥武進縣試，正場次題教以人倫。一卷起講，以父子聚麀作反筆起，真堪發一大噱。案八股文之難，難在其格式耳。然格式雖難，亦有其理，文理通者學之，至遲一歲，必能之矣。乃昔之人欲求速化，於文理未通者，亦强使爲之，其人胸中本無欲道之語，安在其言之合格式不合格式也。而因其於事理未通，遂至鬧出種種笑柄矣。晚近之八股文，皆羌無實理實事，欲由之而通文理，必不可得，此昔科舉中人，所以多謬妄可笑也。此說甚長，他日當別論之。民國三十三年十月十一日識。

寫於一八九九年

---

[1]　括号内爲父師之批語。

武 進 之 教 堂

　　吾幼居武進，武進城內之有教堂，似在光緒二十四年，即戊戌變法之年（一八九八）以後。自此以前，已有一次，教民想到城裏來建築教堂，給一個姓穆，或者是姓莫的人（武進城中，此兩姓俱有，而武進人讀此兩字音相同。吾於此事，僅得諸傳聞，故不能知其爲何字），聚衆阻止。這個人本亦是武斷鄉曲，不爲鄉里所齒的。然此次之事，却動機純潔，行動亦極有秩序。他是在法律上得到一個據點，即尋到了一點教中人的錯處，然後發動的。所以教徒竟無如之何，而在城裏建造教堂之事，爲之遲延者若干年。此人因此頗爲鄉里所稱許，他亦因輿論的稱許，而從此改邪歸正了。此次之事，即始終並無鈔掠等舉動，武進先輩，多能道之。

寫於何年不詳

《紅樓夢》記語

　　予讀紅樓夢，係轉借於丁旋仲世叔家者，後有記語，不知誰筆，姑録於此，以資考證，幼千記。①

　　此書僉謂指明相國珠作，若類若不類，晴窗無事，將明相國一生事實，編年附録於後。

　　順治三年丙戌，明相父尼雅哈卒

　　十二年乙未子性德生

　　康熙三年甲辰擢内務府大臣

　　七年戊申奉命與馬爾塞閱淮揚河工，是年授刑部尚書。

　　八年己酉，性德已十五歲，明相爲都察院左御史，充經延講官，十一月遷兵部尚書。是年議撤三藩稱旨。

　　十四年乙卯調吏部尚書。

　　十六年丁巳授武英殿大學士。

　　二十一年壬戌三藩平，明相踒（此字余不識，如原本録之）論耿精忠、曾春性罪皆伏誅。

---

　　①　幼千係呂先生早年使用的字號，蓋先生之父字譽千也。

二十四年乙丑性德卒,年三十一歲。

二十七年戊辰御史郭琇劾明相與其黨余國柱等營私攬權,計大款審實,革去大學士,交内大臣酌用,尋授内大臣。

二十九年庚午,隨裕親王福全征葛爾丹,失律降四級留任。

三十五年丙子隨清康熙帝(原作聖祖,下同)親征噶爾丹。

三十六年丁丑後隨清康熙帝征噶爾丹,叙功復原級。

四十三年甲申與阿密達等賑山東、河南流民之就食京師者。

四十七年戊子以疾卒,年七十四。

右第五回下　未完

納蘭容若生順治乙未,至己酉爲十五歲,康熙八年也。

按容若父明珠,祖尼雅哈,曾祖葉赫貝勒錦臺什,滿洲正黃旗人。清太祖(原作太祖高皇帝)滅葉赫,尼雅哈隨兄喀勒德爾來降,授佐領。明珠位至宰輔,議撤三藩有功,後因營私結黨,爲御史郭琇在劾落職,尋授内大臣。康熙四十七年四月卒,年七十四。明相被郭御史參劾,係康熙二十七年二月事,歲在戊辰,容若卒於二十四年乙丑,先明相之敗爲四年也。右第八回下。

約寫於一八九九年

金 聖 嘆 集

庚子十月十八日。案今有所謂聖嘆文集者,亦僞物也。八股文中,有所謂才子文者,係聖嘆所手選,其序却真。二十六年檢出,擬録存之,未及而寇至,遂成煨燼矣。文之傳,不信乎其有命與,猶記其數語云:莫不善於晝居於内,白日照腹,厨人授餐,童子請沐,樹景在東,攤書欲讀,聊復徙倚,群鷄又宿。民國三十三年十月初七識。

寫於一九〇〇年

儒 林 外 史

《儒林外史》第九回,楊執中遺落賣菱船上而爲兩婁公子所得者,乃元吕思誠詩也。思誠欲以敝袍易粟,其妻有吝色,乃作詩曰:典却春衫辦早厨,老妻何必更躊躇。瓶中有醋堪燒菜,囊裏無錢莫買魚。不敢妄爲些子事,祇因曾讀數行書。嚴霜烈日皆經過,次第春風到草廬。執中截取後四句,而下署云楓林拙叟楊允草,則以爲己作矣。作者蓋讖其實不能詩,而剽竊前人之作,以爲己作。此詩在昔時,頗爲膾炙人口,亦以讖兩婿公子之寡聞也。此予小時聞諸先母程夫人者,先母則聞諸祖舅繡農先生者也。近見《儒林外史》刊本,有評語於此云:樂天知命是賢者胸襟,究非村學究可比,則亦誤以爲執中作,而不知作者之意矣。此詩殊有理趣,截取後四句,以成一絶,意味尤長,於此亦見作者之匠心也。

寫於一九〇〇年

謝　鍾　英

吾鄉謝鍾英先生,邃於史地之學,予從母之子管達如,先生之弟子也,於先生最服膺。先生嘗自言生平有三快,一喫飯,二走路,三讀書也。先生家居羅墅灣,少年時館於城中丁氏,父有疾,晚飯後步行歸侍,次日黎明復步行入城,到館朝食,日以爲常,則其行路確甚健。在館督課甚嚴,而手鈔書日可三四十紙,則其讀書確亦甚速也。精力蓋有過人者。然先生卒以胃病死,蓋亦暴食所致。大抵飲食忌多忌速,多食者不必速,速食者恒易多也。先生之友有附夜航船者,居中倉見一少年,恂恂如也。時居中倉者多文弱之士,而居前倉者多惡少年之流。夜半中倉一人與前倉中人有違言,前倉中人群起欲入中倉毆之,中倉中人大懼。此少年挺之門首,有入者輒僕而出之。僕者數人,前倉中人乃不敢入。此少年不肯自道姓名,亦莫知爲何許人,達如云。

寫於一九〇〇年

庚子壬寅見聞雜録

予初作日記時,讀書有得暨見聞所及,隨筆記識,皆附其中。後以不便分類,稍別爲篇。今檢日記殘本,惟庚子至癸卯四年中,間有之耳。時年尚小,所著皆無足觀,然亦有足見當時情景者,不避瑣瑣之譏,過而存之。

庚子正月七日《中外日報》云:有太監二人得賄,將皇上置入麻袋中,抬往英國使署。一路無人覺察,至外城門,守門兵丁定欲驗視,所抬是何物件,及至開視,乃皇上也。遂仍送至宮中,即將二太監正法。初十日報又云:日本大阪某報館得北京密電:皇上於本月一號被弑,裕祿同殉。十一日報又云:皇上於前星期由宮中逃出之,信甚確,惟甫至城門,即查出送回。

庚子正月二十九日《中外日報》載官場軼事三則：其一係譯自《字林西報》者，録如下云：黄石港訪友來信云：湖南某官愛民如子，每晚必僞爲星士，私出察訪民情。某日至一家，只老夫婦二人，入内欲爲推算流年，其家以無錢却之。官即與談家常瑣事，其家備述貧病交煎之苦。官曰：既如此，我當不取錢爲汝推算命運若何？其家許之，官謂財運甚好，不久當有喜信至也。次晨以布三匹、銀十兩，命一吏送至其家。夜官復往，衆偕喜躍相迎，其家亦以官忽賞以銀布告，且曰此誠非夢想所及。官曰此皆汝運好所致也。翼日召吏問曰：使汝賞某家之物，何不送往？吏以早經送往對。官曰此非我物，汝只與以布一匹、銀三兩耳。汝能周恤貧人，亦見好心，元物可即交還。吏不得已交出。

庚子二月初十報載：去歲湖北解一人至上海，民間傳言係天子蒙塵，爲問官笞擊，以致毆血。十一日報又載此人爲南海先生之弟修眉，鼻以上甚似今上云。

《新聞報》載臺灣義民簡大師死事云：大師去歲戰敗，逃去漳州，寓其友羅宏彪家。宏彪以告漳州道，漳州道執之，以畀廈口廳下之獄。宏彪先以告日本領事，領事求之廳，即以畀之，大師求死中國，不可。日人擁之去，槍擊殺之，又剖其腹，慘酷備至。此二月初旬事也。大師黨翼尚義等，伏鼓浪嶼伺宏彪，宏彪詣日人領賞出，尚義等隨之至沙波執之，如日人所以殺大師者殺之。

報載杭州某日日光作紫，夜月色赤如夕陽。（二十三日日記）

報載天津團衆大熾，居民日以衣物付質，質肆以人多，限極貴之物，止質十金。談者謂此事惟太平軍興時嘗有之云。（二十五日日記）

報載俞曲園挽江建霞聯云：無妄福，無妄灾，孤負此金馬門前雍容大作手。非常人，非常遇，流傳得靈鶼閣裹薈萃小叢書（四月初五日日記）

前年家大人客金陵，寄歸天津《大公報》一則云：琉璃廠地方土人，近在山中掘出石碑一方，長二尺許，寬一尺，刻有大字數行云：這苦不算苦，二四加一五。大街紅燈照，那時才真苦。庚時連信去，謹訪黑風口。邵康節題。近日報載，天津遠近皆見紅燈，豈讖言果驗邪？噫！（五月二十三日日記）

六月初總署電各省督撫，督撫電府縣云：頃接北電，拳民已奉旨密編各兵隊，同打洋人。廿一，鬼在前門城上開大砲，彈及大佛寺，斃我千餘人。旋將東交民巷使署悉付一炬。廿三，在津大戰，洋分多隊進，一由紫竹林，一由陳家溝，共四千人。當事之殷，城中砲彈如雨，我軍肉搏力戰，鬼始不支，三次扯白旗止戰。我仍酌進，彼即敗退，有投河自盡者。大沽砲臺雖失，我亦毀其三船。又電云，在六壘，洋人聞敗乘船而下，爲我水師所襲。天津關道縣署均毁,放去監押犯,餘衙署市肆民居無恙,惟各教堂盡付火矣。大約京畿一帶,城內外無一存者,京鬼亦都南下,此後京電當可修通。(七月之日記,因紙已破爛,不能辨爲何日)

閱報謂近正法之蔡某與王照酷似,疑即照更易姓名。(八月十六日日記)

《中外日報》云:七月二十三日兩宮駕幸懷來縣署,署中人皆不之知,吳令倉卒戴大帽出迎,駕已入署矣。共坐敞頭車十八乘,太后與某貝勒一車,皇上與某貝子一車,皇后與大阿哥一車。太后住太太房,皇上住籤押房,皇后住少奶奶房。太后至房中,手拍太太梳頭桌曰:我餓甚,快弄東西來吃。蓋皇太后、皇上出京二日,僅食雞蛋三枚也。急開太太梳頭盒,取梳梳頭。太后在宮中將起,忽傳聯軍入城,遂不及梳洗,穿藍夏布衫出行云。太后命皇上用硃筆寫條,即派吳令速往東南各省催餉。吳令奏曰:縣印無人可交。太后曰:命典史作縣令可也。吳令恐硃筆諭旨,未能見信於各督撫,特先赴晉省,請撫臺行文蓋印,然後齎以南下。該報按語曰:此則雖過時,可備佚聞,故紀之。按吳令名永。十月某日日記。

二十八日《同文滬報》云:數年前,有以屈原從祀孔廟請者,禮部循例咨查云:須查明該先賢籍貫、官爵,有無著述裨益聖道。又有某失去官照,屢請補給不得,後重賂部吏,乃知康熙間,有遺失官照者,乃因在京師西河緣覆車墜水,當時許其補給,後有失照者,必援此例,乃得許。今西河緣距水遠矣,此例不可改也。(此則係辛丑日記,不能辨其月日)

或傳譚復生先生獄中絕筆兩書。一曰:八月六日之禍,天地翻覆,嗚呼痛哉!我皇上之命懸於□□□□之手,嗣同死矣,嗣同之事畢矣。天下之大,臣民之衆,寧無一二忠臣義士,傷心君父,痛念神州,出而爲平勃敬業之舉者乎?果爾則中國人心,真已死盡。强鄰分割,即在目前,嗣同不恨先衆而死,而恨後嗣同而死者之虛生也。嚙指血書此,告我中國人民,同興義憤,剪除□□,保全我聖上。嗣同生不能報國,死亦當屬鬼,爲海內義師之一助。卓如如未死,請以此書付之,卓如其必不負嗣同,不負皇上也。八月初十日譚嗣同獄中絕筆。又其一曰:受衣帶詔者六人,我四人必受戮,彼首鼠兩端者不足與語,千鈞一髮,惟先生一人而已。天若未絕中國,先生必不死。嗚呼!其無使死者徒死而生者徒生也。嗣同爲其易,先生爲其難,魂當爲厲以殺賊,裂襟嚙血,言盡於斯,南海先生。譚嗣同絕筆敬上(十一月某日日記,作方圍者,皆元闕。)

壬寅正月二十日《中外日報》云:客臘下旬,有匪徒三十餘人,至黄岩五峰山道觀行劫，該觀道士有善技擊者，率其徒拒敵，傷斃匪徒六七人，匪乃遁去。

二十一日報云：湖北劉西屏在安慶，創設東文學社。案名字以不與古人同爲佳。范西屏雖僅奕人，似亦不必與之同字也。（案語爲予所加，抑出報紙，追憶已不能辨。）

又云安慶元宵節，民間照例出燈，今以物力艱難，地方官出示禁止。於是燈牌有書天主龍燈者，官遂不敢過問。

二十五日報云：美國送回賠款三十餘萬，駐美伍使扣去八萬以修使館，餘款奉懿旨解交內務府收儲備用。某御使參劾伍使不應以友邦歸還之款，移作私用。太后以其意有所指，深爲不悦。

又云重慶程鹿鳴素習西國製造，今制成水車一具，車水高數丈至數十丈。江安馮濟忠出資於富順、江安、瀘州三處，先行設廠，並由永寧道黃觀察、瀘州沈直刺試驗通稟，移咨許其永遠專利。

又云：渝紳陝西知縣湯如璧，前年已滿百歲，今於正月初三日逝世。

二月十一日《中外日報》云：俄國著名畫師威廉士海俊專以繪畫陳圖爲事，本年正月間著一論，刊於俄京優羅皮旬報，謂團匪亂時，俄官曾三次將華人麾入海蘭泡河中，溺斃者約萬人，伊由俄舊京墨斯科往海蘭泡目睹之云。

昨《中外日報》云：營口義生祥店主原某，向爲茂生洋行買辦，前五年預知俄人將於東三省地方修造鐵路，逆料步東牛家屯一帶必作車站，即行買妥民地，長百餘丈，寬三十餘丈，僅費東錢萬餘吊。目下修造房屋二百餘間，每間月租洋八元，共收洋二萬餘元。餘地尚多有藉以修造房屋者，一年即歸元主，獲利不貲。憶昔大姑言有某者，卒於官，其妻擁貲歸，過鎮江，知其將爲商埠也。多買地，子孫遂成巨富。人之知，固相類乎。（二月或三月十三日日記）

《中外日報》京報輯要，載山西道監察御史黃昌年，奏參綏靖鎮總兵陳海鵬摺云：構別墅於附省之北新河，常使人買鴨千頭，以供宴客。故楚南謠曰：欲食新河鴨，須交陳海鵬。真天然妙對也。（癸卯二月初八日日記）

以上各條皆録自當時報紙，惟庚子六月總署電及辛丑所録譚復生獄中兩書，未著其出於報紙耳。總署電今日追憶，似係有人自官署中鈔出者，非出報紙，然當時報紙所載此類文件甚多，亦不能質言也。諸所言多不可信，且如譚復生兩書，夫人而知爲僞作矣。然讀之亦可見當時輿情及報紙情形也。辛丑所録《同文滬報》，可見文法之治之極弊，亦不徒談助矣。

庚子日記中尚有記見聞所及者九條，今亦録存之：

道光時欽天監某官忽自縊，衣有道光通寶錢二十八文，清人頗惡之。二十九年廣西兵起，漢族光復之基肇矣。蓋天之改命，實在是年也。案此説自出造作，然造之者，蓋有心人也。亦可見漢人民族之戚，久而未泯矣。

清時屢有訛言云：有物剪人髮辮，聞者乃相驚以伯有，同光間傳説復盛，並云剪婦女髮髻。外家有一女庸甚憂畏，予母時在齠齡，戲以紙剪一人，手持剪刀，迎風搖曳，使舅氏懸諸女庸卧榻。女庸居樓上，夜將就寢，見之大號，急奔幾自樓梯墜下，予母及舅氏自此遂不敢復爲此等惡戲矣。此可見訛言雖無根，亦時有實事實物爲之點綴，故能傳播也。案剪辮之説之興，殆亦由惡清人強行髡辮之制而然。云剪婦女髻，則無所取義，蓋其流失耳。

同光間天主教士，欲在常州建立教堂，有穆姓者率衆毀之，教士遂已。穆姓素無行，爲鄉里所不齒，自此興情頗改。

南昌有市肆名一文錢，相傳創是肆者貧甚，惟餘一錢，乃以之買面爲糊，拾碎紙作土雞，售諸小兒，獲利。稍以操奇計贏，終設布肆，名之曰一文錢，示不忘本也。

漢口製水菸管最有名馬王廟，正街有肆曰祥雲，又爲漢口之最。

聞湯蟄仙之父負債七千金，蟄仙乃作《三通考輯要》，説書賈印行之，欲以償是債，果償其什七八。案謂蟄仙作是書，意主償債，誣也。謂其以印行是書而獲償債則真。蓋時科舉之法適變，士子用爲懷挾之書耳。時有集衆以作《九通通》者，費銀三百元，稿成售諸書賈，得銀七百元，此則專爲謀利而作矣。然《三通考輯要》亦不成體裁，類乎陋儒鈔撮之作，何必印行？意或在於謀利，亦未可知也。

昔日逆旅，不皆寄寓官紳，其寄寓官紳者，屋寓陳設必較善，俗稱爲官客棧。蘇州有官客棧，門聯曰：自有陳蕃榻，原非泄柳門。家大人嘗稱之，以爲婉而多諷。又有集四書語，爲鄉間烟館聯者，曰：賢者亦樂此，鄉人皆好之。則稍直率矣。

十月十八日省舅母，出示木刻舊本《三國演義》，前有金聖嘆序一篇，文極劣，蓋僞物也。今通行石印本無之。（《庚子日記》）

寫於一九〇〇、一九〇二年

庚子壬寅物價紀實

自庚子至壬寅三年中，有若干條涉及當時物價者，今亦移録如下：

庚子五月十一日《中外日報》載汪康年復欲東游學生函云：啓者：近屢接

各省諸君函，詢赴日本讀書每年須銀錢若干？幾年即有成就？並言家寒欲往學，又不能多費，故特函詢云云。現已托日本同志與日本學堂斟酌，格外減省，如入各專門學校，每年修膳住宿並私自零用極少，一百二十元即可敷用，專心一志，五年即可大成。如欲入大學，學習採礦、冶金、建造、鐵路等事，每年須二百餘元。入官立之武備學堂，數亦如之，學成期限亦均以五年爲斷。諸君如有年在十五以上，二十五以下，身體結實，志識堅定，可即來申，先讀東文三個月，再行函送日本東京讀書，緣此係與東友再三商酌，始能定議，故不得不格外□慎，特此謹白。

辛丑九月十二日爲人發一電報，此時之電報費如下：自江蘇至山東、安徽、浙江，每字一角三分。至直隸、河南、江西、福建一角六分。山西、湖北、廣東、盛京一角九分。陝西、湖南、廣西、四川、吉林二角二分。甘肅、貴州、雲南、黑龍江二角五分。新疆二角八分。

（辛丑）十月初十日。先是大姑命以顏家廟碑付裱，以付織機坊翰芳齋，凡百葉索工價二千八百文。以問少木族兄，族兄曰：葉十六文，與以千六百文足矣。是日往，與以銀二元，不可。十三日其人來，又與以錢二百清帳。

壬寅正月某日。持碑帖求售於村塾者，年年有之。今年一估客所持者，皆標明價目，人多買之。其所標價如下：靈飛經五角，李仲璇碑一元，皇甫誕碑有逸字者二元，無之者八角，醴泉銘一元五角，秦拓本二元，虞恭公碑四角，元次山碑二元，玄秘塔碑銘五角。此決不足給拓費，蓋皆刻木版如書籍然印賣之者耳。然此等物幾家家有之，蓋以其價廉，無碑帖者，固取資模仿，有收藏者，當其持來，亦姑買其一二種也。是歲二月十五日，有帖賈求張清頌不得，而予有之，彼乃殷勤求之，與之，欣然留銀四角持去，彼售諸人，至少當得一元也。

（壬寅）二月初五日。母至東青掃墓，乘肩輿往反，輿資千三百文，東青在城北十八里。

壬寅應試金陵，寓鴨子塘丁杖芸家，凡正屋三間，厢屋二間，竈屋一間，僦費四十元。入闈爲號軍者，必買腰牌。是年腰牌一價銀六元。某甲欲買腰牌，而衹有銀一元，乃倩乙紹介假五元於丙，比往腰牌已罄矣。所假五元，隨手耗去，乙丙向索不得，共毆之，甲竟傷死，死聞於官，不知如何了結也。由下關至三山街，二十里而遙，乘人力車行，僅費銀二角耳。丁未歲予客蘇州時，蘇州尚惟城外有馬路，可行人力車，由閶門至盤門十八里，車資亦僅二角也。食力誠不易哉。

　　　　　　　　　　　　　　寫於一九〇〇、一九〇一、一九〇二年

僞 言 截 髮

妖魅截人髮之僞言，予小時屢聞之，然不止此。先母嘗語予云：十餘齡時，妖魅截人髮之僞言大盛，外家備一老嫗，皇恐殊甚。從舅氏少農先生（運皋）性好戲，此老嫗獨睡一樓，舅氏乃剪紙作人形，手持剪懸其蚊帳上，嫗夜入室見之大怖，狂叫而走，幾至傾仆，舅氏自承係其所爲，嫗猶不甚信也。此等事設再僞傳，則明明人爲之事，可變爲鬼魅矣。先母又云，聞人言有緣夜爲竊盜者，爲人所執，截其髮以辱之，思天明無以見人，走林木中，將自縊，或見而救之，詰其故，以實告。其人曰：此何大事，直得輕生。授以剪曰：去此不遠，某方有博場，博徒恒以夜集，天明則散去，然多有倦而寐於阡陌間者，君持此往潛截一二人髮，則君亦其中之一耳。如其言而妖魅截人髮之僞言彌盛矣。此事予後讀說部，亦有記之者。但或云爲盜，或云淫奔耳，不知果有其事矣，抑出好事者之編造也。然當僞言方熾之時，以不知何故，爲人截髮，甚或自截其髮，以圖惑人者，亦未嘗無之。《魏書·靈征志》：“高祖太和元年，五月辛亥，有狐魅截人髮。”“肅宗熙平二年，自春，京師有狐魅截人髮，人相驚恐。六月，壬辰，靈太后召諸截髮者，使崇訓衛尉劉騰鞭之於千秋門外。”截髮者不論其爲人所截，抑係自截，要爲妖言惑衆之原，集而鞭之，亦一切安衆之法也。

寫於一九〇〇年

呂　黻　庭

族祖黻庭君，諱懋幹，工書。予未見君墨迹，然所見老輩好書法者，無不稱之。陳容民重威先生終身肆力於書，書亦甚工，尤亟稱君，君書之工可知矣。君客臺灣而没，或告君母汪夫人曰：君柩在臺南法下寺。歲甲申，予從母之夫管凌雲元善先生客福建，予母托其詢訪，不得確息。戊子，凌雲先生客臺北，又托之。復書曰：臺南並無法下寺，何來棺柩。疑惑而已。歲辛丑，予乃遇一久官四川之趙君，趙君離鄉巳三十三年矣，是歲始歸。云確知黻庭君死事，君實在海口，乘舟遇風，躍登小舟，小舟覆，大舟顧無恙，君遂溺焉，未得其尸也。然則云棺在臺南法下寺者，殆姑妄言之，以慰其母歟？一事之得實狀如此。

寫於一九〇一年

先 世 小 語

　　壬寅六月初九。吾先世碩堂公，家貧，游於外，後爲臬司，取一妾李氏。母大怒曰：妻之從汝，可謂困矣，今取妾可乎？率其妻往，必欲逐妾，碩堂公哀求再三，曰如有寵妾蔑妻者，請母逐妾也，許之。母晨則使妾梳頭，得間則詈之，或批其頰，皆順受之。日則一事不爲，碩堂公晚休，則爲小兒作履底，碩堂公遂憐之。時某制軍擅權（或曰某巡撫），碩堂公爲通賄賂，奇珍異琲，靡所不有。碩堂公嘆曰：吾必爲某所累矣，但母老不能去。悔學子曰：啜菽飲水盡其歡，斯之爲孝。後果以某故流，妾欲更嫁，母怒批其頰三，而後遣之。

　　高祖亦士公，甚貧，午後饑，几有鹽菜，常食之，妹歸不能具美食，必就肆買烹之。妹曰：如此使吾不安。曰：老年兄妹能幾回聚，是區區者不吝也。大姨母親述。

　　緯存公常衣夏布褲過冬，曾祖叔克公，善書法，宗王。伯祖母之叔父曰，美女簪花也，吾弗能也。先祖甚畏曾祖，過曾祖之窗必俛。祖幼習皇甫誕碑，善，曾祖喜，面試之，曰，可爲膳清矣。先祖母莊氏縫紉以生，盡數縷，可贏一綫之利焉。髮逆起事，置祖宗之神主於甕而埋之，平而掘之，則先祖母死矣。

寫於一九〇二年

癸 卯 年 科 舉

　　是年在場中，助人作文仍甚多，時同人多抱微恙也。計二場助文甫作二篇，叔源、調卿、詩舲、魯青各一篇。又有史滋德者，文甫之族人也。以文甫之請，爲作兩篇，改削兩篇。三場又爲叔源、調卿、魯青、滋德各作一篇。時文甫患恙最重，設非予允以相助，則二場即不敢入場矣。文甫謂予甚有豪氣，因此定交。還里後，又介李君潊雲與予定交云。此時予興會甚佳，雖在場中代人作文甚多，而出場仍甚早，每出場不至寓所，使僕人携考具回寓，而自至某茶肆觀奕，必至晚乃歸。以同伴出場皆就寢，予則不欲寢，又無人可談也。予是時實不解奕，然頗好觀之，曾見奕中前輩汪叙詩與束雲峰對局，即在金陵茶肆中也。惜茶肆之名，今已忘之矣。雲峰後亦成名。

寫於一九〇三年

鼠　疫

鼠疫福建久有之，皆腺鼠疫也。其俗云：患此者必見一死鼠，見則病，病七日必死。焉有此一成不變之事，聞而知其爲妄言矣。予從母諱綺，字少霞，適管凌雲先生，諱元善，官福建。其第三女小字安保，方幼，一日見死鼠取而弄之，即病，病七日而死，其署中人皆嘩然，以俗傳之説爲信矣。從母旋亦病，發熱極重，卒得愈，彼輩則曰此非鼠疫也。時無良醫診斷，固無由知其爲鼠疫，亦無由知其非鼠疫也。彼輩之云，則曰不見死鼠，病不七日死，即非鼠疫耳，而其傳説彌信矣。然此猶可説也。而凌雲先生寓書予家云：從母病時，厨中忽有豆五十粒，豆上以墨色繪人眼耳口鼻畢具，膽大者以油灼而食之，味如黄豆。又與夫乘涼，臥院中，忽一物墜於身上，視之小棺也。麻繩纏之，不敢啓視，即焚之云。蓋乘主人哀痛瞀亂之時，造爲此等妖言耳。此等事可覘怪説之所由來。

寫於一九〇三年

魏默深先生墓

魏默深先生墓在西湖長橋之闊石板，地方從未修理。清光緒癸卯，其孫某乃至杭瞻拜，擬於秋間修理，並建祠宇。見是年閏五月《蘇報》，後未見報紙更載及此事，不知果否。

寫於一九〇三年

録鄭成功詩一首

鄭成功詩云：破屋荒畦趁水灣，行人漸少鳥聲閑。偶迷沙路曾來處，始踏苔岩常望山。樵户秋深知露冷，僧扉晝静任雲關。霜林猶愛新紅好，更入風泉亂壑間。見《新民叢報》二十三期雜俎門。

寫於一九〇六年

常州光復記事

當辛亥光復時，吾鄉西門外，有吴姓或胡姓者（因吾鄉人讀此二字音相同,故無從知其正字),老而無子,其遠祖於明亡時,遺有明代衣冠一襲,命子孫世世寶藏,光復時著衣祭告,此人並一衣之而出,謂吾雖無子,眼見漢族光復而死,我的祖宗,也可以無遺憾了。此事知之者甚多。惜當時干戈擾攘,未能訪得姓名居址,及其先世事迹。觀於此,可知抱民族主義的,實不乏其人。

約寫於一九一一年

士　氣

幼時聞父老言:滿洲兵未入關時,中國兵望而畏之,一滿洲兵可走中國兵數十百人;及辛亥光復,聞人述杭州、西安事,亦一漢人可驅數十百滿洲人。非力之不格也,亦非降北之必獲免也,此所謂士氣也。《南史·賊臣傳》云:"侯景之圍臺城,援軍三十萬,兵士望青袍,則氣消膽奪;及赤亭之役,胡僧佑以羸卒一千,破任約精甲二萬,轉戰而東,前無橫陳,既而侯瑱追及,景眾未陳,皆舉幡,景不能止。"此所謂土崩瓦解,非復人力所可支障者也。轉移莫捷於氣,而成敗存亡係焉,用兵者不可不慎也。

寫於一九一一年

候補官之窮

仕途之擁擠,由來舊矣。而清季尤甚。以前世賣官鬻爵多秕政,非法使然,而清世則捐納幾未嘗停,至季世且尤甚也。文甫官安徽,嘗告予曰:安徽有候補官某,以貧困死,或挽以聯曰:五歲孤兒九旬老母,一間茅屋三代停棺。紀實也,亦可哀矣。

寫於一九一一年

授 時 通 考

此書可謂雜亂無章,鈔古書太多,而真切用之書不備,其大病也。鈔嘉谷盈篇累牘,尤無謂。不過此類故實如不多鈔,清世所謂嘉谷等,亦不能載,意在媚虜而已,亦可恥矣。

寫於一九一一年

寧　遠　某

寧遠某素無行，有寡婦有子而饒於財，某百計誘之，婦遂嫁焉。某蕩其資而賣其子，又以錢數貫賣婦於一木匠，而誑婦云：木匠係其戚，可偕往求助焉。婦從之，至則花燭設，强之交拜，婦執不可。曰予一失節，已悔不可追矣，其可再乎？木匠乃以婦還某而索賣價，某已耗之矣。憤甚，與婦歸，入門即以巨梃擊婦斃焉。鄉里皆畏某，莫能仗義發其事也。十餘歲後，有士子入省應鄉試，錄遺畢而急足至，告以母病，士子急歸，與某遇於逆旅，某詢其應試何又還鄉，士子告之。某曰：然則君之卷票盍與以予。士子曰：母疾克減，予將復來。某曰來則還汝。士子方憂憒，即與之。某赴成都冒士子名入場，於卷上書奏摺一篇，帖出。次場復冒領他人卷以入，其人至不得卷，嘩焉。司闈事者使赴至公堂，而案坐號索其卷，則某已於卷端畫一美人，且係以詩矣。執而訊之，所言皆誑娶婦而又殺之之事也。致之縣，論如律。此事在清光緒中，丁宗彝所目擊，爲予言之。宗彝名冕英，長沙人，居杭州。

寫於一九一一年

夏粹方遭暗殺

民國三年正月十日，舊曆癸丑十二月十五日也。時予客上海，楊君秉銓亦客上海，予寓打鐵浜，楊君寓四馬路老巡捕房東首。是日予約其在三馬路小有天閩菜館夜飲，與其弟子周笙庚、笙庚之甥殷葆春同往迓之，過棋盤街，見一人傷左足，血流如注，一人扶之上車，以爲傾仆受傷也。至秉銓寓所，乃知商務印書館總經理夏粹方爲人暗殺矣，此人則中流彈者也。此時上海不甚聞暗殺之事，街頭巷尾，茶坊酒肆，紛紛傳之，以爲異聞。其後暗殺之事時作，人皆淡然視之矣。

寫於一九一四年

莊　諧　選　錄

《莊諧選錄》，小説家言也。光緒戊戌附刊《中外日報》中，當時讀之，頗覺有味。其後有單行本。民國五年九月，予患腹疾，復取讀之，以資消遣，則編次與昔大異，有明明舊有而後來刊本無之者，亦有新增者，然可採處殊少矣。

書賈竄改元書，多求其有趣味以利消路。此本絕無此意，當係作者所自定。然以精采論，實轉遜元作，不知何故作是改易也。

寫於一九一六年

有 聞 必 録

有聞必録四字，頗欠妥當。報館之於新聞，既求其登載之捷速，調查或不能十分詳確。其有錯誤漏略，留待下次登載時補正可也。然亦必竭其力之所能至，以求詳確。若援有聞必録四字以自解，真乃聞斯録之，而不復更事調查，則謬矣。至於意別有在，明知其不確而登之，而亦援此四字以自解，則尤無足與言矣。

寫於一九一七年

滑 稽

滑稽之談，借趣味以促人反省，所謂談言微中，可以解紛，意至善也。

然而善否，亦視乎其人，其人而存心忠厚歟，嬉笑怒罵實本於悲憫之衷，誠足以發人深省。若以輕薄之口吻出之，則不惟不能使社會知所儆戒，且使閱者之心思，亦寖入於佻薄矣。近今之從事報紙者，於評論之中，每喜作滑稽之語，此不可不深自檢點者也。

猶記民國元年沈佩貞在京師，與人爭鬧。某報記者作時評一則曰：生理學家言，人到暑天每易發怒，沈佩貞之發怒，其以天氣暑熱故歟？再則曰：觀劇者，若無旦角，必覺無味。以近日京師爭鬧之烈，固不可無雄雌以點綴其間也。試問此等口吻爲輕薄子歟？爲忠厚長者邪？此等評論，於讀者果有何益？

近今之操筆政者，疇復計其文字之有益或有害於人，雖然，言爲心聲，聞其言，斯知其心矣。知其心，斯知其人矣。縱不爲讀者計，亦應自爲其人格惜也。

寫於一九一七年

傳 染 病[①]

(上缺)若囂囂然曰：我生不有命在天。或聞病之能傳染，大笑而不之信，

---

① 原文殘缺，標題爲編者所加。

111

是自蹈危機也。又有一等人，常存一希冀僥幸之心，以爲如吾之所爲，未必遂至於傳染。殊不知彼被傳染而病而死者，初亦皆以爲未必傳染而爲之也。即如霍亂慨自飲食傳入而不知防衛者，或明知飲食物之不潔而曰：我今日胃納甚佳，必能抵抗病毒。試思彼被傳染者，豈皆自知不能抵抗而故爲之者耶？其當初之自恃，蓋一如吾之現在也。人之能否抵抗病毒，豈有可以意度之、以意斷之之理，望尊生之君子三思之。

寫於一九一七年

法律果有效力乎

家庭慘劇，如虐媳等事，屢有所聞，以致被虐致斃者有之，不得已而圖自盡者有之。無論被虐者之至於死，不至於死，而其事在刑法上必發生問題可知也。而在中國今日，則此等事幾於絕不發生何等問題。然則在中國今日，亦何幸而得爲强者以虐人也。

寫於一九一七年

惟 愚 者 活 動

時疫盛行，自宜加意防衛，其已染疫者，自宜設法救治，然防衛與救治，必有其正當之方法可知也。

乃以予所見，則惟有出會、打醮、宣卷、印發某真人某大帝所傳醫方等事而已。此等事可謂正當防疫治疫之法邪？

謂吾人之所知不過如此，又明明其不然也，然而惟此等愚人有所活動者，何也？

寫於一九一七年

茶肆中之所聞

某甲曰：吾連殤七子奈何？某乙曰：此汝前此所殤之子爲祟也，掘其墓，發其棺，視其尸不壞者焚之，則汝後此所生之子免矣。且曰：若某若某，皆生子屢殤，皆以此免。斯時茶肆中，讀書明理之人，亦有三數，無一人發言諍之者，無知識之人則皆附和之。駕牛曰：中國數千年之文明古國也，而其現狀至於如此,哀哉!

寫於一九一七年

組　織　文　社

鄉間組織文社,以互相觀摩,誠美舉也。然此等文社,不佞曾見過一兩處,其課卷亦見過一兩次。大抵所作之文與科舉時代之策論無異,所命之題,亦與科舉時代之策論題無異。現今世界,豈尚宜作此等事哉? 其精力花得太不值得矣。則何不結社以研究實學乎?

寫於一九一七年

賭博輸去豆洋

諸君見賭博輸去豆洋之新聞乎? 賭博之爲害大乎? 其實鄉間此等事,豈可縷指數。受害之大於此者,尚不知凡幾也。謂賭可禁耶? 弊絕風清,誠哉其難也。謂賭不可禁耶? 果使一地方之正人君子,任勞任怨,協力維持,當不至猖獗若此。

諸君憚勞乎? 吾嘗過某鄉之巨室,良田廣厦,鄉之人莫不艷羨之。又十年而過之,則一貧如洗矣。問其故? 曰闔室皆好賭也。其族長初不爲意,迨後則欲禁而無從也。諸君不任受怨乎? 賭徒怨恨,豈無良民感德,賭徒交口稱頌,不將爲良民所唾罵耶?

寫於一九一七年

盤　剝　重　利

一切生利事業,莫不有賴於資本,無資本則土地勞力均變爲無用矣,所惡於盤剝重利者以此。

然盤剝重利,禁之無縱禁也。何則? 借債者勢急,以債借人勢緩,無論法律如何嚴重,彼爲富不仁者,必有策焉,使貧者俯就其範圍。

況乎利率之高低,原視乎金融之寬緊,徒恃一二資本家之慷慨好義,亦無益也。然則如之何而後可抒農民之困乎? 曰莫若組織農業銀行。農業銀行之利誠較商業銀行爲薄,然其營業亦較穩固。吾常資本家倘有意於此乎? 既

113

可牟利，又可濟人，善莫大焉。

寫於一九一七年

金松岑談水利

　　金松岑云治水之法，不外善溝者漱之，善防者淫之二語。善溝者漱之，即潘季馴刷水攻河之法，今機力所不及。西法亦用之。善防者淫之，即賈讓左右游波，寬緩而不迫之法。平當據經義，有決河深川無堤防壅塞。賈讓謂堤防近起戰國，然相距猶二十五里，故治水者，貴不與水爭地。數年前美密西西比河決，壞數名城，由無寬緩之地也。河身賈讓時已高一丈五尺，今高一丈以上，我過徐州，見黃河舊堤，猶略如黃樓也。

　　又曰：水力當永使中河而行不偏，所謂左堤強者右堤傷，左右強則下游傷。河所從來者遠，難以行平地，必載之高地。今河套漢時渠迹猶存，開之則河正流水清矣。

寫於一九一八年

貴　妃　漿

　　民國七年七月，上海有食肆曰進賢廬者，在報端登一廣告，謂所製有貴妃漿，乃唐楊太真所飲，以鮮果之汁製成，色有紅碧二種，盛以太極圖式之碗。其方歷代宮禁，迄末失傳，清孝欽后亦好之，易其名曰兩儀膏。今其方由清室內監傳出，特製以餉客，其碗亦係向江西定製，惟去其龍文而已。固知所言之妄，然謂其味必尚佳也。是月二十二日，偕江陰吳君研因往飲焉。則藕粉及杏仁粉而已。碗亦極劣之瓷，真可發一噱。然進賢廬不足責也。民國初年有作小說者，謂清室內監有一秘術，於男女交接後，欲其生子，則聽之。不欲但以指按女體某處，其胎即不能成，妃嬪入御出，必請於帝而分別行之云云，則其言彌可笑矣。然造作事實以欺人，以淆亂史實，則其心實可誅也。又非市儈志在牟利，人皆知其誣罔者比矣。然此等人亦不足責，貨力爲己之世，人孰不爲稻粱之謀，世豈能無失職之文人，救死不贍，又奚暇顧禮義哉。所可怪者，則受其欺者耳。易姓革命之際，都邑多鞠爲丘墟，宮禁秘術安能獨存，且宮禁何秘術之有？歷代皇帝所以自奉者雖厚，實皆斂諸民間，皇室本無所有也。帝王有疾，則求醫於民間，太醫院中，初不聞有異才，即其一證，而況內監乎？内監而有秘術，試問其術始自何人？如何相傳？此不可以欺童稚。然予在幼齡族兄坐，曾親見一亡清之達官，且科舉中人也，殷殷以是説信否爲問，人之昏愚，一至於此，又曷怪售食物印書籍者之借欺世以牟利哉！

寫於一九一八年

省闈中壁上見異物

陸廣甫先生以同治庚午主試陝西，在省闈中夜寢，輒見壁上有怪異之狀。予以民國八年四月十一日在其孫忍簪家，獲見其日記，曾摘録之如下：

八月初六日進貢院。

初七日子正睡，壁畫忽有異諦，視之現老人形，爲説三皈依法，似以爲然，以手作字，不可辨，但見有人字勢而已。久不散，復作種種幻相，未解其故。又爲言如須記載，則當與能文有集之士詳言之，俾知陝西省闈中有如此事而已，又似以爲然，而首肯之。時已寅初，燭光半明，忽又現房屋門户，則幻相有甚可慘者。枕上見此，洵可異也。然幽明不相干，理之所有，不以爲事之所無，彼此相安可矣。

初八日枕上見壁畫仍如昨，而幻相又異，則作錦上花，雲氣金碧，是何祥歟？稍看即寢。

初九日子正睡，所見如故。

初十日亥刻睡，所見如前。

十一日亥刻睡，丑正方寢，所見更奇幻矣。

十二日未刻小憩見如昨。儒者不宜有此，佛家則有之，不足怪也，亦閱歷也。

十三日丑初睡，見如前而更奇。大抵樹木之異，不足怪也。

十四日亥刻倦甚，丑正睡，見如昨，酣睡如不見者。

十五日子正睡，見更奇而了然，技亦窮矣。歸與路門仔薪言之，不知當以爲何如也。

以上皆録元文，云壁畫忽有異，云見壁畫仍如昨，似壁上本有畫也。十六日以後日記中不復及此事。至九月八日出闈。所云仔薪者，許姓名斌，爲廣甫先生作傳，謂其以是年閏十月還朝，明年九月卒。又謂其自秦歸，貌加豐而神氣潜减，文亦似異於常云。

寫於一九一九年

論醫書幾則①

馬□理千金方序，謂孫子之徒，嘗刊是方於華表石上，竪之鑑山之下，漆沮合流路隅，便人覽且抄也。今石存而方失，州人傳説爲某醫生所毀，後其家遭雷禍，方亦不存。案此書卷帙繁重，何能悉刻之石，若果刻之，亦豈一醫生所能毀，且是書當宋林億等校定時，即已簡編斷缺，公私衆本，搜訪幾遍，編次類聚，至於期月，綱領雖有所立，文義猶或疑阻。（見億等校上序中）果使刻石猶在，焉用爲是勞勞，若謂毀於唐時，億等校上序中，何以無一字提及，是知馬氏所稱，必爲道聽途説之談，而竟採入序中，實不免於無識。

《冷廬醫話·慎疾門》載，海鹽寺僧能療一切勞傷，虚損吐血乹勞之症，此僧不知神農本草、黃帝内經，惟善於起居得宜，飲食消息，患者往彼寺中三月半年，十愈八九。案此即今人所謂無藥療法也。然治病者不徒安其身，尤當安其心，就寺求治者，起居飲食，僧固得而調攝之矣。豈徒調其起居飲食，遂可獲愈乎，是必更有安其心之法焉。特傳述者不之知耳。然則是僧雖不讀醫籍，而其術亦必有所受之矣。

中國人稱述名醫治效，往往過於離奇，致聞者非以爲誕而不信，即迷信名醫爲有過人之力，而不復格諸事理，於是疾病治療均至無途轍可循。而惟憑名醫一時意想所及，充是心也，則攝養之方，可以不講，疾病之來，可以不防，即醫學亦可以不必研究。何則？其事固神奇而非有途轍可循也。少時嘗聞人言，葉天士治難産，衆醫用催生藥，不驗，葉加梧桐葉一片，下咽即産，以是日適爲立秋也。以爲此乃不知醫理者，妄想傳述之談耳。近閲《冷廬醫話》亦居然載此事於《用藥門》，且盛稱許之。葉氏於醫學，固不愧大家，然若從此等處稱之，則非貪天之功以爲己力，即掩前此衆醫之治以爲己效了。是尊之而反以毁之也。如之何弗思！善夫沈存中之言曰：世之爲方者，稱其治效常喜過實，《千金》《肘后》之類，尤多溢言，使人不復敢信，知過實之言，足以招人之不信也。則出語必衷諸理矣。

藥之用引，頗有妙理。宋徽宗食冰太過，患脾疾，楊吉老進大理中湯丸。上曰：服之屢矣。楊曰：疾因食冰，請以冰煎，此藥是治受病之源也。果愈。嘉定何弁伯患嘔吐，醫用二妙丸，不效，徐靈胎爲加茶子四兩，煮湯服之，遂

愈。因何病，茶積也。此中必有妙理。

《冷廬醫話·醫鑑門》：祥符縣醫生胡某，操技精良，當道皆慕名延致，都督某之女與人私，偶感寒疾，招胡診之。胡謂此孕脈也。某曰：先生之言信乎？胡曰：非識之真，不敢妄言也。某乃呼女出，以刀剖其腹，視之信然。胡大駭，暈仆良久始蘇，歸病數月即卒。下又有夾注云：先祖秋涯公宰密縣時，諗知此事，先生祖母顧太孺人恒爲以浼言之。則陸氏於此事知之蓋甚確。然予又聞人述孟河費□□一事，頗相類。

江少虞《宋朝類苑》曰：哲宗時，臣寮言，竊見高麗獻到書內，有《黃帝針經》九卷，據《素問》序，稱《漢書·藝文志》黃帝內經十八卷，《素問》與此書各九卷，乃合本數。此書幾經兵火，亡失幾盡，偶存於東夷。今此來獻，篇秩具存，不可不宣布海內，使學者誦習。伏望朝廷詳酌。下尚書工部雕刻印版，送國子監依例摹印施行，所貴濟衆之功，普及天下。有旨令秘書省選奏通曉醫書官三，兩員校對，及令本省詳定訖，依所申施行。《宋史·哲宗紀》元祐八年正月庚子，詔頒行高麗所獻《黃帝針經》於天下。（同本丹波元簡靈樞識綜概）

寫於一九一九年

避 疫

周笙廣名岐陽，寨橋人，予友也。其人踐履極誠篤，近自河南歸，二十夜患霍亂，二十一日卒，深可痛惜。因憶予有一族叔，昔年以母死於白喉，自江西歸奔喪，亦染白喉而卒。設使此二人者，不於此時歸，皆可不死也。故疫可避者，當謹避之。而既染疫或家屬染疫者，則當盡力防衛消除，不使病毒傳播，亦實爲極大公德。

寫於一九一九年

歐洲前此戰爭兵數

此次歐洲爭戰，列國出兵輒數百萬，預計可赴前敵者，且至千萬，此從古未有也。吾國史籍所載，大戰兵數，恒不及百萬已，多以白丁充數矣，多致敗衄。

前次歐洲用兵，拿破倫攻俄兵六十萬，屯西班牙者三十萬，留守本國者十萬，合計法全國兵數不過百萬，列國圍拿破倫之軍百有二萬八千。釋奴之戰，美南方出兵百有十萬，北方二百六十五萬六千，合計亦不過三百七十餘萬也。

寫於一九一九年

釋磨兜堅

（上缺）或寄書緘封作摩兜堅三字，又或作金人二字。金人取緘口之義，盡人所知。摩兜堅字頗新，而不知其所出。後見《輟耕録》云：昔李侍郎敦立，嘗作磨兜堅三字於座隅。磨兜堅者，古之慎言人也。其善於自防者哉！金華宋濂爲著箴曰：磨兜堅，慎勿言，口爲禍門，昔人之云。磨兜堅，人各有心，山高海深。磨兜堅，高不知極，深不可測。磨兜堅，言出諸口，禍隨其後。磨兜堅，鐘鼓之聲，因叩而鳴。磨兜堅，不扣而鳴，必駭衆聽。磨兜堅，惟口之則，守之以默，是曰無德。磨兜堅，磨兜堅，慎勿言。讀之知磨兜堅所出，而磨字不作摩也。既見《偃曝談餘》，鄧州西有穀城，城門石人，刊其腹云：摩兜鞭，慎莫言。李敦立又揭三字於座隅，曰磨兜堅。宋學士續之以箴，亦曰磨兜堅。摩字與磨義不同，堅與鞭韵不同，不知誰爲正。則前人已傳寫不一其字矣。又見《讀書鏡》，武王問五帝之戒於尚父，尚父曰：我居民上，搖搖恐夕不至朝。金人三緘其口曰：磨兜堅，慎勿言。據此，則又即金人之名也。

寫於一九一九年

張作霖

張作霖第五妾有寵，延緣差缺者多因之。有一女適蒙古達爾罕親王，東北俗婚嫁率早。所謂達爾罕親王者，年僅十四五耳。沈陽人夏日游息之地曰小河緣。民國九年七月二日，檢察廳長邱姓率其子往游焉。其子誤觸達爾罕親王之帽，達之從者毆之。檢察廳長起救，又毆之。警察至，録馬弁一人致諸看守所。作霖之第五妾使兵往索之，看守所人弗與，兵毆其門者，方擾攘間，檢察廳使至，曰：釋之。乃釋之。而檢察廳長之子創甚，至施醫院弗受，搁至日本人所設醫院，又弗受，蓋皆慮其死，則檢察廳長必訟之，醫院當出而作證也。時作霖不在沈陽，張作相代理其職，檢察廳長往訴焉。至門已亥正矣。衛兵叱之曰：今且戒嚴，爾來何也。檢察廳長知其不肯通報，乃誣作相曰：彼實召我來也。衛兵乃入之，作相不得已見之，檢察廳長以其事告，作相曰；此兒子争意氣，我豈能與聞。巡閲使歸，我亦不能代達，老兄只得受屈，治賢郎之創，斯爲亟，得不死，斯爲説，他不必較也。檢察廳長無奈何去。馬弁既見釋，檢察廳長使人送之歸，達爾罕親王弗受，又毆送者，或緩頰説諭之，乃已。馬弁揚言曰：我遇法官，必殺之。檢察審判廳中人皆大懼，又將求善言辭者往説焉。後事不知如何？此一日中事，則予時客沈陽，親聞諸楊君星岑、葉君宣鐸者也。

是歲九月二十一日，予以事外出，將返寓，路由金銀庫胡術，爲警察所沮，以張作霖方出，將經其地，豫禁斷人也，不得已繞他道還。作霖出必先禁斷人，往往至數時之久，惟日本人不受沮。華人之狡黠者或著西裝不語，昂然而過，軍警不能斷爲華人抑日人，亦不敢沮也。若與之理論，則不徒見沮，或且受辱矣。嘗有日人嫺華語言，爲軍人所沮，日人乃曰：汝知法律歟？在我國天皇出，猶不禁斷人，曷不早日出示，乃行之於臨時，請汝軍官出，吾自與之言，抑須吾國領事言之歟？辭未畢，軍人亟揮其手曰：去矣，去矣。蓋不徒不敢沮，亦不能盡解其語也。

作霖時，所謂奉軍者，紀律亟壞，嘗掠一商肆，肆中人莫與抗也，既席卷將去矣。及門見一學徒，年未及二十也。一兵曰：此小子好肥，遽拔刀刺之，深入寸許。此事亦星岑告予也。吳佩孚既敗，奉軍南下至江蘇，有入常熟者。常熟王天任與予同教授於江蘇省立第一師範學校之專修科，其父鄉董也，聞奉軍至逃匿，奉軍係其弟，其弟許賂之而求勿擾其境，奉軍不悦，烙之幾死。其妻謂其夫之見執，由其兄之逃匿也，求得天任之父而索其夫，天任之父投井死，數日，其弟歸，創甚，又謂其兄以己而死也，亦自殺。天任聞奉軍入其鄉亟歸，則父及叔父皆死矣。鬱鬱染肺結核數年亦死。作霖、作相初皆鬍匪也，鬍匪，日本人稱之曰馬賊。其徒自稱則曰馬將，奉軍常相謂曰：咱們大帥是馬將出身。意若甚得者，聞者匿笑。

寫於一九二〇年

氣　候　之　異

生平所歷氣候之異，莫如民國十一年二月二十六、七、八三日，即舊曆壬戌正月十九、二十、二十一三日也。時予在常州，二十六日始熱，二十七日更甚，予家寒暑表至華氏六十四度，夜有風稍涼，二十八日風止，復熱，寒暑表至六十八度，友朋家有至七十餘度者，雖置表之處，皆不必合，然温度在七十度左右,則無疑矣。襦袴之外,但着褌衫,晝出猶熱,夜歸不寒也。江東氣候,往往舊曆正月熱,二月復寒。然熱至如此,亦所罕見。

寫於一九二二年

白　話　詩

近人籽作白話詩,然多無味。再從弟余之,少時與予同讀,以鈍著,年十六,同學者皆頗能爲詩,余之則僅能以俗語爲五字句而已,又不協韵,見者傳以爲笑。然較之今人所作尚有詩意也。偶從故紙堆中,得其所作四首,特錄如下:春蘭云:蘭花在盆中,香味在外邊,人去抱香味,不知在何處。枯荷云:池上有枯荷,人惡花不開,一夜露入池,明日又開花。秋菊云:秋菊到九日,花開皆在地,幽人只獨尋,不知幾枝黃。冬夜云:半夜三更月,風聲在空中,人在床上聽,不知何時息。辭雖俚而頗有質趣。與胡適等提倡以後,趨時之士所爲者,顯有不同,以詩文異物,舊時雖文理不通者,亦濡染焉,而自知之,後來則昧於此別也。

寫於一九二三年

傳　說　因　襲

流俗相傳之語,率多互相因襲。予少時嘗聞人言,《紅樓夢》爲滿人明珠所作。明珠與高某,同侍清高宗讀書,明珠性質直,見問,不知者即云不知。高性巧詐,每入,必藏金豆荷包中,高宗讀何書,内監必以告,高即酬以金豆,而取其書讀之,以故問無不知,而明珠之寵遂弛,乃作《紅樓夢》,以黛玉喻已,寶釵喻高云。或曰明珠之子所作也。或又曰:曹雪芹爲之。雪芹者,明珠客也。予小時所聞者如此,當時即知其不足信,然未知其說之所由來也。十七歲讀《續通鑑》,見宋太祖開寶元年有條云;四月丙子,户部員外郎知制誥盧多遜充史館修撰,判館事,多遜喜任數,善爲巧發奇中。帝好讀書,每遣使取書史館,多遜預戒吏,令遽白所讀,上果引問書中事,多遜應答無滯,同列皆伏,帝益寵異之。乃知所聞明珠之說,實因此而造作也。此爲予知傳說互相因襲之始,嗣後讀書稍多,所見此類因襲之說,不可勝數,有今尚存於人口中者,亦有已無傳述之人,而各書互相因襲者,以無甚關係,未尚記錄。然設有留意於此者,專搜集排比之,亦足見傳說之性質也。

寫於一九二三年

劉　小　雲

劉君小雲，忘其名，嘗從先君游，時予年尚少。後劉君久客於外，不相識矣。民國十五年，劉君五十有六矣。還里來訪，出示所作詩，頗工。且誡予曰：寡交游，遠悔吝。予聞之悚然。予自信頗狷介，自劉君觀之，蓋尚以爲濫交也。悠悠奔走之中，聞斯言而能喻者寡也，況於行之哉！

寫於一九二六年

肇　域　志

《汪穰卿筆記》云："顧亭林先生《肇域志》，全書二十册。據程瑤田先生跋，時已闕者，北直隸及四川，江西兩布政使，有蔣寅舫評事鈔本，後爲餘姚朱久香閣學所藏，則又闕廣西矣。曾文正嘗欲就此本排印，而以意爲分卷，其上下方有增益及旁註均攙入。江南十一卷，浙江二卷，山東八卷，山西五卷，河南四卷，湖廣三卷，陝西十卷，雲南二卷，貴州一卷，廣東二卷，福建三卷，都爲五十卷，後未成而罷。庚戌，朱之後人持至上海書局求售，約能印則取資可少，乃無應者，深可惜也。"（見卷七）予友朱公謹言鈞，爲久香先生後人，反嘗以此書問予，絕不知其家人有持至上海求售事也。又案汪所舉卷數，其都數實爲五十一。

寫於一九二九年

勇 以 毅 爲 貴

勇以毅爲貴，東方人好自殺，西方人恒譏之，然東方人亦非好自殺也，曹沫、管仲之見稱，由來舊矣。大史公婢妾賤人，感慨而自殺者，非能勇也，其計劃無復之耳。（季布欒布列傳）其言尤與西人一轍。今日本人好自殺，彼因承封建之世武化之淺慮，不足責也。若中國人則未有如此者，然中國人又迫於萎縮受侮，何也。曰：凡人之重其死者，將以有所爲也。中國人固未嘗不有所爲，特其所爲者，皆私而非公耳，此則其强毅堅忍用之不得其道，而非其不能强毅堅忍也。夫孰使之利在於私而不在於公，噫！政俗之弊，必有任其咎者矣。

寫於一九三二年

蔡　儒　三

吾鄉有茶肆曰萬華樓者,設於清光緒二十四年,在當時爲新式茶肆,趨之者甚多。其後新式茶肆日多,萬華樓之客,遂稍寥落矣。里中弈人相聚於茶肆對弈事,蓋始於宣統之末。有丁琴保者,與予亦有戚誼,但不密耳。自弈局始設於茶肆,琴保即在焉,二十年未嘗間也。人稱之爲弈社之鎮守使。棋局所在之茶肆屢遷,民國十二年(?)始設萬華樓,予在里亦常往焉。二十一年八月十七日晡時復往,琴保先在,謂弈者王載揚曰:異哉? 蔡坤大之死也。載揚曰誠然。予曰:何謂也? 琴保曰:坤大之父曰儒三,武進縣吏也。五十餘年前與狄家駿之叔父同飲於酒肆,既醉出,遇賣西瓜者於途,曰剖瓜來。賣瓜者曰:予瓜不佳,不能賣與先生食也。儒三曰:試剖之,雖不佳,必與汝資。賣瓜者乃從之,連剖三瓜,皆不佳。儒三遂不給資而行。賣瓜者曰:吾固前言之矣,安得不與我資。儒三置不理,賣瓜者追之,遂相毆擊。儒三足蹴賣瓜者,肋骨斷,負傷而歸,勢遂危篤。其母擊鼓呼冤於縣署,儒三賄縣役,告令曰:是婦有心恙。令遂不出視。賣瓜者之母不獲理,哭而歸。賣瓜者曰:何傷乎? 予必爲毆我者子,以破其家,遂死。明年,儒三方算帳於堂,見賣瓜者入,目之,直入内室,呼問女僕,曰無人入也。又曰,主母將產,可速呼穩婆,既而生子,是爲坤大。坤大有兄,邑庠生也,行謹敕,無幾死。坤大長而好游蕩,卒傾其家。今年坤大五十餘矣,最後之家產盡,以今日死云。狄家駿亦縣吏也,予亦識之。是夜歸,燈下爲之記。

寫於一九三二年八月十七日夜

習舉業爲欲之甚

《桐城耆舊傳》卷八:"孫麻山先生(諱學顔,字用克,一字爾堯,號周冕,又號舫山,康熙間人。嘗築華農精舍於麻山,讀書講學其中,徒友稱華山子,又稱麻山先生)性耿介,家甚貧,友人勉之習舉業,就有司試,爲書答曰:道學之不明久矣。士苟有志振興斯文,則凡所爲者,正宜拔本塞原,不當復爲徇俗欺人之説也。人之爲心,理欲二者而已。學文以苟一時之名,爲榮身肥家,親戚交游光寵計者,欲之甚者也;立志不污,求造聖賢之閫奧者,理之至者也。安有事出於人欲之甚,而可曰無害於天理之至者哉? 卒不應科舉。嘗言:學道而遇飢寒，正可驗吾學之所得力。必於此不隳吾業，屈吾志，乃得上達。"嗚呼！讀先生之言而觀其行，使吾曹自謂讀聖賢書，而實未盡去夫名利之私者，愧無地矣。

寫於一九三二年

猫　墜　入　井

予妻最愛猫，家中之井用後必以物蓋之，防猫之失足而墜也。人多嗤其過慮。然予讀《輟耕錄》云：（據井有毒條上）"平江在城娥媚橋葉剃者門首檐下有一枯井，深可丈許，偶所畜猫墜入。適鄰家浚井，遂與井夫錢一緡，俾下取猫。夫父子諾，子既入井，久不出，父繼入視之，亦不出。葉惶恐，係索於腰，令家人次第放索，將及井底，亟呼救命，比拽起，下體已僵木如尸，而氣息奄奄，鄉里救活之，白於官。官來驗視，令火下燭，仿佛見若有旁空者，向之死人一橫臥地上，一斜倚不倒，鈎其髮提出，偏身無恙，止紫黑耳。"案此所述三人，死其二，一亦幾死之情形，庸不甚確，然南村能舉其事在至正己亥八月初旬，則非盡僞傳無據，其嘗殺二人而一亦幾死，恐近乎真。則以物掩井，亦謹慎之一道也。要之謹慎而過，終勝於寡慮而失之也。

寫於一九三六年

太　平　畜

昔孔子作《春秋》，張三世，於萬事萬物演進之理，罔不該焉。故犬者，亂世之畜也。養之以獵物，並以殘人。牛馬者升平世之畜也，人役其力以自利。猫者太平世之畜也，人愛其柔仁，與之爲友，而無所利焉。或曰猫性殘，人畜之以捕鼠，又必食之以魚或犬豕之肉。太平之世，物無相殘者，安可畜猫？不知物經豢養，性質則隨人而變，猫非不蔬食也。今之食肉，處境使然。太平之世，飲食宮室，皆與今大異，尚何鼠之可捕，猫亦何必食魚，若犬豕之肉哉！今中國人多好猫，歐洲人多好狗，即其去游牧之世未遠，性殘好殺之徵。夫犬不徒噬人害物也。猘者其病傳染及人，詒禍尤烈。日本某醫家嘗謂今人以保護財產，故而畜犬以害人，實爲背理之尤。欲絕恐水症，非盡殺天下之犬不可，又治法學者，謂好犬之人多率犯罪云。

寫於一九三六年

猫　友　紀

孟子曰：舜之居深山之中，與木石居，與鹿豕游，友豈必其人也哉！陳雪村署其室曰"友猫"，有以也夫！

老白猫，予幼時所畜，不知其所由來，壬辰予九歲，隨宦江北，盡室以行，時予家有猫二：一老白猫；一董猫也。携董猫以行，大姑來居予宅，以老白猫屬之，未幾，得大姑書云：老白猫去不歸矣。未知其何適也。抑此猫已老，以病出，死於外邪？未可知也。此猫頗猛，予小時畜兔二、畫眉一，皆爲所殺，然不惡之也。

董猫亦曰百兩猫，予母從妹適董氏者所贈，故曰董猫。嘗權之，重六斤四兩，適得百兩，故亦曰百兩猫。此猫黑白色，頭上白下黑，如兩髦焉。面圓而毛光澤，甚美。予母嘗撫之曰：女何美如此也。予年九歲始好猫，而從母以此猫見贈，携之往江北，恐其失去，恒閉房門，不許其入院落，久乃釋之。十四歲丁酉自江北歸，臨行匆匆。此猫適外出，遂未能携之歸，後常痛惜之。此猫亦名志道，衆又呼之曰阿道。

予在江北，又得猫三：並董猫名之曰志道、據德、依仁、游藝。據德爲一貍猫，後携歸江南，依仁不久死，今忘其形狀矣。游藝亦黑白猫，不美，亦未久而失。

丁猫，歲戊戌大姐家所贈，大姐適丁氏，故曰丁猫。此猫亦黑白色，其美亞於志道，後黑白猫死，衆呼爲小猫，因呼此猫爲老猫。

黑白猫，即對丁猫而呼爲小猫者也。不如丁猫之美，此猫至予妻來歸後乃死。

小三色猫，予妻來歸後首求得之猫也。時予家之猫，惟黑白猫耳。予妻以其不美，求猫於其母家，其母家首以此猫贈，然亦不美。

大三色猫亦曰三猫，亦曰四角猫，其面下半白，上半左右黑而中黃，恰成四角，故曰四角猫焉。甚美，嘗游予妻家，時予妻求美猫未得，其三姑見之，亟捕之，使人送致予妻，此猫後小三色猫至，然長於小三色猫，故稱爲大三色猫焉。大三色猫生大龍。

諺曰：一龍二虎，三猫四鼠，謂猫乳子愈少愈强，愈多愈弱也。四角猫以歲丙午産一牡猫，衆因名之曰大龍，或亦呼爲龍心。是歲二姑歸寧，予父以贈之，予與予妻不欲，二姑行之日，私將此猫寄之予友史文甫家，二姑既行，乃又抱之歸，家人但以爲貓適出而已，不知爲予與予妻所匿也。

二十角貓，黃白色，頗美，予妻以小洋二十角買諸人，故曰二十角貓，性好鬥，家中舊畜之貓，皆畏之，以是頗惡之。一日伴予妻晝寢，予妻撫之曰：女舊主人不好，奈何以二十角而賣汝邪？居予家，須和善，不可與舊貓鬥也。已而予妻乳子，家人惡是貓之囂也。寄之蔣義和雜貨肆中，是肆之主人，與予家交易數十年矣，乃以之贈人，而告予家曰：貓自走失矣。予家知其詭，然無如之何也。

阿黃亦曰老人堂貓，老人堂者，東門外養老堂之俗稱也。是貓金黃色，頗美，日睡於老人堂東廡，堂中人不悅。一日，予與陳雨農游老人堂，見而美之。堂中人曰：女愛之，携之去可也。予曰：女如肯送致我家，當畀女錢二百，其人悅，遂送之來。

黑貓，汪千頃贈予，家中舊貓攻之，黑貓逃之徐桂寶丈家，桂寶丈家方患無貓，悅而留之，予亦遂聽之弗索也。

予家之西，爲予外家之祠，有婦人居焉。倚市門之徒也，好貓，所畜貓有走之余家者，其毛多黑而少白，甚美，愛而留之，名之曰阿黑，阿黑之舊主人謂予家之庖人曰：吾有貓在汝家邪？庖人曰：安有是？其人笑曰：女勿隱也。彼自樂居汝家，予豈必強之歸哉！且予所畜貓凡四，此其下焉者也。出其三貓以視庖人，皆較阿黑爲美，然阿黑予家已以爲美貓矣。阿黑老而得疾，居几案上，忽昏墜於地，四足搐搦，俄頃乃定，如是者，歲再三發。後鼻又生瘡，潰爛兩歲餘，百計治之不愈，後忽自愈，又半年，以它疾死。

三花三色貓。大花亦三色貓，在予家所畜貓中爲最美，本唐家灣居民所畜，有淮南人知予家好貓，竊之來獻以要賞。予妻甚愛之，後懷孕將乳，夜走入花瓶中，首入而身不得入，亦不得出，死焉。予妻爲垂泣三日。

小花亦三色貓，生子四，曰陰陽師，以其面半白半黑也。曰爛眼皮，以其眼角有潰爛處也。此二貓皆以贈人，爛眼皮去而復歸，家人哀之，聽其停留半日一夜，明晨乃復以贈人焉，後頗悔其未遂留之也。曰小黃，爲僕婦踏殺。曰虎斑，以其毛色頗似虎也。此貓亦未長大死。小吾頭亦曰白大，陳雨農夫人所贈。此貓亦殊美，其首之大，它貓莫比也。而性慈祥，雖爲雄，其愛小貓或過於雌貓焉。故人皆稱之曰君子貓也。

黑大，錢志烔所贈，與小吾頭同時，小吾頭多白，曰白大，此貓多黑，曰黑大。生小白、小黑、宵眉小白、後小黑。宵眉小白者，兩眉間特宵陷故名，頗美，惜未長成而死。又生阿白、白鼻、白眉及小阿白、梅花。黑大以廿三年二月二十日死。

阿白亦曰白白，亦曰必揪，亦曰獨角。此貓甚大，面亦圓美，惜頭頗小也。日人陷遼瀋，或爲謠曰：獨角獨角，渡過東洋，滅落敵國。聞者異之。二十年十二月三十一日夜，阿白得疾不能食，而汗出如瀋，毛盡濕。明年一月二日予爲訪醫師陳舜銘。舜銘亦無策，是夜阿白走出，覓之不得，三日午復歸，四日夜死。

白鼻全身毛皆黑色，惟鼻有分許白故名。昔陸放翁有貓曰粉鼻，殆亦如此邪？此貓不美而頗馴，出外夜能扣側門歸，已見貓打門一則矣。此貓予家婢曰顧玉珍最愛之，嘗保抱之，有食必畀焉。後失去，而丁捷臣見之於大樹頭（予家東北街名），蓋爲人所竊也。

白眉與阿白、白鼻同産，毛皆黑，惟眉間有數莖白故名，後此數莖亦黑，又名黑米，面頰圓美，予女翼仁悦之，老而患腹瀉，久之不愈，二十四年冬出，不歸，蓋死矣。

小阿白與梅花同産，此貓居外時多，二十三年一月二十日走出，久之不歸，以爲不歸矣。二月八日復歸，六月初再走失，七月四日復歸，二十五年春又出，至今未歸也。

以上二十五年九月十五日記，生存之貓未與。

寫於一九三六年九月

猫　乘

猫　壽

猫壽短者五六年，長者七八年，然非其天年也。予嘗見常州鹽公棧之猫已十六歲，尚不甚衰。動物學家云，猫壽最長者二十三歲，亦就所知者言之云。

猫之生育最早者七月，通常十月，至遲者，止十四歲，亦動物學家云。

猫　眼　歌

凡動物之眼，皆能隨光綫之强弱，以爲張弛，然可任意而無定時，惟猫則不然，故有覘猫眼以知時之法，其歌訣云：子卯午酉一條綫，丑辰未戌成全圓，寅巳申亥棗核尖。

猫　救　子

予所畜猫名黑大者，生子於樓上，樓無人居，而庋器物甚多。一日其小猫宥於網籃之繩不得脱，黑大下尋吾妻，鳴不已，逐之不去，隨之往，見小猫宥於繩，乃爲解之。

猫　　食

飼猫者恒以魚，故唐人已有"策勳不患食無魚"之句，然非猫獨好魚也。魚繁易得，古以爲庶人少者之食，蓋至後世猶然，以其賤，故以之飼猫耳。或曰猫生七日，可以餳和稻米飯飼之，半月後可與大猫同食，斯時也，以俗名油灼燴，亦名油條者，雜飯中飼之，可少疾病。或曰猫初能飯，飼以猪之脺，一猫須盡其一，則跌打不易損傷。

十八年八月二十四日《申報》有自署碩氏者，述其友周氏之言曰：猫初能飯，以餳蒸魚食之，戒與油鹽，如是經月即成習，見油鹽一嗅即去，人所食肴饌，雖與之，不食也。又云以人所調五味食猫，久之亦成習，得鼠多不食，鼠或腐於人所不見之處，殊足爲害云。

古　　猫

生物學家言，古之猫齒，利如匕首，一千萬年以前，美洲西境猫最多，今美國芝加哥大學藏有猫骨一具，自尾至耳，長四英尺，考古動物者，謂其生當四萬年前云。

又民國十八年十二月六日《申報》云：有人自海外歸，述及美國喀德司奇爾（Catskills）掘得遺骸一具，骨節圓扁，齒牙上下各十二，四足爪屈曲如鈎，全體長五英尺餘，高二英尺。哥倫比亞大學博物教授格列斯德（Gressttler）斷爲猫類之始祖，其言曰猫在古生代時，（距今萬五千餘年）實係兩栖類，至中生代乃變爲哺乳類，性猛捕人而食。其時人爲猿形，身材較捷，相率登高以避之。今馬來産無尾猪，見猫則畏縮，蓋其遺傳性也。又曰猫初喜食魚類，常以爪攫取之，故其尖端俱向後，久之性質略變，因覓鼠類以食，惟四足前低後高，始終不異元形。予嘗游獵非洲，在荒山中遇土猫，能旁水覓魚，登陸捕鼠，即此類也。格氏後將此遺骸，陳列博物館中，學者或斷爲鯨之變相，或指爲獺之化身，聚訟紛紜，莫衷一是云。

猫　　相

猫頭宜圓頷宜闊，毛宜密尾宜常翹舉，頭圓頷闊，則猛而健，能捕鼠，反是者多懶，毛疏則畏寒，尾常垂者多疾病。

猫生於春者常耐寒,俗曰春猫,亦曰早鼉猫。生於夏者,曰夏猫,生於秋者曰秋猫,較弱。冬猫較稀,生於舊曆十二月者,曰臘猫,尤稀。毛之特長者,俗稱獅子猫,頗美觀,然易藏垢,宜時爲梳櫛。

中國之猫,有黃白黑三色,或二色雜,或三色雜,純黃黑者皆有,純白者未嘗見,或曰純白者,耳必聾。然予所見幾於純白之猫多矣,未見其聰之遜也。則此語信否未可知也。猫之上黑而下白者,俗名烏雲,蓋身白而尾黑者,俗名雪裏曳槍。純白而尾黃黑,身又有黃黑點者,俗名鞭打綉球,亦曰桮打櫻桃,然皆未見其美。猫之最美者,面左右角與耳皆黑,如人之有兩髦也。古人親死,乃脱髦,曰以順父母幼小之心,而髮彼兩髦形諸歌咏,蓋亦以是爲美觀云。

波斯有藍猫,聞蒙古之猫,又有紅色者,又某年《申報》載英湯頓(Taunton)有名白羅克(H、C、Brook)者畜一猫,毛甚短,全作深紅色,此猫甚健,終日往來不息,絶不如尋常之猫之耽於坐卧云。

猫 行 之 速

十八年五月九日《申報》又云:英勒德蘭府阿賓漢(Uppingham Rutland)蒂恩博士(Dr,W,Dean)以一猫贈其友,其友居塞福爾府佛拉林漢(Framlingham,Suffolk),相距百英里,未久猫忽失去,六日後復歸蒂恩博士之家云。

猫 可 教

十八年九月五日《申報》有自署趙廠者,謂嘗訪友遼東,其友陳姓,字仲祥,業商出甫客,一猫隨之,白如雪,命之坐則坐,命之立則立,命之行則行,命之舞則舞,凡命之動作,各有口號,莫不如志,出時表示之方三時,猫以足抵地三起,廠撥時針至七時,則以足抵地者七,陳仲祥言,此猫得之日本人鈴木氏,鈴木氏馴猫之術,得自意大利人,家有猫三十餘,皆有異技。

猫 哺 鼠

廿三年五月一日《時事新報》云:新世界二樓有所謂猫哺鼠者,出錢二百得一觀,猫鼠同置一籠中,大猫一,小猫二,小鼠一,看守者以鼠置猫頭上,鼠自能下,覓猫乳與兩小猫同食。看守者云,初捕四小鼠置猫側,其三皆爲猫所食,惟此一鼠,猫子之如子云,看守者捕鼠置籠隅,猫能柔聲呼之,觀者莫不異之。觀此知予所謂嗜殺非猫本性,非虛語也。孟子曰:人之所以異於禽獸者幾希，庶民去之，君子存之。嗟乎：人之異於禽獸者，豈皆善於禽獸者哉！禽獸不知其惡而蹈之，人知其惡而猶獨爲之，其不可恕甚於禽獸，不待再討矣，然人豈生而惡者哉？吁乎！

貓 打 門

某報云英國金士頓（Kingston）某美術家有一貓，不肯由後門出入，前門懸有敲門鐵槌，貓自外歸，常將槌輕敲一二下，待人開門，如無人開，則再敲一二下，必待開而始已。案予所畜貓名白鼻者，亦能打門，每日外歸，恒叩側門，待人往啓，惜此貓後爲人竊去。

十九年四月二十一日《申報》云，有劉某者畜貓三十餘，一曰金絲，一曰銀絲，尤愛之，一日金絲忽失去，百計覓之不得，或教以碗一，滿盛清水，置竈上，復以枰，亦無驗，已置之矣。月餘夜聞按電鈴聲甚厲，啓視之，則金絲踞門上，以爪按鈴云。予案予所畜貓名小吾頭者，亦失之月餘而復歸，然後知貓之能識途也。

貓 救 子

民國十五年三月六日，紐約動物園火，珍禽之死者千五百，猿百五十，他鳥獸不可勝計，有狒狒一，守其已死之同類不去，人强曳去之，一母猴以身覆其子，一貓衛三小貓之安全之處，見是月十八日《申報》。

又英國哈姆歇埃府海得來（Headley, Hamshire）有一小貓墜落井中，以長繩係吊桶下垂，卒不能救，後有一警吏係母貓而下之，果衛其子出，見十八年五月九日《申報》。

貓 托 孤

十九年四月某日《武進商報》云：東城某姓畜白牝貓一，甚馴，已數年矣。近産小貓五，守護乳哺，頃刻不離，忽一日外出，久不歸，群幼烏烏索乳急，主人擬往尋覓而貓已至，撫其群小亦嗚嗚，主人嗤之而去，少頃往視貓已徙去，遍索不得，鄰家某姓走相告曰，汝家貓群均遷我家矣。蓋鄰家畜三色牝貓一，亦乳四幼，斯相若也，問其詳，則曰今晨爾家貓走至我家，鳴聲甚哀，我家之貓聞聲出迎，互相喚大類，問答久之，爾家貓去，午後將小貓絡續銜至，吾家之貓竟與之乳，爾家之貓觀望久之，掉尾而去。我家貓已乳四子，安能增其五耶？盍尋爾貓，使引歸其子乎？主人聞頗怪之，覓白貓已蜷伏不能起，而鳴聲益哀,蓋病矣。翌日白猫死,後數日鄰人言其三色猫遍乳九子,無軒輊也。此豈均一之尸鳩所能逮,而人視之,不重可愧哉!

猫　竊

二十年六月初六日《申報》云,巴黎近有一大虎斑猫,其主人加以訓練,能出入富家樓屋,竊婦人綢襯衣,殊覺防不勝防云。

猫生翼

二十二年八月三十日《申報》路透社倫敦通訊云:牛津近有一奇猫,背生二翼,各長四寸,上覆黑白毛,亦嘗試飛,但不能舉其體耳。猫殊肥大,其鳴也,其嗜魚與鼠也,悉如常猫,爲人棄於道左,今畜於牛津動物園中。

風　猫

猘犬俗名風狗,蓋其狂如馬牛之風也,亦加疒旁作瘋,傷人者多死,屢聞之矣。若風猫,則甚罕,然亦有之。劉惠生者,上海人,居徐家匯,設洋貨肆曰大豐,妻張氏,亦上海人,父名夢川,居胡家宅。民國十三年冬有白色牡猫至,惠生家愛之甚。十八年九月十三日晨,猫忽得狂疾,見人即噬,傷張氏左頸,惠生養子雪榮年六歲,亦被傷,又噬鄰王和記肉肆學徒馮阿七,惠生則履襪被噬破,後馮阿七治癒,張氏頸創愈而毒復發,由西醫牛惠生施治無效,十一月二十九日卒,自毒發至死,僅二日耳。此事似見《新聞報》,錄存時未記報名,不能審諦矣。又十九年十月二日《新聞報》載蘇州通訊云,宋仙洲巷顧趙氏前月途遇一小猫,抱歸,七日前忽發狂,見人即噬,顧趙氏首受傷,繼又有烟兑店主某及湯家巷陳皮匠等,凡八人。顧趙氏詣博習醫院,陳皮匠詣光明醫院求治,皆無效,死時眼及耳鼻皆有黑水流出,胸腹腫脹,餘人經醫師診視,傷處皆無毒,然亦未敢保其將來云,然則畜猫亦不可不慎也。

好猫者

西方名人好猫者甚多,相傳天方教主摩柯末嘗因事欲起,而有猫熟睡於其身,不忍驚之,乃割衣一角而起,英主教華兒山(Cardinal Walsey)見客必有猫隨之,法主教李希魯(Cardinal Richlier)室嘗有數猫,跳躍追逐,顧之以爲樂,文學家囂俄(V, hugo)室必有一猫,否則不悦。柯貝(Francois Coppee)嘗費多金,購求良猫,有波斯猫數頭最名貴,戈恬(Theaphile Gautier)尤多猫,美文學家愛倫波（E，A，poe）愛貓如子，英狄更司（C，Dickene）善小説有佳作成，爲貓所毀，不怒也。司各德（Walter Scott）少好狗惡貓，晚乃反之。政治家英吉士德非兒（Lordchesterfield）最好貓，遺囑有巨資，畀其貓。法柯兒勃（Gean colbert）路易十四世計臣也，亦好貓。畏貓者，則英將勞白志（loed Rofects）雖見小貓亦惕。若云予所知中國名人好貓者，當推於悔若式枚，恒抱持之，惡貓者甚少，惟予養女徐安，小時頗畏貓云。

民國十八年三月二十一日《申報》載貓癖一則，爲名仲謀所撰，云六七年間，居上高館陳雪村明經家，雪村愛貓成癖，署所居曰友貓書室，所豢貓百餘頭，種二十餘，築室居之，室如鴿籠而大，有廊可以行走，廊之兩端爲飲食便溺之處，傭一老僕司貓。雪村冬卧苦寒，則呼貓爲伴，仲謀夜讀，雪村亦每呼貓伴之。其最佳者曰壽桃，色白，頭及兩脅有黄毛如桃，下有黑毛承之如桃葉，有九江人欲以三百金易之，不可也。仲謀嘗問雪村，何以好貓如是，雪村言幼即好貓，年過六十無所事，乃專以貓爲事，購求佳種，費逾千金云。又言貓性馴而狗猛，貓面美而狗可憎，貓好潔而狗污穢，貓鳴悦耳，狗吠憎人云。予案九江人肯以三百金易一貓，亦好貓者哉？西人言好貓之風，中國爲最，世界之貓，四分之三在中國，其言或不誣乎？

染　　貓

十八年五月九日《申報》又云，倫敦一婦善飾，居宅近忽時將所畜之貓，亦染色，與用器相妃。予少聞母言，有人愛貓成癖，居於蘇州，一日忽見對門有紅貓頸係繩逸至，門首一童子忽遽出，抱之入，某百計求之，卒以百金易之，未久毛色漸淡，久之竟成白貓，蓋染色以欺之云。

貓　　賽

十八年四月二十二日《申報》云：巴黎近舉行萬國貓賽，波斯之貓往與賽者二百頭，貓舍布置甚精，如大家之閨閣云。予案中國之有貓賽，似始於民國十六年杭州徐翁所創，警察局謂貓身有虱，聚集之不合衛生，禁之，會遂未竟，此事似見《新聞報》，報已失，不能記其詳矣。

貓　作　官

民國二十二年十二月一日，巴黎以多鼠，特設種貓場，畜兩雄貓，使與雌貓乘匹。二十三年五月法下議院，又以鼠多，貴重之物每爲所毀，畜兩貓，且任爲候補官,皆見《申報》。

殺貓肇禍

民國二十三年二月八日《申報》云:常熟張莊興教育,有顧禹鼎者,掌教於本地,興教小學,畜一貓,竊食其腌雞兩只,禹鼎大怒,與其弟圭玉,縛其貓,澆以煤油,以火燒之,貓斷縛,走入貯柴之室,柴遽然,灌救無及,延燒至三小時,鄰居亦被殃及,共毀屋三十餘間云。亦可謂小不忍以招大禍者矣。

剝賣貓皮

民國二十六年正月十二日《大公報》云:邇來新聞路多失貓者,傳言有人剝賣貓皮,因之畜貓者,皆倍加謹慎,路有里曰高照,居民張姓畜一貓,美而善捕鼠,家人皆愛之,前日聞貓嘶鳴聲急,出視則有一人,已將其貓擊斃,向其理論,其人蠻不講理,張姓怒,乃報巡捕,將其人拘入捕房,里門口有一流浪人言,斃貓者馮姓,無錫人,不務正業,多行不義,近因各事皆不順手,窮極無聊,乃作此殘忍之事云。又云凡捕貓者,皆携一布囊及貓所食之魚,見貓則以魚投之,投四五次,則貓不之忌,乃徐徐行近之,復投以魚數尾,貓方專意食魚,出不意猛踏之,即斃,乃剝其皮,而雠諸皮貨店云。又云捕貓者甚多,不止此一人,方此人捕貓時,見之者甚多,皆以事不干己,莫肯干預云。

人 造 貓

千八百八十四年所發明,身涂薄荷油及在暗中能發光之物,兩目有强光,且閃動不已,鼠頗畏而避之。

貓 眼 人

十七年十一月二十七日《時事新報》載有貓眼人一則,爲自署萍水文郎者所撰,云先母婢劉二,長沙人,及長,嫁瀏陽西鄉曹某,爲湖南岳雲中學及株萍鐵路局庖人,二年生一女,方在襁褓,已聲震屋瓦,尤奇者,黃眸作金黃色,瞳子綠墨色,應時變形,一如貓眼,初生即如是。昨長沙人來云,此孩已十一歲,仍如昔日,日夜睛變十二次,其家人戲以彼爲時計,問彼則一無所苦,視物亦如恒人,惟視月,則謂有影象,所見與常人殊,且以時而異耳。劉二之母,現在長沙南門陳家井十四號文宅爲傭,此事姓名住址皆確鑿,不類虛誣。宇宙之大,可謂無奇不有矣。

寫於一九三六年前後

陳野航夢游圖

陳雨農七世祖，號野航，嘗夢至一佳山水處，倩畫工繪爲圖，洪北江、趙甌北、黃仲則、左仲輔諸先生皆有題詞，予嘗見之。倭寇入犯，雨農家全毀，此卷不知流落何所，抑爲灰燼矣。

寫於一九三七年

劉　石　薌

劉石薌先生，諱繼增，無錫人，隱於商而讀書極博。吾邑唐君子權，即後來自名爲駝者，先生之弟子也。劉秀峰先生，諱毓奇，脊生之父也。與先生爲友。先生喪偶，秀峰先生以詩慰之，先生次韵報之曰：“年來心緒付猿吟，壯志潛消歲月深。久擬維摩妻法喜，何緣車子诧繁欽。榮枯早悟花開落，文字難忘雨舊今。珍重白駒相慰借，尺書如拜古人箴。”殊工穩。

寫於一九三七年

率獸食人（一）

孟子曰：“狗彘食人食而不知，途有餓莩而不知發，人死，則曰：非我也，歲也，是何異於刺人而殺之，曰非我也，兵也？”又曰：“庖有肥肉，厩有肥馬，民有饑色，野有餓莩，此率獸而食人也。”後世犬馬餘肉粟，而貧者不厭糟糠，亦何以異於庖有肥肉，厩有肥馬，民有饑色，野有餓莩者乎？雖其人不皆有發斂之責，遂得視民之死而曰非我歟？民國二十餘年時，上海出一綁票案，被綁者任職洋行，日午，則買牛肉，乘摩托車歸飯，而以其肉飼所畜之狗。是日，未及下車而被綁，此亦庖有肥肉者邪？豈徒見狗彘食人食而不知斂也？無幾時，倭寇入犯，二十六年八月三十日，武進《商報》載二十九日上海電云：“北成都路十七號盛月華小姐，畜一警犬，自滬戰發，即節每日所需牛肉，得四元。今日，交滬抗敵後援會，交解前方，附函，謂狗尚知愛國，人不捐錢，都是漢奸。”以若所爲，而敢蔑視其同類如此，不亦當服上刑矣乎？

寫於一九三七年

率獸食人（二）

三十七年三月二十九日上海《大公報》蚌埠通訊云：市警察局近由內政部配給警犬兩頭，該局已為擬定營養預算表，每犬月食米三斗，牛肉二十二斤半，蔬菜四十五斤，鹽三斤，乳粉一磅，燃料焦炭百二十斤，木炭四十五斤，或木柴三擔，以時直計，凡三百九十五萬一千元。別設教養友一人，月支底薪百二十元，生活補助費依市級給。凡三百三十一萬五千元，已經市府核准追加矣。孟子曰：庖有肥肉，廄有肥馬。民有饑色，野有餓莩，此率獸而食人也，彼特奪民之食而已。今則奪民之食以食之，而還使噬人，豈不哀哉！

寫於一九三八年

懷　玉

予欲自號曰懷玉，非敢謂被褐懷玉也。《周書》曰："石有玉而傷其山，萬民之患在口言。"（《周祝》）金人之銘，可無念乎？念之惟何？《周書》又曰："天道尚右，日月西移，地道尚左，水道東流。人道尚中，耳目心役。"（《武順》）慎言之戒，亦使耳目役於心而已。

寫於一九三八年

常州物價紀實（一九四二——一九四五）

予年二十餘，虜朝始大鑄銅元，時賣買久以銀論價，而工資猶多論錢，銅元既多，錢價日落，而工資不增，勞力者遂不可終日。予目擊其狀之慘，始有意作歷代幣價考，其所搜輯，以正史為主，間亦以他書補之，報紙所載，聽睹所及，附益焉者亦不少，未及屬稿，倭寇入犯，積年筆記多藏小樓中，屋遭炸毀，亡失過半。其得自載籍者，有讀書之勤，過於予者，自可搜輯得之，且更精更博，其得自報紙及聽睹者，恐必有不可復得者矣，豈不惜哉。予作日記，初雖間著讀書所得暨見聞所及，後以其不便分類，皆別著之。故日記中涉及物價者，僅庚子至壬寅三年中，略存數事耳，上條所錄是也。求諸其後，則惟倭寇入犯，至降伏時間有之。而（民國）三十一年七月以前之日記又已毀棄，自此以後所存者，亦極寥寥耳。今世物價記載，自有專書，一爪一鱗，殊不足道，然中國地大而物博，專事記載者，亦不易曲盡，此區區者，或亦足資談助也。故不避瑣瑣，更録存之。

（民國）三十一年八月初五日晨起，聞馨姊卒，駭極。此次歸里，即欲省姊，以室中各物亟待整比，未果。姊聞予將歸，亦極欲相見。而姊近歲稍衰；行動不甚利使，家人不欲其勞，雖知予歸，誑言猶未，故姊欲歸亦未果，竟爾不及相見，傷哉。姊近日亦無他恙，聞昨猶食冬瓜豕肉羹，晚飯猶如常，飯後忽喘息，遽逝世，蓋心疾也。年六十七。偕榮女往送殮。姊在戰前，送終之物已備，遭亂悉亡失，今棺木一具，價至四千元，初漆一次五百元，衣僅增制，料即千元，工在外，是日合諸雜費，餘八千元。宜乎墨子之欲薄葬也。歸過郭正昌筆肆，戰前筆售一角二分者，今售二元。一角者，今售一元六角。（以下各條，皆節録日記元文。馨姊者，予再從伯父朗山君之長女也，適同邑史氏，字靜之，馨其小字，弟妹皆以此呼之。）

初九日偕餘之訪錫昌，三人同至老義和茗談，錫昌欲食予以麻糕，而麻糕已停制，乃已。麻糕予小時售錢六文，後增至十文，銅元行，凡物皆以銀論價，則售四分或五分，分准銅元三枚，則當小平錢百二十至百五十，今則售鈔一元矣。此所謂大蔴糕，常州之名產也，雖蘇州人猶稱之。其小者予小時售錢二文，俗稱爲老荒。相傳昔遇饑年，官以是爲貧民之食，與業此者約，價不得私增云。銅元行，價稍增至二十文，今亦售四角矣。（餘之，朗山君之子，八歲喪父，一房迄與予家同居。錫昌姓蔣。老義和在織機坊，常州甚舊之茶肆也。以售麻糕著名。）

十六日偕餘之省佑申族祖，又同省怡雲。歸途買落花生一元，僅五十顆。此在予小時，直四五文耳。其時賣花生者二文一包，包約二十顆左右也。（怡雲姓顧，予大姑之子。）

十月初七日餘之本擬於今日殮，而昨深夜志炯復來言，所看棺木，仍有未妥，乃訪熙增，浼其偕覓棺木，熙增言其族父鴻德，舊嘗業此，乃偕往請之，鴻德君年七十有一矣。承其步行偕予及熙增求諸青果巷、織機坊、馬山埠，皆不諧，最後至化龍巷殷源順，其主人曰殷長生，鴻德事木業時舊徒也。有人以壽材一具寄其肆求售，已加漆矣。尚不惡，乃屬熙增偕鴻德君至局前街長春園茶點，予歸同餘之弟婦往看，弟婦亦以爲善。予乃至長春園，長生亦至，以千五百元買之。昨在織機坊所看，價二千六百元，尚不逮此之内外，易今日所看，小可用者，價皆逾四千元，有近六千者。微鴻德君之力，此棺雖四千元，亦未必能得之。然長生亦慷爽人，未索一文虛價也。既得棺，乃仍於今日殮，一切草草，而所費逾四千元。（餘之於是月初六日暴卒，志炯姓錢，予妻之外弟。熙增姓劉，亦予妻家之戚。）

（民國）三十二年三月初九，大蘇糕亡清丙午之歲，先父病中恒食之，每塊錢十文。民國二十五年，每塊銀四分，其時銀一分合銅元三枚，則小平錢百二十文，看似十二倍，然丙午歲銀一分，約值錢十，則實僅四倍耳。今也每塊四元，則百倍於二十五年矣。此間報紙日言重慶物價飛騰，然即如所云，亦不過四十五倍於戰前，未及此間之半也。

三月十六日至千秋坊買蝦米、蝦子各一兩，價各八元。過兩烟肆間之，皮絲每包價百六十元，戰前一元半，則是百有六倍而強也。

四月十八日初四。四妹樞托舜卿、鼎元經手，自滬運歸，云以本月初起運，至遲月杪可到。運四妹樞歸，去冬即有此議，擬葬諸敦化公墓，以餘之亦葬此也。敦化公墓爲錢名山所唱設，故人亦稱名山公墓。管理其事者某甲，客歲餘之葬此，係由勤穀夫人與之接洽。逮冬有將四妹葬此之議，亦由勤穀夫人告之。甲曰：樞將至而付費可也，樞既至而付費亦可。已而樞不果運。此次既運出，舜卿書來云：運樞之舟將徑抵公墓，甲雖管公墓事而不常往，常駐公墓者爲乙，然必承甲之命乃能爲人辦理葬事。餘之弟婦不識甲而識乙，乃往告乙，請其於樞至時代爲照料。以四妹之葬此，勤穀夫人與甲已有成議也。日前勤穀夫人與弟婦偕訪甲，將付費，甲忽曰：今年鄉方不通，不能依次葬，欲葬必別擇穴，非付千元不可。案餘之去年依次葬，費僅六十元。弟婦近聞諸其母家人云：今年葬費百六十元，亦與千元相去甚遠，此自爲依次葬。然所謂鄉方通否者，乃形家言，公墓本無此說也。勤穀夫人知今年亦有依次葬者，舉其名以詰之，甲無以應，然終不許四妹依次葬，葬地因此無著。予聞此息，思樞已在途，無從告運樞之舟，使改泊處，樞至而公墓不之受，豈不大窘，乃自湖塘橋急入城，先訪勤穀夫人，詢明始末，遂訪志炯，以勤穀夫人云志炯與甲相識，許於今日向其緩頰說諭也。至則渠訪甲尚未還，乃約明晨八時前訪之，予然後到家，憊甚，至紅杏村買土制燒酒，飲以蘇之，又在某食物肆買煮筍以佐之，味頗美，然價甚貴，每一片須鈔二元。（四妹字瑞之，朗山從父之第四女，三十年三月二十八日，以割治乳癌，歿於上海醫院。舜卿姓姚，予在光華同事，鼎元姓張，同邑蔣竹莊先生之戚，予因以相識。勤穀予妻之弟，是時久卒。其夫人姓華，字寶靜，才具甚優。紅杏，酒家名。泰縣程君玉山在常業書肆多年，亂後書籍無人過問，乃兼買酒自活。）

十九日晨起，欲詣志炯，而志炯至，同訪甲約其早餐，而其人患膈，晨不能食,志炯乃約其夜飲,且吸大烟,於是四妹叙葬,得其允許,下教於乙,付費凡百八十元。予不樂往吸大烟處,故是夜由志炯獨往,偕甲小飲,計費九十元。又邀其至織機坊吸大烟,計費五十元。

二十日。妻思食麻糕,出買之,五元一塊,則較前又長矣。

五月初一日。過城隍廟前,見賣黃豆粉者,問其價曰:二元一匙,問何以如此之貴,曰此以飼鳥,而君欲食之,其富可知,富人何憚於貴。真奇談矣。

初五日出買麻糕,價長至每塊六元。

十九日。出買燒餅,每枚一元。

六月十四日。至縣直街買皮絲烟,價貴至二百五十元一包矣。

七月十一日。寬正近至上海,昨得其手書云,上海米價曾貴至五千元一石,現爲三千二百元。(寬正姓楊,名寬,青浦人,予在光華之弟子,以史學名。)

二十四日。近日城内竟無鹽可買,昨聞志炯云:有昂價私售者,斤近三十元,近日糖價每斤爲九十六元,燒餅枚二元五角。

二十七日。近日城門之閉也,以二十三夜大街日人所設影戲院被炸也。二十四日大街一帶,不論男女老幼,皆見驅於宅外,而核其與所謂良民證者是否相符,其事皆日人爲之。今日則城内自十四歲至五十歲之男子,皆驅集城門,又驅出門,乃閉城門而由日人率所謂華警者,逐户查閲焉。勤昌家經查閲後失去酒一瓶,直鈔七十六元。若是乎所謂大和武士之搜也,不然,所謂華警,敢私取之哉? 米價,二十一日理髮者語予云:石二千六百元,昨聞人言,則二千八百元矣。康成書來道成都米價,則此間一石之價,僅七百元而已。(康成姓伍,號丹戈,常州人,予在光華時弟子。)

二十八日。晨出買豆腐漿,向以二磅半冷熱水瓶盛之,滿則價八元,今日增爲十元。

二十九日。出買面,每斤十三元二角。

八月初九日。出買麻油,十二兩價七十二元,又買煤餅一石,價二百四十元。

十月十三日。與妻同出攝影,遂至大觀樓吃點心。麻糕每枚十二元,饅頭枚二元。茶每壺五元。

十二月十四日。與廉遜、玉山、樹聲在綠楊飯店早餐,酒三斤,羊膏、鹽水蝦各一碟,乾絲一碗,清湯一碗,菜心面四碗,價二百六十六元,小帳二十二元。遂偕玉山買一煮水銅壺,重三斤,索價六百二十四元,已而讓去四元,爲六百二十元。又以整理殘破稿件,須繩分別束之,至織機坊買之,一大札須鈔百元,改買兩小札,札二十五元,共五十元。(廉遜姓譚,名廉,邑人,以地理之學名家。樹聲姓胡,名越,亦邑人,劇談善飲。)

十五日。至千秋坊買柿餅,每斤價三十二元。

(民國)三十三年二月二十日。出理髮。二等理髮館也,價四十六元,但剃胡者二十六元。今年小麻糕即所謂老荒者,四元一塊,黃酒三十六元一斤,白酒五十元,豆油、麻油,皆百九十元,豬油、豬肉同價,皆百二十元一斤。米四千七百元一石。重慶米二千五百元一石,而其一石當此間之二石七斗,故蒲山來書,在成都吃包飯,每月僅費四百五十元,食皆五簋,旬有加膳一日,則九簋。(蒲山姓陳,名品端,海門人,光華大學女學生,治數學,此時在成都光華分校任教授。)

四月初三日。出買草紙,三十六元一刀。

六月初六日。滬米價初二日長至二萬四千元一石,常州米價今日九千六百元一石,面五十四元一斤,麵粉四十四元一斤,小麻糕即所謂老荒者,每塊六元。

九月十二日。今年月餅初上市,每枚價三十元,後增至四十元,又增至五十元,此以茶食店言。街頭設攤者,價向較茶食店爲廉,今年初出時,價每枚十元,近增至三十元。今日將買之:而無糖心者,皆以蔥油或豕肉爲餡。至宏昌乃得百果餡者,枚六十元,此皆蘇式。其粵式者,惟采芝村有之,枚二百元。近日物價面每斤八十元,大蘇糕每塊五十元,小麻糕十元,花生炒熟者,每斤百六十元。

十五日。是日大蘇糕之價,長至每塊六十元,豬肉斤二百六十元,眉餃每枚二十元。日用百物,無不窳劣,聞吳中舊貨之直,二十倍於新貨。

十月十一日。湛卿云今年被絮,每重一斤,鈔千有四十元。昨至長年藥局,或告予云:今日上海以新貨三易舊貨二,在銅山以新貨七易舊貨一。(湛卿,予族侄。)

十二日。出買煤餅。石三千元矣。

十八日。擬買糯米三昇,以作重陽糕,不得,告玉山,玉山敕其肆中人代買,乃得之,昇二百元。

二十二日紹先來,同至新綠楊飯店早點,兩人共吃酒一斤,鹽水蝦一碟,硝肉兩塊,干絲一小碗,包子四枚,面一碗,計價一千四百四十元,小帳六十元。近日上海米價石四萬六千元,常州萬四千元。豬肉上海斤六百元,常州四百元。侯甥在江西,米石千三百元,豬肉斤二十八元而已。(紹先姓汪,常州私立輔華中學校長。侯甥姓史,字仲儀,馨姊次子,侯其小字也。)

十一月初九日。在采芝村買如意酥,三十元一枚。近日鷄卵之價,每枚自四十至五十元,豬肉每斤五百二十元。

十一日熙增來,同至長興小飲,酒二斤,熟鴨、澆乾絲各一小碗,豆腐湯一中碗,鮮菌面一碗,價千四百四十元,小帳在外。

十九日。至奔牛麗江中學,與其校長李君東畲同行,附航船,人二百元。

二十日。擬仍趁航船歸,船載重已逾量矣。而待於步際者,猶數十人,懼而止。擬顧小車入城,索價千元乃止。返麗江,東畲送予至公路口,屬步行至連江橋,顧車入城,至則公路由上塘而市集在下塘,予憚喚渡至下塘,乃復步行,自奔牛十里至連江橋,又四里至新閘也。新閘公路亦由上塘,市在下塘,然上塘較連江橋稍繁盛,有茶肆三家,二家已收市,一家尚有爐火,或開會於其中,御來者弗得入,不得已買小麻糕二塊,借理髮店門前坐食之,食已復行,入西圈門,乃就茶肆啜茗,食花生一包,乃復行入城,麻糕每塊二十元,茶一壺四十元,花生一包二十元,乃如予小時二小平錢所買者耳。

十二月初四日。自湖塘橋乘人力車入城,車資五百元,前年僅十元也。

初八日。出買饅頭,每枚價十六元,加蟹者二十元。

十七日。至郵局寄信,遂至其間壁理髮,二等理髮館也,價已長至二百四十元,但剃須者百四十元。近日米石二萬七千元,豆油斤九百六十元,糖斤二千七八百元。

三十日。至縣巷買麻油,斤千一百二十元。聞黃豆每石價三萬二千元,米三萬六千元。至浮橋買花生,小者斤四百八十元,大者四百六十元。

民國三十四年正月初二日。至浮橋買煤球,六千元一石,煤餅七千元。

初四日。近日面一碗二百元,如加肉一塊二百四十元,共四百四十元。

初五日。訪熙增,遂訪玉山,熙增代予買紅糖千四百四十元一斤,聞者詫爲奇廉。玉山言近日常州皮絲貴至六千元一包云,包十兩也。木匠每日工資千七百二十元。

初十日。至浮橋買花生。半斤,價三百元。

二月二十八日。湛卿來云:其子之友,昨自滬歸,云滬上米價已貴至二十六萬元一石。

三月初四日。訪湛卿,同出西門,托遂初買米一石,價五萬六千六百元(遂初,予族侄)。

五月初一日。近日豬肉價,斤千六百元,酒斤六百四十元,酒釀昔時售二角者,今售千四百元。

初二日。自昨日始，平信百元，掛號百五十元，快信二百元。

二十二日。彼輩報紙謂後方物價高於戰前六十四倍，然則常州今日米石九萬八千元，如彼輩所云，僞幣一當法幣二，則十九萬六千元矣。戰前米石不過十元，則萬九千六百倍矣。

六月初十日。今日米貴至僞鈔二十五萬元一石，若如彼輩所云，僞幣一當法幣二，則五十萬元矣。無錫石三十五萬元，蘇州三十九萬，上海六十萬，則七十萬、七十八萬、百二十萬矣。聞北門外，寇貯米數十萬石。古村某婦與二子餓數日，借升米於其鄰，其鄰與之。與之者，子婦也。其姑自外歸，不可，使婦往索之，婦亦不可，姑遂自往。其婦言米已煮爲粥，在釜中，姑取其粥去，某婦及二子皆縊。今衆迫其姑爲三人買棺三，棺非僞鈔百萬元不辦也。

二十二日。今日雞卵一枚，價僞鈔四百元。

七月初三日。是日郵信平寄，每封僞鈔四百元，掛號千二百，快遞千六百。聞郵差苦甚，自上月起，每日只送信半日，又半日則送快信者，以郵局之腳踏車，爲人運送物件，而取其貲。送平信者，則設攤路側以售物云。

寫於一九四二年八月前後

士　子　應　舉

光緒癸巳吳慕濂丈應江南鄉試，夢有人向其借卷，慕濂丈不肯，其人求之甚苦，旁一人爲之緩頰曰：首二場君自不肯借，三場借彼可也。夢中含胡應之，醒而惡之，告家君曰：予今科殆不得終場矣。家君笑曰：君殆功名心太熱，疑慮而致夢邪？先是家君應鄉試，夢墨污其卷，求易之，一人易與之，而謂家君曰，例不得易，今科尊公亦在闈中辦事，故獲破例也。醒而異之，默唸今科或將中式乎！已而落第，故家君以是喻慕濂丈，言夢之不足憑也。乃是科慕濂丈至三場，果墨汙其卷，遂曳白而出。大姑嘗夢先大父謂曰：人世何味，汝盍偕吾去乎？醒而惡之，曰予殆不久於人世矣。此事尚在丙申以前，大姑至今無恙，又以見夢之不足憑也。案吳幕濂名永，薛以莊先生之弟子，而丁蒲臣姊丈之師也。民國三十三年九月十三日識。

寫於一九四四年

東洋和漢醫學實驗集

《東洋和漢醫學實驗集》上卷，日本渡邊熙撰，張仲任譯，徐放印行。放字嘯波,亦字小圃,業醫於上海者也。此書成於民國十六年,譯印在二十年。其時下卷在日方售預約券。三十三年九月,予借此册於李君東玗,李君云:下卷迄未見譯本,欲買日文本,亦未得云。渡邊氏亦日本初學德醫,而後乃闡揚東方醫學者。其議論與湯本求真頗相似,湯本氏之書曰《皇漢醫學》,民國十八年中華書局譯印。其書中稱和田啓十郎爲先師,和田氏之書曰《醫界之鐵椎》,則由丁福保譯印,事在亡清末造矣。渡邊氏謂西方醫術,僅始十六稘,以化學解剖學外科學爲基,其長處誠不可没,然科學所研求大廣,與治病相去大遠,致二者各不相謀。且如西醫所謂實驗,多以動物爲據,不能盡合於人也。而彼邦之人顧執之甚固,學校畢業論文,有以臨證爲題者,皆擯弗録,故其人多短於治病。且科學盛則分科繁,易致逐末而不能統觀全局以治病之本集諸醫以治一病,則如集外科醫各治一處而已。人體與機器不同,機器可逐件修理,人體則不能也。其於藥,無論其爲有機物無機物,皆欲擷其菁英,制成化學制品,轉致壞其成分,失療治之用焉。孰若東洋醫學,興起既數千年,雖無科學以爲之本,謬誤之處,似若可笑,然專精心察核證候以施治於病證之記載,詳博無倫哉!抑西醫之治病,重於病原,故以殺菌爲主,似得其本。然欲去病原而無損於人體,不可得也。中醫則專去血中毒素,使其病原自消,其法實爲較穩。故渡邊氏主張證候當成爲一科之學。案湯本氏云,中醫用診腹之法,即不能定其病名,甚至誤診其病。然據證施治,仍可愈疾,其説亦可與渡邊相證也。渡邊氏又謂大學畢業,不得徑行醫,欲行醫者,當別習一種療治之學,其説殊爲警辟。然此非中國今日之中醫所可藉以自夸也。日本人之漢醫,有所謂古方派、後世派者,此書引粟園《醫訓》云,後世派起於東垣丹溪,而盛於明清,彼邦明應年間,三田三喜自明歸,其學始入日本,慶長間曲直瀨道三出而大盛。其時永田德本興,古方派亦起,至德川氏末世而大盛焉。渡邊、湯本二氏,皆崇古方派而辟後世派,以其議論切實,不墮元虛,治法□□不流姑息也。今之中醫,善者不過後世派,不善者則並此而不通,於中國之醫學,實乃未嘗夢見,安得借渡邊、湯本諸家之論以自張乎?據此書所載,彼邦最後漢醫大家曰淺田粟園,當明治禁止漢醫營業時,侍醫有漢醫,有西醫,互相疾忌。西醫乃有欲遣客刺殺淺田粟園者。然明治十二年,睦仁首子患驚風,實由淺田治癒,淺田遂獲視此子者七年。明治十四年六月二十四日,淺田女夫乙葉林八與其門人之書,言淺田朝見日后,日后大稱獎之,後又使人密諭,以此稱獎之意,實出睦仁。又謂花妃有娠,欲以醫藥之責托付淺田。又密諭之云,此事不可宣泄,泄則恐有意外云。其言而信,日本西醫之娼疾,亦誠駭人聽聞矣。又安得云其禁止漢醫，別無私意哉？

吾國醫家之言梅毒者，始見陳司成，其人在□□□《唐書・訶陵傳》云：有毒女，與接，輒苦瘡。則前此未有此疾可知。此書則云：梅毒上古已有，《靈樞》述其病，《素問》有其方，下至《傷寒》、《金匱》、《病原》、《千金》皆及之。此說予非醫家，不能判其信不也。

寫於一九四四年

新　四　軍

自日寇入犯，武進縣城淪陷，國軍不久撤退，本地義民起與之抗者，稍後亦他徙，武進鄉間乃爲新四軍之游擊區。國軍初亦嘗與日寇力抗，然皆鬥實力，大軍既撤，實力終非日寇敵，遂敗退。鄉人初亦力抗日，南鄉有蘇烈君者，有田數百畝，次第售之，以充軍餉，然其後四鄉兵權稍入桀黠者之手，日斂於民以食而不戰，寇益得安居矣。烈君憤悒死，聞者哀之。新四軍初入境，不過數十人，後亦不過數百，槍械等皆窳，力極薄，然與當地人民有聯絡，人民多右助掩覆之，故敵卒不能消滅之，衆且漸增，時能小創敵也。日寇既退，新四軍撤至江北，讓江南之地於國軍，然仍有少數留者，特皆釋兵耳。褚鳳娣者，常州女子，爲其姑及小姑所虐殺，其母家人貧且懦，不能訟。戚黨鄰里公憤助以資，使訟之，雖人力車夫，亦不取資，曳其母家之人入城焉。然訟卒不得直，或曰法官受褚鳳娣之姑之米十石或八石，時泉幣日貶值，人爭以實物相授受也，衆心益憤，遂毀法院，院有扁額曰：國以法治，衆改法字爲幣字，舁以游行，兵士開槍彈壓，死傷數人，褚鳳娣之姑及小姑安居如故也。邑人莫不憤恨而無如之何？此三十四五年間事，及三十五六年間，而褚鳳娣之姑及小姑爲新四軍中人所殺，或曰殺之者，既後來爲武進縣長之錢夢梧也。夢梧自入共產黨，恒自隱蔽，此時年老者，猶或不知其名字，但知其父字伯顯耳。皆曰錢伯顯之子所爲也。或述其事曰：伯顯之子夜入褚鳳娣之姑及小姑之家，脅之以行，行里許，乃殺之，導之往者，一成衣匠也。既殺二人，顧成衣匠取麵糊黏豫書之布告於壁，布告標題曰：中央無法，我們有法。下歷叙鳳娣死事，曰殺之者，確其姑與小姑，其夫無與焉。雖見之而不害，足見吾法之不濫也。此時輿論不善共產黨者猶多，因亦不善新四軍，然聞是事，無不額手稱頌新四軍者，爲匹夫匹婦復仇，果足以大得民心耶，益見輿論之至公也。予家祖塋在武進城北十八里之東青鎮，居近塋墓者，俗稱爲墳親，或曰墳鄰，恒交結之，托其顧視塋墓。予家墳鄰某，年少幹練，然不純正。日寇盤據時，倚敵勢爲惡，嘗欲導予省視塋墓，予以其爲衆所惡，不敢與階，遂不果往。日寇敗降未幾，此人即見殺於田野間矣。或曰亦新四軍所爲也。三十五年四月六日予往省墓，出城數里，而臨河有橋曰青龍，故以石爲之，是時皆拆毀，以木架兩岸，勉強通行而已，自此以下之公路，或掘爲坎窖，或累土成小皁，或鉏使崎嶇不平，獨輪且不能行，步行時如跳躍，皆日寇盤據時，新四軍乘夜所爲也。或曰方新四軍潛伏時，遇其人面皆蒼白無血色，以其晝伏夜出，不見日光也。時餉亦極薄，乃飢疲之衆也。而其所成就如此。或曰新四軍一創敵輒去之數十百里，行極速，敵不能踪迹也。共産黨之興也勃焉，信有由乎？創業艱難，後之人不可不深念也。

寫於一九四七年

文字兩色套印

　　一字用兩色或虛實筆，閱時不如一色或筆畫一律者之便，誠爲事實，但漢字分部，實無簡易之法，鄙意亦兩害相衡取其輕耳。至一字入眼，要分兩次，似無此理。兩色套印，固屬費時，以今日之印刷術言之，求其無參差，則似不甚難也。要之議誠不免支離，然盡善之檢字法，漢字恐不易得，此其性質如此也。無已，尚有一法，即供印刷之字體概於其旁註音，分部時不據字形，而以其旁之註音爲據，如此，則字屬何部，不慮難知，但恐每一部中，字數太多，亦不易檢耳，呂思勉謹識。

　　再者尚有一策，即編一完備之字典，每一字之旁，皆用數字註明其在字典中之次第，如一字爲第一字，即於其旁註一，第一百字，則於旁註一〇〇，第二千字，即於其旁註二〇〇〇，印刷所用字，亦悉於其旁加注，如此則字亦一檢即得，此則因就漢字分析之，不能得善策，乃有所加於外耳，或謂新增之字如之何？曰：此必不能多，可續編於字典之後，而其旁所注之數，則以阿拉伯字代漢字也。呂思勉又識

　　兩色或虛實筆之字體形　　　　一字入眼要分兩次

　　兩色套印　　　　用於小學課本之生字欄

　　排字自無幫助　　　曾煩

寫於一九五一年

五關、三關、山前後

五關。宋人謂以五關爲襟喉,渝關在今山海關内,松亭關在今山海關内,松亭關在今喜峰口北百三十里,古北口在密雲東北一百二十里,居庸關在昌平西北三十里,金坡關在易縣西八十里今紫荆關也。

三關。瓦橋關舊屬涿州,周世宗得之,置雄州治歸義縣,今雄縣是也。益津關舊屬莫州,世宗得之,置霸州治文安縣,關在其西北七十里今霸縣治。淤口關在益津東,王應麟、《遼史》本紀説皆如是,《方輿紀要》謂有高陽而無淤口,高陽關一稱草橋關,舊屬瀛州,在今高陽縣之東。瀛莫二州在三關之南,遼人因稱爲關南,高陽瓦橋以東地多沮洳,此後遼軍南侵嘗取道於保定祁鎮諸州,或出忻代而不能再出雄霸者,以有三關之險也。

山前後。山前七州幽薊瀛莫涿檀順,山後九州新嬀儒武雲應寰朔蔚,内長城山前山後之界,周世宗復瀛莫山前失地止有五州,然遼先得平營後得易州,又析平州增置灤州,山前則爲九州,山後廢寰州增弘武二州(舊武州改稱歸化州)爲十州,則十九州。

寫於一九五三年

米爾馬克考

土地本氏族所公有也,共耕按需要分配,鋤耕易爲犁耕焉,不必多人,且人多共耕,雖距所居又遠,於是血族集團起焉,則家族也。氏族分其地於各家族,各專有收益,但出若干以供公社耳。然使用雖分,傳屬公有,故歷若干時,則須再分配,此農村公社之法,馬克 mark、米爾 mir 皆是也。

馬克之制,人先分得宅地(人可自釋),耕地三分,一夏種,一冬種,一休耕(以舒地力),依家之數分爲若干分,以抽籤定之,年行之。耕地三分之法,俄法瑞典丹麥皆有之。

米爾之之制,以一村之地,分爲若干長段,合若干段爲一分,其合之也,必求其肥瘠之均焉,而留一片公地共耕,分配由長老會議召集各家族抽籤。

漁牧林水陸道皆不分,米爾,馬克之所同也。

寫於一九五三年

高　敬　軒

　　高敬軒,吾鄉禮嘉橋人,好讀書,手不釋卷,甲午冬卒,年八十一矣。初李申耆先生四世孫法章,字繹之,民國初年撰《太平天國志》十九卷,蓋就所搜得之材料爲之耳。其所搜輯,自甚不備,所取亦不皆可信。然必編爲志者,以太平天國事未成,舊時史家莫肯仞爲國故,爲此一破此局耳,是則創舉矣。君與繹之友也,嘗序其書。繹之早卒,君復搜輯太平天國史事,又有所得,爲補書八篇。曰曆象;曰疆域;曰禮俗;曰食貨;曰選舉;曰兵制;曰刑法;曰宗教;曰經籍;亦就所得材料,姑爲之耳。是年春見訪,屬予爲序,予許之,以病未即爲,冬日訪君,則君已歸道山矣。冥冥之中,負此宿諾。

寫於一九五五年

樹　木　老　人

　　吾鄉有佛寺曰烏龍庵,人因稱其地曰烏龍庵前。予小時嘗過之,見道側巨木甚多,外悉圍以短墻,時一厨夫余姓者,從告予云:皆鄰近一老人所植也。此老人終歲無所事事,惟日運土,雜以零碎磚石,躬築短墻,而於其中種樹焉。並指老人示予,則白髮蕭然,正在搬運磚石也。樹木既資材用,亦裨風景,提唱樹木,其道甚多。而使城市之中,人人愛好,有隙地,輒以種樹,亦其一端也。少時所過之地,長後復過之,初不見老人而樹猶在,後則樹亦無有矣。其地則檐宇櫛比,蓋以造屋故,悉斬伐之矣。人類所自爲者,人類復從而摧毀之,其知豈賢於埋而猾之之狐哉? 然種樹其小焉者也。

寫於一九五五年

文　質

　　質樸之人,德行多非文華之人所能及。山東鄉人,有願朝禮泰山者,無川資也,則人出升斗之粟,交與一人,托其營運,逮足敷川資時,乃共往焉。歷時或至十年,任經營者不聞侵蝕,托付之者無不信之心也。猶曰此實無利害關係也。淮南有黑熱病焉,患者不治多死,而欲治則無資。乃共立一錢會,先得會者則往治,遲者或不及治,不聞其相争,並不聞其有怨言也。號稱君子者能之乎？是以春秋變周之文，從殷之質。

寫於一九五六年

尊　隱

隱居者眾所目爲無用而詆訾之者也，此亦適成其爲眾人之見而已。

是非好惡必有標準，標準惟何？曰：其所知也，其所欲也。辛亥革命之明歲，或詣其戚賀新，其戚泫然流涕曰：國已亡矣，又何賀焉？夫是時建夷之當驅除，國爲凡民所共有，而非獨夫所私有，義已昭著矣，而是人曾莫之知，其所知者，則忠臣不事二姓耳，故其言如此也。此限於所知之説也。有某寡婦，其夫有猶子數人，惟一人能以金餉此寡婦，寡婦則賢之，其餘諸子則不賢也。非有所知於其賢不賢之狀也，惟以其餉已與否爲辨耳，此徇於欲之説也。惟社會之是非好惡亦然，其所知者不必其衷於理也，其所欲者不必其合於義也。然而眾皆如此，則其標準立焉，標準爲眾所共立者，其力莫大，違之者有誅，順之者有賞，名人之所歆也，雖徒以名相獎借，人猶奔走焉。況乎利之隨之也，況乎違之者戮辱禍患且隨之而至也。

是故眾皆取容焉，不惟不敢立異，亦且力求從同，雖違其心弗恤也。抑且日爲所熏陶，有反其本心而不自知者矣。於是有所不爲之志汩没矣。且異論莫得聞焉，於是滔滔者天下皆是矣。

此社會之福乎？夫人而知其不然也。當是時也，而有特立獨行之士出焉，以挽狂瀾於既倒，得不謂之賢乎？此亦視其所處之地位，所遭之事勢，不能必得之也。雖不能有所爲，而其浩然之志，確乎其不可拔之操，終已不變，得不謂之賢乎？君子是以尊隱。

或曰：違其心者雖不自知，而未嘗不以爲苦。故滔滔者雖滿天下，有與之立異者，則皆欣然就之。如居空山者，聞人之足音而喜也。然則特立獨行者，亦從其所好而已。豈足賢乎？然何以眾徒好之，而惟此一人能從之也，得不謂之賢乎？君子是以尊隱。

寫於一九五六年

仁　義

道非聖哲之所能爲也，聖哲之所能爲者，知人之所能爲者如何，而立説以教之而已矣。所謂天命之謂性，率性之謂道，修道之謂教也。仁義並舉，而以仁爲長，則其一事。

仁者人也，（相人偶也。）義者我也，以我爲主，則不仁矣。然非義又無以濟事也，事不濟則無以成仁。然則義不可留又不可去也，不亦難乎？仁義並舉而以仁爲長，則義者所以成仁，仁克全而義無害矣。此道之至高者也，非聖哲之所能爲也。或先人或先己，人之心固然，然非至迫不得已，莫肯戕人以自利，甚者，雖迫不得已，無求生以害仁，有殺身以成仁。何者？所欲有甚於生，所惡有甚於死也，此皆衆所共見之事也。然則人也者，在演進之中未能純乎仁，而仁已有駕義而上之之勢者也。如其性而立之教，仁義並舉而以仁爲長，此道之至高而可行者也。佛說菩薩行仁矣，然非今日之人所能行，則如說食不能獲飽。今之誤解演進之說者，又以人爲徒知自利，此亦蔽於一偏。今試問動物何欲？必曰求生，曰求繁殖其子孫，斯固然矣。然於群居之中，視他之樂以爲己樂，見他之苦以爲己苦，亦昭然有之。記曰：今是大鳥獸，則失喪其群匹，閱月逾時焉，則必反巡，過其故鄉翔回焉，躑躅焉，鳴號焉，然後乃能去之。小者至於燕雀，猶有啁啾之頃焉。夫固有所見而云然，非意之也。幾曾見物，徒求自存，徒欲繁殖其子孫者邪？物雖相戕，未有不仁於同類者。苟徒相戕，則其類減久矣，身亦安得存。霍布士曰：初民如狼，誤矣。且狼亦群居也。或曰必蠡蟻而後仁，然蠡蟻之仁不能推之蠡蟻之外，則其心量不如人之弘也。人今雖未能純於仁乎？然日擴其量，終必爲世界之最仁者。夫何以知其能如是也，曰生物之演進雖遲，其所向固可豫決。演進未至其時，而以人事補其闕，則修道設教之事也。

故爭鬥非人性也，況於擴充而爲戰事乎？論者或謂史籍皆爲戰事所充塞，此乃不察其實之談。姑無論中西史籍，皆和平時多，戰爭時少，即在戰時，兵爭最劇者，亦不過政權所寄，社會病態最甚之地，稍偏僻者，戰事即少，更偏僻者，則幾無戰事矣。作史之例，常事不書，戰惟非常，故史家多記其事，遂謂爭戰多於和平，則大誤矣。

人不徒不欲戕賊人以自利也，即無害於人，徒自放恣者亦然，觀於飲食而可知也。夫欲食天性也，放飯流歠，終必自戕其生，而亦非人所欲，其欲之，則疾病也。人何以能如此，在其樂本與節俱，故禮與樂又相反而相成也。人不欲自縱恣，則不徒戰爭，刑罰亦可不用也。

適者生存，其說是也。然以獲生者即爲善，欲求生，即可無所不爲，則誤矣。知所欲有甚於生，所惡有甚於死，然後知所謂生者，非徒傀然自保其形質也。達爾文曰：以人之弱而獲存，智且能群也。徒自求生，肆其戕賊，可謂能群乎？不能群，可謂智乎？

或曰人之性仁，既聞命矣，然物之不齊，物之情也。人在演進途中，雖曰能仁，不能無少數不仁者，勢也。惟不仁者，恣意陵人，而見陵者，莫能相助，終至衆弱服於一強，此世界之所以不平，仁道之所以不行也。斯固然也，然抑強扶弱之事，人類究不可謂無之，特尚未盛耳。而今後必日趨於盛，又可豫決也。夫衆則無強，公道明則有衆，今後公道將日昌，故強權必終替。

寫於一九五六年

見　解　落　後

人之見解視其所處之時恒爲落後，此無可如何之事也。許行與孟子同時，其時七國之兵爭可謂烈矣，燕且以弱小稱，而許行乃欲以並耕而食。無倉廩府庫之國厠其間，其將何以自存乎？孟子之駁許行善矣，然恒言地方百里而可以王，其所謂王者，固非欲辟土地，朝秦楚，莅中國而撫四夷，其告滕文公謂，苟爲善，後世子孫必有王者矣。亦不過據一隅之地，而其附近之國，咸朝貢聽命焉耳。又曰有王者起，必來取法，是爲王者師也。則並不敢自期其必王，特欲保存其法，而望較強大之國行之耳。然即此亦豈可得哉？古之所謂王者，蓋謂居其所，而衆國咸歸附之，今可來歸附之國皆盡，我豈能閉門而自王乎？然則以孟子譏許行，亦以五十步笑百步也。又不獨孟子也。《史記·秦始皇本紀》述始皇初立時事曰：當是之時，秦地已並巴蜀漢中，越宛有郢，置南郡矣。北收上郡以東，有河東大原上黨郡。東至滎陽，滅二周，置三川郡。呂不韋爲相，封十萬户，號曰文信侯，招致賓客游士，欲以並天下。此蓋戰國時人，知求統一之始，前乎此者，則亦不過欲立一人，以爲諸王之長，而稱之曰帝，如前此之以王霸臨制諸侯者。然此豈可行之事乎？然則當時論治之家，殆無不失之陳舊也。何以如此，曰循名者多，察實者少，有所學而日誦習其辭，則不復知其不合於實矣。所謂牽於所聞，與以耳食無異也。悲夫！然亦不但中國，古代西洋諸大國，蓋大於夏后殷周齊晉秦楚，柏拉圖亦既見之矣，而其所欲建立之共和國，不過數千人。亞裏斯多德身見馬其頓之盛，其所善者，亦不過小國寡民之類也。

寫於一九五六年

富商金玉其車文錯其服

《國語‧晉語》：“宣子曰：‘秦公子富，若之何其鈞之？’對曰：‘夫爵以建事，祿以食爵，德以賦之，功庸以稱之，若之何以富賦祿也！夫絳之富商，韋藩木楗以過於朝，唯其功庸少也，而能金玉其車，文錯其服，能行諸侯之賄，而無尋尺之祿，無大績於民故也。且秦、楚匹也，若之何其回於富也。’乃均其祿。”然則當時之商人尚不能得封，富尚車服，則非入朝，已無所制限也。此亦非法，但人富而權勢附焉。苟非入朝，則任其踰侈而莫之譏耳。商君治秦，無功者雖富無所芬華，不期果能行之於國，抑徒行之於朝。漢禁商人不得衣絲采車，則其爲空言也審矣，故賈生譏。

寫於一九五六年

使 貪 使 詐

《禮記‧禮運》曰：“用人之知去其詐，用人之勇去其怒，用人之仁去其貪。”此用人之正軌也。必不得已於詐者、怒者、貪者，而一用之，亦必即思其補救之方，此亦去之之道也。乃世俗之論，徒以使貪使詐於疑，而於救弊之方不復措意，於是事本取濟於一時而詒永久之患矣。《明史‧殷正茂傳》曰“正茂在廣時，任法嚴，道將以下奉行惟謹。然性貪，歲受屬吏金萬計。初征古田，大學士高拱曰：‘吾捐百萬金予正茂，縱乾沒者半，然事可立辦。’時以拱爲善用人。”即此等議論也。有才無德者，必可以辦事乎？遇小敵則成，遇大敵則危矣。李成梁之竭蹶於東北是也。

寫於一九五六年

何 不 食 肉 糜

《晉書‧惠帝紀》：“及天下荒亂，百姓餓死，帝曰：‘何不食肉糜？’其蒙蔽皆此類也。”此語或疑其不實，然惠帝之蒙蔽則必不誣矣。《金史‧世宗紀》：“遼主聞民間乏食，謂何不食干臘？”（大定二十六年，第八卷，第六頁上）此語與晉惠帝之“何不食肉糜”可謂無獨有偶。金人之於天祚未必造此語以誣之，則惠帝此語亦未必無也。人君所處之境，與恒人絕殊。故其人之見解亦不可以恒理測度，有衡以尋常……而見爲不近情者以論君主，則反爲近於情實也。

寫於一九五六年

宋新舊黨争之弊

凡事當審其……與……，事非行不可也，行之而不善，只宜改良其辦法，而不可遽廢其事。如是則狐埋狐搰之事少矣。宋世新舊法之紛更，弊即坐此。且如青苗行之不能無弊，固也。然聽豪強兼併之家邀倍稱之息可乎？如曰不可，青苗之法必不可不行，只有行之，……如何，舊黨不宜遽廢其事，新黨亦不必諱其弊矣。而當時皆不知，此則政治上之經驗尚未足也。《宋史·食貨志》云：“大國之制用，如巨商之理財，不求近效而貴遠利。宋臣於一事之行，初議不審，行之未幾，既區區然較其失得，尋議廢格。後之所議未有以愈於前，其後數人者，又復訾之如前。使上之爲君者莫之適從，下之爲民者無自信守，因革紛紜，非是貿亂，而事弊日益以甚矣。”已頗能見及此弊矣。淺人論宋明事，但以黨爭爲戒，亦爲一偏。凡事必爭至是非明白，黨爭而令敵之情，殊亦非道也。昔人所論定國是……

寫於一九五六年

峙乌荌圖利誘人潛穴堤防

《宋史·趙昌言傳》：“昌言復知天雄軍，賜錢二百萬。大河貫府境，豪民峙乌荌圖利，誘姦人潛穴堤防，歲仍決溢。昌言知之。一日，堤吏告急，命徑取豪家廥積以給用，自是無敢爲奸利者。”少時數聞先輩談河防故事，利於決溢，而修築不力者多矣。遽募人穴堤，且習爲故常，則未之對承，然或吾所承之不轉圖利者，固無所不至也，亦可謂不法矣。

寫於一九五六年

事　不　可　解

史所載事多有不可解者，其實無不可解也。以常理度之，則覺其不可解；以非常之理度之，則無不可解矣。故知天下有不當以常理測度之事，則天下無不可解之事矣。《明史・高翔傳》：高翔，朝邑人。洪武中，以明經爲監察御史。建文時，戮力兵事。成祖聞其名，與閏同召，欲用之。翔喪服人見，語不遜。族之，發其先冢，親黨悉戍邊。諸給高氏產者皆加稅，曰："令世世罵翔也。"獨不計其將世之罵己乎？此揆以理而不可解者也。然欲令天下人罵翔，乃度其將罵己。此常理也。常理者，常人處於常境之中所見之理也。若古來之天子，則多非常人，其所處又非常境，故其所行不可以常理測者多矣。然實於庸常者恒希，不如中庸者恒多，而托之以天下之事，此世之所以多亂也。

寫於一九五六年

筆　墨

讀一九五六年十一月七日《文匯報》所載葉恭綽先生之《遐庵談藝録》，知中國之筆墨皆緣起甚早。其說殊有趣味，且殊足自豪。今日通用墨水筆，緣起不過百餘年，無足道也。且墨筆寫字可大可小、可粗可瘦，更非墨水筆所及，致其使用較之墨水筆練習似稍難（此亦爲今日墨水筆盛行之一因）。然事物之高且復雜者，練習必較難，不足爲病也。惟中國之墨，則實不便於用。墨汁既難携帶，錠墨又須時時研磨，且須携硯，而在無水之地，則竟無可使用矣。故中國今日書寫之具，第一須改其墨。其二則毛筆材料須求其多，而其製造之法宜求其易。欲求其材料之多，則兔毫羊毫，鼠尾猪鬃，皆不能用。欲求其製造之易，則必不能如今日之全用手工。二者既改，……則可大可小可粗可瘦之美，仍可保存，而其屢試諸簡牘紙帛而皆當，將尚非墨水筆等所能代也。

寫於一九五六年

金　華　亭

清咸豐庚申，太平軍逼常州，先大母携先君避難鄉間以疾卒，先君是時九歲，同避難者皆欲棄之，獨金華亭先生不可，遂携先君同避難，嘗浮海至福建，又間關至江西，時先大父知奉新縣，以先君歸焉。先大父使先君拜華亭先生爲義父。華亭先生無子，一女適承君厚甫，予呼爲金大姑。予少時大姑常至予家。光緒乙丑大姑卒，承君未嘗來，遂絕音訊。大姑似亦無子女。壬寅歲予適丁氏之從母，延承君幼仙教其子，厚甫君之族弟也。問以厚甫家情形，亦不甚了了矣。予家歲時常祀華亭先生及大姑。然予亦無子,一女又未適人,此祭祀不知何時而絕也。當先生携先君避難也,寧能知必與先大父遇,而經行數千里,歷時甚久,而絕無厭悔之意。亦可謂其仁出於本心者矣。故知閭里之間,隨處有義士也。

寫於一九五七年

盛康續經世文編

經世文編續編數種,皆不如正編之善。或謂此編較佳,亦不知其何所據也。此編所選有極無謂者,如九十三之算寇是,卷三十六姚文田陳漕運情形疏,與正編復(正編見四十六),足見纂輯之粗率,校讎亦不精,時有訛字奪字,句讀亦有誤者,卷二十八頁三十三第五行,將正文誤作夾注。

寫於一九五七年

弈 棋 之 經 歷

予不善奕而頗好奕。年七八歲,見奕譜,心即甚好之,但不解耳。年十二三,先君與二姑丈□□□敏奕,予從旁觀之,乃略知死活;然先君及二姑丈棋皆極劣,不能教予。時先母課予讀書頗嚴,亦不許予下棋也。

歲癸卯,予年二十應鄉試金陵,金陵人恒奕於夫子廟茶肆,予暇輒往觀之,曾見束雲峰與汪叙詩奕。束雲峰者,後來丹陽之高手,汪叙詩皖人,是時……及與清代最後國手周小松奕者,恐惟叙詩一人而已。叙詩受二子於小松,雲峰是時則受二子於叙詩也。予此時初不知其爲叙詩、雲峰。民國時與雲峰相識於滬上,談舊事,乃知之也。此時雲峰之藝,已幾可與叙詩敵矣。

歲乙巳始識劉君脊生。劉君最好奕而余君青萍□□□□。青萍,先君之弟子也,以故與予相識。青萍不甚奕而脊生好奕無已。其所識奕藝較佳者,一爲陳君耀泉,一爲朱君毓真,皆時時拉與奕,予亦從之。又嘗一遇呂君以偉,稍後則識劉君翰云。是時吾鄉奕人以姜君鳴皋爲最高,吳君伯喬、屠君雄卿次之。姜君、吳君俱客湖北,惟雄卿在里,予稍後乃識之。是時好奕者又有錢君叔陵、汪君千頃。叔陵、千頃、脊生與予四人對奕最多,技亦相放。耀泉、毓真、以偉、翰云少優,雄卿最優。後有錢君仲芳自宜興來,技與雄卿相敵,朱君清齊、李君伯年則稍亞,而宜興史君憲夫國琛,則技又高於雄卿、仲芳,蓋與姜鳴皋相亞。予初與耀泉、毓真遇時，受三子後劣相敵，於雄卿、仲芳受四子，後至三子。與憲夫奕一局，則受五子。辛亥歲客南通，曾遇其他名手，陳餞賓約受三子。此予在辛亥以前所遇之奕人也。

　　民國元年，予始客上海，是時海上之名手爲姜君鳴皋、吳君伯喬，皆在滬相遇。無錫范君楚卿，上海吳君祥塵，江都王君彥卿，唐君善西，北京伊君堯卿、道縣何君星叔、宜興潘君朗東，其技大抵如汪叔四。張君樂山亦與諸君四五子而力量又稍強，惜不久病死旅館中，予未及見。無錫鄧君奕潛久在四川，刻棋譜最多。是歲新來上海，予亦及識之人極恟恟，予亦與之相識也。技稍亞於諸君者，爲江都王君道之，淮安施君事□，蘇州李君庚侯，施君性□□，本設油肆，以好奕不事經理，喪其資矣。顧君水如是時年二十，棋已嶄然見頭角，至五年時（廿四）東渡日本，歸後技遂出諸名手上矣。

　　七年，予客蘇州，蘇州老奕家爲陸鳳芸，行六，人皆呼爲陸六。棋亦如□。此外徐□伯、劉作人、葉鳴珂、陸韞玉、陸叔竹、方翔九、□啓宗、胡吉人，而紹興人王竹生旅蘇，棋亦相仿佛。是時予技術亦稍進，與北□、雄卿相敵。九年客沈陽，凡三年而後歸。在沈無奕人，三年中只與北京魏君華萱遇，曾奕，奕數局耳。華萱亦北京名手，技稍遜於予也。予自客沈歸後，遂不復奕，惟在蘇州奕二十三局。予受先勝七局，負十五局，和一局，此外皆隨手抛擲矣。吾鄉奕局與予相敵者，屠雄卿之二子，長曰和生，次曰藹堂。藹堂技稍精，其父及鳴皋、吳伯喬死後，在常州稱第一。此外王君□揚，□揚之子孟企、朱長林、姜錫藩、余艾生。稍下者丁□□，張劍秋、楊福庭、奚叔平、談林□、屠□方，而杭縣唐端昇冕英……

　　予教授光華最久，學生中好圍棋者二人，曰顧頌德、常熟鄭之驤，技視予皆少優。顧君十七年秋以嫌疑，爲國民政府所捕，入反省院三年，抗日戰作乃釋出，精神非復往時矣……。

　　謝俠遜

　　厲子英　十五年十二月三日卒。

　　楊懷瑾　十六年卒。

　　許金保或曰姓葉。

　　奕人中朱毓真□潦倒，與予相識後不久即謝世。陳耀泉民國十九年卒。呂以偉七年秋在鎮江相遇，奕數局後，遂未通音信。姜鳴皋二十年九月十六日（舊八月初五日）卒。回其故居橫林時，鳴皋方修常州志書，伯喬挽以詩。伯喬小時與鳴皋奕最多也。朱清齊十年春卒於天津，年四十二。屠雄卿二十三年八月二十三卒，年六十七。屠孝方早卒。陸風芸十一年卒。王道之十五年客死上海。

　　伯喬挽鳴皋

　　劇棋回憶武昌城，世難真如劫未平。幾輩成名尊豎子，廿年袖手看閑枰。生嚴志例排私誼，死有文章與古争。小友微能測深隱，點痴各半謚先生。

寫於一九五七年

西　　諺

　　西諺曰：一人得神助，即爲多數。意謂循義而行，自然無怯也。此與"自反而縮，雖千萬人，吾往矣"之説同。

　　英諺曰：懷疑莫白，心與口違，地獄之門，萬惡之謀。

寫於何年不詳

吕思勉先生编年事辑

前　　言

　　先生的傳紀資料，如日記、書信、時論、詩文、隨筆，以及父母亲友的一些资料等，大都是先生生前自己分類保存的。二十世紀九十年代初，我們根据這些资料，編撰成《吕思勉先生編年事輯》一册，於一九九二年十月由上海書店出版。其縮寫本，曾刊于《常州文史資料》（第五輯，一九八四年十月出版）和《蒿廬問學記》（三聯書店一九九六年六月出版）。隨後，我們又不斷搜集先生的传纪资料，編成《吕思勉先生年譜長編》，由上海古籍出版社出版（二〇一二年十二月出版）。本次整理編輯《吕思勉全集》，我們對初版《吕思勉先生編年事輯》的内容做了增补、調整和訂誤，特别是增加了近年來新找到而《吕思勉先生年譜長編》未録的資料，仍名之爲《吕思勉先生編年事輯》。《編年事輯》的正文部分大致按年、月、日編排；無日可考者，系於月；無月可考者，系於年。爲保持輯録的連貫性，部分材料則不按年月編排而插入内容相關之處。所有輯録的資料都注明來源或出版年月。《編年事輯》設三個附録：附録一是吕翼仁先生撰寫的四篇回憶文章。翼仁先生是吕先生惟一的女兒，由她撰寫的回憶文章，親切而具體，是研究吕先生生平學術的重要資料。附録二是《吕思勉先生著述繫年》，爲吕先生著述繫年之目録，收至二〇一四年年底，輯録公開發表、重印、再版以及少量未刊的著述篇目，也按發表日期爲序，僅知月者，排在月末；僅知年者，排在年末。也有少許發表甚晚，而按撰寫年月排入的。港臺的重印、翻印本，按初次翻印的年月編排，但因收録不全，尚有不少遺漏者。附録三是《紀念評述文章目録》，系有關先生的學術研究、評述，以及師友親屬的回憶文章，也按發表年月爲序編排，以方便读者参考阅读。

李永圻　張耕華

二〇一四年八月

目　　錄

第一卷
一歲 至 二十八歲(一八八四 至 一九一一)

光緒十年甲申(一八八四)　一歲

是年中法戰争爆發。

先生名思勉,字誠之,光緒十年甲申二月初一(一八八四年二月二十七日)生於江蘇常州十子街舊六、八、十號吕氏故居東宅。

吕氏先世居宜興,自明永樂間,有諱成者,始自宜興徙居常州,至清代遂爲陽湖(常州府屬縣)人。高祖諱子珊,嘉慶十五年庚午順天鄉試舉人,河南偃師縣知縣。曾祖諱佑孫,道光二年壬午鄉試舉人,安徽旌德教諭。先生祖父晉廷公,諱懋先,國學生,知江西奉新縣事。祖母同邑莊夫人。先生父諱德驤,字譽千。生於咸豐二年七月二十五日。九歲時太平軍進薄常州,莊夫人攜之避兵鄉間遽卒。同行者數十家,皆欲棄譽千公行。獨金君華亭以爲不可,遂攜之渡江,依僧寺,又浮海閩浙,卒歸晉廷公任所。

譽千公弱冠以文名,補縣學生,食廩餼,十應鄉試不儎,晚乃選授江浦縣學教諭。丁繼母無錫華夫人憂歸里,遂不復仕。爲學惇篤,少服膺經訓,號所居曰"抱遺經室",於《易》尤邃。晚好言經世,喜讀史。著有《抱遺經室讀書隨記》及詩集若干卷。性寬厚而遇事極持正,尤好周恤。光緒三十二年丙午十一月五日以腦溢血卒,年五十五。

先生之母程夫人諱棖,字仲芬,號静岩,武進名士程公兆綰之次女。生於咸豐三年八月十八日。當太平天國之時,讀書不多,僅讀《論語》二十篇,讀《孟子》至齊桓晉文之事章而輟。然其後通曉經史,能爲詩文,著有《逸秋詩鈔》及《讀書隨筆》各一卷。年二十三,歸譽千公。躬履儉素,而於婚喪賓祭諸事,咸親自經紀,井井有條。譽千公讀書居官,能不以家事爲累,程夫人之力也。夫人明察善教誨,戚族女子及笄受教於夫人者數人,皆能讀書,善女紅,終身念夫人不諼云。光緒三十四年戊申八月十一日以腹疾卒,年五十六。

吕氏故居現存四進二十一間(根據常州市第四批省級文物保護單位建議名單),若不計第一進門屋,則爲三進(根據常州市第三批文物保護單位名單),其第三、第四進間有側門通十子街新生里,門牌爲新生里四號。故居在一九八三年十一月十日由常州市人民政府定爲文物保護單位。

光緒十一年乙酉(一八八五)　二歲

是年二月十七日(一八八五年四月二日),先生之夫人虞菱女士生。夫人字繼蘭,又名采蘭、寶玲,出身仕宦之家,世居常州城內。祖父諱映溪,知浙江衢州府,祖母錢太夫人。父紉荃公諱樹蓀,清貢生,母邵太夫人。一姊適巢氏;一弟諱祖同,號勤穀,上海大同大學畢業,曾任上海商務印書館英文編輯。映溪公之父以醫術名,時人號爲虞一帖。夫人機敏明察,處事謹嚴,操持家務,撫育兒女,備極辛勞。先生乃得不以家事爲累,終生專心於教育與著述。

錄先生《先德各件》所記:菱,乙酉二月十七。光緒十一年,一八八五年四月初二。

光緒十二年丙戌(一八八六)　三歲

光緒十三年丁亥(一八八七)　四歲

先生四歲時,耽玩《王冶梅畫譜》,至民國二十二年(一九三三年)五十歲時,尚夢見在此畫中,次夜夢中且作詩咏之,可見幼年耽之之深。此畫譜先生之女翼仁女士幼年尚見之,後於抗戰中遺失。

據翼仁女士云:先生自言四歲時,知其外曾祖母不取不勞之獲事,感受極深。先生平生不苟取一文,當與此極有關係。翼仁四歲時,先生亦以此事告之,蓋亦教育之也。一九四〇年二月先生撰《窖藏與古物》,記有此事。

光緒十四年戊子(一八八八)　五歲

康有爲第一次上皇帝書,昌言變法維新,上書未達。
時先生父譽千公在盛宣懷家坐館教學。

光緒十五年己丑(一八八九)　六歲

是年先生始從師受業。

家世讀書仕宦,至予已數百年矣。予年六歲,從先師薛念辛先生讀,至九歲。其間,薛先生因事他適,曾由史幼純先生代館月餘。(《三反及思想改造學習總結》)

先生幼時曾聽父老談湘軍諸將事,中年後撰《史通評》,猶記得父老談湘軍諸將時稱謂之不一,乃以此事爲例,説明古之稱人,多用其號:

> 蓋古之稱人,多以其號。所謂號者,乃衆所習稱之名。小時見父老曾經洪楊之役者,其談湘軍諸將,皆津津有味,其稱謂即不一,大抵於曾國藩多稱其謚曰文正,於國荃則以次第呼之曰曾九,於左宗棠則多斥其名。問其何以如此,不能言也。若深求之,自亦必有其所以然,但稱之者亦不自知耳。

光緒十六年庚寅(一八九〇) 七歲

先生幼年時誦讀四子書及《通鑑輯覽》、《讀史方輿紀要》等,後來他在指導青年學生學習語文時,曾憶及兒時誦讀四子書時的情形:

> 予幼誦四子書,日授十行,行十七字,每一分鐘而誦一遍,以一小時計之,則可誦萬又二百字矣。朗誦較閱讀爲遲。吾誦四子書時,其程度尚不及今日之中等學校生徒,而生徒讀書漸多,其閱讀亦必漸速。今即皆弗論,即以予誦四子書所需時間爲標準計之,每小時至少亦可讀萬字,年以三百日計,即可得三百萬言,四年可得千二百萬言。所熟誦者既得五萬言以外,所涉獵者,至少又得千二百萬言,如是而謂中等學校卒業之生徒,其國文尚不能通順,吾不信也。而況乎其所熟誦及閱讀者,尚決不止此數也。(《擬中等學校熟誦文及選讀書目》)

> 少入私塾,初解讀書時,塾師使讀《通鑑輯覽》、《水道提綱》、《讀史方輿紀要》。每苦《提綱》頭緒之分繁;而於《輯覽》言歷代之治亂興亡,頗覺津津有味;於《紀要》,亦僅能讀各省各府之總論,各縣之分紀,實苦之不能終卷也。(《中學歷史教學實際問題》)

光緒十七年辛卯(一八九一) 八歲

康有爲在廣州設萬木草堂,聚徒講學,學生有梁啟超等。

先生最早和史學發生關係,即在此時。

> 我和史學發生關係,還遠在八歲的時候。我自能讀書頗早,這一年,先母程夫人始取《綱鑑正史約編》,爲我講解。先母無暇時,先姊頌宜(諱永萱)亦爲我講解過。約講解到楚漢之際,我説:我自己會看了。於是日讀數頁,約讀至唐初,而從同邑魏少泉先生(景徵)讀書。先生命我點讀

《綱鑑易知録》,《約編》就沒有再看下去,《易知録》是點讀完畢的。(《從我學習歷史的經過説到現在的學習方法》)

予年九歲時,先母即爲講《綱鑑正史約編》,日數葉。先母無暇時,先姊即代爲講解。故於史部之事,少時頗親。至此,先父又授以《日知録》、《廿二史札記》及《經世文編》,使之隨意氾濫而已,亦覺甚有興味。(《三反及思想改造學習總結》)

先生後寫有《物價偶憶》一篇,記他八歲時的生活及清末民初的物價。

先生之讀史札記《手術》,記是年某醫家爲父親徙癰之事(見《吕思勉讀史札記》中第九九二頁)。

光緒十八年壬辰(一八九二)　九歲

先生之父譽千公是年授江浦縣學教諭,家眷隨往。

壬辰予九歲,隨宦江北,盡室以行。(《貓友紀》)

先生九歲去江浦,十四歲返回常州,這段時期的生活情况,記載極少,只有他後來寫的《青年時代的回憶》,從時間和環境來看,似是江浦的情景。先生於一九〇四、一九〇五年所寫的小説《未來教育史》(第三、第四回),有關於江浦縣中私塾教學的描寫,似也是出自親見親聞,雖是小說筆法,當也反映當時的真實情形。

先生之姊頌宜女士詩詞存者不多,在江浦時有懷鄉之作,集唐人句,題曰《秋夜獨坐有懷故居》,先生於光緒二十七年辛丑五月初十抄存。又録有《賦得春水池塘燕子飛》一首:

秋夜獨坐有懷故居

晚天清坐竹窗寒,蕙炷香消燭影殘。料得故園今夜月,更無人倚玉闌幹。

賦得春水池塘燕子飛(得飛字五言六韻)

暖到橫塘水,春深燕子飛。一池新漲膩,雙剪曉風微。細雨銜泥緩,輕陰掠岸稀。遠山窺綠黛,舊巷認烏衣。衡宇巢初構,郊原草正肥。層波千頃碧,羽滿浴晴暉。

先生存有先姐遺墨一篇,原無題,現全文録入《吕思勉先生年譜長編》(上海古籍出版社二〇一二年版,第三五至三六頁)。

先生在八九歲時,曾對過一副絕對,後記在日記中。現擬題《絕對》,收入《蒿廬詩稿》。[①]

光緒十九年癸巳(一八九三)　十歲

是年先生家境益坏,不能再延師教讀。

十歲,薛先生服官揚州,改從魏少泉先生讀。十二歲夏,魏先生赴新疆。予父生平,不贊成人自教子弟:謂非因溺愛失之寬縱,即因期望太切失之過嚴。故予自入塾至此,皆延師於家。此時依予父之意,本欲再行延師,惟家庭經濟狀況,頗起變化。予家有田二十余畝,向不收租,惟俾佃戶耕種,照料先塋耳。在城市中,有住宅兩所,市房兩所,除住宅一所自住外,餘皆出租。親丁七口,予之繼祖母、父、母、兩姑、一姐及予也。其後兩姑皆出閣,則惟有五口。衣食粗足自給。而在予十歲時,再從伯父朗山君逝世江西。朗山君以官為家,卒後一無所有,而親丁尚有九口。雖再從,而予家丁口少,已為最親之一支,先君乃迎之同居。自此食指幾增一倍,生活遂告拮据。故魏先生去後,未能延師,由予父自行教授。予母及姐皆通文墨,亦相助為理。(《三反及思想改造學習總結》)

先生幼年時,母親曾告之"行霧中必飽食",後記在《讀史札記》"博物志"條中(見《吕思勉讀史札記》下)。

是年先生閱喬光烈《招墾里記》,印象頗深。(《史籍選文評述》)

光緒二十年甲午(一八九四)　十一歲

中日甲午戰爭爆發。

是年先生始讀報,略知世界歷史。所向往者,乃旧日经济之學。

甲午戰時,予始知讀報,其後則甚好《時務報》。故予此時之所嚮往者,實為舊日所謂經濟之學。於政務各門,皆知概略,但皆不深細。(《三反及思想改造學習總結》)

當中日戰時,我已讀過徐繼畬《瀛環志略》,並翻閱過魏默深的《海國圖志》,該兩書中均無德意志之名,所以竟不知德國之所在,由今思之,真

---

① 本册所謂收入某書,或參見某書,均指《吕思勉全集》的各個分册。

覺得可笑了。是年，始得鄒沅帆的《五洲列國圖》，讀日本岡本監輔的《萬國史記》，蔡爾康所譯《泰西新史攬要》及王韜的《普法戰紀》，黄公度的《日本國志》則讀而未完，是我略知世界史之始。（《從我學習歷史的經過説到現在的學習方法》）

光緒二十一年乙未（一八九五）　十二歲

清廷戰敗，被迫訂《馬關條約》。康有爲等"公車上書"。

父親譽千公對先生的期望是"隱居不仕，教授鄉里"，此對先生一生影響甚大：

猶憶亡清捐例將停時，或謂予父：賢郎固能讀書，然今世道艱難，爲子弟計，當多備可走之路，如狡兔之有三窟。君應籌款，爲賢郎捐一職，將來若不需用，自可棄之，多備無患也。予父喟然曰：世變亟矣，予有子，不欲其作官也。因謂予曰：隱居不仕，教授鄉里最佳。予父所謂教授鄉里，非如今之所謂大學教授，如予之所爲，自昔人之有德者視之，已爲騖聲華而非悃愊之士矣。然予父不欲予作官，亦非謂人不當自效於當世，特謂不當如流俗，以作官爲啖飯之途徑耳。使予能隨才力地位而自靖，固亦予父所深喜。（《三反及思想改造學習總結》）

然譽千公後仍爲先生出資捐例，乙未（一八九五）捐例，癸卯（一九〇三）驗訖。

先生遺留資料中有"先考遺墨"一包，内有《舉業法程》和《珠光劍氣》二册，均譽千公手書。《珠光劍氣》係抱遺經室選讀時文抄録，抱遺經室係譽千公書齋名，内録科舉應試八股文一百篇，或用作應試教學之範文。

光緒二十二年丙申（一八九六）　十三歲

梁啟超等在上海創刊《時務報》。

是年先生開始讀《時務報》，自謂受梁啟超影響甚深：

予年十三，始讀梁先生所編之《時務報》。嗣後除《清議報》以當時禁遞甚嚴，未得全讀外，梁先生之著述殆無不寓目者。粗知問學，實由梁先生牖之，雖親炙之師友不逮也。（《辨梁任公陰陽五行説之來歷》）

光緒二十三年丁酉（一八九七）　十四歲

譽千公因母夫人憂奉喪去官事。（《白下官場紀事》，《申報》一八九七年

八月八日第二版)

是年先生已能作文,從父命就正於石小泉先生。先生殘存日記中,有記石小泉先生之事及其詩作之佳句。現擬題爲《石小泉》,收錄於《蒿廬文稿、筆記》。

先生幼時讀袁枚《小倉山房文集》,對其中論漢高祖一段,影響深刻:

> 因爲敍述陳武帝,使我猛然記起一件五十年前的事來。那時我年僅十餘齡,讀袁才子的《小倉山房文集》,其中有一段漢高祖論,大意是説:漢高祖滅掉項羽之後,對外妥協太早了。倘使他當時發一個命令,令韓信、彭越、英布等北向以攻匈奴,則匈奴可以早摧,而諸臣之力,有一用之之途,内部的矛盾,反可以消弭了。袁才子並不是什麼史學家,這一篇又是他十余齡時的少作,自然於史事不能盡合,然而其中仍包含有甚大的道理,所以五十年前所讀的書,我至今没有忘掉。(《論度量》)

又讀抄本《江陰城守記》,晚年撰《中國史籍讀法》,以此事説書籍流傳多有改削:

> 予幼時曾見一抄本《江陰城守記》,述明末典史閻應元抗清之事,諺所謂清三王、九將被殺之説,即在其中,此外尚有江陰人之歌謡等。後來所見抄、刻本,無一得通。(《吕思勉文集・史學與史籍七種》,第九八至九九頁)

先生有《紀李廣發事》一文,當是聞諸先德而記之。此文署名"悔學子",時先生年少,文字尚不甚通暢,因所記爲一八八四年之事,故編入本年。

光緒二十四年戊戌(一八九八)　十五歲

是年清廷變法維新,九月發生政變。

先生是時從學於族兄少木、薛以莊先生,皆未坐塾,但以文字就正耳:

> 後又使從族兄少木先生游,先後凡三年。惟皆未坐塾,但以文字就正耳。薛以莊先生者,念辛先生之伯父,而予父之師也,予父嘗從之學九年。清末,主蕪湖之中江書院。予父又以予所作之文字,郵寄請正。生平就學之經過如此。予自十歲以後,家境即不佳。少時尚無公私立學校,十五後稍有之,然是時視外國文及技術,均不甚重,故生平未入

學校。於外文，僅能和文漢讀；於新科學，則僅數學、形學，嘗問業於徐點撰、①莊伯行兩先生，略有所知而已。今亦强半遺忘矣。（《三反及思想改造學習總結》）

中日甲午戰爭及康梁變法維新的失敗，對先生早期思想的形成關係甚大：

> 予之思想，凡經三大變：成童時，最信康、梁之説。予生平不喜訪知名之士，人有願下交者，亦多謝絶之，以泛泛訪問，無益於問學修爲也。故於康、梁兩先生，皆不識面，然在思想上，受兩先生影響實最深，雖父師不逮也。此時所篤信而想望者，爲大同之境及張三世之説，以爲人莫不欲善，世界愈變必愈善；既愈變而愈善，則終必至大同而後已。至於大同世界，究系如何情狀？當由何途以赴之？余時年少，不知考慮也。（《三反及思想改造學習總結》）

先生殘存日記中，録有梁任公佚詩詞，言以人存之。現擬題爲《梁任公佚詩》，收録於《蒿廬文稿、筆記》。先生又録存梁任公贈徐中可聯一：

> 春已堪憐（玉田），更能消幾番風雨（稼軒）。樹猶如此（龍洲），最可惜一片江山（白石）。（《掌故》）

光緒二十五年己亥（一八九九）　十六歲

先生遺存的文稿中，有題爲《先考日記》數本。先生父親譽千公，一八九二年授江浦縣學教諭，至一八九七年因母夫人憂奉喪返里，其後“既去官，筆游四方以自給。戊戌客江寧，己亥、庚子居於鄉，辛、壬、癸、甲客上海，乙巳客嘉興”（《譽千府君行述》）。據《先考日記》所記，己亥年譽千公似已在上海盛宣懷府上坐館教書。

是年先生出應小試，入學，譽千公囑先生要多讀書，不該兢兢於文字之末。於是先生始讀正史，並致力於古典文學。

先生自言早年求學，頗得力於研讀《四庫全書總目提要》。

先生遺稿中尚有幼時史札及史論，②計《讀通鑑論》十一本，讀《四庫全書

---

① 徐點撰，時爲常州府中學堂的數學代課教師，師承數學家華蘅芳、華世芳，也是錢穆在常州府中讀書時的老師，錢穆《八十憶雙親　師友雜憶》中有形象之描繪（《錢賓四先生全集》卷五十一，聯經出版公司一九九八年，第五五至五六頁）。

② 先生幼時史札《藺相如完璧歸趙》、《望之之死》、《匈奴朝儀》、《蜀事雜論》、《明帝佛法之入》等，現均收入《蒿廬文稿、筆記》中。

總目提要》札記六本及選札(《文選》札記)殘本一束,當係十六七歲時之作。史論有批改圈點,或爲其父師手筆。

先生有日記一則,揭露己亥、辛丑時科舉考試之荒謬。又曾作文抨擊明清的八股文,並談到自己應試時,做的題目是"必先",將《孟子》中的一句上下文截去而成。又有筆記二則,一則敘述武進城内設教堂的經過,一則係《紅樓夢》記語摘録,現均收入《蒿廬文稿、筆記》中。

先生之母程夫人,通曉經史,能爲詩文,著有《逸秋詩鈔》一卷,存詩三十餘首。先生曾鈔録之,題爲"先妣遺詩"。程夫人又有一小本,專抄録親友所作之詩詞,先生題爲"先母雜鈔"。

光緒二十六年庚子(一九○○)　十七歲

是年義和團運動起。

先生之作日記,始於庚子二月一日,是日乃先生之生日也。名日記曰《測晷録》。嗣後歲一易名,並冠以小序,沿爲成例。非歲首而易日記之名,僅有民國十一年及民國三十二年兩次。

予之作日記,始於庚子歲二月一日。是日爲予生日也。名之曰《測晷録》,三字殊不可解,蓋時年尚小,文理未甚通也。嗣後歲一易名,沿爲成例。惟民國十一年客居遼左,有傳予歸途病歿北京者,諸友朋聞之動色相告,有自蘇州歸里欲探其究竟者,而予亦適於是日抵里,相見悲喜。感念友朋生死之交,存歿之故,乃於是年七月易日記之名,曰再生記。二十六年,倭寇入犯,挈妻女避居上海租界。三十一年租界亦陷,不得已於其翼年八月一日歸隱里中。予家故有東西兩宅,戰前自居西宅,而以東宅賃人。戰事作,西宅全毁,東宅僅壞一角,修葺復完。然賃居者不肯去,不得已就西宅遺址,以舊土木葺屋兩小間,暫居焉。前此日記,二十四年以後,皆留上海,歸里時不能攜。戚友亦慮敵僞搜索,中有觸忌語,莫敢寄頓,予亦不欲以此累人,乃悉摧燒之。二十三年以前,皆庋予讀書之小樓中。樓毁,爐餘之物,久之乃有人拾起,輦至予妻家。妻家之屋亦毁,無高燥之處可藏,殘書多受濕腐爛,日記亦雜其中。時所居逼窄甚,不能輦歸整理,然遥望之,知其百不存一矣。追憶前塵,恍如隔世,乃又易日記之名曰更生記,兼寓更始之意焉。非歲首而易名,僅此兩次而已。三十三年正月,東宅賃居者遷去,殘書悉自妻家輦歸,長夏暴之烈日中,經旬乃可揭視,日記之存者,百餘葉耳。既歲一更名,每作序言,以釋新名之義。

自二十三年以前,存者凡九。予性愚柔,亦恒思自振奮,日記定名,皆本斯意,今録存之。雖時過境遷,猶足以自儆惕,抑亦使後人讀之,知徒爲奮勉之言而不能行,終不免終於愚柔如予者,亦足以爲鑒戒也。(《日記一》)

先生是年得識丁桂徵先生,且間接受教於謝鍾英先生,[①]不但在治史、論事方面多所獲益,即思想方面亦起一大變化:

年十七,始識從母兄管達如(聯第)君,管君爲謝鍾英先生之弟子,鍾英先生者,利恒君之父。予識利恒君,亦在此時也。鍾英先生亦治史學,以考證名,而實好談舊日之經濟。其言治道,信法家及縱橫家之學,予自達如君獲聞其説。惟予與達如,均不信縱橫家,只服膺法家耳。法家之説,細别之,又可分法術兩派,而予所服膺者,尤爲術家。此時循中國舊説,以爲凡事皆當藉政治之力改良之,然政治上之弊病,則皆由於在執者之自利。故非有督責之術,一切政事,皆不能行;强行之,非徒無益,而又有害。蓋此時年事稍長,能就社會情狀,加以觀察,故其見解如此也。大同之希望及張三世之説,此時並未放棄,不過不暇作深遠之思考,但以改善政治,爲走向大同之第一步耳。此予第二期之思想也。(《三反思想改造學習總結》)

先生作文,亦受謝先生的影響,且推崇先生教授作文之法。先生筆記中,有記謝鍾英先生佚事一則,又有論《金聖歎集》、《儒林外史》和《僞言截髮》等數則,現均收録於《蒿廬文稿、筆記》。

先生學填詞和學作詩鐘亦在是年:

予學填詞,始於庚子春間,所填第一闋,系阮郎歸調,因先姐賜蘭花而作,今已不復憶,惟記其中有"傳來王者香"之句,姐病其粗獷,誡之。是年所作之詞,則尚有存於日記中者,二月初四日作《壺中天慢》云:鶯啼燕語,又匆匆一月,好春過矣。冷到熏篝無夢在,種種惱人滋味。草綠如茵,花開似錦,庭院清於水,呼童掃徑,更看舊雨來未,惆悵幾日登臨,危樓小坐,看蒼烟莫起,十二欄幹閑倚遍,消受風斜雨細,濁酒添愁,新詞帶恨,判取薔騰醉,維摩善病,傷時長灑清淚。此時填詞頗知綿密深細,然學力不充,語多似是而非也。(《殘存日記》)

① 謝鍾英(一八五四——一九〇一),江蘇武進人,光緒戊子舉人,輿地學家。曾入湖廣總督張之洞、臺灣巡撫邵友濂之幕辦理政務,深受器重。晚年回鄉授徒講學。著有《三國疆域志補志》等。

予作詩鐘,始於庚子九月二十八日,作人隱社詩鐘六聯,題爲菊鐘分咏,聯云:籬畔露華前夜白,樓頭月色五更斜。三徑無言彭澤醉,一聲長嘯海山秋。陶令門前秋九月,姑蘇城外夜三更。秋從彭澤籬邊見,人在寒山寺裏聞。摩挲栗裏歸來種,怊悵閩黎飯後聲。階前瘦損楊妃影,寺裏疏慵老衲聲。母親作一聯云:瘦影每偕秋共淡,清聲常共月飛來。大姑作一聯云:黃金色嫩雲鋪地,碧玉聲洪月在天。桂徵姨丈作兩聯云:延壽南陽山下客,紀功大極殿前銘。相國幾人香晚節,大常自古勒奇勳。

案人隱社詩鐘,爲通伯出題征作,①題粘於龍城書院門首左側牆上,卷交何處,何人爲予送往,今均茫不能憶,而其後曾偕至狀元第莊宅領獎,得信箋若干紙,則尚方佛能憶,所偕何人,則又不省記矣。予此時尚未識通伯,相識後談及,乃知題爲所命,事亦由其主持也。此爲予第一次作詩鐘,殊不工切。然此日記倖存,幼時情景如在目前,今日讀之,不勝感慨系之也。民國三十三年十月五日識。(《殘存日記》)

先生自謂:

予於文學,天分頗佳。生平並無師承,皆讀書而自之。文初宗桐城,後頗思突破之,專學先秦兩漢,所作亦能偶至其境。少好宋詩,中年後亦好唐詩,但無功力,下筆仍是宋人境界耳。詞所造甚淺,亦宗常州而薄浙派。要之,予可謂古典文學之正統派。予於文學,未嘗用功,然嗜好頗篤。於新文學最無嗜好,讀新文學書,極少極少,因總覺其繁冗而乏味,故不終卷輒棄去也。予對一切學問之頑固而拒不接受,無如對新文學者。此於予亦爲一種損失。然習慣已深,恐不易改矣。此本不必與通知舊文學有關,然予自行檢點,此兩者似有關係。以兩物相形,厚於此,不得不薄於彼也。(《三反及思想改造學習總結》)

先生晚年嘗自選詩百首,就正於趙元成(敬謀)、②陳研因(協恭)、③汪叔

---

①　通伯,即莊通伯(一八八二——一九六五),字士器,一字通不,號通伯,江蘇武進(今常州市)人。早年考取秀才,後留學日本弘文院師範科,畢業後回國,與友人陸繼讅等在常州創辦粹化女學。又與其妻子陳警錫創設"滌芬蒙養院"(學前教育機構)。曾任常州半圜女學教務長、浙江江山縣公署教育主任,先後執教於東吳大學、省立第二女子師範學校、聖約翰大學等。解放後受聘爲上海文史館館員。莊氏精古文,工對聯,尤擅詩鐘,一生作詩甚多,有"鐘王"之稱。

②　趙敬謀,名元成,語言學家趙元任之從兄。

③　陳研因(一八八二—?),名寅,字協恭,江蘇武進人(今常州市)。早年參與創辦粹化女學,一九一二年與陸費逵等創設中華書局,任事務長、營業長等職,爲中華書局創建元老之一。四十年代末去雲南個舊錫礦工作,解放後退休回上海。六十年代初,因中風去世,享年八十餘歲。著有詞集《和白香詞》(一九四九年鉛印本)等。

良(厚)諸先生。詞則先生早年所作,向不示人。遺稿中有《夢秋詞》若干首,係先生親筆寫録,下署"陽湖呂思勉誠之學",明爲習作。

其時先生甚好詩詞,從光緒二十六年庚子(一九〇〇)迄光緒三十年甲辰(一九〇四),即先生十七歲至二十一歲,這五年間,除自己學作詩詞以外,還頗留心搜輯親族、師友詩詞,均保存於殘存日記内。

録庚子十一月(或十二月)日記一則:

> 余外祖程柚谷先生,名兆縉,本名統畿,後以兆縉捷北闈遂改。兄弟四人,長兄字子佩,名綏衡;次兄字繡農,名乃文;季弟字次傳,名綏福;外祖居三。外祖幼孤,母氏苦節自勵。房後牆倒,有金盈船,祝而掩之曰:苟四子,爲江南名諸生。而次兄以知縣事宦江西,得以貲起家,人謂即窖藏之財云。(《殘存日記》)

先生日記三、日記四中所記各條,皆庚子(一九〇〇),壬寅(一九〇二)年間事,均可考見當時情景。現改題爲《庚子壬寅見聞雜録》,收入《蒿廬文稿、筆記》。

光緒二十七年辛丑(一九〇一)　十八歲

清廷發布"變法上諭",旋推出一系列改革舉措。

録先生殘存日記一條:

> 辛丑三月初三,達如來,述陽湖三覆題曰:露所墜凡有血。真可謂割截無理矣。(《殘存日記》)

先生自言青年時代所嚮往者,實爲舊日經濟之學,因之對於社會上各種問題,皆能留意,後閱讀面既廣,於治史亦有裨益。

> 當時之風氣,是没有現在分門別類的科學的。一切政治上社會上的問題,讀書的人,都該曉得一個大概,這即是當時的所謂"經濟之學"。我的性質,亦是喜歡走這一路的。時時翻閲《經世文編》一類的書,苦於掌故源流不甚明白。十八歲,我的姨丈管凌雲(諱元善)先生,即達如君之父,和湯蟄仙先生同事,得其所著《三通考輯要》,勸我閱讀。我讀過一二卷,大喜。因又求得《通考》原本和《輯要》對讀,以《輯要》爲未足,乃舍《輯要》而讀原本。後來又把《通典》和《通考》對讀,並讀過《通志》的二十略。此於我的史學,亦極有關係。(《從我學習歷史的經過説到現在的學

習方法》)

先生日記中，記有其族祖吕黻庭君事，現擬題爲《吕黻庭》，收入《蒿廬文稿、筆記》。又録有常州女詩人詩詞多首，其中有先生伯祖母袁太夫人及先生大姑、大姐之詩作，現録入《吕思勉先生年譜長編》。

光緒二十八年壬寅(一九〇二)　十九歲

梁啟超在日本創辦《新民叢報》，發表《新史學》，號召"史學革命"。

先生治史頗重視物價的變遷，所搜集的這方面的資料毀於抗日戰争時期，但尚留若干條於殘存日記内。現改題爲《庚子壬寅物價紀實》，收入《蒿廬文稿、筆記》。

先生壬寅年日記中尚保存一封殘信，從内容分析，當是先生舅父程均甫先生客居江西時，寫給譽千公的信，信中評論先生所填的幾首詞：

> 所填詞，前九首筆情朗暢，雖聲律欠諧，而頗近蘇辛規格；後十六首細膩風光，情深幽折，漸入秦柳周史間，爲陽湖的派。然綿邈易流於甜俗，往往入於元曲，清剛則日進高潔，不難上溯風詩。若得漢魏樂府意境，出之以白石風神，玉田聲韻，庶幾於梁溪、陽湖、高郵諸派中，别開生面也。

先生存稿中抄有均甫先生詩作甚多，録兩首如下，以見其概：

再 至 旅 順 口

書劍飄零甚，遼東再策車。客從萬里外，窮極十年餘。塊磊消難盡，妻孥溺載胥。伊誰憐范叔，相顧一蹉噓。

九日登旅順口東岸蟠桃山小炮臺感賦

戍鼓秋聲東海東，蟠桃峰矗碧天空。少陵不盡登臺感，士行徒餘運甓功。但使三軍窮土木(時築老蠣嘴前後兩炮臺方成，移山實壑，四年工作，苦倍尋常，因浚台大勢未足，又增建此臺，軍士辛勞萬分。)，漫將獨客怨蒿蓬。茱萸也有江南草，悽絕尊前落帽風。

是年先生與師友唱和詞若干，先生又録親友詩句若干。先生之姊吕頌宜女士擅長詩詞，尤才華過人，曾代丁蒲臣作《高陽臺》，[①]爲友人所激賞，抄録

---

① 丁蒲臣，諱守銘，爲吕頌宜丈夫。民國二十三年十月二日《武進商報》，蔡鉽有虔一文言："此首題下注代外子作四字，蓋爲蒲臣大令代作也。"

如下：

高陽臺　碧雲詞史以春陰和作見示更拈此闋

　　紙張凝寒，熏籠夢冷，蕭條靜掩重門，一院迷離，描來淡月黃昏，東皇更是無情甚，又連宵釀就陰雲，最無聊天自慨慨，人自釀釀。綠章不用通明奏，看梨酣棠醉，花正銷魂，芳草芊綿，踏青絕少游人，何時攜得東山屐，脫貂裘換酒前村，乞天公且放晴暉，且任嬉春。

先生是年撰有《先世小語》一篇，又摘抄《黃蘗禪師語録》。①

光緒二十九年癸卯（一九〇三）　二十歲

馬相伯先生在上海創辦震旦學院。

先生父親號十隱詞人，書齋名"抱遺經室"。先生留存文稿中有《抱遺經室·癸卯日記》一册，題爲"十隱詞人録"。從日記中可知，是年四月先生曾致信父親，問上海震旦學院事；七月十四日先生自常州坐民船赴金陵，參加鄉試，至十九日考完出場，二十一日回常州。此時先生雖參加鄉試，或也曾想進震旦學院求學，後終因家中經濟拮据，遂於次年任教於溪山小學。先生之未能進震旦求學，對其後來治學趨向關係極大。

先生在金陵應鄉試期間，在場中作文甚多，出場後又不即返寓所，而至茶肆觀弈，得見弈界前輩汪叙詩與束雲峰先生對局。蓋先生意不在功名，且少年時棋興豪情亦多也：

　　是年在場中，助人作文仍甚多，時同人多抱微恙也。計二場助文甫作二篇，叔源、調卿、詩舲、魯青各一篇。又有史滋德者，文甫之族人也。以文甫之請，爲作兩篇，改削兩篇。三場又爲叔源、調卿、魯青、滋德各作一篇。時文甫患恙最重，設非予允以相助，則二場即不敢入場矣。文甫謂予甚有豪氣，因此定交。還里後，又介李君滌雲與予定交云。② 此時予興會甚佳，雖在場中代人作文甚多，而出場仍甚早，每出場不至寓所，使

---

① 黃蘗（？—八五五），唐時福建福清僧人，所撰《黃蘗禪師語録》（亦稱《黃蘗禪師詩》）與《乾坤萬年歌》、《馬前課》、《梅花詩》、《藏頭詩》、《燒餅歌》、《推背圖》並稱中國七大預言書。吕先生所録之《黃蘗禪師語録》見《吕思勉先生年譜長編》，第八二頁。

② 李滌雲（？——九四四），名澄，原籍無錫，李金鏞之嫡孫，妻子楊令弗爲江南名畫師吴觀岱及門弟子，工山水花卉，亦能書善屬文，晚年移居美國。李氏是常州早期的工商企業家，曾創辦藝蘭堂紙號、常州東豐裕藥號、西豐裕藥號，又投資創建常州發電廠並任董事長。其子李鴻猷爲我國著名的藥學專家。

僕人攜考具回寓，而自至某茶肆觀弈，必至晚乃歸。以同伴出場皆就寢，予則不欲寢，又無人可談也。予是時實不解弈，然頗好觀之，曾見弈中前輩汪叙詩與束雲峰對局，即在金陵茶肆中也。惜茶肆之名，今已忘之矣。雲峰後亦成名。（《殘存日記·癸卯年科舉》）

先生是年作詩數首，當時均未記錄，後憶及記於日記中：

> 癸卯，是年予二十，元旦作詩數首，今尚記其一首，曰：欲倡東方民約論，廿年落拓一廬梭。關山蕭瑟悲秋氣，風日蒼涼感逝波。不爲恩仇始流血，盡多新舊費調和。聞雞起舞中原意，我亦年年夜枕戈。又一首上半云：十二萬年中有我，修羅海上是前身，以何因果墮歷劫，杖佛慈悲轉法輪。其下半首則忘之矣。予是時思想極駁雜，爲文喜學龔定庵，又讀梁任公先生之文，慕效之。詩文皆喜用新名，史朗人姑丈嘗謂予曰，君之詩文，非龔則束。相與一笑而已。

> 是歲二月初一爲予二十初度，曾成絕句十首，今僅記"憂時淚比桃花豔，獨立心如梅子酸"二語矣。是月始讀《儒林外史》，成一絕云：蕭瑟湖山氣可憐，惹儂讀罷淚潸然。意根無著還無住，拭淚重觀器世間。當時甚自得，實似通非通也。是月達如之福建，送以五律四首，今尚記"似水一心白，飛蓬兩鬢青"二語。（《殘存日記》）

觀先生所作七律，可見其時讀新出版書報甚多，對於民主主義思想早有所領悟，所以在其後來史學著作中，甚注意闡發我國古代民主之遺迹。

先生《讀史札記》有"減食致壽"一條，自言其"自弱冠來"，"頗留心人之壽夭"事：

> 康強致高壽。然生於憂患，死於安樂，亦非徒以其處境而實由其自律矣。節食尤爲致壽之大端。吾頗留心人之壽夭，自弱冠來，所知識者死，恒訪求其病狀，而推測其致死之由。蓋未見吃肥之人，克至耄耋之歲者；若其有之，則少壯雖癡肥，入老必瘦削。（《吕思勉讀史札記（中）》第九八六至九八七頁）

先生是年有筆記《魏默深先生墓》一則。殘存日記中，又抄有其姊及其祖舅之詞作二首，亦記其姨丈管凌雲先生官福建時事，現加題爲《鼠疫》，收入《蒿廬文稿、筆記》。

先生曾抄録《亡國之言》一篇（未完），係録自《湖北學生界》。

光緒三十年甲辰(一九〇四)　二十一歲

清廷頒布"癸卯學制"。日俄戰争爆發。

是年先生父親譽千公仍在上海盛宣懷府上坐館教學。譽千公之日記"甲辰日乘",記有先生之姊吕頌宜女士去世、譽千公托人謀先生姻事、先生至上海省親寓吉升棧,及先生謀得常州溪山教職等事。

是年先生與虞菱(繼蘭)女士結婚。

録先生是年备件札録三条、残存日記一条:

> 先舅氏卒日,甲辰三月初六日。(《先德各件》)
>
> 先姊頌宜甲辰三月十二戌時卒。
>
> 先師族兄少木先生八月十五日卒。(《祭儀備件》)
>
> 甲辰三月廿九日,檢姊遺稿,有詩云:鐵馬簷前鬧,寒蛩砌下鳴。愁人聽不得,一片是秋聲。遂成讖語邪?忽得江西董子良姻丈函,知均舅於本月六日逝世,年五十一。(《殘存日記》)

何海樵、莊俞、①蔣維喬、楊秉銓、張伯倫等先生於一九〇二年組織的"讀書閱報社",推選屠寄敬山先生爲總理,每星期集會演説,宗旨是養成愛國思想、振興教育、匡正謬俗。來賓和旁聽者每次有數百人以上。② 是年先生亦前往聽講。先生自言後來治史"頗好談民族問題,導源於此。(《從我學習歷史的經過説到現在的學習方法》)

光緒三十一年乙巳(一九〇五)　二十二歲

清廷宣布明年起廢止科舉,又設專掌教育的學部。

一九〇五年一月,先生經史久紹先生介紹,在常州私立溪山兩級小學堂教書,月薪二十元,直至一九〇六年十二月學校停辦。同事有劉脊生、陸繼昌(又名繼讜)、③莊先識(字通百)等先生。

> 予之經歷:一九〇五、〇六兩年,始執教於常州私立溪山小學堂。此時予之家境,尚未大壞,但因設立此校之朱少堂君於予頗加欽佩,托人來

---

① 莊俞(一八七一—一九三八),字百俞,江蘇武進人,近代出版家、教育家。長期在商務印書館任編輯,曾編撰過《最新教科書》、《共和國新教科書》等多種課本。

② 參見臧秀娟《辛亥風雲與常州的社會嬗變》,刊於《常州日報》二〇一一年十月二十五日。

③ 陸忍眷(一八八六—一九三七),字繼昌、繼讜,江蘇陽湖人。早年受學於南通張謇門下,民國以後,一直在江蘇省立高工任國文教師。工書法,精小學。與章太炎、金松岑交往甚密。有《文字訓詁學》等著述。

相延,故遂往執教耳。(《三反及思想改造學習總結》)

是年先生撰《未來教育史》,爲章回體小説,署名"悔學子",刊於一九〇五年的《繡像小説》,爲未完稿,現僅存四回。

光緒三十二年丙午(一九〇六)　二十三歲

清廷宣布"預備仿行立憲",又令各省設圖書館、博物館等。

二月十五日,常州府太守許星璧召集府下八邑人士共十九人至郡署,[①] 共議創設常州府學務公所及協助中學堂經費事宜。十七日,又借郡城保衛局閑屋開辦學務公所,舉惲祖祁爲學務公總理經济。二次开會,先生均參焉。(《常州府許太守稟設學務公所》,《申報》一九〇六年三月十三日第九版)

譽千公是年十一月五日腦溢血逝世,先生家境益壞。

> 一九〇五年,予父嬰末疾。臥床幾一歲,卒不起。先是予父因食指繁多,收入不給,曾將兩所市房,賣去一所。至是醫藥喪葬,所費甚巨,多出借貸。乃將先父生平善衣,賣得千三百元,以了債務。家況益壞,乃真不得不藉勞力以自活。(《三反及思想改造學習總結》)

先生二十三歲以後,專意治史,並在是年首次遍讀正史:

> 予論政治利弊,好從發展上推求其所以然;亦且性好考證,故遂逐漸走入史學一路。自二十三歲以後,即專意治史矣。(《三反及思想改造學習總結》)

> 四史讀過之後,我又讀《晉書》、《南史》、《北史》、《新唐書》、《新五代史》,亦如其讀正續《通鑒》及《明紀》然,僅過目一次而已。聽屠先生講後,始讀《遼史》、《金史》、《元史》,並將其餘諸史補讀。第一次讀遍,系在二十三歲時,正史是最零碎的,匆匆讀過,並不能有所得,後來用到時,又不能不重讀。人家説我正史讀過遍數很多,其實不然,我於四史,《史記》、《漢書》、《三國志》讀得最多,都曾讀過四遍,《後漢書》、《新唐書》、《遼史》、《金史》、《元史》三遍,其餘都只兩遍而已。[②]

---

① 清時,對常州原所轄之縣重新拆分:武進分爲武進、陽湖,無錫分爲無錫、金匱,宜興分爲宜興、荊溪,加上原江陰、靖江,共有八縣,常州因此被稱爲"八邑名都"。

② 此是先生中年時的回憶,後來先生對正史的考訂勾稽又花費過不少功夫。

　　我治史受《日知錄》、《廿二史札記》兩部書影響最深。章太炎先生的
　文字，於我亦有相當影響，親炙而受其益的，則爲丁桂徵、屠敬山兩先生。
　（《從我學習歷史的經過說到現在的學習方法》）

　　語言學家趙元任先生十四歲時，曾進溪山小學求學，稱其最愛戴的老師
是呂誠之：

　　我們最敬愛的老師名叫呂誠之，教我們中文和歷史。（《趙元任早年
　自傳·雜記趙家》第二卷，刊於臺灣《傳記文學》第四十卷第五期）

　　是年先生撰《譽千府君行述》，又撰有《記潘振聲先生》一文。

　　先生曾去蘇州，蘇州觀前街鞋店有一種鞋子式樣，給他留下極深的印
象，後來他以此爲例，倡議大家多用心於點點滴滴的社會改革。（《塞翁与
管仲》）

　　是年先生記有鄭成功詩一首：

　　鄭成功詩云：破屋荒畦趁水灣，行人漸少鳥聲閑。偶迷沙路曾來
　處，始踏苔岩常望山。樵户秋深知露冷，僧扉晝静任雲關。霜林猶愛
　新紅好，更入風泉亂壑間。見《新民叢報》二十三期《雜俎門》。
　（《小語》）

光緒三十三年丁未（一九〇七）　二十四歲

　　是年一月至六月，先生在蘇州東吳大學教書，沈問梅先生介紹，月薪五
十元。

　　一九〇七年，在蘇州東吳大學教國文歷史。因氣味不相投，至暑假
　辭去。是冬在常州府中學堂教歷史地理。（《三反及思想改造學習
　總結》）

　　先生所撰《中國女偵探》於是年七月由商務印書館出版，署名“陽湖吕
俠”。一九一八年九月第二版，一九二三年再版。此書是先生早年創作的一
部偵探小説，分“血帕”、“白玉環”、“枯井石”三篇。

　　九月二十八日，先生與屠元博、徐寯、劉達權、庄先識、伍達、楊元珪、陳协
恭等先生共同发起创办教育會，先生等三人選爲起草員，负责拟定章程。
（《議辦教育會》，《申報》一九〇七年九月二十七日第十一版）

　　是年十月至一九〇九年十二月先生在常州府中學堂任教員，薪俸五十

元,由監督屠孝寬(元博)先生直接延聘。錢穆賓四先生於一九〇八年冬考入常州府中學堂,錢氏《八十憶雙親 師友雜憶合刊》記有在常州府中學堂學習情形的回憶:

明年起余十四、十五、十六三年,皆在府中學堂,凡三年又三月。記憶最深者,爲監督屠孝寬元博師,師武進人,監督即猶今之校長。……除監督元博師外,當時常州府中學堂諸師長尤爲余畢生難忘者,有呂思勉誠之師,亦常州人,任歷史地理課。聞誠之師曾親受業敬山太老師之門。誠之師長於余可十二歲,則初來任教當是二十五歲,在諸師中最爲年輕。誠之師不修邊幅,上堂後,盡在講臺上來往行走,口中娓娓不斷,但絕無一言半句閑言旁語羼入,而時有鴻議創論,同學爭相推敬。其上地理課,必帶一上海商務印書館印中國大地圖。先將各頁拆開,講一省,擇取一圖。先在附帶一小黑板上畫一十字形,然後繪此一省之四至界線,説明此一省之位置。再在界内繪山脈,次及河流湖澤。説明山水自然地理後,再加注都市城鎮關卡及交通道路等。一省講完,小黑板上所繪地圖,五色粉筆繽紛皆是。聽者如身歷其境,永不忘懷。

一次考試,出四題,每題當各得二十五分爲滿分。余一時尤愛其第三題有關吉林省長白山地勢軍情者。乃首答此題,下筆不能休。不意考試時間已過,不得不交卷。如是乃僅答一題。誠之師在其室中閱卷,有數同學窗外偷看,余不與,而誠之師亦未覺窗外有人。適逢余一卷,誠之師閱畢,乃在卷後加批。此等考卷本不發回,只須批分數,不須加批語。乃誠之師批語,一紙加一紙,竟無休止。手握一鉛筆,寫久須再削。誠之師爲省事,用小刀將鉛筆劈開成兩半,俾中間鉛條可隨手抽出,不斷快寫。鉛條又易淡,寫不出顏色來,誠之師乃在桌上一茶杯中醮水書之。所書紙遇濕而破,誠之師無法粘貼,乃以手拍紙,使伏貼如全紙,仍書不輟。不知其批語曾寫幾紙,亦不知其所批何語。而余此卷只答一題,亦竟得七十五分。只此一事,亦可想像誠之師之爲人,及其日常生活之一斑。

後誠之師已成名,余獲與通信,曾爲經學上今古文之問題,書問往返長函幾達十數次。各累數萬字,惜未留底,今亦不記其所言之詳。惟憶誠之師謹守其鄉先輩常州派今文學家之緒論,而余則多方加以質疑問難。誠之師最後一書,臨了謂君學可比朱子,余則如象山,盡可有此異同。余不知此系誠之師之謙辭,抑更別有所指。惜後再見面,未將此問題細問,今亦終不悟當時誠之師此語是何意義也。(《錢賓四先生全集》卷五十一《八十憶雙親　師友雜憶》,第五一至五二頁)

譽千公之業師薛以莊先生是年卒,先生亦曾向薛先生問學:

薛以莊先生道光二十五年十一月初四生,光緒三十三年十月初五日卒,年六十有三。(《祭儀備件》)

是歲除夕,先生作《除夕書感》七律兩首。

光緒三十四年戊申(一九〇八)　二十五歲

德宗、西太后先後卒。溥儀(即宣統帝)即位。

是年日記名《惜惜記》。

生二十五年矣。追思二十五年之中,可惜之事何限。有餘力而不以之事親,一可惜也;有暇日而不以之事學問,二可惜也;多言以招尤,妄行以致悔,三可惜也。古人云:人所追惜者既往,所希冀者未來,所悠忽者現在。夫能惜現在,如現在之惜既往也。則無使未來之惜現在,復如現在之惜既往矣。以"惜惜"名所居齋,並以名其日記。(《日記一·戊申惜惜記序》)

是年四月,先生曾與流寓中國的朝鮮學者秋景球先生有交往。

戊申四月初七訪秋景球上林春。十九日來訪,是歲卒。(《小語》)

李氏之亡也,其義士曰秋景球,走中華。吾嘗一與相識。觀其書,其俊逸,未及讀其文辭,而景球死。(《中韓文化叙》)

先生之母程太夫人卒於本年八月十一日。

録先生日記一條:

阿健生戊申十二月十二日。(《殘存日記》)

是年先生詩作存五首:《次文甫韻》、《戊申除夕》、《闌影》、《風箏》、《踏青》。

先生又撰《先慈行略》、《先妣行述》二篇,均係草稿。

宣統元年己酉(一九〇九) 二十六歲

三月十七日,先生撰《小學教授國語宜用俗語說》,刊於二十六日《民呼報》上。先生一生都關心國語的教學問題,早年曾幾次撰文研討。

是年先生存詩《春雪次叔陵韻》。先生附記曰:

> 予與友朋嘗兩結詩社,第一次在己酉,立之者雨農,附之者予與冠時、雨農、脊生、叔陵五人而已。半月一集,社友各命一題,以探籌之法取之。此第一集題,雨農所命也。予與雨農各成七律四章,予詩有云:"苦隨池水吹同皺,遮斷遙山笑不成。"同人頗賞其工。又有句云:"柳條未綠先飛絮,梅萼迎人別有花。"亦有賞之者。脊生斥其太纖,將入惡道,其言是也。雨農詩第二章,爲同人所賞,曰:"敵寒賒酒問鄰家,雙屐鴻泥一徑斜。草潤半蘇前夜雨,梅殘猶沁隔年花。南枝香已催初蝶,北郭陰仍覆凍鴉。指點灞橋驢背客,詩情爭奈改韶華。"亦不過輕倩而已。然雨農詩,予能誦者,僅此一章而已。叔陵以尖叉韻賦二律,予復和之,此其第一章也。第二章已忘,惟記末二語云:"漁父不知年曆改,寒江猶自手空义。"

宣統二年庚戌(一九一〇) 二十七歲

是年一月至一九一一年六月,先生應館長屠寄敬山先生之聘,在張季直所辦南通國文專修館任教授,薪俸七十元。

> 一九一〇年,至南通國文專修科教授。此國文專修科爲張季直君所辦,培養辦理公文人才,屬屠敬山先生主持其事。其時求能教作公文者甚難。予雖無經驗,而讀近代奏議較多,下筆尚覺相合,敬山先生故找予幫忙,在南通一年半。(《三反及思想改造學習總結》)

先生自謂受屠寄敬山先生的影響而好談民族問題,所撰《中國民族史》中,記有屠先生對先生所說的一段話:

> 撰《蒙兀兒史記》之屠敬山(寄)嘗爲予言:"寧古塔人民,有於歲首闔門哀泣終日者,習俗相沿,莫知其故。實皆趙宋之遺黎,在當日以是志亡國之痛者也。"

南通博物苑藏有一份宣統三年(一九一一)六月頒發給畢業生蔡達官先生的江蘇通州官立國文專修學校畢業證書,證書上印有畢業考試的科目、教員及學分，录有呂先生開設的歷史、國文課程：

學　科	教　員	畢業考試分數	學　科	教　　員	畢業考試分數
人倫道德	屠　寄	一百分	歷　史	呂思勉	九十二分
法制經濟	王崇烈	九十二分	國　文	屠　寄　呂思勉	七十七分
地　理	費元熿	八十一分	算　術	孫匯龢	九十二分
掌　故	屠　寄	七十五分	書　法	汪家玉	八十六分
圖　畫	孫匯龢	七十五分			

是年先生又撰《全國初等小學均宜改用通俗文以統一國語議》，七千餘字，尚存手稿，稍有缺字。

録先生殘存日記二條：

> 阿强生庚戌四月四日。

> 庚戌在舅母家，見一聯曰：滿目風塵，任密護簾櫳，暗迷窗曉；十年心事，在燈前倚枕，雨外熏爐。先舅氏所撰也。（《殘存日記》）

先生遺稿内有一本手抄之《奏摺條件輯覽》，蓋早年自學奏議之文時所抄録。《奏摺條件輯覽》係清張守誠所撰。

先生在南通國專教書時，頗注意收集南通民間諺語，並抄録保存，以備日後研究之用。其中有崔聘臣先生所編南通諺語集《里諺》，①一千五百餘條。

宣統三年辛亥（一九一一）　二十八歲

是年辛亥革命爆發。

三月，先生應《東方雜志》社徵文，撰成《禁止過糴以抒農困議》，約一萬字，今仍存有手稿。

是年六月，先生曾與屠寄敬山先生一起拜訪流寓南通的朝鮮義士金澤榮（字于霖）先生：

> 金澤榮，字于霖，號滄江，花開人，辛亥年六十二。辛亥五月二十二（陽曆六月九日），偕敬山先生訪之翰墨林觀《韓國小史》。日本人有識朝

---

① 崔聘臣（一八六〇—一九二三），字朝慶。江蘇海門人。精於數學，曾在江南高等學堂任教，又任職於南通江楚書局編譯、商務印書館"數學辭典"編輯。《里諺》署名"王山人編"，呂先生加按語云："此系南通諺語，崔聘臣朝慶所輯。"

亡六十年有鄭氏興,卜年八百。私自帝諱其史,清□□□尤秘。滄江十六年卒。(《小語》)

金澤榮先生撰有《日本併吞朝鮮記》、《朝鮮滅亡之原因》等著作,其詩有"四面星辰雞動野,一江風雪馬登舟"之句,先生激賞之,謂有唐詩意境。先生詩作中有《贈朝鮮金滄江》一首,當作於南通拜訪時。金澤榮先生也有贈呂先生詩二首,錄之如下:

寄呂博山誠之

舉世崇游說,關門獨守暗。滋蘭幽靜恨,從古是江南。

合眼見君家,繞庭梅與柳。床頭得意書,幾盞舜欽酒。(《金滄江文集》)

余之在常州呂博山誠之爲余置酒招屠敬山童伯章李滁雲以助歡追賦其事以謝之

清晨欲喚渡江枕,驚見夫君滬瀆回。邂逅卻如元伯約,殷勤仍餉步兵醅。星河曳地三更過,寒菊隨人一笑開。別後詩篇看益妙,阿蒙刮目有由來。(《金澤榮全集》六,韓國亞細亞文化社一九七八年版;轉引自周昶、倪怡中:《金澤榮和中國文化名人的詩文交往》,《南通大學學報》二〇一〇年第三期)

先生是年另有詩作:《送叔陵之關東并簡青屏營口》、《呈屠敬山先生》(殘)、《歸裝》。

先生二子,一名阿健,生於戊申十二月十二日;一名阿強,生於庚戌四月四日。是年二子因打防疫針而同時夭亡。

辛亥革命以後,先生自忖不能做官,最終決定不入政界:

辛亥革命起,予往來蘇常寧滬者半年,此時爲予入政界與否之關鍵。如欲入政界,覓一官職之機會甚多。若不樂做官,亦可以學者之資格,加入政黨爲政客。予本不能作官,當時政黨之作風,予亦甚不以爲然,遂於政治卒無所與。(《三反及思想改造學習總結》)

辛亥革命後不久,先生又撰《士氣》一文,記清兵初入關時情狀,蓋聞諸父老者也。

先生是年曾與朋友同去蘇州喝酒事。先生自謂少壯時也是一個高陽酒徒,中年後遂"量減杯中,雪添頭上",看着酒樓飯店裏的杯盤狼藉,甚爲心痛。

(《吃飯的革命》)

是年先生撰《立憲古誼》一文。又有筆記數則,一記清末仕途之擁擠,一記《授時通考》雜亂無章,《寧遠某》筆記一則可見遜清社會弊狀之一端。

先生遺稿中有常州謠辭四首:《丁丁頭》、《摇大船》、《合梳頭》、《明月彎彎》,係剪報,貼在連史紙上,先生自加圈點和批注,署名駑牛。另存景易《謠辭》、半迂生《歌謠五則》、《歌謠三則》及《常州歌謠》數篇,均係剪報。《謠辭》一篇也似先生所撰。

先生是時閱《國法學》和《法學通論》,均作眉批。兩書均爲法政講義第一集,丙午社印行,光緒三十四年九月廿二日初版,宣統三年三月十五日再版。《國法學》係日本法學博士覓克彥氏之講義,貴陽熊範與編。《法學通論》係仁和陳敬第根據日本梅謙次郎博士口授及法政大學講義編輯而成。

第二卷
二十九歲 至 四十二歲(一九一二 至 一九二五)

民國元年壬子(一九一二)　二十九歲

是年元月元日,孫中山在南京就臨時大總統職,前三日已通電改用太陽曆。

是年一月至一九一四年六月,先生在上海私立甲種商業學校教書,由校長楊秉銓先生直接延聘,[①]月薪三十至六十元,與平海瀾、[②]趙元成等先生同事,其時詩文酬唱甚多。

一九一二年,教授上海私立甲種商業學校,至一九一四年暑假前。所教者,除應用文字外,商業經濟、商業地理因無人教,亦無教本,皆由予參考日文書教授。由今思之,甚爲可笑,然在當時,固各校多數如此。因此時此等教師,幾如鳳毛麟角也。此校爲上海商業公會所辦,因會員心

---

① 楊秉銓(一八七四—一九三六),原名殿玉,號雪岩,光緒丁酉科舉人。後參加武昌起義,曾任中華民國參議院議員、憲法起草委員等。
② 平海瀾(一八八五—一九六〇),松江人。早年就讀於南洋學堂,後赴日留學於東京英語專科學院。回國後,先後任教於江蘇無錫中學、上海浦東中學,與胡敦復等創辦上海大同大學、海瀾英文專門學院等。解放後仍任大同大學校長,上海文史館館長。有《英語語法規範》、《高級英語讀本》、《國際音標模範發音字典》等著作。

力不齊,至此停辦。① (《三反及思想改造學習總結》)

由華國銓編、先生修訂的《高等小學國語課本》三册改正本,七月、十二月由上海中國圖書公司出版。

十一月,上海發現鼠疫,先生與商業學校教員汪企由同撰了一則啟事,刊於《申報》上:

敬啟者:

近閱報載上海有鼠疫發現,鄙人等於十五日往訪丁仲祐醫士。據云確有一住居北福建路之人,曾至彼處醫治,當時斷定其爲鼠疫,即屬其往公立醫院,其人未往。至次日家中即有一人復患鼠疫,始赴公立醫院求治。公立醫院當派人至其家查察,始知已有一人先患鼠疫,而此先患鼠疫之人,旋即斃命云。據此則上海確已有鼠疫發現。查鼠疫傳染之烈,殺人之多,實爲諸種病毒中所罕見。前年東三省流行時,死亡之慘,迄今思之,猶不寒而慄。上海爲通商大埠,居民異常稠密,且與内地及各口岸交通極爲便利,若不設法防維,爲患何堪設想。此事似宜由公立醫院會同工部局逐户調查,於未發現之處,則先事預防;於已發現之處,則及早撲滅。庶足以防疫病而重民命。除函告公立醫院外,合亟函請貴報登入來函一門,以便閱者注意,實紉公誼。

中等商業學校教員汪企由、吕思勉謹啟
(《鼠疫可畏》,《申報》一九一二年十一月十八日第七版)

武進縣立女子師範學校編輯出版的《武進縣立女子師範卅週紀念刊》,刊有學校歷任教職員一覽表,記録教職員的姓名、字和籍貫,其第十一列爲:"吕俠(姓名)、誠之(字)、武進(籍貫)。"先生應曾在該校任教或兼職,惟具體年月不詳。武進縣立女子師範學校前身爲常州粹化爭存女校,是年始改名,故編入本年中。同表列入的教職員還有莊清華(仲咸,武進)、楊成能(新誠,武進)、莊先識(通伯,武進)、陸繼昌(繩卿,武進)、劉權(脊生,武進)、伍達(博純,武進)、莊俞(百俞,武進)、沈文懋(問梅,上海)、屠寬(元博,武進)、陳協恭(研因,武進)、屠寄(敬山,武進)、童斐(伯章,宜興)等。

先生有《文官考試宜嚴》一文,寫於辛亥革命後,認爲共和初建,百廢待興,其中最重要的是設一標準選拔人才,以充任國家行政官吏。

---

① 即至一九一四年停辦。

是年先生存詩一首：《偕詩舲達如游某氏園》。

民國二年癸丑(一九一三)　三十歲

是年二月,先生所編《新編中華民國國文教科書》(一至十二册),由民國南洋圖書滬局初版。三月,《新編共和國修身教授書》(一至十二册),由民國南洋圖書滬局初版。

三月,由臧勵和、楊晟編,楊擇、吕思勉先生校訂的《高等小學新修身教科書》(一至九册),由上海中國圖書公司(和記)初版。

是年先生撰《鄭湘溪先生傳》,鄭先生爲常州名醫,先生與鄭家有世誼,幼時有病嘗由其診治。鄭湘溪之幼子鄭勉保兹先生,爲先生五十年代初任教華東師範大學時之同事。

先生愛好弈棋,所收集的棋譜頗全,他自言所收圍棋譜"只缺三種",可惜大多數都在抗戰期間焚毁了。所收棋譜中有《國耻紀念象棋新局》一册,潘定思、謝宣著,商務印書館一九一六年初版。先生又有棋譜《弈萃》,邗江卞立言著,味書堂藏板。卷首有先生是年所記的識語：

> 此書先父所藏,今板已漫漶,求如此本之字迹明析者,不可得矣。元年冬,千頃藉以校所得新印本,因是本亦已散壞,付書肆整理,二年正月以還予云。誠之識。

是年先生存詩作五首：《三十初度與達如千頃捷臣飲滬上酒家》、《後三日復集》、《詩舲招叔遠同飲兼懷文甫》、《題畫》、《次脊生韻》。

民國三年甲寅(一九一四)　三十一歲

第一次世界大戰爆發。

是年先生日記名曰《今生記》：

> 袁了凡有言,從前種種譬如昨日死,向後種種譬如今日生。了凡學不足取,斯言則深可味也。昔曾以是語研因,研因取以名其日記。予今年三十有一矣,而一無所就,若此不其恫乎? 記曰：父母全而生之,子全而歸之,可謂孝矣。人受天地之中以生,全而生之,全乎其爲人也。全而歸之,亦全乎其爲人也。孔子之以孝教後世,將貴人以爲人之道也。若小子者,可以爲人乎哉? 記又曰：父母殁,將爲善,思詒父母令名必果;將爲不善,思詒父母羞辱必不果。庶幾哉。而今而後,遷善被惡,有以爲

人。取了凡之言名日記曰《今生記》。（《日記一・今生記序》）

録先生是年殘存日記如下：

民國三年十一月九日（陰曆九月二十二日，己亥）。庚戌夏右手生瘤，請友梅治之，一月而愈。辛亥夏復發，時在通州，求治於劉璧城，璧城擊以梃，亦愈。秋復發，以其不痛不癢，亦置之。昨晚運動覺稍閣，今日傍晚耀堂、錫蕃約出游，予乃訪千頃，偕訪吳壽生，彼曰筋瘤也。

十五日。訪千頃，偕至吳壽生處，懇其治筋瘤，彼爲予貼一膏藥。

十八日。至壽生處取藥。（《殘存日記》）

二月，先生攝半身照一幀，照片背面先生自記題識曰：

甲寅二月一日，時年三十有一，觀其貌者，豈知其人有名世之略乎？故人不可貌取也。自記。

先生之女翼仁女士誕生於民國三年甲寅三月初一（陽曆三月二十七日）。翼仁女士誕生之前，先生曾有二子一女，皆夭折。① 翼仁名訥（呐），號俠人，小名阿榮，筆名左海、陟安。晚年爲乃父整理出版遺著，備極艱辛，深受學術界贊許。

六月，先生與楊晟、臧勵成先生合編的《高等小學新修身教授書》（一至九册），由上海中國圖書公司（和記）出版（上海辭書出版社的圖書館有收藏，見《中國近代中小學教科書總目》）。

七月，先生經沈頤先生介紹，到上海中華書局任編輯，月薪五十元。"所從事者，均係教科書、教授書、參考書之類，頗覺乏味"。先生此職任至一九一八年止。（《三反及思想改造學習總結》）

先生所撰《小説叢話》，署名成之、成，刊於是年《中華小説界》的第三至第八期。此文長三萬六千餘字，學者稱其爲晚清所有小説論著中篇幅最長、容量最大的一篇。

先生是年撰《古代人性論十家五派》。又有筆記《暗殺》一則，係記民國三年商務印書館總經理夏粹方遭暗殺事。

是年先生存詩二十二首：《詠史》、《紙幣》（四首存二）、《春江花月曲》、《懷人》、《高漸離筑》、《消夏雜詠》（四首）、《月夜聞笛》、《殘荷》（四首）、《水烟》（二

---

① 據吕翼仁女士回憶，在她之前尚有一姊，但流産了。先生自言有"丈夫子四，女子子二，多夭折，存者（翼仁）一女而已"。

首）、《蟲聲》、《螢火》、《扇》（四首存一）、《山居限六言》。

民國四年乙卯（一九一五）　三十二歲

袁世凱政府接受日本提出的"二十一條"，是爲"五九國耻"。袁世凱稱帝，史稱"洪憲帝制"。

録先生殘存日記二條：

> 舊曆九月二十七日（西曆十一月四日），先生之子正民君誕生，乳名興保。

> 廢止朝食，始於民國四年九月五日。（《殘存日記》）

先生不用早餐，始於是年九月，起初爲了治胃病，也頗有成效，但後來不進早餐，部分也是因爲珍惜時間。他一生刻苦勤學，專心著述，在學校任教時，住在學校的宿舍裏，除了教學以外，從早到晚都在寫作，中午就餐，也是一邊就餐一邊閱讀書報。然而，先生飲食馬虎，長期又不進早餐，必然減少營養，中年以後忽而多病，恐怕與此有一定關係。

八月二十九日，先生參加江蘇省教育會第十一次常年大會，被選爲學校教育部幹事。此次會上，黄任之（炎培）先生作游歷美國考察教育的報告，先生後寫有《記黄任之先生考察美國教育演詞並志所感》，刊於《中華教育界》。

八月，先生所著《蘇秦張儀》由上海中華書局初版發行，並編入《學生叢書》。此書至一九二八年十月已發行至第九版。

是年夏天，先生整理書籍，將自己十年來手鈔的一百多册書稿"摧燒之，所存不及其半"。

> 往者吾嘗晝夜孜孜，以從事於鈔書矣。祁寒盛暑，罔敢或輟，即有小病，亦曾不肯自休也。自乙巳迄於今，所手鈔者蓋亦百數十册。謂爲無用，是誠無用。然以言乎蠹魚之業，亦未必遂一無足取，且亦十年來辛苦所存也。自他人視之，宜若何千金享之者。乃吾今夏家居，董理書籍，睹其叢雜而不可理也，且自悼其糜精神日力於此而無用也，則舉其大部分而拉雜摧燒之，今所存者，蓋不及其半耳。（《國體問題學理上之研究》，《吕思勉論學叢稿》，第二七〇至二七一頁）

九月，先生所撰《敬告中等以上學生》刊於《中華學生界》。

十一月，先生所撰《蒙古種族考》刊於《大中華雜志》，是爲先生在民族史方面最早的論文。

先生撰有《莊子宣先生傳》一文，子宣先生的族子莊通百先生爲先生好友，交誼甚篤。

是年先生存詩作四首：《蝸廬》、《寄餘之婁河》、《吕博山招同屠歸父童伯章莊通百李潁雲夜飲》、《辛亥登文筆塔游人或見飛鳥而曰人是天邊之鳥鳥是當地之人信然二語蓋諺而其人誦之也頻年作客追憶是言恨然有賦》。

民國五年丙辰（一九一六）　三十三歲

雲南軍政府發布討袁檄文，各省宣布獨立。袁世凱被迫取消帝制，旋卒。

一月，先生所撰《今後學術之趨勢及學生之責任》刊於《中華學術界》上。

二月，先生所撰《修習國文之簡易法》刊於《中華學術界》上。是月，先生所撰《關岳合傳》由中華書局編入"學生叢書"初版，後曾多次再版，至一九二九年已發行至第十版。

二月、四月，先生所編《新式高等小學國文教科書》（一至六册）由上海中華書局初版。

三月，先生編撰《高等小學用新式地理教科書》（一至六册），上海中華書局初版。

十一月，先生有備忘一條：

> 管凌雲姨丈民國五年十一月十五日舊曆十月二十卒。（《祭儀備件》）

先生撰《本論》十二篇，計有《共和》、《選舉》、《哀隋》、《察吏》、《生計》、《砭宋》、《議兵》、《學校》、《宗教》、《原亂》、《政俗》等諸篇，曾交呈金松岑諸先生一閲，爲金先生所激賞（見本書一九一七年）。《本論》手稿現僅存十一篇，且内有缺頁。後又發現先生所撰《教育本論》一篇，刊於一九一六年的《中華教育界》，當是手稿所缺之一篇，可補入《本論》中。

先生又撰有《新教育與舊教育》一文，刊於六月出版的《中華教育界》。先生遺稿中有一篇未刊文稿，現擬題《論科舉與學校不可偏廢》，[1]收入《論學叢稿》。

先生讀書筆記《莊諧選錄》一則，反映了當時出版物的情形。

是年先生與友人酬唱的詩，刊於常州報紙，先生剪存，並加以圈點。先生有存詩四首：《代外舅題程青佩畫像贏而執麈》、《題人畫册》、《脊生過滬相訪

---

① 初刊於《吕思勉先生年譜長編》，第一七六至一七九頁。

賦詩見示次韻答之》、《偕研薌鍾英志堅游徐園》。

民國六年丁巳(一九一七)　三十四歲

胡適先生等提倡白話文學,"文學革命"由此開始。

是年一月、六月,先生在上海四馬路購得《未來世界論》和《圍棋叢稿》兩書。《未來世界論》爲日本學者渡部萬藏著,上海文明書店發行,扉頁題有"丁巳正月二十七日以錢五十購於上海四馬路書攤"。《圍棋叢稿》扉頁題有"丁巳尚午前一日購自吳君祥麐,誠之識"。[①]

二月,先生編著《國恥小史》上、下册,列入"通俗教育叢書",由中華書局初版印行。

先生編著《中國地理大勢》上、下册,中華書局編入"通俗教育叢書",也於二月初版,至一九二八年已印行到第七版。

四月中旬,先生編撰《歐戰簡覽》一篇,起於一九一四年六月二十六日的斐迪南在波士尼亞省遇害,終於德休戰條約簽字。

是年先生撰《陳雨農君家傳》。陳君亦先生舊友,卒於民國四年七月十九日(舊曆六月八日)。

録先生致金松岑先生信:

松岑先生有道:

辛丑、壬寅之際,即聞大名,當時讀公所著書,良愜鄙好。辛亥以降,屢從報紙中獲讀論著,皆深沉有依據,不同時俗泛泛之談,私衷向慕者久矣,憾無所階,不獲自進於左右。今歲得舊友劉君脊生書,知以誦公詩與公定交,聞之喜而不寐。以宿所懷想者,述之於劉君,乃以聞之於執事。執事不棄,賜之以詩,欣説之情,何可量也。當時適困微疾,兼左目赤腫,不敢握管,久未能奉書於左右,疏慢之罪,尚惟宥之。公詩沉摯而有丰韻,讀之想見其爲人,生平無他長,頗知人耳,讀公詩,安得不神馳左右也。劉君書暨陸君忍審俱道公日夜研經義不輟,深造自得,聞之既羨且妒。不佞少亦自負,屢躓不克自立,年過三十,遂無所成,且日爲衣食奔走,昔之所志,今則荒之。荆公有言,其矜奮自强之心則既息矣,尚何足與有爲乎? 公其何以教之,夏間或詣蘇,敬當造廬,臨穎神馳,不盡欲語。

吕思勉再拜

---

① 丁巳年端午節在六月二十三日。

松岑先生：

　　在常匆匆，未克暢叙。別後亦匆匆未及致書，重辱先施，感愧曷極。拙作至淺薄不足觀，①乃蒙曲加獎飾，彌覺慚悚交並。竊謂中國九流之學，明治國之道者，法家與儒家而已。道家明體而未嘗言其用，其餘皆施之於一事者也。數千年來，支危局則經法以固强，處平世則崇儒以興化。雖於儒法二家之學，用之未及十一，然大體固莫能外此；今之壞，在承儒學之極敝，而法家之義滋益晦蒙，是以靡靡不可終日。若有能者用法以修政，崇儒以善俗，庶幾百年之計乎？而急則治標，法尤當務之急也。故常攘袂大言，欲治中國，信賞必罰，開功名之路，絶僥倖之門，三言而已。今也舉朝皆僥倖之士，自郡縣至鄉曲皆僥倖之士，議論僥倖之士所唱也，事權僥倖之士所掌也。事有便其私圖者，一人唱議於前，千百人附於後，不旋踵而見諸施行，則皆入於此曹之手。豈無真以爲利國福民而贊其議者，及其爲之，見可以自便其私圖，則折而入之矣。有一二善者，亦無如之何矣。自變法以來，何一事非如此者耶？是以苟且盛而政事益壞，朋黨成而是非益淆。拙著之意，十之七在施督責之術於士大夫，即由於此。先生其不以爲狂論乎？意義似尚周匝，欲以問執舉世滔滔之口，不得不然。文字則至鄙淺。弟於文事本無所知，頻歲傭書自活，所作者非教科用書即報館論説，習焉而與之俱化，是以體日近而詞益卑，此誠自知，非爲謙也。陸女士事因交游太少，已托一友人名吳研因，②江陰人，中華書局同事也，在教育界中聲氣較廣，已蒙允爲盡力，云一星期後見覆矣。滌雲因修族譜事赴無錫，返常後方克致書左右，弟近患傷風甚重，體素頑健，近半年中忽多病，殊不自解。朔風漸厲，惟珍重。

思勉頓首

（金松岑《天放樓近文》油印本，戊午七月編）

金松岑先生《寄劉脊生》一詩中有論及先生：

寄劉脊生　丁巳

　　褐衣叩吾門，乃是不速客。自云劉更生，對面不相識。獲交劉生來，

---

①　即《本論》十二篇，現收入《論學叢稿》。

②　吳研因(一八八六—一九七五)，江陰人，教育家。曾任中華書局、商務印書館編輯，江蘇省立第一師範學校教員，教育部國民教育司司長等職。解放後，歷任教育部初等教育司司長、中等教育司司長，爲中國民主促進會中央委員、中國人民政治協商會議全國委員會常務委員。一生致力於教育和教科書編寫，有《小學國語新讀本》、《基本教育》等著述。

道義生肝膽。因知丹徒趙(宗抃)，文字世舊德。毗陵數呂陸(呂思勉，陸繼儌)，連袂相引汲。陸生抛新語，臥對相斯石。呂子鉤史傳，南董負天職。堅持名法論，推排到儒墨。而我宗鄒魯，隱然一敵國。(金天羽：《天放樓詩文集》，上海古籍出版社二〇〇七年十一月版，第一七八頁)

先生於民國初年撰寫雜文若干篇，其中有《主顧》五則，《廣告》二十則，刊於家鄉的報刊上，所用筆名有駑牛、企等。

先生寫有短文數篇，刊於是年的報端有：《有聞必録》《滑稽》《法律果有效乎》《惟愚者活動》《茶肆中所聞》《組織文社》《賭博輸去豆洋》《盤剝重利》。

民國七年戊午(一九一八)　三十五歲

三月，先生所撰《論國人讀書力減退之原因》，發表於上海《時事新報》，署名駑牛。後又相繼發表《職業教育之真際》、《學風變遷之原因》及對《佛學易解》、《北美瑜珈學說》兩書的介紹，均爲先生早期的文章。

先生七月七日的日記中，有筆記一則，記上海某食肆"貴妃漿"廣告。現擬題《貴妃漿》，收入《蒿廬文稿、筆記》。

是年秋間，先生爲赴瀋陽高等師範學校任教，辭去中華書局的職務，後因故未能成行。

先生有《駑牛通信》一篇，刊於常州報端，述金松岑先生言治江南水利及論江南田賦過重，先生且加了按語。先生另存有《金松岑談水利》一篇。

先生是年存詩、詞各一首：《詩畬爲予畫扇就所畫物成一詩題之》、《浣溪沙‧乍歸復出過詩畬話矍者徐園共游之樂不勝悵然詩畬以小詞相送率然和之》。

是年劉脊生、徐震(哲東)兩先生均有贈詩：①

一九一八年，先君劉脊生有《病院偶成 示陳研因呂誠之》詩："弱冠論交數呂陳，尺書古義饋余貧。工愁善病何時了，共覓桃源作幸民。"又有《贈呂誠之》一首："當世浮華我亦輕，如君才調自心驚。追隨兩載三生幸，契闊兼旬百感並。客至圍棋猶敵國，天教詩筆抵長城。相形識度慚福淺，久敬還宜學晏嬰。"呂師與先君交誼深厚。(劉同葆：《關於呂思勉

---

① 徐震(一八九七——一九六七)，字哲東，江蘇武進人。曾任武進縣公安局長、武漢警備司令部少將參議等職。後任教於武漢大學、中央大學、安徽大學、震旦大學等。著有《公羊箋注》、《穀梁箋注》、《雅確文稿》、《雅確詩稿》等。

及先父贈他的詩》,《常州日報》一九八三年七月二十六日)

贈呂誠之　　徐震

風規獨得承平趣,鄴架紛紛秘笈多。客座時逢高興發,倚筵乘醉寫清歌。(《常州古今·續毗陵詩録》,一九八三年五月,第一五〇頁)

《劉子遺稿》中還有幾首劉君贈詩,或也寫於是年前後:

寄呂誠之十八韻

僕昔有奇志,舞勺希尊宿。輩流寡切磋,自慚雄裏塾。稍長識趙三,斷金實最夙。弱冠始知君,溪山隨飲啄。神童早馳譽,況乃生名族。僕自氣矜隆,古今妄題目。叔度如海涵,疑義欣往復。語長宵遂深,發憤無休沐。二十四史書,惟君幾半熟。僕爲海上游,邀君出韞櫝。屠老先禮羅,南通誦棫樸。一朝寫杞憂,萬言奪枚速。文章不自居,本論(呂君著本論十有二篇)當痛哭。① 僕自來蘇州,疏懶到尺牘。新交金鶴望,介之訪空谷。越日得君書,謂金果淵穆。僕因大鼓舞,兩人並私淑。只虞匠石門,不屑顧散木。(《劉子遺稿》上編,卷一古體詩,第二頁)

寄呂誠之五律

杯酒向誰盡,英雄肯自憐。遠山成獨笑,春雨伴幽眠。味道無甘苦,齋心等佛仙。何當呼舊侶,種菜換流年。

吾生緣涕淚,與子吐心肝。離合驅人老,饑寒避世難。微吟安拙句,努力願加餐。旦暮逢千古,春光倏已殘。

此詩亦見九年二月初八日日記,云三首佚一,然則亦非九年之作也,震志。(《劉子遺稿》上編,卷二近體詩,第六頁)

民國八年己未(一九一九)　三十六歲

是年"五四"運動爆發。

四月十一日,先生在日記中記有筆記一則,録同治庚午陸廣甫主試陝西,在省闈夜寢見壁上異物事:

陸廣甫先生以同治庚午,主試陝西,在省闈中夜寢,輒見壁上有怪異之狀。予以民國八年四月十一日在其孫忍齎家,獲見其日記,曾摘録之如左:

---

① 先生《本論》十二篇撰於一九一六年,此詩當寫於一九一六年後。

191

八月初六日。進貢院

初七日。子正睡，壁畫忽有異，諦視之，現老人形，爲説三皈依法，似以爲然，以手作字，不可辨，但見有人字勢而已。久不散，復作種種幻相，未解其故。又爲言，如須記載，則當與能文有集之士詳言之，俾知陝西省闈中有如此事而已，又似以爲然，而首肯之。時已寅初，燭光半明，忽又現房屋門户，則幻相有甚可慘者。枕上見此，洵可異也。然幽明不相干，理之所有，不以爲事之所無，彼此相安可矣。

初八日。枕上見壁畫仍如昨，而幻相又異，則作錦上花，雲氣全碧，是何祥歟？稍看即寢。

初九日。子正睡，所見如故。

初十日。亥刻睡，所見如前。

十一日。亥刻睡，丑正方寢，所見更奇幻矣。

十二日。未刻小憩，見如昨。儒者不宜有此，佛家則有之，不足怪也，亦閲歷也。

十三日。丑初睡，見如前而更奇。大抵樹木之異，不足怪也。

十四日。亥刻倦甚。丑正睡，見如昨，酣睡如不見者。

十五日。子正睡，見更奇而了然，技亦窮矣。歸與路門仔薪言之，不知當以爲何如也。

以上皆録元文，云壁畫忽有異，云見壁畫仍如昨，似壁上本有畫也。十六日以後日記中不復及此事。至九月八日出闈。所云仔薪者，許姓名斌，爲廣甫先生作傳，謂其以是年閏十月還朝，明年九月卒。又謂其自秦歸，貌加丰而神氣潛減，文亦似異於常云。（《日記七·省闈中壁上見異物》）

是年上半年，先生在上海任商務印書館編輯，謝觀（利恒）先生介紹：

一九一九年，入商務印書館，助謝利恒君編輯中國醫學辭典。予於醫學，本無所知，而先外王父程柚谷先生、先舅氏均甫先生、先從舅少農先生，皆治漢學而兼知醫，故予於中國醫書之源流派別，略有所知。謝君本舊友，此時此書亟欲觀成，乃將此一部分屬予襄理。至暑假中事訖。暑假後，吳研因君介紹予至蘇州省立第一師範學校教授國文。是冬瀋陽高等師範學校仍來相延。予仍樂遠行。（《三反及思想改造學習總結》）

先生對中國醫學、醫籍深有研究，是時撰有《醫籍知津》及《論醫》等文。

《醫籍知津》撰寫於是年夏。是年先生由謝觀（利恒）先生介紹入上海商務印書館任編輯，協助謝先生編纂《中國醫學詞典》，撰寫《中國醫籍源流論》一篇，系統敘述中國古代醫籍典籍及其源流派別。《中國醫籍源流論》後未收錄《中國醫學詞典》，由謝先生私人木刻印行少許分送同行友人。先生尚存《醫籍知津》手稿一册，即《中國醫籍源流論》的手迹底稿。上世紀八十年代，《醫籍知津》經呂翼仁女士抄録，並與楊寬先生一同校對、補正、分節並加標題，又經胡道靜先生審閲，並撰寫《讀呂誠之師〈醫籍知津〉》，對先生的古典醫籍的研究作了詳細的介紹和評述。

先生撰《論醫》，分十四篇，署名駑牛，曾刊於常州的報刊上。

先生又有醫學方面的筆記數則，大多無題名，現改題爲《論醫書幾則》，收録於《菁廬文稿、筆記》。

八月至十二月，先生在蘇州省立第一師範學校教書，吳研因先生介紹，月薪七十元。

陳祖源先生曾受聘於華東師範大學，①任歷史系教授，講授世界中世紀史。晚年曾撰《自述》一篇，其中有一段回憶其在江蘇省立第一師範聽先生講課的情形：

> 一九一七年，我受小學老師的影響，立志做一個教育工作者，投考江蘇省立第一師範，幸被録取。校址是故紫陽書院，有道山亭、碧霞池等古迹，景色宜人，是一所良好的黌宇，學校圖書、儀器比較充實，各科專業教師亦是一時之秀。我酷愛文史。一九一九年秋，呂思勉老師來校教我班國文。呂師幼承庭訓，長好自學，淹貫經史，嫻習古文，爲人温良，和藹可親，專心教學，不問閒事，師生敬之。教課前，先選定適合同學程度的課文，後即逐課編寫輔導教材，以便學生課前預習和課後復習，提出問題討論，講述文章時他對内容、背景、章法、句法無一不作精密的闡述。每兩周作文一次，凡文有不妥，句欠明晰，錯字、别字無不糾正，使流利通順，言必達意，培養出一批較高水準的小學語文教師。我忝附驥尾，亦深受教澤，爲我創造了考入大學歷史系進修文史的條件。惜乎越時一年，呂師受瀋陽高等師範之聘即離去，而我考入東南大學，兩地睽隔，僅通魚雁，直至解放後的一九五二年，我來華東師範大學任教，重與呂師共處一

---

① 陳祖源（一九〇一——？），字其可，江蘇吳縣（今蘇州市）人，一九一七年至一九二〇年就讀於江蘇省立第一師範學校。後去法國巴黎大學就學，獲博士學位。回國後在武漢大學任教。

校，備受關心和指示，有如家人，我永銘肺腑。呂師著作頗豐，發表文字約有一千萬以上。呂師著作既博且精，我無力遍讀，只能在中國通史與一些斷代史方面略事流覽而已。(《陳祖源自述》，刊於蘇州市地方志編纂委員會辦公室、蘇州市政協文史委員會：《蘇州史志資料選輯》，二〇〇〇年版，第八十頁)

八月二十三日，先生在蘇州振新書社購新刻《遏雲閣曲譜》八册，上有識語曰："己未八月廿三日購於蘇州觀前振新書社，時張元白①偕素王孫爲駕牛記。"②

録劉脊生君是年日記六條，略可見先生當時治學及撰民族史的情況。《四裔通釋》稿今已不存，或是先生《中國民族史》的初稿：

己未九月初一日。蜀琴又詢余常州詩人，③近日除錢夢鯨外，④尚有幾人。余言老輩中有屠敬山、呂幼舲諸人，同輩中能詩者約五六人，誠之其一人，但近日專力治經，不肯多作耳，遂以誠之雜著示之，相與歎賞其敏捷不置。

初十日。誠之來，手攜所著《四裔通釋》第一篇，篇名爲匈奴第一，鮮卑第二，丁令第三，貉族第四，肅慎第五，苗族第六，粤族第七，濮族第八，氐羌第九，藏族第十，白種第十一，叙論第十二。卷首有錢緬唐鎏志語，云："元元本本，殫見洽聞，其考證之詳確，雖使嘉、道諸老師讀之，亦當頫首，拜服拜服。"誠之邁異精勤，嗜學如渴，同輩中此其選矣，可畏也。

二十三日。昨日誠之送來近作讀書隨記兩册，《四裔通釋》第二篇。誠之勤學真不可及。同輩中成就偉大者，端推此人。忍睿心思縝密，而紛於家務。保東靈敏過人，而偏於辦事。余則質既遲鈍，志夯而力不足以副之，近又多病，恐遂無所成就。徐子哲東明悟好學，鍥而不舍，可謂繼起之英，惜乎性好方人，外心多則内心難固耳。

十月初一日。忍睿、誠之數日不見矣，殊相憶也。余此次病中，二君

---

①　張元白(？——一九四二)，曾與呂先生同在蘇州省立第一師範學校任教，又任教蘇州中學。抗戰時期，在常州郊外創辦青雲中學(即蘇州中學常州分校)，爲之嘔心瀝血，死而後已。

②　駕牛爲先生筆名，素王孫疑爲莊通伯先生。

③　趙宗忭(一八七四——一九四七)，字蜀琴，號悔盦，江蘇丹徒人。光緒二十九年舉人，不樂仕宦，以課徒爲生，曾任教鎮江府中學堂、蘇州工業專科學校、上海中國中學等。工古詩文辭，擅書法篆刻，又精數學、法文，有《悔盦印存》傳世。據呂先生所記，趙氏於民國三十六年三月二十七日去世，享年七十四歲。

④　錢夢鯨(一八七五——一九四四)，名振鍠，字夢鯨，號名山，世居常州菱溪，近代著名詩人、書法家。

朝夕來視,憊勞並至,病稍劇,則爲我訪范補程醫士,請其注意,故人情重可感也。又念貫時已化去二年矣,使其尚在,必來慰我無疑。余生平視朋友如命,而同心不過數子,以文章爲鼓吹而相習者不過千首,蓋其慎也。晚膳後靜思,主敬之道非獨近德,亦以衛生。

十五日。誠之來,偕往松岑處小坐,借《賀松坡文集》四册,遂至鳳翔春,摶雲已至,正與陸序倫弈,余與誠之觀局畢,往廣興晚餐,同散。歸途月色甚佳,憶亡友王貫時久之,余每睹月色,輒憶貫時,不自知其何以然也。

十二月三十日。蜀琴昨閱周伯恬詩而賞之,余因言清代如伯恬比者甚衆,而傳否亦莫能自必。吾輩求學但求自得其樂而已,刻集殊可不必。以近人文詩集,汗牛充棟,吾又何必疊牀架屋爲邪?吾友如錢夢鯨、呂誠之君,友如柳翼謀,皆有過人之才。然苟刻集太早,必有自歉之處,或至晚歲行之庶乎可耳,然傳不亦未可知也。(《劉子遺稿》下編,卷二《日記》,第一至三頁)

先生有讀《文選》札記一本,撰寫年代不詳。或在任教蘇州省立第一師範學校期間,札記書寫之紙,與所撰《醫籍知津》同,故暫編入本年中。程應鏐先生曾對其子女程炎、程念祺説起先生的軼事:讀書碰到什麼難解之處,只要第二天到教師休息室去見呂先生詢問,總能得到滿意的解答。此種功夫,或許就是得之於先生早年讀書時所作的這種札記吧。

先生遺稿中有一包待歸類札記,有讀書時的札録,也有未完成的札記,内有"曆法"二頁,係讀《通鑑》時摘録:

午際:《通鑑·唐紀》文宗太和五年注"午際",方交午漏初刻,非正午時也。(卷二百四十四,5下)

上元:《舊五代史·傅仁均傳》:"理曆之本,必推上元之歲,日月如合璧,五星如連珠,夜半甲子朔旦冬至。自此以後,既行度不同,七曜分散,不知何年更得餘分普盡,還復總會之時。"(卷七九)歐公《司天考序》云:是果堯舜三代之法歟。(卷五八,1上,2上)

通夕:《通鑑》建中四年注:"通夕而行自晚至旦也。"(卷二百二十八,9下)

上元、中元、下元:《通鑑》唐僖宗光啓三年注:"道書以正月十五爲上元,七月十五爲中元,十月十五爲下元。"(卷二百五十七,9下)

195

干支紀年與歲星不合：古以歲星紀年，干支紀日。言太歲必與歲星相應。歲星百四十四年超一辰，太歲從之。漢後以干配支，不用超辰法，與歲星行度，渺不相涉矣。若在甲曰閼逢等曰歲陽，在寅曰攝提格等曰歲陰。

先生此類未完成之札記、札録甚多。有些無標題，有些設一標題下録材料頁碼。

民國初年，先生撰寫《子弟》、《蘇常》雜文二篇，刊載於家鄉報刊（如《武進商報》、《武進月報》），現存剪報歸入風俗一類，上有先生朱筆圈點，以莊書小楷改正錯漏字。遺稿中有一篇演講稿，原刊《武進商報》，也存剪報而歸入宗教類，可惜已殘破。現擬題爲《論社會之根本改革》，收入《呂思勉論學叢稿》。另有短文《避疫》、《歐洲前此戰爭兵數》二篇。

抗日戰爭後期，先生隱居常州故居，專心教學與著述。在十子街六號舊宅第三進西側厢，懸掛着一幅橫批，一副對聯。聯語曰：驊騮開道路，鷹隼出風塵。上款寫先生之祖父晉廷公別號磨兜堅室主人。

先生遺稿内掌故類中有《釋磨兜堅》一篇，曾發表於報刊，當是先生早年所作。

民國九年庚申（一九二○）　三十七歲

是年一月至一九二二年十二月，先生在國立瀋陽高等師範學校任教，楊成能先生介紹，月薪一百六十至二百元。

先生是年殘存日記一則：

> 十八日（金，陰曆正月二十八日，乙亥）。晴。偕星城入大南門，出小東門觀菜市，入大東門，出大南門反校。東門署書大金天聰某某年，蓋清初自諱其稱金，而未及盡去者也。因致演蒼一書，屬其設法取下藏之圖書館。（《殘存日記》）

先生還寫過一則《瀋陽大東門額應取下保存》的札記，現收入《呂思勉讀史札記》。

二月二十九日，先生至瀋陽商務印書館覓書，購得梁漱溟著《印度哲學概論》。

三月二十三日，先生購重野安繹、河田羆合著《支那疆域沿革略説》（合資會社富山房發兑，明治三十八年六月五日六版發行）於瀋陽關東印書館。

三月二十五日，先生購《古羅馬之首傑愷撒》於瀋陽關東印書館（人演社出版,光緒廿九年五月發行)。

三月二十六,先生又購《玉樹土司調查記》(民國九年三月商務印書館初版)於瀋陽商務印書館。

四月四日,先生又購《世界宗教一斑》於瀋陽關東印書館(日本內山止如、瑜珈理圓著,一新書局印行,光緒二十九年六月印行,七月發行)。

四月七日,先生購《恒星赤道經緯簡表》、《東洋文明史》於關東印書館。(支那翻譯會社翻譯,光緒甲辰上海時中書局出版)

六月初二,先生購陳大齊著《迷信與心理》於上海亞東圖書館(《新潮叢書》第二種,民國九年北京大學出版社初版)。

六月二十七日,先生寫成《對於群眾運動之感想》一文,後刊於八月二十五日出版的《東方雜志》第十七卷第十六號上。

是年,先生從瀋陽回故鄉常州度假,回校後撰《南歸雜記》,分三期刊於《瀋陽高師週刊》上。

語言學家趙元任先生在《我的語言自傳》中回憶他在二十年代初,在列車上見到他少年時代的老師呂思勉先生:

> 不久,我的生活變得越來越有趣,首先,我被召回清華教物理(一九二五年才改爲大學)。當我從美國回來的時候,在從上海到南京的列車上,我遇見了曾經在溪山學校教過我國文的呂誠之先生。他詢問我在美國學習時的情況。我因爲這十多年來除了暑假和新年回家外,再没說常州話了,因此感到用中國話,特別是用常州話談外國情況相當困難。可是他不懂國語,加之我已經用常州話跟他談話,再改用國語,似乎不太禮貌,至少顯得不夠熱情。這跟我從前在家裏跟長輩說話時的情景恰恰相反,那時我不能跟他們講家鄉話,而必須說國語,不過心情是一樣的。(趙元任:《我的語言自傳》,《歷史語言研究所集刊》一九七一年,第四十三本第三分册)

先生一生關心民生國計,希望從各項社會改革入手,推動社會進步。是年八月八日《武進商報》評論欄,刊載先生撰寫的《救濟米荒之一策》,便是宣傳上述這些主張的。

八月,先生撰《致廖仲愷、朱執信論學公開信》,①刊於《建設》雜志第二卷

---

① 《建設》雜志的目錄標題爲《通訊:貨幣與井田》。

第六期。是爲先生第一次以史學家的立場,參與當時關於井田制度的討論。

先生利用國慶假期,偕同事游朝鮮義州,作《義州游記》。先生寫游記不多,存者尤罕,姑録此篇,因此篇非文人之游記,乃歷史學者之記,蓋其頗注意歷史沿革、中朝邊境的物産貿易以及風物人情,今日觀之,俱已成爲歷史矣。《義州游記》現收入《吕思勉論學叢稿》。

先生在瀋陽教書時,曾去城北的北陵(昭陵)和城東北的東陵(福陵)一游,又有記及瀋陽市面之情況。(《健康之身體基於静謐之精神》)

十二月,先生撰寫《白話本國史》序例。

一九二〇年至一九二二年先生在瀋陽高師教書時,曾爲國文史地部編撰《中國歷史講義》、《國文講義》。

先生所選《國立瀋陽高等師範國文史地部國文講義》,在每篇選文之後,附有文體、分段、文字研究三項。

是年先生撰《新舊文學之研究》一文,代表他當時的文學見解,其對今後趨勢的預測,卓識而有遠見,兹节録入如下:

> 然則今後之趨勢當如何? 曰:一方仍以文言爲基礎,但去其(一)太陳舊,不合今人之思想者;(二)去其專事塗澤(即專用古語砌成)而無真意者,力求與今人之思想言語接近,是爲"文言的白話化",亦即"貴族文化的平民化"。一方以口語爲基礎,出之於口,即筆之於書,是爲"純粹的白話文",而口語應自行修飾,同時亦應采用文言之長(如混用文言詞句,及採用其語法等),是爲"白話的文言化",亦即"平民文學的貴族化"。兩者同時並進,並可參用外國語以附益之,是爲"國語的世界化"。如是者,旁薄鬱積,萬流齊匯,及其結果,而新文學出焉。"人人有士君子之行"一語,中國人傳爲美談,其中固亦含有一方面之真理,然實階級的偏狹之語。果如所言,則但須"平民的貴族化"不須"貴族的平民化"矣。其實兩者各有短長,正宜取人之長,去己之短,而非取人之長,不能去己之短,"平民文學的貴族化"、"貴族文學的平民化"兩者宜同時並行。

先生曾讀高謹言先生撰《國語表解》(發表於《瀋陽高師週刊》),撰成《讀〈國語表解〉書後》,闡發其對國語統一和新舊文學比較的一些見解。當時師生討論這個問題,甚爲熱烈。十月至十一月間,先生與學生孫振甲先生曾多次書信往復討論國語問題,後輯成《答振甲君》,二文均刊於《瀋陽高師週刊》。

先生在瀋陽高師教書時期,思想甚爲活躍,學術活動亦豐富多采,先後撰寫游記、通訊,發表不少論文、序跋,作過多次學術講演,參加學術討論,協助編輯刊物,翻譯《勿吉考》,答復同學論學書等。論學範圍,涉及宗教、哲學、經學、史學、地理、文學、語言、醫學諸學科,讀之庶可稍知先生在新文化運動初期學術活動的概貌。《瀋陽高師週刊》第十八期"校聞"欄內刊載:"麗澤週會開特別講演會:國文史地本科二年級麗澤週會,於九月二十五日開特別講演會,請呂誠之先生講演,題目是《士之階級》,當日聽者甚衆云。"在此以前還在該會講過《歷史上的軍閥》,但講稿已不存。《士之階級》的講演稿,後經修改,發表於《瀋陽高師週刊》。

是年先生所寫有《沈游通信》、《南歸雜記》、《〈一個不幸的娘們〉跋語》等篇,反對迷信,提倡科學,抨擊封建家族制度,反對封建勢力。高唱男女平等,嚮往民主自由。對唯物史觀已有初步認識。這些觀點,在其後來的著作中日臻完善。

先生又有筆記《張作霖》一則。

是年先生有詩作八首:《庚申端午客瀋陽得敬謀寄詩次韻奉答》、《贈小蘭外妹》、《偕伯商西農游朝鮮渡鴨綠江》、《義州》、《安奉車中》、《歸瀋陽與伯商西農飲於酒家》、《游義州公園口占一絕》、《鴨綠江》。

民國十年辛酉(一九二一)　三十八歲

是年殘存日記,爲先生病後補記。先生寫日記終生不輟。如當日不及記,則日後必追記。而且病中所寫的病歷甚爲清楚。晚年多病,自記病史尤爲詳明。

> 前月廿四至廿七,陰曆十六至十九,昏睡不醒。廿八至三十一日,舊曆二十至二十三,則通夜不甚能睡,且覺甚躁。本月一日得大解,熱退。是夜及初二夜,即廿四、廿五日睡較多,蓋疲甚使然。初三至初七(廿六至三十),每夜睡五小時左右而已,蓋神經受傷使然,是時吃米粥覺有足以解渴之意,而吃他物則多覺其味苦,蓋熱尚未清而連日飲食少多。八日即辛酉元旦又少勞,晡時發微熱,夜仍略吃粥,半夜遂盡哯(哯,《說文》:"不嘔而吐也。"胡典切,今俗語讀入聲)出。是夜發微熱,蓋即所謂復也。此病宜多得滋養之品,而中醫於飲食多所禁忌,往往致病者衰弱而死,否亦久難復原,然因食而復者,亦往往有之。蓋非必食肉等之爲害,而食過多之爲害。然食味美之物,往往易於過量,故中醫必盡禁一切食物,乃至僅與以糜粥鹹菜也,然因噎廢食矣。又此病勞亦易復,所謂勞

復也。予此次之復，蓋由多食者十七，過勞者十三，疾之不可不慎如是夫；幸不重，九日熱即退清，九時仍能起床，予自初三以後即時起床，七日乃終日在床下，八日晡時即睡。九日（陰曆正月初二）、十日（初三）仍晡時即上床休息。十一日以後（初四）乃仍終日在床下矣。九日熱仍退清，而是日口腔喉頭亦大愈，甚覺舒適。舊曆歲尾年頭，皆蟄居室內，僅元旦午前出一展拜先容而已。七日（陰曆除夕）晚飯，八日（元旦）午飯，皆曾吃飯一口，然殊不欲食。十日（初三）午飯吃飯小半碗，乃覺甚美。十一日（初四）午飯，乃竟吃飯。七八日吃菜覺味苦，是日覺甚美矣。八日（初一）因發微熱，睡較多。九日（初二）、十日（初三）、十一日（初四）仍止睡四五小時，十二（初五）夜醒兩次，而睡眠似有六小時之久。十三（初六）、十四（初七），皆似過五小時而時醒。十五（初八）仍止睡四小時半。十六（初九）、十七（初十）睡似近六小時而時醒。十八（十一）、十九（十二）繼蘭歸寧，皆獨宿。十八睡似較多，十九仍如故，二十同。二十一（十三）自十時睡至四時半，而十二時醒一次。口中九日（正月初二）後漸愈，然仍略咳而聲嘎。十九日咳又特甚。蓋十七（初十）以後，天氣頗寒，略有傷風之意也，幸不久即止。病中閱雜志以自遣，計所閱者《東方》十七卷十三、十四、十九、廿三、廿四號，《太平洋》二卷七、八號，《建設》三卷一號，《改造》三卷五號，《新潮》兩卷四、五號，《海潮音》六、七、八、九、十、十一號。十一日擬《校中特設專科提倡學會》及《改良飲食》兩稿。①（《殘存日記》）

大姑民國十年二月初六（舊曆正月廿七）卒。（《先德各件》）

四月十六日，先生在瀋陽高師麗澤周會特別講演會，講演"整理舊籍的方法"，卞鴻儒君記錄，講稿刊於《瀋陽高師週刊》。

五月，先生講演稿《中國古代哲學與道德的關係》，劉永溥君記錄，刊於《瀋陽高師週刊》。先生《答程鷺于書》一文，刊於《瀋陽高師週刊》上，第三十五至三十九期，分五期刊出。

先生又寫有《〈請看北京看守所底黑暗〉書後》一文，原刊《瀋陽高師週刊》第四九號。

先生自謂於外文僅能和文漢讀。《瀋陽高師週刊》第四十二期以後，分若干期刊載先生翻譯的《勿吉考》，譯自《滿鮮地理歷史研究報告》第一冊，日本

---

① 先生遺稿中未見此二文，恐已失。

津田左右吉撰。該譯文的題識和按語,曾收録《吕思勉先生年譜長編》,譯文全文現收録於《吕思勉論學叢稿》上。

八月六日,先生在孟晉逌群社的演講會上演講,題爲《中國醫學的變遷》:

> 孟晉逌群社於上周土曜日下午一時,在本教室開特別講演會,邀請吕誠之先生講演《中國醫學的變遷》,直至三時許始行散會。

《中國醫學的變遷》講演稿今已不存,或可參閱先生一九一九年寫成的《醫籍知津》。

先生有札記一段,記是年十月八日讀《盛京時報》所載事,后編入讀史札記《長狄考》中。

十月、十二月,有先生表兄管達如先生致先生的覆函,一函言十月三日北京國立八校教職員代表赴總統府請願事。另一函寫於十二月一日,頗可見當時北京政治内情和金融風潮,甚至於醞釀由太平洋會議共管之説。先生將兩信收藏在"掌故札記"内:

誠之吾弟:

> 頃接二十手書,備詳種切,收到《六書論》之復信,業已早到。京華現狀頹唐無聊,卻亦未有他故,惟昨聞津浦路斷,尚未知是何緣因。財部本部俸給,現尚無欠,僅須衍期半月耳。教潮並未平息,現有代表赴滬,或在南有所經營。代表既行,故近日京城轉無舉動。至當日情形,據教部熟人所述,因其日本部會議辦法(因馬次新到),正在開會而各校教職員一闖而入,當經馬次告以事已經過閣議,財部並已籌款,盡三日内必將積欠一清。各教職員謂此系空言,不能取信。馬次謂款已備妥,系我在財部親見,絶非空言,所以須三日者,乃手續問題,並非推托,正在辯詰之際,忽有衆學生闖入西會場(教部有兩會場)。(此層事後聞之學生中熟人,謂其日有教員各處發電話召集,謂如不到,明日即須開除。各學生因教師之召,又有不到開除之命,不敢不往。其日大雨,女學生亦拖泥帶水而行。部中同事無錫薛君叔振之女,年僅十齡亦被召,父母堅阻,未赴會。)遂有馬叙倫有揚聲器大呼今日之事,非索欠問題,須次長率同赴府請願。馬次謂事已解決,尚何請願? 各教職員遂動蠻強曳。馬次請諸位先行,不允。又請自己先行,亦不允。謂汝乘汽車,知汝逃往何處? 馬次謂諸君如不見信,不妨推出代表數人,同車而往,仍不允。即蜂擁馬次而行,馬叙倫緊推其後。天雨泥濘,群衆蹴踏,狼狽不堪。及新華門西柵

201

欄，衛兵阻不聽入（新華門柵欄，凡車馬及群衆游行，本不准通過，須繞照牆外而行，亦未必因其爲學生也。）。馬叙倫又用揚聲器大呼打進去，衛兵以槍柄攔阻，各教職員遂以馬次爲盾，馬次後受衆推，前被槍阻。因大呼我系馬某，衆衛兵聞系次長，即攜其手，欲搶之入門，而馬叙倫等在後拖其足，堅不放入，於是腰被閃而首撞柵欄，確曾受傷。既而文人不敵武夫，次長即被衛兵搶去。見群衆不散，即用槍柄揮擊，教職員受傷數人，亦確情也。在部開會各職員，見次長被搶，一哄而散。有敝同年陳君文虎（名延齡，湖南人。），與馬次有同鄉之誼，見不成事體，尚隨之而行，皆其目睹。途中有馬叙倫之母攔阻馬叙倫，而馬叙倫不聽，亦其所親見也。（下缺）

誠之吾弟賜覽：

奉十一月廿七手書，備悉種切。瘧疾之藥，中西不同，中醫歸結於白术，西醫用金雞納，西法愈後服藥三日至五日，中法須半月至一月，其詳當俟文弟答之。再發之治法，中醫稍有區別，西法與初發無殊。

中交事弟所知者爲表面之原因，其實乃交系人物，因葉氏不容於靳閣，日思報復，乃乘大會開幕，借共管之說，散布流言，其始生也，也有汽車馳於前門鬧市一帶，遍散傳單，言兩行如何空虛狀，爲警士所獲。（京師警例，凡散布傳單，必得警所許可。）驗其車爲葉物，乘車人又與葉有關係，日來偵察蹤迹，業已大露。但葉爲交系要人，如發令逮捕，則交行勢益不支，現僅暗中監視，並未公布。至關余一事，其實在情狀，系滙豐猝無如此現金鉅款，關餘積存一千二百萬關平兩，政府商提六百萬兩，此事若在擠兑未發生時，原不須塊塊可以有聲之現洋。今既在擠兑之時，勢非塊塊有聲不可。此事籌集非易，然又不敢公然説出。因一説出，則擠兑中交之事，勢必牽及擠兑東交民巷各銀行，北京市面固必大亂，而彼之權利根基將因之俱傾。是以斤斤以應提不應提發論，此中亦有所不得已。市面現金本僅可以供流轉，萬無各行存簿一一可以照數點計之理，如必照數點計，其容積可驚。今試以此次奉天所云解京三百萬計之，銀元一元重爲七錢二分五厘，三百萬元即爲二百一十七萬五千兩。京城重載大車，每車以二千斤爲限。（系警章。）今姑以加一倍並載計之，一車四千斤，合六萬四千兩，二百余萬應用大車三十三四車，吾弟在奉曾見此大隊出城乎？兄在京曾見此大隊，由車站至直隸省銀行乎？即未目睹，曾聞有人傳説乎？當此擠兑正緊之際，前門鬧市有此大隊載銀而過，顧能絶無一人注目乎?再以堆積論,銀之重,率一立方寸爲九兩餘,以二百萬兩計,積至與人等高,約爲五尺,尚應占地四十余方尺。即五尺寬,二十尺長,五尺高之堆垛。直隸省銀行突增此巨大之堆垛,有此容積乎?再推至滙豐,存款關餘已一千二百萬兩,當有此等積之堆垛六,滙豐不能僅有關余一宗存款,則其他存款又當有等積之堆垛若干。京城銀行無慮百家左右,大小不一。如有存款,又當有此等積之堆垛若干,實爲事實上所必不能有,大抵京城市面流通現洋至多數百萬元,必不能上一千萬,此可斷言者也。今兩行之紙幣,交通始終未有確數,中國宣言行於北京市者五百余萬元,其實乃二千余萬元,實數不敢公布。所以然者,彼銀行中人,日日與市面爲出入,固明知盡京城市面所有,現洋至多不逾千萬,兩行兌現,則數目須兩分,故認爲五百余萬也。政府借債還債,每一宗至少六十萬元左右,固無數千元數百元之事,即不能以實在有聲之現洋爲出入,仍系帳簿上之出進而已。故政府之債與兌現問題,其實無涉也。現在現款短少,不獨北京一市爲然,中國所屬幾於無不儘然,即推之外國,似亦充足者並無多處。此其原因,則在國家稅收之數太巨,譬如以任一地方論,設爲與他地方絶無往來,此一地方之中,有實在有聲之現樣一百元,全地方之收益力,在本地方往來帳目上爲一千元。(此數以上言北京現洋實數之理計之,在地方經濟上並不爲相差過巨,尚系最小限。)國家徵收率爲十之一,則現洋恰可敷用,若不止十分之一,則現洋爲不足,今各國收益力與現金實數之比較,大抵決不止十倍,即中國亦決不止十倍。中國徵收數,無比較確數可稽,各國則大抵爲十之一,有多無少,此即爲現金不足之真原因,亦即爲不能不發行紙幣之定理。現在中國政府日日方謀增加收入數,無論增加多少,增一元即爲現金不足一元,即借債之收入,亦應一並列算。且今量出爲入,出無限制,則入亦無限制,是無怪乎現金之日形不足也。照上所論,風潮發生,而官吏束手,實所當然。蓋居今之世,豈能減收入之數乎?惟徵收吏先不受紙幣,此爲大罪,雖然葉某者,彼獨非官吏乎?財部之司會者,獨非官吏乎?不與北京市面最有密切之關係乎?九月份薪開出支票,賦稅司得中國銀行四千餘元。擠兌發生,無從支取,請其收回,彼乃謂恐有鈔現問題,非保存此支票不可。然則彼司會者。固可視中國銀行爲無可救藥乎?(苟無可救藥,又于彼司會者,有特別利益乎?)人無邪正,惟視其才。苟無常識至於如此,嚴誅其可盡乎?蓋自此風潮不得平靜,太會之議果生共管之意矣。淪胥以亡,將委之天命也歟？星岑子事當留意，但不知何時中行方有辦事人耳。貓患亦俟文弟答之。此頌近安。

兄制　聯弟頓首　十二月一日

瘧疾愈發，則衛氣愈虛，虛則反復愈甚，故至於屢發不已之瘧疾，不當再議搜邪。最中和之治法爲六君子湯，次則補中益氣湯，又次則□人飲，總之以填補脾胃，或肝陰爲治自愈。此爲正瘧疾治法。若挾濕挾溫，或血虛潮熱，有類乎瘧，則當臨症細參，清源正本自愈。不可執一定成方，亦斷非一定成方所能愈。至於貓病，前函所謂淡水者，系承上文石炭酸而言之，濃者慮其痛，則以淡者反復施之，其效力相等。然謂毫無藥味之淡水，若毫無藥力之水，則應云水矣。不於其上加淡字也。內服清血解毒之法，若其爲人，則以熟大黃治實症，以細生地治虛症，然貓之飲食起居迥殊人類，雖同俱五臟，不能以一法治之，當問之專門獸醫，然獸醫所長，皆爲食芻之類，至於食肉之類，恐未必知也。當今之世，能明此類分別者頗少。故好執西法而治華人，而絕不考慮其尋常起居食物之法。譬如以牛乳雞汁爲調養佳品，華人服之往往致病，則尋常服用不同之故。且西人發黃睛碧，血液生理亦必有異，强欲同之，其弊何極。是故貓之爲病，聽其自然最妙。必不忍坐視，則加以外治，若其內服，則恐不足爲功，反以致害。弟前函所述，乃以人比例之說，不可施之實用也。

文如附啟

先生是年撰有《駕牛雜談》短文二篇，刊於《瀋陽高師週刊》上。

民國十一年壬戌（一九二二）　三十九歲

是年二月二十六、二十七、二十八日，常州氣候奇熱，先生日記中記曰：

生平所見氣候之異，莫如民國十一年二月二十六七八三日，即舊曆壬戌正月十九，二十、二十一三日也。時予在常州，二十六日始熱，二十七日更甚，予家寒暑表至華氏六十四度。夜有風稍凉。二十八日風止，復熱，寒暑表至六十八度，友朋家有至七十餘度者。雖置表之處，皆不必合，然溫度在七十度左右，則無疑矣。襦褲之外，但著襌衫，晝出猶熱，夜歸不寒也。江東氣候，往往舊曆正月熱，二月復寒。然熱至如此，亦所罕見。（《日記七·氣候之異》）

先生曾在瀋陽高師講演《乙部舉要》兩次,第一次講演,由程國屏君記錄,連續刊載於《瀋陽高師週刊》。第二次是民國十一年五月二十六日在瀋陽高師第一公共教室爲達成會演講,後印發《乙部舉要》記錄稿,作爲中國歷史講義的附文,由奉天關東印書局承印。

原刊《瀋陽高師週刊》內的《爲鐵俠辯誣並問楊維□君》的附志,是先生五月二十五日所撰,用駑牛筆名,很可以看到先生當時對學術辯論的磊落態度。

十一月二日,先生至常熟省二姑。(《小語》)先生有兩位姑母,二姑適常熟趙氏,生兩女,即趙彥誠(小蕊)、趙紉蘭(小蘭)兩女士。

錄劉脊生先生日記二條,時劉君在蘇州任教於江蘇省立第二工業學校,因病未能回常州。

> 壬戌十一月二十七日:聞誠之已歸里數日,甚念之。友人中年來好學者日少,斯人猶有古風,每日常有程課,襟度尤卓然越時流之上,真益友也。

> 十二月三十日:晚間通百過談里中諸友近況,知珊源、翰筠、訥侯諸君皆在里度歲,誠之、哲東亦均在敬禹處吃喜酒也。余頗思反里與諸君一叙而病困未能。綜計今歲中健康之時殊鮮,上半年即患濕氣,下半年繼以咳疾,迄今貞疾依然,亦可謂廢人也已。(《劉子遺稿》下編,卷二《日記》,第五、十一頁)

在先生遺稿內的掌故一類,有先生手書一紙,記其生平所用之筆名、齋名、日記名稱及其解釋,照錄如下:

> 馺宧　黑部,馺,忘而息也。宧,養也,室之東北隅,食所居。舍人曰東北陽氣始起,育養萬物,故曰宧。宧,養也。

> 孤雲

> 鳥繩

> 遺是　《莊子·天運》郭注:天下未有以所非自累者,而各没命於所是。

> 散齋

> 畸齋

> 螬齋　螬食清游濁,魚食濁游濁。見《吕覽·舉難》。

> 金柔　雖皆遇,譬之猶金之與木,金雖柔猶堅於木。

> 取一　《管子·宙合》夫名實之相怨久矣。……思者知其不可兩守,

乃取一焉。故安而無變,毒而無怨。(《掌故》)

是年《瀋陽高師週刊》上,有先生用蟫宧筆名發表的《古代印度與佛教》及《西域》兩篇,當爲教學需要而撰寫。

先生是年應《瀋陽高師週刊》之請,撰寫《對於本刊兩周年的感想和希望》。

是年先生存詩一首:《吳春父椒父母夫人儲七十》。

民國十二年癸亥(一九二三)　四十歲

是年二月至一九二五年七月,先生在蘇州省立第一師範學校專修科任教,月薪一百二十元,校長王應嶽(飲鶴)先生延聘。

> 一九二三年,時張作霖對中央獨立,瀋陽高等師範學校亦由其接收,改爲東北大學。教職員中有若干人視爲不順,辭職而去,予亦其一。時江蘇省立師範學校,有數處辦專修科,招中等師範之畢業生,肄業兩年,後又延長半年,俾畢業後教授中學,第一師範亦其一。校長王飲鶴君相招。一九二三年,予乃復至該校。至一九二五年夏專修科畢業之時,凡兩年半,所教者爲國文歷史。(《三反及思想改造學習總結》)

是年日記名《孤雲記》。

> 孤雲記三　十二年三　日記二百七十七
>
> 至芷亭處,忍睿來。
>
> (三月)十九日(月。陰曆二月初三日辛卯)。晚晴。始至工校代脊生課。閱《左氏正義》卷三十二。
>
> 二十日(火。陰曆二月初四日壬辰)。晴。閱《左氏正義》卷三十三。目疾復作,診於養正,云係顆粒性結膜炎初起。訪通伯,未晤。
>
> 二十一日(水。陰曆二月初五日癸巳)。晴。閱《左氏正義》卷三十四未畢。通伯來。
>
> 二十二日(木。陰曆二月初六日甲午)。晴。閱《左氏正義》卷三十四畢。
>
> 二十三日(金。陰曆二月初七日乙未)。晴。偕元白至博習醫院診眼疾,由鄞張渭漁診,云眼本無疾,以過用,又眼鏡太淺故。約星期一往配眼鏡。偕元白訪通伯、保東,同在天賜莊吃飯而還。訪養正,云蓋非顆粒性結膜炎,而未能辨爲何疾,勸予就診於省立醫院翁嘯滄,且曰:嘯滄,史宗甫之妻弟也。偕訪宗甫,求其作函介紹,未晤。訪宗甫,未晤,晤

其弟。

二十四日(土。陰曆二月初八日丙申)。晴。訪宗甫,至省立醫院診目。遂至萬福樓午飯,至鳳翔春晤蟄夫、芷亭、通伯、肇覺。偕肇覺至萬福樓,午晚飯還,而一心在坐。送一心至姑蘇旅館宿。

二十五日(日。陰曆二月初九日丁酉)。晴。甚熱,夜風。訥侯來,及肇覺,送之至通伯處。至姑蘇旅館偕一心至小蒼別墅。保東先在,通伯、訥侯旋至。五人偕游怡園,至丹鳳樓飯。出遇忍翁,偕游玄妙觀。

孤雲記四　十二年四　日記二百七十八

四月初一日(日。陰曆二月十六日甲辰)

初二日(月。陰曆二月十七日乙巳)。陰小雨。至博習醫院配眼鏡,未卒配。

初三日(火。陰曆二月十八日丙午)。陰小雨。以昨點藥將瞳孔散大,本日尚未收縮,至博習醫院問。松岑來,未晤。叔良約桂昕茶,赴之,圍棋一局(授四勝八子半)。閲《左氏疏》四十一、四十二、四十三。

初四日(水。陰曆二月十九日丁未)。陰夜雨。通伯來,至司前街買物。

初五日(木。陰曆二月二十日戊申)。陰午晴。松岑來。

初六日(金。陰曆二月二十一日己酉)。晴夜風。至博習醫院配眼鏡。遂訪脊生。至鳳翔春茶候芷亭也,未晤。閲《左氏正義》卷四十四、四十五、四十六、四十七。是日植樹節放假。

初七日(土。陰曆二月二十二日庚辰)。晴。放假。閲《左氏正義》四十八、四十九、五十。偕藕舫訪松岑。

初八日(日。陰曆二月二十三日辛巳)。晴。訪研蘅。價軒在脊生處。脊生來召往,已行矣。至忍翁處尋之未晤。閲《左氏正義》卷五十三、五十四、五十五。至道前街買物。

初十日(火。陰曆二月二十五日癸未)。陰,雷雨。閲《左氏正義》卷五十六、五十七。

十一日(木。陰曆二月二十六日甲申)。陰,並晚風。閲《左氏正義》卷五十八、五十九、六十,全書畢。編輯部開會。

十二日(木。陰曆二月二十七日乙卯)。晴。偕元白至桂芳閣,敬禹先在,三人至晶益配眼鏡。匯金泉浴,松鶴軒晚飯。

十三日(金。陰曆二月二十八日丙戌)。晴。

十四日（土。陰曆二月二十九日丁亥）。陰雨。趁快車回里。

十八日（水。陰曆三月初三日辛酉）。陰雨。通百來，偕至晶益取眼鏡，桂舫閣茶。

十九日（木。陰曆三月初四日壬戌）。晴旋陰，夜風。至博習醫院，請衛醫驗眼鏡合否。省脊生。

二十日（金，陰曆三月初五日癸亥）。陰雨，晚晴。近三日重綿猶寒。閱《公羊疏》卷二、三、四。至養育巷道前街。

二十一日（土。陰曆三月初六日甲子）。陰微雨，午後情，又陰微雨。通伯來，偕肇覺、元白至匯金泉浴，通伯先在。

二十二日（日。陰曆三月初七日乙丑）。陰，日光一現雨一斜。叔良來。偕飲鶴、元白、國仁至小蒼別墅，肇覺、軍樂、康伯、聖瑜、穆先在。

民國十二年十月

初十（水。陰曆九月初十日丙辰）。晴。國慶放假。忍審來，至桂芳晤通伯、肇覺、元白，偕通伯至振新。予至觀□□吃麵。保東來。閱《列子》八卷畢。

十一日（木。陰曆九月初二日丁巳）。晴。至振新，通伯來。

十二日（金。陰曆九月初三日戊午）。陰。至博習醫院，治左手瘤。（《殘存日記》）

是年先生爲《西營劉氏清芬録》撰序，先生對家鄉經學前輩的學術評述，惟此篇最爲完整。

少嘗讀宋五子之書，喜其言心性之精微，然亦時雜二氏之説，非盡聖門之舊也。又嘗讀東京許、鄭、賈、馬之書，喜其穿貫之淹博，差次之詳密，然亦或失之穿鑿附會。竊疑孔門之微言大義，傳諸七十子，後學者當不僅如是。稍長，遍讀近世經師之書，得吾鄉劉申受先生之作，釋《春秋》"三科九旨"之例，旁及《詩》、《書》、《禮》、《易》，皆一以貫之，然後知聖門微言大義所在。由是進求十四博士之説，上溯西京諸儒，覺犁然有當於其心。竊嘗論之，孔子之道，溥博如天，於一君專制、兆民共主之義、閉關獨立及世界大通之治，無所不備。後之人不能遍觀而盡識，則各就其所處之時，所宜用之法，斟酌而損益焉，以施諸當世而已矣。然猶不能盡當，所謂仲尼没而微言絶，七十子喪而大義乖者。此也自孔子之没二千五百年，平陂往復之運既極，而時局大變，一君專制之政，閉關獨立之治，即不復可用。爰有巨儒發明聖門之微言大義於晦盲否塞之餘，以推之於當世，則世之人所目爲非常異義可怪之論，乃正聖門微言大義所寄，而道國者所當率由也。蓋自我武進莊氏、劉氏始紹《春秋》之學於既絕，再傳至仁和龔氏、邵陽魏氏，而其說益昌。近世巨儒乃推其說以見之於行事，乃有晚近數十年之變。天人之際，莫知其然而然，然世運將極，有開必先，三數巨儒之功豈少也哉？此豈讓盧梭民約之書、馬克斯資本之論乎？且武進劉氏來自鳳泗既七百年，其間名臣、良將、文苑、獨行，代有傳人，正非獨一二經師足資稱述。此尤故家喬木，萬民之望，非夫培塿無松柏者所可同日語也。淺鄙之資兼嗜華藻，於鄉先哲之長於文辭者，其書亦無所不讀，而尤好芙初先生之詩文，以爲清絕如不食人間烟火者。憾不獲盡讀劉氏諸先哲遺著以饜所欲，而亦憾夫世事滄桑，文字之剝蝕於風霜兵燹者不知凡幾。雖本支極盛如劉氏者亦所不免，而起而蒐輯之者之無其人也。其後獲交芙初先生之玄孫耿齋，益以熟知劉氏之世德。壬戌冬，予從瀋陽歸，耿齋出所輯《清芬錄》見示。於劉氏先世遺著吉光片羽及凡傳、狀、銘、志、年譜、軼史之屬，足以考證其生平者，蒐輯無不備。乃狂喜如獲異寶。噫！世之業文章足以有傳於後而湮沒無聞者衆矣，安得盡有賢子孫如耿齋者，起而蒐輯之也哉？耿齋爲人嗜學好古，尤落落有大度，所以繼志述事，光大其門閭者，正未可量，固不獨斯編之作爲足以發揚先烈也。共和十有二年孟春之月人日同邑後學呂思勉謹序。

先生所撰《陳覺孺夫人家傳》一文，據《劉子遺稿》，是年農曆三月初一爲劉脊生先生所見，則是文當寫於是年四月十九日之前。陳覺孺女士係莊通百（先識）先生繼室。

四月下旬，蘇州舉辦蘇常道教育成績展覽會，先生參與其事。是年五月六日《申報》第十版有該展覽會的有關報道。

九月，《自修適用白話本國史》由上海商務印書館初版印行。一九九〇年收入上海書店影印的《民國叢書》第二編。該書爲中國史學界第一部有系統的新式通史。

先生自評《白話本國史》：

《白話本國史》。此書係將予在中學時之講義及所參考之材料加以增補而成，印行於一九二一或二二年，今已不省記矣。此書在當時，有一部分有參考價值，今則予說亦多改變矣。此書曾爲龔德柏君所訟，謂予詆毁岳飛，乃係危害民國，其實書中僅引《文獻通考·兵考》耳。龔君之意，亦以與商務印書館不快，借此與商務爲難耳。然至今尚有以此事詆予者。其實欲言民族主義，欲言反抗侵略，不當重在崇拜戰將，即欲表揚戰將，亦當詳考史事，求其真相，不當禁遏考證也。（《三反及思想改造學習總結》）

一九二三年梁啓超發表《陰陽五行説之來歷》一文（《東方雜志》二十卷十號），認爲陰陽五行説起於戰國時代燕齊方士，由鄒衍首先傳播。先生認爲"此篇頗傷武斷"，寫成《辨梁任公陰陽五行説之來歷》一文發表在十月出版的《東方雜志》（二十卷二十號）。先生對前輩學者十分崇敬，研究學問，本着實事求是的態度，在提出相異的看法時，仍不忘向梁先生請教，以求進益。兹录該文最后一段：

> 予年十三，始讀梁先生所著之《時務報》。嗣後除《清議報》以當時禁遞甚嚴，未得全讀外，梁先生之著述殆無不寓目者。粗知問學，實由梁先生牖之，雖親炙之師友不逮也。念西儒吾愛吾師，尤愛真理之言，王仲任亦以孔子之論多有可疑，責時人之不知問。敢貢所疑，以求進益。儻梁先生不棄而辱教之，則幸甚矣。至於陰陽五行之説，自愧所見甚淺。欲粗陳之，而其説頗長。今也未暇，請俟異日。

先生在蘇州江蘇省立第一師範學校教書的前後三年里，開設多種文史方面的課程，其講義修訂成書出版的有《中國文字變遷考》、《字例略説》、《章句論》、《説文解字文考》四種，現已編成《文字學四種》，惟《説文解字文考》因印刷困難，直至一九八五年才得出版。其時未能刊印的，則有《群經概要》、《文學史選文》、《詩論》、《擬中等學校熟誦文及選讀書目》等。又嘗撰《讀諸子之法》，惜此文已不存。僅於《經子解題》及《先秦學術概論》中略知其貌。

先生又作漢文學講演。[1] 撰有《專修科中國文學講義》。

先生在蘇州江蘇省立第一師範學校教授國文課，編有《國文選文》講義。

是年十月以後，先生閱曾毅撰《中國文學史》（民國四年九月十日初版，民國十二年十月一日五版，泰東圖書局發行），[2]並於書中寫有眉批訂誤等。

———————

[1]　此篇講演稿，今已不存，其部分内容見於《基本國文選文》。
[2]　曾毅（一八七九——一九五〇），字松喬，湖南漢壽人。早年赴日本考入明治大學，在日加入同盟會。後回國受宋教仁委托，於一九一二年創辦《民國日報》，宣傳民主憲政。次年報刊被查封，再度赴日避難，期間撰成《中國文學史》。一九一五年末回國，任上海《中華新報》總編。後致力於教學工作，任金陵大學教授，又回漢壽任縣教育局長、縣參議會議長等職。

十二月,先生講《群經概要》,由湯焕文筆記。

先生好友劉脊生君是年七月患病去世,十二月,先生撰有《劉君脊生傳》一篇及《啟示》一則。

上海圖書館藏有《劉子遺稿》一册,民國十九年鉛印本,徐哲東先生所編,彙集其師劉脊生君詩文日記等遺稿。其文稿在劉氏生前即已輯錄略備,詩則留存甚少,友人趙蜀琴、盧彬士、陸忍謇、莊通伯、李滁雲、劉敬禹等先生得知徐哲東先生"以輯纂遺稿自任,輒將所存篇章寫寄,因得彙集,編次成書。又得譚廉遜、蔣尉仙、吕誠之、徐哲東等分任排印之資",而得以刊印。其"凡例"云:《遺稿》分三編,上編古體詩、近體詩各一卷;中編文錄、別錄各一卷;下編爲日記、粹言、考訂、論文三類爲一卷,師友雜事一卷,每章之末注明年月日;附錄爲行狀、傳、祭文、贈詩等。又云:"間有不錄入者,皆與吕君誠之各相商定,以吕君固先生素所推服者也。"(《劉子遺稿》序、凡例、跋尾)。《劉子遺稿》中另有《與吕誠之書》,錄入於下:

誠之足下:

辱書殷殷之意,同於古人所謂敏而好學不耻下問者,非足下其誰任之?巽權材既駑下,家貧親老,用力不專,蒲柳之質垂四十年而衰。己庚之交,大病幸愈,臣精銷亡,無復刻厲之志,僅能優游歲月而已。於國聞固所謂窺藩者,願陳梗概,惟有道正焉。竊見依古來承學之士,所得洪纖各不相掩。立言務以求勝而昧於會通,於他家之學實未嘗深究其原流,爲一切之論者有之,朱陸之異同,漢宋之標幟,其始皆名心中之沿其流者。意氣愈盛,真理愈晦。目能見千里而不能自見其眉睫,斯其蔽也。中材以下,往往耳食習非,勝是雷同,苟隨以黑爲白,君子固無譏焉。昔侯朝宗壯而悔其少作,究其所就未爲是也,然於日新之旨有合。巽權年已過於朝宗,亦悔其精力之誤用。王船山有言:事後之悔,徒以喪氣。則亦不惟徒悔而已,必思有以自處。巽權嘗以爲,人之所以爲學者,樂己以樂天下而已。於名乎何有?十年前在上海,亡友孟昭常方在預備立憲公會謂予曰:"子若爲文揭之報端,名可得也。"應之曰:"學未能自信,奚以文爲?"孟君曰:"子殆枯槁之士。"巽權雖不敢承,然自來蘇州,寧孤陋寡聞,罕所晉接何也?恐名日高而奪其日力,匪僅荒學,且不能自適其疏野之性矣。然於當世之士,亦嘗泛觀其作,如章炳麟,繼俞、孫兩氏而起,可謂卓詭不倫,惜性氣稍偏,臧否人物,近於勃虐,無韜世之量。康有爲才氣邁往,而術業以好奇,故終不能見諸施行。其徒梁啟超,雖鮮審諦,終有條理。近日能自言其病方,孟晉而未已也。近日詩人,如陳三立之矜練,鄭孝胥之清超,皆豪傑之士。樊增祥恃其才藻,炫耀上京,實乖風雅之本旨。文人更寥落,馬其昶、張謇猶有法度,林紓較隘矣,不學故也。若巽權所交游有可敬畏者數人,亦爲足下言之:錢君振鍠閉門授徒,不慕榮利。蔣君維喬久居京師,究心佛乘。金君天翮文質彬彬,近更從事水利,爲鄉里盡力。徐子震年少有文,雖處滬濱,猶不廢學。而足下稽古之勤,尤巽權所自以爲不如遠甚者也。巽權猶有私願,敢請之足下者,陸君繼譔留意聲韻之學,於許氏學亦所用心,巽權將於二三同志爲講論之會,定暑假擇地舉行,足下亦有意乎? 尚乞教其不逮,幸甚! 幸甚! 天寒惟爲道自重不宣。

滌雲並希致聲巽權再拜

（《與吕誠之書》,《劉子遺稿》中編,卷二別録,第五至六頁）

先生撰有《三十年來之出版界（一八九四至一九二三）》一文,評述自一八九四至一九二三年間書報雜志的出版及與學術思想、社會風氣的影響。

一九○七年、一九一九年及一九二三至一九二五年,先生曾三度在蘇州教書,結識蘇州之友人頗多。在先生遺稿"掌故"類內,有先生寫録的蘇州名店一頁,照録如下:

蘇州有名之店:

（一）筆店:楊二林堂（羊毫）、孫桂林堂（水筆）、貝松泉（紫毫）

（二）茶食店:稻香村、葉受和

（三）熏燒店:陸藁薦、三珍齋

（四）蜜餞店:野荸齋

（五）皮絲烟店:東興盛、西興盛、同泰和

（六）扇子店:毛恒風（觀前）、老桐春（義記,觀前）

（七）綢緞店:老仁和（中市街）、振豐源（中市街）

（八）帽子店:蔡錦源（觀前）

（九）錢莊:仁和（中市街）、永豐（中市街）、順康（中市街）、鴻源（中市街）、晉生（中市街）、永康（中市街）、豫康（中市街）、裕大（帶城橋）

是年,先生作五言古詩《奉化有三鳥》,又有筆記《白話詩》、《傳說因襲》二則,傳記《徐夫人吳氏傳》、《外王母行述初稿》二篇。

民國十三年甲子(一九二四) 四十一歲

先生編著的《更新初中本國史》(一至四册)及《新學制高級中學教科書本國史》,二月由商務印書館出版。《新學制高級中學教科書 本國史》一九二八年六月經大學院審定,至一九三三年國難後第十三版。

錄教育部對《新學制高級中學教科書 本國史》的審定批文:

> 該書注重事實,少參議論,並於易啟人之處,加以考證,頗能力矯近時新著隨意采撫之弊。其敘次兼顧民族興替、政治因革、社會變遷、思想表現諸方面,頗得要領。(錄自商務印書館介紹,見蕭一山《清代通史》附頁"新書介紹")

《新學制高級中學教科書 本國史》出版後,"徵諸各方面的評論,似乎以爲尚屬可用。惟間有嫌其太深的"。十年後,先生在編纂《高級中學用復興教科書本國史》時,檢點此項意見,認爲這是由於使用文言敘事造成的,遂采用白話敘事,少作概括,力求具體。

黄永年先生當年曾在常州讀書,聽過先生的本國史講課。後來,他在《回憶我的老師吕誠之(思勉)先生》一文中,對此書有這樣的評述:

> 因爲是高二,本國史從元代講起,基本上是像他所著商務一九二四年版《本國史》(新學制高中教科書)那樣的講法。這本書現在已經很少人知道了,前些日子看到湯志鈞同志所寫的《現代中國史學家吕思勉》,附有吕思勉先生主要著作,其中就沒有提到這本《本國史》,也許認爲這只是教材而非著作吧。其實此書從遠古講到民國,只用了十二萬字左右篇幅,而政治、經濟,文化以及典章制度各個方面無不顧及,在取舍詳略之中,體現出吕先生的史學史識,實是吕先生早期精心之作。有些青年人對我講,現在流行的通史議論太多,史實太少,而且頭緒不清,實在難讀難記。我想吕先生這本要言不煩的《本國史》是否可給現在編寫通史、講義的同志們一點啟發?(黄永年《回憶我的老師吕誠之(思勉)先生》,刊於《學林漫録》第四集,中華書局一九八一年十月)

六月二十四日,先生在江蘇省立第一師範爲該校"中國韻文研究會"作"中國韻文研究"演講,演講稿由一師學生孫蓀如記録,後刊於《學生文藝叢刊》(一九二六年第三卷第六期),現編入《論學叢稿》上。

是年先生撰《考試論》,刊於一九二八年的《光華期刊》。

民國十四年乙丑(一九二五)　四十二歲

是年先生日記曰《更循記》。

> 《吕覽》曰：大上喜怒必循理，其次不循理，必數更。大哉言乎！古人所以善改過也，柔愚如予，敢不勉乎！(《日記一·民國十四年更循記序》)

四月，先生所撰《國文教授袪蔽篇》發表於是年《新教育》第十卷第三期。

先生所撰《國民自立藝文館議》一文，刊於四月出版的《東方雜志》第二十二卷第七號。

是年暑假過後，經朱經農先生介紹，先生至滬江大學教授國文、歷史，月薪一百六十元。

> 一九二五年暑假後，因朱經農君介紹，至滬江大學教授國文歷史。滬江風氣，遠較從前之東吳爲佳。但予在教會學校中，終覺氣味不甚相投。而其時光華大學初創，氣象甚佳，確有反對帝國主義之意味。國文系主任童伯章君，本系常州府中學堂同事，再三相招，一九二六年暑假後，予入光華。(《三反及思想改造學習總結》)

是年八月至次年七月，先生在上海滬江大學任教，在該校開設的中國文字學、宋明理學諸課程，深受學生歡迎。留有的講稿篇目有《古代人性論十家五派》、《西漢哲學思想》、《魏晉玄談》等，另有論東漢王充、荀悦等思想的殘存材料及《印度佛教緣起》等殘稿。[①] 先生寫有《本校之國文部概況》一文，對滬江大學國文部的課程設置提出自己的看法，此文刊於一九二六年的《滬江年刊》。先生還應學生之請，爲滬江大學年刊撰《丙寅年刊序》。

先生在一九二五年夏撰成的《説文解字文考》，因印刷困難未能與其他三種文字學著作同時刊布。先生對《説文解字文考》的自評：

> 《説文解字文考》。文爲單體，其一部分成爲中國之字母。既非《説文》之部首，亦非普通所謂偏旁。當從現存之字中鉤求得之，然後用爲識未識文字之基礎。予就《説文》一書試爲之。(《三反及思想改造學習總結》)

十月四日，《申報》刊登《滬江大學近訊》，言及先生在滬江大學開設的課程。

---

① 此篇原題不存，此題系編者所擬。

滬江大學本學期教員方面稍有更易,國文部有呂誠之任文化史、哲學史、文字學教授,王倬漢任文學史教授,章錫管任附中中文教員,朱永泉任大預中文教員兼中文部書記。其他科學方面,蕭承恩博士爲教育學教授,沈慶態博士及唐寧康碩士爲化學系教授,更有金維之物理學教授,金君曾於裨斯堡大學得冶金工程師學士之學位云。(《滬江大學近訊》,《申報》一九二五年十月四日第十版)

十月,先生記有備忘一條:

勤妹民國十四年十月卅日卒。(《祭儀備件》)

是年先生閱《韓非子集解》(王先謙注,掃葉山房石印本)和《莊子集解》(郭慶藩輯,掃葉山房石印本),並作眉批。

先生喜弈,對棋局、棋譜乃至弈史都深有研究。是年以通信的方式與“棋王”謝俠遜先生研討棋藝。兩人的通信都刊登在一九二五年《上海時報》的“象棋質疑”欄上。

是年先生存詩七首:《惠山》、《黿頭渚》、《萬頃堂》、《贈藕齡》、《贈通百》、《贈子修》、《忍菴出扇屬書賦詩贈之》。

第三卷
四十三歲 至 五十三歲(一九二六 至 一九三六)

民國十五年丙寅(一九二六) 四十三歲

是年先生日記曰《一取記》。

董子曰:天之道一而不二。反天之道者無成。是以目不能二視,耳不能二聽,一手畫圓,一手畫方,不能成。人孰無善,善不一,故不足以立身。善哉言乎。予之無所成,非以其二乎? 蓋有不知而二之者,我無是也。勇不足以斷,決不能取舍而已。管子曰:名實之相怨久矣,惠者知其不可兩守乃取一焉,故安而無憂。予之不安非以不能取舍故乎?(《日記一·民國十五年一取記序》)

是年二月、六月,先生著《中國文字變遷考》、《章句論》,二書均收入上海商務印書館《國學小叢書》刊印出版。

鄭師許先生撰有《近三十年來中國治文字學者的派別及方法》一文,將近三十年來的文字學研究分爲古文派（章太炎、劉師培）、今文派（呂思勉）、新今文派（孫仲容、羅叔言、王静安）、科學派（聞宥），兹録其中一段：

六、今文派的學者　呂誠之　石一參

今文學家，本不研究文字學，以西漢學者對於這種學問未嘗著書，而許慎所著書，則只足爲古文學家張目而已。所以在清末的時候，雖以康有爲之淵博，也不以小學名家，以後研治今文學者，以許氏《説文解字》一書，最足爲古文學的護符，始有肆力向之攻擊者，現在在近三十年來這派的學者而兼治文字學者中舉一二人以爲代表。

在這裏第一個説到呂誠之。呂氏名叫思勉，江蘇武進人，早歲治今文家學問，晚歲成《中國文字變遷考》及《字例略説》兩種，成就頗大。他在《中國文字變遷考》第三章"古文篆"裏開始攻擊許慎，他説：

論中國文字之變遷者，（中略）……正據古字僞造也。

他不但攻擊許慎《序》裏所説的古文考不住，他並且攻擊許氏的大本營，就是《序》裏所記的六書，他説：

六書之説，（中略）……亦未必許氏所言之六書。

他再於《字例略説》裏開章明義第一章著《六書非古説》一文，拼命地攻擊道：

六書之説，（中略）……故六書決非古説也。

他不但攻擊許《序》，攻擊六書，並且漸漸地攻擊到《説文解字》的本身了。他在《六書非古説》裏，繼續説到：

許書所以爲後人所信者，（中略）……故六書決非古説也。

所以許君一書，已給呂氏攻擊得體無完膚了。可是呂氏攻擊得尚不利害，我們看他所著的《字例略説》，尚依違許氏的六書，而其中關於六書的解釋，尚多采前人的學説，便可知道。（鄭師許：《近三十年來中國治文字學者的派别及方法》，《學藝雜志》第十二卷第一、二號，一九三三年二月十五日、三月十五日出版）

先生自評《中國文字變遷考》：

論篆隸真行草之變遷，其中論漢代所謂古文一段，自謂頗有價值。（《三反及思想改造學習總結》）

先生自評《章句論》：

論章句二字之本義,即今之標點符號。中國古時亦有標點符號,而後鈔寫、印刷時,逐漸失之。今鉤求得若干種,於讀古書時補上,可使意義較爲明顯。此事前人雖略引端倪,從未暢論,拙作出版後,亦未見有續論者。至少值得一覽也。(《三反及思想改造學習總結》)

四月,先生著作《經子解題》收入上海商務印書館《國學小叢書》。先生自評《經子解題》:

論讀古書方法,及考證古籍,推論古代學術派別源流處,可供參考。(《三反及思想改造學習總結》)

五月,蔣竹莊(維喬)先生致先生函,①邀先生往南京東南大學任教。時蔣竹莊先生代理東南大學校長,聞童伯章先生請先生去光華大學,亦爭聘先生前往東南大學任教,此函詞意懇切。因後半篇係論佛學之語,先生將此函歸入宗教佛教內:

誠之先生台鑒:

前奉惠書,詞意懇摯,讀之令人欽佩。足下之信義,弟亦何敢再強。惟敝校情形確有非借重不可者,緣此間歷史系教授缺人爲各系最,環顧國中能真勝歷史教授者又至寥寥。故敝校此系之不得人等於虛設,學生向來純良,雖對教員不滿意,亦不反對,只依理要求校中改聘,敝校對之亦十分抱歉。至對於先生,不但弟之夙昔主張,即學生亦一致景仰,有非先生來不可之勢。況且東南學府當推東大,吾輩爲文化前途計,似亦應同負是責。惠然肯來,以振此墜緒。若以伯章兄之要約爲嫌,則伯章亦系至好。當能諒解。茲特附上一緘,祈求轉交,總之,此番請求,先生如不允,弟當親自登門叩求,爲校求賢與爲國求賢無異。至於主任一職可勿勉強,即專任教授亦可。今日適松岑來寧,渠亦極贊成公到東大,當亦有函敦促。

研究佛學一節,敢將弟之經歷一一奉告。弟夙昔好老莊之學,因其理尚不徹底,故進而看釋氏經典,喜其高深而實看不懂,乃不論其明白與否,凡手一經輒看到底,亦有開卷茫然,廢書而歎者,如此者作輟十年,徘

<hr>

① 蔣維喬(一八七三——一九五八),字竹莊,別號因是子,江蘇常州人。早年在商務印書館任編輯,辛亥革命後,任南京臨時政府教育部秘書長、江蘇教育廳長。後任光華大學教授、文學院院長,上海鴻英圖書館館長、上海正風文學院院長等職。有《中國近三百年哲學史》、《中國佛教史》、《佛學綱要》等著述。又創呼吸靜坐養生法,寫有《因是子靜坐法》一書。

徊門外,望洋興歎而已。及民國七年第二次入京,訪求善知識,遇一徐君請問之,徐君云治佛經如治經學一樣,先通小學,方可入門。佛經之難解者爲名詞,故先研相宗,即各宗可通矣。於是請相宗幾部經論歸,讀之更深奧難解。又往請問,則云初入門必先請人口講,經論文義皆奧,非先講不明也。於是後求得一張君者,爲講八識規矩百法明門等論,乃恍然大悟。從此諦閑法師到京講圓覺經,某法師講楞嚴,均往數聽,無一次缺席。後又遇一三論專家之鄧居士,請講三論一年。十一年到江蘇,則往內學院聽講唯識,三年中未嘗缺席,今則三論之研究已卒業。相宗之研究惜因事忙未能卒業,大約再加二三年之功,方可有成。天台、華嚴亦是大宗,不過此兩宗者,乃中國之大師所創,容非西來之真面目,要研究西來之真面目,不可不從事相宗三論宗也。至各宗重要經綸,具見楊仁山先生之佛教書目表中(全集中有之,名《楊仁山全集》),可就近在上海功德林請閱之。弟之所著《佛教淺測》、《大乘廣五蘊論注》(成唯識論不可先看,應先看此書)均交商務印書館出版,又有《佛教哲學》,頗爲淺明,亦商務出版,公似可先閱之。談及此,益望台駕之來寧,暇時可互相切磋矣。此覆,即頌台安。

弟蔣維喬頓首　五月二十九日

八月,先生由宜興童斐(伯章)先生介紹至上海私立光華大學國文系任教,[①]光華大學後設歷史系,即擔任歷史系主任兼教授,直至一九五一年全國高等院校院系調整,光華大學併入華東師範大學爲止。先生的重要著作均在光華時期完成。

據先生自記,一九二六年八月至一九三二年三月,在上海光華大學任教之月薪一百六十元至二百四十元。

一九二六年暑假後,予遂入光華。此時光華無歷史系,予雖在國文系,所教實以歷史課程爲多,後歷史系設立,校中遂延予爲系主任,予已不能確記其年歲矣。(《三反及思想改造學習總結》)

十一月,《白話本國史》重印至第四版,其中一段關於義和團的敘述已做

---

① 童斐(一八六五——一九三一),字伯章,江蘇宜興人。清癸卯科舉人。辛亥革命時,任常州軍政分府秘書長。後任常州府中學堂教員、校長,光華大學教授、國文系主任等職。一九三一年春去世,是年(辛未)光華年刊,刊印童伯章先生遺容照,下題:"童伯章先生以十五年春來任國文系主任,善誘能教,允稱士程,於二十年春卒。同人永懷德音,靡所置念,敬刊遺影,用志哀悼。"

了改寫。①

十二月，先生校閲的清代王再越著《象棋梅花譜》，由上海文明書店出版。先生愛好圍棋和象棋，工作之餘，常與友人、學生對局，棋藝頗精。平生搜集圍棋譜，自言只缺三種，可惜絕大多數在抗戰時期亡佚，現所存已無幾。先生於戊午、丙寅年兩次撰寫《象棋梅花譜》識語。

是年先生發表《非攻寢兵平議》。一九八七年收入上海教育出版社出版發行的《論學集林》，略有刪節。八十年代出版的先生舊著，此類刪改甚多。

先生所撰《歷史上的民兵與募兵》原刊滬江大學二十周年紀念《天籟報》特刊。又撰有《毀清宮遷重器議》、《吳孺人傳》及筆記《劉小雲》等文章。

民國十六年丁卯（一九二七）　四十四歲

三月，國民革命軍攻克南京。

是年先生日記曰《克由記》。

> 去年嘗取鄉先哲錢啟新先生"只是此身頓放得下，是謂克己；提掇得起，又謂由己"之語，更名曰克由。已而朋舊勸無改，予亦念君子已孤不更名之義，遂復舊名。今年乃取此二字爲日記之名，以自勉焉。（《日記一·民國十六年克由記序》）

四月，先生撰《致光華大學行政會書》，後又於民國十七年及抗日戰爭勝利後，二次上書光華大學。

是年《光華週報》第一卷第三期，刊有光華大學社會學會學生上年進行的一項校園調查報告，調查問卷的題目之一是："你最贊成本校的哪位教授?"先生排名第八位。

七月，先生《字例略説》由上海商務印書館初版發行，後又收入商務"國學小叢書"。一九五七年九月，先生將此書的最後一章《中國文字之優劣》大幅改寫，標題改爲《論文字之改革》。先生自評《字例略説》：

> 《字例略説》：此書論六書之説，爲漢代研究文字之學者所創。字例實當別立。六書中惟象形爲文，指事爲字；及整理舊説，輔以新得材料，以論文字之增減變遷，自問亦足觀覽。（《三反及思想改造學習總結》）

《光華週刊》的第二卷第九期，刊有光華學生詹文滸先生所寫的《評吕思

---

① 見《白話本國史》附錄。

勉先生的〈男女篇〉一文(見《呂思勉先生年譜長編》,第三六三至三六四頁)。① 先生的〈男女篇〉是早年在光華大學講授"中國社會史"時印發的講義,可參見《中國社會史》"婚姻"一章。

先生本年有詩作四首:《肖雲畫扇見詒詩答之》、《送伯洪教授金陵》、②《贈周子彦》、《贈聯玉》。

民國十七年戊辰(一九二八)　四十五歲

是年先生日記曰《居易記》。

居易記一　民國十七年一月　日記二百三十五

初五日(木。舊曆十二月十三日甲辰)。鈔《理學綱要》第二篇畢。傷風頗不適。

初六日(金。舊曆十二月十四日乙巳)。鈔《理學綱要》第三篇理學源流派別畢。仍不甚適,且腹數泄。

初七日(土。舊曆十二月十五日丙午)。晴陰。得餘之書,知其所生母危。仍不甚適。

初八日。乘特別快車回里。

初九日。因腹中迄不甚好,右眼紅,牽及頭痛,微有寒熱意,詣徐玄謨診。夜八時餘之生母包氏卒,年五十七。十一日入殮。(編者按:包夫人卒於乳癌。先生有聯挽之曰:苦節三十六年,厚望後昆,痛樹靜風催,終未甘回蔗境;沉痾千五百日,備嘗諸厄[下缺])

十二日。訪錫昌。偕阿榮、興保至大街買物。錫昌來。

十三日。錫昌夫人終七,往拜。乘快車赴滬,既抵乘電車至日升樓,爲人摸去皮夾一個。中貯鈔五元,名片約二十張,天發浴券四張,校中房門鑰匙一個。此事在予爲生平第一次也。在沈大成吃點心,乃到校。是夜,將校事趕辦至於夜分。

居易記三　十七年三　日記二百三十七

三月初一(木。舊曆二月初十庚子)。晴。昨日熱至七十四度,今日蚤夜皆有霧。出發信。

① 詹文滸(一九○五—一九七三),浙江諸暨人,早年畢業於光華大學,後赴美留學,獲哈佛大學碩士學位。回國後在世界書局、《中美日報》、《中央日報》等任職,又任上海市記者公會理事。解放後受運動牽連被送青海勞動改造,一九七三年在西寧去世。有《報業經營與管理》、《新聞學概論》等著作。

② 伯洪,即孟憲承先生。

初二日(金。舊曆二月十一日辛丑)。晴,風稍寒矣。出散步。

初三日(土。舊曆二月十二日壬寅)。晴。至曹家渡攝景修錶,在泗陽樓吃茶,以待修錶之成。

初四日(日。舊曆二月十三日癸卯)。陰雨。訪通百,遂至樂園晤二謀,通百至天發池,小龍先在,屠(俊伯長子)及其子心榘、程壯如後至,七人在美麗飯,予至龍園。

初五(月。舊曆二月十四日甲辰)。陰,晴。至曹家渡修錶遂在泗陽樓一茶。

初六日(火。舊曆二月十五日乙巳)。晴,陰雨。

初七日(水。舊曆二月十六日丙午)。風雨。

初八日(金。舊曆二月十七日丁未)。大風微雨。

初九日(土。舊曆二月十八日戊申),風稍微,午後止。晨微雨,鄉晚日光一現。

(初十日。)自校乘摩托車至新世界,至沈大成吃點心。乘七路電車至火車站,甫登七路電車,錶已無有矣,不知何時被竊也。趁快車歸。

(十一日。)皆至外舅處,遂至大街買物。偕采蘭、四妹、阿榮、興保、守誠至公園,遂至玉波樓,又至玉泉樓飯。至萬華樓。

十二日(月。舊曆二月二十一日辛亥)。晴。外舅來,同至玉泉樓吃麵,阿榮。

(十四日。)午後事畢,將行李運至惠商,遇玉山。至上海銀行取款。訪通伯於招商,未晤,訪諸其家。至商務買物,至龍園。夜宿惠商,應曾亦來宿,談至十二時。

(十五日。)晨起九時矣,至天香閣一茶,十時半回寓,與玉山同趁快車回里,六時抵家,守誠來。

十六日(月。舊曆十二月二十四日乙卯)。晴,陰。訪滌雲、學皋,歸妹往至大街局前買物。坤厚來。至大街買物,至萬華樓晤仲藻叔。守坤來。(《殘存日記》)

先生曾記歷年日記之卷數一頁,止於一九二八年年底,故摘錄於下:

庚子(一九〇〇年)二月至辛亥(一九一一年)十一月,凡十二年,減二月,共計一四二卷。元年(一九一二年)一月至十七年(一九二八年)十二月,凡二〇四卷。總計三四六卷。

是年先生記有呂翼仁女士、呂正民君的學詩習作二首：

梅花　　呂正民（初一）

前山一片雪，隔雜（先生改：偷放）數枝梅。香氣清（先生改：侵）茅舍，寒光動酒杯。

題畫　　呂翼仁（初二）

左海先生不讀書，閒居幸有小茅廬。荒村盡日無人到，細雨秋風學釣魚。

先生撰《考試論》，原刊於是年一月出版的《光華期刊》。

二月，先生爲象棋國手平陽謝宣（俠遜）先生《象棋秘訣》作序。

二月十四日，陳守實先生《學術實錄》一條記述先生事：

十四日　晴暖　三月五日

……取呂誠之先生《經子解題》讀之，頗多新解。如言“《荀子》爲雜湊之書，近於《孔子家語》，殊多依托”，前此未經人道。先生治學，殊多獨特之見，可謂吾常輩今之柱石。其學之所至，是爲乾嘉間孫、洪、趙諸哲之殿，而未可限量。憶前時從先生問業，僅知□史地而已。乃頻年饑驅，學殖日增，所著哀成帙，已印行者，有《經子解題》、《章句論》、《中國文字變遷考》、《字例略説》等；史部著述，則早有刊刻，不暇細舉。其他單篇著述，見於《東方雜志》者，時時間出，持義亦迥不同於恒人，視里中顧實（東大教授）輩之專事裝績爲學者有間矣。先生短於酬世，滯於中等教職者不下二十年。學術公器，乃亦爲包苴勢藉所壟斷，使長材無所展發，此實近世風氣之變也。……（《陳守實〈學術實錄〉》，刊於《中國文化研究集刊》第一輯，復旦大學出版社一九八四年三月版，第四二七頁）

光華大學初創之時，未有歷史系，先生即在國文系任教，所教的也多是歷史學的課程。先生在光華大學開設多種課程，抗戰前後曾開設的《史通》選讀、《文史通義》研究諸課程，抗戰初期又講授《史記》、《漢書》等專書研究。二十、三十年代間還講授過中國歷史研究法、中國政治思想史、孔子大同釋義、中國文化史、中國社會史、文字學等課程，並印發講義。光華大學設歷史系後，先生任系主任，主持系裏的教學工作，曾擬定一份歷史系課程教學計劃書，兹摘錄於下，據此可知當年光華大學歷史系開設的課程及教學情況之大概：

吾國史學夙稱發達,惟現今學問觀點不同,一切舊籍均應用新方法整理,而非略知舊時史學門徑,則整理之工作亦無從施。至於通知外國史事大概,明瞭現今世變之所由來,進而精研西籍,更求深造,亦今日學者所應有事也。本系之設,雖未敢侈言高深,要必先立平實之基,爲進求高深之漸,求精確而勿流於瑣碎,務創獲而勿涉於奇邪,凡我同學宜共勉焉。

凡入本系之學生,宜修共同必修學分若干,本系必修、選修學分若干,輔系必修、選修學分若干,系外選修學分若干,每學年至少應修學分若干,至多許修學分若干,以及由他系轉入本系、由本系轉入他系暨考試補習等,悉照本校所定通則辦理。

本系學科分爲七類如下:

(一)中國通史、東洋通史、西洋通史

(二)中國文化史、世界文化史

(三)中國上古史(周以前)、中國中古史(秦至唐中葉以前)、中國近古史(唐中葉至明)、中國近世史(自西力東漸至清末)、中國現代史(自清末改革至現在)、西洋上古史(羅馬以前)、西洋中古史(羅馬之亡及日爾曼人興起)、西洋近古史(文藝復興時代)、西洋近世史(自法國革命至帝國主義完成)、西洋現代史(歐戰以後)、近世歐洲外交史、美利堅外交史

(四)朝鮮史、日本史、後印度半島及南洋諸國史、印度史、西域史、東西交通史、希臘史、羅馬史、俄羅斯史、法蘭西史、德意志史、義大利史、英吉利史、近東史、遠東史、美利堅史、拉丁美洲史、近世歐洲史

(五)中國民族史、中國政體史、中國官制史、中國教育史、中國選舉制度史、中國法律史、中國兵制史、中國財政史、中國賦稅制度史、中國幣制史、中國外交史、中國政治思想史、中國族制史、中國人口問題史、中國階級制度史、中國風俗史、中國農業史、中國工業史、中國商業史、中國衣食住史、中國交通通信史、中國經濟制度史、中國經濟思想史、先秦學術史、兩漢學術史、魏晉學術史、中國佛學史、理學史、考證學史、經學史、中國文學史、中國美術史、中國物質科學史、中國醫學史、中國宗教史

世界民族史、文藝復興史、宗教改革史、西洋經濟發展史、西洋政治思想史、西洋經濟思想史、西洋哲學史、近世歐洲政治史、西洋科學發達史、近世歐洲思想史、法國革命史、歐人殖民史、歐洲產業革命史、近世歐洲政治史、近世歐洲外交史、美利堅外交史

（六）史學通論、歷史研究法、歷史哲學、中國史學史、西洋史學史、中國史部目錄學、西洋史部目錄學、考古學、年代學、歷史地理

（七）史籍研究（就中西史部專書加以研究，其書目臨時定之）

以上七類中，以中國通史、東洋通史、西洋通史、中國文化史、世界文化史、中國近世史、中國現代史、歷史研究法爲本系必修科目，其餘科目臨時酌開。

五月，光華大學教職員與學生反日運動委員會召開聯席會議。會上，錢基博、吕思勉、潘序祖、①廖茂才等先生都提出各自的提案。

十月，先生所著《日俄戰争》由上海商務印書館初版發行，爲“新時代史地叢書”之一。

十一月，先生所編《新唐書選注》，由上海商務印書館初版發行，編入“學生國學叢書”。一九三三年一月印行國難後第一版。

十二月，先生再致學校行政會書，重申興辦學校的意見。先生後又將兩封致光華大學行政會書（一九二七、一九二八）改名爲《一個足食足兵的計劃》，交《小雅》第一期（一九三〇年五月）刊出，文前有識言云：

此兩書，一在十六年四月，一在十七年十二月，書中所言情形，與今日已有不同，然其原理之可采則一，抑各地方、各團體，皆可師其意而行之，不獨光華，並不獨學校也。書中計畫，眼光遠大而切近易行，無錫錢君賓四，歎爲西京賈晁之論，良非過譽。前書曾在本校週刊發表，校外見者尚少，後書則從未刊布，特揭載之，以與留心時事者共商榷焉。

先生讀書，必用朱筆圈識，有時亦用莊書小楷加以眉批，或將材料鈔錄，加題識和按語，分類保存。進而寫成讀書隨筆，待意見成熟，然後撰成札記、論文和專著，如此者數十年如一日，不獨研求古籍如此，閱讀報刊和西籍亦然。是年十一月，郭斌佳先生將其譯作《歷史哲學概論》（英人 Robert Flint 著，上海新月書店發行，一九二八年九月初版）奉呈給先生，②在扉頁上莊書小

---

① 潘序祖（一九〇二—一九九〇），字子端，安徽涇縣人。爲光華大學“特屆畢業生”，後在光華大學附中任西洋史教員。擅長小説、散文、劇本等創作，所撰的通俗小説，影響較大，爲上海新市民小説的代表性作家。

② 郭斌佳（一九〇六—？），字歊周，江蘇江陰人，歷史學家。早年留學美國，獲哈佛大學博士學位。一九三三年回國後，任光華大學、武漢大學教授、國民政府外交部參事等。一九四六年在美國參加第一屆聯合國大會，任安理會事務部首席司長。譯著除《歷史哲學概論》外，還有《西洋史學史》（［美］紹特韋爾著），及大量外交、國際關係的論述。

楷："夫子大人指正,受業郭斌佳謹贈,十七年十一月一日"。先生讀這本書時曾作眉批:

　　常事不書,即此義。(第十三頁:法國書院辭典解釋歷史的意義說是"值得記憶的事物的追述"。)

　　常事不書,以在當時爲常事,人人知之,非有輕重之見。(第十四頁:人類的歷史,指偉大的功業,亦指瑣屑的事物。指奇異的建設,亦指普通的事功。高尚的事情,固然是史。……所以治史的人,斷不可偏重一方,抹殺其他。……如果治史而只重高尚稀有的事情,是則只見人類生活的一方面,沒有能夠窺其全豹,明其真相。)

　　此非一非二,莊生所謂丘里之言,即明此義。(第十五頁:如果説集合許多單個的人而爲社會,除非這許多單個的人,真能失去個性而另外組成所謂社會這個東西來,那麼可以有社會的歷史。否則無論如何,我們終不可以説他們有社會的歷史。所有的,不過集合各個人的單個的傳紀而已。)

　　原因有不能盡知者耳,雖不能知而能決其有。(第三〇頁:他們相信歷史上有無因而生的事情,[或者只有欠缺的原因的事情]實在不過是憑空而講,並不能確指有這一回事。那麼我們在研究歷史的時候,當然要像在研究自然一樣,要推究他裏面的因果關係。)

　　中國古人所謂道者如此。(第三三頁:哲學並不是和科學處相反的地位。但是能夠概括一切科學。哲學並不是學問中的支部,和其他各支部一同衍流滋長的。他是超出各種學問之上,而爲各支部所從發源的根本。)

　　各學皆然,所謂一攝一切。(第六四頁:要知道宇宙一切勢力和原則,在人生上都互相聯絡,有重大的關係。所以凡是能夠闡明這一東西的科學,都應當幫助我們明白人類歷史怎麼會作這樣的發展。)

　　此層舊史家最忽之。(第六五頁:這許多心理上的科學,非但對於記載遺迹上推究出來的事實,要具有相當的智識,尤其要明白人類的事實,要明白人的思想與意願所産生的事情。比較心理學,研究各國各人種各民族的心理與氣質如何養成。比較語言學專究他們賴以表顯性情思想的語言,如何發達。)

　　馬克思之説,雖受人攻擊,然以中國史事證之,可見其説之確者甚多,大抵抹殺別種原因,則非是,然生計究爲原因之最大者。(第六五頁:

社會上政治、道德、智慧、精神各方面的發展，大都靠著經濟現象與變化。這經濟現象與變化，就是政治經濟學所應解釋的。不熟悉經濟歷史與經濟事實的原則的人，決不能明白人類演進的大勢。）

今之兒童野人皆如此，故告以史事必不信，且必旋忘之，而惟津津於演義戲劇也。（第七三頁：原始的人民，不知道事物之必求其真，只喜歡事物之饒有興趣者。故所以往往厭棄真確的事實，而愛聽神話與稗史。蓋他的嗜好，在意想，而並不在乎研究事物的真僞。）

古書中及下級社會之情形者，可謂少而又少。（第七六頁：説他偏狹是什麼呢？因爲他對國内的事情，固然已經專重皇族和少數人民。對於外國亦極藐視。胸度狹窄，一味排外，又復姿逞自驕。）

不與他種社會接觸，因之以爲社會之情狀振古如斯，不甚注意古今之異同，自無從求其所以變遷之故矣。（第七七頁：他很認真地收拾萬事，排列成史。但是没有用考證的工夫去查察他。更不知道窺其内中的精神，與歷史上主要的發展。既無科學的、徹底的工夫，又無哲學的、廣博的思想。所以他的眼界，終不能推廣及餘一般。結果僅僅成爲一國的文藝，非能真正反映過去的歷史。）

日本古史多雜偽物，朝鮮亦然。（第七八頁："日本的著史術，究竟是出於本國的，還是完全受了中國的影響而發生，是一個可疑的問題。他最早的可靠的東西，究竟是始於什麼時候，也是可疑的問題。"）

古文之所以美由此。（第八四頁：然而描寫人情，又具稀有的本領。其文則簡潔流暢。其情則懇切逼真。人物情勢，各盡其妙。蓋唯其寫人類的迷信上帝，人情就愈覺深切。）

此蓋境遇使然。（第八四頁：現在猶太人的歷史，把他們這個"特種民族"所經過的各時期，遭遇的命運，從頭描寫，情意真摯。是我們讀來，覺得竟像一個人的自傳。猶太人民最富於民族思想。）

以此言之，則歷代親歷親聞之筆記等，其價值極大。一代史料之搜輯，亦以出於其時代之有心人爲善，如元遺山之於《金史》。《史記·項羽本紀》所以極有精神者，疑必本之陸賈之《楚漢春秋》也。《史》、《漢》列傳有精神者極多，以皆其時人所撰，其時風氣樸質，忌諱少。諸葛傳在《三國志》中最爲出色，以孔明爲承祚所最服膺也。（第八九至九〇頁：這場戰爭，以紀元前四百三十一年開始，直到四百十一年賽諾綏馬一役，修氏都目睹實情，信筆描寫。而他那記事裏面，格律極嚴。）

總有人所不能盡解處耳,抑史事人總不能盡知也。(第九〇頁:歷史裏面多少事有一些不可思議的成分,多少有一些命數的關係。)

中國古書亦如此,劉炫釋《孝經》之"仲尼居,曾子侍",俞蔭甫極稱之,非多讀熟讀古書者不知也。佛經動稱佛説,亦此理。(第九一至九二頁:這許多演説辭,非僅是絕好的演説辭,並且包含許多重要的思想,可以幫助我們明白他的歷史。這許多演説辭在修昔底德的著作中,極關重要。……他們漸漸把他的歷史裏面所含的主旨,和各方面的主張和動機,顯露出來。)

《史記》動用以爲云云推原古人心理。(第九二頁:借了演説,很有力的很委婉的講出來。至於把演説辭托之各人,對於他們並没有妨礙。句句都很切他們的處境,都像他們自己講出來的。所以修氏的用演説辭,也未始非一件很好的事情。)

中國近代外交之所以敗績失據,實緣輕視外國史積久之故。(第九三至九四頁:首先創著世界的歷史。他認爲世界的歷史,勝於局部的專史。他認爲局部的專史,不能夠使我們明白全部的大勢。……所以他主要的目的,就是要表顯各國經過什麼步驟,怎麼樣能夠達到最後的狀況。)

戊辰《光華年刊》出版,先生撰有《大學雜談》一篇。

是年,先生爲《悼雲集》撰序。

民國十八年己巳(一九二九) 四十六歲

是年先生日記名《責己記》。

楊園先生曰:"每事責己,則己德日進。以之處人,無往不順。若一意責人,則己德日損。以之接物,無往不逆。此際不可尤人,但當責己。爲學者自是則自暴,自足則自棄。"善哉言乎! 事事責己,天下無不可處之人,事事責人,宇宙不足以容一己。(《日記一·民國十八年責己記序》)

先生所撰《史通點煩篇補》,刊於六月出版的《光華期刊》第五期上。後收入《史學四種》及《吕著史學與史籍》,卷首一段未刊,現摘録如下:

文字各有時代,西漢以前散文,冗長最甚,由其去口語近也。此篇以己意議古人,非是。然謂文字當求簡净,理自不誤。點處已不可見,輒以鄙意補之。豈敢謂有當於前賢,亦聊以藥今人文字枝蔓之病耳。

先生入光華大學任教後，曾開設《中國社會史》課程，並結合自己的研究成果寫就了授課講義。講義分十八個門類，即農工商業、財産、錢幣、飲食、衣服、宮室、婚姻、宗族、國體、政體、階級、户籍、賦役、征榷、官制、選舉、兵制、刑法。追根尋源，由古至今作了系統的論述。初時講稿題名爲《政治經濟掌故講義》，後不斷修訂，改名爲《中國社會史》。其中婚姻、宗族、國體、政體、階級五篇，於一九二九年十月由上海中山書局分別以《中國婚姻制度小史》、《中國宗族制度小史》、《中國國體制度小史》、《中國政體制度小史》和《中國階級制度小史》爲題，以單行本出版。一九三六年四月，上海龍虎書局將五種制度小史合編爲“史學叢書”再版。

十月十日，國慶紀念日光華大學舉行紀念儀式，容啟兆任主席，呂先生做演講。(《光華大學大事繫年録》，《光華大學十周紀念册》，第二九頁)

十月，光華大學社會系同學組織政治學社所辦《政治學刊》創刊號出版，刊有先生《鄉政改良芻議》一文。

十一月十四日下午三時，光華大學舉行級際國語辯論預賽，先生與黃任之、何炳松等擔任評判。(《光華大學大事繫年録》，《光華大學十周紀念册》，一九三五年六月刊印，第三四頁)

是年先生應邀在家鄉常州江蘇省立第五中學講中國文化史。一九八七年四月五日常州吳維揚先生致呂翼仁女士信，述及在一九二九至一九三〇年間在省立常中從先生學習中國文化史課程的情況，吳先生還保存着當年聽課時所發的中國文化史活頁講義。此份活頁講義，現改名爲《文化史六講》收入《呂思勉遺文集》和《呂思勉文集·中國文化思想史九種》等，原活頁講義已訂成一册，由江蘇常州中學校史室收藏。

是年先生有隨筆《肇域志》一則，又撰《楊君楚白傳》。

民國十九年庚午(一九三〇)　四十七歲

五月，光華大學語文學會創辦《小雅》雜志出版，先生應編者之請，代撰發刊辭。

先生有備忘二條，録入如下：

> 三姨母十九年六月初三卒，年七十二。(《先德各件》)
> 榮十九年秋入武進縣女師高中部。(《殘存日記》)

七月十一日(舊曆六月十六日)，先生之子吕正民君患傷寒症病殁。先生極爲悲傷，作挽聯曰：

　　三世單傳，自兹而斬。

　　將衰二老，何以爲情。

十一月十四日，光華大學舉行級際國語辯論賽，先生擔任評判。辯題："上海現有各大學應設法合併一大規模之大學，以求師資經費俱能集中，内容益臻完善。"

是年先生偶與舊時同學馬精武先生會晤，①受馬君影響，乃多讀馬克思的著述。先生自謂思想有三大變，此爲第三期思想：

　　馬列主義初入中國，予即略有接觸，但未深究。年四十七，偶與在蘇州時之舊同學馬精武君會晤，馬君勸予讀馬列主義之書，余乃讀之稍多。於此主義，深爲服膺，蓋予夙抱大同之願，然於其可致之道，及其致之之途，未有明確見解，至此乃如獲指針也。（《三反及思想改造學習總結》）

先生在光華大學任教時，開設過一門"史學研究法"，存有油印講稿一份，現已收入上海古籍出版社出版的《史學與史籍七種》。

是時，夏鼐先生在光華附中高中部讀書，是年一月出版《光華大學附中週刊》刊有夏先生《呂思勉〈飲食進化之序〉的商榷》一文。先生的《飲食進化之序》原刊於光華大學一九二九年《社會期刊》創刊號（第一四九頁），認爲"穀食精者之勝粗，猶其粗者之勝疏食，亦猶疏食之勝鳥獸之毛也，亦飲食進化之由也"。夏先生認爲：食物的進化並不一定是動物在前，也許是植物在前，或動植物同時開始的。又認爲鳥獸之毛不可充饑，"茹毛飲血"之"毛"當做"草木"解。此文現已收入《夏鼐文集》。（《夏鼐文集》下册，社會科學文獻出版社二〇〇〇年九月版，第三九五至三九七頁）

是年先生存詩一首《孫厚父八十壽》。

民國二十年辛未（一九三一）　四十八歲

"九·一八"事變爆發，日寇强佔我國東北三省。

是年，先生與胡樸安先生頗有書面交往。上海圖書館藏有是年一月七日、二月六日、十月十六日、十二月二十七日分别寫給胡樸安先生的四封信：

---

①　馬精武，爲呂先生任教蘇州省立第一師範時之學生，長期從事文史教育工作。

朴安先生執事：

　　頃奉手教，敬承一是，學會開會未能親到，至深悵歉。然遙聽風聲，已覺氣足神王矣。持大歷史研究法一課，前經續川先生示及，每星期云有六小時，未知系兩班每班各三小時，抑三班每班每兩小時，是否限一學期講畢，須編講義抑但口講。再者光華距持志甚遠，弟每星期其勢只能往及一次，未知持志排列時間能隨弟之便利否？抑只能排在一定之日期及時間，如排在相接之兩日，能否住宿一夜。凡此均須請示及，弟能來與否方可決定也。專覆，敬頌著安。

弟呂思勉頓首　一月七日

朴安先生執事：

　　昨奉手書，敬悉一切。聘書亦奉到。四小時如能排在一日最妥，實緣弟事冗，可稍省工夫也，排在星期幾須弟到滬後方能奉聞，因光華能空出星期幾尚未能決定故也。專覆，敬頌著安。

弟呂思勉頓首　二月六日

　　今謹介紹龔君伯威、盧君冀野①入中國學會，其入會書附呈，又任、鄺二君之入會書亦並附上。祈詧敬頌朴安先生著祺。

弟呂思勉頓首　十月十六

任訥中

鄺承銓②

朴安先生執事：

　　久頃風采，憾未識荆。昨辱惠書，知發起學會，整理學術甚盛事也，自當追隨，稍竭鄙力。惟新曆歲尾年頭，適因家鄉友人有事相招爲之幫忙，以致不克到會，並寵招亦不克赴，歉仄至深，改日再當奉候。陳君處並祈代達歉忱爲荷。專覆，敬頌著安。

弟呂思勉頓首十二月二十七日

　　再者錢君子泉近亦以事回錫，陽曆元旦恐亦未必在滬也，並此奉聞。

---

　　① 盧冀野（一九〇五——一九五一），原名正坤，字冀野，後改名盧前，江蘇南京人。早年就學於東南大學，師從吳梅學曲。畢業後先後任教於金陵大學、光華大學、暨南大學、復旦大學等校。擅長詞曲創作，有《夢蝶庵絕句》《盧冀野詩選》《中興鼓吹》《飲虹樂府》《飲虹五種》等作品。

　　② 鄺承銓（一九〇四——一九六七），字衡叔、衡三，號願堂，江蘇南京人。書畫家，曾任教於暨南大學、廈門大學、金陵大學、浙江大學等。解放後任浙江省文物管理委員會副主任。著有《說文解字敘講疏》、《鄺承銓書畫選集》等。

三月十二日，光華大學停課一天，召開總理逝世紀念會，先生發表演講。

> 十二日：總理逝世紀念，停課一天。上午九時，開追悼會，由主席張校長、教授呂誠之、同學江鵬相繼演說。（《光華大學大事繫年錄》，《光華大學十周紀念册》，一九三五年六月刊印，第三十五頁）

三月，《理學綱要》由上海商務印書館初版印行。先生自評《理學綱要》：

> 近人論理學之作，語多隔膜，此書自謂能得其真。惟只及哲學，未及理學之政治社會方面爲缺點。（《三反及思想改造學習總結》）

四月，先生爲《説文解字文考》再作序。

録先生備忘一條：

> 外舅二十年四月十五（舊曆二月廿八）卒。① （《先德各件》）

四月出版的《小雅》第五期"詩録"一欄，刊有先生詩《贈劉藕舲》、《人是天邊鳥》和《寄敬謀》三首，前二首詩分別作於乙卯年（一九一五）和乙丑年（一九二五）。

錢宾四先生《國學概论》由先生介绍给商务印书馆，五月出版。

> 本书於编纂第三、第四章秦廷焚书及两汉经學時，友人施之勉先生通函订论，前后往返十余通，开悟良多。书成，吕師诚之爲之介绍付印。又承子泉宗老作序，加以针砭。均此志谢。（錢穆：《國學概论》牟言，商务印书馆一九三一年五月初版，第二頁）

七月五日，先生爲《紀念伍博純君月刊專號》作序。② 後刊於十一月四日之《武進商報》，文稿前有伍博純之侄伍受真先生所加的一段按語。

七月六日，先生致蔣竹莊先生信。

> 竹莊先生：
>
> 昨奉還雲，今日又奉到所賜《同文韻統》，至深感謝。弟於韻學全係門外，仰承誘掖，當竭駑駘，勉思探討。佛學書所讀甚少，且皆係以哲學

---

① 外舅，即虞樹葓。

② 伍博純（一八八〇—一九一三），名達，江蘇常州人。早年任武陽（武進、陽湖）勸學所總董，在全縣增設小學百餘所。後赴日考察，回國後任武進縣民政署學務科長。一九一二年發起組織成立"中華全國通俗教育研究會"，出版《通俗教育研究録》。著述有《文法教科書》、《樂曲問答》，以及《通俗教育設施法》和《日本學務考察記》等。

眼光窺測。竊疑大法東來近二千載，聖哲之士，藉以安身立命者不知凡幾，必有不僅如淺陋所云者。不知鄙見全然誤謬乎？抑從知識窺測，不過如此，而藉以安身立命者，純在信仰及修證乎？朋好中潛心內典者，惟錢君叔陵，曾累以此意質之，其答語率超妙不得要領。惟先生兼具科學之條理，必能善巧方便，啟發愚蒙，是以竭誠請益，尚望不吝教誨。若楮墨難悉，可俟暑假後，弟到滬面論也。耑肅鳴謝，敬頌道安。

小弟呂思勉頓首　七月六日

先生之女呂翼仁女士赴上海就讀大夏大學預科。

呂翼仁女士與她的族姑呂小薇女士，原本都在江蘇武進縣立女子師範學校讀書，呂翼仁女士是“師一級”（相當於高中一年級），呂小薇女士是中二級（相當於初中二年級，呂小薇雖爲族姑，但年齡比呂翼仁女士小一歲，班級低二年）。呂翼仁女士有古文舊學根底，又熱愛新文學，富有朝氣，創作力極旺盛。是年由該校學生自治會編輯的學生刊物《洗心》，共刊文章十五篇，呂小薇、呂翼仁姑侄倆即占七篇。呂翼仁女士的五篇寫作，有詩、小說、雜感、語錄、游記等不同體裁。如有師長善爲引導，很可能走上文學創作的道路。可惜她就在這一年，學業上受到嚴重挫折。此事對她一生的文學事業，影響頗大。當時該校校長兼任師一級的歷史課，呂翼仁性格開朗，思想敏捷，與其他女孩子不同，每上課喜歡提問。學生所提問題，老師不能答，亦是常事，只要課後老師查考明白，向學生解釋疑難，教學相長，本孔聖人所倡導。然校長認爲女學生如此膽大妄爲，有意使他難堪，囑級任導師（即今班主任）姚先生訓責學生。呂翼仁女士據理力爭，不爲所屈，以致學校當局製造藉口，强令翼仁轉學。當時常州設高師科，僅女子師範學校一所，其他省立常州中學、私立常州中學等一律招收男生，不收女學生。呂翼仁女士不得已轉學來上海讀書，而當時光華大學附屬中學亦不收女生，因此只能入大夏大學預科。後在私立國華中學高三畢業，一九三七年考入光華大學社會系。至一九四四、一九四五年間，此時已是抗日戰爭勝利的前夕，原級任導師姚先生來看望呂氏父女，雙方談話雖然儘量避免談及此事，但姚先生亦承認當時學校處理失當，而他也有責任，甚感遺憾與歉疚。先生爲此曾致函武進縣教育界的朋友潘景讓先生：

景讓先生執事：

徑啟者：小女翼仁，肄業縣立女子師範學校。近得該校來函，予以毋

庸來校處分。謹將原函録呈台覽。（一）查小女在該校肄業一載，既未記
大小過一次，亦未得何種警告。原函所云屢誡屢犯者，已與事實不符。
（二）該校本學期第一次操行評定委員會之開，無從知爲何日，而留校察
看之處分，實至本月初一日，即該校放假之日，始行發布。同受此項處分
者，小女外尚有兩人，布告張掛校中，衆所共睹。放假之後，學生業已離
校，該校自無從知其悛改與否。然則原函所謂怙終不悛者，即係指放假
之日而言。以一日之間，而加人以怙終不悛之罪，則非但深文，且近戲語
矣。（三）畢業休業，舉行典禮儀式者，學生不能全到，恐非獨該校一校，
即該校亦恐不止小女一人。且本屆暑假大考之時，小女適行患病，
第一、二日未能前往應考。當時因僕人疏忽，將假函誤送該校附屬小學，
事後，曾由弟托附小主事蔣勉齋先生，代爲陳明，並附醫生所開藥方，以
爲確係有病之證。旋由勉齋先生屬弟補具假函，以符手續。是小女當時
有病，已爲該校所確知。自大考之第三日以後，小女雖力疾往考，其實並
未全愈，考畢即行離校，似尚情有可原。遽指爲藐視校規，令其毋庸來
校，似乎各處學校均無此嚴屬之處分。執事在學校任事，多歷年所，對於
此項處置，未知以爲如何？（四）至謂小女舉止怪癖，性情倔强，只有此八
字之批評，更無事實以爲證據，誠亦無從與辯。惟舉止既目所共睹，性情
亦斷難久掩，弟雖不肖，厠身教育界，亦非一朝一夕，似不至於自己子女
之舉止性情，毫無覺察。且小女昔在女師附小及芳暉中學肄業有年，均
未聞舉止性情有何惡劣之處。即上學期女師成績報告，操行亦稱及格，
何以此半年之中，舉止性情，竟非開除不可？若果此半年之中，忽爲變
壞，該校平時何以絶不加以記過、警告等處分，俾知警惕，必待至放假之
日，乃始加留校察看之處分，繼發毋庸來校之命令，於一日之間，加人以
兩罪乎？學校通例，大抵記過加警告若干次，始行開除，該校當亦未能獨
異，何以此次處置，獨有不同？以小女之屢戒屢犯者，尚未加記過、警告
一次，則在該校受記過、警告處分者，其舉止性情，當更惡劣至不堪聞問，
何以絶未聞其勒令退學乎？凡此諸端，百思不得其解。女師莊校長，素
未謀面，未便貿然晉謁。夙仰執事，主持全縣教育，一秉大公至正之心。
敢祈代爲詢問，務請莊校長將以上所列各端，逐一予以答覆，以釋學生家屬
之疑竇，而昭辦理學校者之苦心，曷勝企禱。中國現在，學校不多，吾鄉女
學尤乏，除縣立女師外，女子欲受高中教育者，即非遠適異鄉不可。開除學
生太易，似非主持教育者之初衷。區區之愚，亦非僅爲一家之子女計也。

執事賢達,當能鑒見。費神之處,容後面謝。專肅奉懇,敬頌大安。

弟呂思勉謹肅

又有致孟伯洪、凌純聲、屠公覆、巢兆覺、莊中希、潘抑强、劉北禾、劉苟八、蔣錫昌先生函,录入如下:

> 敬啟者:小女翼仁,在縣立女子師範學校肄業,近忽被該校加以毋庸來校處分。思勉雖無狀,在學校任事,亦歷多年,斷不肯袒護自己子弟,與學校爲難。惟查該校此次對於小女之處分,理由似欠公允,手續亦欠正當。謹將該校來函,暨小女上該校校長函,録呈台覽。查小女於去秋考入該校,當時所繳各費,有學費四元一項,寒假報告單,開列今春應繳各費仍有學費四元,於開學時照繳,由該校給有收據。其後該校忽將此項收據收回,另行換給收據一紙,將學費改作他項名目。地方教育經費,如有變動,理應見諸報端。思勉于報紙,常加披覽,竊未聞本學期中,該校高中師範,有將學費改作他項名目之舉。無論該校預算,本列學費名目,而於學期中間,擅改他費;抑或該校預算,本列他項名目,而於開學之時,誤作學費,均足見辦事之疏忽。執事列席教育行政會議,當能洞明。思勉非敢以小人之心度人,謂該校收費,有何情弊。惟公款出入,絲豪爲重,瓜田李下,君子慎嫌。該校於收費之時,手續疏忽如此,其他事務之疏忽,可以推知,而其處分學生,不必盡當,亦可概見矣。專肅陳述。敬頌大安。

呂思勉謹肅

録呂翼仁先生刊於《洗心》上之文章二篇,以見其概:

看大出喪後　呂翼仁(師一級)

化龍巷口,和小河沿北,被看大出喪的人擠得水泄不通,局前街也被人兩面站得變成了小街,人人面上露出驚喜之色,大有"生不願封萬户侯,但願一看大出喪"之概。我如果不聽見她們口中"看出棺材,看大出棺材,看"的叫喚着,單見她們的神氣,真要疑心她們是看的復活的孫中山。

"看呀? 那邊來了! ……輓對……"一般小孩子一齊向着西面高叫。

"是的真的來了,看哪! ……"大人們也波馳蟻附的向着西面看,一同高聲叫喚,一齊向後退下來。我正要到大街上去買東西,被他們這一擠一退,非但没有前進希望,而且向後面退了幾步,心中萬分煩惱,但是,任我用盡了全身的氣力,總擠不過去。

叫喊聲和鑼鼓聲又大作了。我不由得抬起頭來看，但是我的腳太短，所看見的，惟有些飄傘的頂、輓對的上端，和像屏風似的障在面前的人們：把辮子盤在頂上的挑糞人，手中把了長烟筒的土老兒，拖鼻涕的孩子，穿短褐的店徒，扶了手杖的老太婆，還有……

鼓聲咚咚、洋號聲帶帶的軍樂過去了，接着是一陣細吹細打的管弦聲，真好聽！如果我不看見輓對的頂，真不免要疑心是花轎子。人聲又嘈嘈的起來了，接著又是一隊軍樂。

"那家老太太老爺真好福氣，前世修的！……"一班老太婆帶着豔羨和感慨的聲音。

"真好福氣！"我也想，同時，又聯想到屍骨不全的黃花崗烈士，一生爲他人忙碌而犧牲自己幸福的孫中山，被日本人割鼻子的蔡公時，還有……若同這班開鑼喝道大出喪的太太老爺比較，自然望塵莫及了；不過她的生前享福與否，可不得而知；但是看她身後如此，生前孝子賢孫的供養，自然也很好了。同時，我又想起了"曾子養曾晳必有酒肉"，自己不覺笑起來。但是自始至終沒有聽見哭聲，也許是嘈嘈的人聲中聽不見吧？ 還是……

大出喪過了，人也漸漸散開了，一般拖鼻涕的孩子，還跟在棺材背後叫喊；一般抱了"尉佗何渠不若漢哉"的老太婆，還在那裏喊"好福氣"。

我匆匆的跑到大街上去買東西，心中未嘗不自幸不費力的看到舉城若狂的大出喪，但是，回家時已比我預定的時間遲到了二十分鐘。

"好福氣……大出喪……黃花崗七十二烈士……蔡公時割鼻子……曾子養曾晳……喪與其易也寧戚……生無益於人死有害於人……"等字，不住的在我腦中滾來滾去，最後，我還是認"死有害於人"五個字爲最切當，因爲他害我遲到家二十分鐘。（武進女師學生自治會編輯：《洗心》，一九三一年一月出版，第七一至七三頁）

今夕復何夕　　　呂翼仁(師一級)

這天出外買衣料，遇見了多年不見的好友梅，我十分喜歡，約她到家中作長夜談。

我們到家已經暮了，我因爲多時不見，特地叫了一席菜；又知道她會吃酒，就買了幾瓶酒，在我的房中對酌。起初大家很沈靜的吃，談談別後的情形。

她面色有點蒼白，大概不是抑鬱所致，就是衰老的現象，腮上的兩片

235

玫瑰色,已經褪去;炯炯的目光,也不像從前的有神氣了。她幾乎没有稱少女的資格,更不像發奮有爲的女學生,差不多是個沉默的少婦。回想她以前在校中,那種激昂慷慨遇事奮發的樣子,直使我有一種説不出的感想。同時,一個在辯論會中,口若懸河,折服先生同學的以前的她,浮立在我眼前。

三杯酒後,大家神經興奮了,談話的聲浪也高起來。

"喂! 老吕,你總很得意的吧! 我此刻和以前大不相同了。"她注視着我,同時把杯中的酒一口干了。

"無所謂得意,不過這麽混混。"我站起來同她添酒。

"社會,我總覺得稀奇! 它有多大的魔力,使人本性改變,任她未到社會上時,立志多麽堅,抱負多麽大,一入社會,就會給名利蒙了心,如果不變初志,她在社會上的地位就要不及一個囚犯!"她呷了一口酒接着説:"我當時未嘗不自負是一個將來的大人物,幻想着將來的事業,可是一入這萬惡的社會,似乎一切多纏着我,只許我向着名利的路上走,我要實現我的希望,但是一切一切都同我作對! ……我還有法想嗎?"她説着又呷了一口酒,我也默然的陪她吃。的確,她在校中的時候,誰不説她將來很有希望? 何待她自命呢? 可是她的能力希望,卻給社會的惡勢力消磨了……

"我總怨您着自己,爲什麽要讀書? 如果當時不讀書,不知一切,也許我現在很快樂;如果我没有希望,也許我對於自己的命運很滿足。"她提高了聲浪説,兩頰現出酒痕,恢復了以前的顏色,目光也振足了許多,仿佛忘了她一切的不幸。

"難得叙叙,最好把不快樂事拋開。"我又站起來同她添酒。

"我没有什麽不快樂! 哈哈! 老吕! 人生得意須盡歡,……惟有飲者留其名,……我固然不想留名,但是及時行樂,……來干一杯!"她一口把杯中的酒干了,把空杯向我一照。

"好! 奉陪!"我也把酒干了,她不待我替她斟酒,自己提起壺來,倒了一杯,我也斟滿了。

"我想……照我想,一個人與其在家庭中,作賢母良妻,不如去做一個殺人放火搶掠的强盗!"她圓睜了兩眼,盯住我,候我答覆,同時,又逼一句:"你意見怎樣?"

"……………"我没有什麽可以回答。

“而且一個人與其與草木同腐,倒不如遺臭萬年,最壞的就是守規則,守法律,其實,規則是什麼? 法律是什麼? 還不是遮人眼的工具? 別人做乖子——創造規則的人做乖子,我們是癡子? 別人定的規則爲什麼要我去守? ……我要守我自己定的規則——良心……”她面孔更紅了,聲浪更高了,一間房中,差不多被她一個人的聲音充塞,我雖然平日吃了酒也喜歡高談闊論,可是今天被她壓在上面,反而無話可說了。

“……”

“……”

“……”

我們一杯一杯的吃。

“今夕復何夕? 共此燈燭光。少壯能幾時? ……”她醉得很利害,一隻手把筷子敲桌子,竟高吟起杜詩來了。侍立着的婢傭一齊竊笑。

“你醉了! 吃飯吧!”平日捏倒酒杯不肯放手的我,今日居然懇求她吃飯了。

“瞎説! 這叫做‘對酒當歌’”,你看見那個醉了呢?”她不減當年豪俠的態度,可是言語模糊了,我向傭婦們使個眼色,她們會意,把飯和隨飯菜擺上來。

“……”

“……”

最後我們扶着她上床。

明天她恢復了沉默的態度,吃過早飯,向我告辭,我送她到門口,大家愴然了,她攜了我的手説:“仁妹! 再會了,但是幾時再會呢?”我聽到她叫我“仁妹”,想起昨夜她叫我的老呂及所吟的“今夕復何夕”,不覺心中一難過,兩點眼淚直落下來,趕快低下頭。

她默然不説什麼,握了我的手,一刻就走了。

“再會!”她走幾步,回頭向我説,聲音有點異樣了。

“……”我除了向她含淚點頭表示之外,一句話也説不出,我送她到門口,始終未能開口。

唉! 萬惡的社會,竟能使這樣奮發有爲的女子變去嗎? 決不! 決不! 她醉後不是同從前一樣麼……? 但是醉後……“今夕復何夕?”(《洗心》,第三三至三七頁)

征人　吕翼仁（師一級）

叭叭叭叭的軍號，

　　鼕鼕鼕鼕的鼓聲，

催着我同故鄉的一切別離；

　　雖說英雄鐵石作肝腸，

也不免淚濕戎衣！

塵埃起處，馬蹄如飛。

　　回首看：

但見城牆隱現，山樹依稀。

　　側耳聽：

惟有長江水瀉，險峽猿啼。

　　我的故鄉在那裏？

誰不欲保護頭顱？

　　那個願犧牲自己？

爲了大衆幸福，一切拋棄，

　　離了慈愛的老母，別了婉嬺的姣妻；

最可憐不解人事的小兒女，

　　還要四處去亂找她的爹爹。

我的故鄉在那裏？

　　此時惟見疏星零落，

冷月淒其；

　　此時惟聞胡雁哀鳴，

戰馬長嘶。

　　冷雨濕篷帳，

朔風透征衣，

　　當此時有誰人替我添衣。

　　我的故鄉在那裏？

我的故鄉在那裏？（《洗心》，第七七至七八頁）

是年，先生書贈王春渠先生條幅一，①上書詩作五首（《朝鮮義州西門署曰海東第一關》、《海上九日》、《蝸廬》、《寄餘之婁河》、《次脊生韻》），上款：“春渠仁兄哂正，時在辛未中夏，雜錄舊作律句數首。”下款：“小抱遺經室主誠之吕思勉塗。”（已收入《當代名人書林》，上海中華書局一九三二年出版）春渠先生是先生早年文友王冠時先生之子。

八月，《宋代文學》由上海商務印書館初版印行。

十月一日，應無錫國專教務主任錢基博先生之邀請，先生去無錫爲國專學生作《中國積弱之原因及挽救方策》的演講，演講稿今已不存。

十一月十六日，上午九時至十時，光華大學舉行紀念周。容兆啟副校長主席，先生演講《東北問題》（《光華大學大事繫年錄》、《光華大學十周紀念册》，第三八頁），演講稿今也不存。

光華大學抗日救國會宣傳部編有《抗日旬刊》，先生撰有《所謂鐵路附屬地者》一文，刊於該刊第四期。

民國二十一年壬申（一九三二）　四十九歲

是年日記名曰《順事記》。

> 道莫大乎順。《記》曰：事大積焉而不蘊，並行而不繆，細行而不失，深而通，茂而有間，連而不相及也，動而不相害也，此順之至也。至矣。然而曰“禮時爲大，順次之”者，審於時所以達順也。明王不興，孰能體信以達順，所以自處者，敢忘斯義乎？乾稱父，坤稱母，藐焉中處，存吾順事，所以立命也。（《日記一·民國二十一年順事記序》）

四月至六月，先生曾向光華大學請假，往安慶省立安徽大學短期講學，八月復回光華大學。據吕翼仁女士回憶，抗戰之前的光華大學，僅蔣竹莊（維喬）、朱公謹（言鈞）、吕思勉三位先生是部聘教授，其工資按部聘教授定級，但光華大學經費拮据，也只能支付部聘工資的一半。

五月十六日，《申報》刊布安徽大學續聘教職員消息，先生列於其中。

五月二十七日，《安大週刊》第七十八期報道了先生在安徽大學的演講：“二十三日上午九時，本校師生五百餘人，在二院大禮堂，舉行二十年度下學期第五次總理紀念周。行禮後，程校長報告一周來校務，並演講史學之重要。繼介紹吕思勉教授演講，吕先生所講爲《到安大後的兩點感想》。”②同期《安大

---

①　王春渠，名留田，字春渠，號心壺，“江南名士”錢名山的弟子，爲常州著名的鑒賞家。其父王冠時（貫時），爲吕先生早年的好友。

②　先生演講題目應爲《來皖後的兩點感想》，現收入《論學叢稿》中。

週刊》還刊有校務會議補選教授代表的消息，以得票最多的郭堅白、何魯、郝耀東、桂丹華等四位先生當選校務會議教授代表。先生亦得四票，在二十六人中排第十。

上海"一·二八"事變發生時，翼仁女士就讀於大夏大學預科一年級，因中日戰事，未能開學。她停學在家，讀《飲冰室文集》，學作詩詞，曾習作詩四首，寄往安徽大學請先生批閱，先生用朱筆批改後，寄回常州，翼仁女士至今還保存着經過先生批改的原稿：

> 華年心事兩相催，憑到欄干第幾回？爲惜春光易零落，轉愁花在雨中開。
>
> （後二句極佳，惟春光不可云零落，或改"韶光容易過"。"花在"改"花向"較活。）
>
> 剪剪輕風淺淺寒，百無聊賴又春殘。多情只有雙飛蝶，猶逐飛花繞畫欄。
>
> 幾聲布穀過清明，客裏懷家倍悵情。最是新來連日雨，倚樓聽徹賣花聲。
>
> （"懷家"兩字不甚連，"思家"、"思歸"、"懷歸"均可。）
>
> 荼蘼無力草萋萋，香徑低徊舊迹迷。付與營巢雙燕子，十分紅紫九成泥。
>
> （"無力"似不甚安，然一時想不出可改之字。）
>
> 江樹陰陰帶夕暉，江頭花落傍人飛。年年行客送春盡，春盡行人歸未歸。
>
> （第三句應改"行人慣逐春風去"。）

是年夏，顧廷龍先生跟隨業師金松岑先生讀書，曾見先生訪問金師。六十餘年後（一九九八年四月），顧先生爲金松岑先生《讀〈史記〉批語》撰跋，回憶當年與金師讀書及先生來訪事：

> 一九三二年夏，余自燕京畢業旋里，先師函約龍在草橋中學讀書。借課室一間，師徒二人自朝至暮，誦習其間。師讀《史記》，龍習《漢書》。師隨讀隨批，批語有長有短，即命余錄於劉承幹氏所刻大字本《史記》上方。來客不多，一日呂思勉先生來訪，談甚久。去後，師曰：呂先生曾將《二十四史》通讀一遍，尚有陳去病先生能背誦《史記》全文，皆非易事也。
>
> （沈津：《顧廷龍年譜》，上海古籍出版社二〇〇四年十月版，第八〇四頁）

九月十一日,《申報》刊有正風文學院計劃增設政經系、藝術系的報道。先生時亦在正風文學院兼課。

是年十二月八日,先生讀《時事新報》所載上海重利放債事,憶及他十余齡時聞上海有所謂印子錢者,遂擬寫札記《印子錢》一條,其云:

> 予十余齡時,即聞上海有所謂印子錢者,專由印度人放諸華人。其後旅滬,聞人言亦如此。然其實非也。《清史稿·成性傳》:康熙十一年,授工科給事中。疏陳民生十害,其九爲放債,云:"百姓十室九空,無藉乘急取利,逐月合券,俗謂印子錢,利至十之七八,折沒妻孥。"則清初已有之矣。……上海晚近之重利放債,民國二十一年十二月八日之《時事新報》曾載之。其説分洋債與印子錢爲二。名印度人所放者曰洋債。云:其利爲十分。如借百元者,月付息十元,一年則百二十元矣。借者不書借據,但於空白紙上印一指模與之。若不能償,則彼於此紙上填寫本利而興訟。印子錢,該報云最爲普遍。大抵借五十元者,先扣去鞋襪費五元,實止借得四十五元,而每日須還一元,二月爲清,則共得六十元矣。……以上皆《時事新報》所載也。別有一報(予所作筆記及剪存報紙,因舊居爲倭寇炸毀,悉亡佚破損。此紙即破損者之一。所記報名及年月日,均不可考。)則以印子錢專爲印度人所放。蓋印子錢本中國重利盤剝之舊名,在晚近之上海,則以印度人所放爲多也。(《呂思勉讀史札記》下,第一一二三至一一二五頁)

是年先生存有筆記《勇以毅爲貴》、《習舉業爲欲之甚》、《蔡儒三》三則,及《王啟茵女士傳》一文。

是年先生存詩二首:《偕鏡天肖雲正則游迎江寺》、《題嶠若斷龕課孫圖》。

民國二十二年癸酉(一九三三)　五十歲

是年先生日記名曰《平監記》。

> 宋劉甲嘗謂:吾無他長,惟足履實地,晝所爲,夜必書之,名曰自監。真西山問居官菹民於詹體仁,體仁曰:"盡心平心而已。"予謂遇事弗克盡心,皆其心不能平,故平字已攝盡字之義矣。(《日記一·民國二十二年平監記序》)

二月二十七日,光華大學舉行紀念周,先生發表題爲《健康之身體基於靜謐之精神》的演講,演講稿後刊於《光華年刊·癸酉》。

四月，先生所撰《致廖仲愷朱執信論學書》收入上海黎明書店出版的《中國古代社會》（柯金著、岑紀譯），作爲該書附錄《井田制度論戰三》。

五月二十日，光華大學二十九號教室舉行國文作文獎金比賽，先生與錢子泉、胡其炳兩先生監試。（《光華年刊·癸酉》）

六月，先生撰《半篇小説》一文，論群衆運動之利弊，刊於《光華大學半月刊》。

十月，先生的《先秦學術概論》由上海世界書局初版印行。陳協恭（研因）先生爲作序。先生自評《先秦學術概論》：

> 近來論先秦學術者，多側重哲學方面，此書獨注重社會政治方面，此點可取。（《三反及思想改造學習總結》）

《先秦學述概論》一九八五年六月由中國大百科全書出版社新版重印，未收初版序言。書前有内容提要，兹節録如下：

> 本書論述先秦諸子學術，有三個特點：第一，全面分析先秦學派的源流，除道、儒、法、名、墨、陰陽等六家之外，兼及縱橫家、兵家、農家、數術、方技、小説家、雜家。第二，着重分析各派源流和相互關係。第三，不僅分析各學派重要著作的内容，並論辯其真偽。本書在評論各個學派的著作中，頗多獨到的見解。例如作者反對胡適的《諸子不出王官論》。又如近人都認爲現在的《尉繚子》和《六韜》是偽書，作者卻認爲"此書義精文古，決非後人所能偽爲"。現在，山東臨沂銀雀山漢墓出土了兩書的殘簡，足證作者論斷的準確。

南京大學圖書館所藏金陵大學中國文化研究所檔案中，有是年八月先生致徐養秋（則陵）先生的書信四封，現由姜慶剛先生整理成《呂思勉先生書信考釋》一文，刊於二〇一五年四月二十日的《中國社會科學報》，兹録入信函如下：

養秋先生大鑒：

> 五卅手書昨日奉到，拜悉一切。金大經學功課内容如何？弟於經學不過略知門徑，專門功課不能儱，又在所研究任也，有無一定駐所時刻，均祈示悉。再者弟有息女，今年畢業中學，因散處無女中學，普通中校又不收女生之故，在滬求學，曾數經遷徙，現在私立國華中學畢業。此校系因友人介紹而入，入校之時本云，該校本年度内必可立案，乃年度已屆，

而立案未成。雖可往應市教育局之升學試驗,亦無必取把握。貴處招生是否必須立案學校之畢業生方可應考,抑可通融。在上海則未立案學校之畢業生亦有取錄者,但以後仍須補應升學試驗而已。又小女因屢次轉校之故,所受功課參差不齊,倘或程度不及而須轉入女中之年,金陵女中是否必須立案學校之學生方可轉學,金陵女中與金大關係如何? 並求賜示。附上郵票八分,乞寄金大招生通告一冊,瑣瀆清神,感荷無已,專懇敬頌大安,諸希惠照。

弟呂思勉頓首,六月三日

養秋先生大鑒:

　　頃奉快函,敬悉一是,諸荷關垂,至感盛意。此間現定於十八日放假,弟之行止如何,敬當於其時奉覆,恐勞注念,先此奉聞,敬頌暑安。

弟呂思勉頓首,六月八日

　　尊函當系昨日遞到,因有親戚到滬,而昨未返校,故至今日始獲奉讀也,又注。

養秋先生執事:

　　承賜快函,弟適因事下鄉,於昨晚來城,始行拜讀,致遲報答,歉悚之至。弟學殖淺薄,過蒙獎飾,尤覺汗顏。暑假後仍承乏上海光華大學約,過九月十日前往,九月十日以前暫在舍間。臺端有見教之處,示知日期地點,弟當趨謁,如便道過常枉顧,亦當掃徑恭迓否,或賜書見諭,亦可專肅奉復,敬頌大安。

弟呂思勉謹肅,八月八日

養秋先生執事:

　　昨奉手教,今日續承頒到學報,敬悉一一。此次大駕過常,因系暑天,未敢以沽酒市脯相饟,而常用之廚夫抱病,代庖者自言曾在素飯館爲司務,因命其略治素肴,不意竟劣不堪言,倉促之際,更無他法可設,正深抱歉,垂蒙遠及,益用懷慚。學報諸篇均爲研究殊深,欽佩,如有續刊,並望見惠。弟約過九月十日赴滬,晤及竹莊先生,敬當代達尊意,專肅鳴謝,敬頌道安,請惟照察不審。

弟呂思勉頓首,八月廿五日

243

十月，《白話本國史》商務印書館出版國難後第二版修訂本。

十一月二十二日下午，光華大學舉行校内國語演説競賽，先生與黄任之、伍純武兩先生任評判。(《光華年刊·癸酉》)

十一月，《光華大學半月刊》第二卷第四期"校聞"欄，刊有本年度國文系畢業論文題公告，内有先生與蔣竹莊、錢子泉二位先生所擬的論文題目。先生所擬題目是：

(一) 山海經疏證

此書昔多視爲荒唐之言，近經歐西學者之研究，乃大顯其價值(讀商務馮譯《中國史乘中未詳諸國考證》便知)。予謂此書當分兩部分。其一部分，爲漢時方士之書(説見拙撰《先秦學術概論》下篇第九章)。此須專門研究古代宗教史者，乃能整理之。又其一部分，則爲自戰國至兩漢時所得外國地理知識，海陸兩道皆有，徹底研究，亦屬不易。惟其中有與正史及其注相符者若干條，看《史記》、兩《漢書》、《三國志》之外國傳(須連注看)便可將與此有關之小經本文，作一疏證，建他日精密研究之基。

(二) 貉族古俗考

貉族古代，大約居今河北、遼寧、熱河三省之間，因燕開五郡(上谷、漁陽、右北平、遼西、遼東)而東北走。其立國於今吉林省者爲夫餘，南下者爲句麗、百濟。漢開四郡，多以貉爲民，其文化在四裔中爲最高，而尤與殷近。近人撰《東北史綱》，因疑殷民族來自東方，予謂似與不如以貉族東北直繹之爲確。而東北古代，曾被殷化，則其事彰彰也。予謂夫餘之亡，實爲東北一大事，蓋東北民族有三：一肅慎，滿洲之祖也；一室韋，蒙古之祖也；一濊貉，夫餘、句麗、百濟之祖也。夫餘已嘗立國於吉林矣，使其寖昌寖熾，則朝鮮半島之文化早見於吉黑，而元清之禍可以不作，更無論今日東北之變矣。試讀兩漢、三國、晉、宋、齊、梁、陳、魏、周、隋、南北各史，將諸國文化條分縷析，以類考之，確可證其出於我國者，下加考案。

(三) 桑弘羊傳

晚周生計學説，側重平均地權者，儒家也；側重節制資本者，法家也。後者之論，《管子》書最詳，而實行之者爲桑弘羊。桑弘羊行事，殊不免剥下媚上，然其理論，則不可謂無根據。《鹽鐵論》一書，載桑弘羊與文學旗鼓相當，即儒法二家對壘，尤足以闡明其意義，而發揚其光焰。試據此二書(《管子》、《鹽鐵論》)，並在《史》、《漢》中考桑弘羊行事，爲古代之生計學家作一傳。

（四）曹爽傳

此君與司馬宣王爲政敵。此君爲學者，爲文治派，其同黨於政治問題，極主改良。司馬氏則武人，但因爭奪權位而已。此君失敗，司馬氏成功，實爲政治升降一大機鍵。蓋武人無識，惟知爭奪政權，政權既得，志得意滿，一味驕奢淫逸，一切問題，皆不在意。然後有晉初諸臣之淫侈，武帝之趣適目前，而五胡之禍以作。使政權不在司馬氏之手，必能豫爲之慮，政治界之情形亦不至如晉初之腐敗，五胡亂華之禍可以不作矣。故曰：曹爽與司馬氏之成敗，乃政治升降之一大機鍵也。此事真相，歷史暗昧不明，試細讀《國志》而鉤求之，下邁晉初，以窮其果。

先生閱覽蒙文通先生著《古史甄微》(本年三月上海商務印書館初版)，[①]加以圈點、眉批，並改正錯字。茲録其眉批於下，括號內爲對應的頁碼及原文：

封指土田，囿則山澤，百里之封，無妨有七十里之囿。(《自序》，第八頁：又曰："塘以七十里，文王以百里。"則文王之受封可知。復言："文王之囿方七十里。民猶以爲小。"則太王、文王剪商之志不尤顯耶。以《孟子書》證《孟子書》，亦足見《韓非》所言文王之積慮處心鄰於實，而孔孟所言爲疏。斯皆文飾之迹，有所不能全泯者也。)

汲冢書終不足信。(《自序》，第十頁：孟子曰："堯崩，三年之喪畢，舜避堯之子於南河之南。"而《汲冢古文》云："昔堯德率爲舜所囚。"又云："舜囚堯，復偃塞丹朱。蓋囚堯、偃朱二城，是南河之南處也。"與《孟子》不合。)

此處孟子何以獨用三晉之説。在中國爲殛有罪，在夸狄猶受其化，道義不相妨。(《自序》，第十二頁：萬章曰："殺三苗於三危，殛鯀於羽山。"《史記》云："流共工於幽陵以變北狄，放驩兜於崇山以變南蠻，遷三苗於三危以變西戎，殛鯀於羽山以變東夷。"此謂以成化也。《晉語》五白季曰："舜之刑也殛鯀。"《韓非子》説："堯不聽，舉兵而誅共工於幽州之都，誅鯀於羽山之郊。"則誅討有罪者三晉之説也。《左氏·文十八年傳》："季文子曰：舜臣堯，流四凶族，投諸四裔，以禦魑魅。"……而楚人與

---

① 蒙文通(一八九四——一九八六)，原名爾達，四川鹽亭人。畢業於四川國學院，後在南京支那內學院學佛學。先後任教於中央大學、河南大學、北京大學、四川大學、華西大學等。致力於經學、史學、理學、佛學等研究，有《古史甄微》、《經學抉原》、《中國禪學考》等著述。

鄒魯、三晉所道又各異也。）

世系出小史不容疑。（《自序》，第十三頁：孟子曰："由堯、舜至於湯，五百有餘歲。由湯至於文王，五百有餘歲。由文王至於孔子，五百有餘歲。"又曰："由周而來，七百有餘歲也。"此《魯世家》、劉歆、班固之所本。馬遷、班固又言……）

曆人之説不足據。（《自序》，第十三頁：《律曆志》言："張壽王治黃帝調曆。言黃帝至元鳳三年，六千餘歲。又疑帝王録，舜禹年歲，不合人年。"）

此合大戴，則晉魯不異。（《自序》，第十四頁：仲尼祖述堯、舜，憲章文、武，而《十過》述由余之言曰：昔者堯有天下，飯於土簋……）

趙注史記不足爲異。趙注恐非真。（《自序》，第十六頁：《趙岐注》謂："捐階，舜即旋從階下，瞽叟不知其已下，故焚廩。浚井，舜入而即出，瞽叟不知其已出，而蓋其井。"此一説也。《史記》説："使舜上涂廩，瞽叟從下縱火焚廩。舜乃以兩笠自扞而下去。又使舜穿井，舜穿井爲匿空旁出。舜既入深，瞽叟下土實井，舜從匿空出去。"此又一説也。）

《吕覽》、《淮南》大體儒家言，史記真偽夾雜難理。韓、劉稍近通學。（《自序》，第十六頁：自吕不韋使賓客人人著所聞，集論以爲《吕氏春秋》，糅合衆説，號爲雜家。太史公、《淮南子》、韓嬰、劉向繼之，而先秦舊史，統系乃不可理。）

賈子書同大戴，晁氏言或同管子。（《自序》，第十七頁：賈誼、晁錯、賈山，陳論政事，此出於三晉縱横、法家者也。西漢文章之變，略盡於是。而亦以此三系文化爲本。）

它姑勿論，主汲冢書，似總非。（《自序》，第十八頁末尾）

秦襄等皆先鄒子，知五行説始鄒子之誣。（第一章《三皇五帝》，第三頁：自鄒子五運之説起，而五帝之説興。秦襄公作西畤，祠白帝少昊；秦宣公作密畤，祠青帝；秦靈公作上畤，祭黃帝，作下畤，祭炎帝。逮秦之亡，而五帝之祠未具，備五畤自高帝，見秦人五帝説之漸而起也。）

淮南此言乃寓陰陽法誤。（第一章《三皇五帝》，第五頁：三皇之説既起。前世既以古之王者配五帝，則又自然必以古之王者配三皇。黃帝爲五帝之本，不可以配三皇，惟伏羲、神農，前乎此，可以爲皇耳。故《淮南子》稱"泰古二皇，得道之紀"。説者謂二皇，羲、農也，而三皇終缺其一。巫則三皇，史則二皇，於是各家以意取古王者補之。）

此自爲因國之祭説,詳余所著《三皇五帝考》。(第一章《三皇五帝》,第六頁:《郊祀志》:"雍有日、月、參、辰、風伯、雨師、四海、九臣、十四臣、諸布、諸嚴之屬,百有餘廟。"皮鹿門以十四臣爲六十四臣之脱誤,當是九皇之臣,六十四民之臣。……)

一爲書説,一爲春秋説,亦見《三皇五帝考》。(第一章《三皇五帝》,第六頁:序論皇帝之説,在漢時凡有二派,持説不同。一主三皇,詳於伏生;一主九皇,本之董子。)

此必有所受之,足證其爲因國無主之祭也。(第一章《三皇五帝》,第八頁:董、伏而後,説三皇九皇者又復別出。鄭司農《小宗伯注》云:"三皇、五帝、九皇、六十四民,咸祀之。")

史記乃史籍統稱。(第一章《三皇五帝》,第八頁:《賈疏》所引《史記》,今司馬遷書無其文,則是後儒別一家書。)

夏四百殷六百周八百,益以虞,則近二千餘,二千則言三千,古人語法然也。(第二章《歷年世系》,第十一頁:"夏后氏十七王,四百三十二歲。殷三十一王,六百二十九歲。周三十六王,八百六十七歲。"《帝王世紀》以下均用之。此固一家之言,未可據爲徵信也。若《韓非子·顯學篇》説:"殷、周七百餘歲,虞、夏二千餘歲,而不能定儒墨之真,乃欲審堯、舜之道于三千歲之前,意者其不可必。"是韓非以堯、舜至周末三千餘歲,與班氏所記相乖頗遠也。)

三十一似併十七、十四計之。(第二章《歷年世系》,第十一頁:《六韜·大明》説:"禹之德流三十一世,至桀爲無道。湯得伊尹,一舉而放之。")

此今紀年采《易緯》。(第二章《歷年世系》,第十二頁:今本《竹書紀年》云:"夏十七世,有王與無王,用歲四百七十一年。商二十九王,用歲四百九十六年。"夏年不能多殷,當非古《竹書》束皙所見者。而《易緯·稽覽圖》言:"夏年四百三十一,殷年四百九十六。"與後本《竹書紀年》合,然未足據也。)

是年,先生在光華大學歷史系講授中國近代史課程,留有《中國近代史講義》、《中國近世史前篇》油印稿二份。先生平時讀書閱報,極注意近代史的資料,搜輯資料甚多。孤島時期,光華停辦,先生動身回常州前,曾將這部份資料托人寄放於寺院里。抗戰勝利後,因經手人汪企由先生的去世而致資料無從找尋。

是年，先生撰《王省三先生小傳》，王省三是光華大學初創時期捐地建校的校董。

楊寬（寬正）先生《懷念吕思勉先生》一文叙及三十年代初在光華大學讀書的回憶：

> 三十年代前期，我在上海光華大學上學，原來讀的是中國文學系，由於吕先生上課時的循循善誘，引人入勝，我愛聽先生的課，好讀先生的書，成爲歷史研究的愛好者。因此我從開始進入社會，參加工作以來，所有工作都是與歷史、考古、文物有關的。這是吕先生誘導的結果。記得我聽吕先生講中國社會史的課，期中考試時，只出了一個議論題。當時光華大學由注冊處按座位點名，每人有個學號，按學號登記，因此教師對學生並不熟悉。當這門課的期中考試後的一堂課，吕師剛上講臺，忽然跑下來走到我座位旁邊，問我："你的學號是不是2091？你的名字是不是叫楊寬？"我答道："是。"他就說："很好。"從此以後，我聽課中有什麼問題就向他請教，學習研究中有什麼問題也向他請教。我從讀大學一年級起，就愛好寫學術論文，從一九三二年起，就逐年發表一些論文。這些論文的寫成，也都是和吕先生教導分不開的。我讀到大學四年級，就到社會上參加工作。當時有些愛國的文物工作者正在籌建創辦上海市博物館，由於這方面的人才奇缺，把我這個大學四年級的學生也拉去參加籌備，擔任古物的陳列布置和編寫説明等工作，並給予研究幹事的職位，從此我的研究工作，就着重把文獻和考古文物結合起來。所以能做到這點，還是得力在大學裏打下的根基。
>
> 吕先生在光華開過的課很多，有中國社會史、中國民族史，中國思想史中的如先秦學術概論、宋明理學，史料學中的《經子解題》，文字學中的如《説文解字》等。吕先生講課有他的特點，他不作泛泛之論，講究踏實而深入的探討。凡講課都發有講義，講義是準備學生自學和掌握系統知識的，堂上講課，只作重點闡釋，講自己研究的心得體會。他上課時常常帶著幾本古書上堂，不帶講義。講《説文解字》，往往舉其中一個字爲例而大講特講，講《經子解題》常常舉出某書中的重要篇章大加闡明。這對於愛好鑽研的學生，確實能打好扎實的根基。吕先生是把教學工作和研究工作結合得很好的典範。他不少歷史著作的初稿原先都是爲適應歷史教學需要而寫的講義，通過長期的教學實踐，不斷加强研究，修改講稿，使逐漸成爲高品質的著作。（楊寬：《懷念吕思勉先生》，《常州文史資

料》第五輯，第五一至五二頁）

是年先生存詩二首：《王冶梅畫譜予四歲即耽玩之中有一幅題曰一江風雨送歸舟畫一人坐篷口一人襄笠搖艫而行心頗好之癸酉臘月病中夢身坐篷口而襄笠者爲予搖艫翼日夜夢中復作一詩以詠此事當時知昨夢之爲夢而不自知其仍在夢中也依夢境以成夢不亦異乎》、《蔣頌孚先生八十》。

民國二十三年甲戌（一九三四）　五十一歲

是年先生日記曰《仁勇記》。

子曰：好學近乎知，力行近乎仁，知恥近乎勇。予不爲不好學，而不能力行，未仁也。子夏曰：事父母能竭其力，豈惟事父母哉？凡事在己多盡一分心力，則對人少抱一分慊意。非無怵惕惻隱之心，至於損己以益人，則憚艱苦而遂止。知而不行，只是未知。豈得曰：吾之心固不如是而苟焉以自恕哉！舜人也，我亦人也，“舜爲法於天下，可傳於後世，我猶未免爲鄉人也”，是則可憂也，不憂其所當憂，則亦終於爲鄉人而已矣！（《日記一·民國二十三年仁勇記序》）

仁勇記六　　民國二十三年六　　日記四百十二

六月初一日（金，舊曆四月二十日癸卯）。晴，風猶勁。請假一天。撰教科書第十六、十七章。偕榮至大新取錶，上月二十二日所修錶也，二十七日往取，忘攜其所給錶證，歸檢之，已不可得。今日書一據與之，而其人曰：二十八日有人來取去矣。云呂姓者使之來也，出證示予，則非二十二日給予之證也。此錶僅值三元，而欺詐如此。

廿三年十月三十一日（水，舊曆九月二十四日乙亥）。陰。昨今兩日又熱，而今日更甚。撰《中華民族演進史》，亞細亞書局屬也。撰史札兩則：《晉初東夷種落之多》、《史事失實》。《晉書·魏舒傳》：“轉相國參軍，府朝碎務，未嘗見是非，至於廢興大事，衆人莫能斷者，舒徐爲籌之，多出衆議之表。”又曰：“惟有一子混，有才行，先舒卒。舒每哀慟，退而歎曰：吾不及莊生遠矣，豈以無益自損乎？於是終服不復哭。”是日爲張君柔撰墓志，①志炯屬也。（錄自《殘存日記》）

二月二十一日，光華大學在大禮堂舉行紀念周，張壽鏞校長主席，先生作

---

① 此文已不存。

演講。(《光華年刊・甲戌》)

二月,先生爲施聯玉先生《説文部首淺釋》作跋,見《論學叢稿》。

二月,先生所編之《復興高級中學教科書　本國史》上册,由上海商務印書館初版發行。

三四月間,光華大學語文學會請校長張壽鏞和先生作演講,演講的題目分别爲《作文三戒》和《文質》,見《呂思勉先生年譜長編》第四三九頁。

四月,先生所撰的《中國民族史》由上海世界書局初版印行,十二月再版。陳協恭(研因)先生作序。先生自評《中國民族史》:

> 此書考古處有可取,近代材料不完全,《論漢族》一篇,後來見解已改變。(《三反及思想改造學習總結》)

七月,熊夢飛先生撰《評吕著高中本國史》一文,刊於《教與學》創刊號。從(一)關於材料方面、(二)關於教學目的兩部分,對先生所撰《復興高級中學教科書　本國史》提出批評。

七月三十一日,先生書函《武進商報》,建議報社徵文,搜集鄉邦掌故。編者以《吕誠之先生來函》爲題,將此信函刊於八月三日的《武進商報》上:

劍庵先生大鑒:

> 溽暑憚行,無由會晤爲恨!近讀貴報伯超先生所著三十年前常州話舊,殊覺有趣味,惟此不過三十年前事耳。常州今日八九十人尚自不乏,人生十年而能記識,八十老人之所記則七十年前事矣。公如登報徵求,必有源源而來者,不徒足增談者之興趣,將來匯而刻之,並有裨於鄉邦掌故也。愚見所及,率爾奉陳,惟斟酌焉。專頌著安,不既。

弟吕思勉頓首　七月三十一日

八月,先生所編之《復興高級中學教科書　本國史》下册,由上海商務印書館初版發行。

是月,《中山文化教育季刊》創刊,刊有先生長文《貉族考》。

九月十二日,光華大學召開校務會議,推選先生擔任《光華半月刊》編輯委員會和校圖書委員會委員。(《校聞——校務會議議案摘要》,《光華大學半月刊》第三卷第一期,一九三四年出版,第六九至七十頁)

十七日,先生參加《光華半月刊》編輯委員會第一次會議,與錢子泉、薛迪靖先生一起選爲審查人選。

《半月刊》編輯委員會第一次會議記録,廿三年九月十七日下午二時

出席:朱公謹、錢子泉、吕誠之、薛迪靖、姚舜欽、包玉珂

討論案件:……（三）審查上年度學生投稿並酌給獎品案。決議推請錢子泉、吕誠之、薛迪靖三先生擔任審查人選,提交校務會議通過給獎。（《校聞——校務會議議案摘要》,《光華大學半月刊》第三卷第一期,一九三四年出版,第七十至七一頁）

二十六日,先生爲《大同釋義》（白話文）作序。

九月,《史通評》由商務印書館初版印行。先生自評《史通評》:

以現代史學觀點,平議,推論,亦附考據辨證。（《三反及思想改造學習總結》）

十月五日,光華校務會議,審議通過了先生與錢子泉、薛迪靖的審查結果,給學生楊寬、徐裕昆書籍費拾元的獎勵。（《校聞——校務會議議案摘録》,《光華大學半月刊》第三卷第二期,一九三四年出版,第七五至七六頁）

十九日,先生參加本年度第五次校務會議,被推選爲歷史學會、中國語文學會的導師。

第五次校務會議紀録,廿三年十月十九日午後二時在校長室。

出席:張詠霓、朱公謹、吕誠之、伍純武、容啟兆、胡其炳、錢子泉、蔣竹莊（錢代）

主席:張詠霓

紀録:陳學儒

討論事項:一,英文文學會、政治學會、科學會、歷史學會、中國語文學會函送會章及職員名單請備案案。議決,准予備案,並推請汪梧封、錢鍾書兩先生爲英文文學會導師,耿淡如、黃應榮兩先生爲政治學會導師,朱公謹、胡昭望兩先生爲科學會導師,吕誠之、耿淡如兩先生爲歷史學會導師,錢子泉、吕誠之兩先生爲中國語文學會導師。（《校務會議議案摘要》,《光華大學半月刊》第三卷第三期,一九三四年出版,第八七頁）

先生對《史通》的評價甚高,很想做一部《史通評校》,因一直未能得到諸種善本校勘而作罷,今僅存校勘資料一束,共四頁,内有綱目五條及先生於一九二四、一九三五、一九四四、一九四九年所記的校勘資料。兹將此份校勘資料録入如下:

五條綱目：

有等別有考據。

有等但説明原意，以便初學耳。

追溯其思想之由來。

比較其思想與後世之異同。

彼此相涉者説明以助其貫串。

（康熙丙戌）

（何）蜀本第五第七卷，皆有錯誤，此本於第五卷已刊正，惟此《曲筆篇》中十一行誤在《鑒識篇》中，賴得馮氏閲本正之。

（又）（癸未）後見萬曆中郭氏刊本，已正其違錯。

（顧）（道光癸未）《曲筆》、《鑒識》二篇並無錯簡，馮氏閲本、萬曆所刻皆誤。

（何）先王父有節録内篇、乙亥夏得之篋衍，用以參校後改數字。

（何）甲申冬日重閲，又改數字。戊戌春日重閲，又改數字。

（何）甲戌十二月……張氏謂曾得宋代刻本，乃訛舛正待點勘，何顧爲即其顯著者，雌黃數處，疑者則仍闕焉。

（何）觀《玉海》中所引《史通》有訛字脱文，乃知此書自宋時即甚少善本，或不至若此甚耳。（甲申除夕）

（何）己丑重陽從錢楚殷處借得屏守居士閲本，因録其評語，其在行側者録之，欄下議論亦多美快，虞山學者極矜重之，僅季滄葦侍御一人嘗通假耳，非楚後好我未由見也。

（孫云何底本萬曆五年丁丑張之家課本）

（顧）錢遵王《讀書敏求記》云“陸文裕公刻蜀本《史通》，其《補注》、《因襲》、《曲筆》、《鑒識》四篇殘復疑誤，不可復讀，又裕題其篇末而無從是正，舉世罕睹全書”云云，即此本也。予向收得別本，是萬曆長洲張鼎思據此重刻，曾經同時人孫潛（潛夫）用葉石君校定本對讀者，亦既於脱簡處，一一補録完好矣，錯誤處仍皆校正，洵善本也。因照臨一過。

無爲寓館，館無一書可檢，向所雌黃，多是義門諸氏所已有……

沈寶研家本係其所臨馮已蒼評、何義門校也，借勘一過。

盧氏《群書拾補》引宋本附采卅許條於此（又續采若干條）甲子。

（孫云引及五百二十條）

此《史通》孫潛（潛夫）手校本，於明刻本多所是否，並足以訂近時《通釋》之失。今年春攜之行篋……吾視主人見而愛之。因照臨一通,而以其真焉……嘉慶甲子。(此館見涵芬樓藏張鼎思本。)

(孫)《史通》明時第一刻爲嘉靖乙未陸儼齋深本,《因習》、《曲筆》兩篇並有闕文。

萬曆壬寅張鼎思後校陸本,《曲筆》篇增四百三十餘字,並刪去陸儼齋兩跋,校爲可讀而訛誤。

涵芬樓藏張本經孫潛夫、顧千里勘過……

發刊既據張本付印……

江安傅沅叔總長何義門校本,又有過録顧千里校本……借到千里別有校本,藏上元鄧正闇太史家,保山吳蕉培借録於張之家本上,顧校外更有何校,并不知姓名一家,(曰鄧本),今亦爲沅叔總長所有……借讀。

十月二十日,《申報》刊有"開明版二十五史特刊",有先生與周予同、顧頡剛、朱起鳳、張世禄等先生所撰短文。先生所作爲《與人論〈新元史〉〈元史新編〉書》,現收入《吕思勉全集》之《論學叢稿》。

十一月四日,光華大學舉辦紀念周,先生作演講。(《光華年刊·甲戌》)

八日,下午六時,先生至八仙橋青年會,參加光華大學十周年紀念籌備委員會第一次會議。(《校聞》,《光華大學半月刊》第三卷第三期,第八六至八七頁)

十一月,《國學論衡》第四期發表先生所著之《〈秦代初平南越考〉之商榷》,評論鄂盧梭氏之《秦代初平南越考》。

先生於二三十年代在光華大學教授中國社會史、中國文化史、中國通史諸課程。考試時命題,亦頗具特色,摘録若干則於下,藉知先生教學情況之一端。

中國通史甲組試題(任作兩題)

1. 試略述歷代相職之變遷。

2. 戰國時代,通國皆兵,後何緣廢墜? 試略述其事迹及其所以然之故。

3. 李悝《法經》,集古代法律之大成,只有六篇,何以《吕刑》述古代刑法,乃能多至三千條? 試言其故。

4. 論人取決鄉評,易滋流弊;取士決於考試,最爲公平。理極易見,何以九品中正之法行之甚久,科舉之制顧興起較晚?

5. 税、賦、役爲取民之大端，此三者在古代，系統本極分明，至後來乃逐漸混淆，能言其略歟？

中國通史乙組試題

1. 説生物進化與文化進化之異。

2. 歷史上社會進化，每呈一動一静之觀，是否不變之定律？試以意對。

3. 治歷史者，何以不宜偏重政治？試言其故。

4. 何謂家庭動物，何謂社群動物？人類於何者爲近？

5. 女權在低級農業社會中最爲發達，其故何在？

6. 社會階層之分，始於年齡，古代視年齡之別，較其視兩性之別爲重，其故安在？

7. 古禮只有出妻，而《戰國策》言大公望爲齊之逐夫，其故何歟？

8. 現代婚姻爲個人之事，古代則視爲家族之事，其故何在？其利弊若何？

9. 文明進步則結婚年齡漸遲，甚且有獨身者，其利弊若何？如謂有弊，當何以救之？

以上九題，作一題即可完卷。九題全作亦可，總之多少不拘。能勿鈔録講義原文最佳。見解與講義不同，或相反背，均無不可。

題：首行低兩格，次行以下，概低三格。文：或全頂格，或每段首行低兩格，均可。必須點句。限用毛筆、墨水筆，勿用鉛筆。

中國通史乙組試題

1. 原妓。

2. 習慣、法律對於離婚往往加以禁阻，其故安在？其得失若何？

3. 或謂社群制度爲女子之友，家庭制度爲女子之敵，其説若何？

4. 試述女系氏族易爲男系之由。

5. 宗法之制，所聯結之人，血緣上實多疏遠，何以仍能有親愛之情？

6. 試説氏族崩潰、家庭代興之故。

7. 古以多男爲福，諺稱養兒防老，然實際上，現代父母欲得其子孝養甚難，試就經濟制度，剖析其故。

8. 齊有巫兒之制，本以女主祭祀，然後世宗祧繼承，必專於男，其故安在？

9. 或謂今人之姓，實爲無用之長物，僅因習慣而存在，其説然歟？

（答題要求同上）

中國通史丙組試題

1. 文化之進步,究係環境關係? 抑係種族能力?

2. 一治一亂之現象,是否不可變動?

3. 近代史前史之發現,論者謂係學術上一大進步,其故安在?

4. 家庭制度之成立,究因兩性關係? 抑因生活問題?

5. 兩性間之妒忌,是否人類之天性?

6. 同姓不婚之理安在? 與近親不婚,是一是二?

7. 或謂中國古代,內婚制及母系氏族,維持較久,其說然否?

8. 或謂現在法律,離婚之訴,當定原則上自妻提出者無不許,其說可行否?

9. 或謂野蠻民族之制度,每較文明民族爲合理,其說然否? 試就婚姻制度評之。

(答題要求同上)

中國通史　大考試題　丙組(任作兩題)

1. 言語異同,有語音、語辭、語法三方面,中國不同,在何方面? 欲救其弊,其辦法當如何?

2. 古代教育之權,如何自官家移於私家? 秦□詩書百家語,令民欲學法令,以吏爲師,或謂此種復古運動,其說然否?

3. 佛教諸宗,何以惟净土流傳最廣? 或謂宋儒,係以哲學中之唯物論辟唯心論,其說如何?

中 國 通 史

1. 以節育及兒童公育,救正獨身及晚婚,此說君以爲如何?

2. 君所讀之中國通史,其作者對於現行的婚姻及家族制度,似抱反對意見,關於此問題,君意以爲如何? 請直言,各抒己見。

3. 民主制度如何廢墜,試述其原因。

中國通史丙組(任作一題)

1. 古代國人野人之階級如何泯滅? 試言之。

2. 世業制度之破壞與經濟組織關係若何? 試言之。

3. 資本主義初興時,何以政治家恒思打倒之,以回復封建時代之秩序,資本主義社會中,地位之高低多以貧富爲標準,能言其略歟?

4. 魏晉門閥制度盛行時,以何爲判別門第高低之標準? 試言之。

中國通史丙組(任作一題)

1. 封建時代之階級,其根源爲以力助君;資本社會之階級,則其根源以財相尚,試述其轉變之由。

2. 論歷史者,皆以周秦之間爲古今之界,或謂此以政治言耳,如以經濟言則當以新漢之間爲古今之界,其説如何? 試評之。

3. 晉之户調、魏之均田、唐之租庸調皆欲以緩和之法逐漸平均地權,然均未能有成,其故何歟?

4. 試略述歷代相職之變遷。

5. 親民之官莫如縣令,或謂其地位實只能指揮監督,其欲興利除弊,非藉地方自治之力不爲功,其故何歟?

中國通史(任作兩題)

1. 奴婢之起源如何? 用何法放免?

2. 孔子大同小康之説,應有經濟背景,能略言之歟?

3. 古代之國人野人地位有別,能言之其略歟?

4. 中國歷代之社會政策何以偏重平均地權而忽視節制資本?

5. 何謂部曲客女。

本國史(任作兩題)(廿六年七月七日)

1. 不平等條約中,影響經濟最甚者,爲關税協定,及外人得在吾國商埠設廠製造兩端,其約定於何時? 吾國工商業受其壓迫者何若,試言之。

2. 唐自府兵法壞,乃有藩鎮之兵,宋懲藩鎮驕横,乃行募兵之制。其變遷及利弊,能略言之歟?

3. 宋學流弊,在於空疏,清代考證之學,緣之而起。或謂清學之弊,又在偏於證實,缺乏思想,其説然歟? 試評論之。

中國社會史試題

1. 問:或謂我國古代人口較後世爲得實,其説如何?

2. 問:歷代户口,迄無近實之數,其最大的原因何在?

3. 問:近代調查户口,初由編審,繼憑保甲。或謂編審初非調查户口之政,保甲亦非調查户口之司,真正之户口調查,我國久無其事,其説然歟?

中國政治思想史試題(任作一題)

1. 法家之學,細別之又有法、術兩派,在今日,二者之用,孰爲尤切?

2. 或云秦人之失,乃由將一切異己之論皆視爲朋黨,而忘卻民間有真正之輿論應當采取,其説如何?

3. 翼奉謂漢都長安,其制度已趨奢侈,不足以爲治,因欲遷都洛陽。果如其説,則今日之首都舍棄南京等舊都會,而別圖營建,甚至各省省會等亦皆如此,遂足以整飭政界之風紀,而增加其效率歟? 試以意言之。

4. 桑弘羊論

中國政治思想史　期中(任作一題)

1. 魏晉南北朝佛教盛行,政治思想因此衰落,王通、韓愈等起而矯之宜也,然必至宋世而後其説乃盛,其故安在?

2. 井田、封建,人知其不可行,宋學家乃有主張之者,其故安在?

3. 宋儒講尊攘,重氣節,皆時勢然,能言其故歟? 其嚴王霸之分、重君子小人之辨,立論固純,或謂其有增益黨爭之弊,其故安在?

4. 或謂中國歷代黨爭,惟宋神宗時之新舊黨最有今日政黨意味,其説然歟?

文字學(作一題)

1. 孳乳通於轉注,淘汰通於假借説。

2. 中國單音語辯。

民族史(作一題)

1. 箕子所封之朝鮮非今日之朝鮮説。

2. 《史記》以越爲夏後,《國語》以越爲芈姓,二説孰是?

中國文化史(任作兩題)

1. 何謂疏食,疏食與進化之關係若何?

2. 古代衣服之裁製,如何逐漸變成爲今日之衣服?

3. 今之所謂花園於古之苑囿是否一物?

4. 郡縣之制始於何時?

5. 漢世經學何以有今古文之異,今古兩家之學孰長?

中國文化史(上海正風文學院文學系本科二年級諸長青)

1. 後世農業勝於古代之處安在? 不及古代之處安在?

2. 社會組織何以始於女系之族?

3. 古代之五刑與隋以後之五刑之異同。

4. 或謂魏晉後之玄學爲漢代儒學之反動,其説然否?

5. 歷代遠洋航線有見於正史者否？

6. 郡縣之制，始於何時？

文化史(作一題)

1. 先秦多專門之學，後世則變爲通學，其故安在？

2. 楊炎變租庸調爲兩税説。

文 化 史 補 題

1. 試略述歷代地方區劃之變。

2. 晉之户調式、魏之均田令維持久遠，其故安在？

3. 清季多持廢省之議者，(下缺)

近世史(作一題)

1. 試略述北洋軍閥没落之經過。

2. 不平等條約中關税協定與領事裁判權爲害孰大？試言之。

近世史(作一題)

1. 民國以來，有志於武力統一者頗多，然成效卒鮮，究竟武力統一在今爲不可行歟？今後欲求統一，能否全廢武力不用，試以意言之。

2. 孫中山鑒於俄國革命之成功，因有改組國民黨及設黄埔軍官學校以練兵之舉。北伐之成，於此二者，自有關係。然在今日，黨務、軍事均有未容樂觀者，其受病之根源安在，救正之方法如何？

3. 五四以後，群衆運動，雖時起時伏，而迄未嘗絶，究竟此項運動，有益抑無益？

4. 歷代兵争，恒南不勝北，明太祖起江域，克胡元，而形勢始一變，其後滿洲猾夏，三藩覆亡，太平天國革命無成，而形勢又復其舊，自辛亥光復，暨國民軍北伐，則又北不勝南，其故安在？試以意言之。

近世史(作一題)

1. 民國以來，抱武力統一之見者甚多，然其效率不可睹，(一)果統一不可持武力歟？(二)抑其所謂武力者，不足以爲武力；(三)或統一不當專持武力，武力雖具，而他種條件有缺歟？試述所見。

2. 東北之開發，近來漸證明其爲中國本部文化之發展，試從地理上推論中國本部之開化早於東北之原因？

3. 群衆運動之利弊若何？試述所見。

社會變遷史(作一題)

1. 民之饑以其上食税之多義。

2. 墨家所行爲凶荒札喪時之變禮説。

歷 史 研 究 法

1. 歷史何以非一成不變而時時在改作之中?

2. 史學之所求者乃理而非事,何以研究歷史者仍須注重於事實?

歷 史 研 究 法(任作兩題)

1. 何謂一切書籍,悉數看作史材。

2. 僞書仍有用否? 如有用當於若何條件之下用之?

3. 作史者之道德與其所作之史有何關係?

4. 論學問者謂明於學,則不待講求應付之術而術自出焉,其故何歟?

5. 古記事記言之史,存於今日者爲何書? 此外古史官所記,尚有存於今者否? 史官所記之外,尚有他種古史材料否?

對於試卷答題的格式,先生也有一定的要求,印有一份《試題抄寫格式及答題要求》,考試時隨試卷一同發下,其内容如下:

試題抄寫格式及答題要求:

1. 題目首行低兩格。次行以下,均低三格。

2. 文字或全頂格,或每段之首行空二格,均可。

3. 必須點句。(此條所以養成每作文畢,隨即自行復看之習慣,最爲要緊。)

4. 字以真、行兩體爲限。考卷有格子者,不得寫出格外。

5. 筆。限用毛筆及墨水筆,不得用鉛筆書寫。

6. 違犯以上格式者,扣去分數百分之五。(不論違犯一款或多款。)

7. 題目作一題即可完卷,全作亦無不可,總之多少不拘。能勿抄講義原文最佳。見解與講義不同,或相反背,均無不可。

此係鄙人已行之法,成績甚佳,現在仍望諸同學遵守。鄙人近又提議調查高等考試卷子樣式及抄寫格式,校中考試時,即行仿照辦理,已蒙副校長允許,現正從事調查,將來調查得有結果之後,全校自當另定一律辦法。現在鄙人所授之課,考試時仍照此格式抄寫可也。

民國二十四年乙亥(一九三五)　五十二歲

先生爲乙亥《光華年刊》題詞"觀其會通"。

二月十九日,上午九時,光華大學在大禮堂舉行紀念周,張壽鏞校長主

持，先生發表演講。(《光華大學大事繫年録》,《光華大學十周年紀念册》,第五十頁)

二十六日，先生撰《反對推行手頭字提倡制定草書》一文，後刊於《江蘇教育》第四卷第四期。發表時，先生補寫了一段跋文：

> 中國文字之演進，看似不合理，實則有至理存乎其間。拙撰《字例略説》第八至第十三章，言之頗詳，今之欲改革文字者，如肯就以往之迹加以研究，自可見文字之增减改易皆有自然不得已之故。行乎其間，以一人一時之智力，强立條例，爲不易矣。思勉自記。

三月十一日至二十日，光華舉行上學期不及格課程之補考，先生參加考題的擬定與監考。(《校聞》,《光華大學半月刊》第三卷第七期，一九三五年出版)

三月，先生所著《中國民族演進史》由上海亞細亞書局初版印行，被列爲"基本知識叢書"之一。

三月，上海市國民黨黨部命令商務印書館修改《白話本國史》：

> 查商務印書館發行之吕思勉著《自修適用白話本國史》第三編《近古史下》第一章《南宋和金朝的和戰》第一節《南宋初期的戰争》,内稱"大將如宗澤及韓、岳、張、劉等，都是招群盜而用之，既未訓練，又無紀律，全靠不住。而中央政府既無權利，諸將就自然驕横起來，其結果反弄成將驕卒惰的樣子"。第二節《和議的成就和軍閥的剪除》,内稱："我説秦檜一定要跑回來，正是他愛國之處，始終堅持和議，是他有識力、肯負責任之處，能看出撻賴這個人可用手段對付，是他眼力過人之處，能解除韓、岳的兵權，是他手段過人之處，後世的人卻把他唾駡到如此，中國學術界真堪浩歎了。"又稱"岳飛只鄆城打了一個勝戰，鄆城以外的戰績，都是莫須有的，最可笑的，宗弼渡江的時候，岳飛始終躲在江蘇，眼看著高宗受金人的追逐"等語。按武穆之精忠與秦檜之奸邪，早爲千古定論。該書上述各節撫拾浮詞，妄陳瞽説，於武穆極醜詆之能，於秦檜盡推崇之致，是何居心？殊不解際此國勢衰弱，外侮憑陵，凡所以鼓勵精忠報國之精神、激揚不屈不撓之意志，在學術界方當交相勸勉，一致努力。乃該書持論竟大反常理，影響所及，何堪設想。擬請貴會嚴飭該書著作人及商務印書館，限期將上述各節迅即删除改正。在未改正以前，禁止該書發售，以正視聽而免淆惑。除令本市社會局嚴禁該書在本市銷售，並通飭各級學

校禁止學生閱讀外,相應函請查照核辦見覆爲荷。

三月十二日,《朝報》主編趙超構先生在《朝報》"每日談話"上發表《從秦檜說起》一文,對南京市政府查禁呂思勉《白話本國史》的做法表示不滿。

十三日,上海《新聞報》以《白話本國史之怪論:岳飛是軍閥秦檜愛國》爲題,發文支持政府查禁《白話本國史》,並稱該書的持論有害民族性。自三月二十日至二十六日,《朝報》一連刊出《闢某報之漢奸論》、《用真憑實據證明龔德柏誣陷呂思勉!》、《雜駁某報》、《龔德柏之真憑實據　原來只有天曉得!》等文章。

四月,先生撰《禁奢篇》和《謝利恒先生傳》。

錄是年及一九六七年顧頡剛先生日記及《顧頡剛年譜》有關記載四條:

　　四月三十日:……(王)伯祥等來,同到覺林吃飯。九時,良才送至旅館。服藥而眠。今晚同席:呂誠之(思勉)、傅東華、鄭振鐸、胡愈之、顧均正、何柏丞、陳乃乾、彭浪明夫婦、嚴良才、予、(以上客)王伯祥、①夏丏尊、章雪村、章雪山、徐調孚、丁曉先、宋雲彬、范□潛。(以上均開明書店人,想均是主人)

　　五月三十一日:史學研究會會員:洪煨蓮、許地山、張星烺、陶希聖、聞宥(西南民族史)、孟心史、吳寄荃、錢穆、呂思勉、聶崇岐。(《顧頡剛日記》卷三,臺灣聯經出版事業股份有限公司,二〇〇七年五月版,第三三七、三四九頁)

　　七月一日:始到北平研究院辦公,擬各項章程及工作計畫,聘吳豐培、張江裁、吳世昌、劉厚滋等任編輯,常惠、許道齡、劉師儀、石兆原等任助理,孫海波、徐文珊、馮家升、白壽彝、王守真、鄺平章、楊向奎、顧廷龍、王振鐸、童書業、楊效曾、王育伊等任名譽編輯,洪業、許地山、張星烺、陶希聖、聞宥、孟森、吳燕紹、錢穆、呂思勉、聶崇岐任史學研究會會員。平研院史學研究會歷史組正式成立。主要工作有:派吳世昌、張江裁帶隊普查北平古迹,以大小廟宇爲重點,編輯《北平廟宇通檢》等書;派劉厚滋任金石編纂工作;派吳豐培負責邊疆史地研究,並爲本組選購邊疆圖書。(顧潮:《顧頡剛年譜》,中國社會科學出版社一九九三年三月版,第二三

① 王伯祥(一八九〇——一九七五),名鍾麒,字伯祥,江蘇蘇州人。早年曾任教於廈門集美學校、北京大學等,後任商務印書館、開明書店編輯,解放後在中國青年出版社任編輯。主持出版《二十五史》、《二十五史補編》,有《春秋左傳讀本》、《增訂李太白年譜》等著作。

三至二三四頁）

　　（一九六七年十二月十二號星期二）到所，……與厚宣談。……厚宣云：抗戰前，胡適作北大文學院長時，本欲聘呂思勉到歷史系任教，以其在《白話本國史》中爲秦檜辯護，有符於胡氏之意也。嗣以呂老説老子在孔子後，大拂其意，乃止聘。此事可見舊社會中學閥風氣。（《顧頡剛日記》卷十，第七九三頁）

　　胡厚宣先生所云“爲秦檜辯護，有符於胡氏之意”，當指胡適先生在一九二五年《現代評論》第一卷第四期上發表的《南宋初年的軍費》一文云：“宋高宗與秦檜主張合議，確有不得已的苦衷。……秦檜有大功而世人唾罵他至於今日，真是冤枉。”又云：“劉軍仰給於漕司，岳軍取給於酒庫。此與今日軍人靠鹽税、鴉片爲餉源者頗同。”（季羨林主編：《胡適全集》第十三卷，安徽教育出版社二〇〇三年九月版，第五二至五三頁）

　　五月十三日，《大公報》“圖書副刊”“書評”欄刊有牟潤孫先生所撰《呂思勉著〈白話本國史〉訂訛》一文云：①

　　　　此書大體尚佳，不失爲初學之良好讀物，惟呂氏之撰此書，似未能充分利用札記法以搜輯及類次史料，恐或不免專憑記憶，故書中訛誤有爲常人所不應有者。案此書刊布於民國十二年九月，迄今已逾十載，累經重版，訛誤如故。竊念此書爲學校教本，其自身之錯誤尚小，其貽害於來學實大，故略爲勘訂於次，尚因此而加以改正，是區區所企望也。（以下列出錯誤共十一條，略）（《大公報》一九三五年五月十三日）

　　《救國日報》刊登啟示，重價徵求呂著初版《白話本國史》：

重價徵求呂著本國史

　　本報現需用呂思勉著二十二年版《白話本國史》（其他版本不要），有願出讓者，酬世界書局六大名著（即《資治通鑑》、《續資治通鑑》、四史、十三經注、《文選》、《定庵文集》）預約券一紙（實價十五元），或現金十五元。請與本報陶先生接洽，書以先到之一部爲限，後到者原書奉還，若係郵寄，並當酬還寄費。

　　　　　　　　　　　　　　　　　　　　　　　　　　《救國日報》社啟

---

　　①　牟潤孫，字雲孫。此文現已收入他的《海遺叢稿》（初編），中華書局二〇〇九年三月版，第二七五至二七九頁。二〇〇五年上海古籍出版社版《白話本國史》已作了訂正。

其時報刊雜志,評論《白話本國史》者甚多,有攻擊的,也有辯解的,有些報刊甚至藉以勒索賄賂,如不應允,便要發表污衊性文字,先生均置之不理,亦不辯答。是年四月,《白話本國史》國難後訂正第四版發行。五月,《救國日報》報人龔德柏先生以呂著《白話本國史》中宋金和戰一節的議論爲由,向法院控告商務印書館以及著作人呂思勉、《朝報》經理王公弢、主筆趙超構先生等犯外患罪及出版法。先生遂於五月十二日到南京。

五月二十日,江蘇上海地方法院檢察官宣布判決,不予起訴。龔德柏先生對不予起訴的判決書不服,遂向江蘇高等法院申請再議。六月四日,江蘇高等法院稱"聲請再議於法不合,應予駁回"。

五月,高中復習叢書《本國史》上海商務印書館初版印行。

是月,先生因上述訟事滯留南京待質,先生在旅館中撰《十年來之中國》一文。

六月二十一,莊通百(先識)先生致先生一信。

誠之我兄:

白門把晤,未罄積悰,判袂匆匆,曷勝悵惘。兄與商務之被控案,聞同鄉吳君言已有判決書發表(不予起訴),可無問題(兄當已聞悉)。後龔德柏又作二次控告,亦被駁斥,此後當不致再生枝節矣。(哲東已有回函否?)兹將兄離京後數日之《救國日報》告白兩紙,附上一閱,大約即作爲二次控告之材料也。前托向陳岳生兄索其尊公詩集,並承兄允贈《光華半月刊》,幸勿遺忘,可就近交家君。兄何日放暑假返里?弟下月中旬來申,又未必能晤談也。

弟先識上　六月二十一日

六月,先生所編的《初中標準教本本國史》由上海中學生書局初版。此書分四册,係遵照教育部課程標準編寫,章節細目則依據江蘇省教育廳初中歷史科教學進度表。

七月,先生撰《大同釋義》發表於《文化建設》。一九三三、一九三四年間,先生在光華大學講解孔子大同思想。一九三五年夏,樊仲雲先生主編《文化建設》月刊,①以孔子思想爲題向先生徵稿,先生遂將《大同釋義》文言文稿改

---

① 樊仲雲(一九〇一——九八九),浙江嵊縣人。曾任商務印書館編輯、新生命書局總編,主編過《社會與教育》、《文化建設》等刊物。著有《中國本位的文化建設宣言》,譯有《世界經濟地理》等,還與陶希聖、薩孟武合譯過《馬克思經濟學說的發展》。

定付刊。

九月二十一日，先生爲姚舜欽先生《秦漢哲學史》撰寫序言。① 此書於一九三六年一月由商務印書館出版。

十月，先生撰《論民族主義之真際》一文，刊於《教與學》第一卷第四期。

十一月四日，光華舉行紀念周，先生做演講。(《一年來大事記》，《光華年刊(丙子)》)

十二月，先生開始在光華大學作《中國政治思想史》演講。演講分數次，由先生之女呂翼仁女士記錄整理，分九期刊於《光華大學半月刊》(第四卷第五期至第五卷第四期)。

是年先生爲陳志良先生《奄城訪古記》作跋，又撰有《潘蕙蓀傳》一文。

民國二十五年丙子(一九三六) 五十三歲

二月起，先生繼續《中國政治思想史》的演講。二十世紀八十年代，呂翼仁女士對演講的刊印稿做過一些校對和整理。後以《中國政治思想史十講》爲題收入《呂思勉遺文集》，有删節。全文又收入上海古籍出版社出版的"呂思勉文集"之《中國文化思想史九種》，並由編者按每一講的内容添加了章節標題。

三月，先生托時在北平的管文如(管達如之弟)先生購藥，文如回函：

誠之大哥尊鑒：

項由家兄轉到手示，讀悉種種。承示企元病症，並經一大嫂屬買龍虎丸，②弟當檢查原方，係用牛黄、巴豆、信石三種配合，與龍虎丹無異，且蔡同德係上海老藥鋪，北平並無此店，無從購買。此種病症由於肝胃兩經内熱生痰，通利鎮逆之法，卻必需用，然非以巴豆砒霜等劫劑所能療而服之可以有功者，因其猛下，痰熱並去，可得神識略清，過後兩經之熱又升，病症依然如故，而胃陰肝陰已經大傷，數用此等藥品，久後必致飲食不進，漸漸搐搦而死，非良法也。兹另覆經一表嫂二紙，請轉交一閲，另議辦法，勿取快一時而貽後悔也。意臣到廈不久，而即疊出事故，上累吾兄，何其不慎也！孔子曰：四十五十而無聞焉，斯亦不足爲也。弟於意臣

---

① 姚舜欽，名璋，曾任光華大學、華東師範大學教授，著有《八大派人生哲學》、《秦漢哲學史》、《近代西洋哲學史綱要》(與張東蓀合著)等。

② 企元、經一，均爲呂先生的親屬。先生備忘記有："經一表兄民國三年六月十四卒。"

前途,代爲危險,此將如何哉?舍下一一均好,足以告慰。家兄另有書已
徑寄矣。專覆,敬請尊安。

弟文敬上　三月十五日

附寄上企元之方,用錢仲陽五癇丸意,是否合病,弟不能知,宜與里
中諸醫酌之。

| 黄丹三兩 | 白礬三兩 | 郁金一兩五錢 | 生牡蠣三兩 |
| 生龍骨三兩 | 石菖蒲一兩五錢 | 蘇合香丸七粒 | |

竹瀝化開和前藥末作丸

六月五日,光華大學舉行校務會議,成立畢業考試委員會,先生選爲校內
委員之一。(《校聞》,《光華大學半月刊》第四卷第十期,一九三六年出版)

七月,管文如先生又自北平來函:

誠之大哥尊鑒:

久不奉手示,頗深企繫。昨晚讀六月卅日賜書,敬悉一切。廿七夜
間,亂事猝然而發,聞聲之處,當然不能不驚。好在事在深夜,各家除在
室中彷徨,亦無他法,故能匕鬯不驚,一日即定。弟處炮彈從屋頂飛過數
次,幸未落下,未受若何損失也。吾哥爲意臣所累,可爲無妄之災,今已
得有辦法,聞之增慰。維意臣迄無下落,弟意此後渠若不能得意,恐從此
不相往來矣。企元服藥,能吐臭痰,其絡中凝滯之痰,有轉出之象,若其
正氣能自轉旋,未始非向愈之機。目下仍宜續進前藥,不必更張,若得神
識全清,能持續至十五日以上,然後加服香砂六君丸,每日三錢,而治病
之藥,仍不可斷,屆時再商辦法可也。家兄昨日以銀行半年決算例假旋
平,來書業已閱悉矣。舍下一一均安,足以告慰。專此,敬請尊安。

弟文敬上　七月三日

再者蔭千四家兄,吾哥亦常與晤面否?近況如何?

錄先生存件所記一條:

四妹與盛綏臣訟事,廿五年八月,綏臣重婚者名張若虞,即紅雪村。
(《存件》)

四妹即先生從堂妹呂瑞之女士,一九一五年,瑞之嫁給同邑盛宣懷的侄
孫盛綏臣先生,媒人之一是呂先生的岳父,然而這椿婚姻並不美滿,最終盛氏
不別而行,到上海另結新歡,瑞之女士在備受凌辱之後,於一九三六年八月將

丈夫盛授臣先生訴之於法院。十月三十一日第一審判"盛綬臣有配偶而重爲婚姻處有期徒刑六月緩刑二年"。

至遲於是年八月，先生已任光華大學歷史系主任。

> 吕思勉，字誠之，江蘇武進人。履歷：東北瀋陽高等師範、上海滬江大學國學、歷史教授，前常州府中學堂史地教員。十五年八月到校任教；廿五年八月時，任歷史系主任。擔任學程：史學。（《廿五年度教職員名録》，《私立光華大學章程》，一九三六年八月刊印，第九十九、一〇四頁）

八月，光華大學擬於下學期設立史地研究室，由先生具體籌畫研究工作。先生又擬於下學期開設"中國民族史"與"史學研究法"課程。

> 光華大學彌來努力於課程之充實，及設備之增進。新建之理工實驗館機械工廠及由畢業同學等捐建之療養院各一所，不久即可完工；新增設之土木工程系，各項設備亦已分別布置就緒；文學院之心理實驗室，擬加擴充；史地研究室、教育研究室、商學院之經濟研究室，已由吕誠之、廖茂如、楊蔭溥分別計畫，均於下學期次第實現。（《光華大學新設施》，《申報》一九三六年八月十二日第四版）

> 光華大學近年以來積極發展，除努力擴充校舍及增置設備外，對於良好學風之培養尤爲注意。下年度各院課程益見充實，文學院如錢基博任"文學鳥瞰及目録學"、吕誠之任"中國民族史"及"史學研究法"、蔣竹莊任"中國佛教史"、温源甯任"莎士比亞及西洋近代詩"、陳麟瑞任"西洋名著選讀"、饒餘威任"英國浪漫詩人"、耿淡如任"歐洲外交史"、金游六任"現代政治思潮"、袁堯年任"法學"、廖茂如任"教育試驗"、吴澤霖任"社會專題研究"……（《光華大學教師》，《申報》一九三六年八月二十四日第四版）

九月十五日，先生撰《貓墜入井》、《太平畜》、《貓友記》。先生喜貓，妻子、女公子也均喜貓。先生又嘗撰《貓乘》，分《貓壽》、《貓眼歌》、《貓食》、《古貓》、《貓相》、《貓行之速》、《貓可教》、《貓哺鼠》、《貓打門》、《貓救子》、《貓托孤》、《貓竊》、《貓生翼》、《風貓》、《好貓者》、《染貓》、《貓賽》、《貓作官》、《殺貓肇禍》、《剥賣貓皮》、《人造貓》、《貓眼人》各目。

録王玉祥先生的回憶：

> 誠之老師秉性仁慈，菜肴雖不避葷腥，但"見其生不忍見其死"，"聞

其聲不忍食其肉"。抗戰時在常州隱居著作期間所飼養的雞鴨,自己是不下箸的,有只鴨子一直養到壽終。誠之老師愛貓,每逢來自常州的鄉親,在談完正事後,往往問:"到我家,見過'阿黃'嗎?"他老人家還寫了篇《貓友紀》,將家中養過的貓,一一記其名號、毛色、形狀、習性,以及它的由來和去向。師母和翼仁老師亦喜貓。談起貓,誠之老師樂於向同好者介紹上海城隍廟馬戲團見過的一隻頭大、臉圓、毛長、尾粗的波斯貓。
(王玉祥:《懷念呂誠之老師》,刊於《蒿廬問學記》,三聯書店一九九六年六月,第一六二頁)

本年前後,光華大學的學生人數大增,一時"學校的飯堂,既不足以容。合校門內外的飯店,亦仍患人滿"。九月十八日的校務會議上,光華附中部主任廖茂如提出再添建一所廚房。先生主張,如再建一所廚房,"不該再照老樣子,而當帶一點公廚的性質"。二十五日,校務會議再議此事,先生遂作了講演式的說明,得到朱公謹、廖茂如兩位副校長的贊成,並希望先生能寫成文章,供大家討論。先生遂寫成《吃飯的革命》一文,刊登在《光華半月刊》上。

十月十七日,《光華大學半月刊》第五卷第一期刊登《校聞》:學校本學期訓育委員會決定實行導師制,聘定先生等二十四人爲導師,每導師負責指導新生二十人。"導師工作分集合談話、個別談話及宿舍訪問三種,以期潛移默化,收精神教育之效"。

十月,先生在光華大學的演講《中國文化東南早於西北說》,於《光華大學半月刊》刊出。

十二月十四日,先生爲陳登原先生的《歷史之重演》作序。

三十年代,先生曾在上海私立持志大學、真如正風文學院兼課,其時胡道靜、劉同葆諸先生從業焉。

第四卷
五十四歲 至 六十二歲(一九三七 至 一九四五)

民國二十六年丁丑(一九三七)　五十四歲

七月七日盧溝橋事變爆發,"八·一三"上海戰事繼起,全國軍民團結抗日。

録先生是年的殘存日記:

民國二十六年八月二十一日偕舜欽、國光、養浩自西站行,①二十二日抵里。

十月初九日偕繼蘭、榮、舜欽夫人及其子女,由汽車行五時至無錫,十日車至嘉善止,十一日試開上海,得繞道自南陽橋入法租界。十五日居愚園路儉德坊十七號。(《殘存日記》)

十月二十八日遷中央大旅社。

卅一日遷愛麥虞限路百六十二號。②

十一月十二、十三日敵焚光華。③(《殘存日記》)

一九三七年,抗日戰爭起,光華遷租界開學。予攜一妻一女,亦遁迹租界,仍在光華教授。(《三反及思想改造學習總結》)

二月,先生撰《中學歷史教學實際問題》一文,刊於是月出版的《江蘇教育》第一、二期上。

三月一日,先生出席光華大學半月刊編輯委員會會議,討論本學期編輯方針及革新計劃。

三月,《燕石札記》列入光華大學叢書,由商務印書館初版印行。一九八二年八月上海古籍出版社出版的《吕思勉讀史札記》,未刊先生自序,現錄入如下:

予小時讀書即有札記,迄於今未廢,閱時既久,積稿頗多。每思改定,依經、子、史分爲三編,以就正於有道。皮骨奔走,卒卒寡閑。僅因友人主編雜志索稿,或學校生徒質問,發篋整理,間或成篇而已。念全書殺青無期,乃謀陸續刊布,總名之曰《燕石札記》。俟積稿清釐略竟,然後分類編次焉。學問之道無窮,淺陋如予,所述寧足觀采。惟半生精力所在,不忍棄擲。千慮一得,冀或爲並世學人效土壤細流之助而已。倘蒙進而教之,俾愚夫不至終寶其燕石則所深幸也。二十五年十月六日,武進吕思勉自識。

先生自評《燕石札記》:"考證尚可取,論晉人清談數篇,今日觀之,不盡洽

---

① 吳國光(?——一九五一),江蘇常州人,光華大學職員。先生備忘記有:"吳國光,辛卯四月十七日卒(新曆五月廿二)。"陳養浩,江蘇常熟人,中央大學教育行政院師資訓練科畢業,曾任常熟偃角小學校長、無錫國學專修學校、光華大學職員。吳、陳均爲吕先生光華大學同事。

② 今上海紹興路。

③ 光華大學校址原在上海大西路(今延安西路),即今中山西路東華大學(原中國紡織大學)所在地。

意。"又説自己"少時讀史,最愛《日知録》、《廿二史札記》,稍長,亦服膺《十七史商榷》、《癸巳類稿》。今自檢點,於顧先生殊愧望塵,於餘家差可肩隨耳"(《三反及思想改造學習總結》)。

録劉節一九三九年二月十一日日記一條:

> 又借來吕思勉所作《燕石札記》讀之,其中頗有佳作。其中論《越裳》一節最爲贊同,《尚書大傳》越裳作越常,《魯頌》云"居常與許,復周公之宇",此常與許皆在山東,常當爲魯地。越常者以種族之名與地名並稱,頗合古人姓氏並舉之例。不過古之地名,因時代而遷徙。越之名自山東以至閩粵皆有是稱,《魯頌》之常在山東,則《尚書大傳》所見之越裳盡有在閩粵之可能。《後漢·南蠻傳》以爲交趾之南有越裳國,其意亦不過取古地名以名域外之國。若以《尚書大傳》爲准,則此越裳當以在閩粵爲是也。(劉先曾整理:《劉節日記(1939—1977)》,大象出版社二〇〇九年版,第三十頁)

先生有讀史札記《讀〈山海經〉偶記》寫於是月十九日。

是年三、四月間,先生應大夏大學史地學會的邀請,在該校作題爲"研究歷史的感想"的演講,演講由吕燮文君記録,後刊登於大夏大學的《新史地》。

四月二十三日,光華召開校務會議,決定開辦面向中學及師範教員的暑假學校,定於七月六日開學,學期六周,先生聘定爲暑假學校教授。(《校聞》,《光華半月刊》第五卷第十期,一九三七年出版)

六月一日,華東各大學國語辯論賽之預賽在光華大學舉行,先生與廖茂如、金游六擔任評判。(《校聞》,《光華半月刊》第五卷第八期,一九三七年出版)

十二日,吴越史地研究會在上海八仙橋青年會禮堂開演講會,先生前往演講,演講的題目是《吴越文化》。上海《時事新報》以"吴越史地研究會舉辦古石陶器展覽,下午在八仙橋青年會舉行,胡朴安、吕思勉等先生擔任演講"爲標題,做了簡略的報道。

六月,光華大學攝影學會出版影集,取名爲《光華影刊》,請先生題詞。

先生之女翼仁女士於一九三四年入光華大學就讀社會學學系(學號二五三四),是年夏畢業,留校任助教。

七月,先生編撰的《更新初級中學教科書　本國史》初版發行。該書依照教育部修正課程標準編輯,是年七月經教育部審定,共四册。

"八·一三"事變爆發，日寇侵犯上海。其後先生回鄉接家眷來滬，亂離之際，先生仍將親身見聞寫成文章，發表於光華大學的刊物上。①

先生時在滬江大學兼課，講授中國政治史。八月二十二日，滬江大學教務處致函先生商定上課時間，定於每周一、三、五上午第三時。

十月、十一月，先生曾致徐震（哲東）先生信兩封，從中可見當時先生生活、教學的情況：

哲東仁兄：

　　別後久欲致書，而忽忽迄未果。公想甚賢勞，攜居安穩否？弟因光華開學，不能不來，妻孥在常，未免兩地牽掛，故於本月初九日攜一妻一女趁長途汽車來滬，十一日並晚到，途中雖遲滯，尚屬平安。惟十三日常州車站被炸，而迄今未得十三後里中來書，殊爲懸懸耳。弟現住愚園路儉德坊十七號。賜書可寄愚園路一千二百二十八號光華大學，緣寓所人多，庸或致誤也。光華此學年係將原訂契約取消，另訂臨時契約，薪水較之平時尚不及半，既須支持滬寓，又須顧及里中，殊覺費力也。蘇浙皖區統稅局，分設辦事處於蕪湖，研公業已前往，通伯、仁冰、②廉遜等尚未晤及也。專頌旅祺。

　　　　　　　　　　　　　　　弟勉頓首　一九三七年十月十七日

哲東我兄：

　　許久音訊不通，正深相憶，今午接奉手書，歡喜曷極。弟到滬後，初住客棧，繼卜居愚園路儉德坊，上月二十八日以滬西吃緊，再遷到客棧，本月遷到法租界愛麥虞限路一百六十二號。房主譚新民，廉遜之子，③其妻（巢肇覺次女）寡妻女兄之子也（編者按：譚新民夫人，名心一，係巢肇覺先生繼室劉夫人所生）。姑偷旦夕之安，現在此間局勢已處楚歌之中，舍間音訊業已旬日不通，光華校舍於昨今兩日被焚，現仍在賃廡之中上課，將來如何，悉看儻來之運而已。通伯七日晤及，公所寄書業已收到，曾出以相示，仁冰亦於是日晤及，研因已遷至蕪湖，因其機關改設蕪湖，

---

① 此文原缺標題，現由編者擬題爲《八·一三事变后滬常見聞》，收入《論學叢稿》。

② 謝仁冰（一八八三——一九五二），江蘇武進人。早年畢業於京師大學堂譯學館，後任教育部僉事、交通部諮議、滬江大學教授、商務印書館副經理等職。解放後任上海商務印書館經理、中國民主促進會中央理事會常務理事、上海市第一屆人大代表、上海市書業同業公會主任等職。

③ 譚廉（？——一九四八），字廉遜，常州人，曾任商務印書館編輯，編有《譚氏初中本國地理教科書》等。先生備忘記有："譚廉遜（廉），卅七年二月初九日卒。"

上海改爲分所也。其通訊處蕪湖二街花津橋一百拾捌號。詩舲近有喪明之痛,所失乃諸郎中之最良者,神色悽愴,甚可哀也。舍間現尚完好,將來未知如何耳。常州情形,此間報紙所載亦不詳細,緣有電報而無通信,然迄現在,除大成廠暨小北門至火車站一段外,似尚無恙也。忍睿之卒,係新曆六月中旬,不能確記其日,至其家眷、靈櫬如何,則通百亦不之知,緣其訖未有信也。損書屬滌雲轉者未收到,滌雲近狀如何,弟亦無所知也。專頌大安,不悉。

弟勉頓首　一九三七年十一月十三夜

是年八月起,時局危急,光華大學遂在市區愚園路岐山村一〇二八號租賃房屋六幢用作校舍,十月照常開學。不久,滬西淪爲戰區,附近居民紛紛遷移,光華校舍遂成國軍與日寇對峙之據點。迨國軍退出滬西,至十一月十二、十三日,光華校舍相繼被毀。

光華校舍焚毀後,只得遷入公共租界內漢口路華商證券交易所三樓、八樓上課。光華學生叔納寫有《我們的史地系主任呂思勉先生:教授剪影》一文,詳細描述了呂先生在證券大樓上授課的情景:

> 在光華,呂思勉先生是最爲學生熟悉的一個,原因倒並不在於他的課多,而是因爲呂先生的教授法、考試方法、教材以及他的容貌,與一般的教授們有些不同。

> 站在我們面前的是一個骨骼嶙峋的老人,披著件青布的大褂,非常寬大,隨著風飄呀飄的,人縮在大褂裏好像怕被風飄去似的。在這舊得青裏泛白的大褂上的一張黃黃的臉,二塊高聳的顴骨,一副老光眼鏡,略略乾癟的嘴。在講書的時候,長長的頸部不住前後抽動著,青色的靜脈管在昏黃的燈光下更顯得突出,好像非常吃力的樣子。他的聲音不高,一間教室裏面坐了一百五六十個同學,囂嘩得像樓下的交易所,坐在後面的同學,聽大不清他的聲音。他於是緩慢地移動穿著黃色跑鞋的腳,抖動著身體在走廊似的椅子的夾道裏,從這頭走到那頭。申斥的眼光穿過白色的眼鏡,直射到吵鬧著的學生身上。他的聲音更提高了,靜脈管跳動得更厲害,他在說話的間歇中喘息著,好像做著一件非常費力的事情。

> 他口才說不上好,也沒有一般名教授插科打諢的噱頭。對於一般平日不用功、讀書混日子的同學,他的課的確"枯燥得很"。但對真真想求

一些有用的知識的同學,他是最受他們擁戴的標準教授。

我們都知道,一般的學生與教授的關係都是很淡漠的。學生們除了對教授的莫名其妙的敬重外,多半是沒有什麼好感的。教授們把他自己古老的筆記原封塞進學生們的腦子裏去。把學生看成機器,他要求你的只是怎樣把他的東西吞下去,再在考試的時候,原封把它吐出來。但在吕先生的課上,那情形便完全不同了。課本的精要念一遍,然後再闡發他的詳細而扼要的解釋,把各種學説約略敍説一敍説。提出證據,批評他們的缺點,或指出他們的優點。於是再述説他自己的意見,所以抱這樣的意見的理由,最後再下結論。

他就是這樣一步步來。他從來沒有讓人死記過。他要求於學生的是理解,是聽他講後,就聽得讀得的東西,構成自己的獨立的意見。所以他總是解釋多於論斷,證據多於結論。他高興接受任何反對的意見,歡迎學生的質問。然後他頸部的静脈管又一漲一縮地抽動,他詳詳細細地提出論證,細細地爲同學解釋,從來沒有表示過不耐煩,也從來沒有表示過强迫要同學接受他的意見。

但假使退課後沒有人圍著他,加以質難,他就緩慢地翻上書,拍一拍袖口的粉筆灰,默默地回轉身走了,他永遠是這樣静默、莊重、嚴肅。

在考試的時候,吕先生的課的考試也與別的先生不同,正像他的授課時的教材與教授法一樣,他把考試作爲同學真真瞭解了多少的試驗表,而不是觀測同學强記了多少的壓榨機。一個用功朋友,假使爲了好分數而讀書,那盡把中國通史等吕先生授的課程讀得滾瓜爛熟,也會毫無用處。吕先生的題目,常常不是叫你背書,而是要你批評,要你寫下你自己的意見。譬如説中國通史,我們念過中國古代的家庭婚姻等制度,在一般的教授,題目大概總不外乎曾祖到玄孫,皇親與國戚之類瑣瑣碎碎,嚕嚕蘇蘇的一大套。而吕先生卻從來不這樣,總是提出一個社會上才發生的鬧得非常熱鬧的問題。像以前周氏兄弟弑父案鬧得滿城風雨的時候,他就把這作爲試題,讓你對家庭、婚姻制度發表些意見。不論你大罵或是大捧,他從不抹煞同學的意見。普通總是在卷子後面批上幾句,指出你的錯誤或者給你的一些闡發。

所以,無論吕先生走到哪裏,總能得到誠懇的敬重的目光,與衷心的景佩的敬禮。(原刊《海沫》,一九四二年第二期)

一九三七年至一九三九年間,葉百豐先生在光華大學聽先生講授中國古

代史等課程,晚年撰《憶誠之先生》一文,回憶當年先生講課的情景:

> 先生講課也頗具特色,有一種別人甚難做到的風格,他所講授的課程,幾乎都寫成講義,印發給學生,而自己上堂講授時,卻從來不照講義講解,而是按照自己最新的見解講授。每到上課時,就從口袋裏掏出一節粉筆,用淺近明白的文言文在黑板上寫一二段提綱,字迹端正而有骨力,然後徐徐而談,時有鴻論創見,爲同學所敬佩。先生引證《尚書》、《左傳》、《禮記》等書的時候,幾乎都是脫口而出。他不僅對經文這樣熟悉,他講史籍研究法的時候,一學期講《史記》,一學期講《漢書》,對班、馬二史不僅是熟悉,還不時提出個人獨到的見解,這些見解都是在《史記》三家注、《漢書》顏師古注、王先謙補注上所見不到的。開講文化史課程時,講到歷代文化的演變和發展,上下古今,每引用到某種史書的志書時,也是同樣的熟悉。先生讀書的功力,真是不可及。(葉百豐:《憶誠之先生》,刊於《蒿廬問學記》,第一八〇至一八一頁)

録楊寬先生的一段回憶:

> 呂先生又不追求名利地位。他在光華大學任教二十多年,光華待遇不高,常常欠薪,當時他在學術界聲望已很大,先後有不少大學以優越條件來延聘,他都辭謝了。他說是懶於改變環境,實際上是怕改變環境之後,影響原定研究計畫的完成。他也不隨便寫應酬的著作或文章。解放以前上海大大小小的書店不少,前前後後出版的刊物也多,知名之士往往成爲拉稿的對象。呂先生不是有求必應的,答應寫稿是有選擇的,力求符合自己的研究志趣和預定計畫,因此他在一般刊物上發表的文章很少,在學術刊物上發表的多數是讀史札記,或者是從讀史札記的基礎上加工而成的文章。他還常常教導有志研究的學生們,不要稍有名望就放棄自己長期的研究計畫,隨便投合出版商的要求去寫文章或著作,否則就不免誤入歧途,結果文章發表不少,名譽也不小,學術上卻沒有什麼成就。(楊寬:《呂思勉先生的史學研究》,刊於《蒿廬問學記》,第八至九頁)

是年,先生有筆記二則:《陳野航夢游圖》、《劉石葊》。又讀書隨筆一則:《率獸食人(一)》。

是年左詩骱先生贈與先生對聯一副,照録如下:

立品可登高士傳，

讀書不受古人欺。

丁丑祀灶夕，詩牋左權。誠之與予定交逾三十年，植品甚高，不慕榮利，同輩中能不爲簪組羈絆者，僅此一人。其學博通精實，立論且有卓識，不囿於古，不偏於今，亦吾黨中魁傑也。因撰此贈之。

民國二十七年戊寅（一九三八）　五十五歲

四月，先生選注中學國文補充讀本第一集《古史家傳記文選》三册由長沙商務印書館初版發行（明年再版）。是年《白話本國史》長沙商務印書館印行訂正版。

五月，先生爲蔡尚思先生《中國思想研究法》撰序，題爲《論蔡撰思想史與史學界之關係》。

是年夏季創辦的旦華學院，由蔣竹莊先生代校長，先生被聘爲教員。

錄是年先生致蔣竹莊先生的一封信，此信約寫於暑假後或開學前。

竹莊先生賜鑒：

　　昨奉手教，敬承一是。晚在光華向開五個學程，歷史系四，國文系一，歷史系之中近世史、文化史系每年必開，其餘兩個臨時斟酌。國文系即文字學，亦每年必開，此係現在章程如此。本年度課程，晚擬歷史系於近世史、文化史外，開上古史、史籍研究兩科，因曾有同學不滿於歷史系之無通史，故擬分段講授。史籍研究擬講《史記》或《漢書》，因今之學者大抵不讀元書，畢業之後並檢查亦不能，講授雖所得不多，究曾略事翻閱，不至兩眼墨漆也。向來所開何課，均於暑假前與文學院長商定，今年因子泉先生辭職，是以閣置。先生晤公謹先生時，乞以此意與一商。至於文字學一科，舊名説文（章程久改文字學，注册處尚沿舊名。），係童伯章先生所授，童先生逝世，錢先生繼爲國文系主任，以此屬晚。當時晚曾進言：小學一科，須兼包（一）文字形聲，（二）聲音，（三）訓詁，暨（四）古書義例大略，包校勘方法在内，方稱完備，主張延一專家兼課。錢先生云俟再商，遂相沿迄今。晚於音均非所知，年年開班略授文字變遷、六書義例及訓詁大略而已。以（一）《説文》段注或王菉友句讀、（二）拙撰《中國文字變遷考》、（三）《字例略説》爲課本。錢先生之定課程，向來偏重事實，不甚顧及理論，鄙意兩方面似宜兼顧。現在如能得一小學專家任課最好，晚願將所任文字學讓出，另開他科。如一時找不到人，晚可暫仍舊

貫敷衍,以便徐圖。至聲均則自己所知太淺,不敢教授也。專函奉覆,敬頌
尊安,不盡。

　　　　　　　　　　　　　　　晚呂思勉謹肅　初八日

　　常州市文管會戴博元先生於一九九一年六月尋訪吾鄉義士汪千頃先生
之孫女汪文姍女士,汪女士尚保存先生致其祖母汪丁永女士的五封書信,主
要敘述一九三八年汪千頃先生抗戰死節的經過,旁及日寇燒毀常州城區,我
軍抵抗,人民離散,郵遞困難,書信橫遭檢查,百物飛漲,民生艱困,以及先生
此時生活之窘況。

表嫂大人尊鑒:

　　戎馬倥傯,親朋離散,弟自客歲十月九號,因校中開學,因守家鄉非
計,挈一妻一女,冒險到滬,幸得安抵。其時尚謂後方除敵機轟炸外,當
無大礙,不意旋即淪陷,迄不得府上消息,直至今歲徐申伯兄自香港轉到
上海,乃知千頃兄留鄉而吾嫂挈眷到漢口,而又不知其詳,記系之至。前
日得賜書,乃知已抵重慶,二表侄失散,亦已到鄭州,且喜人俱安全,欣慰
之至。常州消息雖有傳來之言,並不十分確實,帶信則多不得到。弟家
中本尚有堂弟餘之夫婦及堂妹一人,弟雖三次托人往探,均無回音。直
到最近渠等始托人帶一信來(此人到滬後,系將信從郵局寄來,信封上無
住址,以致無從訪之面談)。則家中房屋已毀壞,至不能居住;書箱亦均
被人破壞,將書取去,衣服什物更不必論。大街仁豐①房屋全燒(大街自
甘棠橋以南,房屋恐已無存者)。尊府房屋如何,則未曾提及。錢叔陵兄
全家遇害,前亦聞之,而未得其審。今舍間來信亦云然,恐已確實,惟所
謂全家,究有幾人,是否無一倖免,則究尚未知也。聞近數日內或有小輪
可通常州,弟當竭力設法托人帶信到家(頃輪已開,其人已行),囑舍間設
法探聽千頃兄消息,如有所知,當用航空快函,飛速奉聞。惟弟之熟人究
竟何日托到,亦無一定把握,而郵局不通,家中即有消息,輾轉托人帶來,
亦未知何時可達,故究竟何時有消息可以奉聞,弟亦絕無把握,好在夏溪
確極安全,吾嫂盡可放心也。弟去年來滬時,系趁公共汽車,行李不能多
帶,只帶單夾及棉衣數件,其餘已隨房屋盡付劫灰。學校雖開學,薪水只
有四折,一年又只算九個月,以十二月勻攤,則成三折,在此生活殊難維

───────────
①　呂先生家,在抗戰前之市房,名仁豐。淪陷時爲童寧遠藥材店。

持。前欠尊款,俟局勢稍行活動後,必當盡力陸續籌還,惟利息則抵息之房屋已毀,今弟已成破產之局,決無力再行籌付,此系事實使然,良非弟之所願,然實無可如何也。弟等在此幸尚無疾病,弟住愛麥虞限路 162 號,然亦或有遷移,賜書請寄白克路 660 光華大學(必須寫校名,學校即遷移,仍可送到)。專頌尊安,合寓安吉。①

弟呂思勉頓首

表嫂大人尊鑒:

前奉賜書並附致尊處女僕一書,曾於七月十日覆上一緘,想邀察及。孰意作此書時,大禍已降,緣弟於當時將尊處女僕函寄交舍弟餘之,屬其設法送交後,明日即得舍間來書,云千頃兄在夏溪竟有惡耗,當時聞之,悲悼駭愕,但家書亦系傳聞之語,猶冀非真,當即飛書屬舍間打聽,並四面向鄉間來人打聽,迄無確耗。直至八月中莊君恭天(西門外人,亦系避居夏溪者)自夏溪來此,②弟與有一面之識,奔往訪問後,又托其設法向夏溪鎮探問,始得略知千頃兄死節之狀。事緣六月十九日(舊曆五月廿二),我游擊隊到夏溪,夜間召集民眾在某處開會,命民眾掘毀某地方之道路,游擊隊將圍攻步(埠)頭之敵軍。事為奸民所知,即夜告敵,敵兵遽至,闖入夏溪,此游擊隊紀律極佳,並不留宿鎮上,敵軍入鎮,殺平民七十餘人,知無游擊隊,復向西追。我游擊隊已知之,禦諸鄭莊,敵軍敗績,退回步(埠)頭時,已為二十日晨矣。方敵入夏溪鎮時,千頃兄亦走避田野之間,聞敵軍已退,復歸,孰意敵兵仍有兩人逗留鎮上,千頃兄入門適遇之,一敵兵遽以槍柄撞千頃兄之胸,千頃兄踣於門側,兄大聲斥其殘暴,敵兵怒掖兄至某橋上,兄遂成仁,其時約在辰刻。先是四五日,有一人自城中來,欲偕兄歸城,而自淪陷以來,各門皆有敵兵駐守,入門者必須向其曲躬行禮,不則橫遭凌辱。兄不可,曰:吾豈能向敵兵行禮哉?遂不果返,此人去後,兄時倚寓廬之門自語曰:豈不懷歸,然吾豈能向敵兵行禮哉!鎮之人多聞之,是以逮兄之遇難,皆知兄志節之素定,而非遌

---

① 此函信封上寫:重慶中央銀行劉醴泉先生代收轉李綏卿先生再轉汪惠吉先生安啟為感,上海白克路六六〇號呂誠之緘托。郵戳顯示到重慶是民國二十七年三月十九日十八時,由此推知先生致汪惠吉先生(汪千頃之長女)的這封信是一九三八年所寫。先生在日記內載明:二十七年三月初五日始得餘之信,知餘之以十一月十三(舊十月廿一半夜)、四妹以正月初十(舊十二月初九)到潘墅避難,正月十六(舊十二月十五)始回城。

② 莊恭天,名恭,江蘇武進人,畢業於燕京大學,曾任教常州湟里博文中學、蘇州農業專科學院等。

近以致禍也。伏念兄以一個布衣,而能爲國家民族争光,皎然不屈於敵,行又高於王蠋,年豈夭彼龔生。直此浩劫之臨,猿鶴蟲沙,何可勝數,泰山之重,定知含笑九京,務望吾嫂暨諸表侄勿過悲傷,是所至禱。千頃兄遭難時,篋中尚有國幣二三十元並皮靴爲敵軍取去,其餘衣物,傳者不詳,以上皆系聞諸莊君恭天。莊君即系六月二十離夏溪,輾轉來滬者。至兄成仁後,已由鎮人棺殮,權厝義塚,此事大約尚系鎮長所辦(亦姓莊),但今其人亦已去夏溪。至侍千頃兄之女僕,則聞已自歸其家,惟無人知其爲何處人,故無從尋覓,且其人禍作時似不在鎮,尋之亦無益也。現埠頭、夏溪、鄭(成)莊無人能去(光華有一畢業女生姓莊名洪,①夏溪人,亦已輾轉來滬,說如此。此人於千頃兄事迹,則無所知)。且俟局勢稍變,弟再當設法打聽或處理。弟意遷葬非易,既已權厝,亦算暫安,將來有人可托或托其在權厝處立一標識,以便事平追仞也。弟現況仍如前,内人患癥,屢愈屢發,息女近患耳疔,幸均向愈。現在上海郵信有時或遭敵人檢查(或送到空函,或將信中一節截去)。此信恐不能達,故托蔣尉仙兄攜至香港寄發。尊處如與弟書,措辭須稍含渾,恐或被截取不得達,亦非有何怖懼也。敬此奉唁,諸惟節哀,爲國家民族珍重奮鬥,不盡。

弟呂思勉頓首　九月六日②

表嫂大人:

十二月廿九賜書於六日奉到(八月初一信,始終未接到,想已遺失矣)。千頃兄靈柩弟本托過莊恭天先生,因其全家離鄉,未有辦法。弟在夏溪別無熟人,現覓得光華畢業女學生陳瑜、莊鴻兩女士,亦系避難在滬者,托其寫信回去,覓人設法總以他日可以辨認爲主,俟得回復,再行奉聞。(輾轉恐須時日,但既非厚葬,秩序雖不好,決可無虞,請放心可也。)弟在此困頓之至,一言難盡,尊款總須現狀稍有變動,方可設法,現則絶無擺布,歉仄之至,實系迫於事實也。近忽患寒熱,已有四天,因已托到人,力疾先此奉覆,余容後詳。此次浩劫,熟人中流離喪亡死於沙場者非一,均系大數使然,望達觀自衛爲禱。專復,敬頌旅祺。表侄輩

---

① 莊洪,又名鴻,畢業於光華大學化學系,長期在蘇、常任教職。

② 此函寫於一九三八年九月六日,先生托其友蔣尉仙(常州人,吕先生之好友)先生帶到香港,尉仙先生又托人將信帶交唐企林先生,再轉交到汪夫人手中。尚存信封上書:煩帶重慶送上清寺西南美術學校對面,唐企林先生手收,尉仙拜干。

均此。

弟呂思勉頓首　一月十二日①

表嫂大人賜鑒：

　　旬日前奉賜書,適其時弟之再從妹(餘之親妹)在醫院割治乳岩,旋即病歿,爲之料理殯殮寄柩,擾攘旬餘,致未克即覆爲歉。屬買手錶等件,已命校中專司寄信之聽差到郵政總局,切實打聽,現在委實一物不能寄,容俟將來相機設法。表兄之墓,俟暑假莊女士回里時,再當面托其省視,現在城中之人,極不易下鄉,敝處墳塋,餘之雖在常州,亦僅看墳人來城,自己三年來未曾去過也。此間米價已貴至百卅元一石,煤球每擔十六元,真無法可以生活。但友人謝仁冰之令兄住在湖南辰谿,一家四口,至今每月用度不過六十元。並聞湖南某處米價至今不過每石四元,而煤油卻貴,百卅九元一箱。(此謝君親告弟,極確實。)中國現在根本尚非真窮,不過失常而已。努力支持,過此難關,光明自在前途也。望善自寬慰爲禱。賤內近患高血壓,服藥後小好,小女亦在中學爲人代課,弟事甚忙,幸尚頑健。專覆,敬頌大安。

弟呂思勉頓首　四月廿日寫廿一日發②

表嫂大人尊鑒：

　　音訊久疏,每深馳系。因路途遙遠,爾來親友住址往往變遷,是以因循未曾作書。前日(三月初七)奉到二月七日賜書,獲悉近狀,良用慰藉。此間情形近又大變,米已賣到三百元左右(前此洋米不及百五十元,今已無有矣)。煤球廿元一石,實無買處,商業情形,驟行蕭條,資本錮於銀行,貨物錮於堆疊,不能活動故也。工廠亦多停業或減工,去滬者日多。弟本在光華教授,去年尚兼滬江大學及誠明文學院之課,現此三校皆已停辦,僅有補習功課,勉強支援,殊難持久,亦思去滬。惟家鄉屋廬已毀,器物無存,滬上動用之物,又不能運回,回去絕無立足之地。若另覓生路,則路途艱阻,獨行攜眷,勢成兩難,是以只得咬緊牙關,姑且在此觀望,希冀局面或有變遷,現在則所謂動撣不得,無主意之可打也。莊女士去年亦在滬上教授,現亦因學校停辦回鄉。其地秩序尚好,鄉間墳墓被

---

　　① 此信當寫於一九三九年,信封上寫:重慶十八梯永興當巷十二號汪惠吉先生台啟,上海愛麥虞限路一〇二號呂誠之緘。

　　② 此函寫於一九四一年。先生日記載:四妹卅年三月二十八日丑刻卒,卅二年七月十二月葬敦化公墓。

毀者,均系舊墳,人疑其中有所藏。表兄之墳,則系亂後新葬,人皆知其中無珍貴之物,決無所慮,可請放心也。家鄉情形,大致尚好,敝寓亦尚好,光華現已停辦,僅存數守校之人,弟住址亦難固定,以後如蒙賜書,或仍寄光華,而掛號較妥,此次平信,亦未遺失,但非可常恃也(信面系弟寓址,既難固定,且人多而雜,信件時有遺失,滬上類然也)。弟如離滬,亦必奉聞。專覆敬頌大安。諸侄均此。徐唐兩處情形大致尚好,弟亦不悉其詳。

弟呂思勉頓首　三月初九日①

一九三八、一九三九年間,先生常在飯店、茶館約同事同學茶叙論學,胡嘉先生有文記及:②

> 一九三八年夏,我從雲南回到上海,在當時《文匯報》的《史地週刊》上看到童丕繩(書業)先生登啟事,他希望上海的禹貢學會會員同他聯繫,我就寫了信去,接着童先生到我家來。不久就在一次集會上見到了呂先生,一見如故。記得呂先生經常在霞飛路(今淮海路)的冠樂飯店和靜安寺的榮康飯店約會茶叙,每次兩三小時,到會的多半是光華大學的師生和禹貢學會的會員,會上無所不談。當時呂先生已經五十多歲了,而我還是一個青年,他是我的長輩,可是呂先生卻非常謙虛,平易近人。

> 一九三九年,有一次,曾在我的寓所徐園茶叙,記得到會的有呂先生、童書業、趙泉澄、楊寬、胡道靜、蔣大沂、俞劍華、沈延國、③邵景洛等,現在我還留有照片。(胡嘉:《呂誠之先生的史學著作》,刊於《蒿廬問學記》,第三四至三五頁)

黃永年先生撰《童書業傳略》,其中有一段說到先生的學問與氣度:

> (童書業丕繩先生)第二年轉赴當時號稱孤島的上海租界,認識了私

---

① 此函寫於一九四二年三月初九日,已在十二月太平洋戰爭爆發後,日寇侵佔租界,光華滬校已停辦。

② 胡嘉(一九一二—二〇〇五),又名佳、佳生、賈深等,江蘇無錫人。清華大學歷史系畢業,歷任上海光華大學、安徽大學、無錫國專教授,上海北新書局、開明書店、中國青年出版社編輯及中國大百科全書出版社上海分社編審等職。有《北京的今天和昨天》、《外國史教本》、《高級中學外國歷史》、《中國古代印刷術史》等著述。

③ 沈延國(一九一四—一九八五),杭州人,其父沈瓞民(祖綿)爲辛亥革命元老。早年入光華大學,與蔣維喬、楊寬、趙善詒編著《呂氏春秋集解》,曾師從章太炎,爲章氏國學會講師兼《制言》編輯,一九四〇年與章氏夫人湯國梨在上海籌辦太炎文學院,任教務長。抗戰時期,與父親沈瓞民同爲新四軍"長江商行"董事兼秘書。沈氏致力於先秦典籍的考釋整理,有《逸周書集釋》等著述。

立光華大學的歷史系主任吕思勉先生。吕先生也是一位愛才的史學界前輩，寒假後就破格聘請丕繩擔任中國歷史地理的講師（後來將學生張芝聯等的聽課筆記整理成一册《中國疆域沿革略》，一九四六年由開明書店出版，張芝聯先生現在也是一位老教授了）。……早在禹貢學會的時候，丕繩在顧頡剛先生指導下已着手編纂《古史辨》第七册，這時候抓緊時間完成了這一工作，一九四一年交開明書店出版。這是《古史辨》的最後一册，也是分量最大的一册。在編校上吕思勉先生也花了很大的氣力，因此把吕先生的名字列入編著中。吕先生的學問本和《古史辨》不完全是一個路子，爲了學術事業，對這項工作如此支持，可見前輩學者的恢宏的氣度。（黄永年：《童書業傳略》，刊於《中國現代社會科學家傳略》第一輯，山西人民出版社一九八二年二月版，第三三三頁）

王伯祥先生藏有童書業先生所繪山水畫一幅，上有吕先生代寫的款識。

家父藏有童書業先生的山水畫，我特地拿給永年先生看，我才知道，原來畫上的款是書業先生的老師思勉先生代寫的，我便進一步求他加題，結果幾乎一氣題滿了。這樣，家父的一幅舊藏，遂成爲吕、童、黄三代人的合作。（王湜華：《師生皆鉅子　宏著耀後世——讀〈吕思勉文史四講〉所感》，刊於《傳統文化研究》第十六輯，第六十頁）

先生所撰《宦學篇》刊於是年的《中國青年》。

先生的《五四運動的價值何在》一文，估計是先生在抗戰前期居於上海租界時所撰，姑將此文編入本年。

是年又撰《論南北民氣之强弱》一文，刊於《中美日報》的《堡壘》副刊。

先生是年撰有《鄞縣童亢聆詩聞先生五十壽辰徵求書畫啓事》一文。讀書札記有《懷玉》、《處亂之道》二則，又有隨筆《率獸食人（二）》一則。

民國二十八年己卯（一九三九）　五十六歲

一月，先生參加常州旅滬中學校董會議。常州旅滬中學係常州旅滬商界人士出資創辦，先生時爲該校校董之一。

二月二十一日，先生與蔣竹莊、胡樸安等先生發起創辦的上海國學專修館正式開學。

《史學雜論》係先生爲《兼明月刊》編輯的約稿而作，四月十二日撰就，刊於五月出版的創刊號上。同期刊出的還有先生的《唐宋以前之中日交際》。

四月十六日，先生在國專滬校做演講，①演講題目爲“大同”。②

據王伯祥日記，是年七月先生撰《呂著中國通史》上册完稿，並交開明書店出版。八月廿六日所記的《中國通史長編》，即指後來先生的斷代史系列的撰述和出版。

> 七月十日(五月廿四日戊申，星期一)：……覆誠之，告開明願以版税報酬接受其《中國通史》，但名稱最好改署，俾免與周谷城著衝突。(《王伯祥日記》第十六卷，國家圖書館出版社二○一一年八月版，第七八頁)

> 八月廿六日(七月十二日乙未，星期六)：……覆頡剛，討論整理舊籍問題，呂贊成完成《中國通史長編》，餘均暫勸舍旃。(同上，第一三九頁)

> 九月二十日(八月初八日庚申，星期三)：……依時入館，處分庶事。子敦來，丕繩、寬正來。童、楊偶遇，謂今晚誠之亦請渠等同飴也。……散館後偕調孚同出，乘一路電車到靜安寺，因赴誠之榮康之約。至則誠之已在，未幾，芸九來，廉遜來，周星濂來，誠之之小姐及其女友張小姐來，最後丕繩、寬正來。談《中國通史》出版及評騭商務王雲五諸事，至八時半乃散。即將稿件之一部攜歸，與廉遜同路，步海格路善鐘路口，③乘七路電車以行。到家已九時矣。(同上，第一七六至一七七頁)

> 九月廿二日(八月初十日壬戌，星期五)：依時入館，辦理庶事。……致誠之，商書名改爲《中國文化史》。(同上，第一七九頁)

> 九月三十日(八月十八日庚午，星期六)：依時入館，編發每週通訊録第卅九號。……誠之來，先將《中國通史》稿七章交予，即付調孚。談有頃去。(同上，第一八九至一九○頁)

> 十月二日(八月二十日壬申，星期一)：依時入館，辦日常事務。寬正來，送校樣。致函誠之，送約文去，請加簽印。(同上，第一九二頁)

> 十月十二日(八月三十日壬午，星期四)：依時入館，辦理雜事，……誠之函送契約副本及續稿第九至十六章來。即轉付調孚發辦。(同上，

① 一九三七年十月，日寇飛機連日對無錫進行轟炸，無錫國專校舍也遭受炮擊轟炸，在校師生的生命安全深受威脅。校長唐文治決定率部分師生轉移内地。次年，唐文治因病回上海，江浙一帶未隨内遷的國專師生商議建國專滬校。遂與一九三九年二月，借上海康腦脱路(今上海康定路)通州中學爲校址，建立無錫國專滬校(校名爲私立國學專修科)。

② 劉桂秋：《無錫國專編年事輯》，中國大百科全書出版社二○一一年八月版，第三○三、三○九頁。

③ 海格路，今華山路。善鐘路，今常熟路。

第二〇五頁）

十二月十一日（十一月小建丙子初一日壬午，星期一）：誠之來，洽
《中國通史》校改各點。（同上，第二八三頁）

七月，顧頡剛先生致顧廷龍先生信，說到先生的《通史稿》，節錄其中一段
如下：

　　……吾叔與景鄭叔合編書，①敬乞源源交付開明印刷，如費用已畢，
乞將帳單寄來，當續付，總期陸續成書，爲言目錄學者作一寶藏耳。又海
疆封鎖，恐此間之稿無由得寄上海，然既取哈佛之錢，不能不有報銷，故
望滬上同人竭力撐此場面，使開明每年能爲齊大出書十種以上，而皆爲
有用者。刻此間已聘呂誠之先生爲教授，特許其在滬研究，如賓四兄之
例。呂先生《通史稿》積疊已多，如能年出一二冊，則五六年可畢。此書
一出，鄧氏《二千年史》自然倒墜。賓四兄遲遲不行，現不知能成行否？
如猶不能來，則甚望其能在通史方面，與呂先生同著力也。（沈津：《顧廷
龍年譜》，第一二七至一二八頁）

八月二日，王大隆先生借座"晉隆"招飲，②座有冒廣生、瞿良士、高燮、姚
光、呂思勉、張芹伯、錢穆、施維番、潘博山、潘景鄭等先生。（沈津：《顧廷龍
譜》，第八九頁）

嚴耕望先生《錢賓四先生與我》，敘其在武漢大學讀書時，學校約聘先生
等去武大任教事，又說錢穆先生時已離開西南聯大，回到蘇州。查羅義俊君
編《錢賓四先生簡譜》，錢先生離西南聯大回蘇州，事在一九三九年（《錢穆紀
念文集》，第三一三頁。），故編入於此。

一九八〇年第二期《中國史研究動態》現代史學家一欄中，刊有湯志鈞先
生所撰的《現代史學家呂思勉》一文，後編輯部收到無錫錢鍾漢先生給作者的
一封信，③對先生的爲人和治學方面有較重要的補充。信函由楊訥先生轉交

---

①　潘景鄭（一九〇七—二〇〇三），江蘇吳縣人，藏書家、版本鑒定家。"寶山樓"藏書的擁有者
之一。早年受業於章太炎、吳梅。曾與妹夫顧廷龍合編《明代版刻圖錄初編》。
②　王大隆（一九〇〇—一九六六），字欣夫，號補安，江蘇吳縣人。專長中國古代目錄、版本、校
勘之學。早年授業於金松岑，後任聖約翰大學、復旦大學教授等。著有《文獻學講義》、《補三國兵志》、
《藏書紀事詩補正》等。
③　錢鍾漢（一九一二—一九八二），江蘇無錫人。早年就讀於上海光華大學，畢業後任光華大學
附屬中學國文、英語教員。抗戰勝利後，任無錫振華麵粉廠經理，又任無錫縣參議會議員。解放後曾
任無錫市副市長。

家屬,從該信的字迹來看,先生書寫的時候,手顫抖得厲害,個別的字已不易辨認。可是他爲人熱忱,持論公正,在衰病之時,還希望志鈞先生能爲自己的老師寫成詳細的評傳,實在難能可貴。鍾漢先生與先生兩次論學,均在一九三九年,故將此信收録在本年:

志鈞同志:

《中國史研究動態》今年第二期中刊有尊撰《吕思勉》一文,全面簡要,拜讀之後,十分欽佩。

我是誠之先生在抗戰前光華大學時代的一個舊學生,曾親炙受課,但是不勤於學,未能略得傳授一二,老無所成,實是愧對師門。讀大文似對吕師有較全面認識,倘能對其人其著作作一較詳的評述介紹,對我國近代史學史定有相應價值,建議不妨一試,並翹首盼待。

關於尊文所稱"吕思勉先生治學嚴肅,作風踏實",又稱其"爲人誠樸,謙虛謹慎",論人確是的評。據我本人印象,吕師爲人最可貴處,是樸實純粹,絶無機心,一心學問,不爲外擾。然而立身以正,終身自持,又非隨人摆布,可以任意利用者。關於其樸實謙虛,我自己即有一親身感受,至今難忘。在一九三九年,我適讀過《清史稿》,因奉謁吕氏於其寓所,偶然談及此書,我當時曾請問先生:對此書可有評論,吕師即告以他尚未見過此書,未能提何意見。以一個老師對學生自稱並未讀過應已讀到的某一部書,特別是以吕先生這樣一位享有盛名的史學家,而自己實言不諱,稱未讀過《清史稿》,且並不以當時他人對此書已作出的評論,拾來作爲己見,應付門面,這種誠樸謙虛的作風,確是永遠值得我們做學生的,甚之所有治學者永遠學習的。

關於尊作提到的先生"思想三大變",對此我並非有什麼意見,僅記得也是一九三九年間,吕先生曾見賜《先秦史》油印講稿一份,我讀完後又造謁先生,先生垂問我讀後有何意見,我當時直陳讀後印象,還問說:"過去《白話本國史》有關先秦部分,先生似主要根據今文學派的經學觀點,新作似傾向今古文之貫通運用。"先生當即喜告以過去論述,局限今文,不免拘圄,年來漸感不足,對古文學説史料加以整理,亦多可采用,寫《先秦史》時,確已有此轉變。惟對此轉變,對他本人當面提出看法的,我還是第一人。我提出這一談話,並非用以自我標榜,主要説明先生治學方法的一個具體變化過程。

其後我還曾建議先生不妨在今後定稿時,加以甲骨文史料之補充,先生當時告以甲骨文頗多僞造，真假難辨，他對此未嘗有所研究，故擬從缺。

　　以上二節，無關呂師史學全貌，如寫詳傳評述時，亦可稍供參考。

　　以上對你能爲呂先生撰寫一篇頗爲詳實的全面史學評傳的希望和一些參考意見，是否有當，敬請裁酌，衰病不成文字，可能語不達意，並希鑒原勞瀆，不盡，此致

敬禮！

讀者錢鍾漢手上　八〇年三月十七日

抗戰初期，光華同學伍康成（丹戈）先生赴内地，[①]先生書贈："萬里風雲鬱壯圖，向南天鵬翼高舒。"（《桃谿雪·防彝（第二折）》）伍康成先生是年九月自重慶致先生及呂翼仁信云：

誠之吾師：

　　康於昨日自昆飛渝後，西南運輸處職務已辭去，在渝另就他職。近數月來在昆備受人排擠，竟被誣以泄漏軍機罪名，處世之艱，真不堪想象矣。内地生活十分困難，物價奇高，但現在外匯飛漲後，上海各物亦皆上漲，吾師生活想亦極端困難。際此國際形勢大變之時，以後生活真不知如何維持也。（下段缺）渝市轟炸極慘，逐日晚間均有空襲，昨晚十一時許，即有警報，分二批襲後，投彈甚多，至今晨三時許始解除，生隨友人避入防空洞，但該處幸未被炸，否則，即有防空洞亦不能保障安全也。現在匯款極感困難，吾師有無親友須匯款至渝，如有，可否與生接洽，采用就地撥款辦法，敬懇示悉爲禱。渝市雖爲新都，但似甚缺少新氣象，就生之觀察，似與昔日之南京相差無幾，在未轟炸前，官吏仍如昔日，窮奢極欲，燈紅酒綠，與升平時代並無二致。現在轟炸後想過此類生活亦不可得，亦未始非轟炸之益也。專書，敬請暑安。

生康成謹上　民廿八年九月四日

時張芝聯先生仍在光華大學讀書（大學四年級），是年撰寫《歷史理論引論》一文，刊於十一月出版的《文哲》雜志上。該文末尾處有先生所加案語，現擬題爲《張芝聯〈歷史理論引論〉案》，收入呂思勉全集《論學叢稿》上。

---

① 伍丹戈（一九一一—一九八四），字康成，江蘇常州人，早年畢業於光華大學，曾在《申報》任職，解放後任上海市政府稅務局顧問。又於聖約翰大學、大同大學、復旦大學等任教。著有《論國家財政》、《中國農業稅問題》、《明代的土地制度和賦役制度的發展》等。

是年,正風文學院自膠州路遷至江西路四五一號,先生時任正風文學院歷史系主任。

十二月初一日,先生遷福煦路八百三十七號。(《殘存日記》)

先生是年撰有《一個合理的習字方法》,刊於十二月出版的《知識與趣味》第一卷第六期。

先生爲朱公謹先生之母夫人作壽序。

先生是年存詩四首:《許冠群四十》、《志義來出近作見示》、《予少時行文最捷應鄉舉時嘗一日作文十四篇爲同輩所稱道今則沈吟如在飯顆山頭矣及門中陳生楚祥文思最敏而思理周澹詩以張之》、《題畫》。

民國二十九年庚辰(一九四〇)　五十七歲

録先生是年備忘四條:

> 顧金海二十九年三月三日卒。
> 二十九年五月初一日遷居蘭村十六號。(《備件》)
> 左詩舲廿九年十一月二十日卒。
> 丁捷臣廿九年十二月十五日卒。(《先德各件》)

先生日記大都散佚,録一九四〇年王伯祥先生日記,可見先生是年生活、寫作等概況。其時,先生的《先秦史》已經完稿,又抽空審閱編輯《齊魯學報》,後者是抗戰時期滬上最有品質的古史論學期刊之一。録是年一至五月的王先生日記如下:

> 一月五日(十一月廿六日丁未,星期五):校呂誠之《通史》。(《王伯祥日記》第十六卷,第三一八頁)
> 一月九日(十二月大建丁丑初一日辛亥,星期二):依時入館辦事。誠之來,謂《先秦史》將由商務收回交開明出版,並告賓四近狀。(同上,第三二三頁)
> 一月十五日(十二月初七日丁巳,星期一):校呂著《通史》。(同上,第三二九頁)
> 一月十八日(十二月初十日庚申,星期四):依時入館辦事。校呂著《通史》。(同上,第三三二頁)
> 一月十九日(十二月十一日辛酉,星期五):依時入館辦事。仍校呂著《通史》。(同上,第三三三頁)

一月二十九日(十二月廿一日辛未,星期一):校誠之《通史》排樣。(同上,第三四四頁)

一月三十日(十二月廿二日壬申,星期二):校畢吕史一批,致書誠之送閱,並告頡剛之言,屬轉函賓四來會劉校長。(同上,第三四五頁)

一月三十一日(十二月廿三日癸酉,星期三):接誠之書,謂賓四處已先告,約復須俟劉到乃來。(同上,第三四六頁)

二月一日(十二月廿四日甲戌,星期四):致書誠之取校樣。(同上,第三四七至三四八頁)

二月二日(十二月廿五日乙亥,星期五):接誠之信,起潛信。(同上,第三四八頁)

二月十二日(正月初五日乙酉,星期一):齊大校長劉書銘偕吕誠之、錢賓四來訪,談記行齊大刊物,開明宴之於東鄰一家春,雪村、調孚及予陪坐,約定俟劉校長返蓉後再訂契約,稿子不妨先送來。飯後,誠之、賓四復還開明長談,移時乃去。(同上,第三六二頁)

二月十三日(正月初六日丙戌,星期二):依時入館辦事。劉、吕、錢三君來談。予連夕欠安睡,爲勉應三君故,仍趕早到館,談至十一時許,予不支,即辭歸。劉君午刻本請雪村、調孚及予在西僑青年會吃飯,予竟缺席,下午且請假高臥焉。(同上,第三六三頁)

二月十六日(正月初九日己丑,星期五):依時入館辦事。仍校吕史。(同上,第三六六頁)

二月十九日(正月十二日壬辰,星期一):依時入館辦事。丕繩、寬正來談,移時去。吕史校畢一批即送去。旋有書來,屬爲齊大往北平圖書館辦事處取《宋會要》。(同上,第三七〇頁)

二月廿一日(正月十四日甲午,星期三):扶病强行入館。續送校樣與誠之。(同上,第三七二頁)

二月廿六日(正月十九日己亥,星期一):依時入館辦事。校吕史。(同上,第三七八頁)

二月廿七日(正月二十日庚子,星期二):校畢誠之《中國通史》上冊,作書送之,請速作下冊。(同上,第三七九頁)

三月廿六日(二月十八日戊辰,星期二):致誠之,送新出版《中國通史》上冊十八本去。順催稿,並乞取兩本與調孚分沽,想可如願也。(同上,第四一一頁)

四月二日(二月廿五日乙亥,星期二):誠之來,所著《中國通史》上册見貽。(同上,第四二〇頁)

四月廿九日(三月廿二日壬寅,星期一):接誠之覆信,知眼前無暇,《通史》下册尚未著手。(同上,第四五四頁)

五月四日(三月廿七日丁未,星期六):致誠之,接到齊大季刊稿三篇,即爲轉去,並收趙泉澄之一篇附入。(同上,第四六〇頁)

五月十六日(四月初十日己未,星期四):校呂誠之《先秦史》。(同上,第四七五頁)

五月十七日(四月十一日庚申,星期五):續校《先秦史》。(同上,第四七六頁)

五月二十日(四月十四日癸亥,星期一):致誠之,送《先秦史》校樣。(同上,第四八〇頁)

五月二十六日(四月廿二日辛未,星期二):致賓四,告頡剛來書詢稿,並及齊大季刊改齊魯學報事。(紹先托打聽事,順附詢之。)(同上,第四九〇頁)

五月三十日(四月廿四日癸酉,星期四):續校呂著《先秦史》。(同上,第四九三頁)

五月三十一日(四月廿五日甲戌,星期五):續校《先秦史》畢一批。(同上,第四九四頁)

録顧頡剛先生是年一至五月日記三條:

一月十五號星期一:寫賓四長信,寫誠之信。

四月二十號星期六:校長擬聘湯錫予、呂誠之、侯仁之三位來,如能成事,則加上賓四,研究所中真人才濟濟矣,而中國通史之完成亦可期矣。

五月二十五號星期六:寫呂誠之、湯錫予信。(《顧頡剛日記》卷四,第三三三、三六六、三七九頁)

先生撰《新年與青年》一文,刊於一月出版的《青年半月刊》上。

是月,先生還爲童書業先生《唐宋繪畫論叢》作序。

是年一月至三月,先生先後撰有《中國抗戰的真力量在那裏》、《武士的悲哀》、《何謂封建勢力》、《眼前的奇迹》等文,均刊於《中美日報》上。

先生爲了撰寫《漢代訾産雜論》、《四史中的穀價》二文,就度量衡問題,寫信請問楊寬。三月二十一日,楊寬覆信回答先生提出的問題,此信先生尚保存在其札記"度量衡"類中。

　　誠之吾師：

　　　大教拜悉，傳世古量，唯有商鞅量與新莽嘉量，二者尺度相當，嘉量前劉復嘗作精密之實測，著《新嘉量之實測及其推算》一文，刊日本《考古學論叢》，據彼實測推算之結果：新莽量一升爲二〇〇．六三四九二公撮。即新莽一石等於二・〇〇六三四九二公斗（營造斗等於一．〇三五五公斗）。簡言之，新莽一石等於通行之營造斗或市斗二斗而已。後漢度量制度承莽之制，《漢書・律曆志》稱晉荀勖造尺，所校古物，五曰銅斛（即新嘉量），七曰建武銅尺，可證。不但後漢承莽之制，即莽與前漢之制，當亦不甚遠。據莽量以推論漢代之量，似甚可信也。因吾師詢及，隨筆推算呈上，不知吾師以爲然否？敬乞明教。柳君存仁不知何日有暇可以一晤，乞便中示知。專頌

　　鐸安

　　　　　　　　　　　　　　　　　　學生楊寬叩　三月二十一日

三月出版的《文哲》雜志上，刊有先生所撰《思鄉原》一文。

是月，先生與錢穆、顧頡剛等學界同人創辦的《史學季刊》創刊號在成都出版，是爲籌辦"中國史學會"之先聲。

　　《史學季刊》創刊號即第一卷第一期在成都編輯出版。該刊由內遷西南各省的齊魯大學等十多所高等學校的歷史文化學者，如錢穆、顧頡剛、蒙文通、李思純、陶元珍、陶元甘、彭舉等，以及呂思勉、徐中舒、周予同、朱謙之、聞宥、雷海宗、蔣天樞、吳其昌、酈承銓、蒙思明、吳晗、譚其驤、吳天墀等七十四位先生發起創辦，並以此作爲籌辦成立"中國史學會"的先聲。（王川：《李源澄先生年譜長編》，中華書局二〇一二年十一月版，第四四頁）

《呂著中國通史》上冊是年三月由上海開明書店初版印行。先生對《呂著中國通史》的自評：

　　予在大學所講，歷年增損，最後大致如是。此書下冊僅資聯結，上冊農工商、衣食住兩章，自問材料尚嫌貧薄，官制一章，措詞太簡，學生不易明瞭，餘尚足供參考。（《三反及思想改造學習總結》）

周億孚所著的《中國史籍提要》，寫到錢穆先生對先生之中國通史的評價：

呂氏用社會科學方法,以觀察歷史進程,自有其科學之根據。他之歷史概念,屬於新史學理論,至其治史之功,則頗爲嚴密。錢穆博士云:"呂先生之中國通史,内容絶無錯誤,蓋其對於史實,悉心研究,以求其真實也。"此爲呂著中國通史之特色。惟按其内容,則略於歷代史事之叙述,而詳於典章制度。他於自序中亦説明其理由矣。(周億孚:《中國史籍提要》,香港中文出版社一九六五年九月初版,第一九四頁)

孤島時期,先生避居上海租界,以教授與著述爲生,猶思慕外家。蓋先生之秉賦與學養頗受其母程夫人及諸舅氏影響,如文學、如醫學均是。是年先生撰《窖藏與文物》一文,四月刊出,有記述外家家世一節。

四至五月,先生所撰《上海風氣》、《中國現階段文化的特徵》、《塞翁與管仲》等文刊於《宇宙風(乙刊)》和《中美日報》。

是年五月,先生致函人類學家劉咸(重熙)先生信二封:①

重熙先生著席:

　　日前蒙賜大著,搜采既博,論斷復精,拜讀之餘,曷勝佩仰。顧君頡剛來書,擬將海南黎人一稿,懇公校定。弟知公事冗,未敢率爾適會。黄君素封來滬,敬請代陳,竟蒙慨允,欣幸何如!删訂須徵元作者同意,弟意本亦如是。前覆顧君函中,業已提及。頃又屬錢君賓四再作申明,並屬轉告元作者,更有材料,悉數寄來矣。先生爲人類學山斗,得蒙删訂,作者必所深幸,先徵同意,不過辦事手續而已。俟得蜀中來函,弟當再行拜謁也。再者,大著中"伏波分兵入海州"一語,似有微誤。《史》、《漢》元文皆僅云呂嘉、建德入海,伏波遣人追之。《史記》又多"以船西去"四字,當時倉卒或未得登陸,見禽仍在船上,亦未可知。船所依傍,當係廣州附近小嶼,即或登陸,亦不過如此,恐未能至海南。如至海南,則追禽之亦頗不易矣。又據《漢書·地理志》,南方七郡户口數頗多(與他郡比較),珠崖户數見於賈捐之傳,亦非甚少,必非短時間所能移殖繁育。尊論海南久召黎族遷居,此層尚可添一佐證也。億見所及,姑妄言之。更祈教正,專肅,敬頌著安。不盡。

①　劉咸(一九〇一—一九八七),字重熙、仲熙,江西都昌人。早年就讀於東南大學,師從秉志學生物。畢業後留校任教,又任教於清華大學生物系。一九二八年赴英國牛津大學攻讀人類學。回國後任教於山東大學、暨南大學、復旦大學等校,又兼任中國科學社雜志《科學》主編、上海自然博物館學術顧問等職。

弟呂思勉　廿九年五月十六日（《復旦大學檔案館藏名人手札選》，復旦大學出版社一九九七年九月版，第三九至四一頁）

重熙先生史席：

前奉還雲，敬承一是，虛懷若谷，景仰如何。兹得無錫錢君賓四來函，屬將《瓊島黎人》一稿，先行送呈齊魯刊印，書籍滬上一方面之事，向系托錢君就近料理，錢君之意元著者決無不樂。先生刊正之理，續有材料，亦必不至牽動全局，故屬弟將此稿即行送呈，以便改削，時日得稍從容也。錢君並云此事重費清神，自當商諸齊魯，稍奉薄酬，以表敬意。並此奉問，敬頌著祺。不悉。

弟呂思勉頓首　廿九年五月（《百年復旦——復旦大學檔案館藏名人手札真本·典藏本》，上海人民出版社二○○五年一月版）

童書業先生有致先生一便條，未書具體年月。因有黄素封先生傳話及《三國史話》稿子事，暫繫本年（抑或寫於一九三九年）：

（上缺）致賓四先生函一封，因不知地址，敬乞轉寄。昨黄素封傳先生言，有大作一篇（非《三國史話》）已交業處，但業並未收到，是否傳説有誤，抑尚未送到。今晚有酬應，明後日當詣府問候也。此請誠之先生

尊安！

後學書業上　即日

録王伯祥先生六月後的日記：

六月一日（四月廿六日乙亥，星期六）：送《先秦史》校樣與誠之，而誠之下午見訪，談頗洽。覆頡剛，告與誠之、賓四洽改學報事。（《王伯祥日記》第十六卷，第四九五頁）

六月三日（四月廿八日丁丑，星期一）：依時入館辦事。接賓四三一日覆書，録告《齊魯學報》編目。（同上，第四九七頁）

六月五日（四月三十日己卯，星期三）：致誠之取稿。（同上，第四九九頁）

六月六日（五月小建壬午初一日庚辰，星期四）：誠之來談，以賓四信見示，商《齊魯學報》進行事。（同上，第五○○頁）

六月七日（五月初二日辛巳，星期五）：接誠之信，知學報餘稿半月内可移送前來。接賓四信，談學報稿件事，並順告紹先托打聽蕩口何家事。即覆並函紹先知之。（同上，第五○二頁）

六月十二日(五月初七日丙戌,星期三):午後誠之來談,送到唐圭璋《宋詞紀事》稿,即轉付調孚審查。丕繩來訪,以所繪山水一篇見貽。(同上,第五〇七至五〇八頁)

六月廿七日(五月廿二日辛丑,星期四):接賓四覆書,謂成都帶來之稿件可移請誠之轉乞劉重熙(咸)審查。(同上,第五二四頁)

六月廿八日(五月廿三日壬寅,星期五):致誠之,送成都來稿去,《齊魯季刊》稿一批亦由誠之送來。(同上,第五二五頁)

七月十九日(六月十五日癸酉,星期五):丕繩來告,或至蘇修養,即將《古史辨》校樣一批與之。(同上,第五五二至五五三頁)

七月三十一日(六月廿七日乙亥,星期三):依時入館辦事。續校《先秦史》。(同上,第五六七頁)

八月一日(六月廿八日丙子,星期四):依時入館辦事。仍校《先秦史》。致誠之、泉澄,分送校樣。(同上,第五六八至五六九頁)

八月八日(七月初五日癸未,星期四):午與調孚同赴柏丞靜安寺路清華同學會之約,參加《學林》編輯會議。晤誠之、培恩、繼曾、季棠、東華、蓮僧、予同、振鐸、柏丞及殷、李二君。飯罷已二時餘。(同上,第五七八頁)

八月廿三日(七月二十日戊戌,星期五):致斐雲、泉澄、誠之,爲《學林》拉稿。午後,誠之、寬正、丕繩來談,取《古史辨》校樣一部去。(同上,第五九九頁)

八月廿六日(七月廿三日辛丑,星期一):校呂誠之《先秦史》。(同上,第六〇三頁)

八月廿八日(七月廿五日癸卯,星期三):致誠之,送校樣。(同上,第六〇五頁)

八月廿九日(七月廿六日甲辰,星期四):依時入館辦事。接賓四書,告稿件寄出,已將於月初到滬,由防轉滇入川。接校誠之《先秦史》。(同上,第六〇六頁)

八月三十日(七月廿七日乙巳,星期五):依時入館辦事。錢寄稿收到。續校《先秦史》。(同上,第六〇七頁)

九月十二日(八月十一日戊午,星期四):夜在來豐園宴賓四、誠之、斐雲、蟄存、振鐸、予同、雪村、丏尊、洗人、調孚及予與焉,蓋開明爲東道主耳。九時乃散歸。(同上,第六二四至六二五頁)

九月十四日（八月十三日庚申，星期六）：續校《先秦史》。（同上，第六三〇頁）

九月十七日（八月十六日癸亥，星期二）：續校《先秦史》。（同上，第六三四頁）

九月十八日（八月十七日甲子，星期三）：校畢《先秦史》一批，送誠之，順詢賓四行未。（同上，第六三五頁）

九月二十日（八月十九日丙寅，星期五）：續校《滇南碑傳集》及《先秦史》各一批。接賓四十九日來信，告中秋前夕返蘇，現定廿五日乘怡和裕生輪赴港，十月三日附飛機往重慶。（同上，第六三八頁）

九月廿四日（八月廿三日庚午，星期二）：致泉澄、誠之，送校樣。（同上，第六四四頁）

九月三十日（八月廿九日丙子，星期一）：續校《先秦史》。（同上，第六五二頁）

十月一日（九月大建丙戌，初一日丁丑，星期二）：續校《先秦史》一批畢，即封好，備送誠之。（同上，第六五三至六五四頁）

十月七日（九月初七日癸未，星期一）：續校《先秦史》。接丕繩、寬正東台廿九信，催詢《古史辨》，並告安計治事狀。致誠之爲楊、童轉信。（同上，第六六三頁）

十月八日（九月初八日甲申，星期二）：續校《先秦史》。（同上，第六六四頁）

十月九日（九月初九日乙酉，星期三）：續校《先秦史》。（同上，第六六五頁）

十月十一日（九月十一日丁亥，星期五）：續校《先秦史》。（同上，第六六八頁）

十月十二日（九月十二日戊子，星期六）：看誠之稿……校畢《先秦史》一批，送誠之。（同上，第六七〇頁）

十月十五日（九月十五日辛卯，星期二）：致誠之，送《古史辨》校樣，並轉繩甫續信。（同上，第六七四頁）

十月十九日（九月十九日乙未，星期六）：致誠之，取校樣。（同上，第六七九頁）

十月廿一日（九月廿一日丁酉，星期一）：覆誠之，論陳繩甫稿如何取決。（同上，第六八二頁）

十月廿六日(九月廿六日壬寅,星期六)：致誠之,送《學林》稿費及代印印格、鋅板等事。(同上,第六八八頁)

十月廿九日(九月廿九日乙巳,星期二)：接誠之緘還代印格紙費,即收緘找訖。(同上,第六九一頁)

十月三十一日(十月小建丁亥初一日丁未,星期四)：誠之過談,謂陳繩甫之稿可用,惟無法代爲完工耳。(同上,第六九四頁)

十一月十九日(十月二十日丙寅,星期二)：仍校《先秦史》。(同上,第七二〇頁)

十一月二十日(十月廿一日丁卯,星期三)：仍校《先秦史》。(同上,第七二一頁)

十一月廿一日(十月廿二日戊辰,星期四)：校《先秦史》。(同上,第七二二頁)

十一月廿二日(十月廿三日乙巳,星期五)：仍校《先秦史》。(同上,第七二三頁)

十一月廿五日(十月廿六日壬申,星期一)：校畢《先秦史》一批,作函送誠之。(同上,第七二七頁)

十一月廿七日(十月廿八日甲戌,星期三)：校畢《先秦史》一批,作書送誠之。(同上,第七三〇頁)

十二月四日(十一月初六日辛巳,星期三)：誠之來,洽齊大印書事。(同上,第七三九頁)

十二月六日(十一月初八日癸未,星期五)：校《先秦史》。(同上,第七四二頁)

十二月七日(十一月初九日甲申,星期六)：校《先秦史》。(同上,第七四三頁)

十二月九日(十一月十一日丙戌,星期一)：校《先秦史》。(同上,第七四六頁)

十二月十日(十一月十二日丁亥,星期二)：誠之來洽,鍾鳳年《水經注校補初稿》因尚有增補,屬停排。(同上,第七四七頁)

十二月十一日(十一月十三日戊子,星期三)：校畢《先秦史》全部,致誠之看清樣。(同上,第七四八頁)

十二月十九日(十一月廿一日丙申,星期四)：致誠之,送代修《故宮週刊》裝册去。(同上,第七六〇頁)

十二月二十日（十一月廿二日，星期五）：誠之來。（同上，第七六一頁）

六月，先生在《宇宙風》半月刊百期紀念號發表《讀史隨筆》，其中《疏食》一篇已收入《吕思勉論學集林・蒿廬札記》，其餘尚有《公廚》、《民生簡便食堂》、《善舉》三篇，都是涉及先生對於社會改良的主張。

録顧頡剛先生七月後的日記六條：

七月一號星期一：寫吕誠之、賓四長信。

七月三號星期三：得西山書，知齊大辦研究院，得哈佛來信大爲批駁，劉校長正擬力爭。想此又是洪煨蓮玩的把戲，即翁獨健勸西山語，謂齊大不必與燕大爭勝耳。按燕大研究所爲洪氏把持，不想向好處走，保守、敷衍、孤立於學術界外，而欲保持其一尊之地位，不讓别機關辦好，此非所謂“己所不能修，又畏人修”耶？洪氏如有本領，看能把我打倒否？並能打倒賓四與誠之否？

八月二十九號星期四：寫林冠一、賢璋、劉炳藜、羅耀武、陳繩甫、應梁、傅矩生、吕誠之、孫次舟、錫永、侃如夫婦信。

九月二十五號星期二：寫誠之、佩弦信。

十一月十六號星期六：寫誠之、伯祥、劉書銘信。

十二月十六號星期一：寫伯祥、誠之先生、金静安、陳繩甫、紀延壽信。（《顧頡剛日記》卷四，第三九五、三九七、四二〇、四三一、四五〇、四六〇頁）

顧頡剛先生一九七五年日記記有“退稿”事。參見王伯祥先生十月之日記，可知此條可繫於此年：

五月二十號星期二：……翻看《管子》。眠一小時許。看《管子集校》。九時半服藥眠，翌晨五時半醒。又眠，七時醒。《管子》一書，實在難讀，此清代學者所以不敢作《管子集解》也。而瑞安陳準乃欲憑孫氏玉海樓藏書，作剪刀漿糊之剪貼，豈非妄人！回想當年吕思勉先生之退稿，真合理行爲，而予乃爲介紹，亦爲多事。沫若先生之所以但爲《集校》，實只該走這一步。（《顧頡剛日記》卷十一，第三五七頁）

先生所撰《爲什麽成人的指導不爲青年所接受》一文，原分三期刊於是年的《青年》雜志（六、七、八）上。

録錢穆賓四《師友雜憶》中的二段,回憶是年在滬上拜謁先生的情形:

余之重見誠之師,乃在民國二十九年,上距離去常州府中學堂,適已三十年,一世之隔矣。是年,余《國史大綱》初完稿,爲防空襲,急欲付印。乃自昆明赴香港,商之商務印書館,王雲五館長允即付印,惟須交上海印刷廠付印。余曰大佳,光華大學有呂思勉教授,此稿校樣須由彼過目。雲五亦允辦。余又赴滬,親謁誠之師於其法租界之寓邸。面陳《國史大綱》方完稿,即付印,恐多錯誤,盼師作最後一校,其時余當已離去,遇錯誤,請徑改定。師亦允之。後遇曲折,此稿越半年始付印。時余亦蟄居蘇州,未去後方。一日赴滬,誠之師告余,商務送稿,日必百頁上下,催速校,翌晨即來取,無法細誦,只改錯字。誠之師盛讚余書中論南北經濟一節。又謂書中敘魏晉屯田以下迄唐之租庸調,其間演變,古今治史者無一人詳道其所以然,此書所論,誠千載隻眼也。此語距今亦逾三十年,乃更無他人語余及此。我師特加賞識之恩,曷可忘。

余是年居蘇州奉母,每隔一兩月必去滬,去滬必謁誠之師。師寓不甚寬,一廳容三桌。師一子,弱冠夭折,最爲師傷心事。一女畢業光華大學,時方習繪事。近窗右側一長方桌,師憑以寫作。左側一長方桌較小,師妹憑之臨古畫,一方桌居中央,刀砧碗碟,師母憑之整理菜肴。余至,坐師桌旁,或移兩椅至窗外方廊中坐。或留膳,必長談半日或竟日,歷三四日始歸。誠之師必留每日報紙,爲余寓蘇不易見者,一大束,或用朱筆標出其要點。見面即語余別後大事變經過之要略,由余返旅館,再讀其所留之報紙。一年中,如是相晤,可得六七次。(《錢賓四先生全集》卷五十一《八十忆双亲　師友杂忆》,第五二至五三頁)

先生曾說起錢穆賓四先生曾問其關於《史記》的三個問題,先生僅能答其一,大約就在錢先生卜居蘇州耦園撰《史記地名考》期間。因爲此年中錢先生每到上海,必奉謁老師,暢叙衷懷。先生《歷史研究法》第七節注云:"錢君賓四曾對我說,有意做這樣一部書,這是極緊要極好的事情,然此事恐不易成。"(《史學與史籍七種》,上海古籍出版社二〇〇九年十一月版,第三五頁)這即指錢著《史記地名考》。

胡嘉、嚴耕望先生紀念錢先生的文章,有涉及先生之處,摘録如下:

關於錢先生在常州府中學堂親受業於呂先生的情況,在《師友雜憶》中的描述,可以説是非常生動和充滿着濃厚的師生情誼的篇章。

　　錢先生在回憶錄裏説："余之重見誠之師，乃在民國二十九年，上距離去常州府中學堂，適已三十年，一世之隔矣。"當時呂先生住在上海霞飛路(今淮海中路)蘭村十六號，我也幾次去過他家裏。錢先生在回憶中的描寫，讀來親切有味。最近我同呂翼仁大姊(即錢先生書中的"師妹")談起當年的這種情景，我們都覺得正是這樣的。

　　那時候，呂先生已在上海光華大學執教。由於光華大學的校舍位於西郊大西路(今延安西路)，"八·一三"後被日本侵略軍全部焚毀，一再遷移。錢先生來滬時，正還在漢口路證券大樓上課，呂先生曾請錢先生來校講學。有一次講後，我請呂、錢二先生和童丕繩(書業)、楊寬正(寬)等，在四馬路會賓樓晚餐，繼續暢談。在座的恰好都是顧頡剛先生發起的"禹貢學會"會員。

　　錢賓四先生休假居蘇州，僅一年。在這個時期，我同錢先生也常見面。記得有一次他住在愛文義路(今北京西路)覺園内育英中學。還有一次偉長兄出國留學時，我曾和他們家族、親友在王開照相館照了合影。錢先生在回憶錄裏説："民三十年夏，余由蘇州重返後方。"當年冬天，日本侵略軍進入上海租界。不久，呂先生全家返回常州，我也離開了上海。從此以後，我和錢先生就沒有見過面。

　　抗戰勝利後，我回到上海，在上海光華大學歷史系任教，和呂先生同事。(胡佳：《錢師音容如在——讀〈八十憶雙親　師友雜憶〉瑣記》，刊於《錢穆紀念文集》，第八四至八五頁)

　　先生離開昆明之前，[①]顧頡剛先生向哈佛大學哈佛燕京學社商得專款，在遷徙成都之齊魯大學成立國學研究所，邀先生同往開辦。先生東歸在即，受其聘，但請假一年。一九四〇年夏，始到成都履任。齊魯大學在成都南郊華西壩，研究所則在北郊崇義橋賴家花園，距城二十餘里，地靜書富，深爲愜意。會武漢大學歷史系諸生感師資陣容不強，請學校邀約先生與呂思勉誠之先生等來校任教。校長王星拱撫五先生俯納諸生陳情，通函接洽，先生僅許講學一個月。一九四一年三月到嘉定踐約，講授"中國政治制度史導論"與"秦漢史"兩課，並到岷江對岸凌雲大佛左側烏尤寺復性書院，講"中國史上政治問題"。(嚴耕望：《錢穆賓四先生行誼述略》，刊於《錢穆紀念文集》，第一一三頁)

———————————

① 系指錢穆賓四先生。

柳存仁先生在光華大學、①楊廷福先生在無錫國專,②均此時受業於先生。

是年起,無錫國專滬校設立文學講座與史學講座,聘請先生主持史學講席。福建師範大學中文系教授陳祥耀先生《吕誠之先生在無錫國專(滬校)講課簡記》一文(刊於《蒿廬問學記》第二〇四至二〇六頁),記録了當年聽課時的情景。無錫國專滬校的學生還發起成立了史學研究會、變風詩社等社團組織,請先生任導師,爲史學研究會做講座。

十二月,教育部對在專科以上學校内連續在一校長期服務的專任教員頒發服務獎狀,先生所在的光華大學有七位教師獲獎,先生獲二等服務獎。

是年,先生撰文《孤島青年何以報國》、《向慈善家進一言》、《光華大學十五周年紀念感想》。又撰《蔣頌孚先生墓志》及《嚴大家頌》二文。

民國三十年辛巳(一九四一)　五十八歲

一九四一年十二月八日太平洋戰争爆發,日寇佔領上海租界。

録先生是年的殘存日記十一條:

> 聯表弟三十年一月卒,或云十八日,然不審諦。
>
> 繪表嫂卅年二月,餘之書云其逝世,不詳月日。
>
> 四妹卅年三月二十八日丑刻卒,卅二年七月十二日葬敦化公墓。
>
> 民國三十年,五月初四始至凌雲閣茶。
>
> 六月廿五日宏聲來,同訪沈亦雲。③
>
> 七月初二宋潔如(瑞枏)來。
>
> 七月十一日送增堯、增福至松江中學考試。④

---

① 柳存仁(一九一七—二〇〇九),又名雨生,山東臨清人。早年就讀於北京大學、光華大學。孤島時期,從事文學寫作和教學工作。一九四六年赴港,後獲倫敦大學哲學博士學位,又任澳大利亞國立大學中文系主任、亞洲研究學院院長、澳大利亞人文科學院院士等。著有《和風堂文集》、《中國文學史》、《道教史探源》等,爲國際漢學界的著名學者。

② 楊廷福(一九二四—一九八四),字士則,筆名楊非、小魯,浙江鄞縣人。畢業於復旦大學中文系,曾任教同濟大學文學院、上海法政學院等。反右時被劃爲"右派",下放農村。後任教於上海教師進修學院、上海教育學院、華東師範大學、陝西師範大學等校,爲中國社會科學大辭典編委、中國大百科全書歷史分卷魏晉南北朝分册主編、國務院古籍整理規劃出版小組成員。有《唐律初探》、《唐代婦女在法律上的地位》、《法律史論叢》等著述,及《大唐西域記》的校釋。

③ 沈亦雲(一八九四—一九七一),名性真,又名景英,字亦雲,浙江嘉興人。早年就讀於北洋女師範學堂,辛亥革命時,與葛敬誠等在上海組織女子北伐敢死隊,赴金陵助戰。後與黄郛結爲伉儷。四十年代後移居美國,晚年,由唐德剛協助整理回憶録《亦雲回憶》,一九七一年在美去世。

④ 增堯、增福係虞菱夫人之侄。

八月初十日仲咸丈卒。八月卅一日鍾漢、高乃安約談於錦江。至凌雲閣晤唐耕餘。①

九月初一日天蟾棋局移至大羅天。

十六日顏君肅來,幼虹所介紹。二十九日始至誠明上課,自滬江往。

十月二十一(舊曆九月初二)達如逝世。(録自《殘存日記》)

一月三日,先生的《兩封值得重提起的信》刊於《正言報》、《文府》副刊。先生曾在民國十六年四月作《致光華大學行政會議書》,十七年十二月作《再致光華大學行政會議書》,不僅闡發其辦學思想,實爲準備長期抗戰之計,然未引起各方重視。是年先生再度呼籲,將此兩書易名爲《兩封值得重提起的信》,並加識語。

録是年一至五月的王伯祥先生日記:

一月十五日(十二月十八日癸亥,星期三):誠之來,出兩稿並陳詒先稿托轉《學林》,即作函送蓮僧。(《王伯祥日記》第十七卷,第二頁)

一月十六日(十二月十九日甲子,星期四):誠之、延國來,交到延國《五會集證》稿,蓋齊大叢書之一也。(同上,第三一頁)

一月廿四日(十二月廿七日壬申,星期五):致誠之,送《學報》並告丕繩《歷史地理》擬以二百五十金接受版權。……誠之書來,撤去《古史辨》一文。(同上,第四五頁)

一月三十一日(正月初五日己卯,星期五):致誠之信,轉賓四信。(同上,第五五頁)

二月一日(正月初六日庚辰,星期六):丕繩來,訂約,即以《歷史地理》稿改稱《中國疆域沿革略》。取稿費二百五十元去。約仍帶去,將托由誠之簽保再送來。(同上,第五七頁)

二月二十日(正月廿五日己亥,星期四):致誠之,送《古史辨》校樣。(第九七頁)

二月廿三日(正月廿八日壬寅,星期):大椿偕何天行來見,托向中華教育文化基金董事會代請補助金,予覿面難卻,許明日作書送誠之轉交之,效否不問也。(第一〇四頁)

---

① 唐耕餘(一八九〇——一九七七),江蘇吳江人,史學家唐長孺之父,書法家。早年就讀蘇州存養書院,後爲"南社"成員,長期致力於中國書法理論研究,晚年著有《書譜贅言》三卷,惜毀於"文革"中,僅存《〈筆陣圖〉蜉化階段及其內容》一文,可見其論學之素養。

二月廿四日(正月廿九日癸卯,星期一):爲何天行作函介紹,即致書誠之轉之。(同上,第一〇六頁)

二月廿五日(正月三十日甲辰,星期二):致誠之,詢肖甫住址,並取校樣。兼送《學報》抽印單行本,並托代轉寬正、丕繩(各五十份)。(同上,第一〇八頁)

三月十九日(二月廿二日丙寅,星期三):致誠之,詢李鏡池《易學五書》下落,及催問《中國通史》下冊稿,並取校樣(校樣已到)。(同上,第一〇七至一〇八頁)

三月廿七日(二月三十日甲戌,星期四):仍看《國史大綱》。致誠之,取《呂覽集解》稿。接陳繩甫函,詢《管子集注》稿下落。(同上,第一七四至一七五頁)

三月廿八日(三月小建壬辰初一日乙亥,星期五):致誠之轉繩甫信。(第一七六至一七七頁)

四月五日(三月初九日癸未,星期六):致誠之,詢陳繩甫、李鏡池稿子下落。(同上,第一九二至一九三頁)

四月七日(三月十一日乙酉,星期一):接誠之函,覆告陳、李兩稿但已送沈子玄校閱。(同上,第一九六頁)

四月十四日(三月十八日壬辰,星期一):覆誠之。(同上,第二一〇頁)

四月十七日(三月廿一日乙未,星期四):誠之來訪,適出飲未遇,調孚代洽。(同上,第二一六頁)

四月十八日(三月廿二日丙申,星期五):昨誠之來,未晤,今作書□之,即本調孚所洽意。(同上,第二一六至二一七頁)

四月廿二日(三月廿六日庚子,星期二):覆李鏡池,《易學五書》由誠之托沈子玄校訂中。(同上,第二二五至二二六頁)

五月六日(四月十一日甲寅,星期二):賓四所贈《國史大綱》今日甫由香港沈仲章寄到三部,因即分函誠之、伯雲,各致一部,而自留其一。(同上,第二五一頁)

五月十六日(四月廿一日甲子,星期五):誠之來,屬送泉澄稿費百元,任君稿費五十五元。即作函送泉澄(收據未及取,俟再往)。(同上,第二七二至二七三頁)

五月廿一日(四月廿六日己巳,星期三):致誠之,送《古史辨》第七冊版稅約去。(同上,第二八二頁)

五月廿六日(五月大建甲午初一日甲戌,星期一):校誠之《秦漢史》。(同上,第二九一頁)

五月廿七日(五月初二日乙亥,星期二):續校《秦漢史》畢一批,即作書送誠之。(同上,第二九四頁)

二月十五日,楊寬先生致先生函云:

誠之吾師:

生舊作《中國古史導論》,於任教粤西時半年内倉卒寫成,論據既未能廣爲搜羅,行文亦欠暢達,蒙吾師爲之校訂一過,多所匡正,銘感無既。今又得數事,頗足增補舊作,謹謄録呈上,未知亦有當於師門之旨乎?(下略)

以上七事,皆最近所得,未知吾師以爲有當否?生論古史神話,多據諸子及《楚辭》、《山海經》諸書以爲説,前蒙吾師指示,謂尚可推而搜索之於《神異經》、《博物志》等書,以窮其流變。此誠巨眼卓識,生甚愧猶無以報命也。生於古史研究工作,本擬先成《古史集證》一書,其體例擬於古史上(由太古傳説以迄戰國爲止)每一問題,先列舉古籍中材料,次則搜録前人之考證,最後更附以個人之案斷。古籍中之材料,必使一字一句搜羅無遺。前人之考證,擬不特搜之於專著中,即筆記文集中亦必廣爲搜集,使成一古史研究的總結賬。奈何爲人事所牽,又苦無如許書籍足供搜考,致終無所成。《導論》一書,僅憑思慮所及,隨筆寫成,宜其無當矣。生意當前古史之研究最大之難題,爲殷墟卜辭之學猶未能建立成一體系,其章句訓詁固在在成問題,其所識之字,亦多以意爲之,未能堅人之信也。王國維於"□"字,初釋爲"夋",謂即帝俊。既而因證帝俊之即帝嚳,乃又改釋爲"夒",謂與"嚳"音同,又與"夋"相近,究何所見而云然耶?王氏爲學尚稱審慎,其末流乃舉古史上之問題,一一以卜辭穿鑿附會之。地下之新史料誠較紙上之舊史料爲可貴,實物之史料誠較傳説之史料爲可信,但考釋必須觀其會通,然後能增高新史料之價值。若任情附會穿鑿,其與僞造新史料,相去僅一間耳。

草草上達,不盡一一。得暇尚乞有以教益之。專此,即頌教安!

學生楊寬叩首

三十年二月十五日

先生所撰《漢世亭傳之制》一文,刊於二月出版的《學林》第四輯。嚴耕望先生説他撰《秦漢地方行政制度》時,未能找到此文,故未引用。此文現收入

《吕思勉讀史札記》。

二月出版的《青年月刊》(第三卷第二期)刊登先生所撰的《狗吠》。是月，先生還撰有《俞理初先生年譜序》。

三月，先生有《關於中國字的一個提議》、《廣西女子》、《從我學習歷史的經過説到現在的歷史研究法》、《魏晉科斗文原於蟲書考》等文刊出。《從我學習歷史的經過説到現在的歷史研究法》刊於《中美日報》副刊的"自學講座"，此文不僅談到了現代史學的治學方法，也是先生重要的傳記資料。

録是年先生致蔣竹莊先生信。據《歷史激流：楊寬自傳》所記，一九四一年二月他與童書業一起去蘇北，至四月回返上海，恢復在光華大學的教學工作。(《歷史激流：楊寬自傳》，臺北大塊文化出版股份有限公司二〇〇五年八月版，第一五二頁)故此信當寫於是年四月以後。

竹莊先生：

頃奉手教，敬悉一是。中國近代史，本學年初由晚講授，後楊寬正自蘇北歸，請其代授，下學年擬即由其講授，不再用代之名義，緣寬正所授之斷代史，赴蘇北時，請唐長孺代授，唐君不願代課，即由校中發給聘書，下學期仍擬請其講授。(唐君專治遼金元史，亦係一專家，今雖不能增其課，姑仍舊貫，維係一專家。)寬正本缺已算開去，下學年畀以近世史而不用代之名，仍算由本校加以延聘也。史學名著研究與史籍名著研究，舊章均係一年，新章爲顧全部章起見，改爲一學期，下學期開史學方法，合成一學年。專肅奉覆。敬頌道安。

晚吕思勉謹蕭　十八夜

再啟者：

前因歷史系無一選修之課，擬請楊寬正教授考古學。(此科國文、社會兩系，亦可選修。)業經面陳，嗣聞寬正言執事告以考古學或無選修之人，不如改開中國社會史。按中國社會史爲社會系必修科，他系可選修者甚衆，(本校從來未能開過，實一缺點。)如能開此科，自較考古學更爲切用，惟未知寬正果願講授否，或由執事再與一商。又童君丕繩原在本校教授歷史地理，後與楊寬正同赴蘇北，請陳稺常女士代課，①當時童、楊

---

① 陳稺常(一九〇一一?)，名懋恒，字稺常，福建螺州人。曾就讀於燕京大學研究院，後任教於東吳大學、光華大學、聖約翰大學等，顧頡剛稱其爲"一代才女"。解放後任教於上海財經學院。文革時遭到迫害。著有《明代倭寇考略》、《春秋考異》、《中國上古史演義》等。

二君皆未辭職，因唐君不願代課，校中即發給聘書，聯帶將陳女士聘書一併發出，以致童君之缺，含糊中亦被開去，此事在手續上頗欠周到，現童君不願將陳女士之課收回，而欲在本校另行任課三小時。查中國民族史一科，歷史、社會兩系均極切用，未知可請其開此一科否？敬陳鄙見，仰候卓裁，再頌道安。

晚思勉再叩

《古史辨》第七册，分上、中、下三篇，由先生與童書業先生編著，是年六月上海開明書店出版。先生爲《古史辨》第七册作序文。童書業先生在《古史辨》第七册自序中言此書在上海出版，得到先生助力甚多：

這册《古史辨》在上海出版，也得到許多意外的助力，如史學家前輩呂誠之(思勉)幫助我們的地方實在不少，使我們的工作大爲增光。呂先生在經學方面，是一位今文學的大師；在史學方面，又是劉知幾的後勁；在思想方面，更是一位傾向社會主義的前進者。他的討論古史方面的著作雖然不多，卻篇篇沈著深鋭，超出並時人研究之上。現在既蒙他把全部講古史的論文送入這册《古史辨》中刊登，同時又蒙他允諾作本書的領銜編著者，這真使我們欣幸無已！(《古史辨》第七册，童書業《自序》二)

録王伯祥先生六至十二月的日記。其時，先生除編好《齊魯學報》、《古史辨》第七册外，《秦漢史》和《中國通史》下册也先後完稿，交付開明書店出版。

六月九日(五月十五日戊子，星期一)：致誠之，告《學報》第二期尚缺稿三萬六千字。(《王伯祥日記》第十七卷，第三二八至三二九頁)

六月十日(五月十六日己丑，星期二)：誠之來，交丕繩一文，綴諸《古史辨》第七册之後。(同上，第三三一頁)

六月十一日(五月十七日庚寅，星期三)：致誠之，送《秦漢史》清樣及續校樣。並退回丕繩文，告《古史辨》已發引，不及追加矣。(同上，第三三三頁)

六月十六日(五月廿二日乙未，星期一)：誠之來，送到《匯刊》稿件並交還校樣。(同上，第三四三頁)

六月二十日(五月廿六日己亥，星期五)：致誠之，續送《秦漢史》清樣。(同上，第三五一頁)

六月廿七日(六月初三日丙午，星期五)：誠之來洽稿，未有決定。(同上，第三六五頁)

六月三十日(六月初六日乙酉,星期一):接誠之函,托爲丕繩分送《古史辨》。(同上,第三七一——三七二頁)

七月十五日(六月廿一日甲子,星期二):接誠之書,送《學報》第二期稿,屬速排,並托代印格紙。(同上,第四〇〇至四〇一頁)

七月十九日(六月廿五日戊辰,星期六):覆誠之,告《齊魯學報》第二期已付排,代印格紙已好,連鋅板送還之。(同上,第四〇九頁)

七月二十一日(六月廿七日庚午,星期一):接誠之書,屬送學報中之英文稿一篇與陸雲伯,以檢出作函致雲伯。(同上,第四一三頁)

七月二十三日(六月廿九日壬申,星期三):續校《秦漢史》。(第四一六頁)

七月二十四日(閏六月初一日癸酉,星期四):入館後續校《秦漢史》。(第四一七頁)

七月二十五日(閏六月初二日甲戌,星期五):續校《秦漢史》。誠之來,洽雲伯稿件,並送還代印格紙費十八元。(同上,第四二一頁)

七月二十八日(閏六月初五日丁丑,星期一):仍校《秦漢史》,使人去陸雲伯處,取回稿件,附來一信屬轉誠之,因作書與誠之,順送校樣一批去。(同上,第四二七頁)

七月三十日(閏六月初七日己卯,星期三):午後續校《秦漢史》。(同上,第四三一頁)

七月卅一日(閏六月初八日,庚辰,星期四):續校《秦漢史》粗畢一批(當待復看)。(第四三二頁)

八月四日(閏六月十二日甲申,星期一):復看前校《秦漢史》。(同上,第四四〇頁)

八月五日(閏六月十三日乙酉,星期二):看畢《秦漢史》一批,函送誠之。(同上,第四四一頁)

八月十五日(閏六月廿三日乙未,星期五):致誠之,送校樣,取回前送之樣。(同上,第四五九頁)

九月十九日(七月廿八日庚午,星期五):校《秦漢史》。(同上,第五二七頁)

九月二十二日(八月初二日癸酉,星期一):校《秦漢史》。(同上,第五三三頁)

九月二十三日(八月初三日甲戌,星期二):續校《秦漢史》。(同上,

第五三四頁）

九月二十四日（八月初四日乙亥，星期三）：依時入館辦事。續校《秦漢史》。（同上，第五三六頁）

九月二十五日（八月初五日丙子，星期四）：依時入館辦事。仍校《秦漢史》畢一批，即作函送誠之。適肖甫信來，即並前稿一件送請核定。（同上，第五三八頁）

九月三十日（八月初十日辛巳，星期二）：誠之來，交到《中國通史》下册稿。（同上，第五四八頁）

十月二日（八月十二日癸未，星期四）：校畢《秦漢史》一批送誠之，取回前樣。（同上，第五五二頁）

十月八日（八月十八日己丑，星期三）：依時入館辦事。接誠之書，送還清樣，並介紹姚姓孚生爲印刷學徒。（同上，第五六三頁）

十月九日（八月十九日庚寅，星期四）：依時入館辦事。覆誠之，告印刷工極吃重，如不嫌苦，當代介紹，順送紹虞近著兩種及《明代思想史》。（同上，第五六五頁）

十月十三日（八月廿三日甲午，星期一）：致誠之，續送《秦漢史》清樣。（同上，第五七一頁）

十月二十八日（九月初九日己酉，星期二）：致誠之，取回趙肖甫稿。（同上，第六〇〇頁）

十一月五日（九月十七日丁巳，星期三）：誠之爲齊大劃《匯刊》印費二千元來。（同上，第六一七頁）

十一月十一日（九月廿三日癸亥，星期二）：續校《秦漢史》。（同上，第六二九頁）

十一月十三日（辛巳歲，九月廿五日乙丑，星期四）：續校《秦漢史》。（同上，第六三七頁）

十一月十四日（九月廿六日丙寅，星期五）：續校《秦漢史》。（同上，第六三八頁）

十一月十五日（九月廿七日丁卯，星期六）：校畢《秦漢史》一批，作書送誠之。（同上，第六四〇頁）

十一月十八日（九月三十日庚午，星期二）：接校《秦漢史》。（同上，第六四七頁）

十一月十九日（十月小建己亥初一日辛未，星期三）：續校《秦漢史》。

(同上,第六四九頁)

十一月二十日(十月初二日壬申,星期四):續校《秦漢史》一批畢,作書送誠之。(第六五一頁)

十一月二十五日(十月初七日丁丑,星期二):依時入館辦事,致誠之,送《秦漢史》及學報校樣。(同上,第六六〇頁)

十一月廿七日(十月初九日己卯,星期四):續校《秦漢史》。(同上,第六六五頁)

十一月廿八日(十月初十日庚辰,星期五):校《秦漢史》。(同上,第六六五頁)

十二月一日(十月十三日癸未,星期一):續校《秦漢史》,畢一批,作書送誠之。(同上,第六七一頁)

六月至十一月,先生刊出文章有《生活的規範》(上、下)、《中國歷代之選舉制度》、《秦漢移民論》、《道教起源雜考》、《論〈詩〉與歌謠》、《追論五十年來之報章雜志》、《中國歷代兵制之變遷》、《國文教學貢疑》及讀史札記十多篇。

十月二十六日,光華大學國學研究組舉行第四次演講會,由先生主講,題爲"經世"。演講稿由國學研究組記錄,後刊於是年初版的《光華學刊》上。

《先秦史》是年十二月上海開明書店初版印行,該書原是齊魯大學國學研究所專著彙編之一,後附人名、地名索引、引用書名及篇名索引等。

先生在太平洋戰爭發生以前,還寫有《論學術之進步》、《論青年的修養和教育問題》、①《學校與考試》等文。太平洋戰爭爆發后,租界淪陷,先生常州故居早已遭日寇戰火的炸毀。

一九四一年冬,租界亦淪陷。光華滬校停辦。租界中居民,受敵壓迫,亦與内地無異。初常州之陷也,予所自居之宅全被炸毀。是時城門由敵兵看守,出入者必向其行禮,予因不願向敵兵行禮,故迄未歸。室中殘餘之物,爲人取攜殆盡,惟書百三十二箱,雖經打破抛擲,經親族代爲裒拾,尚得五十七箱而已。(《三反及思想改造學習總結》)

光華滬校停辦,在民國三十年除夕,諸生餞別師長,並攝影留念。先生在照片上題簽了十八位出席者的姓名之後,並在右上角寫上"一片冰心"四字,以志勉勵,合影者有光華教授蔣竹莊、金松岑和吕誠之先生,光華同學楊友

---

①　以上兩篇原題已缺,此兩題爲編者所加。

仁、劉元洌、姚大鈞、顧正武、鄭永年、沈百中、王懷治、鄭滌新、袁希文、姚彭年、董慶淳、周銘謙、李漢怡、汪毓麟及松岑先生之孫金同翰。原邀參加的朱香晚先生因病未到。①

是年，孤島名士王蘧常先生籌劃龔定庵先生百年祭，先生撰有《龔定庵先生百年祭》一文，又爲童書業先生《中國疆域沿革略》作跋。

民國三十一年壬午（一九四二）　五十九歲

是年先生日記更名爲《更生記》，兹録入序言及一月的殘存日記一條：

自更生記以下日記，至今皆全，今亦録其更名時之序言如下，忽忽又十二年餘矣。

予之有日記，始於庚子之二月，以一月爲一卷，遇閏則分上下，是年凡十一卷。自辛丑至庚戌十一年，年各十二卷。辛亥十一月十三日改行太陽曆，以是日爲中華民國元年元月元日，故辛亥日記又止十一卷，末卷且止十有二日。自有日記至此，凡百四十二卷。民國元年至今歲七月，凡三百六十七卷。合辛亥以前，凡五百有九卷。二十四年以後，皆留上海，完好無闕。將自滬歸，行篋中片紙隻字不可攜，親朋處亦無可寄頓，不得已撷其要數紙，自信函中寄歸，元本則悉摧燒之。二十三年以前之日記，本庋小樓中，樓既毁，爐餘之物，久之乃有人爲收拾，輦至妻家，至今未能發視，日記之存者，不知尚有幾何也。予生平讀書，有所抄撷，皆別爲篇卷，不屬入日記中，雖有損毁，與日記之亡無涉，惟詩文皆附日記中，乃隨日記而俱毁，雖無足觀，敝帚千金，亦不免自惜也。少年好事，日記歲一易名，後遂仍之，四十三年無改。今兹雖非歲首，然自今以前，日記悉亡佚，不翅別爲一世矣，故易其名曰更生。語曰：從前種種譬如昨日死，從後種種譬如今日生。日新又新，自强不息，天下國家皆當如此，豈徒一身然。身者天下國家之本，敢不勉乎！伯約報母，無有當歸。今日何日，而敢懷居乎！予日記皆遵古例，小題在上，大題在下，今悉仍之，其都數仍爲五百有十，所用紙張及書寫格式，亦數十年如一日，年來目力稍損，小字莊書，頗覺費力，然尚能勉爲之，亦不欲遽改云。更生記。（《日

---

① 朱香晚（一八七二—一九四六），江蘇宜興人。早年就讀於江陰南菁書院，後任教於北京清華學堂。一九一二年後，在上海立達學院（後又稱大同大學）任教多年。抗戰時期，在上海光華大學、誠正文學院、復旦大學等，教授文字學。

記二·更生記序》)

　　錢仲芳,三十一年一月二十八日(舊曆十二月二十三日)卒。

　録王伯祥先生一至五月日記,先生曾托售《叢書集成》事,可知光華大學停辦之後,先生的生活頓陷困境。

　　(一月)初十日戊申(星期二,二月廿四日):校《秦漢史》。(《王伯祥日記》第十八卷,第十七頁)

　　十一日己酉(星期三,二月廿五日):依時入館,續校《秦漢史》。(同上,第十八頁)

　　十二日庚戌(星期四,二月廿六日):依時入館,仍校《秦漢史》。(同上,第十九頁)

　　十三日辛亥(星期五,二月廿七日):依時入館,仍校《秦漢史》。(同上,第十九頁)

　　十六日甲寅(星期一,三月二日):致誠之送《秦漢史》校樣一批。(同上,第二十三頁)

　　十九日丁巳(星期四,三月五日):依時入館,校畢《史記地名考》,接校《秦漢史》。(第二十六頁)

　　二十日戊午(星期五,三月六日):依時入館,續校《秦漢史》。(同上,第二十七頁)

　　廿一日己未(星期六,三月七日):誠之來,送回校樣,並談齊魯出版物進止事宜。(同上,第二十九頁)

　　廿三日辛酉(星期一,三月九日):依時入館,校《秦漢史》。(同上,第三十頁)

　　廿四日壬戌(星期三,三月十日):依時入館,續校《秦漢史》。(同上,第三十二、三十三頁)

　　廿五日癸亥(星期三,三月十一日):依時入館,續校《秦漢史》。(同上,第三十四頁)

　　廿七日乙丑(星期五,三月十三日):依時入館,仍校《秦漢史》,全部畢矣。(同上,第三十七頁)

　　廿八日丙寅(星期三,三月十四日):致誠之,送《秦漢史》末批校樣去。(同上,第三十八頁)

　　(二月)初九日丁丑(星期三,三月廿五日):致誠之,送《秦漢史》清

樣。（同上，第五十頁）

（五月）初六日癸卯（星期五，六月十九日）：接誠之昨寄信，托售《叢書集成》，蓋爲儲券推行之故，原有財産乎只打一對折，徒見窘迫，遂動斥賣藏書之念也。展讀淒然。（同上，第一四三頁）

十二日己酉（星期四，六月廿五日）：誠之來談，面□一切，知寬正近返青浦白鶴港老家，□門讀書。（前傳云曾經某處任某事，深冤之。）（同上，第一四八頁）

十三日庚戌（星期五，六月廿六日）：誠之來，托代取叢書集成第六期，並請代寄鍾雲父、韓鏡清一册，詢知將移眷返常，與廉遜同執教於鄉塾云。（同上，第一四九頁）

廿一日戊午（星期六，七月四日）：致誠之詢《叢書集成》售價。（同上，第一五七頁）

李漢怡先生尚存先生一九四二年四月三日親筆函乙封，信已捐贈上海圖書館收藏，信封仍由漢怡先生保存。從這封信的内容，也頗能看到先生當時的處境和想法。信四月四日寄出，四月十五日寄到。信封上寫着："浙江永康方岩五峰書院鍾筠萍先生代收敬求轉致李漢怡先生大啟爲感。上海霞飛路蘭村十六號呂緘懇。"

漢怡老弟：

　　數年聚首，一旦分攜，執手臨岐，能無惆悵，別後每縈思念。昨奉惠書，知緣途尚算平安，到達後已得職務，曷勝欣慰。吾弟恂恂儒雅，縝密以栗，必能善於所事，無可疑也。兄碌碌如昔，滬上情形，殊難久居。惟故鄉室廬已毁，什物無存。遠行則路途艱沮，書籍雖屢經損失，手頭存者，尚近廿箱，中多札記及校點過之本，棄之不可，寄頓無所，且離之則研究工作全須停頓，是以尚在此觀望。將來設或離滬，大約亦只可入浙，屆時或可重行聚首也。寬正尚在海上，仍寓原處。丕繩地址爲宜興張渚求實竹行（信面照此寫即可通函），①聞在彼生活尚佳。專覆，敬頌
大安不一

小兄勉頓首　四月三日

上海圖書館還保存有先生致袁希文的二封信，第一封寫於是年上半年，

---

① 抗戰時期，"求實竹行"即求實中學的通信代號。

第二封寫於一九四三年（現錄入本書一九四三年內。見梁穎整理《呂思勉手札》，刊於《學術集林》卷十六，上海遠東出版社一九九九年十月版，第二至三頁。）將第一封信錄入於下：

希文吾弟如晤：

別離甚悵。接奉手書，殊慰饑渴。匈奴考較簡單，西域考□半年中不易作，更無論凡漢四裔矣。鄙意治漢世四裔事，苟有所疑有所得，就所疑者考之，有所得則著之，雖零碎亦可以爲論文，昔時詁經精舍等所刊文皆如是，似不必如今人之所爲，凡普通材料一概鈔全也。匈奴單于世系，兩《書》中不見者即無可考，《後書》注云，自頭曼至比單于相傳十八代，或系以比承烏珠留，更去頭曼。更去頭曼者，昔人所謂除本計。除本計者，如以玄孫之子爲五代孫，乃去己方，以子爲第一世。如以己方爲第一世，子爲二世，玄孫之子爲六世矣，此爲連本計。昔人此兩種計法都有，見《曲禮》"生與來日，死與往日"疏。

張校長現委託蔣竹莊辦一存文學塾，補足同學所缺功課，光華承認其學分（章程一星期後當奉寄）。未知吾弟能來否？致童先生書已轉去，渠近云留滬尚有兩月，兩月後擬他適。如晤金松岑先生，乞爲致意，後竟未能再到校中奉候，殊慊然也。匆覆，敬頌著祺不悉。

　　　　　　　　　　　　　　　　　　小兄　勉頓首　廿七日夜

五月，呂翼仁曾夢中作一詩，至十一月遂稟聞於先生。詩曰："一夜西風木葉驚，未成秋色已飄零。江南誰是倦游客，淅瀝階前不忍聽。"

是月，柳存仁先生將先生爲其所寫的兩篇序文（《柳著〈俞理初先生年譜〉序》和《柳著〈上古秦漢文學史〉序》，均寫於一九四一年一月），刊於《東方文化》雜志。

錄王伯祥先生六月後之日記，可知先生回常州前後的概況。

六月大建丁未（卅一年七月十三日至八月十一日）初一日丁卯（星期一，七月十三日）：廉遜、誠之來談，知將連袂返常教書。誠之行後，又以書屬將《五會集證》稿送還沈子玄，即作書送去。（《王伯祥日記》第十八卷，第一六七頁）

初二日戊辰（星期二，七月十四日）：誠之來談，擬寄存書籍兩箱。（同上，第一六八頁）

初三日己巳（星期三，七月十五日）：依時入館，校《中國通史》下冊

（誠之續稿）。（同上，第一六八頁）

初四日庚午（星期四，七月十六日）：續校吕《通史》。（同上，第一六九頁）

初五日辛未（星期五，七月十七日）：仍校吕《通史》。（同上，第一七〇頁）

初八日甲戌（星期一，七月二十日）：誠之將返常，來托寄書。（同上，第一七五頁）

十二日戊寅（星期五，七月廿四日）：誠之父女來，言行有日矣，將寄書兩箱於開明。（同上，第一七七頁）

十八日甲申（星期四，七月三十日）：誠之有人托銷小型吸水紙四百條，轉以屬余。今日已由索北代售出，計得儲券五十元，即依誠之屬作書送花園坊廿三號趙彦誠女士。①（同上，第一八一頁）

二十日丙戌（星期六，八月一日）：依時入館，續校誠之《中國通史》下册。（同上，第一八二頁）

廿二日戊子（星期一，八月三日）：續校吕史，畢一批。（同上，第一八三頁）

三十日丙申（星期二，八月十一日）：接誠之八月十日書，已安返常州，住十子街八號。（第一九〇頁）

（七月）初七日癸卯（星期二，八月十八日）：覆誠之，覆盃繩。（同上，第一九七頁）

（八月）廿六日辛卯（星期一，十月五日）：接誠之十月四日常州坂上鎮輔華中學來信，告近狀，並索所著《先秦史》，屬寄輔華余仲堅。②（同上，第二四九頁）

廿八日癸巳（星期三，十月七日）：覆誠之，並寄《先秦史》與余仲堅。（同上，第二五一頁）

（九月）十五日庚戌（星期六，十月廿四日）：接誠之十月廿二日常州湖塘橋信，覆告去書，但悉齊大國學研究所將有變動，賓四已函知在滬收束工作云。（同上，第二六四頁）

二十日乙卯（星期四，十月廿九日）：覆誠之。（同上，第二七〇頁）

---

① 趙彦誠，即趙小蕊，先生二姑之長女。

② 余仲堅，名鏞，江蘇常州人，早年畢業於中央大學，抗戰時期，在常州輔華中學、博文中學任英文教師，後去臺灣，在臺灣高校任教。

録是年先生六月后的殘存日記如下：

　　卅一年六月初六日繼蘭、榮返里。七月十一日榮至滬，八月一日（舊曆六月二十）偕歸。（《殘存日記》）

　　民國三十一年八月九日，途遇穀臣，示予以所作《茹藥壘詩稿》，頗有佳句。《丁卯除夕》云：容顏朝槿移時老，骨肉秋蓬到處飛。《東豐道中》云：極天霽雪成銀海，滿筏寒冰似玉槎。《詠荷》云：田田翠葉君休折，留蓋駕鴦到小春。《游蚌山》云：遠市蒼茫籠暮靄，豐碑敧倒映斜陽。皆是也。穀臣久客遼左，其《歸里詩》云：遠游廿載跨歸鞍，無復華顏似沃丹。底事三番彈劍鋏，會當六尺執漁竿。才疏不羨鵬搏壯，世亂時教雁影單。三徑雖荒松菊在，短筇扶老且盤桓。殊有氣韻。又《負暄》云：負暄暖比白狐腋，味道濃於綠蟻醅。《書感》云：但翼長星終不見，曲肱清夜得安眠。《重九》云：雨中黃菊還垂淚，佳節何心對酒卮。《劫後漫成》云：楊園曉月雞聲寂，榆塞秋風雁影疏。《秋日》云：半生游躅飄蓬梗，卅載窮邊負菊花。雖在息影之中，仍多哀時之語也。（《殘存日記》）

　　民國三十一年十月初六日寅刻，餘之逝世。

　　（上缺）其車以行至家，天已昏黑矣。勤穀嫂、志炯伉儷、阿春、伯駿咸在。晚飯偕弟婦、志炯至織機坊看棺木。

　　餘之病似系西醫所謂外科中毒者。十餘日前飯時食屑入齒隙頗堅，後自行剔出，蓋傷齒齦，後遂下唇腫脹，然無恙。初二日尚在市夜飲，初四日尚一至其辦事之處，以不適假歸。初五日未躬往，使人請假。初三始發熱，然不重。初四尚吃飯。初五始食粥，晚間尚食粥及雞卵，將寢，繼蘭往省之，尚安。夜二時許，真弟侍之，覺其有異，入叩門，逮繼蘭起而往，已無知覺，氣息奄奄矣。未及即逝。然在二時前，仍能與真弟語也。蓋劇毒重創而入，直犯神經，故其狀如此。十三日補記。（《殘存日記》）

　　民國三十一年十一月

　　十四日（土舊曆十月初七日辛未）。晴。莊伯倫季少英來。餘之弟婦檢舊物，得達如扇一柄，乃其十歲時，洪蔭之所贈詩，書畫皆蔭之所爲也。詩曰：訂交老鳳廿餘年，小鳳清聲又眼前。卻識松原生泰嶽，早知玉自出藍田。功名後日方無量，頭角於今已嶄然。聊以鄅侯爲爾祝，相期富貴更神仙。後有識語云：達官世講岐嶷好學，今歲爲十齡初度，既饋佳餚，復遺湯餅，輒援古人之例，題扇爲贈，即以爲他年左券也可。辛卯三月清夫道人識於淡衛讀易齋中。達官者,達如小字;辛卯,光緒十七年也。此詩昔與達如談及陰之時,達如曾口誦之,予久忘之矣。今一觀之,恍然能憶。詩、書、畫俱不佳。然陰之以殺宋教仁事聞名,此扇亦可寶矣。陰之初名某,予已不能記,後乃改名述祖,字江孫。殺宋教仁事,國民黨將其與北京來往函電,刊布報端。然據達如言,其中只有一函封,確爲陰之筆迹,餘皆非是。袁世凱未敗時,又曾有一說,謂教仁實一武姓所殺,其事乃國民黨中人所自爲。後國民黨既克捷,教仁之子亦以其父爲陰之所殺,其事遂無可究詰矣。陰之初與凌雲姨丈同佐劉省三幕,嘗之西洋買軍裝不實,省三怒,將系之,走姨丈寓,易衣冠而逃,久之,乃復出。甲午戰前在朝鮮,戰事將作,逃歸。庚子辛丑間,客皖撫幕中,又有招權納賄事逃去。清季所謂才幕者多如此,其時事可知矣。其人能圍棋而不工,民國初年嘗坐葛仙樓觀姜鳴皋與屠雄卿弈,予嘗一見之云。然其將死也,某往監刑,陰之謂之曰:猶可作一書與友朋乎?曰可。從容作書已,乃與偕行至刑所,向監刑者拱手曰:再會。從容走就絞所,毫無畏怯也。陰之豈有學力,其天資亦有足多者,莫或陶成之,而終於爲如此人,亦可惜矣。達如生日似系舊曆三月二十一日,猶記其二十一歲生日詞云:鬢齡荏苒隨春去,誰伴得愁人住,閩海游塵江上路,怎生消遣?斜風細雨,廿一番春莫。其下半闋,則予忘之矣。詞殊誅蕩有致也。(洪陰之)民國八年四月初五日死於北京。(管達如)民國卅年十月二十一日(舊曆九月初二)卒。(《殘存日記》)

　　民國三十一年十一月

　　予七歲患瘧,大姑是時亦患瘧,兩人疾幾同時作,亦幾同時愈,皆自秋初至冬季,歷時約五月。診治者鄒德師、鄭湘溪、朱紫衡諸先生,[①]皆名醫也。弱冠前,予以爲中國無治瘧之藥矣。婚後聞外舅言,常山、草果截瘧如神,惟性甚刻伐,不可輕服耳。識之而已。榮女二三歲時患瘧,金雞那霜丸不能咽,粉末則苦不肯服。文如云:常山、草果,江浙醫罕用,閩醫則無不用者,從未見瘧之久延,亦從未聞其有何流弊也。書方服之,一劑良已。後族淑仲藻患瘧,中西醫皆不愈,求治於陸老全,老全以常山、草果治之,亦一服而寒熱遂已。予當是時以爲常山、草果之治瘧,勝於雞那霜矣。近歲客滬上,雞那霜貴,趙君女苕爲新亞藥廠藥劑師,以飲食之會

遇之,予以所睹聞者語之曰:盍治常山、草果爲丸散,俾貧而患瘧者獲治乎?女苕言,日人曾經考驗,能治瘧者常山,草果實無用也。然常山治瘧愈者百中六十餘,難那霜則八十餘,知其藥不如難那霜,故日人不之用云。然《本草》言,常山不徒治瘧,亦凡治寒熱疾。而仲藻族叔固嘗先服難那霜而不愈,予頗疑常山治正瘧不如難那霜,治惡瘧時或勝之也。本月六日在坂上與金勤昌夜話,①勤昌近患瘧,某醫生治之而愈,第一、二方皆用草果,寒熱不止,第三方以常山爲引,寒熱遂止。是則女苕之言驗矣。其明日予訪莊育民,②育民留予小飲,何錫疇同席,錫疇業藥肆,能誦常山治寒熱之方,云今鄉人多服之,遂愈所費至多十餘元,而今難納霜丸,在鄉間廉者丸二元四角,貴者至三元,猶非佳者。假一患者服三十丸,則自七十二元至九十元矣。其相去爲何如也。是晚予寒熱大作,初八日還湖塘橋少輕,初九日益重,至是雖未經醫師診視,亦殆可斷其爲瘧。初十日入城,即走訪某醫生,予之訪某君,意在訪以常山究可治何等寒熱,《本草》言其有毒,何所見而云然。云中虛者忌服。何等證候謂之中虛,醫家言瘧不可輕截,寒熱之疾,遇何等證侯,可服常山,何等則不可。云瘧不可輕截者,蓋謂寒熱雖止,諸證不能悉除,將遺後患,然何故不可先止其寒熱,治其餘證也。予懷是意而往,知醫家尋常不肯多談,以勤昌先生與某醫同住一宅,乃請勤昌夫人介紹,既見具以書於上者語之,此在口語亦不過數分鐘耳。乃某醫意殊不屬予語,未幾即索手診脈,雖且診,予且語之,亦不傾聽,至予語竟,則彼已書方矣。所書脈案,亦與予告彼者不盡合,書方既竟,問以予何不可服常山,則曰當先理之使成瘧,不則將變爲溫病而已。予知其無可與語,唯唯退,遂未服其藥。自服難那霜,是日猶有寒熱,翼日遂無矣。予至是然後知一種學術之將替,非其學之果無足取,而由治是學者之無材,治是學者之無材,則由材者之不趨於是,材者之不趨於是,則運會風氣實爲之。如居今之世而爲醫,而於西醫之書,一語不讀,科學之理,一無所知,其人之材不材爲何如?然非如

① 金勤昌,常州人,資深的語文教師,曾任教於常州前黃中學、上海松江一中、武進女師、常州市第一中學等。

② 莊育民(一九〇二—一九八二),江蘇武進人,中醫師,行醫以喉科爲主,兼行針灸。一九五〇年受聘香港中國國醫學院教授,一九六七年移居臺灣,聘爲臺灣中國醫藥研究所脈學研究委員、中醫典籍編修小組顧問、中國醫藥學院教授等職。有《喉科真髓》、《針灸經穴之運用》、《中國針灸學》、《中國針灸發展史》等著述。

是人又安肯自列於中醫之林,而以是自足,以是自畫哉!江河所趨,百川赴之,蛟龍生焉,及其去之,則魚鱉無所還其體,而泥鰍爲之制。信乎風會之爲力之大也。(《殘存日記》)

六月,先生爲沈延國《周書集釋》作序及識語,一九四四年刊於《文藝春秋叢刊》之一《兩年》,現收入《論學叢稿》。

先生民國初年即與吳江金松岑先生相識,後又同在上海光華大學任教。是年七月有先生致金先生的信:

松岑先生:

前奉手教,以爲駕已回蘇矣,近又讀奉片示,乃知近始成行也。聘書已招呼秘書處,屆時決會送來,當即轉交殷女士。七月分薪尚有半月,約廿五日發,如要弟代領甚易,惟無法匯蘇耳。公如海上有熟人可以交付,則亦甚易也。專頌大安。文孫均此。

弟勉頓首　十二日

光華停辦之後,松岑先生返回故里,懷念老友,遂有下錄之詩作:

海上七君子詩　　武進呂誠之思勉　　壬午

呂子老彌謙,聲容和且柔。少壯氣逌崒,舌辯不肯休。著爲本論篇,符統斯匹儔。體道而用法,謂是賅九流。而我揚儒宗,脱幘張兩眸。子文類介甫,不涉蘇與歐。論史抱獨見,方駕史通劉。中年自退抑,署札爲駑牛。世亂田園荒,我作海上游。與子分皁比,量腹升斗求。我飲子好奕,癖嗜兩不瘳。天道猶張弓,人事等挾輈。拽滿終當弛,怨積相爾矛。海鳥起避風,我亦歸林邱。諸生出飲餞,同上海角樓。酒闌商出處,誓言結綢繆。係轅非良駒,傍沼無閑鷗。觥觥因是子,氣盛風力遒。聲名動鯤室,險爲魚中鈎。子無還山赀,慷慨典敝裘。蟬蜕識先幾,槁卧荒江頭。吾道遂不孤,沈冥當幾秋。明年賦七發,觀濤伸子區。(金天羽:《天放樓詩文集》,上海古籍出版社二○○七年十一月版,第四六九頁)

八月一日先生回故鄉常州舊居,任教於游擊區青雲、輔華兩校,並爲開明書店續撰《兩晉南北朝史》,依恃微薄收入,以資自活。

錄黃永年先生回憶一段於下:

當時是一九四二年,日本侵略軍已佔領上海租界,原先設在租界不歸敵僞管轄的大學、中學都被迫停辦,著名的史學家、光華大學歷史系主任呂思勉先生回到他的故鄉江蘇常州，被設在常州郊區不歸敵僞管轄的青雲中學聘請去臨時任教。我當時是個讀高中的青年學生，慕呂先生大名轉入“青雲”上高二班文科，正式成爲呂先生的學生，又從呂先生口中知道童書業先生的大名。

話是我問起的。原來，我對呂先生的學問是早就很崇拜的，我上初中時自學文史看古書是靠兩本入門書，第一本就是呂先生的《經子解題》，第二本才是張之洞、繆荃孫的《書目答問》。但對“五四”以來史學界的新式論著卻很少有機會看到，只道聽途説地知道有個顧頡剛寫了一本《古史辨》，把治水的聖人大禹説成一條蟲，這還不夠荒唐？所以有天晚上我在呂先生處閒談，問呂先生“《古史辨》這本書怎樣”時，本料想是會得到否定的回答的，誰知呂先生卻回答説“此書頗有道理”，並告訴我此書的第七册是呂先生自己和一位童書業先生合編的。以呂先生之尊居然也和人家合編《古史辨》，使我不得不對《古史辨》刮目相看。我在這裏並非隨便用“刮目相看”這個成語，因爲當時真是馬上向母親要了錢，寄往上海，托人到開明書店買了一部《古史辨》第七册來刮目細讀。

據説顧先生還想送童先生去日本留學，由於蘆溝橋事變抗日戰争爆發而沒有實現。童先生離北京回南方，經呂思勉先生推薦在光華大學當講師，並把《古史辨》第七册編成出版。日軍進佔租界後離上海，先後到念劬、惠林兩中學教書。（黃永年：《記童書業先生》，《學林漫録》第六集，中華書局一九八二年版）

呂翼仁女士撰《先父呂思勉在抗戰中的生活片斷》一文，從中可見先生一家在抗戰期間生活之艱苦。該文是研究先生生平的重要傳紀資料。[①] 先生所撰《漫談教育》一文也涉及他一九四一、一九四二年的經歷，可以參閱。

先生從殘存日記中摘出民國三十一、三十二、三十三、三十四年有關物價的段落數十頁，此份摘録始於是年八月初五，[②]故録入於是月。三十二、三十三、三十四年的記録也一併録入：

予年二十餘，虜朝始大鑄銅元，時賣買久以銀論價，而工資猶多論錢，銅元既多，錢價日落，而工資不增，勞力者遂不可終日。予目擊其狀

① 參見《呂思勉先生年譜長編》下册附録，第一一七九至一一八三頁。

② 現由編者擬題爲《常州物價紀實（一九四二至一九四五）》，收入《蒿廬文稿、筆記》。

之惨，始有意作歷代幣價考。其所搜輯，以正史爲主，間亦以他書補之，報紙所載，聽睹所及，附益焉者亦不少，未及屬稿，倭寇入犯，積年筆記多藏小樓中，屋遭炸毁，亡失過半。其得自載籍者，有讀書之勤過於予者，自可搜輯得之，且更精更博。其得自報紙及聽睹者，恐必有不可復得者矣，豈不惜哉。予作日記，初雖間著讀書所得暨見聞所及，後以其不便分類，皆別著之。故日記中涉及物價者，僅庚子至壬寅三年中，略存數事耳，上條所録是也。求諸其後，則惟倭寇入犯，至降伏時間有之。而民國三十一年七月以前之日記又已毁棄，自此以後所存者，亦極寥寥耳。今世物價記載，自有專書，一爪一鱗，殊不足道，然中國地大而物博，專事記載者，亦不易曲盡，此區區者，或亦足資談助也。不避瑣瑣，更録存之。

民國三十一年八月初五日。晨起，聞馨姊卒，駭極。此次歸里，即欲省姊，以室中各物亟待整比，未果。姊聞予歸，亦極欲相見，而姊近歲稍衰，行動不甚利便，家人不欲其勞，雖知予歸，誑言猶未，故姊欲歸亦未果，竟而不及相見，傷哉。姊近日亦無他恙，聞昨猶食冬瓜豕肉羹，晚飯猶如常，飯後忽喘息，遽逝世，蓋心疾也。年六十七。偕榮女往送殮。姊在戰前，送終之物已備，遭亂患亡失。今棺木一具，價至四千元，初漆一次五百元。衣僅增制，料即千元，工在外。是日合諸雜費，餘八千元。宜乎墨子之欲薄葬也。歸過郭正昌筆肆，戰前筆售一角二分者，今售二元。一角者，今售一元六角。（以下各條，皆節録日記元文。馨姊者，予再從伯父朗山君之長女也，適同邑史氏。馨其小字，弟妹皆以此呼之。）

初九日。偕餘之訪錫昌，同至老義和茗談。錫昌欲食予以麻糕，而麻糕已停制，乃已。麻糕予小時售錢六文，後增至十文。銅元行，凡物皆以銀論價，則售四分或五分，分准銅元三枚，則當小平錢百二十至百五十，今則售鈔一元矣。此所謂大麻糕，常州之名産也，雖蘇州人猶稱之。其小者予小時售錢二文，俗稱爲老荒。相傳昔遇饑年，官以是爲貧民之食，與業此者約，價不得私增云。銅元行，價稍增至二十文，今亦售四角矣。（餘之，朗山君之子，八歲喪父，一房迄與予家同居。錫昌姓蔣。老義和在織機坊，常州甚舊之茶肆也。以售麻糕著名。）

十六日。偕餘之省佑申族祖，又同省怡雲。歸途買落花生一元，僅二十顆左右也。（怡雲姓顧，予大姑之子。）

十月初七日。餘之本擬於今日殮，而昨深夜志炯復來言，所看棺木，仍有未妥，乃訪熙增，浼其偕覓棺木。熙增言其族父鴻德，舊嘗業此，乃偕往請之。鴻德君年七十有一矣。承其步行偕予與熙增求諸青果巷、織機坊、馬山埠，皆不諧，最後至化龍巷殷源順。其主人曰殷長生，鴻德事木業時舊徒也。有人以壽材一具寄其肆求售，已加漆矣，尚不惡。乃屬熙增偕鴻德君至長春園茶點，予歸同餘之弟婦往看，弟婦亦以爲善。予乃至長春園，長生亦至，以千五百元買之。昨在織機坊所看，價二千六百元，尚不逮此，今日所看，小可用者，價皆逾四千元，有近六千者。微鴻德君之力，此棺雖四千元，亦未必能得之。然長生亦慷爽人，未索一文虛價也。既得棺，乃仍於今日殮，一切草草，而所費逾四千元。（餘之於是月初六暴卒。志炯姓錢，予妻之外弟。熙增姓劉，亦予妻家之戚。）

民國三十二年三月初九。大麻糕亡清丙午之歲，先父病中恒食之，每塊錢十文。民國二十五年，每塊銀四分，其時銀一分合銅元三枚，則小平錢百二十文，看似十二倍，然丙午歲銀一分約值錢十，實則僅四倍耳。今也每塊四元，則百倍於二十五年矣。此間報紙日言重慶物價飛騰，然即如所云，亦不過四十五倍於戰前，未及此間之半也。

三月十六日。至千秋坊買蝦米、蝦子各一兩，價各八元。過兩烟肆間之，皮絲每包價百六十元，戰前一元半，則是百有六倍而強也。

四月十八日初四。四妹樞托舜卿、鼎元經手，自滬運歸，云以本月初起運，至遲月杪可到。運四妹樞歸，去冬即有此議，擬葬諸敦化公墓，以餘之亦葬此也。敦化公墓爲錢名山所唱設，故人亦稱名山公墓。管理其事者某甲，客歲餘之葬此，係由勤穀夫人與之接洽。逮冬有將四妹葬此之議，亦由勤穀夫人告之。甲曰：樞將至而付費可也，樞既至而付費亦可。已而樞不果運。此次既運出，舜卿書來云：運樞之舟將徑抵公墓，甲雖管公墓事而不常往，常駐公墓者爲乙，乃往告乙，請其於樞至時代爲照料。以四妹之葬此，勤穀夫人與甲已有成議也。日前勤穀夫人與弟婦偕訪甲，將付費，甲忽曰：今年鄉方不通，不能依次葬，欲葬必別擇穴，非付千元不可。案餘之去年依次葬，費僅六十元。弟婦近聞諸其母家人云：今年葬費百六十元，亦與千元相去甚遠，此自爲依次葬。然所謂鄉方通否者，乃形家言，公墓本無此説也。勤穀夫人知今年亦有依次葬者，舉其名以詰之，甲無以應，然終不許四妹依次葬，葬地因此無著。予聞此息，思樞已在途，無從告運樞之舟，使改泊處，樞至而公墓不之受，豈不大窘？乃自湖塘橋急入城，先訪勤穀夫人，詢明始末，遂訪志炯，以勤穀夫人云志炯與甲相識，許於今日向其緩煩説諭也。至則渠訪甲尚未還，乃約明晨八時前訪之，予然後到家，憊甚，至紅杏村買土製燒酒，飲以蘇之。又在某食物肆買煮筍以佐之，味頗美，然價甚貴，每一片須鈔二元。（四妹字瑞之，朗山從父之第四女，三十年三月二十八日，以割治乳癌，殁於上海醫院。舜卿姓姚，予在光華同事。鼎元姓張，同邑蔣竹莊先生之戚，予因以相識。勤穀予妻之弟，是時久卒。其夫人姓華，字寶静，才具甚優。紅杏，酒家名。泰縣程君玉山在常業書肆多年，亂後書籍無人過問，乃兼賣酒自活。）

十九日。晨起，欲詣志炯，而志炯至，訪甲約其早餐，而其人患膈，晨不能食。志炯乃約其夜飲，且吸大烟，於是四妹叙葬得其允許，下教於乙，付費凡百八十元。予不樂往吸大烟處，故是夜由志炯獨往，偕甲小飲，計費九十元。又邀其至織機坊吸大烟，計費五十元。

二十日。妻思食麻糕，出買之，五元一塊，則較前又長矣。

五月初一日。過城隍廟前，見賣黄豆粉者，問其價，曰二元一匙，問何以如此之貴，曰此以飼鳥，而君欲食之，其富可知，何憚於貴。真奇談矣。

初五日。出買麻糕，價長至每塊六元。

十九日。出買燒餅，每枚一元。

六月十四日。至縣直街買皮絲烟，價貴至二百五十元一包矣。

七月十一日。寬正近至上海，昨得其手書云，上海米價曾貴至五千元一石，現爲三千二百元。（寬正姓楊，名寬，青浦人，予在光華之弟子，以史學名。）

二十四日。近日城内竟無鹽可買，昨聞志炯云：有昂價私售者，斤近三十元，糖價每斤爲九十六元，燒餅枚二元五角。

二十七日。近日城門之閉也，以二十三夜大街日人所設影戲院被炸也。二十四日，大街一帶，不論男女老幼，皆見驅於外，而核其與所謂良民證者是否相符，其事皆日人爲之。今日則城内自十四歲至五十歲之男子，皆驅集城門，又驅出門，乃閉城門而由日人率所謂華警者，逐户查閱焉。勤昌家經查閱後失去酒一瓶，直鈔七十六元。若是乎所謂大和武士之搜也，不然，所謂華警，敢私取之哉？米價，二十一日理髮者語予云石二千六百元，昨聞人言，則二千八百元矣。康成書來，道成都米價，則此間一石之價，僅七百元而已。（康成姓伍，號丹戈，常州人，予在光華時弟子。）

二十八日。晨出買豆腐漿，向以二磅半冷熱水瓶盛之，則價八元，今日增爲十元。

二十九日。出買面，每斤十三元二角。

八月初九日。出買麻油，十二兩價七十二元。又買煤餅一石，價二百四十元。

十月十三日。與妻同出攝影，遂至大觀樓吃點心。麻糕每枚十二元，饅頭枚二元，茶每壺五元。

十二月十四日。與廉遜、玉山、樹聲在綠楊飯店早餐，酒三斤，羊膏、鹽水蝦各一碟，乾絲一碗，清湯一碗，菜心面四碗，價二百六十六元，小帳二十二元。遂偕玉山買一煮水銅壺，重三斤，索價六百二十四元，已而讓去四元，爲六百二十元。又以整理殘破稿件，須繩分別束之，至織機坊買之，一大扎須鈔百元，改買兩小扎，扎二十五元，共五十元。（廉遜姓譚，名廉，邑人，以地理之學名家。樹聲姓胡，名越，亦邑人，劇談善飲。）

十五日。至千秋坊買柿餅，每斤價三十二元。

三十三年二月二十日。出理髮。二等理髮館也，價四十六元。但剃胡者二十六元。今年小麻糕即所謂老荒者，四元一塊，黄酒三十六元一斤，白酒五十元，豆油、麻油皆百九十元，豬油、豬肉同價，皆百二十元一斤。米四千七百元一石。重慶米二千五百元一石，而其一石當此間之二石七斗，故蒲山來書，在成都吃包飯，每月僅費四百五十元，食皆五簋，旬有加膳一日，則九簋。（蒲山姓陳，名品端，海門人，光華大學女學生，治數學，此時在成都光華分校任教授。）

四月初三日。出買草紙，三十六元一刀。

六月初六日。滬米價初二日長至二萬四千元一石，常州米價今日九千六百元一石，面五十四元一斤，麵粉四十四元一斤，小麻糕即所謂老荒者，每塊六元。

九月十二日。今年月餅初上市，每枚價三十元，後增至四十元，又增至五十元。此以茶食店言。街頭設攤者，價向較茶食店爲廉，今年初出時，價每枚十元，近增至三十元。今日將買之而無糖心者，皆以蔥油或豕肉爲餡。至宏昌乃得百果餡者，枚六十元，此皆蘇式。其粵式者，惟采芝村有之，枚二百元。近日物價面每斤八十元，大麻糕每塊五十元，小麻糕十元，花生炒熟者，每斤百六十元。

十五日。是日大麻糕之價長至每塊六十元，豬肉斤二百六十元，眉

319

餃每枚二十元。日用百物，無不窳劣，聞吳中舊貨之直二十倍於新貨。

十月十一日。湛卿云去年被絮每重一斤，鈔千有四十元。昨至長年藥局，或告予云：今日上海以新貨三易舊貨二，在銅山以新貨七易舊貨一。（湛卿，予族侄。）

十二日。出買煤餅，石三千元矣。

十八日。擬買糯米三升，以作重陽糕，不得。告玉山，玉山敕其肆中人代買，乃得之，升二百元。

二十二日。紹先來，同至新綠楊飯店早點，兩人共吃酒一斤，鹽水蝦一碟，硝肉兩塊，乾絲一小碗，包子四枚，面一碗，計價一千四百四十元，小帳六十元。近日上海米價石四萬六千元，常州萬四千元。豬肉上海斤六百元，常州四百元。侯甥在江西，米石千三百元，豬肉斤二十八元而已。（紹先姓汪，常州私立輔華中學校長。侯甥姓史，字仲儀，馨姊次子，侯其小字也。）

十一月初九日。在采芝村買如意酥，三十元一枚。近日雞卵之價，每枚自四十至五十元，豬肉每斤五百二十元。

十一日。熙增來，同至長興小飲，酒二斤，熟鴨、澆乾絲各一小碗，豆腐湯一中碗，鮮菌面一碗，價千四百四十元，小帳在外。

十九日。至奔牛麗江中學，與其校長李君東畬同行，附航船，人二百元。

二十日。擬仍趁航船歸，載重已逾量矣。而待於步際者，猶數十人，懼而止。擬顧小車入城，索價千元乃止。返麗江，東畬送予至公路口，屬步行至連江橋，顧車入城，至則公路由上塘而市集在下塘，予憚喚渡至下塘，乃復步行，自奔牛十里至連江橋，又四里至新閘也。新閘公路亦由上塘，市在下塘，然上塘較連江橋稍繁盛，有茶肆三家，二家已收市，一家尚有爐火，或開會於其中，禦來者弗得入。不得已買小麻糕二塊，借理髮店門前坐食之，食已復行。入西圈門，乃就茶肆啜茗，食花生一包，乃復行入城。麻糕每塊二十元，茶一壺四十元，花生一包二十元，乃如予小時二小平錢所買者耳。

十二月初四日。自湖塘橋乘人力車入城，車資五百元，前年僅十元也。

初八日。出買饅頭，每枚價十六元，加蟹者二十元。

十七日。至郵局寄信，遂至其間壁理髮，二等理髮館也，價已長至二百四十元,但剃須者百四十元。近日米石二萬七千元,豆油斤百六十元,糖斤二千七八百元。

三十日。至縣巷買麻油,斤千一百二十元。聞黃豆每石價三萬二千元,米三萬六千元。至浮橋買花生,小者斤四百八十元,大者四百六十元。

民國三十四年正月初三日。至浮橋買煤球,六千元一石,煤餅七千元。

初四日。近日面一碗二百元,加肉一塊二百四十元,共四百四十元。

初五日。訪熙增,遂訪玉山,熙增代予買紅糖,千四百四十元一斤,聞者詫爲奇廉。玉山言近日常州皮絲貴至六千元一包云,包十兩也。木匠每日工資千七百二十元。

初十日。至浮橋買花生。半斤,價三百元。

二月二十八日。湛卿來云:其子之友,昨自滬歸,云滬上米價已貴至二十六萬元一石。

三月初四日。訪湛卿,同出西門,托遂初(遂初予族侄)買米一石,價五萬六千六百元。

五月初一日。近日豬肉價,斤千六百元,酒斤六百四十元,酒釀昔時售二角者,今售千四百元。

初二日。自昨日始,平信百元,掛號百五十元,快信二百元。

二十二日。彼輩報紙謂後方物價高於戰前六十四倍,然則常州今日米石九萬八千元,如彼輩所云,僞幣一當法幣二,則十九萬六千元矣。戰前米石不過十元,則萬九千六百倍矣。

六月初十日。今日米貴至僞鈔二十五萬元一石,若如彼輩所云,僞幣一當法幣二,則五十萬元矣。無錫石三十五萬元,蘇州三十九萬,上海六十萬,則七十萬、七十八萬、百二十萬矣。聞北門外,寇貯米數十萬石。古村某婦與二子餓數日,借升米於其鄰,其鄰與之。與之者,子婦也。其姑自外歸,不可,使婦往索之,婦亦不可,姑遂自往。其婦言米已煮爲粥,在釜中,姑取其粥去,某婦及二子皆縊。今眾迫其姑爲三人買棺三,棺非僞鈔百萬元不辦也。

二十二日。今日雞卵一枚,價僞鈔四百元。

七月初三日。是日郵信平寄,每封僞鈔四百元,掛號千二百,快遞千六百。聞郵差苦甚,自上月起,每日只送信半日,又半日,則送快信者,以郵局之腳踏車,爲人運送物件,而取其貲;送平信者,則設攤路側以售物云。

　　一九四二年至一九四三年,先生在常州城外游擊區湖塘橋青雲中學和坂上鎮大劉寺輔華中學兩處同時兼課,開設的課程有中國文化史、國學概論、國文、本國史、中國近百年史等課程。黃永年先生當年在青雲中學就學,晚年將這四門課的課堂筆記整理成文,編成《吕思勉文史四講》一書,由中華書局出版(二○○八年三月)。下録先生擬"國文課"試卷二:

試　題　一

　　(一)本學期曾讀過(1)兩漢、(2)魏晉文字及唐代(3)駢、(4)散文各一篇。此四者,君對於何種,最有興味? 如僅欲學作淺近文言及語體文,君以爲讀此等文字,亦有益否? 再者:兩漢之散文,何以轉變爲魏晉後之駢文? 其後何以又有古文運動之興起? 能言其所以然否?

　　(二)韓愈〈原道〉,爲攘斥佛老有名文字,其見解究如何? 試詳論之。

　　任作一題。

　　題須全寫。題:首行低兩格,次行以下,概低三格。文:或均頂格,或每段起處低兩格。必須標點,新舊式不拘。文概直行,自右至左。

試　題　二

　　(一)《論語》曰:"辭達而已矣。"《左氏》曰:"言之無文,行而不遠。"二語究相反? 抑似相反而實相成? 試以意言之。

　　(二)文言白話,宜於並行,在今日,夫人而知之矣。究竟何種文字,宜於文言? 何種文字,宜於白話? 何種文字,二者皆宜? 試以意言之。

　　任作一題。

　　是年《大衆》雜志第一期刊有先生所撰《都會》一文,先生還撰有《蔣竹莊先生七十壽序》和莊育民《喉科真髓序》二文。

　　是年先生存詩七首:《倭寇入犯遁迹滬濱辛巳冬租界淪陷翼年秋微服返里舊居盡毀葺小屋以居卧室隔牆即以種菜》、《周君畏容嘗見其子年未二十而英氣勃發旋去從軍隷三十五師日寇至戰死婁河劫後返里過舊時談燕處愴然隕涕》、《書所見》、《稍覺》、《檢書毀損過半》、《見獵》、《亂後還里教授鄉校寓湖塘橋顧姓顧君父母皆年逾七十矣寇至走湖北遭轟炸走湖南其父又走貴州而其母還里其父至貴陽十餘日病死至今不敢告其母顧君亦不敢服喪也》。

民國三十二年癸未(一九四三)　六十歲

　　是年先生日記名《文與記》,兹録序言及殘存日記如下:

何謂文與與?《論語》曰:文王既殁,文不在兹乎? 天之將喪斯文也,後死者,不得與於斯文也,天之未喪斯文也,匡人其如予何? 文者,人之所以相生相養之道也。居今之世,孰敢曰吾能存文,然而文王之道未墜於地,賢者識其大者,不賢者識其小者,莫不有文王之道焉。斯賓塞曰:人生於群,猶點在質,難以單微致效全體。然而運會所至,積微成著,知能信守,都非偶然,化機之回,借斯作經,道在吾党,毋欺其意,毋狃其習,毋飾其辯,維新固佳,率舊更善,宜者自立,皆足利群。其言如此,苟有與於斯文者,其敢不自勉乎? 或曰文與者,文與而實不與與,曷爲文與而實不與,曰:與豺狼居,欲文無與得乎? 與鬼域居,欲無文與得乎? (《文與記》所引斯賓塞語,出光緒戊戌天津《國聞報》序,其辭蓋嚴幾道所爲也。)

(《日記二·文與記序》)

民國三十二年一月十五日(金。舊曆十二月初十日癸酉)。昨夜雨,今日陰。檢書。紹先來。翻閱《世界史綱》。訪玉山遇廉遜,三人同至雅園飲。廉遜近在湖塘橋,自金元祥之宅遷於江玉聲之宅。廉遜云:五年來屢夢至一地,蓋不下十次,及至金元祥宅,則宛然其地也。因疑曰:予豈將殁於是邪? 今乃去之矣。(《殘存日記》)

民國三十二年三月十三日。(上缺)其妹名佩弦,昔在女師範曾教榮手工圖畫云。閱《經世文編》卷七十八,補日記畢。

予此次之病,蓋因習於伏案,閱讀研求,即爲休息,而自去秋以來,賓士於城鄉之間,伏案之時減少。在湖塘橋自賃一屋,安定之時尚多,在坂上賃屋未得,日間居辦公室,已不甚安定,晚間四人合居一室,止一桌,不能佔用,變爲閑蕩,於是星期四、五、六三夜,精神失其安定,此於胃最不利。而因奔走較多,飲食頗增,歲尾年頭,又不免多食,胃腸過勞者頗久,而不自知,遂至來此一反動云。病時每分鐘脈百十餘,至近雖復於八十,而行路猶覺吃力,蓋心雖無病而頗弱矣。

出買蔥油餅,今日可謂一身兼作僕矣。仲堅、欽奇來。春甥來。(《殘存日記》)

汪企由(由本名培齡),三十二年十月二日卒(在鎮江竹林寺)。(《祭儀備件》)

民國三十二年十一月二日。

十一月初一日(月。舊曆十月初四日癸亥)。陰日光偶見。撰《晉南北朝史》。湛卿夫人患偏中,往省之。訪周春林,甲長也,因女傭領居住證，擬請其作保。至縣前喚人來裝奪下之頗黎。訪玉山。

初二日（火。舊曆十月初五日甲子）。淡晴。撰《晉南北朝史》。省勤穀夫人，遂訪欽奇，未晤。初勤穀夫人以所謂洋扁豆者贈繼蘭，曰植之以煮豕肉極佳。試之，予不覺其佳，亦不覺其惡也。食之已兩次矣。今日水煮之，和鍚而食之，時申正也。食竟而省勤穀夫人，既至微覺惡寒，乃小坐而行，訪欽奇於西瀛里，未晤，還至圍通巷，覺泛惡，吐去酸水數口，至化龍巷大吐，將所食者盡吐去。既還，餘之弟婦亦已大吐矣。繼蘭亦覺不適，以爲此物能致胃酸，弟婦先服蘇打片，繼蘭繼之。予出沽酒而飲之，僅一杯又大吐，而繼蘭亦大吐。予與繼蘭皆未能晚食，弟婦亦僅吃面少許，女庸胡（吳）姚氏食洋扁豆較少，亦未能晚食云。

初三日（水。舊曆十月初六日乙丑）。晴。撰《晉南北朝史》。訪玉山。恭天來。出買面。

初四日（木。舊曆十月初七日丙寅）。晴。撰《晉南北朝史》。訪玉山，遂至郵局發信。出買面。

初五日（金。舊曆十月初八日丁卯）。陰晴陰。訪王模軒，未晤。訪周春林，未晤。阿壽族再侄來。洪大族侄來。撰《晉南北朝史》。出買面。（《殘存日記》）

一月九日，先生致胡嘉先生信云：

胡嘉仁兄先生閣下：

瞬違千里，離別三年，馳跂寸衷，與時俱積。喜朵雲之遙齎，儼舊雨之重逢。浣誦再三，曷勝歡忭。

弟自前年冬，覺滬居殊爲不樂，乃於去秋返里。初時曾在鄉間兩中學教授，本學年上學期辭去其一，其又一未能全脫身，下學期已一併辭去矣。現承開明書店相約，在家編撰《晉南北朝史》，因俗冗頗多，成就殊鮮。承招游皖，極願追隨，惟老妻年來身體不健，膝下只一女孩，未能舍之而去，有孤厚意，殊切慚皇。莊恭天先生（名恭）通信處確系卜弋橋。譚廉遜先生並不經營書業，所云新新書社，在常州府直街，係譚君友人所設，故時往坐談耳。譚君住址爲常州玉隆觀巷二十號。今日持尊函訪之，渠頗有遠游之意，而亦未能決定。弟屬其考慮之後，與公直接通函。至此外人才則此間現在純無。弟終日杜門不出，偶出所遇者，皆求田問舍、化居居邑之流，以是益自諱匿也。梁隱先生尚通函否？其寓址爲成都華西後壩一〇一號,知念並聞。敬頌雙綏。泉澄先生伉儷祈代候。

弟呂思勉頓首　一月九日

如蒙賜函可徑寄常州十子街八號,不必轉矣。

一月,《三國史話》由上海開明書店初版印行。

錄王伯祥先生日記,從中大致可見先生回常州後的生活、寫作的情形:

(一月)初七日庚子(星期四,二月十一日):接二月十日誠之信,知近狀不免迫窘,甚念之。(《王伯祥日記》第十八卷,第三八二頁)

(二月)初三日乙丑(星期一,三月八日):接誠之三月六日來信,覆告偶嬰胃疾,願聞前約條件。(同上,第四一三頁)

初五日丁卯(星期三,三月十日):覆誠之,約編兩晉南北朝以次各史,擬千字酬卅元爲稿費,徵詢同意。(同上,第四一七頁)

初八日庚午(星期六,三月十三日):接誠之三月十二日書,覆告續編通史,當先征賓四同意,如齊大可放棄,決爲開明任之。(同上,第四二一頁)

初十日壬申(星期一,三月十五日):覆誠之,擬自四月起,月支千元潤筆稿費,字數可俟將來統算。(同上,第四二三頁)

(四月)初四日乙丑(星期五,五月七日):接誠之五月六日信,告本月匯款已到,賓四已辭齊大,將改就遵義浙大事,順詢《叢書集成》近有續出否?(同上,第四九三頁)

十八日乙卯(星期五,五月廿一日):接誠之五月十九日信,覆告丕繩、寬正近狀,並告暑假以後,謝絕一切教務,專意撰述。(同上,第五〇八頁)

(四月)二十八日己丑(星期一,五月卅一日):接五月廿九日誠之信,告賓四與杏銘均離齊大矣。(同上,第五一九至五二〇頁)

(五月)五日(星期一,六月七日):接誠之六月四日片,知匯款已收到。(同上,第五二六至五二七頁)

(六月)十八日戊寅(星期一,七月十九日):寄誠之詢起居,並慰虞夫人疾,並探稿有無段落。(同上,第五七四頁)

廿二日(星期五,七月廿三日):接誠之七月二十日信,告《兩晉南北朝史》已寫至梁陳之間,十月初當可陸續寄稿來。(同上,第五七八頁)

廿八日戊子(星期四,七月廿九日):致芝聯,送誠之《中國通史》下冊

清樣與看。(同上,第五八三頁)

(七月)初九日己亥(星期一,八月九日):接誠之七日信,知虞夫人已痊經過情形至詭異,幾爲庸醫所殺,極歎當前醫界之無聊。(同上,第五九五頁)

(八月)十四日甲戌(星期一,九月十三日):誠之寄到《兩晉南北朝史》稿一批。(《王伯祥日記》第十九卷,第十四至十五頁)

廿一日辛巳(星期一,九月二十日):接誠之九月十九日信,謝稿費倍算。(同上,第二二頁)

(九月)十五日甲辰(星期三,十月十三日):校誠之《兩晉南北朝史》排樣。(同上,第四八頁)

十六日乙巳(星期四,十月十四日):接十月十一日誠之片,知《兩晉南北朝史》部分將分兩次寄來。(同上,第四九頁)

廿八日丁巳(星期二,十月廿六日):校誠之《西晉史》續稿。① (同上,第五八頁)

廿九日戊午(星期三,十月廿七日):依時入館。校呂史。(同上,第五九頁)

(十一月)十七日乙巳(星期一,十二月十三日):接誠之十二月十二日書,告寄續稿(已先一日到),並商與三千元(即屬子如匯去)。(同上,第一〇九頁)

(十二月)初三日辛酉(星期三,十二月廿九日):接誠之十二月廿七日信,告匯款三千已收到。(同上,第一二三至一二四頁)

初八日丙寅(星期一,一月三日):接誠之十二月三十日常州書,告自鄉入城,並介紹稿件。(同上,第一二七至一二八頁)

初十日戊辰(星期三,一月五日):校《兩晉南北朝史》。(同上,第一三〇頁)

十一日己巳(星期四,一月六日):續校《兩晉南北朝史》。(第一三〇頁)

十二日庚午(星期五,一月七日):覆芝聯贈《三國史話》並告收退及代配諸書,均已辦迄。(同上,第一三一頁)

十九日丁丑(星期五,一月十四日):寄覆誠之附去《兩晉南北朝史》

---

① 當指先生《兩晉南北朝史》的西晉部分。

樣稿第二批。(同上,第一三八頁)

先生於一九四三(六月以後)、一九四四、一九四八、一九五〇、一九五一、一九五四年記錄繾蘭夫人之病歷,所記之詳實,甚於自記之病歷。夫婦感情之深厚真摯,可見一斑。先生又將此病歷訂爲一册,爲日後治病作參考,也是後來撰寫《連丘病案》一文的資料。

(民國三十二年)(六月二十三日)並晚繾蘭腹瀉且發熱。

(二十五日)熱漸退而瀉更甚,延謝知閑診,服其藥。(二十六日)稍愈。

(三十日)發寒熱。(七月一日)又而較輕,億爲瘧,服雞那霜,寒熱未止即停服。(初五、初六)寒熱又劇。(初七)延知閑診,云傷久不愈,致氣管受病,服其藥。(初八)寒熱咳均稍減,然氣促,不能側右睡。(初九)診云爲肋膜炎,得鈣靜脈注射,又服消炎藥片,氣促稍愈。(初十)能側右睡,仍服昨藥。然甚不適不欲食。(十一日)亦然,仍延知閑診,去後吐酸水甚多,榮往告之,授以蘇打水,十二日大愈。(十三日)夜發寒熱。(十四日)知閑請與偏縣立醫院院長丁堯曾會看,從之,夜復發寒熱。(十五日)入偏縣立醫院,初云須抽水,既入院又云無須。(十六日)攝愛克司光景,又云須抽水,申刻施行,絕無所得而吐血十口,丁云抽水無所得者,已自行吸收也。行抽水術後,例應吐血,事前忌未相告耳。肋膜炎抽水,予雖未之見,而嘗聞之云必穿刺復必吐血,則未之前聞也。心頗惑之。(十五、十六)夜仍有寒熱,丁謂其右肺上下皆好,而中有結核,寒熱即由此而作,然症狀絕不相似,尤疑之。(十七夜)寒熱又甚,仍吐血,寅正醫與以柳酸劑,辰正大汗。(十八日)竟日不止,體溫較低於體溫,自覺舒適,步履有力,亦稍欲食,然藥不對症,亦易見。子正仍發寒熱而較輕,至寅正退。(十九日)胃納精神亦尚好,診當逐漸減輕,然至酉正卅分,突寒戰約一小時,發熱仍至百有三度,往訪知閑,約其往一診,彼初仍爲肺病,予與反覆辨診意似有怪,約明晨再看,午初熱退。(三十日)往訪之,彼言醫院診察已備可出院,蓋亦知其診察之不足信也。又言可服奎寧製劑三日,以試其是否惡瘧,予等知醫院診察之決誤,乃即於是日出院,而服奎寧製劑之說,則亦未試。是日午後溫度較高,酉正寒發,熱亥正退。(廿一日)卯初又發寒熱,武進醫院院長之妻孫晴霞,榮同學也,請猶太人葛醫生來診,云右肺確有病而非結核,屬攝X景後決治法,而攝者赴滬,只得緩之。

子初惡寒,子正發熱至四十度,寅刻退。(二十二日)酉正惡寒,子正退至卅七.四。(廿三)午正惡寒,未初卅九度一。(廿五)卯初惡寒。(廿六)攝景。是日後溫度高不越卅七.四度,下時不及卅七度,亦不甚惡寒。(廿九)攝景成,葛云本肺炎,非肋膜,左肺昔曾爲結核菌所侵,久愈。右肺惟此次發炎,留有創痕云,又其一側,此次抽水所傷,傷痕宛然云。

　　(卅三年)(七月)(廿五日)午後繼蘭發熱。(廿六)午前少退,午後又高。(廿八)兼發寒。(廿九)至武進醫院請葛醫師診視,服藥後患腹瀉。(卅)時亦患咳,寒熱及咳俱減。(卅一)寒熱止而瀉不止。(八月初一)咳又甚。(二日)瀉全止。(初三、初四)晚微有寒熱。(初五)稍甚。(初六、初七)亦同。(初八)再至武進醫院診,指爲瘧,服奎寧,夜寒熱稍輕。(初九)夜又稍重。(初十)醫言必注射奎寧乃可,如其言,夜寒熱反重,醫云注射分量不足,今日須注射兩次,乃住院。(十一)夜未覺寒熱,度華氏一〇〇.六。(十二)夜寒熱又劇,改服阿的平。(十三夜)仍有寒熱。(十四日)仍服阿的平,加注射六零六,夜仍有寒熱,其發皆以子初二刻。(十五日)發於酉初,醫始斷爲非瘧,而不能知爲何病,疑其藏府有發炎處,姑與以消治龍,定明日 X 光透視,是日寒熱頗劇,是晚起閱四小時,注射消炎藥一次,退熱較早。(十六晨)步履無力且吐粘痰液,不能食。午前 X 透視,云近氣管處,略有黑影,它無恙,午後又攝 X 光影,並晚注射鹽水及葡萄糖。是日未發寒,熱度僅略增而吐黏液竟夜。(十七)晨乃止,日中仍吐一次,是日熱度華氏九十九度,是夜亦無寒熱。十八日溫度平而胃疾仍劇。十九溫度仍平,吐黏液不止,小便有血,至此知其藥決不食,乃於午前出院,葛醫去歲爲繼蘭治病頗清,而今歲殊誤事,復聞人言,實由院中驗血者無術,本無瘧誤爲有瘧,然葛醫生之執成見而不能診斷。

　　時家鄉已無熟醫,而脊生幼子進之(開)[1]初懸壺於大廟弄,乃往延其爲繼蘭診頗清楚,而明日須下鄉,月許乃得來。(二十日)勤穀夫人爲延段養初,是日溫度平,吐黏液未止,小便少,血淡,大便微溏。

　　段君治胃利小溲藥各一劑,約至武進醫院看一切治,再定治法,且屬化驗所驗血驗小便,是日及。(廿二)小便目視之無血而化驗所言有血甚多又有蛋白,又貧血,皆誤藥所致,至(廿七)驗小便尚略赤血球及蛋白。

---

[1]　劉進之,名開,業醫,先生之友劉脊生之幼子。

(民國卅七年四月)廿六日在滬聞有疾歸,繼蘭咳而多痰,有寒熱,似氣管炎。(廿八)延仰賢,云為流行感冒,自此頗減。

(五月初三)中夜寒熱。(初四)亦發較輕。(初五)較重,重者退速,輕者退遲,疑為兩種間熱瘧。(初六)驗血無瘧菌,白血球多至萬八千,仰賢云體內當有發炎處,服以配尼西林,寒熱較輕。(初七)午刻退甚清,仰賢疑其炎自氣管支延及於肺,然咳疾顯減,三日復反有寒熱,疑之,延進之云:非瘧,流行性感冒,白血球當減,今反增,聽診肺似曾有輕恙,已愈。疑為腎盂炎,屬仍服配尼西林,今夜如有寒熱,則明日驗溺及血,是夜寒熱又較重,驗者張起亦云為腎盂炎,白血球萬三千,以免□□□□,仍服配尼西林,擬俟明日再與仰賢商之,是夜寒大較減,仰賢來,亦云其病為腎盂炎,仍服配尼西林,加利小便藥。(初十、十一)夜逐減,(十二日)仰賢云病已愈,處健胃方而去。

(卅八年二月下旬,)咳。(廿五)午後寒熱,吐酸。(廿六、廿七、廿八、三月一日)逐日減,(初二、三)略同。(初四)寒熱時間較遲。(初五)同。(初六)晚寒熱較重,談興中診,大致體內有發炎處,是夜寒熱亦重,初作時,小溲赤,後乃稍淡,七日托興中往驗小便。(初八日)略如昨,寒少輕,夜腹微痛,幹便多末少溏。(九日)晨凝溏不欲食,驗小便者。(持正、張起)云:無病,是晚寒熱作較遲,(本六時前後,今日十時。)(初十)服配尼西林寒熱較輕。(十一日)近子正,(十二日)丑正乃發且輕。(十三日)熱退不清,至中夜乃退清,是夜未發。(十四日)申刻發寒熱頗重,亥初退。(十五日)自覺舒適,丑刻發,寅卯間退。(十六日)後遂無寒熱。

(民國三十九年三月初五)繼蘭傷風咳,夜發熱,午後微有寒熱。(初六至初八)漸愈。(初九)又重。(初十、十一)較輕,(十二至十四)無變動,(十五)較重,(十六)自覺與去春類,思服配尼西林。舜名斷為氣管支炎,云配尼西林可服,服之。(十七)夜丑正寒熱甚戰慄,午後亦有較輕。(十八)辰初乃退,寒則咳之甚,則吐黏液,退咳減,約進之,亦云氣管炎之疾,疾將愈,寒熱因有忽重者,屬仍服配尼西林,午後無寒熱,酉正劇寒,亥初寒乃止。寒時咳黏液,退咳大減,亦如昨。(十九)晨後甚多熱,始退盡。起未幾,仍有畏寒意,午後吃紅棗煮粥,噁心吐且吐黏液頗多,申刻又得汗,熱乃退,是日甚憊。蓋發兩重寒熱故也。(二十日)進之來診,疑為醫腎盂炎,屬驗小便,乃決治法。至持正亦云腎盂炎象,是日戌初三十分惡寒發後熱輕,不久退,中夜復發,寒熱較重,(廿一)晨甚憊,午後覺舒適,進之來亦不能斷爲果系腎盂炎否,但云腎盂究有炎象,乃處一方,屬服兩日而去,亥正寒熱頗重,且大咳多吐黏液,覺其膝酸。(廿二日)進之加治胃藥一種,是晚寒熱較輕,(廿三)大減。(廿四)持正驗血,白血球至二萬八千,進之云必有炎症未消,氣管支炎聽症已退全愈,則必腎盂炎矣。又處藥一種,寅刻寒熱卯正退。(二十五日)注射配尼西林,是夜無寒熱,但時醒。(二十六)續注射。

(一九五〇年舊曆庚寅七月十七)傷風咳午後微熱。(廿一)玉虯診。(廿二)略重。(廿三)稍減。(廿五)又減。(廿六)服製軍,大便暢,寒熱顯減。

一九五一年十月十三日

十三日(土。舊曆九月十三日丙戌)晴。訪養初,因繼蘭今夏右足患酸軟,起立不能遽行,當時延未診治,近日已愈,然究應延醫一視,故往約其來診,渠近不出診,許二時後特來。湛卿來。養初來,爲繼蘭診,云心臟稍肥大,無妨,足關節,亦無病,血壓亦不高,惟胃頗擴張,乏惟他名B云。

蔭千來。至順和。

又十一月傷風久咳,訪養初,十四十五午後有寒熱,十五日斷支氣管炎,十六寒熱咳皆減。(十八)寒熱全止,咳晨午較甚。(十九)亦減。(廿二)夜丑正,惡寒戰,幾約一小時,旋發熱不重。(廿三)卯正退,是夜寒熱亦較輕。(廿四)又重,請玉虯診,不能斷爲何病。(廿五)子正發,又輕。(廿六)少重,時又略早。(廿七)略輕。(廿八)略重。(廿九)甚輕。(卅)養初診氣管肺皆無病,疑是腎盂炎,是夜無寒熱。

(十二月一日)養初自驗小便,亦云無病,寒熱由來不可知。

一九五四年繼蘭病史

(八月杪)患咳有氣管枝發炎象。

(九月初一)服克立芬,大減不全愈。

(初四)驗血,白血球一萬二千,時胃腸又有病,大便不暢。

(初五)吃中藥。夜三時大便暢通,熱度減低。此後胃腸漸好,咳終不愈,且每日有寒熱。(初十日)寒熱較重,服配尼西林。(十一日)寒熱止咳亦漸減,續服配尼西林至十七日。(十七日夜三時)發寒熱頗重,黎明退。(十八日)九時微惡寒,十二時量之爲卅八.二度。十八夜未有寒熱。(十九日)九時微惡寒,十二時卅八.二,夜一時寒熱頗重。(二十日)

晨退清,九時卅六.五,竟日無寒熱,夜三時微有寒熱。(二十一日)晨八時卅八.五度,夜寒熱頗重,吐去黏液。(二十二日)晨九時卅七.八,十四時卅七.三度。(二十三日)晨驗血,白血球一萬七千五百。晨八時卅八.二,下午四時卅八.六,此時惡寒即睡。此次寒熱自覺最重七時爲卅九.七,此日亦咳,吐去黏液,七時後熱度漸退。(二十四日)晨熱度爲三十八.六,十二時卅八.四,五時卅八.六,七時卅八.一,九時卅六.九。(二十五日)晨八時卅六.一,下午三時卅七.三,四時惡寒,七時半卅九.二,此時熱稍退,此日熱稍退,此日寒熱重,與廿三方佛。(二十六日)下午四時半卅六.九,睡後微惡寒,夜半乃甚,然較廿三、廿五爲輕,是日始打針。(廿七日)晨六時半卅八.二,旋得汗頗多,以前未有也。十時卅六.九,下午四時卅六.八,半夜仍有寒熱,但較昨又減輕。(廿八日)晨六時卅七.四,十時卅七.三,下午四時卅七.七,八時卅七.八,半夜寒熱略如昨。(廿九日)晨六時半卅八.三,下午六時卅七.三,是日午後,自覺精神較好。四針是日打完,夜未有寒熱。(三十日)晨七時卅六.九,午後三時半卅七.三,半夜略有寒熱意。

(十月初一日)晨八時卅八,下午三時半卅七.一,半夜但三時醒。(初二日)晨八時卅七.三,夜三時前仍醒。(初三日)晨八時卅六.九,夜三時仍不寐。(初四日)精神胃納皆稍好,是日未量體溫。(初五日)又見康復,近三日漸畏寒,今日亦同常人矣。是日未量溫度。(初六日)又見康復。

七月三十日,先生致袁希文先生的信。現經梁穎先生整理,已收入《學術集林》卷十六(上海遠東出版社一九九九年十月版)。此信首頁原佚,殘信及梁先生的識語,現録入如下:

今日人心苟簡,經營公共事業者唯利是圖,大率如此。然使我輩置身其中,亦徒胸弗謂是而已,而必無如之何。此乃社會之組織爲主,非曠然大變,人心必不能改易,必非徒整飾政治、空言教化所能有濟。非謂政治教化舉無所用而可以不事,特皆治標之計,非治本之圖耳。吾弟來書致慨於人心未能悔禍,因以卜天心之尚未厭亂,竊願更深求其原,而知其所以然之故。此非徒讀書之事,要貴以"身所涉歷,利害中失之端"(太炎語)與書中所言打成一片,讀書之死活,分判全在於此。

吾弟精純之質,不患其不能專門深造,而兄前以博覽爲先之說進,亦由於此。何者？所涉不廣，則所見難期其通也。今日治新學之人，只知其所治之一門，出此以外，即茫無所知，而發言往往奇繆不可思議，頗爲通人所詬病。其實所謂研治國故者，亦何嘗不如是。嘗見一北大派中人，其人在北大派中讀書頗爲廣泛，而議論亦多窒塞不通，頗以爲怪。繼聞其自述讀書之速率，爲人情所不能有，而其人又非虛狂者流，更不得其解。徐而察之，乃知其所謂讀書者，並非從首至尾，皆讀一遍，不過翻閱大略，爲其所欲取者則細讀之，否則閣過不讀，此仍是檢書而非讀書，故所涉雖多，仍與只知一門者無異。夫即全書皆讀，至於後來所取者，豈不仍止一兩門，餘皆遺忘不復省記。然曾經寓目與全未寓目者畢竟不同，基礎之書，戒讀節本者以此。古有經生，有通人，論者恒以通人爲貴，亦由此也。

兄非不思西游，然情形實有爲難者。而（一）攜家而行則不能，棄家而行又不可。（二）所圈過用慣之書及札記悉數棄置，其大焉者也。然此間可否久居，若時異勢殊，亦成疑問，只可臨時再說耳。黑市之米，曾至一千四百元，今爲一千二百元。內人病後，日飲豆漿一大碗，需此間現行之鈔兩圓。火柴一小合四元。兄油廠中有熟人，月前買油十斤，亦三百八十元也。限價非不好聽，其如無從買起何？專頌著祺，不一。

小兄勉頓　七月卅日

案：右（上）呂誠之思勉先生手札三通，均藏上海圖書館。其第一、二兩函當作於壬午（一九四二）間，[1]其時先生爲光華大學歷史系主任、教授。四一年十二月，太平洋戰起，日軍進佔滬上租界，光華以拒向敵僞注冊之故停辦。先生先滯留滬上，旋返故籍毗陵。第三函當作於癸未（一九四三）間，其時先生執教於毗陵西鄉青雲、[2]輔華兩校，艱苦傳薪，而志節彌高。奉誦先生此篇，益信先生之沾溉後學、垂范來世者，非惟著述文章之一端焉。

梁穎附識　一九九八年八月

七月三十日、十月十五日，先生致陳楚祥先生二信：

楚祥老弟：

春間與滬上諸子通訊，知君西行，其後遂未獲音耗，深以爲念。前日

---

① 此處所指的第一、二函，即指先生一九四二年致李漢怡、袁希文的二封信。
② 應爲東鄉。

由寅文、聞士、穎根轉來五月廿五日手書，欣喜如獲異寶。民亦勞止，汔
可小休，暫時在鄉教授，未爲非計也。兄自還里以後，本亦在鄉授課，因
牽於情面，致須賓士兩處，頗覺其勞。而鄉間情形，今歲亦不如去歲之安
靜，適開明願得拙撰《晉南北朝史》稿（此稿本齊魯大學約稿，今齊魯易
長，局面改變，而開明欲得之），因與立約，暑假後謝絕教課，在家撰述，此
事在三四月間。今則物價驟長，視三四月間，又相倍蓰，徒恃寫稿，恐難
自給。亦且城中買米極難，有時竟至有錢亦不能得，即得之，亦不過數
升，僕僕奔走，煩累不堪。在鄉授課，則俸薪本來論米，需米時可取本色，
搬運雖不自由，究較一人一家易於設法。以是鄉間之事，恐難全行謝絕，
現尚未能十分決定也。兄春間曾患胃腸病，經月乃愈；邇來內人患肺炎，
醫生誤斷爲肋膜炎，又介紹入敝邑所謂縣立醫院者就診，大爲所誤，幸退
出尚早，改就舊日教會立之武進醫院診治，今已大段病退，能吃飯半碗
矣。寅文、聞士、穎根三君因念近日醫藥所費甚巨，以兩千元相贈。其實
居此之危苦，並不全在經濟問題，以經濟問題論，兄舊業雖遭破壞，尚勉
可自給，四方靡騁，彼此同是艱虞，不欲輕爲友朋之累，故仍從原行匯還
之，亦非守硜硜之節也。此間所苦者求得應用之物，頗爲艱難，日處兔葵
燕麥之間，亦覺索然意盡，設或時異勢殊，能否安居，亦不可必，但全家皆
老弱婦女，避地爲難，只可臨時再議耳。鱗鴻有便，延佇德音，懸心西風，
何縣借翼。

　　　　　　　　　　　　　　　　　　七月卅日　小兄勉頓首

　　此信本欲掛號或快遞，而無街名，郵局不肯受，故改寄平信，葉萬興
寶號街名，請示及爲荷。
楚祥老弟：

　　睽違千里，離別經年，昨奉手書，知已安抵珂鄉，且將循嶺西征，一攬
山川之勝，讀萬卷書，益之以行萬里路，南雲翹首，欣羡何如？承示高懷，
知能淡泊寧定，不汲汲於聞達，此爲建功立業之基，亦爲安身立命之本。
凡人之建樹，有一分實力，則有一分成就，無可徼幸，此理至經歷多後自
明。但人恒苦聞道不早，以少年可以有爲之時，棄之於務外爲人之境，以
致白首無成，此最可惜。吾弟能早見及此，則作事必能腳踏實地，將來成
就，正未可限量也。兄還里一年，覺風俗人心墜落甚速，大抵恒人只知眼
前，堅苦植基於數十年之前，而收功於數十年之後，則罕能見及。而今情
勢，目前無事可爲，勤苦者一時決無收穫，遂相率不肯自力。强者狡者則

思投機徼幸，弱者願者則流於靡衣媮食，獲暴利者放辟邪侈，勉強得過者，亦群起追隨，迻入窮鄉，益成狂蕩。大抵現在較有操守者，均廢門不出，奔走馳鶩者，則皆此曹。市肆街巷所見者，均昏愚鄙倍之徒。亦只可廢門不出，此則怴然不樂者也。惟避地匪易，何者？盡室而行則不能，挺身而走則不可，且如圖遷地爲良，則僅有生資，又成棄擲，衣服即不易盡數帶走也。到新居後，糊口縱可無憂，而一切動用器具，決然無力新置。此在今日已甚覺其苦，況於易地，以是只得株守在此，惟冀大……①學生談論而已。大部工夫用在編《晉南北朝史》上，此書本齊魯大學所囑，繼先秦，秦漢史而作者，今齊魯之國學研究所已成雲散風流之局，而開明願得之，即約定爲之編纂。該書店每月寄兄千元，生活聊可補助，日事鉛槧，亦薄有所得也。小女本亦在青雲，近亦舍之，在西南鄉步（埠）頭鎮之博文中學，爲人代課，該地交通，殊爲不便，入城甚難，初本爲暫代之計，但今覓人甚難，所代者已如黃鶴，學校亦未必再能覓人，恐至少須代去此半年矣。拙荊病已全愈，承念殊感厚意。聞士、寅文、穎根邇來未曾通書，②渠等雅意，兄所深知，兄亦非硜硜者流，以尚無須乎此，故謝之也。蜀中書函，速時不過月許，邇忽遲至兩月餘，未知何故？快函掛號航空速率相等。此信達覽時，大駕想早安抵矣。入川後情形如何？更盼續示。敬頌旅祺，不悉。

小兄勉頓首　十月十七日

　　一九四二至一九四三年，先生在湖塘橋青雲中學、坂上輔華中學兩校任課，每周往返奔波，甚爲勞碌。先生在青雲、輔華中學開設的課程，除了上文提到的文科的中國文化史、國學概論、國文、本國史外，還有中國近百年史這門課程的教學，又任高二理科的國文、歷史課。由於缺乏合適的課本，先生特地編寫了一本《中國近百年史概說》講義。每周任課十餘個課時，除課堂教學之外，還與學生隨意談話二小時。先生其時還曾去橫林惠林中學做過一次演講。一九四三年秋至次年夏，呂翼仁女士在常州埠頭博文中學任國文、歷史教員。

---

　　① 此處有缺頁，原函計有六頁，缺第四頁。

　　② 葉百豐（一九一一——一九八六），字穎根，號退穎，早年在光華大學從呂先生治文史，又從鄭孝胥學書法。曾任教於聖約翰大學、震旦學院、光華大學附中等校。抗戰時期，在上海曾編輯《群雅》雜志。解放後，任華東師範大學中文系教授。著述有《退穎題跋》、《韓昌黎文匯評》、《書學淺論》、《大學語文》（與人合編）等。

是年先生撰有《姜克群君興學記》。

先生遺稿內有楊寬先生的兩封論學書信,一論古代煉丹術,寫於十月底;一述借閱《道藏》之難,或寫於是年的十二月。原信收入先生遺稿的宗教類道教內:

> (上缺)《參同契》、《抱朴子》中摘出,且曾稍加研求,已略有頭緒。但《道藏》一書,至今未借得,尚無法續成之。(美人約翰生《中國煉丹術考》一書,本由素封兄譯出,由商務出版,但其書幼稚膚淺,錯誤處頗多。)前在南洋中學曾見《道藏》影印本,問之該校校長王培孫先生①,據云遷入市區後,書籍已裝箱,堆積如山,找尋不易。生爲此事訪商務張菊生先生,據云此書原本藏北平白雲觀,此外河南南陽之道觀中有一部,山西某山有半部,商務以徐世昌之力借印白雲觀藏本,僅印二百部,爲世界各大圖書館分購而去。滬上除南洋中學外,僅商務本身存一部,亦裝箱未易找尋也。又據云:聞滬上南市白雲觀亦有明版《道藏》一部,但主持人視同拱璧,不容他人借讀,且屢經兵燹,今亦不知存否? 處此亂世,尋書閱讀之難有如此者。竹莊師農山先生前在滬時,均曾趨訪,精神均甚健。農山先生仍在家從事其生物學之研求與著述,邇來物價漲聲尤勁,此間米價已出萬元之關(或不久可稍小),好在爲時想恐不久矣。草草上達。
>
> 專頌
>
> 撰安。
>
> 　　　　　　　　　　　　　　　　學生楊寬叩　十月卅一日

誠之吾師:

> 生日前來滬,寓素封兄處,爲素封兄搜羅中國化學史材料,費數日之力,已將兩漢魏晉之煉丹術整理出一頭緒,《淮南萬畢術》(輯本)、《周易》、《參同契》及《抱朴子》均發現有可寶之材料,大概所用原料以丹砂(硫化汞)、胡粉(碳酸鉛)、雄黃雌黃(硫化砷)、硝石(硝酸鉀)、曾青(硫酸銅)、白礬(硫酸鉀,硫酸鉛)、磁石(氧化鐵)爲最主要,其流變亦已有線索可尋,其色或黃或白,古人即據以爲金丹或黃金白銀。在藥理學上,亦頗有依據,非絕無效驗者。砒能使人發熱,加速血之流行。西洋古代亦用

---

① 王培孫(一八七一—一九五三),名植善,字培蓀、培孫,上海南翔人。清光緒癸巳舉人,又入南洋公學師範讀書。後任教南洋中學,任校長。畢生致力於教育事業,所藏善本古籍頗豐,晚年將所藏圖書十多萬冊捐獻於國家。

以爲長生不老之藥。砒與汞化物皆劇毒，食少量固有益，多量則中毒而死。《抱朴子》謂雄黃丸、雌黃丸能使人"堪一日一夕之寒"，此即砒之作用，所謂"五石散"、"寒食散"其所用原料與雄黃丸、雌黃丸等同，亦含有砒，固能散寒而使血液暢行，可使面色紅潤，一若有"返老還童"之效果也。若食多量，不免於死，此所以魏唐帝王有食之而死者。生已將所有丹方和原料加以分析，其中不可考之原料僅一二種。擬即請素封兄請人加以實驗，先觀察其化學變化，而後細探其藥理。生於此雖門外漢，頗覺有意味。中國煉丹術早於西洋七百年，西洋今日之化學即出於煉丹術，亦由阿剌伯人輸入西洋者乎？惟無確證可尋。漢魏方士雖無今日之化學之知識，但已能辨別藥物，《周易》、《參同契》即認爲煉丹術最要者爲辨別原料是否正確與所用分量是否確當，彼以爲如不正確不確當，即虔誠禱祝鬼神亦無用，此點頗有科學思想在也。隋唐以後之煉丹術，須從《道藏》中求之，奈何一時滬上借不到此書，當俟之異日。兩漢魏晉之煉丹術，生費數日之力已撰成一小冊，共三萬字。惟其化學變化與藥理學上根據尚須加以實驗，吾國煉丹術之歷史已有千年，西漢之李少君及淮南王所用之方士，皆已能之。魏晉以後，此道更盛，丹方可考者亦甚多，獨惜始終在道士之手，學生未嘗問津。道人都迷於五行説，往往以五行説勉強加以解釋，不能就藥理本身加以檢討，致不能産生"現代化學"與"現代藥學"。若西洋煉丹術果由吾國傳往，則中國煉丹術在世界化學史上世界藥學史上之價值亦已足重視，美人約翰生近著《中國煉丹術考》一書馳名世界，然其人於我國古書多不瞭解，應用之史料殊爲貧乏，既不知據我國古書以考證其所用之原料爲何物，於丹方之成分及藥理，均未加檢討，僅敷衍以成文，其中大談老莊哲學，竟不知老莊與煉丹術無關也。其書既陋又妄，而西人作化學史者乃大多據此以爲説。生今治之，頗覺興味，然戰國史未成，終不克分身從事於此。生數日後擬離滬回家，實驗工作只得待素封兄爲之，且生於此亦門外漢也。（下缺）

先生是年存詩五首：《榮女三十》、《再示榮女》、《春父七十》、《歸少時舊居》、《孝萱先生流徙南閩猶不忘母氏苦節詒書徵詩可謂難矣率爾成章録欽錫類》。

民國三十三年甲申（一九四四）　六十一歲

是年先生日記曰《强爲善記》。

孟子之告滕文公曰："君子創業垂統，爲可繼也。若夫成功，則天也。君如彼何哉，強爲善而已矣。"此言最有味。予嘗欲以強爲善名齋，求達如作記，達如許之，未果，而達如化爲異物矣。傷哉！（《日記二·強爲善記序》）

民國三十三年五月七日。

初七日（日。舊曆四月十五日辛未）。晴。近三日極熱，今日並晚風起雲飛，然仍未雨。訪欽奇。自四月初一日檢書至今日午後，分類略畢，完不完者，十九可知，予書百三十六箱，戰後存者五十七，此以在常者言，即此次所檢者也，其中不完及受濕不可整治者，又約十之三云。在上海者，尚有四大箱在開明，五小箱在公謹許，別一箱由張鏡沅君代存，無箱者培齡代存佛寺，今培齡已逝，恐不可究詰矣。（《殘存日記》）

民國三十三年七月十四日（金。舊曆五月二十四己卯）。晨時雨時止。已正晴。湛卿來，同至天井巷祝銓父叔母七十壽。右申族祖云，邇日出門時見軍人紛紛，即之實無有也，後又他有所見，雖燕居亦然。檢書得一丸方，生地、天冬各四兩，杭菊、枳殼各二兩，減爲十之一，作煎劑服之，三劑而愈，且目少明，今日在小亭處，能見《尚書》卷面標題。撰《晉南北朝史》。

十五日（土。舊曆五月二十五日庚辰）。晴。撰《晉南北朝史》。丕繩來。

十六日（日。舊曆五月二十六日辛巳）。晴。訪志炯，未晤。至郵局寄信。又至間壁理髮。訪玉山於新新，未晤。又訪諸紅杏。少槐來，丕繩來。至長年，丕繩來。

李滌雲，三十三年五月十六日卒。（《殘存日記》）

民國三十三年八月廿一日記云：近歲兩足似患浮腫，請段養初一診，廿六驗小便云無病。

強爲善記九。三十三年九月（舊曆甲申），日記五百三十五。

九月初一日（金。舊曆七月十四日戊辰）。昨夜風雨，今晨急雨即止。又小雨，亦止，未刻略有晴光，竟日陰。至豐裕買紅靈丹，平安散。湛卿來。榮赴奔牛，在麗江中學任課。進之劉君開來。

初二日（土。舊曆七月十五日己巳）。陰時晴。撰《晉南北朝史》。省志炯夫人。至縣直街買物訪玉山。華寶□一行來。訪勤穀夫人，省熙增，至義泰洪昌買物。

初三日(日。舊曆七月十六日庚午)。晴。詣進之,請其診視。渠云吾之病似系三尖瓣狹窄或閉鎖不全,故聽診左正而右有雜音,左二尖瓣(即僧帽瓣),右三尖瓣也。二尖瓣司全身,三尖瓣僅司肺,故其病較輕。凡心臟病,皆無治法,只求代償機能不失。渠度予此病已十年,而今尚甚輕,可知代償機能必健,故無憂云。今宜安靜,戒用力長征急走,食宜清淡,以心肺腎三者相關,一有病則累及其二。今腎雖無恙,宜重保護之也,用心則無妨云。診察之法,最好以 X 光透視或攝景,以覘心右室肥大不。惟武進及今所謂縣立醫院,透視攝景皆不善。云或可注射荷爾蒙也。血壓百十。歐美人血壓為年之數加九十,中國人加八十或八十五,甯低毋高。予之血壓不下於百,不為低。云可輕微運動頭足,深呼吸尤要。訪熙增,買老篤眼藥,以綏蘭左眼生翳。閱《授時通考》至七。閱《齊民要術》五六。

初四日(月。舊曆七月十七日辛未)。昨夜雨,今日陰,午晴。撰《晉南北朝史》。詣段養初診,養初云:予心臟無病,惟少弱耳。且云如三尖瓣有病,左心房亦不至肥大。又云:凡患風濕者,二尖瓣病。有梅毒者,三尖瓣病,故不必疑也。至府直街買藥。穀臣來。出發信。(《殘存日記》)

錄王伯祥先生日記,可知《兩晉南北朝史》寫作的進度及王先生校稿,及開明預支稿酬的情況:

(一月)初四日辛卯(星期五,一月廿八日):接誠之一月廿四日書,寄還《兩晉史》校記。(《王伯祥日記》第十九卷,第一五七頁)

初五日壬辰(星期六,一月廿九日):校《兩晉史》排樣。(同上,第一五七頁)

十七日甲辰(星期四,二月十日):覆誠之寄第三批清樣去。(同上,第一六八頁)

二十三日庚戌(星期三,二月十六日):接誠之二月十五日信,寄回第三批勘誤,並請二月初加匯三千元。(同上,第一七七頁)

三十日丁巳(星期三,二月廿三日):校誠之《通史》下冊排樣。(同上,第一八四頁)

(二月)二十日丁丑(星期二,三月十四日):校《兩晉南北朝史》。(同上,第二一〇頁)

廿二日己卯(星期四,三月十六日):依時入館,仍校晉史。(同上,第二一二頁)

廿三日庚辰(星期五,三月十七日):校完《晉史》一批續稿,第七章。(同上,第二一二頁)

(三月)廿八日甲寅(星期四,四月二十日):校誠之《兩晉南北朝史》排樣。(同上,第二五五頁)

廿九日乙卯(星期五,四月廿一日):依時入館,校《南北朝史》一批畢。(同上,第二五六頁)

(四月)初四日庚申(星期三,四月廿六日):寄覆誠之告匯出六千。匯來三千,只得暫存待命,乃封好未發,便接四月廿五日來信,謂此三千系小女翼仁購書捐贈學校者。遂於封外批告照辦,仍付郵焉。(同上,第二六○頁)

初十日丙寅(星期二,五月二日):依時入館,校《南北朝史》排樣。(同上,第二六七頁)

十一日丁卯(星期三,五月三日):依時入館,續校《南北朝史》排樣。(同上,第二六九頁)

十三日己巳(星期五,立夏,五月五日):依時入館,校《南北朝史》排樣。(同上,第二七○頁)

十六日壬申(星期一,五月八日):接誠之五月五日信,告匯款六千已收到。校畢《南北朝史》排樣一批。(同上,第二七三頁)

閏四月大(卅三年五月廿二日至六月二十日)丙戌朔(星期一,五月廿二日):校《南北朝史》排樣,畢一批。(同上,第二八六頁)

初三日戊午(星期五,六月廿三日):校《南北朝史》排樣。(同上,第三一三頁)

初四日己未(星期五,六月廿四日):依時入館,校《南北朝史》排樣。(同上,第三一四頁)

初六日辛酉(星期一,六月廿六日):續校《南北朝史》樣。(同上,第三一六頁)

初七日壬戌(星期二,六月廿七日):上午校畢《南北朝史》排樣一批。(同上,第三一七頁)

初八日癸亥(星期三,六月廿八日):接誠之六月廿七日信,寄出續稿,請加匯五千並將前存購書餘款並匯。(同上,第三一八頁)

初九日甲子（星期四，六月廿九日）：覆誠之，照來旨行。（同上，第三一九頁）

初十日乙丑（星期五，六月三十日）：下午校《南北朝史》第十三章。（同上，第三二〇頁）

十三日戊辰（星期一，七月三日）：依時入館，校《南北朝史》排樣。（同上，第三二三頁）

十五日庚午（星期三，七月五日）：校畢《南北朝史》第十三章。（同上，第三二五頁）

二十七日壬午（星期一，七月十七日）：校《南北朝史》排樣。（同上，第三三七頁）

二十九日甲申（星期二，七月十九日）：續校《南北朝史》。（同上，第三四〇頁）

六月大建辛未（卅三年七月二十日至八月十八日）乙酉朔（星期四，七月二十日）：續校《南北朝史》。（同上，第三四一頁）

初三日丁亥（星期六，七月廿二日）：續校《南北朝史》。（同上，第三四三頁）

初五日己丑（星期一，七月廿四日）：依時入館，校畢《南北朝史》一大批。（同上，第三四六頁）

廿二日丙午（星期四，八月十日）：校《南北朝史》四裔之部。（同上，第三六六頁）

廿三日丁未（星期五，八月十一日）：校《南北朝史》四裔之部。（同上，第三六八頁）

廿四日戊申（星期六，八月十二日）：校《南北朝史》四裔之部。（同上，第三七〇頁）

廿六日庚戌（星期一，八月十四日）：入館校《南北朝史》四裔史。（同上，第三七三頁）

廿七日辛亥（星期二，八月十五日）：校畢校《兩晉南北朝史》四裔之部。（同上，第三七四頁）

（七月）十四日戊辰（星期五，九月一日）：接誠之八月廿七日信，覆告六千已收到，順及虞夫人診療經過。（同上，第三九五頁）

（九月）廿五日戊寅（星期五，十一月十日）：接誠之十一月九日書，告丕繩近狀，並云海上有人約其編書，托詢有無作用，余將覆書婉阻。（同

上,第四七四頁)

十月小建乙亥(卅三年十一月十六日至十二月十四日)甲申朔(星期四,十一月十六日):依時入館,寄誠之勸謝遣一切酬應筆札,媾意撰史。(同上,第四八一頁)

十九日壬寅(星期一,十二月四日):接誠之十二月一日信,寄到《南北朝史》稿第十九、二十兩章。即覆之補匯五千餘元,續清稿費(本批起每千字計酬二百元視前倍),並告自明年一月起每月例匯二千。(同上,第四九八頁)

(十一月)三十日(星期六,一月十三日):接誠之十一日書,附來續稿一章,請找算九千,並加預支五千,合萬四千元,即爲匯出,定星一付寄。(同上,第五三一頁)

一月,徐哲東先生撰《呂誠之先生六十壽序》,由四川樂山武漢大學寄到常州,先生又覆陳研因、徐哲東兩先生信,錄入如下:

呂誠之先生六十壽序

在清乾嘉之世,常州人士以學問名海內,海內才傑未有越吾常州也。予生恨晚,不及親見其盛,抑思並世遇呂誠之先生,猶喜邑有人焉,而後深自幸得親厚於先生也。先生識大而不遺細,泛觀而會其通,務求是而不囿於成說,尚核實亦不涉於煩碎,此其爲學之方也。達人情,明時變,故善言經世。洞幽賾,晰條理,故善籀旨例。平心氣,審名理,故善於評論,此其力學之績也。於群經小學,諸史百家,靡不究貫,亦取異域之說相檢度,此其爲學之區域也。執德契於道,立行依於儒,而言治則尚法,此其爲學之要歸也。吾觀其所著書,閎雅似顧亭林,淵博似錢曉徵,論證似戴東原,辯達似章實齋,而其所言者,又皆出於一己之獨得。雖吾鄉乾嘉群彥,能如此者亦鮮矣。予始識先生年二十有一耳,即蒙以文辭相許,其後凡有作,必就而商訂焉。先生雖不嗜爲文辭,評說無不諦當,予常藉其言爲權衡焉。自予西行,旅居蜀土,與先生相去數千里,相別且七載,念先生今年六十矣,而余未得奉觴爲壽,不勝悵於懷,雖然剝復之機,夫人見之矣。則夫奉觴爲壽亦豈遠,而若乃入獸不亂群,入鳥不亂行,契於道之效也。身中清,廢中權,依於儒之節也。吾於是益欽先生善用其學也。

中華民國三十三年一月五日夏曆癸未十二月十日後學徐震撰

研因、哲東兩兄：

　　弟去歲十月初六上研兄之書，研兄於十二月廿四日接到，至一月十九日賜覆，研兄來書以爲遲矣。乃研兄賜書，弟於三月九日奉到，哲兄賜書並賜弟壽序，則先四日於三月五日奉到，而遲至今日始克奉覆，何其遲之遲而又久也，所以然者，亦有故焉？今年物價驟增，而弟鄉間教課，悉以辭去，專恃寫稿爲活，日非寫兩千字不可，而編纂與只發議論不同，日寫兩千，殊爲竭蹶。又弟之書籍，寄存戚族處者，直至去歲杪始盡搬歸，散亂霉爛，不能不理而又無從理起，日以一定時間理之，先將經、史、子、集、叢分成五類，中再分小類，以檢其全不全，直至昨日始粗畢；新書則較易理，積稿則更破爛零落，至今無甚頭緒也。戰前弟之書在里者，共百三十六箱，今存五十七箱，但非整存五十七箱，系打散在地，拾起亂裝者。又存在散戚處者，乃堆置柴房中。家中房屋炸壞後，本已經過雨零日炙，再加以柴房數年之堆置，故不完破爛者甚多，現在整理之後，完好者留之，不完而其書難得者亦留之，尋常之書殘闕破爛者，則作廢紙賣去，計重百五六十斤，賣得四千元，去年因紙貴，收買一面寫過之新聞紙而用之，買進之價，每斤不過二元餘至三元，今則舊紙賣出，每斤得廿八元，尚系不與人計較之價也，亦可驚矣。弟之詩皆在日記中，弟之日記自庚子二月初一起，至戰前數十年，所存不過十之一二，現經勉強理出，將前後略行排比，擬重寫而據所記憶者略補之，或尚可成數帙，詩亦或可寫得數十百首，哲兄索弟詩，屆時當奉寄，今則所寫出者，不過前歲還里後之作，不過二十首，亦無足觀，故未曾寫也。哲兄賜弟壽序過蒙獎借，雖非弟所克當，而無一語非弟所蘄向，可謂知我者矣。弟雖無學，然在今日真知弟之蘄向及區區功力所在者，可謂甚鮮其人，相許者匪曰無之，或類乎不虞之譽，讀哲兄之辭，可謂得一知己，可以無憾也。風俗人心日益薄惡，所見所聞，無一爲願見願聞者，友朋又少，以是殊覺索然寡歡。研兄謂在讀書人誠懇勸導，以是相勖，姑無論弟非其人，即其人生於今日，恐在眼前亦無可見之效，或能播一種子，以待將來而已。弟近覺人心風俗之安定，道德條件之成立，乃系人與環境相調適而得一平衡，今者舊平衡已破，新平衡未立，其混亂無怪其然，而此新平衡非一國所能造，非合全世界而調整之不可，革命之所以含有世界性者此。今日斤斤然寶其舊條件而欲以移易當世者，皆適見其爲不知務而已，無論孔老佛回耶皆然也。趙田卿先生仍在上海，聞尚甚健，卻未見其還里，去歲滬人曾舉行敬老會，田公亦在其列。滬濱諸友,皆久不通書,通伯今年弟已與其兩書而無一覆,聞人言其酬應之忙,似如故也。尉仙丁内艱,已知之否? 翰雲聞將回里而未果,苕石則已回里,住在十八家村趙宅也。此信因憚寫,又研兄行蹤不定,仍懇哲兄閱後轉寄。專頌旅祺。

弟勉頓首 七月八日

弟還里後,迄未作過文字,在滬數年,所作者皆留在滬,兹因安徽大學友人索稿,以充其刊物,屬滬上友人寫來一篇,更錄一通呈教,此近年對今古文學之見解也,未知哲兄以爲何如? 信系八日寫,因鈔文稿,故遲至今日始寄。

十四日 勉再頓首

是年先生寫有《兩年詩話》一篇,記述自一九四二年八月至一九四四年七月回家鄉常州的生活、思想及見聞,刊於范泉先生主編的《兩年:文藝春秋叢刊之一》。

范泉先生《文海硝烟》一文中有關於《文藝春秋叢刊》的回憶,其中憶及先生:

> 從一九四四年十月到一九四五年九月,《文藝春秋叢刊》迎着敵人的刺刀,在荆天棘地的上海淪陷區連續出版了五輯:第一輯《兩年》,一九四四年十月出版;第二輯《星花》,一九四四年十二月出版;第三輯《春雷》,一九四五年二月出版;第四輯《朝霧》,一九四五年六月出版;第五輯《黎明》,一九四五年九月出版。爲這五輯叢刊執筆的主要留滬作家,有許廣平(用筆名 K. P.)、吕思勉(有時用筆名程芸)、顧仲彝、錫金、孔另境(有時用筆名東方曦)、吴景崧(用筆名吴志平)、吴天(用筆名方君逸)、師陀(用筆名康了齋)、吴仞之、朱維琪、露絲、袁鷹、司徒宗、周貽白、錢君匋、錢今昔、吕翼仁(用筆名左海)、池寧、沈子復等。(范泉:《迎着敵人的刺刀——我編〈文藝春秋叢刊〉的回憶》,刊於《文海硝烟》,第二八九頁)

八月六日,先生撰《朱君祠堂記》。

《吕著中國通史》(下册)本年九月上海開明書店初版印行。《吕著中國通史》(下册)設三十六章,按時間順序敍述了中國政治史的變革,全書最後一章《革命途中的中國》寫於"九·一八"當日,先生錄梁任公先生所譯拜倫詩句爲結言,表達了他對抗戰的勝利及中國的前途抱有充分的信心和熱切的期望。

北京林學院教授謝叔宜(裕昆)先生寫有一篇《師表——懷念吕思勉老先

生》，追懷一九四四年下半年初見先生的印象及其他：

當時我們還是讀初中的學生，很想見而又很怕見知名學者。誰知見面後，老先生一無名教授的架子，他身材中等，有點瘦弱，戴著一付黑邊高度近視眼鏡，衣著樸素，言談沉著而略帶沙音，但堅定有力。態度平易近人，不管與同輩或青年人交談，都是誠懇相待。他愛手捧水烟袋，在籐椅上側身傾聽別人的論述，從不打斷別人的話語，聽完後才抒己之見，非常謙遜。對青年學生，則更循循善誘。

有一年暑假，一天午後我到翼仁師家西宅菜地裏玩，見菜地旁有二間簡陋的小屋，老先生正赤著膊，帶著太陽罩，伏案著書。當時我看了深爲感動：如此酷暑，沒有電扇，僅有芭蕉扇一把取涼。老先生這種艱苦治學的毅力和精神，確如他自己的詩句“行吾心所安，屋漏庶無愧”。他當時正在著述《兩晉南北朝史》。

抗戰勝利後，有一年暑假期滿，正值老先生要離常赴滬開學，我和老師母一道送至大門外。車子已預先雇來，老先生當即掏出車資，誰知老師母早已付過了，老先生即將車錢交與老師母家用，當時他們家境是並不寬裕的，然老師母則堅持要老先生帶在身邊，相互謙讓，真是相敬如賓。

老先生對待愛女翼仁師，非常開明，絕無家長專斷作風，擺脫了一切舊的習俗，遇事相商，既是慈父，又是良師益友，在當時的家長中是很少見到的。（謝叔宜：《師表——懷念呂思勉老先生》，未刊稿）

錢尚潔女士曾於一九八六年致函呂翼仁女士，信中有一段回憶抗戰後期在先生家裏作客的情狀：

我讀了呂思勉先生《自述》，最仰慕他是一位有民族氣節的史學家。在倭寇橫行時期，寧願回故鄉，過著清貧的田園生活，深居簡出，埋頭著書。當時我雖年幼無知，而這是親眼目睹的。印象最深的一件事，是我跟尚廉姊（雲芬）來您家作客，平日來作客的時候，臨行時，二表姑總在我們的衣兜裏塞滿吃的。而這一次給我們的卻是用粗黑麪粉（即是麩皮）和些糖自製成的餅餌。外表看來既粗又黑，但由於二表姑手藝高妙，吃起來味兒怪香脆的，我們大家還美其名曰“怪餅”。當時你們的生活困苦可想而知了。

先生的常州故居，原有東、西兩宅，西宅在日寇轟炸常州時被炸毀。先生回常州後，乃在西宅廢墟上蓋了簡陋的兩間平房，暫且起居安身。節錄王玉

祥先生的一則回憶,可見當時先生生活之情形:

> 常州城内,離火車站不遠,有條十子街。它東至娑羅巷,西接化龍巷,全長不過數百公尺。街道較狹,兩旁儘是住宅。路面是石板鋪的,牆根屋角的陰濕處布滿了苔蘚,誠之老師的故居就座落在這條古老的十子街東端,距娑羅巷很近,坐北朝南,原分東西兩所相毗連的住宅。一九三七年抗日戰爭爆發,在家鄉淪陷前夕,誠之老師全家避居上海租界,而常州的故居,西宅全部毀於戰火,東宅則僅損壞一角。一九四一年太平洋戰爭爆發,上海租界亦告淪陷,誠之老師全家於翌年返回故居。東宅因戰前貰於別人,一時難以全部收回,不得已遂在西宅廢址上,清理瓦礫,利用舊有的磚木材料,蓋了兩間平屋,一作書房兼卧室,一充起居。平屋前,隔堵短牆,辟了片菜圃,種些蔬菜,有井一口,可以洗滌,可以灌溉;平屋旁,砌了個雞棚,養些雞鴨。誠之老師辭去青雲中學教務後,就隱居在這樣的環境裏,編寫着《兩晉南北朝史》,向開明書店預支些稿費,維持家用,生活相當清苦。誠之老師有詩一首,是敘述當時情景的:卅年華屋處,零落倚茅廬。猶是傷離亂,遑云賦遂初。衰來思學圃,非種合先鋤。荷棘心方壯,秋風病欲蘇。(王玉祥:《懷念呂誠之老師》,刊於《蒿廬問學記》,第一五二至一五三頁)

是年秋,呂翼仁女士在常州奔牛麗江中學教授國文、歷史、圖畫等課程,駐在附近火車站之日本人到學校強索其畫,她堅決拒絕。據翼仁女士説,此畫是她預備送光華大學張壽鏞校長,祝賀他七十壽辰的,畫寄到上海的時候,張校長已病重,僅得張芝聯先生復函,言"翼仁兄藝又大進"云。此畫朱琨君曾拍一照,現尚存有照片一張,係臨黃公望《浮巒暖翠圖》。事後,翼仁女士將日本人索畫的經過,寫信稟告父母以後,先生即親自下鄉探望,回城時由於航船超重,不便舟行,擬改雇車,而車資又昂,不得已先生奮力自奔牛步行幾十里回到城内。這樣長途奔走,在先生平生亦是少見的。

呂翼仁女士於一九四三年下半年往常州西南鄉埠頭博文中學教書一年,一九四四年下半年轉往奔牛麗江中學授課。以下所録爲先生托人帶書之便條,此便條由翼仁先生悉心保存。

> 兹因呂翼仁下鄉,原約係授本國史,而現改授外國史,須補帶參考書,現分成兩札,費神代帶下鄉。如笨重難攜,請但帶第一札。呂思勉

據謝良誠先生回憶,一九四四年冬(或是十二月初四),先生應邀往牛塘

橋青雲中學作學術講演,題目大概是《古代城市的形成》,惜講稿不存。據顧和等同學回憶,是日先生是在大操場上冒著風寒向全體師生作講演的。一九四四年至一九四五年間,常州西郊湟里(埠頭)的博文中學邀請先生爲該校高中畢業班做考前輔導,先生停下了手頭《兩晉南北朝史》的編撰,精心備課,寫了一篇數萬字的《本國史提綱》,由學校油印成冊,發給同學用作復習提綱。

是年先生寫有史學札記《論魏史之誣》、《崔浩論》及爲徐永清作《論疑古考古釋古》。前二文刊於《兩年:文藝春秋叢刊之一》;後一文寫於十月二十三日,現收入《呂思勉論學叢稿》。

先生所撰《上海人的飲食:辟穀》和《上海人的飲食:烹調》,刊於十二月的《上海生活》。這兩篇文章,表達了先生一貫的主張:一是提倡吃多種糧食,改善人們的飲食衛生;二是將婦女從繁重的家務勞動中解放出來,多爲社會工作,提高婦女的經濟地位。字裏行間,還亟盼抗日戰争勝利的到來,可想見當時空氣之沉悶。

是年先生整理劫後殘存日記,撰筆記二則,一則記清光緒年間士子應科舉情況,[①]一則記《東洋和漢醫學實驗集》。

呂翼仁先生是年有詩多首,其中有二首有先生的改筆,存録於下:

> 江上春寒重,孤城暮角哀。思家爲客久,憶友得書遲。清夢燈爲伴,閒愁酒自知。梅花看落盡,何日是歸期。

第五、六句改:夢短燈爲伴,愁深酒不知。

> 憔悴雙青鬢,飄零一破裘。深春猶是客,微雨獨登樓。遠道憐芳草,華年惜水流。他鄉多白眼,何事久淹留。

第三句"深春"改"春深",第四句"微雨"改"雨外"。

民國三十四年乙酉(一九四五)　六十二歲

是年八月十四日抗戰勝利,日寇無條件投降。

是年先生日記更名爲《居易記》。

> 君子素其位而行,不願乎其外,素富貴行乎富貴,素貧賤行乎貧賤,素夷狄行乎夷狄,素患難行乎患難,君子無入而不自得焉。在上位不陵下,在下位不援上,正己而不求於人,則無怨。上不怨天,下不尤人,故君

---

① 　現擬題爲《士子應舉》,收入《蒿廬文稿·筆記》。

子居易以俟命,小人行險以徼幸。(《日記二•居易記序》)

居易記十。三十四年十月(舊曆乙酉)日記五百四十八。

十月初一日(月。舊曆八月二十六日癸卯)。陰微雨。訪欽奇,訪玉山。

初二日(火。舊曆八月二十七日甲辰)。晴。偕榮訪永圻,予至東橫街理髮。訪欽奇。訪勤穀夫人,訪菊坡、玉山。永圻來言火車買票必須法幣,而予所有不足,訪玉山貸得五百元,並晚玉山又遣人送來百四十五元。又訪欽奇,欲貸未值。欽奇來,向其貸得千五百元。訪玉山未晤。

初三(水。舊曆八月二十八日,乙巳)。偕繼蘭詣宗醫。光華復校,偕榮至上海,趁快車行,欽奇、春甥均相送到站,永圻同行。車本十二時一刻開,而遲至二時一刻。抵滬已六時十分矣。偕榮至光華,仍在證券大樓。晤國光,同出尋客棧,至源源、大上海皆滿。同至聚昌飯。回光華,在校長室中,席地暫宿一晚。初五日補。

初四日(木。舊曆八月二十九日,丙午)。晴。偕榮訪伯祥、伯雲,未晤。訪丕繩,未晤。晤張一凡。訪伯雲。法租界電車罷工,故同趁電車至靜安寺,而步行訪寬正於鴻英圖書館,並晤錫璇。同在某麵館吃面,乃旋光華。丕繩來,未晤。達人來。丕繩來。寬正來。是日光華在八樓撥出一間,給予與榮女居住。初五補。

初五日(金。舊曆八月三十日,丁未)。晴。出買皮絲烟,訪伯祥並晤調孚、紹虞。始授課。恭天來。聞士、穎根來,邀予及榮至高長興飲。

三十四年十月初三日,因光華復校偕榮至滬。(《殘存日記》)

録是年王伯祥先生日記六條:

四月十九日己亥(星期三,五月三十日):接誠之覆書,作預支稿費,蓋前日有信,前去將多匯與之也。(《王伯祥日記》第二十卷,第九五頁)

四月廿一日辛丑(星期五,六月一日):依時入館,撰地名條。覆書誠之。(同上,第九七頁)

七月廿九日丁丑(星期三,九月五日):接誠之信。(同上,第一九八至一九九頁)

八月初三日庚辰(星期六,九月八日):依時入館,寫信覆誠之允言。(同上,第二〇一頁)

八月十九日丙申(星期一,九月廿四日):寬正來館,及晚歸。又偕丕繩

來，談知常州城廂及四鄉，但水深火熱也，不禁浩歎。（同上，第二一九頁）

　　八月三十日丁未（星期五，十月五日）：依時入館，誠之來，蓋昨日已來未晤，今復來也。握談久之，知暫住光華大學，愛女翼仁女士亦偕之同來滬上，同在光華任教。（同上，第二三一頁）

《蠹魚自訟》和《連丘病案》、《連丘病案續》三篇，寫於一九四四至一九四五年間，頗可見先生隱於鄉里著述生活之窘迫。

　　五月，先生所撰《歷史研究法》，收入范泉主編的"青年知識文庫"第一輯，由上海永祥印書館初版印行。

　　八月，先生在上海應朝鮮文史學者柳樹人先生之請，撰《中韓文化敘》，又撰《到朝鮮去搜書》，刊於十一月六日的《正言報》上。柳樹人先生解放後在蘇州大學任職，教授世界史課程。一九九三年五月二十二日，呂翼仁先生收到表妹巢心成來信，茲錄信中所敘柳先生的情況：

　　　　柳樹人先生爲朝鮮志士，早年因日本佔領朝鮮，殘害朝鮮人民，憂國憂民，參加了朝鮮的革命黨，曾與其他志士在上海某次會場上炸傷若干日人及朝奸，有功於國，金日成來中國，曾予召見。柳先生後逗留中國，曾參加國民黨部隊一起抗日。解放後來蘇州大學歷史系，因系外籍教師，未正式安排固定的工作，有時在世界史教研室參加活動，對朝鮮歷史有研究，曾編寫朝鮮史一本，作爲全朝中學的教材。先生後住蘇州建新巷，與一子同居，不意有一天其突發心肌梗塞，長眠不起。先生心情當然很痛苦，也患心臟病，於七五年左右不幸逝去。當時由於形勢關係，未開追悼會。其家屬至今仍居於建新巷，與學校歷史系有聯繫。柳先生爲人正直，急公好義，憂國憂民。雖爲朝鮮人，但至今蘇州（大學）歷史系教師還時時想念他。

　　十月，上海特別市教育局發布市立中學校長人選，先生被任命爲市立市北中學校長。（《文匯報》一九四五年十月八日第二版）其時先生年已六十餘歲，體弱多病，一再婉言謝絕，但教育局的任命狀已經頒布，只得默認，但先生素未到校任職視事，工資、報酬也一概未取。一九四六年二月八日，《申報》刊有先生辭去市北中學校長、調任市教育局顧問消息一則。

　　是年十月至十二月，文史方面的著述有《論文史》、《治水三階段》和《發現新世界者爲誰》三篇。先生還撰有《勝利年大事記》、《民國三十四年大事記（續）》和《勝利年大事記（三續）》，都是爲其日後撰史所準備的長編資料。此時,先生對國家的重建滿懷期望,他寫了一系列文章,如《日本降伏了》、《抗戰的總檢討和今後的方針》、《抗戰何以能勝建國如何可成》,檢討歷史的經驗,總結抗戰勝利的原因,批評社會上昏庸閉塞的風氣,對戰後國家的重建、經濟的恢復、平均地權、民生民食等問題,發表了自己的看法,提出了解決的建議。期間,先生又撰時論多篇:《上海路名亟宜復舊議》、《實行憲政時期的政黨》、《中國的五年計劃》、《聞之痛心》、《關於平賣的一個建議》、《清查戶口與清除匪患》、《鳳鳴朝陽》、《改良郵寄手續》、《論新聞自由與説服異己》、《論外蒙古問題》、《五都》、《中國的生命綫與世界和平》、《青年思想問題的根柢》、《如何培養和使用人才》、《淪陷區裏的民衆生活》等。

一九四五年秋至一九四九年秋,吕翼仁女士在上海中西女子中學任國文、歷史教師。

繼民國十六、十七年後,先生第三次致書光華大學校務委員會,更全面而又具體地向學校申述其復校大計。

是年先生爲平湖葛芃吉先生撰《〈古代戰區比節考〉序》。①

是年先生詩作有《題王芝九及其夫人毛佩箴風雨同舟圖》,日記中存有《東南中學校歌》二章。

陳研因先生著有《和白香詞》一卷,其中《齊天樂》一首是贈先生的:

齊天樂·懷吕君誠之

博聞强識由天賦,少年亦工諧語。紅粉天驕,青衫任俠,走筆移人情處。孤懷莫訴,縱縑素尋常,自家機杼,迢遞遼陽,明珠投暗促歸緒。

江南又來急雨,正勢憑胡虜,慢驚鄰杵,梓里旋蹤,枌鄉講學,國故保存無數。陌頭容與,幸負米郊原,欣看嬌女。海宇重光,免桑榆愁苦。

第五卷
六十三歲 至 六十六歲(一九四六 至 一九四九)

民國三十五年丙戌(一九四六)　六十三歲

是年先生日記曰《揚眉記》。

---

① 葛芃吉(一八八七──一九八一),別號昌朴,浙江平湖人。曾任北京朝陽大學附中教師,北京京兆圖書館編輯。一九五六年入上海文史研究館爲館員。著有《古代戰區比節考》等,又擅長昆曲,爲上海昆曲研習社社員。

倭寇入犯，遁迹滬濱，不歸鄉里者幾五年，室廬什物，任人取攜，所失者蓋不可以數計。所以然者，初以敵兵守門，入門者必向之折要，予不肯爲，故遂不歸。後此例雖罷，然租界中究不見敵人驕暴之迹，與内地殊，故遂偷息焉。及日人攻英美，租界淪陷，敵人之所爲，亦與其在内地無異矣。三十一年八月，乃從吾妻之言，歸故鄉。時入城門者，雖不必折要，然敵兵有門焉者必脱帽。街衢之中，敵兵有更位者（更俗作崗），過之亦然。予不肯爲，而無如何。故自歸鄉，遂不帽，誓言吾必待光復乃戴帽。去歲敵人敗降，十二月八日在上海買六合帽一，其制明太祖平胡元後所定也。三十日戴之，昂然歸故鄉矣。（《日記二·揚眉記序》）

一月二十八日，先生覆徐哲東先生信：

哲東我兄：

十二月廿六日手書奉到。萬元之款，亦經楊君匯在舍間。弟於初十日在滬晤及通百，即將五千元與之，到常後於今日往找令兄松耘先生，即將三千元面交，惕弇夫人渠云可以徑覓，因將二千元並付之，想其不久可以找到，當即有書與公也。松耘舊門牌爲八十五號，今則僞政府將府直街改爲北大街，門牌爲百三十九號。弟今日幾乎找不到，後幸遇一垂髫之童，告我鐵匠店間壁有麵粉店，麵粉店間壁爲徐宅，依言而往，乃得之。僞北大街即府直街，人人知之，門牌則通信時以改寫爲善。雖郵局亦或能遞到，然設或送信者更易生人，則或易錯誤。上海路名爲敵僞改去者十八，常州亦有數處。至今除上海有幾處市府又另易新名外，餘皆未曾改轉。路牌門牌沿襲敵僞所命名如故，辦事之遲緩，可見一斑矣。公所撰伯喬志銘詩序，滌雲詩序祭文，皆骨重神寒，佩服之至。上海現覓事，無住無食者，能自給者甚鮮，因賃廡既貴，車貲又貴，不易覓苞飯之處，散食日至少四百元，而月入劣不過一兩萬也。令倅事容徐留意。欣夫仍在聖約翰。① 此頌著安。

弟勉頓首　一月廿六晚廿八晨發

一月出版的《月刊》刊有先生所寫《從章太炎説到康長素、梁任公》一文，此文最可見先生的爲人和學識。

---

① 王欣夫（一九○一——一九六六），名大隆，字欣夫，祖籍浙江秀水，居於江蘇吳縣。早年從金松岑學國學、曹元弼學經學。曾任教於蘇州女師、聖約翰大學、復旦大學等。長期從事中國古代目録、版本、校勘研究，有《文獻學講義》、《四庫全書總目提要補正》等著述。

录是年王伯祥先生日記四条：

二月十五日辛卯(星期一,三月十八日)：十一時,余偕予同詣光華大學訪誠之,同到畢家就宴。以今日公司請編審委員吃飯也。柏丞到而未宴,夷初未到,其餘誠之、仲華、西諦、夏衍均到,主人方面到洗人、聖陶、予同、彬然、調孚、達先及余,凡十二人,二時始返館。(《王伯祥日記》第二十卷,第四〇三至四〇四頁)

四月三十日甲辰(星期四,五月三十日)：誠之見過,擬於暑假中續編通史,因就會議提出,決定月致二十萬,易稿四萬字(不足不計,超出數結算),仍屬余函復之。(同上,第四八三頁)

五月初二日丙午(星期六,六月一日)：依時入館,書覆誠之。十一時許,偕達君躬造光華大學面傾一切。約自六月起,月致筆修廿萬元,希約斷代通史續稿四萬言(不足之數不再請補,超出之數則論字計值),直至全部史稿完成為止。此後物價如有變動,照同人例調整云。十二時辭出,與達君過飲永興昌,一時許即返館。(同上,第四八四至四八五頁)

十一月初二日癸卯(十一月廿五日,星期一)：上午賓四來取《史記地名考》清樣去,據云明日即飛滇就五華學院文史研究所主任事。接頡剛書,知已到復旦上課,因即函知伯黃請剛定日期約會詳談。(《王伯祥日記》第二十一卷,第四至五頁)

錄夏承燾先生《天風閣學詞日記》一條。虞菱夫人一直習慣居住於常州舊居,除常州外,也喜歡杭州,蓋幼年曾隨祖父輩去過杭州,頗想再去杭州小住。又其時浙大有俄文教師,女公子呂翼仁也頗想去浙大學俄文,故有此"問浙大史學系講席"事：

一九四六年三月二十二日：接金松岑先生十九日蘇州函,別五年不通候矣。為呂誠之問浙大史學系講席。(夏承燾：《夏承燾集》第六卷《天風閣學詞日記二》,第六三八頁)

四月,先生《兩種關於延安的書籍》一文刊於《文獻》第一卷第二期上,是為先生讀《延安十年》(謝克著,中國青年出版社一九四六年二月版)和《中國解放區見聞》(美國福爾曼著,朱進譯,重慶學術社一九四六年二月版)二書後所寫的讀後感。

是年四月及十月,先生撰有二文寄與報館：一《談報館派報問題》,一《致大公報館書》,談報紙上的醫藥廣告。

錄是年顧頡剛先生日記及《顧頡剛年譜》所載數條：

五月四號星期六：雇車到四馬路，遇聖陶。到伯祥處，並晤范洗人、呂思勉、紹虞、墨林，作長談。到石路永興昌吃酒。聖陶、調孚來。晤顧均正、傅彬然等。嚴良才來。

五月八號星期三：乘電車到外灘，步至江西路訪德輝，並晤潘景鄭、補孫。與德輝到光華大學，訪呂誠之先生。

五月十一號星期六：呂誠之來。（《顧頡剛日記》卷五，第六五三、六五六頁）

是年，與蒙文通、蕭一山、呂思勉、黄文弼、金毓黻等七十四名史學界同人發起創辦《史學季刊》，第一期由蒙文通、周謙冲編輯。（顧潮：《顧頡剛年譜》，第三〇〇頁）

十月二十一號星期一：王芝九來，同到惠中訪呂誠之先生，並晤徐哲東。到松鶴樓赴宴。九時歸。今晚同席：呂誠之與予、（客）高邁生、王志端、馮達夫、俞啟超、陳友聲、蔡今福、相維功、黄礎先。（以上主）

十月二十二號星期二：到惠中旅館，與呂誠之先生同出，到賓四處談，游耦園。與誠之、賓四同出，到拙政園。

十二月三十一號星期二：整理史書：魏興南、史念海、方詩銘、朱偰、張震澤、白壽彝、韓儒林、魏青銍、潘承弼、冉昭德、王毓瑚、王育伊、呂思勉、嚴耕望、齊思和、杜光簡、蒙思明、勞榦、楊寬、金毓黻、翁獨健、陳寅恪、陳述、鄭鶴聲、郭廷以、侯仁之、馮家昇、姚薇元、趙泉澄、劉節、陳懋恒、黄少荃、范午、鄭逢原、徐中舒、谷霽光。（《顧頡剛日記》卷五，第六五七、七三三、七七二頁）

錢穆賓四先生《師友雜憶》，有回憶抗戰勝利後與先生同訪常州府中學堂的事：

民三十年夏，余由蘇州重返後方。抗戰勝利後，再返蘇州，在無錫江南大學任職，曾赴常州謁誠之師。師領余去訪常州府中學堂舊址，民國後改爲常州第五中學（按：即江蘇省立第五中學）。門牆依稀如舊，校中建築全非。師一一指示，此爲舊日何處，均難想象。臨時邀集學生在校者逾百人，集曠場，誠之師命余作一番演講。余告諸生，此學校四十年前一老師長，帶領其四十年前一老學生，命其在此講演。房屋建築物質方面已大變，而人事方面，四十年前一對老師生，則情緒如昨，照樣在諸君

之目前。此誠在學校歷史上一稀遘難遇之盛事。今日此一四十年前老
學生之講辭,乃求不啻如其四十年前老師長之口中吐出。今日余之講
辭,深望在場四十年後之新學生記取,亦渴望在旁四十年前之老師長教
正。學校百年樹人,其精神即在此。誠之師又帶余至街坊品嘗四十年來
之老食品,如常州麻糕之類。至今又已三十年,回憶尚在目前也。

　　余又屢去其滬上之寓所。抗戰時開明書店曾邀余作國史長編,余介
紹之於誠之師,得其允諾。已有分編成書。乃誠之師案上空無一物,四
壁亦不見書本,書本盡藏於其室內上層四周所架之長板上,因室小無可
容也。及師偶翻書桌之抽屜,乃知一書桌兩邊八個抽屜盡藏卡片。遇師
動筆,其材料皆取之卡片,其精勤如此。所惜者,其長編亦寫至唐代而
止,爲師最後絕筆。[1]（《錢賓四先生全集》卷五十一《八十憶雙親　師友
雜憶》,第五三至五四頁）

五月二十五日,先生出席光華大學的國語演說競賽會,並擔任評判員。
五月出版的《永安月刊》(第八十四期),刊有先生所撰《東洋史上的西胡》。
六月二十七日,先生爲方德修先生所撰《東北地方沿革及其民族》作序。
抗戰勝利後,常州輔華中學曾推舉先生爲校董會主席事。校長汪紹先先
生撰有《回憶"輔華"》一文記及此事。
錄先生是年殘存日記:

　　揚眉記七　　　　三十五年(舊曆丙戌)　　　　日記五百五十七
　　七月初一(月。舊曆六月初三日丙子)。晴,並晚急雨即止。出買
物。今年軍人寓居吾家者三次矣。此次寓居者,上月十四日來,第九十
九軍第六十師第一百七十九團第一營也,營長丁耀武紹成,贛雩人,今日
往訪之。出買物。訪玉山,永年、潤龍,永年、潤龍皆未晤。至妻家,訪
進之。

　　初二日(火。舊曆六月初四日丁丑)。陰雨。永年來。訪陳副官,約
其等明日晚飯。出買信箋封。夜發微熱。

　　初三日(水。舊曆六月初五日戊寅)。陰雨。丁耀武;副營長李銘,
四川人;副官陳光洪;醫官周耀琴,獻縣人;指導員肖隱萍鈞衡,南城人;
書記官盧孔,陽江人。(編者按：其時,有軍人占居呂氏故居,呂先生的妻

---

　　[1]　錢穆賓四先生的此段回憶,當爲抗戰勝利後光華大學在證券大樓復校時,學校在大樓八層辟
出一間用作先生寓所的情況。

子虞夫人懼軍人來騷擾,不得已宴請敷衍,希冀能得安居。)

七月出版的《月刊》,刊有先生所撰的一篇《堂吾頭》,其中寫到家鄉武進的一些情況以及武進歷史上的"育嬰堂"。

先生爲上海中學生書局編撰的《初中本國史》(四册)是年七月出版,後又編著《初中本國史補充讀本》:

> 自從抗戰勝利以後,我們所讀的歷史課本還只敍到(抗戰)勝利以前爲止,即或涉及戰事,亦是很不完全。但最近十年來實在是我們抗戰建國過程中一個艱苦而又極偉大的時代,我們怎能不加以一番詳細的檢討? 本書所記敍的便是關於我國自抗戰以來的一切史實。凡初中二、三年級學生均可作爲歷史課的補充讀本來研讀。

是年七月起,《東南日報》文史副刊主編魏建猷先生常向先生約稿,先生的《汲冢書》、《郡縣送故迎新之費》、《策試之制》等二十餘篇讀史札記,均刊於《文史》副刊上。一九四七年,先生還聘請魏先生在光華大學任兼職教授。

是年夏,潘正鐸、蕭克前夫婦勝利後回到上海,宴請吕師、馬厚文先生於三馬路(今九江路)石路口碧壺軒酒家,①是晚賓主暢談歡敍,李永圻亦在座。錄學生潘正鐸、馬厚文致先生詩詞:

丙戌夏回國道經滬上與武進吕誠之師桐城馬兄厚文
飲於碧壺軒酒家歸後賦此呈吕師并簡馬兄

> 十年闊别申江畔,觸目樓臺百感傷。暗訝韶華如水逝,尚留師友慰吾狂。横刀按劍原空話,論政談詩此舉觴。最是不堪回首事,老亡幼長海成桑。

> 舉杯痛飲憶當年,斗酒十千詩百篇。慨歎昔時求學地,重來已是落花天。千秋史筆推司馬(吕師以史學名於時),一抹荒烟悵玉田(昔與師共誦玉田"萬綠西泠,一抹荒烟"之句,感慨繫之)。客路艱難歸亦苦,無言怕對舊山川。

金縷曲　　答吕師誠之并簡厚文式圭二學兄②

> 十載不相見。喜劫餘,友朋師弟,猶通魚雁。天地魂銷還有我(用易

---

① 馬厚文(一九〇三—一九八九),字先之,安徽桐城人。早年就讀於光華大學,畢業後留校任教。又先後任教於省立二中、桐城中學、湖南南岳國立師範學院等。解放後,被聘爲安徽省文史館館員。著有《楚辭今譯》、《桐城近代人物傳》、《桐城文派論述》、《鴉山皖水詩稿合選》等。

② 陳式圭,浙江寧波人,文史專家。早年就讀於光華大學,後任教於光華大學暨附屬中學。

實甫句),萬事於今皆變。異域里,那堪留戀。研史填詞原素志,拜陽明更與諸公勉。浙東學,重實踐。亂離之世文人賤。　也曾因,不甘遺臭,流亡輾轉。生死艱辛憑一諾,自古忠奸易辨。好容易,和平歡忭。整頓行裝翹首望,待歸舟我已心如箭。抵滬後,共開醼。(録自潘文木:《文木詩詞》油印本,第一〇八至一〇九頁)

留別呂誠之師謹次餞別原韻

聖學誰將墜緒尋,天教夫子冠儒林。老莊妙解清虛旨,班馬長懷著述心。春酒同斟一杯綠,夏雲忽幻數峰陰。江湖倘有音書寄,雁正高飛鯉未沉。(馬厚文:《鴉山皖水詩稿合選》一九八二年油印本,第十三下頁)

録先生爲馬厚文先生詩稿題詞及厚文先生詩二首:

新詩風骨峻上,古體尤佳。吾弟於詩功力可謂深至,再浸淫於古籍,用字遣句,更求爾雅深厚,當自有進境也。(呂誠之師丙戌手書)

讀鄉先輩遺書

鄉邦諸老數當年,輓近遺風頓邈然。日月東流寧有極,乾坤後死感無邊。斯文肯信天將喪,絕學惟憂世孰傳。逝者九原長不作,孤燈掩淚對遺編。

戰後至滬光華大中學校同人公讌廖茂如師及余於致美樓

師友平生風誼高,瓊筵設宴進香醪。寒知夜雨添江水,坐覺天風捲海濤。廣廈萬間寒士庇,高樓百尺昔人豪。鱸魚初遂還鄉願,回首湘中樹蕙芳。(馬厚文:《鴉山皖水詩稿合選》,油印稿,第十二、十三頁)

光華大學復校後,起先仍在漢口路的證券大樓上課。大西路的校舍在戰爭中夷爲平地,無力恢復,經向教育部申請補償戰時損失,由教育部將虹口區歐陽路日本人在戰時所設、約占地八十畝的日本高等女子學校撥充爲光華大學校舍,[①]日本商業學校則撥充爲光華附中的校舍。

據是年十月十四日《文匯報》報導,先生作爲法定代理人訴誠明校産之訟案勝訴:

---

① 光華大學併入華東師範大學之後,原歐陽路的校舍先後改爲上海財經學院、上海科技大學、上海無線電七廠。二十世紀九十年代末,上海鐘錶電子行業合併改革,原廠房夷爲平地,開發建成高級住宅樓綠洲紫荊花園。

（本報訊）誠明文學院（即正風文學院）前以該校附逆校長王西神死後，其子王貞運竟冒該院之名，將閘北中山路之校產十一畝許擅自出售並輾轉與伯大尼孤兒樂園，爰由法定代理人呂思勉向王貞運及第一買受人黃仲明、第二買受人伯大尼孤兒樂園提起訴訟，請求確認該項買賣契約無效，業由地院駁回。復由俞承修、江一平律師向高院提起上訴，茲悉：高院業於前日廢棄原判，決令伯大尼孤兒樂園將爭訟房屋原判，交還正風文學院，此案動一時之教育官司，自是告一結束。（《誠明校產訟案　呂思勉勝訴》，《文匯報》一九四六年十月十四日第三版）

錄先生致陳楚祥先生信，先生此時尚未遷入光華歐陽路校舍。

楚祥老弟：

多時不知蹤迹，忽奉惠書，歡喜曷極。兄以去年十月三日因光華復校抵滬。光華校舍既毀，校長又於七月中逝世，局促於證券大樓之中，現雖蒙政府借給歐陽路敵產三十餘間，然敵偽兵尚充滿其中，一時未能遷入。恢復舊觀，殊屬不易。兄回里三年，以前年中秋之後至客歲光復之前，一年之中為最艱窘，現幸已支持過去。滬上房屋現極缺乏，欲賃者皆須以黃金作頂費。兄固無黃金，舍間老屋亦不能無人看守，是以只偕息女到滬，老妻則仍留常州。小女仍在光華任國文系助教，與兄均住光華宿舍中。渠近又在億定盤路中西女中任課，住彼時多。兄則仍居光華宿舍，地甚局促，並寄存滬上友人處之書籍（下缺）

光華大學遷入歐陽路後，先生就居住在歐陽路光華大學內游泳池旁的平房，後搬至女生宿舍樓上一間約二十平米的單身宿舍裏。

一九四六至一九四七年間，因原光華大學同事、時任復旦大學政治系主任耿淡如先生的邀請，[①]先生曾到復旦大學法學院任教，教授中國古代政治制度史。又應邀到誠明文學院長期兼課。酈家駒先生有《追憶錢賓四師往事數則》一文，回憶當年在上海見先生的情景：

一九四六年秋，我到上海復旦大學歷史系借讀四年級。這時，賓四師寫了一封信給我，信中告訴我，呂思勉（誠之）先生是他讀常州府中學

---

① 耿淡如（一八九八——一九七五），又名滌如，江蘇海門人。幼年以工讀方式完成中學學業，並考入復旦大學，畢業後曾任教於海門中學、復旦附中。後赴美國哈佛大學研究政治制度和政治歷史，獲碩士學位。回國後，先後任教於光華大學、大夏大學、復旦大學等。著有《近世世界史》和譯作《中世紀經濟社會史》、《世界近代史文獻》等。

堂時的老師。呂先生博洽精深,治學嚴謹,爲人質樸淳厚,讓我多向呂先
生請教。賓四師另寫一介紹信,囑我持信去見呂先生。當時,呂誠之先
生和女公子呂翼仁先生,父女二人住光華大學校園內游泳池附近的平房
裏。呂先生因賓四師的介紹,待我極親切。這時,呂先生也在復旦大學
兼課,講"中國古代政治制度史"。由於賓四師的介紹,從一九四六年起,
我經常能得到呂先生的教誨。一九四九年以後一段時間,我在上海光華
大學附屬中學教歷史,光華附中和光華大學校舍毗連,我住在附中宿舍,
誠之先生於一九五二年之前,仍住在原來的宿舍。由於相距很近,我有
更多請教的機會。呂誠之先生待人接物、立身處世,儼然古之純儒。但
是呂先生之治史,思想十分敏銳開闊,對西方哲學、史學以至馬克思主
義,絕無排斥之意,不留絲毫守舊之士大夫積習。(酈家駒:《追憶錢賓四
師往事數則》,刊於《錢穆紀念文集》,第二十七頁)

抗戰勝利後,先生仍每周日上午在上海八仙橋青年會的茶廳與光華同學
座談。下面爲先生致沈北宗(百中)先生的信:①

北宗老弟:

久不晤,甚念,而不審吾弟住址,故只得發一信試寄《前綫日報》,未
知能達覽否? 兄現每星期日上午九至十一時間仍在八仙橋青年會二樓
茶廳,光華舊雨到者不乏,亦望大駕來臨也。專頌大安,不一。

小兄勉頓首

先生定期與學生的座談,始於抗戰之前,楊寬先生的回憶文章中描述了
當時先生與學生座談的情形:

在光華任教的很長一段時間內,每逢星期日上午,總是約定一些志
同道合的朋友和學生們,聚集到一個冷僻地方的茶室裏,隨便談論學問,
直到抗戰期間上海成爲"孤島"的時候,從沒有間斷。這是他推進學術研
究和誘掖後進的一個主要方法。因爲在這樣的場合,可以放聲高論,暢
所欲言,或者探討某個問題的研究方法和門徑,或者追溯一條史料的來
源及其價值,或者交流自己研究中的某些心得,或者評論某些著作的缺
點錯誤,或者探討一些有爭論和疑難的問題。呂先生總是侃侃而談,循

---

① 沈北宗先生原爲光華大學學生,時任職於《前綫日報》。抗戰勝利後,《前綫日報》報社遷至上
海,故將此信繫於此年。

循善誘,不少後輩常常從這裏得到許多切實的教益。(楊寬:《呂思勉先生的史學研究》,《中國史研究》一九八二年第三期)

先生是年所撰的時論文章有《革命與道德》、《論美國助我練兵事宜暫緩》、《滑稽乎? 嚴重乎? 禁錮可乎?》、《忠貞》、《新生活鑒古》(上、下)等。先生是年又撰有《論中學國文教科書》及《學制芻議》、《學制芻議續篇》等文,前文可見先生改革中學國文教育的想法及當時中學國文教學的實況,後二文從孤寒子弟的讀書求學説到現行考試制度的改革,並極力提倡普通教育和職業教育。

先生應編輯的請求而寫《讀書生活發刊辭》一文,又撰《讀書與現實》和《讀書的方法》、《如何培養廣大的群衆的讀書興趣》等文。又寫有《張詠霓先生創辦光華大學記》和《汪春餘先生壽序》二文。

先生是年存詩三首:《張欽奇唐秀儀晶昏》、《贈先之》、《贈文木》。

民國三十六年丁亥(一九四七)　六十四歲

是年先生日記曰《忘食憂記》。

聖人易幾乎? 曰:不易幾也。聖人者,知足以周萬物之情,有以立百行之極,夫是以動無過舉而克止於至善也。人不能無喜怒哀樂之情,可喜可怒、可哀可樂之境日接於外,而漠然無所動於其中,是非生人之道,而死人之徒也。平大難,決大疑,皆以心之力。聖人者,不徒非無喜怒哀樂,而其喜怒哀樂,且有大過人者焉。夫雖非聖人,喜怒哀樂豈無大過人者,然任其情之所至而不知節,則將累其知而敗事之成。夫猶射於百步之外,其至爾力也,其中非爾力也。有其力而不善用,將以任其力而害其中,此過之所以猶不及歟? 惟聖人喜怒哀樂大過乎人,而其節其喜怒哀樂之情,亦與其喜怒哀樂之情俱茂,此其所以動無過舉,而克止於至善也。然則聖人非絶人者也,就一端言之,恒人或無以異於聖,此子夏、子游、子張所以克有聖人之一體,而聖人之所以可學歟? 予於古聖賢無能爲役,然孔子曰:發憤忘食,樂以忘憂,不知老之將至。則老之既至,而覺其竊有味焉,其亦足以自樂乎? 樂其樂而益勉其所未至,亦足以竭吾材矣,又何慕於外焉?(《日記二‧忘食憂記序》)

一月十日,因"沈崇事件",光華大學"抗委會"在校大禮堂開會,请先生作演講:

光華大學"抗委會"定於本月十日中午十二時假該校大禮堂敦請名

教授呂思勉及毛以亨兩氏公開演講,講題爲"北平美軍暴行在道德、政治及法律上之問題"。(《光華抗委會約請　呂思勉演講》,《文匯報》一九四七年一月九日第五版)

錄王伯祥先生日記所記各條:

一月十四日甲寅(二月四日,立春,星期二):校呂誠之《兩晉南北朝史》第十八章畢之。(《王伯祥日記》第二十一卷,第九九至一○○頁)

一月十五日乙卯(二月五日,星期三):校《兩晉南北朝史》第十九章,畢一批,送振甫轉促印,取續送校樣。(同上,第一○一頁)

一月十七日丁巳(二月七日,星期五):校《兩晉南北朝史》第十九章。(同上,第一○三頁)

一月十八日戊午(二月八日,星期六):校畢《兩晉南北朝史》第十九章,存稿盡矣。因屬振甫檢齊清樣,俾函送誠之參覽,便續撰焉。(同上,第一○四至一○五頁)

一月三十日庚午(二月二十日,星期四):校誠之《兩晉南北朝史》第二十章,蓋印所中續送來者,尚未送齊,不知究存若干耳。(同上,第一一八至一一九頁)

二月初五日乙亥(二月廿五日,星期二):續校誠之《兩晉南北朝史》二十章。午後出席經理室會議及人事委員會。誠之見過,談有頃辭去。(同上,第一二三頁)

二月初六日丙子(二月廿六日,星期三):校《兩晉南北朝史》第廿一章一批。(同上,第一二四頁)

二月廿一日辛卯(三月十三日,星期四):下午校呂誠老《南北朝史》第二十一章,僅餘一節未了矣。(同上,第一四三頁)

二月廿二日壬辰(三月十四日,星期五):校畢誠老《南北朝史》廿一章,積稿盡矣。此批送去,可能促其續撰矣。(同上,第一四四頁)

二月廿七日丁酉(三月十九日,星期三):到館辦雜事。《兩晉南北朝史》十七章至廿一章清樣出齊,即函送誠之,備續寫餘稿。(同上,第一四九頁)

四月初二日庚子(五月廿一日,星期三):入館辦理雜事。書與誠之代芝九送茶葉,復謝芝九。(同上,第二二八頁)

八月二十日丙辰(十月四日,星期六):誠之來取版稅,並交齊《晉南北朝史》餘稿。(同上,第四○九頁)

八月廿四日庚申(十月八日,星期三):誠之通史(斷代分冊)版稅契約已訂妥,屬炳炎專送前去候簽帶回。(同上,第四一四頁)

一月十七日,光華校長室簽署公告,根據教育部訓令,組織校訓育委員會,先生當選爲訓育委員會委員。(華東師範大學檔案館檔案目錄號82-1-049)

錄是年顧頡剛先生日記如下:

一月二十號星期一:在大中國吃飯。一時到車站,以脫車,三時上金陵號車。在車遇呂誠之父女、鳴高叔。

三月二十六號星期三:寫呂誠之信。

十月二十六號星期日:看呂思勉《中國通史》上冊三十頁(婚姻)。

十月二十八號星期二:看《中國通史》五十頁(族制、政體、階級)。

十月二十九號星期三:看《中國通史》二十頁(財産)。

十一月一號星期六:看《中國通史》官制篇。

十一月二號星期日:看《通史》選舉、賦稅兩篇。又曾夫人來。靜秋自滬歸,聞存款未送到,借玉曾娶媳款,大怒,與予吵。到外書房,續看《通史》兵制篇。

十一月三號星期一:看《通史》刑法篇,未畢。

十二月三十一號星期二:中國古代社會史課計畫:一、準備藉此作古代史之一部。二、注意(1)家族組織,(2)階級組織,(3)宗教信仰,(4)國家組織。三、略印參考材料分發。四、課前須編節目。五、點讀呂思勉《中國通史》、李玄伯《中國古代社會研究》、陶希聖《婚姻與家庭》。(《顧頡剛日記》卷六,第十一、三八、一四六至一四八、一五一、一五二、一七九頁)

三月,先生的第二部斷代史《秦漢史》由上海開明書店出版。

光華同學集資出版的《學風》雜志,四月創刊。先生撰有《〈學風〉發刊辭》。同期還有先生撰《如何根治貪污》一文。稍後又撰《中國人爲什麽崇古——史情自序》一文,刊於《學風》第一卷第三期。

四月,先生爲女公子翼仁贈與方德修先生的山水畫幅題跋:

荆公詩云:欲寄荒寒無善畫,賴傳悲壯有鳴琴。戴文節云:荒寒自是畫中一境,轉不如秀逸得畫理之深。此畫筆致秀逸,亦頗得荒寒之意也。聞士老弟所藏。丁亥四月讀後識。呂思勉

五月四日,上海市黨部婦女運動委員會及婦女會主辦大學女生論文競

賽,先生被聘請爲評判人。

是月,先生的讀史札記《寒素》,刊於《東南日報》文史副刊。

六月,先生所撰《還都紀念罪言》一文,刊於《正言報》。

先生特別關心婦女解放問題,一直用心研究婚姻史,搜集了不少材料。是年先生應雜志編輯的請求,寫了一篇《歷史上的抗戰夫人》,刊於六月出版的《學風》第一卷第六期。

六月出版的《光華大學廿二週六三紀念特刊》,刊有先生一九四六年所撰寫的《張詠霓先生創辦光華大學記》,另有一篇爲《歷史系概況》。

八月至九月,先生所撰《論度量》一文,分五次在《現實週報》的第三、四、五、六期和《現實新聞雙週報》第九期上刊出。曾改題爲《論宋武帝與陳武帝》,收入上海教育出版社一九八七年版《論學集林》(有删節)。

十月出版的《現實新聞週報》第十期,刊有先生所撰《梁啟超新評價》。

十月,因聲援浙大于子三事件,光華學生發起募捐,先生爲學校第一位捐款的教師。

> 抗日戰爭勝利後,浙大學生會主席進步學生于子三,被國民黨政府逮捕,死於獄中。光華大學進步的學生組織爲了聲援于子三事件,發起募捐活動。在當時白色恐怖下,捐款就意味著支持進步學生,支持革命,隨時可能遭到迫害。當同學去請先生(編者按:即呂思勉先生)捐款時,先生毫無顧慮,首先在捐款簿上簽了名,寫了捐款數目。(葉百豐:《憶誠之先生》,《蒿廬問學記》,第一七九頁)

十一月,唐長孺先生有致先生的論學書,先生將這其中的幾封信歸入四裔北札記類内。札記史實類中,另有唐先生致先生殘存的信函一頁,現一並存錄於下。一九二〇年代,唐先生曾在光華大學附屬中學讀書。

(一)

(上缺)《蒙古前期漢文人進用之途徑及其中樞組織》一文爲《學原》雜志索去,①然不知於何時始能刊出也。近草《匈奴五部後裔考》,稽胡爲步落稽之省,生以爲殆即《北齊書‧破落韓常傳》之潘六奚部。北周之後,所謂稽胡,蓋當劉蠡升盛强之時,威服諸部,故皆蒙是名,其實河西之

---

① 唐長孺先生的《蒙古前期漢文人進用之途徑及其中樞組織》一文,後刊於學原社編輯的《學原》第二卷第七期(一九四八年十一月出版),刊出後唐先生曾寄贈呂先生。

胡,殆多鐵弗之後,未必儘是步落稽也。請吾師教之,魏世屠谷西遷,與羌人雜居,此亦民(下缺)

（二）

(上缺)能不談種族,然所談者亦自限於域內而已。元海世系可疑者多,《後漢書·靈帝記》及烏桓鮮卑兩傳、陳琳檄吳文,並以休屠各或屠各與南匈奴對舉,明非屬南匈奴之嫡系,一也。元海父劉豹以呼廚泉時爲左賢王。據范史在興平中,其死據《元海載記》約在泰始、咸寧間,使其爲左賢王在二十左右,其卒時年近百歲,而元海之生在嘉平中,劉豹年當在七十以外,二也。《載記》稱劉豹、元海世襲左部帥,而《武帝紀》於劉猛之叛,書左部帥李恪殺之,三也。《載記》稱元海爲新興人,李慈銘以爲不合,應書太原茲氏人。考秀容城之稱,即因元海,《水經注》有明文而《載記》酈《注》並云:劉曜隱居管涔之山,其山正與新興近,則元海爲新興人不誤。新興爲北部居地,元海初爲北部都尉,繼爲北單于,明爲北部人,與左部無與,則又安得世襲左部帥,四也。有此四端,則元海世襲之爲僞托,殆有徵驗,至於旁證,則鐵弗、劉虎實爲烏丸、劉琨傳之雁門烏丸,《魏書》序紀之劉虎,而《通鑑》引劉越石集更明稱烏丸劉虎,《苻堅載記》之烏丸獨孤部,亦即《魏書》劉庫仁所部,庫仁與劉虎同宗,是亦鐵弗也。夫以烏丸與匈奴之疏,而又冒稱鮮卑之後,況與屠各之爲匈奴種乎?(近人言屠各即爲獨孤,疑誤。屠各之爲匈奴種無可疑,而獨孤則烏丸種也。)屠各種族分布甚廣,西起姑臧,蔓延秦隴,東及趙郡,其全名應爲休屠谷,後或稱休屠,或稱屠各,其實一名之歧,而盧水胡,亦與之有關。蓋休屠王之族,實以涼州爲始,而降漢之後,稍遷其人與邊境,故雖曰匈奴,而與南匈奴甚疏也。其族之在西者,殆與羌人雜居,因以羌化,在東者與烏丸南匈奴雜居,則劉元海之族是矣。前書未盡,敢再陳鄙見,藉請教誨,匆促不盡。草此,即請道安。茂師前請安。

受業唐長孺敬上　十一月七日

（三）

誠老我師道席：

哲東先生轉到大札,敬稔起居萬福,至以爲慰。賓四先生弘論向於雜杂中曾窺一斑,大抵爲古地理之考釋,竟不知管見之有合也。生近方著手河隴區域之開闢,其始以爲前人論之已詳,近賢著述亦多,發見撢撇,即可成章。詎知大謬不然,仍不能不事一地一水之考訂。譬如河西四郡置年，紀志不同，論者皆主本紀元狩二年始置酒泉、武威，元鼎六年分置敦煌、張掖，(近勞幹以居延漢簡考之，謂武威之置，實在最後。)然漢得河西已在元狩二年之秋，設官分職，不能期月而成，此元狩二年說，恐有未然。生以《平准書》、《大宛傳》及《漢書·食貨志》、《張騫傳》、《西域傳》考之，則酒泉之置，在築令居之後，以地勢論之，令居未築，河西之道未通，寧有孤懸一郡於塞外二千里外者？《水經注》云築令居在元鼎二年，以《匈奴傳》證之，則在元狩四年之後，以《趙充國傳》證之，則當在元鼎五年之前，《水經注》之言，當必有據，由此推之，酒泉之置，亦必在元鼎二年之後。《通鑒》置於是年，其理由爲酒泉爲烏孫故地，置郡必在張騫使返之後也。酒泉是否爲烏孫故地猶待考，而以生所考，則温公之見確不可易。至於武威既屬後置，何以班氏錯誤至是，疑亦有故。夫論武威後置，最堅强之證據爲金城之置，取張掖二縣而不及武威，使有武威，則張掖在西，不與隴西接，豈得遠取張掖而近舍武威。今考武威屬縣有張掖縣，且在武威郡治東南，疑張掖郡初置，即治張掖縣，其始武威在西，而張掖在東，其後徙治觻得，乃與武威互易其位置，故張掖郡之驪靬，《説文》云屬武威，又曰勒趙充國亦云屬武威，知其地本屬武威，及張掖徙治觻得，始隸本郡，其後王莽改武威爲張掖，實爲復其故名。設如此説，則金城之置，取張掖二縣者，以爾時張掖未徙，治所在張掖縣也，不得據此遂疑武威之後置，此説甚創，不敢以爲信，敢以質之我師。凡此類雖云瑣屑，而既有疑問，不能不爲一解釋，以是遂事倍而功半矣。(又如漢受降城應在朔方塞外，而楊圖列之居延塞外。新秦中應即北地郡之北部及西套，而楊圖置於河南荒磧，皆不可不爲匡正。)生初意不欲事考訂，而終以之自困。今稿本兩册，大半皆考訂之札記，思之殊可歎也，海上物價近聞稍廉，閱《新聞報》廣告，廉於內地者幾半，邇來生活稍能裕否爲念。草此敬請道安。

受業唐長孺敬上

又我師稱謂太謙，生之致力史學，實由《白話本國史》之啟迪，濫竽大庠，亦由我師之提攜，抗戰之前，私屬者累年，抗戰以後承教者復多，心悦誠服，但冀勿加鄙棄，稱謂之間，齒之弟子之列，實爲厚幸。[1]

---

[1] 唐長孺先生本爲光華大學暨附屬中學一九二八年畢業生。唐先生晚年曾在上海告呂翼仁女士：誠之師的書札，本來全都保存無缺，可惜在"文革"中遺失。不勝悵惜之至。

蔣逸人先生於是年進入光華大學經濟系。二〇一三年他撰寫《在光華大學受教於吕思勉先生的片段回憶》一文,回憶當年吕先生對他的幾點教誨。

那時光華在課堂上不點名,我依稀記得有時是教務部門派人不時在課堂玻璃窗外,按座位檢點記録學生是否到課。吕先生按點名册點過一次名,他的目的也許是想認識一下學生而不是查誰缺課。點到名的學生站起來應到後,他一邊做手勢一邊説:"請坐、請坐。"通過這次點名,他認識我了。

下課時經他示意,我跟隨着他一起下樓,邊走邊談,出了教學大樓一同走到操場邊一個廢棄而無水的游泳池邊才停下來座談。他説:"從點名册上看到你的名字排列在最後,和其他學生之間空出一格,可知你讀的不是歷史系而在其他院系,那麽你爲什麽選我講的課呢?"我説因家庭不准我學歷史,而我久聞先生的大名,進了光華,先生講的課我是不肯錯過這一良機的。他説:"你還記得入學考試的試題嗎? 這份通用'史地試卷'多爲其他教師擬題的,我特地在後面加了幾個試題,注明考生可答可不答,不答不扣分,答對了可加分。我查閲試卷,多數學生不答,少數學生答而不全或答錯了,而你全部答對,所以我一直在留意,現在居然遇到了。"

通過這次談話,吕先生和我就有點接近了,以後每次下課我都跟着他下樓,我知道他住在教學大樓後面宿舍里,當時光華的教授大多住在校外,吕先生是住在校園内是極少數教授之一,而我們倆交談都選擇在游泳池旁。

這樣的聚談和教誨的次數多了,他對我已有所瞭解,有一次我提到愛好詩詞而准備學格律和音韻。他嚴肅地指出:"你愛好古典文學,大約是自幼的潛移默化,從多次交談中知道你不太懂得欣賞風花雪月,亦非兒女情長的素質,不適合從事文學,但是一塊從事歷史學的好材料。"

吕先生對我的兩個教誨,我一直未敢或忘,並踐行之。一是要重視對他人著述的摘謬。吕先生曾對我説,在歷史研究中,有所發明固然可喜,但對他人之説的摘謬同等重要,假使你能駁正前人或今人著述中的差錯,其對於史學的貢獻將不次於大量闡述。他説他自己有許多著述未完成,人生時間有限,無暇及此了。他曾舉了好幾個例子,現在我記憶明確的有一例,即《張蒼列傳》中"蒼之免相後,老口中無齒,食乳女子爲乳母"之句大有可商榷之處,齒在口中人所共知,"口中"兩字何用? "食乳女子爲乳母"也不妥,一句中用不着有兩"乳"字,且食彼之乳,一個高齡的張蒼也不一定因食年輕女性之乳而以母視之,全句改爲"蒼免相後,年老無齒,以女子乳爲食"就比原文通順簡略得多了,說罷他和我二人不禁哈哈大笑。

有一次,吕先生對我説:"年輕人不應知難而退,而應知難而進。無論對古人、近人、今人的著述都應持'不可不信,不可全信,考而後信'的態度,這十二個字你應切記。"……吕先生的教誨,我謹遵的還有一個是沒有跨入訓詁之路。吕先生知道我解讀古籍的水準,他認爲我對閱讀一般史學方面的古籍問題不大,但對先秦典籍也許有些問題,先秦典籍前人已有大量注釋,深度地解讀是一種專門學問,我必須知道和涉獵,但不宜深入下去,不必跨入"訓詁"這條路,應大量閱讀以求其廣,不要沉於一隅,而有礙我對史學的研習。一個人的閱讀和研究,自己要確定一目標,如從事歷史學不能步入訓詁學,能自拔而走入他途,應該切記。

我不知吕先生家住何處,只知道他一個人獨住在女生宿舍邊的一間小房子里。就在這所簡陋的房子里,吕先生安身立命,簡樸地生活着,多年如一日,備課、批閱作業,著述不輟,爲後人留下了不朽的精神、文化遺產。在我的記憶中,吕先生一口濃重的常州口音,瘦小的個子,狹長而白皙的臉,好像一陣風就能將他吹倒,但就這樣一個文弱的人,閱盡歷史滄桑,筆底波瀾起伏。我常見到他穿一件淡灰色的長衫,一貫保持中國讀書人的姿態。(蔣逸人:《在光華大學受教於吕思勉先生的片段回憶》,刊於《華東師範大學校報》第一五七八期,二〇一四年五月二十日出版)

先生遺稿中有"兵制札記"一包内有《國防問答》一文,刊於十二月出版《國防月刊》四卷四期。

先生筆記有《新四軍》一則,亦撰於是年。

是年先生撰《許君松如傳》、《潘正鐸文木天南旅稿序》。録《文木天南旅稿序》二節及文木感時詩二首,以見其概:

夫人東面而立,則不見西牆,此勢之無可如何者也。古之哲人知其然也,是以樂聞異己之論,亟徠諫諍之辭;今也徒以急求權位之故,率其徒黨,詐稱功績,以熒衆聽。始猶知爲詐諉之辭也。久之,日習爲是言也,習聞是言也,則忘其假而遂以爲真。

文木居海南時作,以遭兵燹,散佚殆盡。兹編乃其僅存者。然其謌諤和而不同群而不黨之概,猶可見焉。其詩若詩餘,亦皆撫時感事,隱有所指。知其事者,固可知其所爲言;不知者,亦可因其言以知其世。詩也,而實史也。

感　時

域中史筆三長少,天下文章八股多。躍馬橫刀我空想,畢生精力已蹉跎!

感　時

一年容易又秋涼,凡事到頭休較量!天地不仁物芻狗,寇侯交替世滄桑。長安自古如棋局,戎狄由來似虎狼。歷史豈容再重演!敢從大亂認前方。(《文木詩詞》第十八、二一頁)

先生之從姊丈楊成能先生,一九四七年撰《室人程瑩章傳》,先生將這篇傳記收入存件內,乃新城先生手稿。先生向來尊重母系,尤欽佩諸舅氏才力與學識。其從姊之賢德,實爲家庭教育之薰陶。先生之母程夫人曾親自教授程瑩章女士。

是年先生好友金松岑逝世,松岑之弟子徐震撰《貞獻先生墓表銘》。[1]

民國三十七年戊子(一九四八)　六十五歲

是年先生日記名曰《思渠記》。

予於古先聖哲所最服膺者,莫如張橫渠先生。先生之言曰:爲天地立心,爲生民立命,爲往聖繼絕學,爲萬世開太平。此何如氣象乎?又曰:言有教,動有法,晝有爲,宵有得,息有養,瞬有存,此何如功力乎?吾師乎!吾師乎!奮乎百世之上,百世之下,聞者莫不興起也。詩曰:高山仰止,景行行止。雖不能至,心嚮往之矣。(《日記二·思渠記序》)

錄王伯祥先生是年日記八條:

一月十四日戊寅(二月廿三日,星期一):校《兩晉南北朝史》一批。(《王伯祥日記》第二十二卷,第十九頁)

一月十五日乙卯(二月廿四日,星期二):校畢《兩晉南北朝史》一大批。(同上,第二十頁)

一月十六日庚辰(二月廿五日,星期三):辦理雜事。接校《兩晉南北

---

[1]　參見《呂思勉先生年譜長編》第八五四至八五五頁。

朝史》。(同上,第二十一頁)

一月廿六日庚申(四月五日,星期一):校畢《兩晉南北朝史》一批,凡三十餘頁。(同上,第六九頁)

三月大建丙辰(卅七年四月九日至五月八日),甲子朔(四月九日,星期五):呂翼仁來,爲誠之取版稅,少坐便去。(同上,第七五至七六頁)

七月初十日辛未(八月十四日,星期六):晨乘車入館,辦理雜事。午後,寬正、大沂來談,且代誠之取版稅,順及頡剛近狀,言下頗致惜受人愚弄之爲患也。(同上,第二三四頁)

十月六日丙寅(十月八日,星期五):接呂誠之信、瑞卿信各一。誠老信爲沈延國《五會箋證》,擬移出別印。(同上,第三一四頁)

十月十六日丙子(十月十八日,星期一):晨七時三刻,強坐交通車入館,仍攜橡皮墊自隨。……寫信覆雪村、誠之。一告病痛兼答基隆來書。一告沈延國《五會箋證》既取去別謀出版,只須齊魯大學無問題,開明則無謂也云。(同上,第三三四至三三五頁)

二月,先生有殘存日記二條,茲錄於下:

民國三十七年二月九日。至郵局對錶。訪卓生於中國銀行,至電燈公司付款,至大街縣直街買物。檢筆記畢,所存蓋不及半,此次僅部分之而已。其覆閱存廢,當俟異日。最苦者,每一事皆不能知其闕落與不,已蟲蝕及受濕不可檢視者尚多,亦姑存之,以待細閱。全貞來。至三和樓。宣鐸來,未晤。啟知來,未晤。永年來,未晤。祀先接灶。

初十日(火。舊曆正月初一日。乙丑)。陰已晴或雲,辰曾微霰。詣湛卿賀新,同詣癸伯,遂拜專祠。卓生來,遇諸途。遂偕湛卿,詣伯謙,堉勉、津稼、九齡、小亭又同來。玉山來,未晤。偕榮、永圻出新西門,入舊西門歸。小亭來,未晤。(《殘存日記》)

四月初出版的《國防月刊》,刊有先生所著《儒將》一文。

六月十九日,先生召集歷史系教授同學舉行期終談話會:

上周末光華歷史系主任呂思勉先生召集該系教授同學舉行期終談話會,[1]席上有鮮美水果數大盤,聞此老每學期都要"請"學生吃東西,別系同學莫不稱羨。又據該系同學稱,校方將於下學期增闢歷史研究室,

---

[1] 即六月十九日。

以便同學進修。(《新民晚報》一九四八年六月二十二日第四版)

十月,《兩晉南北朝史》由上海開明書店初版印行。

日本學者山根幸夫著有《中國史研究入門》一書,日本山川出版社一九八三年九月出版。其第四章系池田溫先生執筆撰寫,其第二節概述性著述,對先生此書作如下評述:

> 晉南北朝史最詳密的概述性論著,是吕思勉《兩晉南北朝史》二册(開明書店,一九四九),在一千五百餘面的書中,緊湊而扎實地敘述了政治過程(上)和制度社會、文化等各方面的狀況(下),全書不太容易通讀,但要瞭解各時代政治概要和認識制度文物的基本情況,本書是極爲有用的,其創作的價值是不朽的。[山根幸夫編,田人隆、黄正建、那向芹、吕宗力譯:《中國史研究入門》(上),社會科學文獻出版社一九九四年一月第一版,第一七二頁]

復旦大學教授章培恒先生撰有《試論六朝文學的主流》一文,自言此文實受先生《兩晉南北朝史》論六朝文學特點觀點的啓發:

> 吕誠之先生《兩晉南北朝史》論當時文學特點説:"斯時綴述之家,多務搜集辭藻。……辭藻富麗者,吐屬仍貴自然。"(《兩晉南北朝史》第二十三章第六節)可見吕先生對於六朝文學。不僅注意到了她的華美的一面,而且看到了她的"貴自然"的一面。我想,這是對六朝文學的很深刻的認識。如果我們不是片面地理解"自然"一詞,那麽,就六朝文學的主要傾向來説,原本是以華美與自然的結合作爲其追求的目標的。本文擬從吕先生的這一看法出發,對六朝文學的這種特點略作論述,以就正於方家。當然,文中如有誤解吕先生原意之處,完全應當由我來負責。(章培恒:《試論六朝文學的主流》,刊於《蒿廬問學記》,第九三頁)

先生學生陳祥耀先生有《讀吕誠之師兩晉南北朝史》詩一首:

> 神州史乘富無敵,只手會通重纂之。書局隨身何足擬,門牆回首倍堪思。群流易廢江河在,浩劫潛摧時世移。堅苦名山真事業,只今端賴老成支。(陳祥耀:《喆盦詩集》,福州海峽文藝出版社一九八六年二月出版,第四四頁)

先生的《中國文化診斷的一説》和《中國文化診斷續説——教育界的彗星》二文,均在是年撰寫、刊出,文後有十月十一日識語,可見先生寫作緣由:

本文的感想,係教師節日與友人閒談想起的,到十月初,始行寫出。寫出後沒幾天,遇見一位從臺灣回來的朋友。我問他:"臺灣的現狀如何?"他搖頭説:"危險。"我又問:"怎樣危險呢?"他説:"臺灣人遇見説本地話的人,最爲親熱,無話不談。遇見説日本話的人,也還有相當的傾吐。一聽見你説内地話,便冷冰冰的,看似肅然起敬,實則把一切衷情都隱藏起來了。"我説:"這固然由於勝利之後,從内地去的人,刺傷了他們的心。然而臺人受日人的奴役五十餘年,離開祖國的懷抱,究亦不過五十餘年,何至於就如此呢?"他説:"你知道他們所受的教育是怎樣的教育麼?在臺灣,國語的通行,遠不如日本語。我是會説日本話的,爲便利起見,就和他們用日本話交談了。一次,遇見一個技術人員。他的技術並不低,自然是受過相當教育的了。他問我:你的日本話,是在哪里學的?我説:是北平。他又問我:北平是什麼地方?我覺得奇怪。便説:就是從前的北京。他又問:北京是中國地方?還是日本地方?這真使我哭笑不得了。然而他們的教育,卻真普及。沒有不會説日本話的人,也沒有不識字的。"你想,這種教育,是什麼教育呢?是教給他以爲人之道的麼?還是徒作爲施教者的工具,而使受教的人,反因此而昧於爲人之道的呢?世人每以爲受過教育,即不應過甚糊涂;所受的教育,程度愈高,則其人之明白也愈甚。其實全不相干。科舉時代的士子,多數於應舉以外之事,一無所知,即其明證。可見錯誤的教育,確有其毒素存在。對於該知道的事,有時不但沒有啟發作用,而反有閉塞作用。此項經驗之在中國,因爲科舉制度沿襲之久,實在是再豐富不過的,再也用不著疑惑。十月十一日自記。

十月至十二月,先生多次有信寄朱琨君,先生爲日常生活之操勞,可見一斑。朱琨字玉昆,號子高,武進奔牛人,係吕翼仁抗戰時期(一九四四至一九四五年間)在奔牛麗江中學教書時的學生,後長期在昆明鐵路局工作。

玉昆吾兄:

接奉二日手書,敬悉一切,想文從已安抵珂鄉矣。近年社會經濟凋敝已甚,又經"八一九"來一番擾攘,且兵戈未息,政治或有動盪,經濟方面亦受牽率,廠家開工在於何時,殊難逆料。校中開學已久,入學自不可能,旁聽當無問題,既不要學分,又不參加考試,則可揀數門重要之功課(其餘可索性不管也),隨班聽講之餘,將以前脱去者補習,雖無學分可得,總是一樣,以後如再學習,亦覺省力也。來滬如無定期,似可入城與校中一商，住宿敞處，亦尚便利也。時局雖惡，人心厭亂已極，不久必有轉機，以弟度之，安定不過半年一年中事。如吾兄能在此時將一年學程補足，亦是好事，因總算一個段落也。舍間日用之品，承尊公廑念，至感雅意，現尚未至闕乏，將來如或有匱，當以奉煩。敬頌大安，不備。

吕思勉頓首　初三夜寄，初四晨發①

國良、裕昆兩兄乞代致意。②

琨兄閣下：

頃奉手示，累蒙蒞舍相存，感瑑之忱，寧可言諭。舍間房屋業已另函賤内矣。陽曆年假，頗思偕息女回里一行，惟非對號車，無力擁擠，昨聞有人事者早在預訂車票，勉今日亦在托人，而買得到與否，並無把握。如對號票買不到，則只可寒假言還矣。專頌文安，不悉。

吕思勉頓首　廿三夜③

玉昆仁兄：

前奉在常手書，因不知吾兄滬上住址，未能奉報。十五日續蒙賜教，而弟適因舍間住有軍眷，於是日還里，至二十一日回來，來後諸事積壓，復稽裁答，歉仄何如。舍間現□□住軍眷大小五人，幸住在後進之上首一間（柴房）以及其前之廂房（本貯雜物），無關大局，其人亦尚好。此次軍眷來者千餘，除非住屋極擁擠之家，此外無不有之，無法拒絕也。吾兄現在想已進廠，情況如何以及後此通信地址，均望示及。此信因不知廠址，仍寄令親處，想可轉到。息女亦於十五返里，但十七即來，徐州教育學院□奔牛覓屋究曾覓得否？抑改卜他所？如知之，亦望見告。專覆，敬頌旅祺，不悉。

弟吕思勉頓首　廿五夜④

玉昆吾兄：

昨奉還云，敬承一是。吾兄入廠，將在較近抑在較遠之將來，在滬等待抑還里後再來，如有決定，仍乞示及。息女昨來，近患小恙，已愈矣。專頌旅祺，不一。

弟吕思勉頓首　十月卅一夜

---

① 此函寫於一九四八年十月三日。
② 張國良、謝裕昆（叔宜）是朱琨（玉昆）在麗江中學的同學，也都是吕翼仁先生的學生。
③ 即一九四八年十月二十三日。
④ 即一九四八年十月二十五日。

琨公文席:

行時遠勞相送,又以拙荊患恙,徇息女之屬,過舍相存,奉誦手書,感慨曷極。息女大後日來,當即以書示之也。頑軀尚能耐勞,惟心緒甚爲頹唐耳。息女患胃病,迄未霍然,幸尚不重也。專函鳴謝,敬頌大安。諸惟惠照不悉。

呂思勉頓首　初三夜①

玉昆吾兄:

日前奉六號手書,誦悉一切爲慰。吾兄在私塾中讀書,敝處雖有軍眷,仍有餘屋,盡可居住,不必客氣也。弟不久亦將旋里一行,息女現擬請人代課,如能請到,亦可同歸也。良晤匪遥,統容面罄。敬頌文安,不一。

弟呂思勉頓首　十一夜②

玉昆仁兄:

頃奉還云,諸荷關垂,曷勝銘感。上海火車此兩日情形,較前稍見松動,弟俟息女請得代課之人後,再托人買對號票,買到然後歸,普通車則不去擠軋也。良晤非遥,統容面罄。專頌文祺,不悉。

弟呂思勉頓首　十六夜③

昆公如握:

今日午後接奉手書,知又因瑣事重勞玉祉,感愧曷極。孫公處已去一函,未知有效力否。泛泛言之,人家一看,亦即閣過,除非臨時能有人向其進言,然一時想不出如此之人也。運動會中吾兄想當一顯身手,聞之殊深神往。暇時仍望便過舍間,一切容後面謝。專函,敬頌
文祉。

弟呂思勉頓首④

玉昆吾兄:

闊別經旬,正深思念。頃奉惠書,知文駕曾莅滬濱,咫尺山河,彌深悵惘。愚夫婦來此業近半月,内人於滬居雖不甚慣,而際兹離亂,免得分攜,亦姑安之。寧來火車擁擠殊甚,亦時聞人言之,不意吾鄉亦竟如此,

---

① 即一九四八年十一月三日。
② 即一九四八年十一月十一日。
③ 即一九四八年十一月十六日。
④ 此函寫於一九四八年十一月。

真將視行旅爲畏途矣。此間物價前數日尚平，昨今稍回漲。學校大抵外埠學生多者，皆提早放假，本埠學生多者則否。敝校大學略提早，中學仍按校曆行事，此係就時局平穩而言，如再有風聲鶴唳，則亦只可臨時再說矣。專頌文安，不一。

弟吕思勉頓首　十三夜①

十一月三十一日，先生一家赴滬，居住於光華大學的宿舍。

三十七年十一月三十日。偕縝蘭、榮赴滬，居光華宿舍。（《殘存日記》）

十一月，先生撰有《因禍而爲福轉敗而爲功》一文。

先生致汪丁永老夫人的五封信，四封已編在一九三八年內，今將其餘一封編入一九四八年內，從中可見當時先生一家經濟之拮据和生活之窘迫。這封掛號信的信封上寫着："常州局前街三十六號汪太太安啟，掛號，上海歐陽路光華大學吕誠之緘。"從郵戳上看到"武進 27. 12. 18"由此可知道是一九四八年十二月某日下午六時送達收信人，上海寄出的郵戳，因郵票脫落，僅存上端 shanghai 英文地名。而先生函內寫明廿六夜寫，廿七晨發。此函寄到常州當在一九四八年十二月廿七日以後：

表嫂大人賜鑒：

前奉手書，即竭力與家鄉朋友商之，惟皆無所成，其原因系貨幣價格不穩定，放款者皆系短期，現在我們勢難與人家約短期內歸還，則無人肯借。因爲期較長，其時貨幣價格，勢必與今大異。人心對於將來之幣價，一致看跌，總疑心收回時吃虧。若云抵押，則現在無放此類款項者也。鄙意從我們方面論之，即使借到，（一）者利息必大，現在的借款，不到半年，即利牟於本，此殊不易負擔。（二）所希冀者，還時幣值大跌，則我們損失必少，然人家亦未必肯吃虧（今之放款者尤甚），易引起他種話說，殊爲麻煩。鄙意入土爲安，不爭短期間之遲早，幣制不久總要變更，似不妨再少待之。尊意以爲何如？辱在親戚之末，庸敢率直陳之，非敢不負責任之辭也。現在舉動，跋前疐後，實在爲難；不得不爲穩健之計也，尚祈鑒之。弟因火車艱阻，來此後迄未能還里，寒假亦須逼近年關，乃能到家也。專覆，敬頌大安。不一。

弟吕思勉頓首　廿六夜寫廿七晨發

①　即一九四八年十二月十三日。

十二月出版的《光華大學旅臺校友會第一屆年會年刊》,刊有先生所撰《光華大學小史》。

錢賓四《八十憶雙親　師友雜憶》記有蘇州城防司令孫鼎宸爱讀先生著述事,録入如下:

> 余離大陸前一年,有新任蘇州城防司令孫鼎宸,來余家相訪。其人忠厚誠樸,極富書生味。告余,彼系青年軍出身,在軍中不斷誦讀中國史書,對呂思勉先生所著,玩誦尤勤。對余書,亦有研究。有所詢問,備見其用心之勤。時國内風聲日緊,余與彼曾屢有往來。余隻身赴廣州,以家事相托,懇其隨時照顧。及新亞書院創始,鼎宸亦舉家來港。(《錢賓四先生全集》卷五十一《八十憶雙親　師友雜憶》,第三二一頁)

民國三十八年己丑(一九四九)　六十六歲

十月一日,中華人民共和國成立。

是年先生日記曰《獨立記》。

> 克敵既三年矣,飽更憂患,垂老頗冀安居,而日尋干戈如此,其何以自處哉!《易》曰:"澤滅木,大過。君子以獨立不懼,遁世無悶。"獨立記。

(《日記二·獨立記序》)

兹録《獨立記》殘存日記如下:

獨立記十二　　三十八年十二舊曆己丑　　　日記五百九十八

●春甥〇　●采十二〇[1]

十二月初一日(木。舊曆十月十二日乙丑)。晴。撰《隋唐五代史抄》。偕永圻出看月。遇屺懷,亦偕往焉。

〇志炯〇

初二日(金。舊曆十月十三日丙寅)。陰,昨夜雨。撰《隋唐五代史抄》。開學習小組會。

●伯祥〇

初三日(土。舊曆十月十四日丁卯)。陰。開學習小組組長會議。永年來。開校務會議。撰《解決上海房屋糾紛兼利行政增税收議》。[2]

---

[1]　先生以"●"表示收信符號,"〇"表示復信符號。下同。

[2]　此文遺稿内未見。

●采十三○　●伯祥○

初四日(日。舊曆十月十五日戊辰)。陰,時晹。約春甥青年會茶室晤談,偕榮、永圻、屺懷赴之。寬正、大沂來。

初五日(月。舊曆十月十六日己巳)晴。撰《隋唐五代史抄》。

三十八年四月二十七日,警備司令部勒專科以上學校疏散,二十九日遷霞飛路上海新村四十一號洪寓,穀臣妻家也。①

五月二十四夜,共産黨軍入上海。

六月十一日,遷回光華。

二十七日,偕繼蘭返常。書十七箱,初隨光華之書遷某堆疊,後一箱爲人所發,亡失强半,又遷回光華。十一月初九日,由名世代托邵祥記駁運處運回常州。(《殘存日記》)

是年六月四日,光華大學新成立教授會,先生選爲教授會理事。七日下午五時,理事會召開第一次會議,先生爲臨時主席,被選爲常務理事。理事會議決向毛主席、朱總司令發致敬電,公推先生撰稿。又推選先生擔任學術委員會和課程委員會委員。

教授會理事會第一次會議

日期:三十八年六月七日　　　地址:本校校長室

出席者:祝永年　薛迪符　王志稼　蔡正雅　陳青士　楊蔭溥　呂思勉　褚鳳儀(舜欽代)　姚舜欽　蔣竹莊(青士代)

臨時主席:呂思勉　　記錄:姚舜欽

討論事項:

(一)推呂思勉先生爲臨時主席。

(二)理事會主席應如何推定案:議決公推陳青士先生爲主席。

(三)常務理事四人應如何推定案:議決公推楊蔭溥、王志稼、呂思勉、薛迪符四位先生爲常務理事。

(四)出席校政會議代表五人應如何推定案:議決公推呂思勉、王志稼、蔡正雅、薛迪符、祝永年五位先生爲出席校政會議代表。

---

① 趙善詒(一九一一——一九八八),字穀臣,祖籍湖南,後遷江蘇蘇州。畢業於光華大學,先後在成都光華大學、成華大學、上海光華大學、華東師範大學任教。有《韓詩外傳補正》、《說苑疏證》、《新序疏證》等著述。夫人洪漪蘭女士,晚清狀元洪鈞後人。上海光華大學英文系畢業,曾在成都光華大學暨附屬中學教書。解放後,長期在上海圖書館任職。

（五）本會會計、文書應如何推定案：議決公推薛迪符先生爲會計，姚舜欽先生爲文書。

（六）向毛主席、朱總司令致敬電稿起草人應如何推定案：議決公推呂思勉先生撰稿，交理事會主席發出。

（七）本會候補理事三人是否須邀請出席會議案：議決函請候補理事列席本會會議。

（八）本會各項委員會應如何設立案：議決暫設（甲）學術研究委員會，（乙）學制研究委員會，（丙）課程研究委員會，（丁）福利委員會。

（九）本會學術研究委員會應如何設立案：議決請耿淡如、楊蔭溥、呂思勉、應成一、王志稼五位先生爲學術研究委員會委員，並請楊蔭溥先生爲該會召集人。

（十）本會學制研究委員會應如何設立案：議決請廖茂如、蔣竹莊、容啟兆、楊蔭溥、陳青士、孫貴定、謝循初、姚舜欽八位先生爲學制研究委員會委員，並請廖茂如先生爲該會召集人。

（十一）本會課程研究委員會應如何設立案：議決請陳青士、廖茂如、蔣竹莊、容啟兆、楊蔭溥、呂思勉、孫貴定、耿淡如、張芝聯、應成一、郭雲觀、朱公謹、沈昭文、王志稼、祝永年、薛迪符、蔡正雅、何儀朝、姚舜欽諸位先生爲課程研究委員會委員，並請陳青士先生爲該會召集人。

（十二）本會福利委員會應如何設立案：議決請薛迪符、張祖培、張芝聯、沈延國、祝永年、何儀朝、王志稼七位先生爲福利委員會委員，並請張祖培先生爲該會召集人。

　　臨時主席：呂思勉　　記録：姚舜欽（華東師範大學檔案館檔案目録號82—3—027）

録王伯祥先生日記五條：

七月廿六日壬午（八月二十日，星期六）：接誠之十九日常州來書，告返鄉近況，並屬爲其女翼仁留心翻譯俄文工作。（《王伯祥日記》第二十三卷，第三五四頁）

閏七月小（卅八年八月廿四日至九月廿四日）丙戌朔（八月廿四日，星期三）：誠之一昨書來，謂隋唐五代之部已有成稿，詢仍能照前約否？今覆之仍請照約履行也。（同上，第三六〇至三六一頁）

十月十四日（八月廿三日丁丑，星期五）：下午二時半，誠之、寬正、焕

章來訪,長談至四時許歸去。余竭力慫恿誠之完成斷代史全部,並詢悉丕繩已就山東大學之聘,前赴青島矣。(同上,第四四三頁)

十二月廿九日(十一月初十日癸丑,星期四):又接誠之函,並所撰《隋唐五代史》之一部稿酬,明日送稿費。(同上,第五五四頁)

十二月三十日(十一月甲午,星期五):辦出誠之稿酬,作書飭人送去。(同上,第五五四頁)

先生最遲當在一九四九年已開始撰寫《隋唐五代史》。《隋唐五代史》"安史之亂"一節云:"三月,戰,官軍大敗。郭子儀以朔方軍斷河橋保東京。"先生於此句末加注云:"河橋,在今平原省孟縣南。"①平原省於一九四九年八月設置,至一九五二年十一月撤銷。據此推斷是年八月,《隋唐五代史》已在撰寫之中。該書"五代十國始末"一節,敘契丹事,先生加注云:"契丹興起之事,於《宋遼金元史》中詳述之。"②相似的注文,又見於該書的第七一四、七二二頁。③可見當時先生仍計畫撰寫《宋遼金元史》。但觀十月十四日王伯祥先生的日記,似乎當時先生對《隋唐五代史》能否順利出版有所擔心。

錄是年顧頡剛先生日記一條:

(四月一號星期五)楊寬正來,與同乘車到光華大學,演講一小時半,講題爲"原經"。晤呂誠之先生。與寬正、丕繩同出,到興業坊取物,乘車歸。(《顧頡剛日記》卷六,第四三七頁)

錄錢穆賓四先生的回憶一段:

猶憶民國三十八年春,余自無錫南下至廣州,謁辭別前清時中學業師呂誠之先生思勉於其滬寓。④蒙留午餐,同座惟呂師與師母兩人。呂師吃米飯一大碗,所用乃盛湯菜之碗。時師已年近七十。余不勝喜訝,曰:"師飯量仍佳乃爾!"師曰:"差矣。二三年前尚能進兩大碗。"余默唸,國事稍寧,他日歸來師生重聚,當如在目前耳。不期而時局大變。有人告余,共軍初入滬,命各大學組織維持委員會,由教授公推提名。時呂師在光華,共軍見光華維持委員會名單,曰:"何不見呂某名?可持歸斟酌。"諸教授乃增呂師名,並首列爲主席,始獲批準。呂師素不喜預聞政治,然其生平反共意態,則不問可知。既自光華創校即任教,難違衆意,

————————

① 見《隋唐五代史》上册,第一五四頁。
② 見《隋唐五代史》上册,第四八二頁。
③ 見《隋唐五代史》上册,第四七六、四八一頁。
④ 此即歐陽路光華大學女生宿舍樓上。

則此下之困心衡慮爲何如？乃不久而以逝世聞矣。(錢穆：《再記火珠林占易卜國事》，原刊一九七六年八月十四日《聯合報》，見《錢穆賓四先生全集》第二三卷，第二〇二至二〇三頁)

鍾泰，號鍾山，江蘇南京人。一九四八年任教於光華大學，後與先生一同進入華東師範大學，著有《中國哲學史》、《莊子發微》等，一九七九年病逝。遺稿中有《鍾泰日記》若干卷，已由鍾先生的後人鍾斌先生整理校訂。下爲是年日記中與先生相關的文字：

　　六月四日：午後，光華在銀行俱樂部開教授會，選出理事呂思勉等十一人，監事五人。(《鍾泰日記》未刊稿)

是年元旦至六月間，先生曾有致朱琨君的三封信，從中可見先生的生活情況：

玉昆吾兄：

　　久疏箋候，殊切馳思。比屆歲序更新，遙想道與春和，福隨時泰，曷勝欣忭。弟因交通艱沮，校中又開寒假補習班，覓人授課爲難，弟既居於此，不得不幫忙，故未返里度歲。內人、息女亦並在此，客中情況尚好，堪以告慰。吾兄今歲想仍在常中肄業，未知何日入城。茲有懇者：舍間現在借居軍人甚多，渠等雖自報電燈四盞，可以免費八度，然實際所用，遠逾此數。上月總數竟至八十餘度，現在電費已貴至廿元一度，殊非綿力所能負擔。向軍人交涉，彼等置諸不管，電燈公司內又無熟人，無從談判。竊意此等情形，必非弟一家爲然，人民今日貧苦者多，亦未必能代付。電燈公司必有一切於實際之辦法，但不能公開言之，無熟人即無從詢問耳。吾兄似有一熟人在內，雖不十分親切，便中姑代弟一詢何如。屢瀆，感愧無既。敬頌舊歲新禧。叔宜國良如晤，並請代候。

　　　　　　　　　　　　　弟勉頓首　舊曆己丑元旦夜

玉昆仁兄：

　　音訊久疏，每深思念。頃奉手書，良慰饑渴。時局動盪，能否不見兵革，尚未可知，惟似亦不致有大戰禍。吾兄畢業之後，大局或已見曙光，屆時正可圖謀發展也。弟在此亦甚困窘，舍間又滿駐軍隊，大有進退維谷之勢，亦姑與之委蛇而已。息女近狀亦如故，頗苦忙碌。渠所譯之書，近已印出一種，①不久當可寄呈，並贈裕昆兄一冊，亦擬托吾兄轉致。渠

---

① 指呂翼仁(左海)翻譯的《我的兒子》(柯歇伐雅著)，時代出版社一九四九年三月版。此書至一九五二年十一月已印行至第十版。

假期在十六日後，届時當有書與兄也。裕昆兄與張國良兄近狀如何？乞多多致意，交通艱阻，衰老憚行，數百里乃如千萬里也。專頌文祺，不一。

弟吕思勉頓首　三月九日夜

玉昆吾兄：

　　時局動盪之中，極懷念諸親友，而郵訊之斷，其來也卒然，以致無從諗問，真覺沈悶。今日接奉手書，獲聞近況，歡喜奚似。常州解放以後，此間卻未聽到多少謠言，因不久此間同鄉會中，即有音訊也。上海損失皆在郊區，市區則無甚破壞，惟爲流彈所傷者，有數百人耳。弟本住在校中，因光華亦在被迫疏散之列，四月廿九日狼狽攜妻避至霞飛路上海新村四十一號，迄今尚未能遷回。息女之學校未受影響，迄仍安居校中。光華定明日復課，賜書請仍寄光華，緣弟日日前往，不久亦必遷回也。匆匆奉覆。敬頌學安，不一。

弟吕思勉頓首　六月三日

八月十二日，光華大學董事會召開解放後的第一次會議，修改章程，推選先生爲新校董。

光華大學校董會解放後第一次會議

　　日期：三十八年八月十二日　　　　　地點：南京西路康樂酒家

　　出席者：許秋驪、朱公謹、孫瑞璜（周耀平代）、秉志、容啟兆、張星聯（華聯代）、王守恒、沈昭文、廖世承

　　臨時主席：許秋驪　　　　臨時記錄：張芝聯

　　討論事項：

（一）本會自民國卅四年改選後，迄未改選，且校董離校，辭職者甚多，應如何改選案；決：大學部推選王費佩翠夫人、許秋驪、趙晉卿、廖茂如、朱公謹、容啟兆、秉農三、張星聯、榮爾仁、孫瑞璜、吕誠之、沈昭文、王守恆諸先生爲校董，並推王費佩翠爲主席，校董張星聯先生爲秘書。（下略）（華東師範大學檔案館檔案目錄號八二—二—○○七）

録唐長孺先生致先生的一封信：

誠老我師道席：

　　前上箋並拙制一册奉正，想蒙鑒閱。比購得大著《兩晉南北朝史》，誦讀一過，取材之富，論斷之精，誠足使空腹高談者見而失色。生數年來

亦治魏晉以迄隋唐史事，妄亦有所論列；今睹此煌然巨制，自慚未能得師門毫末也。其偶有所窺者數事，敢以質之師座。西晉占田與課田之制，大著采錢君之說，以爲課田即在占田之內。按當時所謂三七、四六分者，並指屯田而言，似不能概之民田，《晉書·食貨志》之所以啓後人之疑者，在於"租"無明文，今按《初學記》二十七引《晉故事》云："凡民丁：課田五十畝，收租四斛，絹三匹，綿三斤。"一夫一婦占田百畝，收租四斛，與魏制畝稅四升者符合。蓋晉志偶遺之。課田五十畝者，力役征也，自不在占田數內。當時每丁除占田當納租穀及綿絹以外，尚須爲公家耕五十畝之課田。課田即公田也。《晉書·應詹傳》所云之課田，謂取文武吏醫卜，不得撓亂百姓，猶可爲證。蓋晉初既廢民屯，即以此田委之農民耳，此一事也。大著以均田之制在太和九年，三長之立在十年，而李安世疏乃云三長既立，傳又以爲均田之制始此，疑傳所云均田非九年事。今按安世本傳，不記此疏所上年月。《册府元龜》邦計部列之文成帝時，《通典》列於太和元年。而《册府》"三長既立"一句，實作"子孫既立"。此疏上於均田制頒行之前，安得有三長。蓋《魏書》本作"子孫既立"。宋人所見本猶如此，不審何時爲妄人所改，而後人又據誤本以改《通典》。不然君卿既立此疏於太和元年，應知其時之應無三長，何以進退失據至此乎？此二事也。素族之稱，大著從甌北之說，以爲高門之對稱。生曾有文論之，今寄上請正。此間尚安謐，唯物價狂漲，銀元超過上海，苦況不堪道耳。生頻年求返上海，一無所成，仍盼吾師隨時留意爲感。子泉先生尚健，但臂胛時患風病，新年時曾往謁也。餘不一一，草此即頌道安。

受業唐長孺敬上　　二十四日

是年先生撰《張壽鏞先生傳略》一文。

第六卷
六十七歲 至 七十四歲(一九五〇 至 一九五七)

一九五〇年庚寅　六十七歲

是年先生日記曰《謹庸記》。

　　道之可貴者曷在乎？曰：愚夫愚婦與知與能，而聖人行之終身有所不能盡，舍此皆非徹上徹下之道也，其恕乎。子曰：君子之道四，某未能一焉。所求乎子以事父，未能也；所求乎臣以事君，未能也；所求乎弟以事兄，未能也；所求乎朋友先施之，未能也。恕也。又曰：庸德之行，庸言之謹，有所不足，不敢不勉；有餘不敢盡。言顧行，行顧言，君子胡不慥慥爾。舍庸德皆非人之所當務也。庸德者，恕也。自其與人相仁偶者言之曰恕，自己之言行命之曰庸，舍此皆非人之所當務也。孟子曰：夫道，一而已矣。謹庸記。（《日記·二謹庸記序》）

是年先生殘存日記及備件一條録於下：

　　謹庸記十　三十九年十（舊曆庚寅）　日記六百八

　　●研因宀①　　●叔良○　　●伯祥○　　●聞士○

　　十月初一日（日。舊曆八月二十日己巳）。陰。予之體質似母甚於似父，先母以傳染病棄養，非天命。先外祖兄弟四人，先外祖居次，三爲捻黨所賊，其長兄見戕於太平軍，季弟均早世，由何病不詳，次兄繡農君歿時近八十，其病爲喘，推其源或由心臟。舅氏二人，均甫君以飲酒過度，歿於黄疸，亦非天年；少農君歿於水腫，予所親見，其爲心臟病無疑。少農君逾七十，外祖母壽亦高，歿於何病，亦不詳，然似聞嘗息怔忡。一兄（或系從兄）字斗眉，年九十五乃歿，歿時本無病，閒步廊階一踏即不起，亦可推爲心臟病也。先母一姊歿於何病不能斷，然步履久弱，心臟亦必弱。予今年六十有七，閲世興會自不如少壯時，然心力體力自審尚與少壯時無大異。然予外家及外祖母家之人，以予之所睹記，無不老而健者，此不足恃也。昔嘗與進之談，思所以保心臟之法，進之曰：心不可補也。欲保心惟保腎，欲保腎，惟少食鹽。予聞而善之。後又問諸援群，援群曰：然，有是言也。然多食鹽，腎猶能勝，而少食亦有損，遂不果行。近閲《大衆醫學》，亦云年老宜少食鹽，因思不食不可，少食必無害也。且人恒患多食，日減一食，必無害也。況僅去其鹽乎？予少患胃神經痛，讀蔣竹莊撰《廢止朝食法》：日食必自克，不至過量甚難，去一食較易。善之。自三十七歲行之，胃疾遂不發，迄今三十年矣。今欲少食鹽，亦當取是法，乃自今日始，午食將肴減至極少，如此則稻米飯不能下咽，乃改食粥或食他物，要以去鹽，或將鹽減至極少爲主。平時如是，所值或異亦不拘，拘則不可行也。人飲食固可隨時而變，其寒時能多食，夏多汗，體所

――――――――――――

　　①　"宀"表示什麼，不詳。下同。

失鹽多,或亦變。古醫家及言攝生者皆貴淡,亦必有由。且淡食則味不美,亦不易多食,而予朝食久廢,日惟二食,午食去其鹽,夕食鹽,即少過亦無傷乎。予少貪於飲食,先母嘗節之,且儆之曰:我死,汝必以口傷生。念兹遺訓,可不自惕乎?閲范文瀾《中國近世史》畢。出散步。(《殘存日記》)

〇屺懷〇

初二日(月。舊曆八月二十一日庚午)。陰。國慶假。撰《隋唐五代史抄》。出買物。

●縅九①〇

初三日(火。舊曆八月二十二日辛未)。陰。國慶假。出買報未得。撰《隋唐五代史抄》。

光華工會選予爲主席,事在一九五〇年四月二十八日。(《殘存日記》)

謝利恒(觀)庚寅六月初八日,新曆七月二十二日卒。病爲膽石。(《祭儀備件》)

録王伯祥先生日記如下:

一月廿七日(十二月初十日,壬戌,星期五):誠之偕其女公子翼仁來訪,續交《唐五代史》稿一批。翼仁並以最近翻譯俄文著作兩種見貽,筆名左海,斐然可觀矣。有頃辭去。因即將稿送調孚屬開稿費,兼以翼仁之作示之,希與叔淑、均正一商或可建立關係乎。(《王伯祥日記》第二十五卷,第四一頁)

二月十一日(十二月廿五日丁丑,星期六):十時許,翼仁偕德修來訪,知誠之已返常州矣。談次約叔淑、均正、調孚共話甚洽,先約譯書數種,俟伊歸省出申後再細談,或可羅致佐理編務耳。十一時廿分,始辭去。(同上,第六五至六六頁)

二月廿七日(正月十一日癸巳,星期一):十時許,翼仁來館,洽譯書數事。詢知誠之亦將自武進來滬也。(同上,第八九頁)

四月廿三日(三月初七日戊子,星期):下午一時余挈湜②先往市立歷史博物館參觀,余則順便出席中國新史學研究會座談會。二時半,參觀三所陳列室。四時座談會以谷城、予同在各界人民代表會議未到,僅

---

① "九"爲先生恐家信遺失而作的信件編號。
② 即王伯祥先生的公子王湜華先生。

晤頡剛、子敦、誠之、厚宣、寬正、舜欽、紹華、守實諸君，五時即散，乃挈湜同歸。（同上，第一七〇至一七一頁）

九月廿一日（八月初十日己未，星期四）：誠之爲李永圻托薦事已轉聖陶，覆回只得俟便，書告之。（同上，第四六〇頁）

九月廿二日（八月十一日庚申，星期五）：寫信寄文彬、子敏、堅吾及覆誠之，寄回李永圻自傳。（同上，第四六一頁）

十一月三日（九月廿四日壬寅，星期五）：返家後接洗人三十日書，誠之一日書，乃乾一日書，本當一一作覆，而雜務紛集，竟擱筆未果行。（同上，第五二八頁）

一月，經市府核准備案，光華大學成立新的校務委會，先生選爲教授會代表。

該校校務委員會，業經上海市人民政府高等教育處核准備案，茲將校務委員會名單志後：校長兼校務委員會主席廖世承，教授會代表蔣竹莊、楊蔭溥、王志稼、陳青士、姚舜欽、祝永年、張芝聯、吕思勉、郭紹虞、曹未風、薛迪符，講助會代表李志申、潘家來，職員會代表王有枌，學生會代表陳一飛、劉德懋。（《光華校務委會　市府核准備案》，《文匯報》一九五〇年一月十二日第三版）

三月五日、四月二十三日、五月二十一日，先生三次參加史學會活動。（《上海市歷史學會大事記》，姜義華主編：《史魂》，上海辭書出版社二〇〇二年版，第三九二頁）

録顧頡剛先生日記三條，記是年上海史學會的活動：

四月二十三號星期日：到市立博物館，參觀各陳列室，並新繪之漢代生活圖。本開會討論奴隸社會問題，以谷城等未到，四時半散。……今日同會：吕誠之、金子敦、王伯祥、楊寬正、林舉岱、陳旭麓、李旭、伍蠡甫、董每戡、胡厚宣、姚舜欽、姚紹華、陳守實、黃穎先。……德輝言，中學教員中本有前進者，去年學習甚認真，但現因開會太多，亦流於形式主義，學習時甚多公開罵政府者。此乃"揠苗助長"必有之結果。即如今日新史學會，大家以奉令前往，及谷城因出席上海市人民代表會議而不克來，遂爾流會，並不討論社會發展史某一階段，此等會有何價值乎？徒靡費時間耳。

五月二十號星期六：看吕思勉《中國民族史》及梁啟超《中國歷史上民

族之研究》。到海光,將《羌戎》文修改完畢,作附記一千餘言。本文章訖。

十一月十九號星期日:到新雅,參加新史學研究會,自二時至五時。……今日同會:周谷城、周予同、呂誠之、金子敦、王蘧常、楊寬正、黃穎先、陳乃乾、潘硌基、陳旭麓、蔣天樞、胡厚宣、譚季龍、朱漪、①姚紹華、伍蠡甫。(《顧頡剛日記》卷六,第六二六、六三五、六九四頁)

録鍾泰先生日記三條:

四月二十五日:……光華開系會商量課程,繕妥送呂誠之。

十月七日:……將填好教學大綱四頁、教學進度表五頁遣人送交呂誠之。

十一月十六日:光華午後開系會,圖書館聘一李永圻住館,呂誠之所薦也。(《鍾泰日記》,未刊稿)

四月二十八日,校工會舉行第一次委員會議,先生被選爲校工會主席。《光華大學廿五周年紀念特刊》刊有《光華工會的誕生與光華的前途》一文,署名爲呂思勉與童養年。②

五月十三日,光華大學召開計畫委員會第一次會議,先生未參加,但被選爲校學習委員會常務委員。(華東師範大學檔案館檔案編號八二—三—二六九)

二十七日,先生參加校計畫委員會第二次會議,會議商議開設師範專修科等事宜,又推定下屆會議推呂思勉先生召集。(華東師範大學檔案館檔案編號八二—三—二六九)

經有關部門審查,先生作爲光華大學代表選爲市教代會代表。

這次教代會代表名額總數是六百六十七名,原則上是根據會員每五十人普選產生一名,適當照顧男女老少及教職員工之比例。這裏包括了有最新型的華東人民革命大學、新聞學院、公安幹校,也有研究院、大專院校、中小學校、社教機關及托兒所、教養機關,更有華東教育部和市教育局的代表。這裏男性代表五五一人,女代表一一六人。年紀最大的呂思勉(光華大學教授)六十六歲,年紀最輕的張漢成(上海女中工友)十九歲。

---

① 朱漪(一八九三—?),號君庸,上海寶山人。朱經農之妹。畢業於金陵女子文理學院,後留美獲歷史學碩士學位。回國後歷任浙江大學、金陵女子文理學院、湖南大學、大夏大學、復旦大學教授,主要從事英文及世界史教學和研究。

② 此文由童養年執筆,先生時任校工會主席,故有此署名。

復旦大學潘震亞教授工齡四十八歲。(《參加代表六六七人　包括各級學校校長、教職員和工友等》,《文匯報》一九五〇年五月二十七日第一版)

先生填學校下發的《教師登記表》一份,摘錄部分内容如下:

姓名:呂思勉　性別:男　年齡:六十六

籍貫:常州市　民族:漢　家庭出身:破了產的小資產階級　個人成分:高級職員

工作部門:私立光華大學　月薪:二六四.二單位

現在擔任的課程:中國近代史、文字學　　每週授課時:三、三

可能擔任的課程:國文、歷史

現在從事之研究工作:隋唐五代史

其時,單位領導的意見是希望能留先生從事教材或史料的整理工作,但不宜教課,因教學方法差、無重點,教學效果不好。當時復旦大學歷史系正准備聘先生去做研究工作。

時先生常州故居,由中國人民解放軍蘇南常州軍區某部入住,先生存有一九五〇年九月中國人民解放軍蘇南常州軍分區司令部所寄關於免征地價稅、房產稅之證明書、公函二件:

證明書　於常州大東營房

茲有本部警備團特務連駐有十子街六號呂思勉君房屋拾間,此拾間之地價稅、房產稅應予全部免繳爲荷。

此證　　　　　右給呂思勉收執

西曆一九五〇年九月六日

司令員阮賢榜

副政委陶勵

中國人民解放軍蘇南常州軍區公函　　五〇年九月十四日

徑啟者:

茲有本部特務連通訊排奉命爲維護社會治安,故特暫駐於十子街六號戶主呂思勉計房子拾間,特此函達,仰貴所地租稅給予免征,實爲公便。

此致

副政委侯仁溥

主任祝自榮

是年有虞菱夫人給女公子翼仁先生的一封信，已殘缺，摘録如下，從中可略見當時常州故居生活的情況：

翼仁兒：

您去滬後，共收到你二封信和你父親一封，望勿念。園内翻地將要完工，可是一時照料勿到，據他人云，長的青石被工人抬走了，同時靠園門牆下的單磚，又被拿去幾羅，發覺得快，整塊磚仍舊搬進内園。黄豆田略翻一下，因無碎磚。總之，這班工人不易照料。房地價税的繳款書尚未送來（下缺）

上海永祥印書館出版了《唯物史觀中國史》，該書係《蘇聯大百科全書》第三十二卷"中國"部門中關於"歷史"的全譯，譯者費明君依據日本東京白楊出版社大橋哲哉所譯的日譯本譯出。[1] 該書於一九四九年八月初版。因譯作上的錯誤，頗受讀者批評，故該館請先生校正古代和中世兩部分（第三三至七五頁）。先生編有訂正表及《校記》一篇，又另寫有一篇評論此書的短文一篇。[2]

七月十日，先生致黄永年先生一信：

永年老弟：

許久不晤，渴念殊深。畢業預屬未知工作在於何許，尤系。吾弟前曾攜去拙撰《民族史》、《秦漢史》各一部，《民族史》現已絶版，文駕離滬前務懇取到擲還。再吾弟借酈家駒及同學所撰文字一篇，酈君亦要兄約十五日離滬。總之。敬頌大安。

小兄勉頓首　初九

七月二十三日，先生撰寫《論房地産税》。

十一月十三日，下午三時，先生參加學校抗美援朝爲國保家運動委員會籌備會議。十七日下午四時，又參加校抗美援朝爲國保家運動委員會第二次籌備會議。（華東師範大學檔案館檔案編號八二—三—六六）

十二月十五日，先生參加市教系統"抗美援朝"大游行。

十一時，三千位人民教師組成的這支莊嚴的游行示威的隊伍在南京

---

① 費明君（一九一一—一九七三），浙江寧波人。魯迅的弟子，畢業於日本早稻田大學。曾翻譯過車爾尼雪夫斯基、托爾斯泰、高爾基等大量作品。解放後任教華東師範大學，後受"胡風案"牽連，送至青海"勞改"。"文革"期間又受到迫害，一九七三年瘐死青海勞改農場。譯著有《戲劇資本論》等。

② 此文原無題，現由編者擬題爲《評某著中國史》，收入《論學叢稿》下。

西路上集合出發,平時他們誠心誠意地教導年青人,今天,他們站出來走向街頭,爲了抗美援朝,爲了支援中國人民志願軍,堅決制止美帝侵略,保衛祖國安全,保衛世界和平,鼓勵青年學生參加軍幹校增強國防力量,他們舉起了手臂,喊出了口號,組成了隊伍,這隊伍本身便是一支堅強的力量。

主席團帶領著這一支莊嚴的隊伍,在前面走著五十個人,每個人的手裏都捧了上海市學聯在大會獻給他們的鮮花。主席團裏我們可以看到六十高齡的復旦大學金通尹教授,白髮蒼蒼,但是卻精神飽滿。市立工專徐敬侯是隊伍中年紀最大的教師,已有七十四歲了。光華大學的呂思勉教授也有六十六的高齡了,還有六十五歲的中華工商的顧樹森校長,……六十六高齡的胡文耀説:“以前我們游行時都是參加同學們的隊伍,但是今天我們教師自己的隊伍!”

由大光明出發,隊伍經南京路、河南路,南折至福州路,經西藏路又回到原地,這一路上出現了多少動人場面。(《老師闊步前進　同學夾道歡呼》,《文匯報》一九五〇年十二月十五日第二版)

一九五一年辛卯　六十八歲

是年先生日記曰《除惡記》。

歲月不居,七十之年,忽焉在望矣。孔子七十而從心所欲,不逾矩。夫從心所欲不逾矩,是無過也。吾敢期寡過矣乎?曰:惡乎能,惟本善者而後有過,本不善則無過。所謂過者皆惡也。除惡務盡,且未能除,何有於盡?庶幾努力,除其一二。(《日記二·除惡記序》)

一月二日、三日,上海市北四川路區各界人民抗美援朝保家爲國代表會議在光華大學召開,學校推舉先生與廖世承、薛迪符爲參加代表大會的代表。(華東師範大學檔案館檔案編號八二—三—六六)

一月二十一日、三月十八日,先生二次參加史學會的活動:

一月二十一日,史學會(籌)在海光圖書館舉行座談會,紀念太平天國起義一百周年。會議討論了太平天國的起因、經過及其結果。呂思勉、林舉岱、王國秀、①徐德璘、陳旭麓、姚舜欽、金兆梓等發言。胡厚宣報

---

① 王國秀(一八九六—一九七一),又名王竹素,江蘇崑山人。早年赴美留學,回國後,曾在上海中西女中、南京金陵女子文理學院、大夏大學、聖約翰大學、震旦大學任教。解放後,任華東師範大學教授兼圖書館館長。著述有《十八世紀中國茶和工藝美術品在英國流傳狀況》、《中世紀英國婦女生活史》和《阿拉伯民族對世界文化的貢獻》等。

告史學界最近消息,姚紹華報告計畫編輯美帝侵華叢書經過。

三月十八日,史學會(籌)座談會於海光圖書館進行。會議討論愛國主義與歷史教育問題。李家驥、呂思勉、金兆梓、徐平羽、柳詒徵、伍蠡甫、蘇乾英、姚舜欽、李旭等發言或提交書面文章。周予同報告參加北京高等教育會議經過。(摘録《上海市歷史學會大事記》,姜義華主編:《史魂》,第三九三至三九四頁)

摘録是年顧頡剛先生日記三條:

一月二十一號星期日:到海光,參加新史學研究會,與季龍、子毅談。今日下午同會:周谷城、金兆梓、王國秀、呂思勉、譚其驤、胡厚宣、蔣天樞、姚紹華、伍蠡甫、黃穎先、林舉岱、陳旭麓、姚舜欽。政府命新史學會,將"美帝侵華史"的重點轉移爲"中國文化與愛國主義"。

三月十八號星期日:到海光,參加新史學研究會探討會。今日下午同會:呂誠之、周予同、胡厚宣、金子敦、姚紹華、姚舜欽、陳旭麓、束天民、黃穎先、伍蠡甫、周谷城、徐平羽、王叔磐、李家驥、李哲明、李旭、邱漢生、史守謨、蘇乾英、林舉岱。(討論如何達到愛國主義的歷史教育)

六月三號星期日:厚宣告我,華東教育部擬聘呂誠之先生與我兩人入復旦,以復旦爲一綜合大學,必須充實,且學生亦甚想讀書也。予意,如復旦能辦研究院,則予與呂老可同在院指導。至本科則學生程度實差,且予久想不教書,亦怕入一新環境矣。(《顧頡剛日記》卷七,第九、三十二、七〇頁)

録是年四月後鍾泰先生日記四條:

四月一日:教部(學)課程表填就即送呂誠之之女,因誠之回常州也。

五月一日:本日勞動節大游行,余與誠之數人留校看守,八時即去,午飯後四時始歸。

七月十四日:授課進度表填綴呂誠之。[1]

十月二十五日:……到師範大學,……在呂誠之午飯。(《鍾泰日記》,未刊稿)

據是年王伯祥先生日記,知先生《隋唐五代史》之能完成,得伯祥先生之

---

① 原文如此。

鼓勵和支持甚多：

　　三月十九日(二月十二日戊午,星期一)：又致誠之亦寄還集成券一件。(《王伯祥日記》第二十五卷,第一一八頁)

　　三月廿六日(二月十九日乙丑,星期一)：接得昨日郵到之覺明瀋陽書、誠之、耕莘滬上復函,知余前此諸書均遞達都有下文也。(同上,第一二八頁)

　　四月廿九日(三月廿四日己亥,星期)：接誠之廿五日書(昨日到),寄唐五代史續稿,並請檢還前稿若干部分,待修改(稿今日到)。(同上,第一八〇頁)

　　七月十一日(六月初八日壬子,星期三)：接誠之九日書,知有續稿一批將寄來,並即日歸武進度暑也。接頡剛九日書,介魏建猷英法聯軍侵略史資料稿(兩稿均尚未到)。(同上,第二八九頁)

　　七月十四日(六月十一日乙卯,星期六)：誠之續稿兩章寄到。(同上,第二九四頁)

　　七月十六日(六月十三日丁巳,星期一)：覆誠之勸一意完成此斷代諸史,送續稿報酬二百七萬又七十元匯去(稿費前□薄,今爭加三分之一)。(同上,第二九八至二九九頁)

　　八月一日(辛卯歲六月廿九癸酉,星期三)：接誠之七月卅日覆書,寄回收據,知前匯稿費已收到。接予同十九號書(七月卅日),談近事,略及頡剛近狀暨誠之將退休云。(同上,第三二一頁)

　　十二月十一日(十一月十三日乙酉,星期二)：接誠之書,告華東師大校址在上海中山北路。(同上,第五〇三頁)

朱琨君於一九九三年八月致呂翼仁女士一封長信,內札錄五一年三月至五三年一月間先生給他的幾封書信,[1]今節錄如下：

　　(上略)我用一周的時間,把三本日記重讀了一遍,我認爲最大的收穫之一,(説"發現"是因爲我一點也回想不起了。假如不是這次重讀)在朝鮮三年中,我沒有間斷給老先生(編者按,即呂思勉先生)寫信,比寫給

---

　　① 時鐵道部組織人員編寫《抗美援朝鐵路工人搶修史》,獲悉朱琨先生有在朝期間的完整日記,決定以《戰地日記》爲名單獨出版(《戰地日記》已於一九九五年十一月,由鐵道部第三工程局局史編會印行,僅印行三百冊,字數三十萬)。朱琨先生在整理日記時,記起了五十年代時呂先生與他的通信。

先生(編者按,即呂翼仁先生)的信還多,日記中記載著先生給我的信共四封,雖然只是極簡單的記載。但有些摘録文字是非常寶貴的。現將四封信的摘文録於後,我想先生看後,永坼兄看後,一定會很高興的。

(一)一九五一年三月二十日,星期二,天陰,時有雪花。老先生來諭:[一]述先生三十年前在義州所見情況。[二]……席地而坐及其衣服式樣,運物則戴於首,皆中國古俗,特在朝鮮存留較久耳,古書多言"負載負荷",而罕言"儋"與"擔"同,可見用扁擔不多也。[三]告呂先生(編者按,即呂翼仁先生)及老師母等近況。[四]告永坼之枝柱不易,工作甚爲煩多。

(二)一九五一年六月四日:老先生來諭:(五月二十日)[一]告世界近勢"我們現在系以最大的努力爲世界爭取和平,再堅持一兩年,時局必有變化,緣美帝在東方,實力不足,武裝日本,日本人未必受其利用,相持到某一時期,彼之内部必起變化也"。[二]告國内正進行鎮壓反革命運動。[三]詢近況。真遠見卓識也。朝鮮停戰協定及其臨時補充協定,在一九五三年七月二十七日下午十時(朝鮮時間)在板門店簽字,不出老先生的預料,時隔兩年二個月。

(三)一九五二年四月二十二日收到來信:呂老先生三月卅日函:[一]三日信已收到,因忙於三反,故遲覆。[二]謂老師母獨居常城,渠甚繫念。[三]永坼任課光華附中,於三反中任宣傳員,甚爲繁忙,[四]老先生以"雲山萬里,惟爲國自愛"勉余。所存不過九字,但情深意切。其勉"愛"在"爲國",實乃弘大正氣之望,對我的鼓勵是極大的。

(四)一九五三年一月七日,呂老先生來諭:音訊久疏,每深繫念,時時從報端獲悉我軍之豐功偉烈,使安坐後方者,既愧汗又氣足神至也。吾兄近數月來在何處工作,近況如何?甚願聞之,弟邇來興會頗减,體力尚可支持,寡妻春夏多病,入秋冬尚健,息女往來常滬之間,從事迻譯,亦安穩,知關厪念,敬以奉問,恭祝新釐百益。

此外尚有兩封,一是一九五一年八月十四日,老先生來諭,告光華、大夏兩校合併設立華東師範大學;三太太(編者按,即呂思勉先生的再從堂弟余之先生之夫人管馥如女士)七月二十八日子刻逝世;告愷(編者按,即張國梁君,又名愷)。另一是一九五二年二月二十四日:按呂老先生自上海來函,[一]詢近況;[二]告華東師範大學情況;[三]問詳址,謂呂先生贈原子筆及活動鉛筆。以上所録,請先生將審定意見告之,以正生之所藏。

近因連日看書，眼睛疲勞不堪。以後動筆，能否到底，殊難料也。生曾請先生用宣紙墨筆寫點東西寄贈，然先生謙遜自律，迄未承諾。兩次去滬，靦然難以啟齒。現坦然再陳。請能答允也。專此，敬頌

教安。

學生朱琨　一九九三年八月六日於昆明

莉囑代候安　此信亦致永圻兄並問鈞安。遵囑附照片兩張

另克莉囑，先生以後來信，徑稱"克莉"更感親切，以"先生"相稱，反覺見外了。

先生遺稿文字類札記中有札記一頁，爲先生晚年所寫，現擬題爲《文字兩色套印》收入《蒿廬文稿、筆記》中。

四月八日，先生致信胡嘉先生，因撰有《論大學國文系散文教學方法》、《中國史的分期》二文，詢問何處可以刊出：

嘉生吾兄：

音訊久疏，每深馳繫，忽奉手書，良慰饑渴。承示大著，容細細拜讀。此書只出上册，因緣課程標準數更，然已用之者，將來用何書接續似亦一問題也。瀛眷不擬遷京，吾兄何時回滬，將來擬久於北方乎，抑仍作南還之計也？北方氣候實較南方爲優，惟京津弟並不樂之，弟覺卜居北方芝罘、青島自佳，次則濟南亦不惡也。弟體尚頑健，惟受各方面打擊，此一年來生活殊困。近擬作文兩篇，一論國文教學之法，一論國史分期，未知尊處有發表之地不，便乞示及。敬頌著安，不盡縷。

伯祥先生代候。

弟勉頓首　四月八日

先生後收到胡嘉的覆信，云"無適當刊物可以介紹"。此信現從先生的刑法札録中鈔出，第一張信箋全，第二頁僅存下半部分：

誠之吾師賜鑒：

接奉四月八日手教，日前伯祥先生又傳示尊函，種切敬悉。大著《隋唐五代史》需修改之一章，聞已寄奉，諒早收到。承示重編中國通史計畫，曾與伯祥先生談及，云可暫緩。論國文教學之法及論國史分期，此間亦無適當刊物可以介紹，大公報所出《史學週刊》，係近代史研究所、北京大學及清華大學主編。吾師如欲將論國史分期一稿寄下，當代轉交清華

或北大。生亦有意辦一刊物，惟日前條（下殘缺）

四月二十七日，下午五時，先生參加校工會"五一勞動節示威大游行籌備會"。（華東師範大學檔案館檔案編號八一一三一一二）

七月，先生爲學生俊賢君紀念册題詞：

> 海到無邊天是岸，山登絶頂我爲峰。　俊賢　老友吕思勉

其時先生仍爲光華大學校董之一，七月起代理校長，在學生畢業證書上簽名蓋章，爲光華大學作一結束。

録先生是年九月後的殘存日記如下：

●榮△①

九月初四日（火。舊曆八月初四日丁未）閲《人物志》三卷。

●榮〇

初五（水。舊曆八月初五日戊申）晴。須宅今日遷來。訪玉山。隱千來。

〇翰勳〇

初六（木。舊曆八月初六日己酉）晴。增堯來告，將如温州矣。省增堯贈以茶食三合。至順和至大街買物。

初七日（金。舊曆八月初七日庚戌）陰午晴。欽奇來。檢舊文三篇屬振基投《大公報》，②工會約以稿酬捐獻飛機大炮也。

翰勳△　研因△　玉珂〇　世垣〇　振基〇　母〇　永圻〇

初八日（土。舊曆初八日辛亥）陰申雨。至玉山肆中寄信新設代辦所。榮與永武還。

初九日（日。舊曆八月初九日壬子）雨申止。餘之弟婦斷七，因除靈。蔭千、春、華甥來。至順和。至大街買物。

九月二十八日光華大學開最後一次校董會議事。（《殘存日記》）

九月十九日上海《大公報》第五版《祖國語文》副刊第七期，刊登先生《便利漢字分部的一個建議》，即致出版總署副署長葉聖陶、周建人兩先生書。

是年十月，光華大學併入華東師大。先生遂入華東師大歷史系任教。

---

①　△表示什麼，不詳。下同。

②　俞振基（一九一六—一九九六），畢業於光華大學，曾任上海《申報》記者，解放後任中國社科院世界歷史研究所《世界歷史》編輯、副編審等。撰有《吕思勉先生生平與學術》（載《蒿廬問學記》）。

　　十月初五日,遷華東師大一村教職員工宿舍二號。(《殘存日記》)。

十月十三日,先生日記尚存:

　　十月十三日(土。舊曆九月十三日丙戌)。晴。訪養初,因繼蘭今夏右足患腳軟,起立不能遽行,當時延未診治,近日已愈,然究應延醫一視,故往約其來診。渠近不出診,許二時後特來。湛卿來。養初來爲繼蘭診,云心臟稍肥大,無礙。足關節亦無病,血壓亦不高,惟胃頗擴張。乏維他名B云。隱千來。至順和。容。研因。(《殘存日記》)

十月十六日上午九時,在學校新夏堂舉行首屆開學典禮,先生出席。

十月十九日,先生謄抄《論大學國文系散文教學方法》,並加識語數行,投寄天津《語文教學》。其識語曰:

　　此篇《論大學國文系散文教學方法》爲予在光華大學所講。予棄文事已久,因近來該校國文系主任辭職,偶爾庖代。此篇所講,自知錯誤必多,惟錯誤之説,其足以引起研究,與正確之説初無以異,庸敢率爾發表,以就正於有道。儻蒙指其疵謬,曷勝感幸。一九五一年十月十九日吕思勉自記。

先生遺存的資料中,有鄉前輩孟森心史先生的《心史史料》一册(《時事新報》館民國三年九月發行)。先生撰《論大學國文系散文教學之法》一文,記及心史先生晚年學習英文事:

　　凡語言内容之精深,及其學習之困難,主要的原因,即在於其辭彙之多。吾鄉孟心史先生,曾於年過五十之後,試行學習英文,他初以爲中國常用之字,不過數千,英文亦不能遠逾於此,自揣力能記憶。及其既學之後,乃覺其辭彙之須記憶者無窮,實爲力所不及,而非能多記,則其程度又不足以語於高深,乃廢然而返。此事很可説明學國文者所以自上而下則易,自下而上則難之理。

初入華東師大時,先生填寫學校所發的《教師及職員登記表》,兹節錄部分欄目如下:

　　姓名:吕思勉　性別:男　年齡:六十七
　　籍貫:常州市　民族:漢　家庭出身:小資産階級知識份子
　　個人成分:倭寇後産業十去其八,今可算工人

職別：光華大學教授　專任或兼任：專任　月薪：上海單位二八八

現在擔任的課程：歷代散文選、中國近代史　每週授課時數：六

可能擔任的課程：我頗想教中國通史，借此重編一部較適用的，舊的上冊改爲《中國文化史》，下冊作廢。如須講斷代史，在五代以前擇一時代最宜，緣預備較充足。如需講文化史，則如開明《中國通史》上冊之例，或擇取其一部分亦可。

有何譯著及現在從事之譯著工作(説明完成日期)：《中國文字變遷考》、《字例略説》、《章句論》、《燕石札記》、《理學綱要》(商務)、《中國民族史》、《先秦學術概論》(世界)、《中國通史》、《先秦史》、《秦漢史》、《兩晉南北朝史》(開明)。以上一九二八年後陸續出版。《隋唐五代史》約尚須一二年乃可成。

現在從事之研究工作：隋唐五代史

本人主要優點和缺點：

優點　自問尚覺正(説話不肯歪曲)直(有意見亦能□□)，向學能勤勞持久。

劣點　懦弱不能鬥争，懶惰流爲官僚主義。

本人對工作意見：

希望側重研究，如能以數年之力撰一中國通史教本，必數倍優於見行之范文瀾本也，若譯爲俄文，亦大勝中國史學會近出的《中國歷史概要》也。

小組意見：加强理論學習，從而批判自己的著作，進一步整理中國的史料(吴泽、陈旭麓、徐天芬印)。

先生入華東師範大學歷史系後，初時(一九五一至一九五二年間)任教中國中世紀史的西晉、東晉、十六國及五代十國時段的教學工作，每週七小時課，分四週教授。爲當時教學的需要，先生又擬定了《中國通史晉朝部分綱要》、《魏晉南北朝史綱要》等教學大綱。当年凡教學用的大綱，都須經當時歷史系領導審閱，下爲歷史系領導的審閲意見：

吕先生交來的講稿，精粹處甚多，兹就愚見所及，提出下列各點意見：

(一) 緒論中所提出的幾個準備觀念，是從政局上著眼的，似乎從階級分析上著眼，比從政治上著眼，更能説明歷史的真相。

(二) 緒論中准備觀念(二)，"兩漢時代的人，是饒有封建時代武士的

性質的”一語,似有語病,因爲兩漢是封建社會,如此提法,易使讀者誤以爲兩漢非封建社會,文治與軍人之争的説法,似係形式上的問題而不是實質上的問題,我們對君臣之義的看法,似應説得更明確些。末句“總崩潰”三字易使人誤會到封建社會崩潰了。

(三)緒論中准備觀念(四)在古代,國與家是差不多的東西,都不過是一個氏族的説法,和馬列主義的國家學説,似未能符合。

(四)司馬氏篡魏及三國統一這一段,如能從經濟上和統治階級内部的矛盾多加分析,似可更能説明當時的史實。

(五)晉初五胡分布形勢,西域一段,言西來人種文明程度較高,似可再商酌。

(六)西晉始末,西方豪族奉愍帝一段,言“西方豪族所以奉湣帝,蓋實以對匈奴有敵愾之心也”,似可再商酌。

(七)西晉史事要義,第二點“士大夫”三字上加“較賢明”三字,似可再商酌。

(八)東晉(三)要點,言北府之素質不良,蓋由其皆用傖楚編成,是否傖楚素質不良,似可再商酌。

(九)東晉孫恩、盧循的起兵,似宜從階級鬥争上來看,“其衆殘殺頗甚……其首領亦不能禁止也”,似未能從農民立場來看問題。

(十)晉代經濟情形,涉及北魏均田令一段云:“此亦官助佃農與地主鬥争,但不如今世土改政策之徹底耳。”似可再商酌。

(十一)民族之遷徙及同化一段,“愛國主義所以當與國際主義結合也”一語,用在古代歷史的敘述上,似有未合。

(十二)社會階級一段言“此事的起源,爲古代封建時代所謂士庶之别”,古封建時代士庶的分别,係建築在莊園制的基礎上,至秦漢時,早已破壞無遺,魏晉南北朝的門閥,係秦漢世代相傳的地主構成,似與古封建的士庶之分無關。

(十三)晉世學術思想一段言“正始諸賢”言“豈可釋之而罪學者耶”,似在字句上過於推崇士大夫,又言“玄學之蔽,乃在新莽改革失敗之後,不復敢言社會革命”,社會革命係指無産階級的革命,用在敘述古代歷史時,似有未合。

先生是年詩作一首:《女弟子楊麗天至北京入軍事學校書來索詩賦此卻寄》。

一九五二年壬辰　六十九歲

是年先生日記曰《致知記》。

老矣,思何以安身,何以立命,則莫如子王子致良知之言之切也。梁任父先生曰:"雖有功名,以此詰之,則立失所恃;雖至愚柔,以此語之,則立得所據。"富哉言乎! 愚夫愚婦與知與能,而聖人行之終身有所不能盡,非斯言之謂乎? 既與聞之矣,而不常念於斯,不亦如入寶山空手而歸乎? 不曰致良知,但曰致知者,知無不良,非良固無所知,必曰良知者,以俗昧於知之義而提醒之,若明其本,固不待言也。(《日記二·致知記序》)

録是年鍾泰先生日記九條:

一月二日:午後到校一行,看吕誠之、廖茂如。

一月二十三日:……看吕誠之並送其女公子山水畫一幀。

二月十一日:課後過吕誠之小談。

四月六日:星期,李永圻來邀往康樂酒家喫點心並晤吕誠之。每星期皆來此。

六月四日:到師大……在吕誠之處午飯,飯後看劉約真,[1]外出未值,即歸。

八月三日:星期……吕誠之、李永圻先後來。

十月十九日:星期,早看廖茂如,午後吕誠之偕李永圻來。(《鍾泰日記》,未刊稿)

録《顧頡剛年譜》及顧頡剛先生日記所載四條:

一月二十八日:出席中國史學會上海分會成立會,與吕思勉等被推爲理事,周谷城被推爲主席。(顧潮:《顧頡剛年譜》,第三四六頁)

一月二十八號星期一(正月初二):到海光,參加中國史學會上海分會成立,與吕振羽、陳乃乾、蘇乾英、伍蠡甫等談。五時會散。今日下午同會:金兆梓、平心、周予同(主席)、周谷城、胡厚宣、潘碯基、朱溦、陳守實、譚其驤、伍蠡甫、蔣天樞、張遵騮、蔡尚思、徐德嶙、吳澤、吕思勉、姚舜欽、林舉岱、束世徵、徐森玉、柳翼謀、楊寬、黄穎先、王國秀、陳乃乾、顧起

---

① 劉謙(一八八三——一九五九),字約真,湖南醴陵人。擅詩文,曾加入"南社"。又任《長沙日報》主編,湖南財政廳、民政廳秘書等職。解放後,任湖南省文史館館員。其子劉佛年曾任華東師範大學校長。

潛、蘇乾英、俞巴林、呂振羽（來賓）。被選爲歷史者十七人：金兆梓、平心、周予同、周谷城、胡厚宣、蔡尚思、吳澤、姚舜欽、林舉岱、楊寬、王國秀、顧頡剛、陳樂素、李亞農、徐平羽、邱漢生、陳旭麓。

十月二十六號星期日：到海光圖書館，赴中國史學會，自二時至五時半。今日同會：李亞農、周谷城、周予同、胡厚宣、譚季龍、陳守實、蔣天樞、吳傑、陳旭麓、林舉岱、呂思勉、束世徵、顧起潛、柳翼謀、俞巴林、魏建猷、張厚載、黃穎先、馬長壽。（《顧頡剛日記》卷七，第一八一、二九二頁）

一月二十一日，先生致王伯祥先生信，其時《隋唐五代史》尚未完稿，但先生決意斷代史的寫作截至五代爲止。録王伯祥先生一月三十一日日記：

一月三十一日（正月初五丙子，星期四）……接廿一日誠之上海信，告斷代通史没依屬，截止五代止，惟交稿當須年餘耳。（《王伯祥日記》第二十六卷，第三十八頁）

一月二十九日，先生收到天津《語文教學》的退稿信及寄回的《論大學國文系散文教學》之文稿，退稿信云：

思勉同志：

惠賜大作，我們已經看過，因大作過專門，與教學關係小。希望多多寫幫助教學的文章！謹此奉還。尚望時與本刊聯繫，多予指導。敬禮

語文教學編輯部啟　一月廿九日

先生是時患心臟病甚重，常常喘息不止。蘇州農校莊恭天先生致先生一信（寄常州十子街六號），附來治療的針藥，先生將信存於"醫事備檢"內：

誠之老先生：

您有病還那樣誠懇地覆我，感激之至。

您說患心臟病喘息，我記起一個朋友他害了十九年喘病，後來打針打好了。我把這個針藥的方單寄您，不妨請一個比較高明的醫生仔細研究研究看，是否也好用。據我朋友説已經有幾個人用過，都很見效。

我朋友今天才把方單拿來，所以我寫您信較遲一點。

我衷心地向您和您全家致春節賀意！

後學莊恭天　二月一日

先生是年仍參加上海史學會的活動：

九月二十一日：史學會理事會在上海跑馬場上海古物管理委員會舉行會議，林舉岱、胡厚宣、周谷城、顧頡剛、周予同、金兆梓、蔡尚思、陳旭麓、徐平羽等出席，決定吸收張厚載、魏建猷、吳傑爲會員。

同日：舉行第二次會員大會。周谷城報告會務，林舉岱報告編輯《中國奴隸社會研究叢刊》及英文《中國奴隸社會論戰》一文情況，陳旭麓報告教學研究情況，顧頡剛報告史料編輯計畫。會議討論了支持呂思勉編寫中國通史的問題，研究如何糾正因爲害怕批評而缺乏史學稿件的問題。(《上海市歷史學會大事記》，姜義華主編：《史魂》，第三九六頁)

先生晚年將《先秦史》、《秦漢史》、《兩晉南北朝史》三書札録成條目，内容極精要。可能備日後撰成札記，可惜未寫成。但此項札録，原是作者爲自己的研究工作所做的摘録，文字上非常簡略，有些只是提示性的輯要，但都標有相應的頁碼。現已刊於《呂思勉文集》和《呂思勉全集》中。

五月二十七日，先生呈文蘇南常州軍分區司令部，三十一日，又呈常州市政府，請求免再續駐軍隊於常州故居。下爲呈文全文：

呈蘇南常州軍分區司令部(一九五二年五月二十七日)

呈爲房屋敝壞請求照顧，免與續駐軍隊事。竊具呈人所有十子街六號房屋前進門屋兩間，廳屋三間，翻軒三間，廳西書房兩間，共計十間，久經軍隊借住。今日軍隊爲人民自己之軍隊，苟有餘屋，自無不竭誠歡迎。惟此屋年令已近百年，本非良好建築，況當倭寇入犯之時，西邊毗連房屋全被炸毀，此屋亦遭波及，寇退後，勉强補葺，並未能達於完好。具呈人財産什九毀於倭寇，家無次丁，年近七旬，尚恃勞力爲活，實無力續行修理，以致破壞日益，屋頂既多穿漏，門牆亦皆敝壞，使軍隊居此風雨之境，於心亦覺不安。是以當前年夏間有公共機關及市府前來租賃時，曾經兩次具呈請求照顧，將所駐軍隊遷出，均蒙派員面示原則上可以允許，俟軍隊覓得住處，即將房屋交還，忽忽又近兩年。現在駐軍既經調離，伏求體念下情，不再派駐，並求飭人將屋中用城磚所砌鋪位拆去，俾具呈人得將此屋出租，藉租金收入，逐漸修理，以免傾頹，實爲德便。迫切陳詞，伏惟昭鑒。謹呈某官某。

具呈人呂思勉

年齡：六十九歲

籍貫：常州

住址：十子街六號

職業：華東師範大學教授

呈常州市政府民政科（一九五二年五月三十一日）

呈爲房屋敝壞，請賜交還，免再指撥軍隊居住事。竊具呈人所有十子街六號房屋，前進門屋兩間，第二進廳屋三間，翻軒三間，廳西書房兩間，共計十間，久經軍隊借住。今日軍隊爲人民自己之軍隊，苟有餘屋，自無不竭誠歡迎。惟此屋年齡已近百年，本非良好建築，當倭寇入犯之時，西邊毗連房屋全被炸毀，此屋亦遭波及。寇退後勉強補葺，並未能臻於完好。具呈人財產什九毀於倭寇，家無次丁，年近七旬，尚恃勞力爲活，實無力續行修理，以致破壞日甚，屋樑既已傾側，門窗亦多穿破，廳東西之牆，僅用木料支撐。即匠人亦言不能持久，軍隊住居其間，設或傾倒，誰執其咎？是以前年夏間有公共機關前來表示願意租賃時，曾經兩次具呈蘇南常州軍分區司令部請求賜與交還，均蒙派員面示原則上可以接受。近日軍隊業已調離，又於五月二十七日續行呈請，當蒙值班科人員接見，允許不再借住，惟云此屋係由鈞府民政科指給，手續上只能交還民政科，由民政科再行交還人民。爲此迫切請求俯念敝廬破壞已甚，即日賜與交還，俾得將其出租，藉租金收入，逐漸修理，以免傾頹，實爲德便。謹呈。

先生又有致《常州民報》的一封信：

敬啟者：

項讀一月十四日貴報，知一九五二年房地產稅將按新條例徵收，軍政機關租用民地房者，一律不准免稅，應於編制預算時，將此項支出列入。此自無問題，惟尚有軍隊長期借住民房，並不給付租金，房地產稅政府仍向房地主徵收，而由軍隊爲證明許其免稅者，此種房地產稅未知將取如何辦法？如云由借住之軍隊代完，則房屋非由租賃而來，預算中即無房租專案，似難將代完房地產稅列入；若云仍由房地產主完納，則該項房地產已毫無收入，誠恐力有未逮也。敬祈指示爲感。此致《常州民報》館。

一九五二年先生在學校參加三反及思想改造運動，七月學習結束，填有一份"教職員學習總結登記表"，表後附有先生所寫《三反及思想改造學習總結》及學習小組的小結。下錄登記表中部分欄目的內容：

現用姓名：呂思勉　　性別：男　　籍貫：常州

年齡：68　家庭出身：小資產階級

民族：漢 本人成分：高級職員 健康狀況：聽力略差

熟諳何種業務和技術：撰述 教授

現任課程、曾任課程、可任課程：現任歷史系專題討論，曾任歷史、國文，可任者中國歷史，部門於列舉關涉，國文以古典主義文學爲限，其中須除去漢賦及詞曲。

家庭經濟狀況

解放前和現在的經濟狀況：抗戰前有市房一處，被焚；勝利後復，僅收地租；住房處兩所，一被炸毀，一略收房租。解放後住宅大部爲軍隊借住，其餘部分之房租及減少。第一次地產稅甚重，交納時負債卅萬；去年喪弟婦負債百萬，均尚未償。現因全宅電線須更換，約計須負債百萬。軍隊近遷去，屋約計須負債百五十萬。

有何重要社會關係、姓名、職業、政治態度及現在的關係：與本人學術思想有關係者：爲管君達如、馬君精武，說及《思想改造總結》。管君已亡，馬君久疏失，聞仍在上海。錢君(字賓四)，史學上亦曾相切磋，解放後流浪香港，予以爲錢思想問題，絕不較梁漱溟、張東蓀等爲嚴重，而精湛處過之，秉性強毅，思想如能轉變，實爲有用之才，當爭取之人，曾勸其回國，錢君未聽，現久未通訊，不知其在何處。

五十年代初，呂先生與錢穆曾有幾次書信往來，上文所云"曾勸其回國"，確有其事。據編者回憶：呂先生曾去信勸錢穆回來，勸他可以兩地奔走，可以在滬港兩地教書講學。後來錢穆有一封回信，讀後影響很深。信是文言文寫的，原文已記不得了，大意是說：老師一生勞瘁，無一日之餘閒，現在年事已高，我做學生的不能爲您盡一點心，不能爲老師掃掃地，鋪鋪床，每想到此，心中總感到非常遺憾。老師勸我滬港兩地自由來往，這是我做不到的，回來雖無"刀鑊之刑，但須革心洗面，重新做人，這是學生萬萬做不到的"，學生對中國文化薄有所窺，但不願違背自己的主張……願效法明末朱舜水流寓日本傳存中國文化，也很希望在南國傳播中國文化之命脈。……新亞書院初創，得王君嶽峰相助，然王君並非富商，所以書院在經濟上拮据到極點。……最爲氣憤的是香港報紙謾罵我是封建餘孽、帝國主義走狗，學生自問，自讀書懂事以來，就深知要愛國愛民族，愛國素不後人。……中國之所以落到這個地步，實在是我們知識份子沒有承擔起應盡的責任。……信的最後一句是："臨穎不勝故國神馳。"署名爲"梁隱"。可惜這封信在"文革"期間毀掉了。(張耕華：《人類的祥瑞——呂思勉傳》，華東師範大學出版社一九九八年四月版，第

二六四至二六五頁）

　　三反開始時，先生曾在小組公開説："我是研究漢學的，對宋明理學没有研究，所以不會自我檢討。"還説："自我檢討是兒戲。"遂引起了小組其他成員的不滿，批評先生的檢討，前段好像講家譜，後段就是講學説，並對他進行了嚴厲的批判。認爲他的主要錯誤思想是封建性的小資産階級思想，以學者自居，自以爲清高，並受資産階級改良主義思想的影響很深，經過批判檢討，把學術架子撕破了些，可是對其本身的著作仍然没有正確的認識。現在仍繼續其舊的著作計劃，對新事物的認識模糊不清，因爲他年紀大，所以思想鬥争只好適可而止，但三反後是有些好的表現，復課是對同學講："我的學力不夠。"這是幾十年來没有説過的話。對團體活動經常參加，很少缺席，學習也比較努力，而年齡大，舊思想較深，對馬列主義的學習實際上是有些困難的，他自己坦白説："有些地方我讀不懂。"

　　《三反及思想改造學習總結》，先生留有手稿。先生逝世後，曾改題爲《自述》，由家屬自費油印成册，分送學界好友。一九八四年先生誕生一百周年，《常州文史資料》第五輯發表這篇學習總結，略有删節。後又刊於《史學理論研究》（一九九六年第四期）。一九九七年，全文收入《吕思勉遺文集》（下）。此文是先生最有價值之傳記材料。

　　録《三反及思想改造學習总结》最后幾段：

　　　　予於教學，夙反對今人所謂純學術及爲學術而學術等論調，何者？人能作實事者多，擅長理論者少；同一理論，從事實體驗出者多，且較確實，從書本上得來者少，且易錯誤。歷來理論之發明，皆先從事實上體驗到，然後藉書本以補經驗之不足，增益佐證而完成之耳。故致力於書本，只是致力學術中一小部分，專以此爲學術，於學術實未有知也。予之宗旨雖如此，然予之性質，實近於致力書本之人，故歷來教學，亦只能教人讀書。此觀與我親近之舊同學，皆系好讀書之人可知。予雖教人讀書，並不主脱離實際。且恒戒學者：學問在空間，不在紙上，須將經驗與書本，匯合爲一，知書上之所言，即爲今日目擊之何等事。此點自問不致誤人。然全然破除經生門面，只重知識，而於書本則視如得魚之忘筌，則病未能也。高深之學理，以淺顯之言出之，講授時亦能之。但將所授之内容，減低程度，亦嫌不足，向持中道而立，能者從之之見。此點，實尚未適宜大多數人也。

　　　　予之述作，有下列諸書：（一）《中國文字變遷考》。論篆隸真行草之變遷,其中論漢代所謂古文一段,自謂頗有價值。(二)《字例略説》。此書論六書之説,爲漢代研究文字之學者所創。字例實當別立。六書中惟象形爲文,指事爲字;及整理舊説,輔以新得材料,以論文字之增減變遷,自問亦足觀覽。(三)《説文解字文考》。文爲單體,其一部分成爲中國之字母。既非《説文》之部首,亦非普通所謂偏旁。當從現存之字中鉤求得之,然後用爲識未識文字之基礎。予就《説文》一書試爲之。(四)《章句論》。論章句二字之本義,即今之標點符號。中國古時亦有標點符號,而後鈔寫、印刷時,逐漸失之。今鉤求得若干種,於讀古書時補上,可使意義較爲明顯。此事前人雖略引端倪,從未暢論,拙作出版後,亦未見有續論者。至少值得一覽也。(五)《白話本國史》。此書系將予在中學時之講義及所參考之材料加以增補而成,印行於一九二一或二二年,今已不省記矣。此書在當時,有一部分有參考價值,今則予説亦多改變矣。此書曾爲龔德柏君所訟,謂予詆毀岳飛,乃系危害民國,其實書中僅引《文獻通考·兵考》耳。龔君之意,亦以與商務印書館不快,借此與商務爲難耳。然至今尚有以此事詆予者。其實欲言民族主義,欲言反抗侵略,不當重在崇拜戰將,即欲表揚戰將,亦當詳考史事,求其真相,不當禁遏考證也。(六)《中國通史》。予在大學所講,歷年增損,最後大致如是。此書下册僅資聯結,上册農工商、衣食住兩章,自問材料尚嫌貧薄,官制一章,措詞太簡,學生不易明瞭,余尚足供參考。(七)《先秦史》。此書論古史材料、古史年代、中國民族起原及西遷、古代疆域、宦學制度,自謂甚佳。(八)《秦漢史》。此書自問,敍西漢人主張改革,直至新莽;及漢武帝之尊崇儒術,爲不改革社會制度而轉入觀念論之開端;儒術之興之真相;秦漢時物價及其時富人及工資之數;選舉、刑法、宗教各章節,均有特色。(九)《兩晉南北朝史》。此書自問,總論可看。此外發見魏史之僞造及諱飾;表章抗魏義民;表章陳武帝;鉤考物價工資資産;及論選舉制度皆佳。論五胡時,意在激揚民族主義,稍失其平,因作於日寇入犯時,不自覺也。異日有機會當改正。(十)《中國民族史》。此書考古處有可取,近代材料不完全,《論漢族》一篇,後來見解已改變。(十一)《先秦學術概論》。近來論先秦學術者,多側重哲學方面,此書獨注重社會政治方面,此點可取。(十二)《理學綱要》。近人論理學之作,語多隔膜,此書自謂能得其真。惟只及哲學,未及理學之政治社會方面爲缺點。(十三)《史通評》。以現代史學觀點平議、推論,亦附考據辨證。(十四)《經子解題》。論讀古書方法，及考證古籍，推論古代學術派別源流處，可供參考。（十五）《燕石劄記》。考證尚可取，論晉人清談數篇，今日觀之，不盡洽意。以上一至五，十二至十五，商務出版。六至九開明出版。十至十一世界出版。三未出版。此外單篇散見報章雜志者，一時不能盡憶，然不多也。詩文附日記中，日記幾全毀於日寇，恐所存已廑，至今未能搜葺也。予所述作，多依附學校講義而行，故中多普通材料，現甚想將其刪去，全留有獨見之處，卷帙可簡什七，即成精湛之作矣。少時讀史，最愛《日知錄》、《廿二史札記》。稍長，亦服膺《十七史商榷》、《癸巳類稿》。今自檢點，於顧先生殊愧望塵，於餘家差可肩隨耳。今人之屑屑考證，非顧先生不能爲，乃顧先生所不欲爲也。今人自詡搜輯精博，殊不知此等材料，古人既得之而復棄之者多矣，此意予亦老而後知，然後知少無名師，精力之浪費者多也。

今後之希望，道德貴於力行而已，不欲多言。學術上（一）欲刪定舊作。（二）夙有志於將《道藏》之書，全讀一過，未能實行。今後如有此日力，仍欲爲之。所謂道教者，包括從古以來雜多之宗教，自亦有其哲學思想；與佛教又有犬牙相錯處，與農民豪傑反抗政府之組織，及反動道門，皆有聯繫，而至今無人研究。使此一部分成爲中國學術上之黑暗區域；政治史、社會史、宗教史、哲學上，亦咸留一空白。予如研究，不敢望大有成就，必能透出一線曙光，開後人研究之途徑也，不知此願能償否？馬列主義，愧未深求。近與附中李永圻君談及，李君云：學馬列主義，當分三部分：（一）哲學，（二）經濟，（三）社會主義。近人多侈談其三，而於一、二根柢太淺。此言適中予病，當努力補修。

七月，先生從殘存日記中輯出聯語四十七則。後又發現先生所撰聯語草稿若干則，現均收錄於《蒿廬詩稿、聯語》。

十月六日先生致鍾泰先生信：

鍾山先生：

別來逾月，時切馳思。得李永圻兄手書知以弟抱小恙，重勞朌念，曷勝感愧。弟七月杪因婦病還里，而身亦旋患氣管枝炎，後又曾發痠麻質斯，舊恙幸皆不重，不久即愈。近曾請醫師檢查，心臟、量度、血壓亦均無病，不久當來滬，來後再當奉詣暢談也。校中領導上布置暑假中本亦有事，然弟衰憊，隨衆學習，自度未必有何進益。至於議訂科目斟酌教材內容，拙見既難盡合時趨，可行之機會自少，自不如從衆之爲愈，與議與否亦無關係，故遂在家躲懶耳。弟生平所作詩文皆寫在日記中，日記遭倭亂所毀，迄今未整理，此次發憤檢閱，錄出詩九十八首，見正顧人謄寫。又歷年存滬書籍，解放前因光華見迫遷徙，裝成十大箱，藏入倉庫，一箱見殘毀，其餘後遂運回家鄉，至今夏方加以整理，此兩事爲近一月中之成勞耳。唐玉虬君曾在酒肆遇見一次，甚系懷執事，渠近應紗厰之聘，一星期須去診病數天，故較忙，候之亦較難也。匆匆

　　敬頌

道綏

弟呂思勉頓首　十月六日

先生每讀書報，必加圈識，或加眉批，或摘錄，不僅讀中國舊籍如此，讀新書報刊亦然，並將所需材料分類保存，幾十年如一日，晚年體弱多病，仍認真剪貼報章雜志。這些資料雖大半都毀於抗日戰爭時期，而仍殘存一部分，解放後的剪報資料，數量尚不少。爲了方便報章雜志的剪輯收藏，先生於是年十月十日撰《日報版式印數靜議》一文，十月十七日先生又撰《書店宜印行完全書目議》一文。

十一月十七日，先生覆湯志鈞信，闡述對今古文經學等問題的見解：

　　一、孔壁得書之說，以事理揆之，總覺其不可信，略如拙撰《秦漢史》之說。惟指爲某一人或數人偽造，則亦不然，此勢所不能。康氏非經生，其說自不足據。至古文經之由來，紙上別無材料可得，以意度之，經本當時自可有流傳之舊本或漢人寫本，與通行之本文字不同，妄造來原，稱出孔壁，或曰河間獻王等等，孰能明質其非？劉歆見故府遺書，何從知其來歷？亦相傳云如何即如何述之。此如今藏有骨董者亦據前世相傳，云其如何得來即云如何得來耳。其言不必實，然亦非有意騙人也。漢人傳經，重在經說，不重在經本，有異於人之說，經本與人相同，亦可自名其家，成爲一家之學。有特異之經本而無特異之說，則只是有一古籍，不能成爲經師。古文經說之成，由於積漸，此則今文諸家之能，本不能禁人無異說。即今文諸家同出一師者，後亦可分爲數家。而古文亦非無同異。語其實，則今文與今文之異，古文與古文之異，正猶今古文之異，特其時經本既有今古文之別，言經者必有其所據之本，遂從而立此名目，分爲兩大派耳。

二、魏晉以後，古文大行，今文幾絕。鄙意東京今文傳授，偏在國學，國學之中，實鮮章句之士，尚不能如民間傳授之能綿延弗絕，一也。今學可貴在其大義，自新莽革政，敗績失據，人心皇惑，不復敢言經世，則其可貴者亡。而自漢末以來，言經者多雜讖緯，今古皆然，今學尤烈，説涉迷信，與魏晉後盛行之玄學最不相容。古學可以不言義理，專重名物訓詁，今學則不能。故古學脱離讖緯較易，當玄學盛行時，仍得保其偏安之局，而今學亦不能，二也。（吕思勉遺作、汤志钧整理：《覆湯志鈞論經今古文學書》，《中國經學》二〇〇九年第四期）

先生是年存詩一首：《題傅鈍安遺墨》。[1]

一九五三年癸巳　七十歲

是年先生日記曰《老學記》。

忽忽年七十矣。《記》曰："七十曰老而傳。"然事可傳，學不容解也。庶幾哉，日知其所無。（《日記二·老學記序》）

《老學記》殘存若干條，録於下：

老學記九　四十二之九　癸巳　日記六百四十三
〇榮〇　●又〇

九月初一日（火。舊曆七月二十三日。乙卯）。陰，夜雨。至派出所報榮、永圻行。新女庸來。至和平。

初二日（水。舊曆七月二十四日。丙午。）晴。采蘭傷風發微熱，入夜稍安。

〇榮〇　●又〇　〇敬謀〇　●其可〇

初三日（木。舊曆七月二十五日。丁未）。昨夜雨，今午止。至銀行取款。訪玉山，同至最宜定菜。詣元謨，請其至大衆診療所，後來爲繼蘭一診。繼蘭午後發熱較輕。元謨來。至信誼配藥，遂在大街買物。

〇通伯△

初四日（金。舊曆七月二十六日。戊申）。陰。湛卿來。訪湛卿，同

---

① 傅純安（一八八二—一九三〇），名熊湘，字文渠，號純安，湖南醴陵人。幼年就讀於淥江書院、岳麓書院，師事長沙王先謙。後留學日本弘文學院。回國後，辦《長沙日報》、《湖南月報》、《天問》週刊，在上海創立湖南善後協會。著有《國學概略》、《國學研究法》、《醴陵鄉土志》、《宋七律詩選》等，劉謙（約真）編有《純安遺集》二十三卷。

訪景溪於仁育軒。至得來，偕稚竹、湛卿至楊潤記晚飯。繼蘭午後寒熱，較重於昨。

　　●榮○　●又⊖①　●又○

　　初五日（土。舊曆七月二十七日。己未）。晴。訪玉山。至銀行取款。至和平。至大街買物。訪玉山，取所訂書。繼蘭寒熱稍輕於昨。

　　●敬謀○　霖生○　○榮△　●又△

　　初六日（日。舊曆七月二十八日。庚申）。陰，午雨，申微雨，皆即止。訪玉山。至和平，至大街千秋坊買物。至和平。繼蘭疾大減。小黃所生全黃貓名阿處，今日未歸，出賞格二萬元尋之，並自歸。

　　○榮○　●又○

　　初七日（月。舊曆七月二十九日。辛酉）。陰。至東門看作集，至水門橋，因擁擠而返。湛卿來。訪玉山未晤。至小河緣費恒元買筋。②　至和平。訪玉山。

　　●永圻○

　　初八日（火。舊曆八月初一日。壬戌）。晴。昨失烟盒，求諸玉山之肆，亡有。至費成恒令改鑄昨所買筋。至和平，得烟盒。心明來。至和平。

　　○榮⊙　○華東人民出版社　●榮○　○先之○

　　初九日（水。舊曆八月初二日。癸亥）。晴。閱《三國佛教史》畢。至和平。繼蘭寒熱又重。訪元謨，未遇。至大街買物。

　　初十日（木。舊曆八月初三日。甲子。）晴。約元謨來爲繼蘭診。棲霞來。元謨來。至大街配藥，至費恒成取改鑄筋。繼蘭是日熱退未楚。

　　●榮△

　　十一日（金。舊曆八月初四日。乙丑）。晨雨，旋止陰。繼蘭是日幾無寒熱。至銀行取款。至和平。至千秋坊買物。訪玉山，取所印信封。

　　●華東人民出版社○　●又⊖　○榮○　○又○　●又○

　　十二日（土。舊曆八月初五日。丙寅）。陰，時雨。出發信，理髮。至和平。繼蘭無寒熱。得榮信云，九日寒熱乃消炎片之反應，昔已屢然，乃停藥，然昨今兩日又服消炎藥六片矣。

　　十三日（日。舊曆八月初六日。丁卯）。陰，時微雨，晚晴。訪元謨，

---

①　⊙（加"一"）表示什麼，不詳。下同。
②　費恒元，及下文的"費成恒"、"費恒成"，恐有誤，原文如此。

未起。訪元謨，詢以服消炎片，發寒熱之説，如何尋常無之，或體質特異者有之邪？緵蘭近日無寒熱而咳未止，渠屬服甘草片。至和平。

　　●榮○　○瑤青①○

十四日（月。舊曆八月初七日。戊辰）。晴。和真昨去派出所報。至和平。

　　●瑤青○　○榮△　○又●巧英

十五日（火。舊曆初八日。己巳）。晴，申後陰。至妻家，聞增堯因吐血在武進醫院。至和平。榮以和真去而緵蘭有疾，使其女庸巧英來。

　　●榮　巧英

十六日（水。舊曆八月初九日。庚午）。陰。以已有庸人，仍遣巧英返滬。至和平，至織機坊買繩，途遇二謀。

　　○榮○

十七日（木。舊曆八月初十日。辛未）。陰。至北後街，喚瓦匠李阿虎，遇叔度於途。至和平，晤鶴天、習之。緵蘭昨夜咳甚，微有寒熱，今日頗疲，蓋熱退未楚，豈復服消炎片，仍有反應歟？

　　●榮○

十八日（金。舊曆八月十一日。壬申）。陰。省增堯於武進醫院。至和平。春、華甥來。緵蘭仍頗疲。

　　○人月

十九日（土。舊曆八月十二日。癸酉）。陰。緵蘭晨惡寒發熱，午後稍退，入晚乃楚。

　　○榮○　●又○　○永圻○　●又△

二十日（日。舊曆八月十三日。甲戌）。昨夜雨，今日陰。緵蘭已正惡寒，旋發熱，甚輕，未刻退。嶠若來。至小河緣理髮。至和平。

　　○榮○　●又○　●瑤青○

二十一日（月。舊曆八月十四日。乙亥）。陰，夜雨。訪元謨，約其來爲緵蘭診。至銀行取款，大街買物。湛卿來。元謨來，處方用奎寧製劑。至信誼配藥。緵蘭是日並晚仍微惡寒。

　　○榮○

二十二日（火。舊曆八月十五日。丙子）。陰雨。中秋薦芊月餅。

繼蘭五時惡寒,前在七時,昨在六時。至和平。

　　●榮○

二十三日(水。舊曆八月十六日。丁丑)。晴。李阿虎期昨來而未至。訪叔度,請其介紹瓦匠,渠介紹馬姓者,至局前街二十二號喚之。余之大街買物。至和平。馬瓦匠來。至和平。繼蘭寒熱止。

　　●榮△　○又○　●又○　●舜欽○

二十四日(水。舊曆八月十七日。戊寅)。晴。繼蘭寒熱已止,然昨夜胃中不適,今日午後溏便。瓦匠來修八號屋。湛卿來。出寄信。至和平。

　　○榮△　●又△

二十五日(金。舊曆八月十八日。己卯)。晴。訪元謨,以昨今兩歲寒熱,昨歲驗血未得病原,爾來並未驗血,然皆服奎寧製劑獲愈,恐有瘧菌潛伏,問之也。渠屬再服元藥片三日。至大街買之,遂至縣巷買物。至銀行取款,至和平。瓦匠修八號屋畢,修街中路。

　　○榮△　●又○　○舜欽○

二十六日(土。舊曆八月十九日。庚辰)。晴。至和平。瓦匠修弄堂中路,廂屋蓋磚上畢。是日瑞官來。

　　●舜欽○　○榮○　●又⊙　●敬謀○

二十七日(日。舊曆八月二十日。辛巳)。晴。訪濮小姐。至小河緣理髮,縣巷買物。出買花椒。出發信。至和平。

二十八日(月。舊曆八月二十一日。壬午)。晴陰,酉刻微雨。出買煤炭。叔度來。至和平。

　　○榮△　●又○

二十九日(火。舊曆八月二十二日。癸未)。晴。訪玉山,至銀行存款。德夫夫人來,將如上海,永武往爲買票,恐其歸遲,往覓之,遇諸途。至和平晤藕舲、叔度。

　　○榮△●又○

三十日(水。舊曆八月二十三日。甲申)。晴。訪叔度。至和平。華甥來,將如北京。

錄是年鍾泰先生日記中的有關記載:

　　一月一日:午後呂誠之來,李永圻來留之晚飯,並爲置酒。

一月十四日：雪晴到梵王渡看劉約真留午飯，飯後在呂誠之處小談。再看徐聲越，未相值。

二月一日：……呂誠之有信言唐玉虬並未移居，可怪。

四月二十八日：到師範大學看劉約真、呂誠之，求呂小姐畫扇。朱有璜在。在有璜家午飯，去時適遇史存直，①因與同看許士仁，未值，又看徐聲越亦未值。歸後過林孟辛剛外出，留一字而回。

五月十七日：爲道銘事寫一信與呂誠之。

五月十八日：李永圻請看梅蘭芳《鳳還巢》，呂誠之父女亦來。

五月二十三日：呂誠之來，發一信與道銘。

五月三十日：……道銘來一信，……呂誠之來信説鍾道銘事。

六月二日：寫一信覆道銘，並將呂誠之來函附去，屬其辭職事勿鹵莽。

七月八日：晚，呂誠之來一信，爲鍾道銘事也。

七月九日：覆誠之一信寄師範大學。

七月十四日：呂誠之自常州來一信，並附信解紹鍾道銘與吳澤相見。

八月九日：星期，早道銘來，昨始由開封到滬也，當將呂誠之介紹信交予，且看下文矣。

十月八日：到師範大學，看劉約真、呂誠之、許士仁、徐聲越等，劉往靜安寺聽經，許去北京開會，皆未見著，在呂誠之處午飯。

十月十六日：寄一片與金煌，赴劉約真約，到者十人，除主人呂誠之本相識外，曹俶補在文史館上雖一見之，一程姓字宅安，萬縣人，其子在師範大學數學系任教，住舊約翰大學三十五號。云在成都時余曾與邵潭秋至其家，余則忘之久矣。又云與穆生守志相識，穆住萬縣三馬路禮拜寺内。又葛一之，嘉定人，住馬思南路五十七號，電話七七八一九，新由山東財經學院調至師大中文系者。此外爲黃燕甫、劉孝懷、何某、王某，皆湘人也，並攝一影。飯後與呂誠之、葛一之在植物園徘徊久之。（《鍾泰日記》，未刊稿）

一月二十五日，先生參加上海史學會活動，選爲上海史學會理事：

---

①　史存直（一九〇四——一九九四），安徽合肥人。早年赴日就讀於東京帝國大學土木工程系，後棄土從文，致力於文字語言研究，爲華東師範大學中文系教授。又任上海語文學會副會長、中國語言學會理事、中國音韻學研究會顧問。有《語音》、《現代漢語講義》、《語法三論》、《語法新編》、《句本位語法論集》、《漢語音韻學論文集》等著述。

一月二十五日,史學會在海光圖書館舉行大會。沈志遠介紹北京的學術組織情況,強調學習馬列主義對史學工作的重要性,指出史學研究應推進科學的規範,尋找規律,而不是羅列現象。周谷城報告會務:幹事(理事)會先後召開二十三次,座談會召開二十一次,對於自我提高起了一定作用;並審查了北京總會交下的各項史料書目、《中國歷史概要》、《中國通史演義》和金兆梓、李亞農等人著作。周予同談教育改革情況。吳澤介紹華東師大歷史教學的情況,希望總結呂思勉的工作。俞巴林介紹史料叢書的出版工作。蔡尚思和周谷城分別提出對中國史教學的建議。會議選舉王國秀、李平心、李亞農、呂思勉等十七人爲理事。(《上海市歷史學會大事記》,姜義華主編:《史魂》,第三九二頁)

一月,先生致信《解放日報》館及《解放日報》讀者來信組,對報紙的發行零售辦法提出改良意見。後三月三十日,始有郵電部上海郵局致覆信,稱:"中央郵電部和出版總署聯合決定,自一九五三年起在全國實行定期定額計畫發行,不論報紙雜志,都必須實行預訂制度,至零售方面,仍保留有一定數量,但並不是無限制的供應。同時報紙零售的地點,也規定只限在出版地的市區範圍以內,外埠原則上不得零售。例如《解放日報》,只能在上海市區有零售,其他各地就只有按月預訂,而不能供應零售。"

錄是年《顧頡剛日記》中的有關記載:

三月七號星期六:到王國秀家,開史學會第二屆第一次理事會,會畢同飯。詩銘來。今日同會:周谷城、周予同、呂誠之、王國秀、吳澤、胡厚宣、林舉岱、陳旭麓、姚舜欽。今晚同席:以上諸人(客),王國秀(主,國秀之夫爲孫瑞璜)。

三月二十一號星期六〔二月初七〕:到王國秀家,爲呂誠之先生祝六十九壽,八時半散,與平心同車回。今晚同席:呂誠之(客)、束天民、李季谷、李悦、陳旭麓、林舉岱、徐德嶙、吳澤夫人、姚舜欽、王國秀、戴家祥、曹漢奇、陳發源、①袁英光、史月芳、史守謨(以上主)。

五月十四號星期四:寫呂誠之、王國秀信。

五月十六號星期六:與誠安、君匋談。呂誠之先生來。開編審會議,自三時至五時半。

---

① 原文如此,疑爲陳祖源。

五月三十一號星期日：到海光圖書館，出席史學會大會，自二時到五時。又出席理事會，自五時到七時。今日下午同會：平心（講斯大林與史學）、胡厚宣、姚舜欽、楊寬、吳杰（四小組長）、呂誠之、束天民、伍蠡甫、曹漢奇、王國秀、林舉岱、戴家祥、陶鬆雲、鄧廷爵、酈家駒、洪廷彥、譚季龍、章丹楓、繆開華、朱東潤、俞巴林、黃穎先、林同濟、朱□□、陳其可、張世祿。

十月十八號星期日：看蒙文通《古史甄微》。……三時，到王國秀家，開中國史學會第二屆第四次理事會，五時半散。……今日同會：谷城、予同、尚思、厚宣、舉岱、誠之、旭麓、平心、國秀、子敦、（以上出席）造時、巴林（列席），決定出刊物，由自由出版社辦理。

十一月八號星期日：到新雅處赴群聯出版社宴，二時半散。今午同席：呂誠之、王國秀、周谷城、胡厚宣、陳旭麓、林舉岱、（以上客）徐稚鶴、燕義權。（以上主）上海出版社以歷史爲專業方向者現有三家，一神州國光社，印近代史及經濟史資料。一自由，一群聯，皆印歷史教學補充讀物。（《顧頡剛日記》卷七，第三五七、三六三、三八六、三九四、四五七、四六七頁）

五月二十日，先生致函陳楚祥先生：

楚祥老弟：

　　五月二日手書於十一日奉到，知身體日見健康，工作亦將有定，曷勝欣喜。惟吾弟曾大吐血，體內血管或有一易於破裂之處，仍望慎之，工作勿太緊張，運動勿太劇烈，飲食亦勿過醉飽，此三言，無病者亦可用也。工作有定，仍望函示。方聞士請假二十天南還，日前到滬，匆匆一談，昨已回徽州，不久再來，當可一傾積愫。寅文、穎根近狀皆如故，兄亦頑健，寡妻息女皆好。敬頌近祉。

小兄勉頓首　五月廿日

先生的最後一部斷代史《隋唐五代史》是時即將完稿，五月二十一日，爲此書的出版事宜，致函北京西總布胡同甲五十號開明書店王伯祥、胡嘉生先生：

伯祥、嘉生先生：

　　久疏箋候，時切馳思，遙想起居佳勝，定符遠頌。弟碌碌如昔，差幸尚無疾病。《隋唐五代史》承督促而久未脫稿，殊覺慊然。現正努力從事,年內必當寫完,以了此一案。(當時亦未憶及寫得如此之慢。)此書初寫時以爲必可付印,故自己未曾留稿,現聞雖可寫完,未必能再付印。此間歷史系中人擬懇尊處將稿寄下,顧人鈔寫一分,寫畢元稿當鄭重寄還,屬弟商諸尊處,未知此事可行否?敬祈示下,此爲不能付印言之,如仍可付印,自不必多此一舉也。敬以奉問,祇候裁答,敬頌著安,不一。

弟呂思勉頓首上　五月二十一日

舊友敬祈代候。

五月二十八日,先生收到馬厚文先生信,信徑寄上海中山北路三六六三號華東師範大學。先生將此函存入"日用備件":

誠公夫子函丈:

奉別以來,忽已三年,昨日接讀賜書,殷勤垂詢鄙況,感何可言,並審起居康勝,師母小姐均安,殊慰遠懷。門生夙有頭痛老症,係在讀書時病後所得。昔年多方診治,中醫謂係肝陽,西醫謂係神經衰弱,均未奏效。近來以來,復加以昏暈,去歲春初由蘇州調至崑山,課務既忙,醫療又感不便,終日頭腦痛暈,益不可支。曾赴滬診治數次,醫師斷爲腦病,蓋係看書受傷所致,以年久體弱,不易根本治癒,只有休養,不能用腦。乃於七月學期結束後,辭職獲准,回至安慶調治,將近一年,未曾看書,現除仍有頭暈外,痛勢已止。自念平生不善養生,構此病痛,以致記憶消失,看書輒忘,思想滯鈍,不能講解教課,實已不行,頗思擔任職員工作,以養殘生。華東師範或附屬中學如需職員抄寫,或圖書管理等事(聞周哲肶先生在光華中學,任圖書館主任),尚祈師座代爲留意,或與茂公一談。舜卿、燕謀兩兄亦久不通候,晤時並乞致意。(舜卿兄曾同居,彼昔年知賤恙頗詳。)大兒昆寅現在貴池中學任教,小兒昆辰仍在交通大學肄業,文木迄無消息。肅此奉告,不盡言。敬叩崇安。

門生馬厚文頓首謹啟　五月廿五日

五月三十一日,先生至海光圖書館參加上海史學會座談會:

五月三十一日,史學會在海光圖書館召開座談會……並舉行理事會會議,胡厚宣、顧頡剛、林舉岱、王國秀、姚舜欽、周谷城、呂思勉、楊寬、李平心出席。決議入會資格增加爲"凡具有優良成績,並有二年以上工齡,經會員二人理事一人介紹者,予以考慮吸收爲會員"。通過胡曲園等爲會員。決議爭取出版期刊，由李平心、胡厚宣、俞巴林、周谷城、顧頡剛擬定計劃。(《上海市歷史學會大事記》，姜義華主編：《史魂》，第三九八頁)

九月，先生曾就編寫《中國通史》的計劃致函華東人民出版社，又按出版社要求，寄上寫就的《擬編中國通史說略》(即編寫提綱)。下錄九月五日、三十日華東人民出版社的兩封覆信：

呂思勉同志：

　　寄來的出版意見已收到。我們看到您準備編寫《中國通史》，很高興。希望你在執筆之先，將通盤的編寫計畫告訴我們。至於這部著作的出版問題，俟全稿完成當可考慮。盼多聯繫。此致
敬禮！

　　　　　　　　　　華東人民出版社辦公室　一九五三年九月五日

呂思勉同志：

　　九月十三日來信暨寄來的《中國通史說略編寫提綱》都收到了。因中央人民出版社已分編出版范文瀾同志著的《中國通史簡編》修訂本，該書同時在華東印行，爲避免重復起見，我們不擬另出一部《中國通史》。你是否可以選擇中國歷史上某一專題，來寫一部適合於一般學習歷史的同志閱讀的中級讀物？《中國通史說略》編寫提綱隨信附還，未能照尊意辦理，甚歉。以後仍請多聯繫。此致
敬禮！

　　　　　　　　　華東人民出版社辦公室　西曆一九五三年九月卅日

十月十八日，先生參加史學會的第二屆第四次理事會會議：

　　十月十八日，史學會在新華園37號舉行第二屆第四次理事會會議，胡厚宣、顧頡剛、林舉岱、王國秀、周谷城、呂思勉、李平心、蔡尚思、周予同、王造時、陳旭麓等出席。決定本會出版工作與計畫，由周谷城與自由出版社(後改與新知識出版社、中華書局)接洽。(《上海市歷史學會大事記》，姜義華主編：《史魂》，第三九九頁)

下半年起，先生已在華東師範大學歷史系教授"歷史文選"課，現留有當時編的講稿《史籍選文》，此課課時不多，而學生程度較低，如何講授頗費躊躇。十一月一日，先生致函陳楚祥先生，談到"歷史文選"課的難教：

楚祥老弟：

　　手書廿六日奉到，越三日(廿九)找到主管人員，已將收據代交矣。兄此學期擔任歷史文選四小時，課尚不忙，雜務校中亦不以相煩，惟學生國文程度太低，甚為難教耳。內人向來入夏多病，深秋乃愈，今夏幸獲平安，而入秋初患支氣管炎，繼以瘧疾，纏綿亦近兩旬，幸不甚重，今久愈矣。吾弟天資高朗，學習俄文，自必易於進步，今後想當留任財經學院，一時不致調動，住址想無遷移，此信封面照來信寫財經學院，雖無街名，當不致遺失也。小女現亦在滬寓。弟體次想益健勝，復頌秋綏，仍望來雁。

小兄勉頓首　十一月一日

十一月二十九日，先生參加史學會在海光圖書館舉行理事會會議：

　　十一月二十九日，史學會在海光圖書館舉行理事會會議，接受華東人民出版社委托，編輯《怎樣學習祖國歷史》；確定《歷史研究叢刊》編輯委員會成員：金兆梓、顧頡剛、林舉岱、楊寬、伍蠡甫、陳守實、周予同、戴家祥、呂思勉、蔡尚思。召集人李亞農、胡厚宣、陳旭麓、金兆梓、顧頡剛分別負責收集稿件。第一集爭取一九五四年二月出版。同時決定今後座談會應加強政治思想性和學術性，發揚批評與自我批評。(《上海市歷史學會大事記》，姜義華主編：《史魂》，第三九九至四〇〇頁)

十二月六日，先生參股真如區供銷合作社。先生遺物中，有收據一張，照錄如次：

真如區供銷合作社增加股金臨時收據

　　今收到華東師大呂思勉交來股金三個折實單位，當折實牌價五三一元，計人民幣一六二〇〇元。原來股據號碼：光臨八號。此據。

真如區合作社　一九五三年十二月六日

先生曾在民國二十五年九月十五日撰有《貓友紀》，是年又記光華大學的黑白貓及所畜的小黑貓，可見先生仁愛之心及於動物，從中也可見當時學校的人事調動與變遷：

　　倭寇降伏後，予重來上海，所見之貓，最可愛者，一為光華大學圖書館之白貓，館中工人李錫根畜之。錫根甚愛之，常與以美食。此貓與人最親，呼之輒至，後以免乳後染疾死。次之則華東師範大學中之黑貓，辛

413

卯（一九五一）秋，光華、大夏等大學合併而爲華東師範大學，予亦自光華轉至華東任職。華東校址就故大夏地址，予居教職員宿舍第二號，女翼仁隨焉。大夏舊教職員有調往東北者，遺所畜黑、白貓而去，黑、白貓時尚小，見予女輒相隨，因遂畜之。明年生一小貓，即此黑貓也，與人尤親。癸巳（一九五三）仲春，予等還里，閱十一日而來，此黑貓忽病，後足幾不能行，亦不能食，二月二十七日夜（二十八日寅正）哀號數聲而死，聲甚慘屬。或云後足不能動，脊骨爲人所傷，未知信否。

是年年初，先生依據殘存日記，將舊日所作詩篇，加上自己的意見和注，後又請人鈔録一册，請趙元成、陳研因、汪叔良諸先生評論。汪先生又手録一本。先生逝世後，即據汪先生鈔本油印，稱《誠之詩稿》（修訂本手稿），當時約印數百册，分贈親友和圖書館。其後於遺稿内又陸續發現先生所作詩詞。

是年先生作七律一首：《癸巳重九約真期集滬上公園嘯篁詩最先成即次其韻》。

一九五四年甲午　七十一歲

是年日記曰《莊敬記》。

行年七十，人皆稱吾老健，吾亦以此自許。然入去歲來，稍稍衰矣。何以起之？程子曰：不學便老而衰。何以學？記曰：君子以莊敬日强，安肆日偷。（《日記二·莊敬記序》）

録先生殘存日記如下：

一九五四年三月七日。抵滬，是夜發寒熱。八日仍上課而甚憊。夜發寒熱較重。九日晨退午又發亦重。十日晨退午復作，興中診。[1] 十一日服興中藥，未發寒熱。十二日體温正，甚乏。

三月十五日。請假歸，約過春假往，在上海車站甚憊，還里後稍愈。

三月二十一日（舊曆二月十七日）。綴蘭七十生日，榮先期歸，二十夜及是午皆以素肴餉客，余已甚健，且是時胃納特佳。然自去年已來，兩足微腫，邇來或云予晨起眼虚。

三月二十九日。詣承仰賢聽診，血壓弛八十，張倍之，惟脈少堅，乃

---

[1]　談興中，江蘇宜興人，二十年代赴德國攻讀醫學，獲醫學博士學位。回國後長期擔任光華大學、華東師範大學附中校醫。

衰年自然之象,不可云病,不必服藥,惟食不宜過減云。

三月廿九。夜分寒熱。

四月一日,榮歸,請玄謨,初二又請,三日下午乃退,四日能出寫信,五日憊甚。(一夜縵蘭發寒熱,四日退。)大便秘結,八日服通便藥,九日得便,然連日午後,似有寒熱,人亦昏迷。十日午後似覺清醒,約玉虬,以明日下鄉夜至。初十、十一、十二熱較重而人較清醒。十二日用生大黃。(十一日夜丑正即十二日,彥誠逝世。十二半夜小蘭來,十三日火葬,十四日小蘭行。)玄明粉十三日通便始暢,十九日全無熱,自覺甚健,廿亦然而廿一午後卅七.三。(十九夜二時半遂惡寒服藥,近天明乃已,六時熱亦退,退時有汗。廿夜四時遂寒較輕而熱不如昨暢,退亦遲,至廿一午後乃退,似未清,旋復少高。廿一夜二時半惡寒,服藥,黎明退,有汗,與十九夜似,至廿二午而清,且退且汗,憊不能起。廿二夜寒熱似廿夜。廿三玄謨來,云中性細胞甚多,必非瘧而爲胃腸炎,服其藥,夜不覺有寒熱,改服配尼西林。屢吐黏液。廿四午後病顯減,夜四時似仍有寒而熱大減,胃病亦減。廿六無寒熱,廿七黎明略有輕寒熱,十一時後漸退。)

四月十七,永圻來。廿四,鍾山來。廿五,永圻行。予體溫卅七分,高至卅七.七,非服藥不得便。

五月三日,驗血得血球二萬〇三百,玄謨云有發炎處,服配尼西林三瓶,無效。八日、九日服匹拉米同,亦無效。且舌苔灰膩。十三日疑爲有蠶豆來多食故,亟節之,且服但食妥。十四降至卅五.七至卅六.三,十五日最高爲卅七.〇。十七日出行,午前卅七.四,疑爲勞。十八日,驗血白萬五千三百,中性細胞七五七〇,則尚有外病。十九日夜有汗,廿日低減,人覺鬆爽,然廿二日又稍高,卅日始服維他命B製劑。

五月卅一,至北大街訪皮絲店,則閉矣。

六月四日驗血,白萬一千五百,熱度最高卅七.六,八日訪玄謨於紅十字醫院,疑腳氣。九日訪舜民,屬打配針。玄謨介李毓秀來。至時卅七度餘。十二日最高卅六.九,自此迄未逾卅七,而八日以後便秘亦不服藥而自愈。得叔良信。豈久罷維B,故成常習,便秘而近歲足腫(?)

六月十九,至同新驗血,萬一千二百,此後溫度卅七度,且後不問亦無他,而不能行路。七月中旬至公園啜茗,亦須乘車。

莊敬記九　日記六百五十五

〇閏士〇

九月初一日（水。舊曆八月初五，庚申）。晴。閱《續通鑑》，閱《歷史問題譯叢》第一册，未畢。檢雜件。銘孫來。

初二日（木。舊曆八月初六，辛酉）。晴，申初雨，即止。閱《通鑑》，閱《歷史問題譯叢》第二册，未畢。春甥來。玉揆來。

初三日（金。舊曆八月初七，壬戌）。晴。葵伯來。慶之來。閱《續通鑑》，閱《廈門大學學報》。

〇其可〇

初四日（土。舊曆八月初八日，癸亥）。晴。葵伯來。縵蘭近日患傷風氣管支炎，今日午後請同新診所中人驗血，白血球萬二千。閱《廈門大學學報》、中山大學岑仲勉《隋唐史》，皆玉揆相假也。

〇鍾山△

初五日（日。舊曆八月初九日，甲子）。晴。至小河緣理髮。至第一市立中學晤慎行、則敬兩君。抱宏、玉揆均未晤及，而聞勤昌方來訪予。至宏昌買月餅。勤昌來，未晤。縵蘭兼患腸胃病，請玉虬來診。至巷口買物。

初六日（月。舊曆八月初十，乙丑）。晴。縵蘭昨服玉虬藥，夜三時得大解，今日熱度減低，午後玉虬仍來診。閱《續通鑑》，閱《歷史研究》第四册。春甥來。

初七日（火。舊曆八月十一日，丙寅）。卯初雨，旋晴。連日鬱熱，今稍凉。縵蘭病勢略如昨，玉虬來爲診。閱《續通鑑》，閱《歷史研究》第四册。

●陳鴻記〇

初八日（水。舊曆八月十二，丁卯）。晴。湛卿來。葵伯來。至縣前大街買物。葵伯、慶之來。縵蘭胃腹疾稍愈，咳未已，日發寒熱。玉虬來診，用麻黃石膏。葵伯來。春甥來。

初九日（木。舊曆八月十三，戊戌）。晴。至大街買物。閱《續通鑑》，閱《文史哲》第九期。葵伯來。縵蘭咳與寒熱皆減，玉虬來診，仍服前方。

初十日（金。舊曆八月十四日，己巳）。晴。閱《續通鑑》，閱《經濟週報》。縵蘭昨夜咳，今日寒熱又較甚。玉虬來診。是日停中藥，夜始服配尼西林。

十一日（土。舊曆八月十五日，庚午）。縵蘭是日寒熱止，咳亦減，續服配尼西林。

〇永圻〇 〇寬正〇 〇玉虯〇

十二日（日。舊曆八月十六日，辛未）。晴。訪嶠若，至大街千秋坊買物。湛卿來。偕永武至和平觀電影。春甥、懷南來。繼蘭病又減，仍服配尼西林。

〇永圻藥 ●△

十三日（月。舊曆八月十七，壬申）。晴。葵伯來。閱《續通鑑》，閱《歷史問題譯叢》。繼蘭疾又有起色，仍服配尼西林。

十四日（火。舊曆八月十八日，癸酉）。晴。至甡昌修錶。慶之來。葵伯、湛卿來。閱《歷史問題譯叢》。繼蘭疾又有起色，仍服配尼西林。予氣管炎邇頗劇，是日始服克力芬改製劑。

●瑶青〇

十五日（水。舊曆八月十九日，甲戌）。晴。閱《續通鑑》。至總工會收房租，人民銀行取款，信誼藥房買樂口福麥乳精。閱《歷史問題譯叢》。葵伯來。玉虯來。春甥來。繼蘭疾如昨，仍服配尼西林。

十六日（木。舊曆八月二十日，乙亥）。晴。訪銘孫未晤。薀臣嫂來。榮赴滬。閱《續通鑑》。訪銘孫。至派出所報榮行。昨增雇陳姓女傭，永武續借住半月。閱《歷史問題譯叢》。繼蘭疾似又少損，午前續服配尼西林，午後暫停。

〇榮一⊙ ●又⊙ ●祥耀〇

十七日（金。舊曆八月二十一日，丙午）。晴。至郵局寄信。閱《續通鑑》。張澹奄來。閱《歷史問題譯叢》。至甡昌修錶。繼蘭自云頗覺不適，是日仍服配尼西林。

〇榮△

十八日（土。舊曆八月二十二日，丁丑）。晴。訪志冠。閱《續通鑑》，閱《經濟週報》。志冠來。至小河緣理髮。浮橋買物。葵伯來。繼蘭昨夜三時發一寒熱，今日午後始退清，自云反較舒適。榮云繼蘭服配尼西林，寒熱退後隔若干日，必又有一寒熱，蓋配尼西林之反應，繼蘭亦云然。予則謂此一寒熱，蓋病為配尼西林所壓，至此而發者，未必服藥之反應也。

●榮二〇 〇又二〇 ●又三〇 ●瑶青〇 〇永圻〇

十九日（日。舊曆八月二十三日，戊寅）。晴。至郵局寄信。棲霞來。玉搋來。嶠若來。繼蘭昨日自云前夜之寒熱至昨午後始退楚,然遲明時曾自覺熱退,九時復微惡寒,蓋前夜三時與昨晨九時實兩寒熱也。昨夜未有寒熱,今晨九時微惡寒,十二時量之爲三十八度又十分度之二,至晚未退楚。

　　○叔良○

二十日(月。舊曆八月二十四日,己卯)。晴。繼蘭昨夜一時又發寒熱,頗重,今晨退楚,九時量之爲三十六又十分度之五,竟日未有寒熱。至銀行取款,縣巷買物。閱《續通鑑》,閱《歷史問題譯叢》。至居民委員會,以永武及新顧女傭陳氏油糧事也。遂訪志冠。慶之來。葵伯來。湛卿來。

　　○春甫訥侯　○榮三△　○又四△　●又四○

二十一日(火。舊曆八月二十五日,庚辰)。晴。繼蘭昨夜三時微有寒熱,今晨量之爲三十八又十分度之五,後漸退,並晚乃楚。訥侯來。閱《續通鑑》,閱《歷史問題譯叢》。譚蘊華[1]來。

　　○榮五○　●又五○　○永圻△　○●楚祥○

二十二日(水。舊曆八月二十六日,辛巳)。晴。繼蘭昨夜八時微惡寒,一時熱頗盛,且咳吐黏液,遲明稍退,至八時四十分熱度爲三十七又十分度之八,下午二時四十分爲三十七又十分度之三。譚蘊華來。至元謨處請其來爲繼蘭一診,須後日乃得暇。至牪昌取所修鐘。出寄信。閱《歷史問題譯叢》。

　　○榮六○　●又○　○永圻⊙　●又△

二十三日(木。舊曆八月三十之日,壬午)。晴。並晚陰,夜微雨,旋止。至同新請人來爲繼蘭驗血,燕士競來驗,得白血球爲萬七千五百。閱《續通鑑》,閱《歷史問題譯叢》。葵伯來。是日晨繼蘭熱度爲三十八又十分度之二,下午四時爲三十八又十分度之六,此時漸覺惡,熱度旋上升,至七時爲三十九又十分度之七,咳而吐去黏液,自此溫度漸下降,十時爲三十八又十分度之六,此後又漸降,此次寒熱自覺最重。

　　○榮七○　●又七○　○文木○

二十四日(金。舊曆八月二十八日,癸未)。陰,辰、午皆微雨即止,申初一暘復晦,夜又微雨。繼蘭晨熱度三十八又十分度之六,午正三十

---

[1]　譚蘊華,系吕先生江蘇省立第一師範同事張元白先生之妻子,譚廉之妹。

八又十分度之四，酉初三十八又十分度之六，戌初元謨來量爲三十八又十分度之一。元謨云兼有肺炎，非徒氣管炎也。配尼西林片劑，有時胃中不能吸收，囑改服地亞净，云熱度如仍上升，則須注射配尼西林。未刻爲繼蘭出買荔枝不得，紅棗甚劣，不可買，求杏仁酥亦不得。

〇榮八△　〇又九〇

二十五日（土。舊曆八月二十九日，甲申）。雨陰，午後晴。八時使女庸高郵張姓出寄信，還詒予曰郵局門猶閉，須九時乃開。予知無是事也，親往，未及八時半，門已大開矣。除匯款外，郵局無事不始於八時也，而詒言須九時乃開門，且此語聞諸誰乎？其愚無知如此，予還笑詰之，亦不知羞恥也，難矣哉。玉祥、淑新來。繼蘭晨八時熱度爲三十六又十分度之一，下午三時升至三十七又十分度之三，此時惡寒稍盛，至七時餘乃止，熱三十九度又十分度之二，自覺與二十三日輕重仿佛，寒時甚不適也。

●榮七〇

二十六日（日。舊曆八月三十日，乙酉）。陰，晴，陰。至小河緣理髮。訪玉揆，以其十九日言，曾在武進醫院任職，可爲繼蘭約一醫師來診斷，托之也。遂至大街浮橋仁育橋，爲繼蘭買食物，多不得。玉揆暨武進醫院内科副主任徐君樹人來爲繼蘭診視，云決非癆氣管支炎，今亦不劇，肺微炎而已，如此輕證不應久之不愈，則或可疑其肺炎爲濾過性病毒，然非攝愛克司光景不易斷也。先是薛小姐瑞晨訪徐元謨，以繼蘭昨病狀告之，元謨處一注射方來以示，樹人亦以爲然，而云可日針，連針四日，倘寒熱仍不止，則至武進醫院攝愛克司光景。元謨所用注射藥曰克尼西林，樹人云市所儲不如武進醫院所有，乃由玉揆往爲代買，又送來，其意甚可感矣。托永武代請李毓秀來注射，申正來。訪元謨告以樹人之言，未晤。乃由電話告之，元謨亦以爲然。繼蘭竟日未有寒熱，申正二刻爲三十六又十分度之九。

〇榮十〇　●又八△

二十七日（月。舊曆九月初一，丙戌）。陰，巳、午一晴，酉刻又有霽意。繼蘭昨晚時微惡寒，睡後寢甚，半夜乃已，即發熱較廿三、廿五之寒爲輕。今晨六時爲三十八又十分度之二，得汗頗多，後飲果露，又得汗，前此所未有也。十時爲三十六又十分度之九，下午四時爲三十六又十分度之八。葵伯來。前修之鐘走太慢，又至牲昌重修，遂至揚州飯店爲繼蘭買黃雀。葵伯來，未晤。閱《歷史問題譯叢》一、二、五、六册畢，三、四册,未買得。閲《經濟週報》、《世界知識》。李毓秀酉初三十分來。

　　●楚祥○　●文木○　●永圻○　●榮九○

　　二十八日(火。舊曆九月初二,丁亥)。晴。閲《西塞羅文録》,永圻寄遺也。繼蘭昨半夜仍有寒熱,又較前晚爲輕,今晨六時熱度三十七又十分度之四,已正十分度之三,申正十分度之七,戌正十分度之八。

　　○榮十一△　●又十△　●叔良△　●聞士○　●祥耀○

　　二十九日(水。舊曆九月初三日,戊子)。晴,陰。出爲繼蘭買果子露、水果糖、蘋果、梨,梨未得。出寄信。玉揆來,問繼蘭之疾,約會今夜與樹人晤談,复明晨再來,且云樹人曾以電話問於玉揆,意皆可感也。繼蘭昨夜熱略如前夜,今晨六時半熱度三十八又十分度之三,下午六時三十七又十分度之三,以前午後甚乏,今日自覺精神稍振,胃納亦較多。李毓秀以迫國慶事冗,近七時乃來,是日四針打完。

　　●榮十一△　○又　●其可○

　　三十日(木。舊曆九月初四日,己丑)。陰。蓋臣四嫂來。出寄信,至銀行取款。昨半夜,公安局抽查戶口,謂予名數應在滬,與辯不省,屬訪派出所之楊奎,往不遇。訪楊奎,出寄信。遂至大街千秋坊縣前買物。繼蘭昨夜無寒熱,今晨七時溫度爲三十六又十分度之九,下午三時半升至三十七又十分度之三。玉揆晨來,述樹人言,無庸再注射,而屬到醫院仔細檢查一次,與約過下月初三往。吳祥溥屬永武在旅館中開一室。

　　莊敬記十　日記六百五十六

　　●榮十二○

　　十月初一日(金。舊曆九月初五日,庚寅)。陰雨。繼蘭昨半夜有寒熱,意甚微,今日辰正溫度三十八,申初三十分三十七又十分度之一,近日胃納稍起。閲《續通鑑》。春甥來,昨日滬歸也。至郵局寄信。閲《經濟週報》。葵伯來,道族人明日以專祠事,欲借予家開會,時在申時。永年來。

　　初二日(土。舊曆九月初六日,辛卯)。昨夜雨,今已止,戌又雨。繼蘭昨夜自覺最好,但至三時不能寐而已,今晨八時溫度三十七又十分度之三。閲《續通鑑》。玉揆來商定,繼蘭更較健康,乃至武進醫院檢查。族人來開會,酉、戌間散。閲《經濟週報》。

　　●榮十三△　○又△　○其可○　○青年○

　　初三日(日。舊曆九月初七日,壬辰)。陰。勤昌來。至小河緣理髮,大街縣前仁育橋買物。玉山來,未晤。榮歸。繼蘭昨夜三時仍醒,今晨八時溫度三十六又十分度之九。

初四日（月。舊曆九月初八日，癸巳）。昨夜雨，今日陰，午復晴。訪玉山，因榮兩臂兩膝酸痛，運動有時不便，擬請徐樹人診。訪玉揆於市立第一中學，請其紹介。玉揆允下午三時半至四時間至其家，同往醫院，而榮力乏，且惡寒，蓋發微熱，乃以電話告玉揆請改期。閱《續通鑑》。至新新，偕玉山至，復與彼浴，予修足，予不能浴浴池也。縕蘭安好，但昨夜丑寅間仍不寐耳，今日未量體溫。

●青年〇　〇永圻△

初五日（火。舊曆九月初九日，甲午）。晴。將西宅書籍等分若干置東宅。閱《續通鑑》。葵伯來。至陸順興，遂至牲昌取鐘，未得。縕蘭又見康復。

初六日（木。舊曆九月十一日，丙申）。昨夜雨，今日陰，申初微雨。訪玉揆，約明日申時初，榮至其家，同往醫院。還，在北岸書攤買書三種。北岸河自填沒後，政府搭蓋簑屋若干間，爲攤販聚集之處。閱《續通鑑》。至陸順興，遂至牲昌取鐘，仍未得。縕蘭又見康復。

●永圻⊙　又⊙　〇其可〇

初七日（木。舊曆九月十一日。丙申）。昨夜雨，今日陰，申初微雨即止，酉後復又雨。春甥來。偕榮詣玉揆同至武進醫院，請徐樹人診罷，予至陸順興。縕蘭病已愈，惟氣力尚乏耳。

初八日（金。舊曆九月十二日，丁酉）。昨夜雨，今日巳刻止，竟日陰。訪玉揆，托其代約樹人，後日在揚州飯店晚飯。閱《續通鑑》。至陸順興，遂至大街，買驗牛乳器。縕蘭情形如昨。

初九日（日。舊曆九月十三日，戊戌）。昨夜雨，今日陰，未微雨。閱《續通鑑》。至陸順興，遂至牲昌取所修鐘。縕蘭情形如昨，蓋病已愈，惟未元復。

〇楚祥〇　〇永圻⊙

初十日（日。舊曆九月十四日，己亥）。昨夜雨，今日陰，午後漸晴。至小河緣理髮，遂至牲昌，以鐘走本嫌慢，今又嫌快，屬其再校正。慶之來，葵伯來，湛卿來。約樹人、舜名、元謨、志鈞、勤昌、永武在揚州飯店夜飯。則敬適來，亦約其前往，而舜名未至。予與縕蘭、榮偕往。

●永圻〇

十一日（月。舊曆九月十五日，庚子）。晴。訪志冠。閱《續通鑑》。

拆修西宅西牆,瓦匠明日將來動工,而葵伯租地築室,借予此牆爲牆,往告之,未遇,告其同居者。玉揆以論戊戌政變之作屬閲,今日爲閲一篇。

●楚祥⊙

十二日(火。舊曆九月十六日,辛丑)。晴。至派出所,爲張姓女庸報遷入。閲《續通鑑》。出寄信。閲玉揆文畢。春甥來。出買饅頭。

○叔良○　○其可△　●又○

十三日(水。舊曆九月十七日,壬寅)。晴。閲《續通鑑》。孝彝、慶之來。以東宅門房梁壞,找耀成未遇,至順興。葵伯來。

十四日(木。舊曆九月十八日,癸卯)。晴。葵伯來,以拆修西宅西牆,偕至其家一看。耀成來。葵伯來。閲《續通鑑》。千頃夫人來,適予與繼蘭偕午睡,未晤。閲《文史哲》。

十五日(金。舊曆九月十九日,甲辰)。晴。閲《經濟週報》。至總工會收房租,會計不在乃還。至總工會收房租,銀行存取款。使女庸陳姓至瑞和買物,還曰已收歇,匱台且拆去矣。予前日猶過之,訝其語不倫,親往視之,則無是事也,更詰之,則其所謂瑞和者,非瑞和也。慕尹來。閲《世界知識》。

●叔良○

十六日(土。舊曆九月二十日,乙巳)。晴。榮如滬。閲《續通鑑》。春甥來。至小河緣理髮,遂至陸順興。

●榮一○　○又一△

十七日(日。舊曆九月二十一日,丙午)。晴。訪葵伯。孝彝、慶之來。至郵局寄信。至順興。

○榮二○　○楚祥○

十八日(月。舊曆九月二十二日,丁未)。晴。閲《續通鑑》。春甥來。專祠基地蓬印氏之婦人來。

○榮三△

十九日(火。舊曆九月二十三日,戊申)。晴。閲《續通鑑》。葵伯來。出寄信。拆修西宅西牆,今日竣工。

○榮三○　●又四○

二十日(水。舊曆九月二十四日,己酉)。晴。閲《續通鑑》。春甥來。至人民銀行付電燈費。至順興。至大街買物。

二十一日(木。舊曆九月二十五日,庚戌)。晴。閲《續通鑑》。出寄信,並取鐘,仍未得。荊淵來。

　　〇榮四〇　〇名世〇

二十二日(金。舊曆九月二十六日,辛亥)。晴。閲《續通鑑》。至銀行取款,至順興,至大街買物。

　　●榮五〇　〇峴雲湛卿

二十三日(土。舊曆九月二十七日,壬子)。晴。至小河緣理髮。訪則敬、玉揆於市立第一中學,則敬有疾,未晤。至北岸舊書攤。閲《續通鑑》。至順興。至蛙昌取鐘。湛卿來,未晤。

　　〇榮五〇　〇又☉　●又六〇　●名世〇

二十四日(日。舊曆九月二十八日,癸丑)。閲《世界知識》、《經濟週報》。湛卿來。玉揆來。訪峴雲,未晤。至順興。春甥來。

二十五日(月。舊曆九月二十九日,甲寅。)晴。閲《續通鑑》。出寄信。至順興。閲《經濟週報》、《世界知識》。

　　〇榮六〇

二十六日(火。舊曆九月三十日,乙卯)。晴。閲《續通鑑》。蔣天波來。① 至順興。至大街買物。

　　〇榮七△　〇又七〇　●又八〇　〇叔良〇　●又〇　〇敬謀〇

二十七日(水。舊曆十月初一丙辰,晴)。至郵局寄信。閲《續通鑑》。慶之來。至大街買藥。至順興。玉揆來。

二十八日(木。舊曆十月初二日,丁巳)。陰,日光時見。閲《續通鑑》。至順興。閲《經濟週報》。

　　〇榮八〇　〇又九〇　〇叔良〇

二十九日(金。舊曆十月初三,戊午)。陰。閲《續通鑑》。孝彝來。出寄信。春甥來。

　　●頡剛☉　●青年☉

三十日(土。舊曆十月初四日,己未)。晴。閲《續通鑑》。閲《經濟週報》。至小河緣理髮。大街發信。至順興。至大街買物。

　　〇榮九〇　●又十☉　●又☉　〇叔良〇　☉永圻〇

三十一日(日。舊曆十月初五日,庚申)。晴。訪嶠若未晤。至郵局寄信。千秋坊買物。至萬華樓,族人以專祠事會議於此。

---

① 蔣天波,呂翼仁先生任教常州奔牛麗江中學時(一九四四至一九四五年)的學生。

莊敬記十一　　　日記六百五十七

十一月初一日（月。舊曆十月初六日，辛酉）。晴。嶠若來。閱《續通鑑》。葵伯來。初分發出雖專祠房地産款，在予處分發，族人多來取。

○榮十△　　●又十一△

初二日（火。舊曆十月初七日，壬戌）。晴。閱《續通鑑》。出寄信。至大街買物。遂至順興。又在大街買物。

初三日（水。舊曆十月初八日，癸亥）。晴。閱《續通鑑》。永清叔之妾來。至銀行取款。至順興。至大街買物。

○榮十一△　　●又十二△

初四日（木。舊曆十月初九日，甲子）。晴。閱《續通鑑》。新修之鐘以其行太速也，取回後昨忽不能行，又持之牲昌一修。遂至順興。又至大街買物。

○青年○

初五日（金。舊曆十月初十日，乙丑）。晴。閱《續通鑑》。至順興。遂至大街買物。

○榮十二○　　●又十三○　　●叔良○

初六日（土。舊曆十月初十一日，陰）。瞿耽孫來（端生）。閱《續通鑑》。至小河緣理髮。遂至順興。又至大街買物。

●敬謀○　　●永圻○

初七日（日。舊曆十月十二日。丁卯）。陰。辰、午微雨即止。春甥來。至順興。勤谷夫人來，未晤。淮南來。

○榮十三○　　●又十四○

初八日（月。舊曆十月十三日，戊辰）。晴。閱《續通鑑》。閱《文史哲》。至順興。至大街千秋坊買物。

○榮十四⊙

初九日（火。舊曆十月十四日，己巳）。晴。聞耽孫明日將如滬，偕永武訪之，未晤。閱《續通鑑》。閱《文史哲》。至居民委員會取買糖證。閱《經濟週報》。至順興。至新新買繪圖墨水。耽孫來。

○榮十五⊙　　●又十六○

初十日（水。舊曆十月十五日，庚午）。晴。至郵局寄信。閱《續通鑑》。至郵局寄信。至順興。

○榮十五○　●又十七△　○聞士○

十一日(木。舊曆十月十六日,辛未)。晴。閱《續通鑑》。閱《經濟週報》。春甥來。時鐘分針奪,至甡昌修。至順昌。

○三聯○

十二日(金。舊曆十月十七日,壬申)。陰,薄午一暘,申後雨。閱《續通鑑》。出寄信。閱《經濟週報》。至順興。至千秋坊買物。還過玉山。

○榮十六△　●又十八○

十三日(土。舊曆十月十八,癸酉)。微雨竟日,未刻較甚。閱《續通鑑》。春甥來。矯若來。

●研因○　●聞士○　●三聯⊙　○青年○

十四日(日。舊曆十月十九日,甲戌)。陰,酉微雨。房客薛太太之母張太太於昨夜丑刻過世。至小河緣理髮。訪玉山。至順興。

○榮十七△　●又十九○

十五日(月。舊曆十月二十日,乙亥)。陰,申晴。閱《續通鑑》。丹戈來。孝彝來。孝彝、葵伯來。送張太太斂。至順興。

○研因○

十六日(火。舊曆十月二十一日,丙子)。陰。閱《續通鑑》。津稼來。縉蘭近傷風,昨夜發熱,今日巳後睡,酉刻量之爲三十七又十分度之九。

○榮十八○　●又二十○　●則敬○

十七日(水。舊曆十月二十二日,丁丑)。晴。出寄信。訪玉山。閱《經濟週報》。至順興。至大街仁育橋買物。

十八日(木。舊曆十月二十三日,戊寅)。晴。穀臣來。閱《明通鑑》。縉蘭微有目疾,詣周濟平求藥未得。公園方在拓地,拆去東面之屋,歸途順往一觀。至千秋坊訪彈舊絮處。至順興。閱《經濟週報》。

○榮十九○　○又二十○　●又廿一⊙

十九日(金。舊曆十月二十四日,己卯)。晴。閱《明通鑑》。至郵局寄信。至順興。

二十日(土。舊曆十月二十五日,庚戌)。晴。閱《明通鑑》。志冠來。至順興。

○榮廿一△　○又廿二△　●又廿二○　●史系⊙

二十一日(日。舊曆十月二十六日,辛巳)。晴。訪志冠,未晤。志冠來。至小河緣理髮。至順興。至大街買物。

　　○榮廿三○　　○丹戈○

二十二日(月。舊曆十月二十七日,壬午)。晴。閱《明通鑑》。至郵局取款。閱徐德嶙所編《隋唐史講義》。至縣橫街買印花。訪玉山。至大廟弄人民銀行交電費,擁擠。至順興,擬小坐復往,乃與浦壽觀圍棋兩局,遂逾銀行辦事時矣。自三月二十九日在和平與項君弈,歸而病,自此未弈也。

　　●榮廿三△　　○通伯△　　○叔良○　　●又△

二十三日(火。舊曆十月二十八日,癸未)。晴。閱《明通鑑》。春甥來。閱徐德嶙《隋唐史講義》。繼蘭傷風迄不愈,是日午後溫度爲卅八又十分度之三,思食橘,出買之。

　　○榮廿四○　　●又廿四○　　●屺懷⊙　　●通伯△

二十四日(水。舊曆十月二十九日,甲申)。陰。閱《續通鑑》。訪莊志美,通伯托致兩萬元也。孝彝、湛卿、慶之來。予往訪葵伯,擬約其來一談,未值。閱徐德嶙《隋唐史講義》。葵伯來。繼蘭午初溫度爲卅六又十分度之八,旋惡寒發熱,酉初退爲三十八度。

　　○頡剛○　　●叔良○

二十五日(木。舊曆十一月初一日,乙酉)。陰。閱《明通鑑》。嶠若來。春甥來。至順興,德培圍棋一局。至大街買物。繼蘭是日未有寒熱。

　　○榮廿五△　　○又廿六△　　●又廿五○　　○閩士○

二十六日(金。舊曆十一月初二日,丙戌)。陰。湛卿來。閱《明通鑑》。至順興,與壽觀圍棋一局。至大街買物。閱吳瑶青所編《春秋史講義》。

二十七日(土。舊曆十一月初三日,丁亥)。昨夜雨,今日陰。閱《明通鑑》。至順興,與德培圍棋一局。至大街買物。閱徐德嶙《隋唐史講義》。

　　○其可○　　○又⊙　　●榮廿六△

二十八日(日。舊曆十一月初四,戊子)。晴。閱《明通鑑》。至順興,與項君某圍棋兩局。閱吳瑶青《春秋史講義》。

　　○榮廿七○　　●又廿七○　　●史系○　　●又⊙　　○叔良⊙

二十九日(月。舊曆十一月初五日,己丑)。陰,申刻雨。閱《明通鑑》。葵伯來。出寄信。至順興。

○榮廿八△

三十日(火。舊曆十一月初六日,庚寅)。陰,巳霰即止,酉雨。閱《明通鑑》。至順興,與保定圍棋兩局。

莊敬記十二　　日記六百五十八

●榮廿八○　●其可○

十二月初一日(水。舊曆十一月初七日,辛卯)。陰,時有微雨,戌雪。閱《明通鑑》。出發信。至順興。至大街買藥。閱《經濟週報》。

○榮廿九○　●又廿九△

初二日(木。舊曆十一月初九日,癸巳)。晴。閱《明通鑑》。春甥來。出發信。至順興。湛卿來。閱《經濟週報》。

●玉揆○

初三日(金。舊曆十一月初九日,癸巳)。晴。閱《明通鑑》。湛卿來,同至萬華樓晤叔元、慶之、孝彝。至大街仁育橋買物。

○榮卅△　○又卅一○　●又卅△　○學高○

初四日(土。舊曆十一月初十日,甲午)。陰,酉雨。閱《明通鑑》。至銀行取款。慕尹來。至小河緣理髮。至順興。至大街寄信。閱《經濟週報》。

○榮卅一⊙

初五日(日。舊曆十一月初五日,乙未)。陰。玉揆來。湛卿來。訪葵伯。至牲昌對錶。郵局寄信。至順興,與項君兩局。至大街買甘油。

○榮卅二△　●又卅二○

初六日(月。舊曆十一月十二日,丙申)。雨。近日氣管炎頗劇,昨夜發熱早寢,今晨晏起,午後又小睡,夜仍早睡,仍有微熱。是夜本約湛卿、葵伯、孝彝小飲,乃托湛卿代為主人。閱《明通鑑》。閱《文史哲》。閱《經濟週報》。

初七日(火。舊曆十一月十三日,丁酉)。雨,午後稍止。湛卿來。葵伯來。是日起仍晏,但似已無熱,然甚憊,咳亦甚,睡仍早。

○榮卅三○　●又卅三○　●永圻○

初八日(水。舊曆十一月十四日,戊戌)。陰雨。病狀如前,今日午前自量體溫只五十三又十分度之三。閱《明通鑑》。閱《世界知識》。是日仍晏起早睡。

⊙榮卅四○　○又卅四○

初九日(木。舊曆十一月十五日,己亥)。陰。病狀如昨,約元謨來

427

診。葵伯暨房地產交易所朱君來。閲《明通鑑》。

十二月初十日，約玉虬來診。是日榮歸省予，永圻亦偕來。是日憊甚，日記遂不能照常莊書，僅以小册記其崖略而已。玉虬進以沈香，十一日氣似稍順，而仍甚憊，多言劇動即氣促。十二日榮約舜銘來診，乃知爲心臟病。予心臟蓋久有病而不自知。民國三十二年春患胃腸病，愈後脉數至一分鐘百十餘，至升降階皆覺力乏，蓋即心血運行，不依常軌，而不自知。生平急言竭論本亦有氣促之時，去冬以來，上課亦時覺氣促。今春到滬，上課一日更甚，不久病歸，病後言動乏力者久之，蓋亦以心臟有病之故，而時亦不自知，反以三十二年情形信爲胃腸病後之症，而不知胃腸雖確有病，愈後言動之無力，實由心臟也。此次心臟病歷時頗久，至深秋始稍愈，以至其時始能多走，走亦稍疾知之，然尚未全愈，此時應更自珍攝。而予遽廢午睡，多讀書，多出門，前此路稍遠輒乘車，此時則多步行，蓋使病加劇之因也。其狀爲言動則喘息而憊，十三日支氣管炎漸退，而此證仍存，可斷爲確有心臟病矣。十五日後稍愈，然其愈甚緩也。是日（十五）鍾山與熊十力偕來常州，十力甚欲晤予，而予以病不果延見，並鍾山亦不能晤。十九日永圻復自滬來視予，二十四日（舊曆十一月三十日）榮如滬，二十九日復歸，三十日校中使衛生科長梁君良、幹部吳君浩源、女醫師徐君濟英來視予病。是冬大雪，自予病後，初十至廿二皆晴，廿三始陰，廿四晨微雨即止，至廿六皆陰。廿七巳刻霰，旋雨，亦極微。廿八雨，入夜爲雪，至明年一月一日始稍微而止。二日陰，三日晴，並晚復雪，竟四日入夜乃止。五日晴，蓋所積不下三尺云。病中雜閱諸雜志，而畢馮家升《火藥發明及西傳》一册。自初十以下，明年一月二十、二十一日所書。（《殘存日記》）

一月二十四日，先生參加上海史學會舉行理事會會議，擬定爲新理事候選人之一。

一九五四年一月二十四日：史學會在岳陽路 320 號舉行理事會會議。楊寬、周谷城、李平心、蔡尚思、李亞農、胡厚宣、顧頡剛、林舉岱、王國秀出席會議。會議通過洪廷彥爲新會員。擬定李亞農、周谷城、周予同、胡厚宣、顧頡剛、林舉岱、楊寬、呂思勉、李平心、蔡尚思、陳旭麓、戴家祥、陳守實、金兆梓、王造時、吳澤、章丹楓、王國秀、姚舜欽等十九人爲新理事候選人。會址擬利用博物館或楓林路科學院。關於亞洲文會圖書，由楊寬向文化局建議，不打亂原系統，保持其完整性，以便利用。（《上海市歷史學會大事記》，姜義華主編：《史魂》，第四〇〇頁）

錄是年鍾泰先生日記六條：

四月二十四日：早到十字街看呂誠之病，病無大礙，但其夫人又病，留余宿其家，以未便擾及病人辭去。會李永圻亦前一日由上海來，邀余同游天寧寺，冒雨而往，大雄寶殿後已作病院廢，然而回至玉虬家午飯，玉虬已將旅館賬代算，堅留宿其家，不得不允睡。應誠之台至其家飯，玉虬亦在所邀，永圻來邀余在南大街迎桂喫蟹饅頭及麻糕，饅頭甚佳，麻糕則平平。晚飯由呂小姐作陪，肴饌甚豐，玉虬、永圻外，有呂夫人之侄虞君。誠之則戒葷腥未入席，九時後與玉虬同回。

五月七日：寄一片與呂誠之問其疾。

八月三十一日：李永圻來，未相值，呂氏父女所書畫扇托永圻交來。

九月四日：寫一片謝呂誠之寫扇。

十二月九日：晚，永圻來，言呂誠之有寒疾，渠與呂翼仁明日即回常，因到興業坊小坐而歸。

十二月十五日：到十力處午飯，飯後同赴常，五時左右到，羊宗秀來接，住康樂飯店，在玉虬處晚飯，晚飯前一過呂誠之家，將藥交與呂翼仁，誠之病亦穩住。（《鍾泰日記》，未刊稿）

其時，虞夫人身體不佳，家中的日常事務，如油米醬醋日用物品的購買、常州舊宅的維修等，無不由先生親自操勞，故在先生的“日用備檢”中，留有幾份是年四月至八月的日用收支的賬目清單。

六月，先生撰成《中國史籍讀法》。先生原計劃爲歷史系畢業班學生作若干次講演，年初開學未幾，即患病而不能再上堂講課。“所擬講演之語，病閑後曾寫出崖略”，此爲先生所寫最後一種講稿。先生從一九〇五年執教於常州溪山學堂，至此上堂教課達五十年之久。

《中國史籍讀法》第五節附有一份“古書名著選讀擬目”。在先生遺稿中，還有二份書目，一份也是“古書名著選讀擬目”，另一份是“諸子選讀”，係草稿（原無題），所選書籍不同，現收入《中國史籍讀法》的附錄。

先生晚年居上海復興西路（二七一號一室）時，讀《清史稿》有筆錄一疊，內有節錄《清史稿·呂宮》二頁，文末先生添注二行論及皇太后的身世：

世祖時皇太后者，孝莊文皇后，博爾濟吉特氏，科爾沁貝勒塞桑女，孝端皇后(太宗后)侄女。生世祖,世祖即位,尊爲皇太后。

八月,先生爲李永圻題扇面詩四首,[1]其落款云:"此予昔年初客滬時作也,永圻仁兄旅滬數年矣,讀之應有同感。甲午中秋之朔。誠之弟呂思勉。"該扇之背面,系呂翼仁先生所作之山水畫。[2]

九月,先生爲常州家中房屋修繕之事致信十子街二組小組長陳志冠:

志冠仁兄先生惠鑒:

徑啟者,敝居已破舊不堪,近不得改製長短窗八扇、門一扇,共計九扇,擬用桐油塗布,可以較爲經用。近召匠人估計,據云最少須用洪江小青對鑲之油四斤半,方敷塗布,敬祈爲之證明,俾得向主管機關申請,至深感瑑。專覆,敬頌秋綏。諸維惠照不備。

弟呂思勉頓首　九月十八日

一九五五年乙未　七十二歲

是年先生日記曰《餘生記》。

餘生記二。日記六百五十九。

生年不滿百,常懷千歲憂。果何爲哉?予愚柔而多欲,此病蓋尤甚。擾擾者七十年矣,果何爲哉?乃久有心臟病而不自知,薄客歲暮乃知之。夫心臟者,人生之本也。心有病則倉卒可化爲異物。然則今後之生,雖謂皆有餘之生可也。生而出於有餘,則有所成,皆意外之功,凡所得樂,皆意外之獲矣,又何戚戚焉。予將自此去憂而得樂,何幸如之!

録先生是年殘存日記、備録如次:

人民共和國改元之七年正月初一日。曜。舊曆甲午十二月初八壬戌也。予病雖日向愈,而其愈甚遲,多言動仍氣促,此爲心臟證候。支氣管炎本係宿疾,是時咳雖日減,仍未全愈,痰中微有血色,時鮮紅,時如豬

---

① 先生所題詩四首,原文如下:(一)新來海上寄蝸廬,局促真如轅下駒。未必長身容鶴立,更堪短鬢效鳧趨。飄零有劍空長鋏,出入無車況八騶。差喜尚存容膝地,本來此外復何須。(二)寒蛩孤唱執相酬,群鳥高飛自養羞。身向三江作孤旅,家徒四壁過中秋。勞勞世事終牽尾,颯颯西風漸打頭。吾已新來知所止,虛舟渾不系中流。(三)人是天邊鳥,鳥爲當地人。異鄉懷此語,回首一沾巾。擾擾烟塵暮,堂堂歲月新。頭銜堪自署,十載作流民。(四)野性由來不入時,孤行更欲語伊誰。偶過夕市謀微醉,卻遇良朋慰夢思。邃密商量惟爾獨,人天悲憫幾心知。興亡理亂疇能管,得少閒時且弈棋。
② 畫見《人類之祥瑞——呂思勉傳》,華東師範大學出版社一九九八年版,第二四二頁。

肝色而稍淡,十二月初即微有之,後有而旋止。一月七日復有,至十九日乃無之,蓋咳久氣管或咽喉等有受傷處,抑此等處本有病,故咳時有血邪?未診知,然自覺無礙,舜名亦云無礙,遂置之。日記至二十二、三日始能補書崖略,二十四日以後乃能按日寫記,則爲乙未元旦矣。自去年十二月初十至今年正月二十三,凡四十五日。而十二月及此月皆空籍未及一月,故卷數按月計之,仍無改焉。是月十三日如滬,二十一日乃歸,永圻與偕來,借吾家度寒假。是夜文木自崞縣歸來省予,翼日乃去。是日增堯自宿遷、增福自上海歸來省予(二十二日)。先四日錢洪生來,虎大子也。取荷花塘公糧買價去,云吾家墓地尚存一畝二分。予送迎往返罷乏,氣促之狀,略與去年夏間(五月中旬)陪人看八號屋時等,彌以知去年所患即心臟病也。

　　二十四日(月。舊曆乙未正月初一日。乙酉)。陰,申雨。以病故,客來均未能見。予病狀亦稍輕減,然甚遲,不易覺。去歲叔良詒書,謂民國初年,渠曾因心臟有病而氣促,中西醫皆無效,後范補程告以此病無藥可服,惟有靜攝,從其言,閱兩三月,其病若失,而不知其愈於何時,蓋即由於其愈甚遲故也。予此次之病之愈,恐亦當如是。然叔良在民國初方盛年,予今倍之,疾亦恐較彼爲重,未知全愈當在何時矣。《安吳四種》予初見時,年未弱冠,時欲學書,請益於丁旋仲先生,先生使讀《藝舟雙輯》,予於其餘三種,遂皆未讀,可謂買櫝還珠矣。倭寇入犯,舊居炸毀,遂失其書。去冬在書攤得之,病中乃補讀之,並《藝舟雙輯》亦重讀一過,至《管情三義》皆畢,今日讀《齊民四術》,全書之第二十五卷也。

　　●其可〇　〇工會〇

　　二十五日(火。舊曆正月初二。丙戌)。陰雨,閱《安吳四種》卷二十六、二十七。增堯來。

　　二十六日(水。舊曆正月初三。丁亥)。晴。昨夜至今晨,痰中又三次有血色,鮮紅似新破裂者。閱《文史哲》第一期。閱《安吳四種》卷二十八。增堯、增福來。

　　〇楚祥〇　●又〇　〇聞士〇　●又〇

　　二十七日(木。舊曆正月初四。戊子)。陰,晴,陰。閱《安吳四種》卷二十九、三十。春、文二甥來。孝彝、慶之來。

　　二十八日(金。舊曆正月初五日。己丑)。陰,晴。閱《安吳四種》卷三十一。永年來,今年因病,來客無事者多未接見,即有事者,亦僅略談而已。其未能見者，日記中亦遂未書。因總工會將所賃予家前進，住其職員眷屬，由榮往訪其行政科長吳有堯。增福來。

二十九日（土。舊曆正月初六日。庚寅）。晴。閲《歷史研究》去年第六期。閲《安吳四種》卷卅二、卅三。繼蘭約永圻、永武、春甥、增堯、增福晚飯，增堯、增福未至。

三十日（日。舊曆正月初七日。辛卯）。淡晴，申陰。舜名來爲予診曰：心臟今無恙，咽喉略見充血，血壓百卅至百七十。閲《大衆醫學》本年第一册。閲《安吳四種》卷卅四。

○叔良○

三十一日（月。舊曆正月初八日。壬辰）。晴。其可自蘇來相存，飯後行。永圻之母夫人及其女淑新、淑君、淑新婿王玉祥來。閲《安吳四種》卷卅五。

餘生記二。日記六百六十

二月初一（火。舊曆正月初九日。癸巳）。晴。二謀來。

○恭天○

初二（水。舊曆正月初十日。甲午）。叔良自蘇來相存，飯後至西營里訪其内弟未遇。復來，並晚行。春甥來。

初三日（木。舊曆正月十一日。乙未）。陰，午晴。永圻之外祖吳祥溥、從母之夫毛翊新、義父毛祖森來。翊新醫師也，與談，則予現在之病，似以氣管炎爲多。何者？謂現在之喘由於心臟，則凡心臟有病之證候如怔忡等皆無之。多言動則喘，實由呼吸力弱，吸入養氣不足故也。祖森父、祖皆爲有名中醫，祖森不學醫，見聞亦博，勸予試服黄耆。閲《安吳四種》三十六卷畢。

○史學會○　○舜卿

初四日（金。舊曆正月十二日。丙申）。陰晴半。閲《説文外編》一至五。

初五日（土。舊曆正月十三日。丁酉）。陰，已晴。慶之來。毛翊新來贈予治喘之藥。春甥來。增堯來。閲《説文外編》六至十一。

●史學會○　●子高○　●恭天○

初六日（日。舊曆正月十四日。戊戌）。陰雨。閲《説文外編》十二、十三。

初七日（月。舊曆正月十五日。己亥）。陰雨。閲《説文外編》十六卷附刊《劉氏碎金》一卷畢。

初八日(火。舊曆正月十六日。庚子)。晴陰。是日晨醒,覺兩臂酸痛,午睡醒又然,皆旋愈。閱《唐明律合編》卷一之五。

初九日(水。舊曆正月十七日。辛丑)。陰,巳晴,未陰,戌復雨。閱《唐明律合編》卷六。閱《文史哲》第二期。繼蘭以目疾詣仰賢診,乃云血壓高百八十至二百四十,殊可怪。

初十日(木。舊曆正月十八日。壬寅)。陰,微雨,風。近日咽喉似張痰稍多,氣頗促。昨痰中微有血,今日血較多,咽張覺消氣亦舒。念喬來,因午睡未晤。閱《唐明律合編》卷七、卷八上。閱馬克思《先資本主義生產形態》。增堯來。

十一日(金。舊曆正月十九日。癸卯)。晴。閱恩格斯《馬爾克》。舜名上月卅日謂予倘攝一歐克司光景,可觀氣管有何病狀,且可觀心臟擴大與否,爲予介紹於工人醫院,未果往。昨增堯言武進醫院攝 X 光景極佳,約今日爲予往問。今日巳刻,增堯來,云已爲予掛號矣。未刻偕往,榮亦隨往,由朱姓醫師爲予診視,予請攝歐克司光景,許之。攝影畢將歸,永圻至,遇其友唐克明,亦醫也。因約其來爲予及繼蘭診。唐君又出西門,約其同學陸君希羽來。唐君謂予之病,心臟氣管互有之,多言動而氣促,心臟弱也;咳而多痰,氣管炎也。陸君爲繼蘭量血壓自百至二百二十,云血管頗變硬云。予是日言動多,氣確較他日爲促,是唐君之言之驗也。在醫院朱醫師爲予量血壓,自百二十四至百七十三。

〇寬正〇

十二日(土。舊曆正月二十日。甲辰)。雪。閱《唐明律合編》卷八下,昨在武進醫院所攝景,由永圻托玄謨取來,玄謨云心臟微擴尚無大礙。增堯來,明後日將如宿遷矣。

十三日(日。舊曆正月二十一日。乙巳)。陰。永圻如滬。閱《唐明律合編》卷九。玄謨來,省予疾也。

十四日(月。舊曆正月二十二日。丙午)。晴。增堯來,是日如宿遷。閱《唐明律合編》卷十、十一。春甥、淮南來。繼蘭以目疾詣周濟平診。

十五日(火。舊曆正月二十三日。丁未)。晴。閱《唐明律合編》卷十二、十三上。慶之來取昪尙祠周姓房客之款。舜名來,爲予及繼蘭診。閱《海上堡壘》未畢。

○闰士○

十六日（水。舊曆正月二十四日。戊申）。晴，未陰，夜雨。舜名屬向萬民化驗所驗痰抽血觀其沉降，以覘有無肺結核菌疾。午前由榮送去，酉初其人來云痰中無菌，抽血去。閱《唐明律合編》至十五上。葵伯來送還崇祠銀行存摺。閱《海上堡壘》上、中卷畢。繼蘭昨量血壓自九十至二百十。是日服脈絡通片及抗壞血酸片。（治乏維生素片）

十七日（木。舊曆正月二十五日。己酉）。陰。繼蘭以目疾再詣周濟平診。閱《唐明律合編》十五下。閱《海上堡壘》三卷畢。

十八日（金。舊曆正月二十六日。庚戌）。陰，酉微雨即止。閱《唐明律合編》至卷十八。

十九日（土。舊曆正月二十七日。辛亥）。昨夜雨，遲明風，辰刻雨，午止。閱《唐明律合編》至卷二十二。則敬來。

二十日（日。舊曆正月二十八日。壬子）。昨夜風，今日晴。祥雲來，丹戈屬省予疾也。閱《唐明律合編》至卷二十六。

二十一日（月。舊曆正月二十九日。癸丑）。晴。連日午睡，昨半夜醒，皆覺微寒，今日頗覺疲乏，蓋由受凉故也。閱《唐明律合編》卷二十七。春甥來。

二十二日（火。舊曆二月初一。甲寅）。晴。今日予生日也，去歲初患病時，曾自謂今日可以全愈，而孰意今日所愈仍其僅也，甚矣喘息之難治也。是日春甥來，湛卿來，留其吃面。閱《唐明律合編》三十卷畢。志堅、驚潮來，省予疾也，未能晤。是日繼蘭又詣周濟平診。

二十三日（水。舊曆二月初二日。乙卯）。晴。舜民觀予所攝歐克司光景，以肺臟黑斑甚多，以示上海治肺專家，云上半已鈣化，下半則未。屬住武進醫院，請葛醫師檢查。而榮明日如滬，擬俟其歸後再辦。近三日咳稍甚，痰亦較多。蓋自上月二十三日前吃服祛痰劑，二十四日停止，吃今既一月矣。自停服後，痰似稍濃，而自二十以來，天又驟寒故也。仍請舜名開一祛痰方，今日服之。

○文木○

二十四日（木。舊曆二月初三。丙辰）。晴。前三日覺疾少劇，今日似又稍減。榮趁九時余車赴滬。翻閱舊札記。

○榮△　●又一○

二十五日（金。舊曆二月初四。丁巳）。昨夜雨，今日陰，午後晴。

翻閱舊札記。是日繼蘭又詣周濟平診。

　　○榮△　●又二△

二十六日(土。舊曆二月初五。戊午)。陰,午後雨。翻閱舊札記。閱《中國語文》第二期。

　　○榮△　●又三⊙　●文木○　●寬正○

二十七日(日。舊曆二月初六。己未)。陰,巳際晴,申復陰。是日體較輕適,氣亦較平,其病鄉愈與,抑二十一日以後少有感冒,今又退也。是日繼蘭又詣周濟平診。勤昌來。念喬來。昨今兩日午睡酣。

　　○榮△　○叔良○　●又○　○玉剡　●又△

二十八日(月。舊曆二月初七日庚申)陰。檢閱舊札記。

　　餘生記三,日記六百六十一

　　○楚祥○

三月初一日(火。舊曆二月初八日。辛酉)。陰。榮歸,在滬聞玉剡喪偶,往吊焉,遂至武進醫院,爲予接洽入院事。夜,蔣天波來訪榮,榮留其晚飯,並約復澄。[1] 復澄與武進醫院稔,允明日先偕榮去爲予看定所住病室。

初二晨,玉剡、嶠若來。午際,榮與復澄送予入武進醫院,住二零陸號,與羅墅灣江君叔祥同室,主治肺病之醫師姓葛,至初七日午乃出。舜名屬診肝及腎,云皆無恙。血壓約自百至百八十,體重四十九公斤。求結核菌於痰,至初五晨猶云無之,並夜乃云得之云。前已再屬化驗所求之,云不得,今日力索而後得之,亦當不盛也。在院榮日來省視。初四日,校中又使幹部吳浩源、女醫吳中蓮來。初六日,玉剡、勤昌及其夫人,初七日勤穀夫人皆來省。在院臥榻上,閱去《大衆醫學》及《文史哲》之第三冊云。初二以後,初七日補記。

初八日(火。舊曆二月十五日。戊辰)。陰,晨夜微雨。自入醫院後,氣促咳嗽皆減。自入醫院服異烟肼、維生素丙及化痰止咳藥,昨出院,仍攜異烟肼、維生素丙歸。葛醫之意再日注射鏈黴素十日,日一克,乃間二日一克。今日榮往訪舜名,主初注射三日一克,又謂如實憚注射,亦可但服異烟肼三月,再攝歐克司景觀之云。予亦甚憚注射,擬采此策。春甥來。閱《中華結核病科雜志》去年第二期。舜民見假屬閱也,未畢。

---

[1]　曹復澄,呂翼仁先生任教皇里博文中學時(一九四三至一九四四年)的學生。

初九日（水。舊曆二月十六日。己巳）。陰，午後有晴意。閱《中華結核病科雜志》去年第二期畢。

●聞士○　●楚祥○

初十日（木。舊曆二月十七日。庚午）。晴。縫蘭生日，春甥來。是日縫蘭又詣周濟平診。

十一日（金。舊曆二月十八日。辛未）。晴。翻閱舊《大衆醫學》。

○聞士△　●伯洪○

十二日（土。舊曆二月十九日，壬申）。晴，午風，微雨即止。翻閱《大衆醫學》。春甥來。是日縫蘭以目疾久不愈，改至武進醫院，由劉姓醫師診視。

十三日（日。舊曆二月二十日。癸酉）。晴。縫蘭仍至武進醫院，注射配尼西林。勤昌來。翻閱《大衆醫學》。昨聞春甥言敬軒逝世，疑其不審，今日使問諸湛卿，乃知其事已在去冬矣。傷哉！昔李繹之作《太平天國志》，敬軒嘗補其不足，屬序於余，余許之，以病未及爲，今無及矣。傷哉！

十四日（月。舊曆二月二十一日。甲戌）。晴，陰，未際雨，申止。閱丁梅軒《病理學一夕談》。是日縫蘭仍至武進醫院及打針。

○聞士○

十五日（火。舊曆二月二十二日。乙亥）。晴。是日吐全鮮血七八口，前此所未有也。然別無他症狀。是日縫蘭仍詣武進醫院打針。勤穀夫人來。春甥來。

十六日（水。舊曆二月二十三日。丙子）。晴。咳血如昨。昨榮問諸葛醫，云血出自肺，服烟肼之外，更須速注射鏈黴素。予以無他症候，疑血不出自肺，使榮問諸舜名，亦曰血必出自肺，無他證者，以抗力亦强耳。然既出血，恐病毒隨之侵及他處，以兼用鏈黴素爲宜。近日喘息又愈，舜名云殆異烟肼之效也。

十七日（木。舊曆二月二十四日。丁丑）。晴。咳血減。榮訪葛醫師，云鏈黴素應日注射半克竟，十克改三日一克。近便秘，葛醫云可服石蠟。閱《中華結核病科雜志》去年第三冊。一假諸舜民也。

十八日（金。舊曆二月二十五日。戊寅）。晴。昨寒暑錶升至華氏七十三度，夜大風，今晨降至五十度餘。始注射鏈黴素，日半克，自買藥及器具，由住居廳西書房之高夫人來注射。高夫人者，其夫任職於工會而任職於武進醫院爲護士者也。是日繼蘭又詣武進醫院。湛卿來。春甥來。

　　○人民出版社○

　　十九日（土。舊曆二月二十六日。己卯）。陰雨。榮如滬。閱《改造中年後命運法》未畢。春甥來。

　　○榮△　●又一△

　　二十日（日。舊曆二月二十七日。庚辰）。陰雨。是日所咳全無血。林康來，聞予有疾而去，未相見也。閱《改造中年後命運法》未畢。

　　○榮二△　●又二△

　　二十一日（月。舊曆二月二十八日。辛巳）。陰雨。今日春分也。閱《歷史研究》第一册未畢。繼蘭仍詣武進醫院。

　　○榮⊙　●又三△

　　二十二日（火。舊曆二月二十九日。壬午）。陰，微雨。閱《歷史研究》第一册畢。閱《改造中年後命運法》畢。春甥來。湛卿來。

　　○榮四△　●又四△　●人民出版社⊙　●玉揆○

　　二十三日（水。舊曆二月三十日。癸未）。陰，午晴。閱《衰老原因及豫防》未畢。

　　○榮五△　●又五○

　　二十四日（木。舊曆三月初一。甲申）。晨陰晴不定，午後晴，猶衣裘，今年可謂寒矣。榮生日，春甥來吃麵。市政協委員會李君南薌、統一戰線部李君鎮瀛、嶠若來省予疾。時在戌初，予方打針，如醫言偃卧以熱水袋熨針處，未能相見也。

　　●榮六○　○寬正○

　　二十五日（金。舊曆三月初二日。乙酉）。陰，巳雨，未晴。閱《衰老原因及豫防》畢。是日繼蘭又詣武進醫院，劉醫云反重於前。

　　○榮○　●又七△　●又八攜

　　二十六日（土。舊曆三月初三日。丙戌）。陰。閱《維他命與健康》未畢，此書昔年素封相詒也。諺云“三月三，穿件單布衫”，固然。如今日者猶裘，則亦罕矣。

　　○榮七△

　　二十七日（日。舊曆三月初四日。丁亥）。陰，微雨。繼蘭至上海醫治目疾,由永武伴送前往,春甥來止宿。閱《維他命與健康》畢。閱《高血壓與腦溢血防治法》。

　　○榮八○

　　二十八日(月。舊曆三月初五。戊子)。陰,微雨。檢書。卓生來。湛卿來。永武歸,知繼蘭今日午前詣楊醫治,云右眼本無甚病,左眼視力恐不能全復矣。常州醫師云右眼亦有疾,誤也。注射配尼西林,亦誤及於目者幾何邪?

　　○榮九△　○又十△　●又十○　●寬正○　●國良○　●聞士○

　　二十九日(火。舊曆三月初六日。己丑)。陰雨。閱《宣和遺事》二卷,本以四卷合校者也。近日頗發疹,問諸高太太,云服異烟肼則然。

　　○榮十一○　●又十一△　●通伯研因○　●敬謀○

　　三十日(水。舊曆三月初七日。庚寅)。雨已止。發疹,右稍愈,左特甚。閱王亞南《中國地主經濟封建制度論綱》未畢。志冠來,言居戶買公債事。

　　○榮○　●又十二○

　　三十一日(木。舊曆三月初八日。辛卯)。陰,微雨。閱《原子能發電》,然料出版社編。湛卿來,午睡未晤,告春甥云,慶之夫人中風,一日而卒。

　　餘生記四　日記六百六十二

　　○榮十二○　●又十三○

　　四月初一日(金。舊曆三月初九日。壬辰)。陰,微雨。閱《歷史問題譯叢》,此物前年人民大學所出,後改名《史學譯叢》,初不發買,故予未能全得,近始補全,故擇要補閱之。爲予注射鏈黴素之高夫人姓名曰舒慧娟,以十克注射將畢,以告葛醫師屬告予,驗小便後續定治法。午後永武代往。

　　○上海人民出版社○　○叔良○

　　初二日(土。舊曆三月初十日。癸巳)。陰。閱《大衆醫學》第四册。文甥來,湛卿來。

　　●上海人民出版社○　●叔良○　○榮十四●　●又十四○

　　初三日(日。舊曆三月十一日。甲午)。晴。閱《文史哲》第四册。嶠若、勤昌、叔平來。

　　○通伯△　○研因○　○敬謀○

　　初四日(月。舊曆三月十二日。乙未)。晴。午後詣武進醫院,請葛醫師診,永武與予偕往,罷,予邀其乘車至公園一茶,以方修理不得入,步至大街大廟弄口,乘車歸。在醫院驗血,驗小便,反應皆佳,屬再注射鏈黴素三十克,三日一克,則須九十日矣。又云異烟肼日六片、抗壞血酸片日三片,服如故。惟在醫院升樓尚覺氣促,平地緩步無苦矣。翻閱醫書中論高血壓者。

○榮十五△　●又十五○

初五日(火。舊曆三月十三日。丙申)。晴。翻閱醫書中論高血壓者。隆熙來。訪舜名告以葛醫師之言,舜名亦以爲然。還經北岸看舊書攤。淮南來。湛卿來。

○榮十六○　●又十六○

初六日(水。舊曆三月十四日。丁酉)。晴。翻閱醫書中論高血壓者。注射鏈黴素十克,今日畢。

○榮十七△　●又十七○　○楚祥○　●又△　○其可○

初七日(木。舊曆三月十五日。戊戌)。晴。翻閱醫書中論高血壓者。至巷口買物。玉虯來。閱《中國地主經濟封建制度論綱》畢。

初八日(金。舊曆三月十六日。己亥)。晴。檢閱舊札記。湛卿來。玉虯來。是日痰中頗有血,蓋近日數日天氣熱,衣太多,咳甚之故。

○榮十八△　●又十八△

初九日(土。舊曆三月十七日。庚子)。晴。檢閱舊札記。文甥來。是日痰中仍有血,左額有一線時作痛。

●通伯研因○　●敬謀○

初十日(日。舊曆三月十八日。辛丑)。晴。痰中仍微有血,左頭痛稍甚,卯正、午刻、酉刻量之,皆僅三十六度、三十六度十分度之四而已。戌刻甚乏,早寢。

○榮十九○　●又十九○　●又二十△

十一日(月。舊曆三月十九日。壬寅)。晴。晨起量溫度爲三十七又十分度之二,午三十七又十分度之四,晚同。予體溫素低,此已爲發熱矣。竟日甚倦,左頭痛如昨,右午際亦一痛,旋止。後詣葛醫診云無妨,藥口服、注射皆不可廢也。

○榮廿△　●又廿一△　○聞士○

十二日(火。舊曆三月二十日。癸卯)。晴。頭痛如故。晨起量溫度三十六又十分度之二,午際爲三十六又十分度之四。訪舜民告之,舜民云注射口服之藥，皆可如故，服阿斯匹林，以萬金油或六神油外塗可也。飯後倦而睡，醒爲申初，量溫度三十七又十分度之五，則仍有熱。本約今日打針，會高夫人以它事來與商暫緩。湛卿來。托永武買阿斯匹林、萬金油或六神油，萬金油、六神油已皆停製，惟有清涼油與阿斯匹林片，皆中國醫藥公司所製也，用之皆無效。溫度酉初三十六又十分度之八，戌正三十六又十分度之六。

○榮廿一○　●又廿二△　●又廿二○　●又廿三裏○

十三日（水。舊曆三月二十一日。甲辰）。晴、陰、夜雨。頭痛益甚，午後詣葛醫，乃云神經痛也，改用消炎止痛之藥，且加維生素乙焉。而初以爲感冒者誤矣，舜名亦同其誤。永武偕予往。是日頭痛及左右前後。津稼來，未晤。

○榮廿三○

十四日（木。舊曆三月二十二日。乙巳）。陰，巳午微有晴光，夜小雨雷。頭痛略如昨，惟初痛之處已不痛矣。[1]

從本年四月十五日起所記日記僅爲草稿，且有漏字或筆誤，因此時先生之病加重，年老力弱，已不能如往昔用莊書小楷記日記矣。

是年先生對自己的病史有專門的文字記錄，備錄於下：

我早有慢性氣管支炎病，又有鼻粘膜炎，亦爲時已久，於肺病則從未注意。

一九四三年，時年五十九，曾患胃腸病一次，頗重。病後力乏，不能走路，升階覺得疲乏，脈搏每分鐘百十餘跳，自以爲是病後虛弱，未以爲意，不久即愈，工作能力如故，仍可一日走路數十里。

勝利後曾照過 X 光相一次，云肺之某處略有病菌活動，時亦未以爲意。一九五二年曾在華東師大集體透視肺部一次，肺部斑點頗多，透視者云已經鈣化。一九五三年工作稍形緊張，下半年自覺消化不良，開始怕走路，當時疑爲胃病。一九五四年二三月間送患病，似是胃腸病，愈後氣促無力久之，不能走路，入深秋後漸愈。十二月初患氣喘，甚時竟不能言動，入今年正月乃漸愈，其愈甚遲。二月十一日在武進醫院攝 X 光照，云有肺病且頗劇。三月二日入武進醫院檢驗，至七日出院，在院診視肺

---

[1] 先生以莊書小楷書寫日記，至此日止。

腎胃腸,云皆無恙,血液沉降亦不速,血壓約一百與一百八十,體重四十九公斤。在痰中尋結核菌,云到五日晚始得之,七日檢驗手續完備出院。自入院後每日服異烟肼六片和抗壞血酸素三片。十八日開始注射鏈黴素每日半克,至四月初六日注射十克畢,醫驗血及小便各一次,云反應皆好。三月廿七曾發疹,至卅一日退盡,醫云既能自退,可以置諸不問。醫囑每三日注射一克,再注射三十克,自十五日開始注射,因患流火停頓,異烟肼和抗壞血酸素至十七日,十八日起停服,氣急已大好,自覺其開始在二月二十七日,但入醫院後,進步卻甚速,現在走上二三層樓,微覺氣急及不能搬重物,其餘已無問題。醫生云或是服異烟肼之效,凡發熱等肺病症狀,從未有過,惟服異烟肼後,即患便秘,日服石蠟油三十CC,僅能略有大便,而分量亦甚少。

吐血平生無之,去冬偶然有數星,醫者認爲支氣管或喉頭等未曾細查。今年三月十五日吐全鮮血約七八口,十六、十七亦然,十八、十九漸少,二十日遂全無。後四月初七、初八兩日痰中微有,似由著衣太多,咳甚之故,減衣遂愈。

所謂流火者,病起於四月初九,在入醫院前,面部鼻之兩旁,即有小顆粒,在醫院時,搽以油膏未愈,後亦未加治療。至四月初九日,左額有一線,忽時而作痛,初十痛稍甚,是夜及十一日有微熱,甚倦。十一日,右額有一線亦時微痛,訪爲予治肺病之葛醫生,云係傷風。予覺其症狀與傷風不同,不甚信。十三日,訪陳舜名醫生,亦云傷風,可吃阿司靈發汗,頭上用清涼油外搽(昔之萬金油),絲毫未有汗而外擦後(擦得太多,又爲時稍久,未拭去),皮膚起水泡或顆粒。十三日訪葛醫生,云系神經病,屬加服維他命B。十六日至醫院,葛醫生認爲皮膚病,移至皮膚病科及外科,施治時而面部腫脹日甚,較平時大至加倍,兩眼幾皆不能開。乃於十九日來滬,在常十七、十八兩日,武進醫院曾爲予各打配尼西林一針,來滬後由談興中醫生施治,十九、二十、二十一、二十三日又各打配尼西林一針,面部之腫即消退,右眼結膜炎亦愈。惟左半頭部尚時刺痛,左眼亦尚患結膜炎,此疾談醫生云係外科傳染,眼科楊保俶[1]醫師則云名帶狀匐行疹,侵及三叉神經之第一、第二神經。

一月上中旬,先生覆函顧頡剛,談整理舊稿事。此信顧先生抄錄在他的

---

① 楊保俶係楊蔭杭先生之子,楊絳先生之弟,時在上海靜安寺路設診所行醫。

讀書筆記中，現收入《顧頡剛讀書筆記》第七卷，題爲“呂思勉論整理筆記及史學論文”。摘録如下：

　　呂誠之先生思勉，一生讀二十四史，又一生記筆記，抗日戰争前曾刊《燕石札記》，予讀而善之。一九四九年後予屢請其整理，以供史學界之參考。一九五五年一月二十日得覆書云：

　　承詢弟所作筆記，材料積至數篋，事誠有之，惟皆有待於整理，而在抗戰時故居炸毁，學校全焚，所失甚巨，一九四九年時又略有所失，且全部弄亂，每一問題，前後或有闕佚，均非校理不可，以是其事頗費時日。拙作前經刊布者，多以學校中之講稿爲本，於無特異見解及考證處亦加敘述，以著述體例論實所不須。現擬普加整理，於此等處皆删之。所存者略依昔人“類稿”、“存稿”之例，凡有貫串及單辭孤證者（此擬從緩出）各别爲篇，以免《日知録》間出么小考證之誚（此語自不甚公）。擬先未經寫定之稿，而但待删補改正者次之。如有機緣，頗思如《燕石札記》之例，字數積至若干即編成一册印行（此書系昔年光華大學欲刊叢書，就手頭所有與之，恰如於全部札記中抽出若干篇者然）；俟全書完畢後再按文字内容，我所依據書籍（如分〈經札〉、〈史札〉等）分類。明知此必不免前後歧異，但（一）累更喪亂，舊稿毁損既多，又皆凌亂，不易先擬定目次，然後依之撰述；（二）又隨時印布，即使功不克竟，終可印行若干故也。又有本依述作體例寫成，校訂不堪費力者（中苞曾在報章雜志刊過之作），則一時半載即可集成一兩册也。……

　　抑弟更有請者：治史雖貴通識，究當以事實爲本。離學言識、自矜其才者，已恐易蹈危機；若徒爲趨附風氣，更恐難知所屆。欲知史事之真必不能捨棄考證。近數十年，此風雖不可云盛，亦不可云絶無，以其規模頗較從前爲大（如徒侣之多，資財之廣），其所成就亦有超越前人者。此等述作，最多在雜志中，亦有在日報之尾，或刊成專書或印入專册者（如紀念刊之類），今多散落，不易尋見（凡書印行數千萬册，一經散布即幾不可見，而報章、雜志等加意保存者又較書籍爲少）。貝納爾有言：“今日研究一事一物，往往從頭做起，轉較搜集昔人已成就者爲易。”在彼如此，在我可知，奚翅狐埋狐搰。竊意此等皆可加以搜集，重行刊布，使散無友紀者皆分類成叢書，其於斯學之昌明所裨實大。惟搜集實爲不易。且如雜志，上海之鴻英圖書館號稱甚多，然多而不舊，該館創立以前之物即多無之矣，此其一端也。然此亦可留待補蒐，但將所已搜得之書目别刊爲册，則所未蒐得者必有熱心之士相助搜集者已。此事看似無所作爲,實則功被於人者甚大。惟先生規模弘遠,足進此策,故獻其一得之慮焉。

先生作此函時,正以心臟病作,氣促甚,在常州靜養。《燕石續札》之出版,度即以予請,裒集校訂不甚費力之文字而成。越兩載,至一九五七年秋,先生遂謝世,而札記全書不克手定矣。今聞其稿皆送至華東師範大學,倩人整理,然有學且有閑者誰耶?先生出版著作孔多,然多就學校講義爲之,非其精品。其精華皆在札記,而竟不能自定,則年限之也。往予在滬,嘗參加其七十壽宴,今予亦垂七十矣,衰態日甚,其將如先生之銜憾以終耶?抑幸得各方之助力,使我得自定其稿耶?函中所計畫之搜集報章、雜志中之考證文字,分類印出,必有裨於史學之昌明,此事科學出版社已出《中國史學論文索引》二册,足奠其基,惟抗戰時後方刊物爲北京所不見,尚待補充。將來紙張供應充沛,即可編輯付印矣。(《顧頡剛讀書筆記》第七卷,臺灣聯經出版公司一九九〇年版,第五六二一至五六二三頁)

是年先生被聘爲江蘇省第一屆政協委員,時先生已病甚,請長病假,故未赴南京出席會議,上海的史學會活動也未曾參加。

二月二十七日,先生致函朱琨(子高)君信:

子高吾兄:

自知兄西行後,迄未奉到手書,殊深繫念。客歲十二月初四日接奉十一月二十八日大札,備聞別後情形,曷勝歡喜。寶成路轉瞬告成,將啟兑乾間自古所無之局勢,公等之勞苦功高,將爲人民所永永不忘矣。弟去年初患胃腸病,自春徂秋,始漸元復,而入冬後患喘息,劇時竟至言動均所不能,迄今未愈。其原因則支氣管及心臟兼而有之,業已不堪工作,已向學校請求退休,尚未獲允許。然去年一年亦迄在病假中也。息女初擬入上海新文藝社工作,因弟病未果。往來常滬之間,從事譯述。家鄉總的情形,大致如舊,得暇仍望時惠好音。國良、叔宜久無音書,知其近況望相示。覆頌旅祺。因病遲延,尚望勿罪。

弟呂思勉頓首　二月初六

據朱琨按語:"此信當在一九五五年二月二十七日所寫(舊曆二月初六),當時老先生正在病中,仍親筆作答,余心至感至疚矣。此函已破損,凡加□者,皆爲缺字處,括弧内是以意添補字,未知確否。"此時朱琨由志願軍復員,轉往修築寶(雞)成(都)鐵路。

三月,先生曾致陳楚祥先生信:

楚祥老弟:

一月廿一日手書,三月一日乃奉到,不應如是其遲,想係舊曆一月廿一,新曆二月十三也。賤恙因其愈甚遲,延醫復視,醫屬攝一 X 照,送上海專科審查,云有肺結核病,且在少年則已重等。幸馬齒已高,三月至半年可以望愈,半年至一年可望恢復。現入醫院一星期,後退回家中,服異烟井,醫云三個月後,觀其變化也。小女仍往來常滬間。匆匆,覆頌

痊祺。

小兄勉頓首　三月初十

尊址究十三號抑十五號,來信望示及。

節錄是年鍾泰先生日記十一條。是年三月二十七日,李永武先生護送師母虞夫人來滬治目疾,四月十九日又護送先生來滬治療三叉神經。其時,呂先生夫婦及女兒均寓居山陰路興業坊(一六五弄)六十六號,而鍾先生住山陰路東照里(一三三弄)六十八號,故常相過從。

五月五日:看呂誠之,蓋來滬就醫者,並將三姐送我香肚四個轉送與之。

五月七日:晚,再看呂誠之。

六月七日:晚,看誠之,並還借書。

七月十七日:晚,過呂誠之。

八月八日:午,唐玉虯托其姨侄王雨人捎來一信,並附有與十力、誠之兩人信,各皆問候而已。

八月十日:晚,過呂誠之,交玉虯附來信一紙。

九月二十四日:晚,送中醫雜志與呂誠之看,中有關於眼科療治法也。

十月十八日:午前看呂氏父女。

十一月八日:晚,看呂誠之父女。

十一月二十三日:午後,看誠之,病已愈。

十二月十七日:晚,看呂先生父女,問中醫眼科住址,以施學謙有信問也。(《鍾泰日記》,未刊稿)

六月十六日,先生在上海延安東路鄭福齋買物,在其招牌紙背鈔錄製酸梅汽水方一則:

合記　鄭福齋號　按時細點　上海延安東路四二九號

電話八二三六九號　大紅字招牌紙背面寫著：

原料：

砂糖	40 斤	28.80 元
烏梅	8 斤	3.20 元
安納	2 兩	0.34 元
工炭		1.00 元
糖精	7.5 兩	2.65 元
香精	8 兩	1.50 元

此方一九五五年六月十六日在鄭福齋買物得之,疑其制酸梅汽水方也,姑留之,或可一試。吕思勉識

先生在病中還爲湯志鈞先生校訂《戊戌變法史論》,一九五七年該書出版,先生又爲《戊戌變法史論叢》封面題字。

是時先生因病不能工作,回常州故宅休養,但對史學界的研究動態仍十分關心,曾向學生楊寬詢問中國歷史分期的研究情况。後先生收到楊寬的回信,信中詳細介紹了當時史學界對古史分期的研究狀况：

誠之吾師：

覆示敬悉。關於中國社會分期問題,最近未有新出的書籍,丕繩兄(按童書業教授字丕繩)提及的阿夫箕耶夫《東方古代史》恐是東北某一大學的譯本,學生未看到。目前各大學出了一些交換的讀物和講義,均未看到,想大學歷史系都有,學生想向復旦大學歷史系一問。

關於中國歷史的分期問題,目前議論紛紜,共有四説：(一) 商爲奴隸社會,西周以後爲封建社會,此爲范文瀾等所主張;(二) 從商到春秋爲奴隸社會,戰國以後入封建社會,此爲郭沫若等所主張,見郭著《奴隸時代》;(三) 從商到東漢爲奴隸社會,魏晉以後入封建社會,此爲蘇聯友人所主張;(四) 從商到春秋爲氏族社會末期,實行家長奴役制,戰國到東漢爲奴隸社會,此爲中國人民大學尚鉞等所主張。他們最大的毛病,是要把世界史切齊,把所有文明國家發展的歷史統一劃分階段,同時認爲中國古代屬於東方系統,與埃及巴比倫印度同一類型。由於生産力的較低,奴隸制未發展到典型階段,學生對於這點很不同意。學生認爲中國社會經濟的發展在近三百年是落後了,特别是在鴉片戰爭以後是更落後了,在這以前

是超越歐洲各國的,他們認爲中國古代生產不如希臘羅馬,文化學術也不如,因此創出了古代東方社會的説法,把東方看得老是發展遲緩的。

學生想要從各方面的生產水準,和歐洲同時的情況作一比較,以説明中國古代生產力並非不如人,而且超越人家,一則苦無時間多讀從蘇聯譯過來世界史(大學中有交換用的,譯出來的世界中世紀史,學生未讀到),二則對各種生產技術發展的歷史和發展規律,還没有摸清楚。(例如農業生產的水準,在歐洲發展的情況,亦有規律可尋,如能以此與中國古代發展情形作一比較,一定能解決不少問題。)最近寫冶鐵之文,還是從日人所譯的德人冶鐵史得到一些知識,才動筆的。

近年英國劍橋出了一本李約瑟(Joseph Needham)的《中國科學技術史》,共有七大卷,到中國的只有緒論一大卷,學生英文程度不好,只約略讀了一下,據他説鑄鐵技術是十至十二世紀由中國傳入歐洲的,水力鼓風爐是十一世紀由中國傳入歐洲的,運河水閘是七至十七世紀傳入歐洲的,探礦的深井鑽掘器(即四川鑿鹽井所用的)是十一世紀傳入歐洲的,有活塞的風箱約在十四世紀傳入歐洲,抽水機是十五世紀傳入歐洲的,水力輾碎機是九世紀傳入歐洲,中國古代生產技術的卓越,就是這些資產階級學者也是不得不承認的,因此學生認爲毫無理由把中國的生產力説成向來是落後的。

這學期在復旦教古代史的史料學,想用力研究一下銅器銘文,想把尚書和金文互證,近年來治學的多偏重金文而忽視文獻,實際上文獻材料遠比金文爲豐富,在解釋金文時應運用前人對於文獻研究上的成就,否則的話,等於憑空瞎説。近人論西周史的,引《尚書·無逸》篇"文王卑服,即康功田功……"一段,不顧前人研究的成績,硬説文王在這時還自身參加勞動,因此斷爲家長奴隸制,在氏族社會末期,又引《管子·法禁篇》所引《太誓》"周(圃)有臣三千",不知此即《左傳》、《論語》所引《太誓》之"有亂十人",而解釋爲周有奴隸三千人,把《尚書·大誥》的"民獻有十夫",解釋爲盂鼎的"人鬲",認爲即是奴隸,不顧如此解釋,金文不可通也。在近人的研究中,斷章取義,穿鑿附會,在所不免,這樣就不可能正確地詳細佔有材料,正確解釋史料,從而作馬列主義的分析。

學生在《文史哲》發表之文,近得丕繩兄函,謂有一冶金學家,已寫成一文,根據冶金技術來證明此説之正確,但也有人反對的,據説將作文加以駁斥,主張西周爲奴隸制。學生想,如能讀一些比較詳細的蘇聯所出的世界史,我們一定能夠正確解釋中國歷史,大概蘇聯對於歐洲歷史的分析,既詳又確,而對中國,由於史料不熟悉,一時尚不可能得到正確結論,惟有我們自己來搞,而且也應該由我們自己來搞的,最好能找到一本論述歐洲較詳的中世紀史,一定有助於中國歷史分期問題的解決。(大學中有世界中世紀史的譯本的,學生尚未看到。)

　　拉雜寫下,務懇多多指教,並望多多保養身體,很希望吾師在恢復健康後,對目前紛爭的問題作一判斷。敬祝康健。

學生楊寬敬上

十月十九日,先生致顧頡剛先生信:

頡剛先生執事:

　　春間曾上一緘,想邀督及,邇來起居諒必安康,所務不過忙碌否?弟去歲患氣促,入冬更甚,久不得其病原,近據醫生診視,乃知肺結核病已深,好在衰年病勢不易再行進展,亦即視爲無有而已。惟四月間患帶狀泡疹,似即中醫所謂大頭風者。常州不能醫治,邇來滬上,經醫師治療,本症之愈甚速,而其遺後癒頭部半邊左痛癢及左目結膜紅腫,迄今未能全愈,尚不能久讀書及用墨筆莊書,姑無論坐廢歲月,而終日閑坐亦甚悶損已。汪君叔良(其居址爲衙前街廿一號),鄉居甚困,校書之事未知尚能爲之曹丘否?弟現寓上海山陰路興業坊六十六號,日內或還里一行,亦兼旬即來,以小女在滬譯述,與之相依耳。專肅,敬頌著安,諸維照鑒不盡。

弟呂思勉頓首　十月十九日

　　是年留存的幾封信函,都涉及先生的病情及與之相關的治療方法的介紹,故先生將它們收藏在“醫事備檢”內,故得保存。下錄致女兒呂翼仁女士的信:

榮女如面:

　　頃接第十七號信,誦悉一切。我來滬問題,昨信又言之,請合併斟酌爲禱。高血壓一病,除前函所言外,頃又見到《大衆醫學》第二卷第六期(一九四九年十月號)一百六十三頁《高血壓》篇云:高血壓非病而爲證狀,其原因可分爲四:(一) 特發性。(大半屬此,原因不明)(二) 腎。(三) 腦垂腺嗜鹽基性細胞過多。(四) 懷孕。(三)(四)舊説未及。然實際所重亦仍在(一)(二)也。又此文云:“在五六年前,一般醫生,都認爲動脈硬化,可由改善日常生活而遏止其進行,但無法治癒。自……路丁(Rutin)出,困難已可解除……至少對於血管脆性增加而致……硬化……

的高血壓,已不再……治標,而用治本的辦法了。"又第三卷(一九五〇年二月)四期第一百拾壹頁《高血壓和心臟》篇云:"血壓過高……的病原,……仍不……徹底明瞭,……大抵由全身的小動脈狹窄,……新……說稱,腎小動脈硬化而狹窄,腎臟缺血,因之腎臟分泌中,有一種叫做腎素,一種叫做腎素激動劑的,交互作用,……產生一種加壓質,即所謂血管收縮素的,進入血循環中,以致血壓增高。"其論路丁,則云系改進小血管彈性之藥云。此説亦可供參考也。打針者姓舒,名慧娟,昨十克打完,送其錢,堅不肯受,只能買布送之已。此間近佳。母親前問安。

芸　七日午第十七號

是年先生撰筆記兩則,一爲《高敬軒》,一爲《樹木老人》。

一九五六年丙申　七十三歲

是年日記曰《眊及記》,而無序。先生其時已病甚,病目幾不能書寫,故日記中工作狀況、熟人來訪等事情,一概省略。又先生五月六日回常州舊居,整理書稿至廿九日,將其大量札記帶回上海寓所,此均爲後來整理遺稿之憑藉。

録先生是年殘存日記如下:

一九五六年一月一日。左眉骨楚痛癢,左顴按之亦癢。目多看左仍似充血而澀,左眼梢有時似微腫。

五日。屠樂勤來。

廿日。陳碩徵來。湖南人,房地產管理處,調配料。(□東路86)

廿六日。春甥回里。

二月九日(舊十二月廿八)。遷復興西路271號1室。校修自來水。十日校修電燈。二月十二日(丙申正月一日)。

十三日。陶林①、溪萍②來。

十七日。房管處修電燈,至十九畢。

廿日。崑山及房管處徐姓來看房屋破壞處。廿一又來。

---

① 孫陶林(一九一一—二〇〇一),原名傳文,江蘇銅山人。一九三六年入黨,曾任中共中央山東分局宣傳部長、山東省教育廳副廳長。解放後,任華東師範大學常務副校長。一九五八年參與重建安徽大學,歷任副校長、校長等職。

② 常溪萍(一九一七—一九六八),原名昌德蘭,山東萊陽人。一九三八年入黨,一九四九年任膠東區黨委秘書長。一九五四年任華東師範大學黨委書記兼副校長。一九六四年任北京大學社會主義教育工作隊黨委副書記。"文革"中受迫害含冤去世。一九七八年獲平反。

廿三日。房屋管理處科長汪城□來。華東 X 光照（三月一日榮往，云略好）。眼科。

廿八日。伯洪①、周子美始來。教局②龔女士及師大總務科長高其光來。

三月二日。服孫忠亮所□異烟肺，日五粒及咳藥日三次。四月三日停服。

六日。久華來。

八日。王業奎來（廿七又來）。

廿日。公謹來。

廿七日。縻有成及新華社中人來攝一影。

四月二至七日。日痰中有血。

四日。中國通史研究班學生簡修煒、張世德來。

七日。學生十七人來。

中旬。氣大舒，前此室內行動睡下皆喘，惟近數月來當胸感隱痛。

四月十五日。閱亞里斯多德《政治論》八篇畢，吳頌皋、吳旭初譯，譯筆劣。

十七日。得湛卿函，趙蒼忱公墓四月十三夜爲鄉人反發，舊三月初三也。

廿七日。房管處來刷屋。

四月廿九日。在紅榴村識高再生，借用自來水筆，自送來。孝彝是日逝世。

五月六日。趁七時車歸，在家檢書至廿九日畢。祭祀，托茂鈞至兩處，③十七來云皆無恙。揚州飯店，稚竹、景溪、樵長、湛卿（十九、廿三、六月初三）。

廿三至廿七。吐血。閱《明通鑑》畢，《草訣辨疑》、《會要研究》、《輟耕錄》。湯□□、宋□□在萬華，六月一日後數往。

六月初七。嶠若、劉焯來揚州飯店飲。

六月初九。縬蘭胃口壞數日，夜微熱。

初十。午復微熱。

---

① 即華東師範大學校長孟憲承。

② 即上海市高教局。

③ 兩處指東青白茅塘、依東鄉荷花塘祖墳所在地。

十一日。夜發熱，咳甚。

十二日。巳刻惡寒發熱，較前甚，舜名云或肋膜炎。

十三日。（端午）打配尼西林。自卅八.三降至三七.五，吐粘痰多，云或非肋膜炎而肋膜加厚。

十四日。寒熱止，咳未止，再吐粘液，夜發寒熱卅八.三。

十五。晨起體溫，仍打針。

十六。口服配。

十七日。書交輪船公司。

廿日。繼蘭喉咳尚未愈，胃納亦未佳。

廿二日。第二人民醫院攝 X。

廿三日。夜發寒熱至卅九。

廿四日。夜發較輕。

廿五日。較重退早，華甥歸來。

廿六日。云左肋膜稍厚，他無病，白血球 23 000。舜來，仍注射配尼西林，夜三時發熱較輕。

廿七。發遲退早。

廿八。無寒熱。

廿九。口服配，無寒熱。

卅。晨微寒，九時卅八，旋退。

七月初一。

初二。訪舜名，囑再服配三日。永武如北京。①

初四。繼驗小便，云正常。

初五。白血球不盈萬矣。

初七。流行性感冒甚。

初八。赴滬。

七月十四。在春②、文木來。十六夜飲。

────────────

① 永武，即學生李永武。是年七月二日，李永武先生赴北京工作，先生贈與旅資五十元，裝入自備信封內，並於信封上書"鵬程萬里"四字相勉。

② 于在春（一九〇九——一九九三），又名再村，江蘇邗江人。早年畢業於光華大學，先後在江蘇淮陰師範學校、太倉師範學校、南通中學、上海中學、光華大學、之江大學、南京大學等校任教。曾與李俊民、江上清等創辦《寫作與閱讀》月刊，解放後調至上海新文藝出版社、中華書局上海編輯所任編審。有《文言散文的普通話翻譯》、《于在春語文教學論著選》等著述。

十六。始撰札。

七月廿三(舊六月十六)。春甥辭世。

廿六。李漢怡來。

廿九。吉如來。

八月八日。久華、惲璋安來。廿五去。

廿日。房管處修玻璃嵌洋灰。

廿二。李稚甫①來。光華同學莫爾庚番餐，楊友仁、顧正武、周牧軒夫婦、李漢怡。

廿六。史學會開會在博物館，往。

八月廿七。達人來。泉澄、懋恒(稚常)來。

廿九。八月下旬左臉病微減。繼蘭連日咳，今日甚，似微熱，胃納亦減。

卅日。如昨。同庚會至法大馬路鴻運樓。

九月初二。繼蘭咳數日，微熱，是日咳稍甚，夜發熱，亦重於前。訪竹莊以趙梅紀事。

初三。竟日發熱，並晚乃稍退。

初五。少愈，熱退不楚，咳亦未止，胃納不佳。

初七。昨日咳又重，約興中診。

九月十五。紫荊來。廿九偕其友王敬煜來。

十八日。郁東明來。

廿二日。學儒來。

廿九日。偕繼蘭、榮至中蘇友好大廈觀出口物展覽會，遂至綠楊村。顧雅珍(幹部科科長)來。吳浩清來，取札稿去。後華甥來由其寫。

卅日。報刊營業所買得《象棋月刊》。

十月初。左臉病稍減。

五日。繼蘭與榮至人民大舞臺，予與永圻至中國大戲院。

十月十二日。業奎來。華甥來寄居。

十五日。瀋師範學院徐公振來。

廿日。選舉。

---

① 李稚甫，江蘇興化人，李審言之子。曾任中山大學教授、廣東哲學社會科學研究所歷史室主任。著有《臺灣人民革命鬥爭史》等，又整理出版其父遺稿《李審言文集》。

廿八。孫道林夫婦來。

卅日。屺懷及其夫人來。

卅一。偕繼蘭、棨、久華至紅榴村。蘊華來(十二月二日如杭)。

十一月一日。黎明微汗，四支酸楚，然晨起溫度三六.八耳，是日痰咳皆減，休息。至華東攝 X 光影(八日往診云稍好)。

二日。更愈，休息。至五日乃撰札，十日又休息，十一日量之似微有熱，迄有微熱。

十一月十一。而復來。

十五。至華東，孫忠亮云氣管支炎。維他命。魚肝油丸。治咳藥(新)。異烟肼(舊)。打青梅素針。

十六日。仲章來，因病未晤。

十七日。施福民夫人來，打針五針，至廿一畢。廿夜氣促大愈。

十八日。哲東、欣夫來，因病未晤。

廿三日。仲穹來，因病未晤。近較寒，氣較粗，咳。

廿九日。玉華來，因病未晤。

卅一。痰，多氣，似有外感，休息。

十二月一日。得茂鈞書，云兩處墳塋皆無恙，鄉人云□□記不至卒變。近來痰多咳頗甚，言動氣促略如去冬。

十二月初四。房管處來修屋。十八修窗。明年三月四日漆完。

五日。午後熱至三八.一。六日再打配尼西林。十日乃無熱度。十一改打油劑針，十三畢。時胃納久壞，廿七停咳藥，孫云痰多再服，也服枇杷葉膏。

初六。裝火爐。

初十。陳志堅來，未晤。

十八日。未風來，未晤。

廿五日。玉虬來。

廿八。爲舜欽讀《三國史講稿》畢。

廿七。繼蘭服絡通片(五七年二月八日百粒)。十七續服日二粒。

卅一。繼蘭左眼又赤，約楊保傲診，云眼壓高。予亦一診，云由泡疹。

錄是年鍾泰先生日記中的有關記載：

一月二十一日：雨，上午看呂誠之，送板鴨一隻。

二月八日:午後,李永圻來,言呂誠之明日移居。

二月十九日:午飯後,到復興西路高郵路口,看呂誠之。

三月十日:永圻來一片,告誠之處已裝電話,號碼為六九六二〇。

三月十九日:唐玉虯來一信,並附一信屬轉呂誠之,即寄去。

四月一日:呂誠之來一片,問龜齡集購買處,是誤字,蓋龜齡膏。

四月二日:晚,到蕭家通一電話,覆呂誠之,告以河南路廣東路藥店可買。

四月二十日:到師範大學,看劉約老,佛年適自京開會回,許士仁亦來,提起余復職事,漫應之而已,留午飯,飯後與約老同行到靜安寺轉八路車,看呂誠之父女。

七月二十二日:看誠之,留午飯,飯後二時到十力新居,相距不甚遠也。四時後回。

九月十三日:到復興西路看呂誠之父女。

十月五日:永圻陪誠之來。

十一月八日:過呂誠之留晚飯,飯後呂翼仁請看昆劇。

十一月二十六日:歸途過呂誠之,將《印度的發現》一書留下,伊想借看也。方小喘未見,見著呂小姐,永圻則尚未回。

十二月二十五日:唐玉虯到滬來訪,未值,從呂誠之家來一電話,言明早再來。(《鍾泰日記》,未刊稿)

是年一月,上海市高等教育局同意呂思勉教授晉升學校標準五級。

三月,復旦大學中文系教授王欣夫(大隆)有覆先生的信:

誠之先生史席:

　　紅榴奉教,快甚。屬問刻蠟資,今附單乞鑒,第二種款式,約如《四部叢刊》,亦甚雅觀,如定付印,當介寫者張君詣前面洽。邇來古典文學社搜集稿本,大量印行,尊著各種,彼必樂於接受也,曷不一問之。專此,祗頌
著安。

後學王大隆謹啟　三月十五日

《味逸遺稿》式:毛邊八開,每頁廿六行,每行廿五字。寫工每頁一元三角,印工每百頁兩角。

《讀書管見續編》式:毛邊十二開,每頁廿六行,每行三十字。寫工每頁一元乙角,印工每百頁一角五分。

　　紙張另計,裝訂另計。

　　四月,華東師範大學第一次職稱評定工作結果揭曉,先生被評爲歷史學一級教授。

　　是年六月、八月,先生購公債各一百。

　　是年八月,先生將縹蘭夫人的病情寫成一紙,請上海《新聞日報》館轉寄江蘇南通市光明聯合診所,後得周宗鑑醫生的覆信,收入"醫事備檢"内。

　　八月二十六日,先生曾去上海博物館參加史學會會議,後又收到參加上海市哲學社會科學學術委員會籌備委員會會議的通知,雖因病未能參加,但先生仍很關心文化學術事業的建設,扶病草擬了一份致中共上海市委學校工作部的信,建議當局組織學者編撰集部類編,可惜爲未完稿:

中共上海市委學校工作部大鑒:

　　前奉通知,命參與上海市哲學社會科學學術委員會籌備委員會之成立,並討論開展工作問題,因病體支離,未能遵命出席,負疚至深。旋聞當局領道群倫,擬訂十二年計畫,以期孟晉,而達世界標準,……遠猷,曷勝欣忭。芹曝之獻,承敬一言,竊意今日有一事,可於十二年中畢其功,看似僅募集前人之所爲,然事苟獲成,則其裨益有非千百人刻苦鑽研所能逮者,作集部類編是矣。蓋學問之道,必因前人之已成者而進,而時至今日書籍浩如烟海,不惟不能遍讀,亦且不易遍得,故必有人焉,集衆籍而爲之分類編撰,以助其搜羅之不及,立其披覽之涯涘,從事者乃有所藉,時則類書尚矣。吾國之有類書,始於魏文帝時之《皇覽》,歷年已近二千,不可謂之不早,然至今日仍無完備之類書者,則以其事非政府之力不能行,而向來官辦之事,無不敷衍塞責者也。今日政府定計遠大,辦事之認真,均非昔日所及,編撰一完美之大類書,正是其時,然合……無已則先其尤急者,則集部類編是已。蓋書籍按其性質,不外三類,一曰記事,二曰表意,三曰抒情。史部之書記事者也,經子則表達意見者也。經子本同類之物,後人特尊儒學,乃將其書從子部中析出,而稱之爲經,與並時之作,既由合而分,後起之書,自然莫敢依附,於是經部之作一定而不增,後世……子部之書,自當日增月盛,但後人泥於必古所謂專門之學乃謂之子,而自漢以降,子部新增之書,遂亦寥寥,其滋大者則集部,後人泥於愛古薄今之見,遂視集部徒爲……而不知二千年來……人之……悉存其中也。夫變專門爲通學,非學問之後退,而實其前進也。蓋一事必關涉多方面，專其一方面，於事必不獲濟，而於理亦不可通。如荀子譏墨子之尚儉，謂不足非天下之公患，特墨子之私意，過計其說，似辨，然墨子所言者，乃凶荒札喪之變禮，時方……故而出此，原不謂平世亦當如此，今舉而譏之，則當凶荒札喪之日而行豐亨豫大之典可乎？舉此一事，餘可類推，故後人之學問，看似駁雜（未完）

九月十七日，先生致房管處一信，信稿保存在"日用備檢"內。

十月，先生收到常州十子街鄰居陳志冠、徐定娟來信，代爲出租先生家三間空餘房屋。陳係十子街居民小組的組長，徐係房客。

十一月、十二月，先生收到華東師範大學和《學術月刊》雜志社的兩份聘書，聘請其擔任華東師範大學一九五六年至一九五七年度校務委員會委員及《學術月刊》特約撰稿人。

下錄朱茂鈞致先生的覆信。朱茂鈞係常州名醫鄭湘溪之內侄，先生與鄭家有世誼，曾致信朱君，托其照料常州鄉下的祖墳。朱君時住常州娑羅巷四十二號。鄭湘溪之子鄭勉，時任華東師範大學植物學教授：

誠之先生賜鑒：

違教久矣，正思念間，忽奉朵雲下頒並附人民幣十一元，均早收到。本應早日奉覆，奈因賤軀患有微恙。最近已復常態。承委事，弟已於日前乘車下鄉，白茅塘與東荷花塘之張、錢兩處墳親，均已晤面，並由彼等同往拜謁尊府祖塋，均氣脈甚佳。且據彼輩云，尊處墳塋既經早先登記，現時絕對不容許隨意變遷，先生對此盡可放心。恐勞遠注，敬此奉覆，多承厚惠並此謝謝。順請爐安。

愚弟朱茂鈞敬覆　十一月三十日

是年先生將常州十子街舊居內殘存的雜志資料等，刪存之，分類編目如下：

宗教　（管理寺廟條理附）道教　佛教教理宗派　佛教經論　佛教
　　　史　佛教古德　西藏佛教　火祆　摩尼　猶太基督　雜宗教
遺傳　遺傳學說　優生運動
醫學　生理衛生　治療　醫史　醫政
兒童
移民　本國　外國
階級

財政

人類

人口　通論　中國（附國籍法）　世界外國　洮汰節育

民食

文學　通論　中國文學　外國文學　文學史

婚姻　生物學上　婚姻法俗　獨身　娼伎　性教育

錢幣　通論　中國舊幣制　中國新幣制　外國幣制　金融機關

烟禁

邊防　總論　滇南　坎巨堤　帕米爾　南海　東北　西北　青海
　　　西康　西藏　蒙古

天文

交通　總論　修路（附漕運）　路　航空　郵電

生物

生命（返老還童附）

生計　總論　各論　生計史　中國生計現狀　國際收支利用外資
　　　世界生計現狀　失業問題　保險　信托　地權

營造

兵制　兵制　兵器

經籍　著譯　印刷　出版　目錄　分類法　藏書　圖書館學　禁
　　　書　史部　子部　集部叢書類書　報紙　古物

經學

游戲

心理　總論　各論　各派學說

水利

史學　通論　史學史　史籍

史事　國史通論　戰國時代　唐宋元明　明清之際　清代　太平
　　　天國　庚子之變　民國史事　中西初期交涉　五口通商
　　　戊午庚申之役　法越之役　清季新政　中日交涉參戰與山
　　　東問題　華盛頓會議　銀行團金法郎　日寇東北　中俄交
　　　涉上、中、下
　　　世界通論　朝鮮　日本　印度　後印度　南洋群島　西亞通
　　　論　乾竺特　波斯　阿富汗　土耳其　義大利　法德奧　西

　　　　葡　　波蘭　　北歐諸國　　英吉利　　非洲　　美洲紀年

美學　　原理　　中國美術　　書畫　　建築陶磁　　刺繡　　雕刻　　刻竹

語文　　通論　　中國　　外國　　國際語　　訓詁音韻譯音　　國語

選舉

考古　　考古學　　中國考古

火

地理　　地理學　　天文地理　　地質學　　自然地理　　氣候　　政治地理
　　　　古地理　　外國地理

四夷　　東　　南　　西　　北

婦女　　勞動問題　　婦女兒童保護　　法律地位　　參政問題　　婦女運動

度量衡

賦稅　　通論　　田賦　　鹽法　　關稅　　所得稅　　遺產稅　　傾銷稅　　徵工

傳記

教育

社會　　社會學　　社會組織　　社會階級　　財產問題　　資本主義　　社
　　　　會改革　　社會主義　　烏托邦派　　基爾特主義　　諸家學說　　馬
　　　　克思主義　　無治主義　　新村運動　　社會問題社會政策　　勞動
　　　　問題　　勞動運動

外交　　通論　　德奧和約　　國際規約　　裁兵會議　　改約運動　　最近
　　　　交涉

葬埋

政治　　政治學　　國家　　政體　　代議制度(民衆運動附)　　政黨　　立法
　　　　行政

飲食

族制　　上、中、下

法俗　　通論　　中國　　西洋　　民族學

服飾

實業　　農業　　計業　　工業　　商業

曆法

學術　　哲學　　科學通論　　數學　　倫理學　　統計學　　物理學　　化學
　　　　人性論　　宇宙論上、宇宙論下　　認識論　　中國學術上、下　　中
　　　　國哲學　　西洋近世思想　　西洋近世哲學　　西洋各派哲學上、

457

中、下（大戈兒附）

法律　通論　犯罪學　憲法　省憲　各種法律　司法制度　領事
　　裁判　金兆鸞原法　但燾法學卮言

職官　歷代官制　現行官制　官規　自治制度

樂　　國樂　戲劇電影

　其時,為協助華東師範大學校長孟憲承先生編寫《中國教育史》,先生特地對中國教育史史料做了一些整理考訂,寫成許多教育史方面的札記(後來收錄在《燕石續札》內,於一九五八年由上海人民出版社出版),並經常與孟憲承先生切磋學術問題。

　是年先生寫有史學隨筆《文質(二)》、《尊隱》、《仁義》、《見解落後》等。

　一九五六、一九五七年間,先生仍有讀書、讀報時的札錄,有些札記已成雛形,其中幾則字迹尚能辨識:《富商金玉其車文錯其服》、《使貪使詐》、《何不食肉糜》、《宋新舊黨爭之弊》、《峙羑茭圖利誘人潛穴堤防》、《事不可解》、《筆墨》等,現已收入《蒿廬文稿、筆記》中。

一九五七年丁酉　七十四歲

　是年先生日記曰《澄懷記》,無序文。一至四月的殘存日記記於零星紙上,大多為病例記録,抄録如下:

　　一九五七年一月一日(丙申年十二月初一)。痰咳頗平,多言動,氣促如故,略同去冬春而少甚也。

　　十一日。咳甚氣促,服止咳藥。

　　廿一日。有熱,此後痰多咳甚。

　　卅一日。正月初一也。胃似少健,氣亦略平。

　　二月十一日。始略作札。十四痰較多,十八服咳藥,一星期乃好。

　　廿三。以左眼充血甚,停寫讀。

　　三月十五。復氣較促,月杪乃少平,然少平耳。

　　四月八日。泡診兩年目未愈,中旬氣舒些,未及去年,五月乃更愈。

　　縂蘭目疾如故,一月五詣仁濟福康。一月九日,額黑疣有乳微紅,云溫疹。一月十日、二十日、二月十四日、三月九日、四月十三日(四月廿六。偕詣楊保俶)

　　一月一日。兆琦、劉芊香及其夫(亦在《新聞日報》)未晤。

十七日。葛一之來,未晤。

廿日。雲俊、夏沂、圖書館嚴君來,未晤。

二月初二。谷城、吉如。

一月三日。肇覺夫人來。

廿九日。建猷來。梅公毅等五人以三校長書來。

三月十一。祥耀來。

一月七日。椅足折而踣,未受傷。

十八日。榮發熱,請興中診。

廿八日。求得理髮者於烏魯木齊路,顧定者二月十六始來。

一月二日。閱《清史稿》,四月十八日畢。

二月十日。外文學會成立,榮往。

三月七日。大夏退休工友來。

廿六日。瑤青、蘇淵雷、其可來。

卅日。商務戴孝侯來。

卅一日。炎德及其夫人呂玉文來。[1]

四月十九。翰雲卒。

據是年三月二十八日《新民晚報》報導,先生《中國通史》在臺灣列爲禁止發行之列:

> (新華社北京今日電)據⋯⋯臺北市《公論報》報導,在臺灣,"偶然聽到談論民主自由,有些人便惶惶然不可終日,認爲這簡直是洪水猛獸"。這是李萬里認爲第一點可憂慮的地方。第二點憂慮是臺灣政治上、文化上沒有進步。李萬居說:"臺灣的可憂慮現象之三,是關於禁書的問題。臺灣文化界,這幾年來可以說饑荒到了極點,其原因是新的著作問世太少,並且大都是粗製濫造,精心的著作不多。而過去若干在大陸發行的,在臺灣省內又不准發行。如呂思勉著的《中國通史》聽説就在禁止發行之列。梁漱溟、朱光潛、沈從文等的著作都已禁止。今天的臺灣所列的禁書真是恒河沙數,無從算起,不知以什麼做禁書標準?"(《新民晚報》一

---

[1] 炎德,即夏炎德(一九一一—?),上海南匯人。復旦大學經濟系教授,民建中央委員。早年就學於暨南大學西洋文學系,後轉入經濟系學習。一九三五年,考入倫敦大學政治經濟學院並攻讀經濟史碩士研究生。一九三七年回國,先後任四川大學、中央大學、復旦大學教授。主要著作有:《中國近百年經濟思想》、《歐美經濟史》、《經濟學之數量研究論》、《理論福利經濟》、《法蘭西文學史》等。夫人呂玉文也在復旦大學統計系任教。

九五七年三月二十八日第一版）

先生五至七月的日記，記於小本子上，極其簡略，間或也有漏字筆誤。録入如下：

一九五七年五月一日（四月初二）星三

五月二日（四月初三）星四。●雨農夫人　●須太宀

五月初三（四月初四日）星五。○仲穹宀

五月初四日（四月初五日）星六。玉揆來。方予來。○聞士。

五月初五日（四月初六日）星期。永苓來，談話氣舒於前，蓋氣舒一星期許矣。今年五月上旬至去年四月中旬，是今年連愈廿天也。近數日左眼發炎較甚，左眼皮亦較痛癢，左額上按之亦痛癢，其用眼較多之故歟。

五月初六（四月初七）星一。○須太宀

五月初七（四月初八）星二。樂群來及其女。

五月初八（四月初九）星三。●瑶青○　●又☉　○青年出版社。

五月初九（四月初十）星四。左目赤，停寫讀。○青年出版社☉

五月初十（四月十一）星五。停寫讀。●青年出版社宀　○龍翔●又。

五月十一（四月十二）星六。目赤更甚，停寫讀。

五月十二（四月十三）星期。眼略愈，仍輟寫讀。增福來。樂群及其子君易來。

五月十三（四月十四）星一。眼如昨，輟寫讀。繼蘭至第六醫院請治於周誠滸，由談興中托其甥孫濟忠介紹也。

五月十四（四月十五）星二。眼似又稍愈，輟寫讀。友仁來。

五月十五（四月十六）星三。左額痛頗甚，目如故，輟寫讀。玉揆來。請談興中爲繼蘭量血壓百至二百零五，云脈略有歇至，云予之目慢性結膜炎也。

五月十六日（四月十七）星四。病狀略如昨，輟寫讀。其可來。●建猷。

五月十七日（四月十八）星五。目略愈而左額痛未已，氣則大舒，上月下旬尚不能從客堂運書至卧室，今則可數往來也。玉揆來。繼蘭服治高血壓藥片藥水。○建猷。

五月十八日（四月十九）星六。目疾如昨，始浴，輟寫讀。●建猷

●瑤青　○叔良　○須太。

五月十九日(四月卅)星期。●學術。

五月廿(四月卅一)星一。目如昨。偕榮至肺病防治所,遂同至凱司令,榮往第六醫院,又至而偕歸焉。輟寫讀。●達人。

五月廿一(四月廿二)星二。目如故半寫讀。繼蘭至第六醫院請診於孫濟忠。午平來。玉揆來。○榮乳母　○美大　○祥耀　○玉揆。

五月廿二(四月廿三)星三。目似又略愈,半寫讀。○叔良。

五月廿三(四月廿四)星四。目以昨少多用,今日似又稍甚。友仁來。●叔良　○抱宏　●又。

五月廿四(四月廿五)星五。目如昨,校中送《通典》來。○抱宏。

五月廿五(四月廿六)星六。目如昨,陳真如(銘樞)、王之南來。●頡剛(真如)。

五月廿六(四月廿七)星期。偕永圻至梅龍鎮,晤研因、隱塵、鶴天。吳祥溥來。史震槐來。夏謹來。

五月廿七(四月廿八)星一。左額眉骨痛癢未愈,右目亦易發赤,擬明日再輟寫讀五日以治之。鍾山來,臕武來。是日榮往肺結核病防治院,云予病爲兩側浸潤型,今在吸收期,屬三個月後攝片復查。

五月廿八(四月廿九)星二。目略如故。○玉虯　●又。

五月廿九(五月初一)星三。目疾左額痛癢較甚。

五月卅(五月初二)星四。目少愈於昨。樂群來。榮夜發微熱卅七.五度。

五月卅一(五月初三)星五。目又愈。修腳。穎茗來。玉揆來。

六月初一(五月初四)星六。病又稍不如昨。

六月初二(五月初五)星期。目略如前日。偕永圻至梅龍鎮,晤研因、隱塵、孔陟岵。約紫荊、玉揆、增福來晚飯,紫荊又偕其長女來,名曉青。

六月初三(五月初六)星一。目少愈姑寫讀。北宗來。玉揆來以《隋唐五代史》去。寬政來。

六月初四(五月初七)星二。妻子倫來。華甥行如北京。繼蘭再詣孫濟忠,云稍好。○抱宏。

六月初五(五月初八)星三。

六月初六(五月初九)星四。家祥、其可來。

461

六月初七（五月初十）星五。〇友仁　〇舜卿⊖。

六月初八（五月十一）星六。

六月初九（五月十二）星期：偕榮至梅龍鎮晤研因、隱塵、通伯及其夫人、鶴天。〇華甥　●友仁　●通伯△。

六月初十（五月十三）星一。眼疾又重，停寫讀。●子玄　●其可△又⊖。

六月十一（五月十四）星二。停寫讀。玉揆來。偕繜蘭、榮、永圻至錦江夜飯。〇叔良●又。

六月十二（五月十五）星三。輟寫讀。〇子玄。

六月十三（五月十六）星四。今日入梅。近日左眉骨及其上一處時痛癢，輟寫讀。〇須太太（與榮）　〇文木。

六月十四（五月十七）星五。輟寫讀。秫書堂來。紫荊來。友仁來。●須太　〇周振甫　●祖海。

六月十五（五月十八）星六。目似少愈，仍輟寫讀。在春來。蒲山來。●振甫　〇祖海。

六月十六（五月十九）星期。目如昨。樂群來取鈔稿去。

六月十七（五月二十）星一。目如昨。以人民索札，午前寫讀後目似少劇。丹戈來。

六月十八（五月廿一）星二。病及工作如昨。繜蘭三詣孫濟忠，云稍好。偕繜蘭、榮、永圻寶大晚飯，約蒲山至，又偕來。

六月十九（五月廿二）星三。病及工作如昨。久華信來，住址四百萬莊，所主家將爲梁宅帶一小孩，星期日須燒飯。

六月廿（五月廿三）星四。目如昨，工作亦如昨。樂群來取稿。〇闐士。

六月廿一（五月廿四）星五。目及工作如昨。

六月廿二（五月廿五）星六。目疾工作如昨。其可來。玉揆來。●孝候　〇李彥如（校件）　〇新華補習夜校。

六月廿三（五月廿六）星期。偕永圻至梅龍鎮，晤保良、研因、隱塵、汪子壬（作□子）、通伯。〇文木　●又　●其可。

六月廿四（五月廿七）星一。病及工作如昨。至華東診眼及皮膚科。紫荊來。

六月廿五（五月廿八）星二。病及工作如昨。〇其可。

六月廿六(五月廿九)星三。病及工作如昨。樂群來以鈔稿。玉揆來。●其可(工會申請書)。

六月廿七(五月卅)星四。目稍愈。祖海來,以《燕石續札》去。芷亭、景宣來。榮、樂群約穎苕、芳度、蒲山夜飯。

六月廿八(六月初一)星五。目若昨。

六月廿九(六月初二)星六。眼似又頗劇,輟寫讀。

六月卅(六月初三)星期。目如昨。偕榮至梅龍鎮,晤芷亭夫婦、研因、鶴天、陟岵、通伯夫婦、景宣、隱塵。又至紅榴村赴同庚會聚餐,榮至偕還。

七月一日(六·4)星一。目如故,輟寫讀。服肺病防治所所給藥完。●聞土　○研因　●玉虯。

七月二日(六·5)星二。目稍愈,仍輟寫讀。縫蘭四詣孫濟忠。

七月三日(六·6)星三。目如昨,輟寫讀。●祥耀。

七月四日(六·7)星四。目如昨,輟寫讀。

七月五日(六·8)星五。目又稍重,輟寫讀。

七月六日(六·9)星六。目又稍重,輟寫讀。陟岵來。蒲山來,偕榮出看電影,後晚飯。胃病發,偕來止宿。玉揆來。○皮革社　●又　●商務　●須太。

七月七日(六·10)星期。偕榮至梅龍鎮,與通伯、研因等。餞哲東宴,芷亭、榮至偕歸。目如昨。

七月初八(六·11)星一。目如昨,輟寫讀。縫蘭夜發熱,熱度卅八.一度。

七月初九(六·12)星二。目稍重,輟寫讀。縫蘭晨熱度卅七,後增爲卅七.一,卅七.五。午前腹瀉五次,午後二次,請談興中診。蒲山尚未愈,永圻昨亦病並一診。夜卅七.七。又瀉一次凡八。吐血數口。●玉揆。

七月初十(六·13)星三。吐血,目如昨,輟寫讀。縫蘭午後寫止熱度卅七.四。章質甫來,慰農之弟。其可來。○須太。

七月十一(六·14)星四。吐血稍淡,目如故,輟寫作。丹戈來。縫蘭無熱胃口未開。

七月十二(六·15)星五。吐血止,目稍好,輟寫作。○商務　○玉虯。

七月十三(六·16)星六。目如昨,輟寫讀。玉祥來。

七月十四(六·17)星期。目似少愈。偕榮至梅龍鎮,晤研因、陟岵、隱塵、鶴天、巧生。偕榮、永圻至芷亭處、及景宣五人之錦江夜飯。巧生言稚竹去冬卒。景宣言胡鷺笙卒。

七月十五(六·18)星一。目如昨。撰《先考妣事述》。蒲山來。●商務。

七月十六(六·19)星二。撰《外王父傳》。目如昨。

七月十七(六·20)星三。目如昨。撰《莊仲咸先生傳》。●校刊編委會。

七月十八(六·21)星四。目如昨,似稍劇。玉揆來。●哲東。

七月十九(六·22)星五。目如故,輟寫讀。

七月廿(六月23)星六。目如昨,輟寫讀。

七月廿一(六·24)星期。偕榮至梅龍鎮,晤鶴天、隱塵,偕榮、通伯夫婦,至起士林,哲東先在,又以電話約研因,至以文三篇請教哲東。

七月廿二(六25)星一。目如昨,輟寫讀。樂群來。

七月廿三(六26)星二。目如昨,輟寫讀。樂群來。其可來。

七月廿四(六27)星三。目似少愈,輟寫讀。玉揆來。送樂群寫件。

七月廿五(六28)星四。目如昨,輟寫讀。樂群來取寫件。●須太。

七月廿六(六29)星五。●閏士　●須太　●阿文　●虞太　○商務　○玉揆　●祖海　永圻□。

七月廿七(七·1)星六。目似少愈,詣薛和玉診,繼蘭旋亦往。

七月廿八(七·2)星期。偕榮梅龍鎮,晤通伯夫婦、孔陟岵、婁子倫,以《仲咸先生傳》交通伯,又晤孫堯年。哲東屬來告今日無暇來也。增福來。○通伯。

七月廿九(七·3)星一。目如故也。

七月卅(七·4)。目如故。●抱宏　●月芬　●叔良　○通伯　●又　●抱宏⊙,●月芬⊙　叔良⊙。

七月卅一(七5)星三。目如昨。撰《叔良茹茶室詩稿叙》。○閏士　○又⊙　又△　●玉山　●須太　●伯洪。

七月十五日,先生撰《先考妣事述》。

七月十六日,先生撰《外王父程君傳》。

七月十七日,先生撰《莊仲咸先生傳》。

先生撰有《莊母劉太夫人家傳》一文，劉太夫人係莊清華（仲咸）先生母親，光緒十七年九月十日去世，此文不知撰於何年，現刊於《蒿廬文稿、筆記》。

七月十八日，先生致函徐哲東先生，擬將所撰《先考妣事述》、《外王父程君傳》和《莊仲咸先生傳》三文請教之。

七月三十日，先生撰《汪叔良茹茶室詩叙》。录汪叔良（厚）先生致先生兩函如下：

誠之吾兄惠鑒：

前月卅一日奉到手示，敬悉一一。本月二日曾肅寸箋計達左右，今又十餘日矣。貴恙定已全愈，未知近日起居如何？至深繫念。天氣嚴寒，務祈加意珍攝，早占弗藥，而康健勝常，乃私心所朝夕頌祝而未能一日忘者。日昨晤沈羨民先生，與之閒談，知其與吾兄頗熟識，且云日前其子號子玄者曾往候吾兄，並謂兄前發舊恙，今當全愈矣。聞之爲慰，近日精神如何？乞示及，以慰懸系，曷勝盼禱。弟平生所作詩，雖亦有二三百首，但自覺可存者甚少。然敝帚千金，未忍遽棄。去年夏間曾將歷年舊作，凡有語病者，或自覺有疵謬者，盡刪除之，僅留九十餘首，録爲一卷。將以就正於吾兄，乞指其疵謬。自念平生知己，今惟吾兄一人。蓋自甲寅之夏，共事於中華書局，今已四十四年矣。相交之久，相知之深，無如吾兄者矣。如能得兄一言以爲序，乃私心欣幸而希望者。倘承允其所請，不勝感激之至。並請稍緩時日，俟（下缺）

誠之吾兄惠詧：

兩月未通音問，馳系之深，莫可言喻。而竟未能裁寸箋奉候起居者，則以弟病體日益衰憊，不耐握筆寫字，親友故舊，音問斷絕久矣。今晨奉到惠示，並承賜拙詩序文，捧讀之下，欣忭感激，不可以言語形容，弟在今日默數平生舊友，相知之深、相交之久者，惟公一人而耳。弟憶識荊之初，似在甲寅之秋，其時弟年廿八，次年乙卯，則弟年廿九矣。公確長三歲。回憶書局共事，今已四十三年矣。今年自二月以來，賤體日益衰憊，初覺頭暈目眩，繼則引起心臟舊恙，近則每晚足微腫，兩足無力，現方注射微他命B針，半月前似略愈矣。乃近十日中，賤內及小孫皆患腸炎發熱，至今未全愈，舍間人手少，弟雖有病，還要照應兩病人，其苦況可想見矣。近半年中，醫藥之費，爲數甚大，尤苦未遇良醫，大率皆草草了事，殊可恨也。總之，貧病交迫，其苦有非筆墨所能形容者，莫非命也，順受其正而已，略陳近狀，以告知己，諒公必歎此人"老來苦"也。專肅以鳴謝熱忧，敬頌道綏，並頌譚福。

弟厚頓首八月一日

倘承時賜教益，以慰弟病中離索，不勝感激之至。

先生另有一小本子，記八月至十月八日日記，是爲先生最後之日記。

八月初一日（七月初六日）星四。目如故，半寫讀。樂群來繳寫件。偕榮詣和玉。●霖生。

八月初二日（七月初七日）星五。目如昨，全寫讀，以少愈也。伯洪來。

八月初三日（七月初八日）星六。目如昨，全寫讀。舜卿來。○叔良○須太。

八月初四日（七月初九日）星期。約玉揆、祖海、鍾山、永坵在和平飯店。後並約樂群及繼蘭、榮往。

八月初五日（七月初十日）星一。目少劣。達人來。丹戈來。○聞士⊙。

八月初六日（七月十一日）星二。目少劣，午後輟寫讀。●聞士。

八月初七日（七月十二日）星三。目如昨，寫讀。公安局徐匯分局湖南路派出所使林寶雲來瞭解陳夢炎。紫荊來。○久華。

八月初八日（七月十三日）星四。目如昨，寫讀。保良來。○人民出版社⊙　○師大圖書館△。

八月初九（七月十四）星五。目又少劇。●圖書館　●華甥。

八月初十（七月十五）星六。目如昨。世將來。丹戈來。

八月十一日（七月十六日）星期。偕永坵至未風處，遂至梅龍鎮，晤保良、研因、隱塵、陟岵、鶴天。道中及其徒陳士良來。○通伯。

八月十二日（七月十七日）星一。目如昨。夏漪（謹）與其一子一女來。

八月十三（七月十八）星二。目如故。偕菱、榮、永坵之中蘇友好大廈五樓。玉揆電話告欲至，亦約其往晚飯，罷又偕來焉。●通伯。

八月十四（七月十九）星三。目如故。樂群來。

八月十五（七月廿）星四。目如故，吐血。建猷來。●須太　●舜卿。

八月十六日。目如故，吐血。師大凌君來取《通典》、《聖武記》、《吾學錄》去。

八月十七(七月廿二)星六。目如故,血止。○雨農夫人。

八月十八(七月廿三年)星期。功德林同庚會約,偕榮至梅龍鎮一晤研因、穎苕、鶴天,而後偕隱塵赴之,榮至偕返。譚蘊華來。李永苓及其次女來。蒲山來。○抱宏　○須太　●月芬。

八月十九日(七月廿四)星一。文木來。●須太　●虞太　●未風。

八月廿(七月廿五)星二。文木出箑索書,口占相贈:策馬何心向秀容,蹲鷗空欲致臨邛。高丘回首頻沾臆,且泛秋江采晚菘。友仁來,紫荊來。①

八月廿一(七月廿六)星三。目更甚。文木及其母夫人來。紫荊來。

八月廿二(七月廿七)星四。季晟來,舜卿來。詣薛和玉診,縵蘭偕。《學術月刊》江行來。○子玄　●茂如　●子玄　●抱宏。

八月廿三(七月廿八)星五。近數日目疾頗劇,今日午後休息。

八月廿四(七月廿九)星六。目如昨,午後休息。○須太　○增堯○嶠若　●又。

八月廿五(八月初一)星期。偕榮至梅龍鎮,晤研因、陟岵、作梅、隱塵。午平來。

八月廿六(八月初二)星一。目頗劇。始閱《漚君文剩》。長孺來。永苓來。●須太　○文木。

八月廿七(八月初三)星二。至肺病防治所拍照。吉如來,相左。林錫淇、季晟來。榮午後恒微熱,詣談興中。○研因　●祖海。

八月廿八(八月初四)星三。目少好。

八月廿九(八月初五)星四。閱《漚君文剩》畢。●月芬。

八月卅(八月初六)星五。龍翔來。是日目多用猶甚不適。

八月卅一(八月初七)星六。目不適,停寫讀。寬正來。●雨農夫人。

九月一日(八月初八)星期。偕榮至梅龍鎮,晤叔良、研因、陟岵、隱塵。

九月二日(八月初九)星一。目少愈,寫讀減。樂群來。

九月三日(八月初十)星二。目左角痛,午後輟寫讀。其可來。鍾山

---

①　此日先生在扇面上的題詩原文:曾作大船窮瘴海,鄉關北望悵烽烟。生還且喜於今遂,又見吟情到酒邊。文木老弟好吟咏,有所作必以相示,而余疏懶成性,從未以篇什相報。倭寇犯順,君遠適南洋,寇降乃復來歸,此丙戌相逢口占奉贈之句也。君歸後南北賓士,亦不得意。丁酉到滬上相訪,再吟二十八字爲贈:策馬何心向秀容,蹲鷗空欲致臨邛。高丘回首頻沾臆,且泛秋江采晚菘。誠之呂思勉。

來。○建猷。

九月四日（八月十一）星三。目如故。偕永圻肺病防治所診看照片，云較好。樂群來。二日傾踣受傷。偕榮至襄陽公園，晤龔鏃如。至家點，子倫來。

九月五日（八月十二）星四。目如昨，午後輟寫讀。○須太　●又　○叔良　○抱宏。

九月六日（八月十三）星五。目如故。玉揆來。○須太　●又　●增福　●醫務處　●圖書館。

九月七日（八月十四）星六。目如故。●圖書館　●建猷　●文木　●叔良。

九月八日（八月十五）星期。至梅龍鎮，晤研因、鶴天、隱塵，永圻至同返。增福來。

九月九日（八月十六）星一。目少好。

九月十日（八月十七）星二。目如昨。約與中爲繼蘭量血壓100與210。○須太。

九月十一（八月十八）星三。目又略好。

九月十二（八月十九）星四。目如昨。玉揆來。○隱塵。

九月十三（八月廿）星五。目又劣。顧智甫及其妻李采英來。●隱塵　●永苓。

九月十四（八月廿一）星六。目劣，停寫讀。其可來。

九月十五（八月廿二）星期。目亦劣，邇數日左額連眉骨痛癢烈，頭上則已愈月許矣。樂群來取《文字變遷考》去。

九月十六（八月廿三）星一。目略好。

九月十七（八月廿四）星二。目少愈。○人民出版社。

九月十八（八月廿五）星三。目如昨。●其可。

九月十九（八月廿六）星四。目如昨。偕榮至襄陽公園。穎苕來。●其可。

九月廿（八月廿七）星五。目如昨。

九月廿一（八月廿八）星六。目如昨。夜偕繼蘭、榮、永圻知味觀吃叫化雞、東坡肉，並約其可、玉揆。

九月廿二（八月廿七）星期。目稍劇。寬正來。

九月廿三（八月卅）星一。目少愈如前日，吐血。

九月廿四(閏八月初一)星二。吐血減,目如昨。●須太　○校刊。

九月廿五(閏八月初二)星三。●校刊　●人民出版社　●穀臣。

九月廿六(閏八月初三)星四。目如昨。煤建公司人來。

九月廿七(閏八月初四)星五。目如昨。屺懷來。

九月廿八(閏八月初五)星六。頭痛少甚。夜繼蘭發寒熱,熱為卅八·五,云已有四五日。巳午間惡寒,飯後漸熱,夜飯時則退。○人民出版社(合同)。

九月廿九(閏八月初六)星期。繼蘭晨卅七·四,十時二時六時皆卅七·二。吳浩源來。興中來為繼蘭診。寬政來。

九月三十(閏八月初七)星一。繼蘭愈。樂群來,《變遷考》抄好。屺懷夫婦來。訪予來。

十月初一日(閏八月初八日)星二。目稍劇。顧秀英來。

十月初二日(閏八月初九日)星三。頭目如故。玉揆來。

十月初三(閏八月初十)星四。頭目如故。紫荊來。

十月初四(閏八月十一)星五。病如故。祖海來,以《隋唐五代史》屬校。

十月初五(閏八月十二)星六。○須太。

十月初六(閏八月十三)星期。至梅龍鎮,易地矣。晤研因、叔良、巧生。

十月初七(閏八月十四)星一。近日左眉骨及其以上痛癢頗甚,其他皆減矣,目仍容易充血也。

十月初八(閏八月十五)星二。頭目如故。樂群來。

先生增訂《字例略說》之最後一篇《文字之改革》,脫稿於九月二十九日。此篇未收入《文字學四種》,後收入《呂思勉遺文集》(上),稍有刪節,現編為《字例略說》第十三節,全文收入上海古籍出版社出版的《呂思勉文集·文字學四種》。

十月初八夜先生病轉劇,肺氣腫與心臟病併發,先生自言此刻病與往日異。初九晨請談興中醫生來診,醫言病情嚴重,即由救護車送至華東醫院,家屬隨往。醫院即組織搶救,孟伯洪校長親到院省視,至深夜先生病逝於醫院,冀仁女士陪侍於側。

先生自一九五三年秋冬起,疾病纏綿四年之久,一九五五年四月十四日後,已不能正常記日記,而仍抱病著作,於一九五六、一九五七兩年間,撰《燕石續札》,校《隋唐五代史》稿,修訂《文字學四種》,撰札記《古史時地略說》,又作文四篇,詩一首。十月初四至初八仍在校閲《隋唐五代史》,先生可謂盡瘁於學術矣。

録王玉祥先生的一段回憶:

> 一九五七年,正是誠之老師生活大有改善之時,《隋唐五代史》行將出版,他老人家黎明即起,伏案改稿,由於勞累過度,導致心臟病和肺氣腫併發,急送華東醫院診治,不幸溘然逝世。聞此噩耗,誠之老師的學生莫不痛哭。誠之老師的遺體在萬國殯儀館大殮時,我陪隨在年高的師母身旁,她老人家悲慟欲絶,顫抖著雙手,將鋼筆一支,手錶一隻,貓的相片一張,放在遺體之旁,哽咽地與誠之老師訣别:"誠之,我們永别吧!"此情此景,言者心碎,聞者斷腸。誠之老師靈柩在萬國公墓安葬後,師母痛定思痛,經常淚水縱橫,眼眺窗外,手扶門框,自言自語:"一部《隋唐五代史》,催了誠之你的命。"

> 師母持家有方,與誠之老師相敬如賓,數十年如一日,相互體貼支持,如今一旦分手,對活著的老年人,真是一種無形的沉重打擊。誠之老師逝世後不久,師母憂傷成疾,患腦溢血症,半身癱瘓,迭聘名醫治療,已是回天乏術,於一九六一年去世,與誠之老師合葬於萬國公墓。(王玉祥:《懷念吕誠之老師》刊於《蒿廬問學記》,第一六二至一六三頁)

先生的生前友好組成治喪委員會(治喪委員會:伍丹戈　葉百豐　孫陶林　劉佛年　李永圻　李亞農　吳澤　陳研因　陳祖源　孟憲承　周谷城　周而復　周予同　金兆梓　林舉岱　張耀翔　莊通伯　姚舜欽　常溪萍　蔣維喬　楊寬　廖世承　譚其驤),十月十三日下午二時假上海膠州路萬國殯儀館舉行公祭。先生葬於上海虹橋路萬國公墓 M 區 343 穴。一九六一年十一月十八日(舊曆十月十一日)虞夫人病逝於滬寓,葬於萬國公墓 M 區 344 穴。先生夫婦的墓地爲雙穴,墓誌銘由葉百豐撰,陳研因書。墓毁於一九六六年文化大革命中。

録是年十月王伯祥先生日記一條:

> 十月十五日(閏八月廿二日,庚申,星期二):接上海吕翼仁奉告乃翁誠之先生已於九日九時壽終,[①]十三日日下午二時在萬國殯儀館大殮。史學耆宿又弱一個,不禁添痛久之。(《王伯祥日記》第三十一卷,第一二四至一二五頁)

---

① 即晚二十一時。

十月廿七日,徐哲東先生作《呂誠之先生哀詩》:

　　璵瑶美奂瑟,孔鸞粲羽毛。淵淵呂夫子,文質彬然昭。崢嶸溯夙齡,才氣固已超。破浪泛學海,揚采擷蘭苕。五行一目下,揮翰萬言滔。勤修壯更篤,湛思析秋豪。著書史籍富,持論九流包。師表五十年,造就多英髦。我因子劉子,弱冠接清標。殷勤承奬借,引爲忘年交。蘇滬同講席,壇坫久聯鑣。傾心挹波瀾,委懷醉醇醪。世變歷艱虞,盜賊禍神皋。兇殘來日寇,吞噬虎狼饕。我走岷峨間,惻愴東望勞。夫子潛敷教,堅苦節行高。寇平重執手,盜焰又干霄。革命開景運,建國湧新潮。夫子珍所得,勇往讓前茅。時清歲云晏,道隆精漸銷。尚復資博聞,灌溉培萌苗。如何嬰疾,竟促老成凋。回首兩月前,滬上集朋曹。訂文枉下問,別餞感頻招。悃款事如昨,關山道路遥。維願耄猶健,庶幾晤常遭。豈意驚心訊,來告溘逝宵。嗚呼從此訣,胸臆苦煎熬。悲霏皋蘭雪,淚灑黄河濤。一抒在遠慟,哀歌呈靈犀。

徐震自蘭州寫寄　　一九五七年十月廿七日

是年,馬厚文先生紀念呂誠之、錢子泉兩位老師,作詩兩首:

哭呂誠之、錢子泉兩先生

　　呂、錢兩先生皆余讀書滬上所從受業者,誠之先生晚年教授華東師範大學,於今年丁酉九月以肺炎卒於滬寓。著書一千萬言,皆已刊行。子泉先生晚年教授華中師範學院,於同年十月以胃癌卒於武昌,著書都數百卷,亦均出版。余粗知文史,皆出於兩先生之教誨,乃匝月之間,相繼逝世,追思平生師弟恩義逾三十載,蠱然不知涕淚之流落也。

　　史學治來老益專,著書已見及身傳。春風廣被申江上,東道曾陪皖水邊。歡赴市樓傾美釀,忍開塵篋讀遺箋。心喪豈獨三年已,每憶前情總惘然。誠之先生

　　衰年客授武昌城,著述依然神志清。兩度過江曾面候,一封在道已心驚。獨於亂世憐寒士,常以高文詔後生。回首申江受知處,只今垂老愧無成。子泉先生

趙元成先生撰有《哭誠之丈》一首,録之如下:

哭 誠 之 丈

　　裏中數交舊,往者推莊通百丈。陳。研因丈。歲寒備三友,厥後又得君。

予時方弄繻，君已冠而婚。_{識丈始癸卯，予十八，丈年二十。}才望稱兼美，行誼誇絕倫。難得意氣孚，尤喜過從頻。屢掃元卿徑，時開文舉尊。敦盤狎主盟，談讌無虛辰。越在歲癸丑，共事歇浦濱。講席雷何并，經義服鄭鄰。揮灑每共硯，出入恒連茵。觀弈啜苦荈，度曲遣佳晨。饑驅迫行役，萍逢踪迹分。皋比擁上庠，君名日以振。兄食蜉郎署，予則慚勞薪。從茲音塵隔，造膝渺無因。偶然道滬瀆，契闊始一申。崛夷肆傲擾，八表煙塵昏。外侮方游至，內戰未解紛。荏苒流光迅，艱虞國步屯。傷時複憫亂，殷憂爲斯民。何幸陰霾廓，百度貞惟新。仍聞樂育宏，不改鑽研勤。走也西蜀歸，北門歌蹇貧。軒車翩然茊，相視鬢添銀。別來二十載，話舊情逾真。借箸籌前席，分沫呴涸鱗。不憚口舌劬，説士樂津津。晚得栖息安，實賴湔袚仁。迢迢雙鯉來，近況時相聞。初言病在肺，未致劇損神。小極會當療，良覿或可循。豈意龍蛇厄，遽殲我哲人。牙琴慟絕軫，薛劍終委塵。會葬慳執紼，馬策徒撾門。所幸藏山業，已有不朽存。伏女傳遺緒，簡策騰炳磷。南華與潁川，頻歲慨離群。同掉失石交，惻愴當何云。五紀等逝水，萬感付浮雲。俯仰念存歿，涕淚沾衣巾。（倪春軍整理：《趙元成日記》，鳳凰出版社二〇〇五年五月版，第二五二至二五三頁）

是年先生撰有《燕石續札》及《金華亭》、《盛康續經世文編》筆記二則。

先生於是年寫生平弈棋之經歷，僅成草稿一束，計七頁，書寫甚草且有脱字。翼仁女士尚略識先生草書，整理後而缺漏尚多，現收入《蒿廬文稿·筆記》中。《劉子遺稿》中有一篇劉脊生先生撰《與吕誠之論弈》，此文蓋寫於民國初年，所記亦江南弈界同仁（現刊於《吕思勉先生年譜長編》下册第一〇二六至一〇二七頁）。

先生晚年因衰病，原來擬撰之《宋遼金元史》、《明清史》未能完成，是爲史學界之一大憾事。爲説明他編寫斷代史體例，引楊寬先生文一段於下：

　　吕先生一向認爲通史體例遠比舊式的史鈔體例爲優。他早在二十年代初，就采用通史體例寫了《白話本國史》。爲什麼吕先生到晚年著作這四部巨大的斷代史的時侯，反而不采用通史體例呢？因爲他感到當時運用這種通史體例寫作大部頭斷代史的條件還不夠成熟，還需要作一番努力才有可能用這種體例寫出令人滿意的大部頭著作。他在教導後輩的時侯講過，必須擁有詳確的史料，對各方面的歷史發展情況作出正確的概括和分析，才有可能把復雜的歷史情況真正貫通起來。由於前人對各個時期各方面的史料沒有作過細密的整理和考核,我們今天要在短時期作出正確的概括和分析是困難的,要加以融會貫通就更難辦到。過去出版的一些通史或斷代史所以學術價值不高,不免有以主觀臆斷代替歷史事實的地方,就是因爲這個緣故。

　　吕先生爲了實事求是,著作這四部斷代史采用了特殊的體例。每部史都分成前後兩部分:前半部是政治史,包括王朝的興亡盛衰、各種重大歷史事件的前因後果、各個時期政治設施的成敗得失,以及王朝與周圍少數民族之間關係,等等,采用的是一種新的紀事本末體。後半部是政治經濟文化史,分列章節,分別敘述社會經濟、政治制度、民族疆域、文化學術等方面的具體發展情況,采用的是一種新的敘述典章制度的體例。(楊寬:《吕思勉先生的史學研究》,原刊《中國史研究》,一九八二年第三期)

第七卷
一九五八年 至 二○一五年

一九五八年(戊戌)。去世後一年

　　先生於一九五六、一九五七兩年間所撰之《燕石續札》是年一月由上海人民出版社出版,陳研因先生題簽,有删節。

　　是年,常州實施房改,吕氏舊宅收歸公有,四進二十余間房子,留二間半留給吕家使用,二間存放書籍、文稿、書畫、碑帖等,一個半間是堆放傢俱雜物。收歸的房子,當時由市工會承租分配給系統下的幹部及眷屬居住。

一九五九年(己亥)。去世後二年

　　先生遺著《隋唐五代史》是年九月中華书局出版,全書百餘萬字,未刊總論,且有删改,書前加有《出版説明》。

一九六一年(辛丑)。去世後四年

　　虞菱夫人於是年十一月十八日(舊曆辛丑十月十一日)因心血管病逝,享年七十七歲,與先生合葬在上海虹橋路萬國公墓(M區三四三穴),墓毁於一九六六年文革中。

一九六二年（壬寅）。去世後五年

顧頡剛先生於一九五七年底，發倡議整理呂思勉遺稿，並擬請楊寬負責主持遺稿整理工作。後遲至一九六二年三月，中華書局上海編輯所發起整理出版呂思勉遺稿，由出版社社長李俊民致函約請楊寬、唐長孺、湯志均、李永圻、呂翼仁等到上海編輯所商議工作，該所陳向平、胡道靜、楊友仁①等亦參加討論。會議議定，組成呂思勉遺著整理小組，整理費用由家屬負擔。由於工作量巨大，呂翼仁又邀請了呂思勉的學生陳楚祥、陳祖鼇（式圭）兩先生參加協助。② 至一九六三年，即整理好《文字學四種》、《史學四種》兩稿，交中華書局上海編輯所，《呂思勉讀史札記》稿也於一九六五年整理完畢，交與出版社。

《呂思勉讀史札記》整理之初，曾計畫按呂先生自擬之分類進行編排，後改爲按時間爲序，適當兼顧類別。先生自擬的分類編目，參見呂思勉全集《呂思勉读史札記》下之附录"呂思勉先生自拟读史札記分类及部分编目"。

一九六六年（丙午）。去世後九年

一九六六年十月臺灣市政府、臺灣警備總司令部刊印的《查禁圖書目錄》，列有先生著作三種：即《古史辨》第七册（上、中、下，開明書店一九四一年六月版）、《中國通史》（臺灣開明書店一九五四年三月版）、《白話本國史》（蘭亭書齋，一九七三年版）。

一九八〇年（庚申）。去世後二十三年

先生遺著《史學四種》是年十二月由上海人民出版社出版，收入《歷史研究法》、《中國史籍讀法》、《史通評》和《文史通義評》四種。

是年，馬厚文先生收到呂翼仁先生寄贈的《史學四種》，賦詩一首：

呂翼仁寄贈誠之先師遺著史學四種拜讀志感

洛城司馬閉門居，簡册摩挲心力虛。昔日門生今白首，猶將忍死讀遺書。（馬厚文：《鴉山皖水詩稿合選》第二十四頁）

---

① 楊友仁（一九一八—二〇〇七），江蘇昆山人。一九四三年畢業於光華大學中文系，曾任上海古籍出版社、上海書店編輯，上海文史研究館館員，著有《吳江金松岑先生行年與著作簡譜》等。楊先生去世後，家屬遵循其遺願，將生平藏書全部捐贈常州呂思勉故居陳列。

② 陳祖鼇，字式圭，浙江寧波人。文史專家。光華校友，曾任教於光華大學暨附屬中學。

一九八二年（壬戌）。去世後二十五年

《吕思勉讀史札記》是年八月由上海古籍出版社出版。此書在六十年代即已整理完成，因“文革”而出版中斷。“文革”結束後，出版社一度不知書稿的下落，後由編輯姜俊俊女士在出版社的書庫中尋得。

先生史學論著《先秦史》、《古史辨》第七册（上、中、下，與童書業合編）是年由上海古籍出版社影印出版。二十世紀八十年代的部分先生遺著遺稿的整理出版，楊寬先生出力最多。

吕思勉史學論著編輯組爲先生著述的重印出版而擬寫的前言，都由楊寬先生執筆。前言除了簡要介紹先生的生平履歷外，主要是詳細評述先生的各種著述，如兩部中國通史、四部斷代史、五部專史，以及四種史學方法著述和四部文字學著作，还特地介紹了尚在整理編輯中的《吕思勉讀史札記》和《吕思勉論學集》。這大致就是編輯組整理出版先生史學論著的總體計劃了。下面節録楊先生所擬的二段出版前言，以瞭解當年對吕先生史學的評價以及重印出版的目的。

> 爲了使讀者全部看到吕先生的讀史札記，看到他五十年來踏實從事歷史研究的成果，我們把他已發表的和未發表的札記加在一起加以整理彙編，因爲這許多札記不是一時所寫，往往思想觀點不一致，引書的體例和標點也不統一，我們在處理過程中，對標點標線做了一番整理的工作。但前人引書，例可剪裁；吕先生所引書篇資料，是他文章的一部分，往往因行文需要有所删節，有時則用轉述口氣，故字句與原書或有出入。爲了保持吕先生的文字風格，我們不一律依引原書校改校補；删節處一般也不加删節號；以免讀起來支離破碎。發稿的底本有些由於曾經排印、重抄，不免有訛亂脱衍，我們則盡可能加以改正。爲了便於讀者閲讀和查檢，這次整理是按歷史時代的順序安排的，共分五帙，甲帙是先秦部分，乙帙是秦、漢部分，丙帙是魏、晉、南北朝部分，丁帙是隋唐以下部分，戊帙是通代部分，因涉及許多時代而不便歸入到前面四帙中的。遺憾的是，由於吕先生的病逝，使他原來打算寫的《宋遼金元史》和《明清史》沒有寫成，關於宋以後的札記也寫得比較少。
>
> 這部札記，大多數條目是作者在解放前陸續寫成的，所貫串的論點，依然是封建的正統思想，要讀者以批判的態度來讀它。因爲作者在史料的搜集、鈎稽和排比、考訂上，作過辛勤的勞動，多數條目屬於歷史考證性質，對於我們進行有關的歷史研究還有一定的參考價值。（《吕思勉讀

史札記·出版説明》,上海古籍出版社一九八二年八月出版)

　　吕思勉先生(一八八四——一九五七),字誠之,江蘇武進(今常州市)人。畢生專心致力於歷史研究和歷史教學工作,對於中國古代史研究作出了卓越的貢獻。他的一生,是學而不厭、誨人不倦的一生,又是刻苦鑽研、勤奮著書的一生。在現代我國著名歷史學家中,他是讀書廣博而重視融會貫通的一位,又是著作豐富而講究實事求是的一位。五十年中,先後著有兩部中國通史、四部斷代史、五部專史和其他多種史學著作,都很有學術價值,素爲國内外史學界所推重。

　　我們爲了適應當前史學界深入開展研究的需要,決定把吕先生史學著作匯合成爲總集出版,稱爲《吕思勉史學論著》,現在先重印四部斷代史,其他著作也將陸續刊布。爲了保存原著的本來面目,采用了影印和原紙型重印的辦法,除改正個别錯字以外,不作更動,標點也一仍其舊。書中沿襲舊史上的名詞如"封建"、"革命"等等,顯然和今天常用的意義不同,我們也未作改動。書中沿用過去正史上四裔傳的用語和觀點以及對外關係的用語和觀點,也都保持原樣。希望讀者閱讀時注意。[吕思勉史學論著編輯組(楊寬執筆)一九八二年一月]

一九八三年(癸亥)。去世後二十六年

　　先生史學舊著《秦漢史》、《兩晉南北朝》是年二月、八月由上海古籍出版社影印出版。

　　是年十月,吕翼仁女士將先生《隋唐五代史》手稿,捐贈常州市博物館收藏。

　　十一月十三日,常州市十子街先生世居的舊宅作爲"史學家吕思勉故居",定爲常州市文物保護單位,由常州市博物館管理。後改屬於常州市文物保管委員會接管。

　　是年復旦大學外文系徐燕謀(承謨)教授爲常州吕思勉故居題詩,原件藏於常州文物管理委員會。

　　常州今日重鄉賢,願葺故居光市廛。墓木蒼烟詩可削,眼昏喜得撫遺編。

　　一九七七年春馬君厚文出示挽誠之夫子詩,讀之愴然。時浩劫方過,文物蕩然。曾有句云:頭白門生追凤昔,空悲墓木已蒼烟。今聞常州市將葺夫子故居,作爲文物保管。夫子之道德文章固宜不朽,然若非翼

仁師妹之勤於搜輯，數十年如一日，其遺著豈能保存無闕失，神物呵護，我不信也。

門生昆山徐燕謀謹識

一九八六年，呂翼仁先生收到徐承烈先生贈寄的《徐燕謀詩草》一冊。燕謀先生之舊體詩，爲詩友錢鍾書先生所激賞。茲錄其中二首，以見其概：

到京晤默存追懷泉師

問學三回七尺場（泉師舊宅在無錫七尺場），言詩幾度李園旁（師任國立師範學院中文系主任時，住藍田李園。默存與余共事於英文系）。淵明期我餘慚汗（一九四一年余與默存東歸，師題贈陶集），頭白門生尚面牆。

偶　　成

詩以背時知己少，語常違俗解人難。懸崖百丈寒梅早，雪裏永封一點丹。

李漢怡先生得悉老師故居定爲文物保護單位，賦詩以志紀念，爲此與翼仁先生通函兩封：

翼仁學長：

二日賜書，今晨敬悉。茲寄上拙詩一首，懇請斧正爲盼。此致順頌
冬安

李漢怡　十二月三日

誠之師故居榮爲文物保護單位喜賦

史書廿四三通讀，博學多聞理乃真。身後光輝閭里耀，生前著述棗梨新。地靈共仰庚樓月，善誘難忘馬帳春。可喜掌珠能繼業，清風林下媲前人。

李漢怡未定稿

翼仁學長：

昨寄上拙詩，今將第六句善誘改爲堂奧，第八句清風改爲風清，重抄寄奉，仍有未妥之處，懇請教正爲盼。即頌
台綏

李漢怡謹上　十二月四日

誠之師故居榮爲文物保護單位喜賦

史書廿四三通讀，博學多聞理乃真。身後光輝閭里耀，生前著述棗

梨新。地靈共仰庚樓月，堂奧難忘馬帳春。可喜掌珠能繼業，風清林下媲前人。

一九八四年(甲子)。去世二十七年

一九八四年先生一百周年誕辰前夕，一月十五日出版的臺灣《大陸雜志》第六十八卷第一期刊載嚴耕望《通貫的斷代史家——呂思勉》一文，對先生遺著出版，抱着熱切願望。

一月，先生的《隋唐五代史》由上海古籍出版社影印重版，删去原《出版説明》，增加《呂思勉史學論著前言》，補刊總論。初版本的删節，影印本仍沿襲未改。

歷史地理學家譚其驤教授爲先生誕辰一百周年題詞，原件存於常州市文物管理委員會：

> 近世承學之士，或腹笥雖富而著書不多，或著書雖多而僅纂輯成編，能如先生之於書幾無所不讀，雖以史學名家而兼通經、子、集三部，述作累數百萬言，淹博而多所創獲者，吾未聞有第二人。
>
> 呂誠之先生誕辰百年紀念　　後學譚其驤敬題　一九八四年四月

李漢怡先生爲先生誕辰一百周年，賦詩一首：

誠之師百歲誕辰暨逝世廿六周年紀念

> 夫子百齡日，仙游廿六春。冰心全亮節，皓首喜逢辰。史籍推先覺，菁莪育後人。魚緘今尚在，遺訓永書紳。

五月，先生遺稿《中國制度史》由上海教育出版社出版。

六月，《文字學四種》由上海教育出版社出版，該書包括先生在晚年修訂的《中國文字變遷考》、《字例略説》、《章句論》和未刊的《説文解字文考》。《説文解字文考》成稿甚早，因印刷上的困難，一直未能刊印。一九八三年夏，呂翼仁先生花數月時間，以毛筆將遺稿全文抄寫謄清，才得影印出版。先生於晚年改寫的《字例略説》最後一章《中國文字之優劣》，當時未刊，後收入上海古籍出版社出版的《呂思勉文集·文字學四種》。

一九八七年(丁卯)。去世後三十年

十一月二十五日，呂翼仁收到武漢大學唐長孺教授二十二日來信暨五律一首，唐先生贈故居的手書詩幅，今存常州呂思勉故居。

翼仁同志：

　　前得湯志鈞同志來函，敬悉誠之師常州故居建立紀念館，將於十二月開幕，並舉行學術討論會。先師德望學業，爲當世學人所共仰。建立紀念館，足爲後世範式，無任忻悦。隨即覆函，請示確切日期，屆時如健康條件許可，定當趨赴，迄今未得覆，甚爲懸念。年來目力衰耗，今春又加劇，不能寫作，敬賦一五律，不能表達瞻望之忱於萬一，今即寄呈裁正，並請示知開館日期。專此，即頌

教安

唐長孺　十一月二十二日

　　夫子今長往，開編題拂存。滄波函德量，學海接微言。故居遺書在，名山一老尊。升堂吾豈敢，白首愧師門。

　　誠之師故居開幕志慶　　　　　　　受業唐長孺

先生遺著《論學集林》是年十二月由上海教育出版社初版發行，下節錄楊寬先生撰寫的出版説明二段：

　　這部《論學集林》，内容包括吕思勉先生以下六種著作：（一）《蒿廬論學叢稿》，（二）《經子解題》，（三）《史籍與史學》，（四）《宋代文學》，（五）《三國史話》，（六）《蒿廬札記》。吕先生是当代很有影响的著名历史學家，生於一八八四年，卒於一九五七年。毕生致力於历史教學和历史研究工作，给我们留下许多有分量、有价值的论著，已出版的著作共有六七百万字，在历史研究上有承前启后的作用。吕先生所有著作，有的是有计划專門从事研究的成绩，有的是教學工作和研究工作相结合的产物。往往由於教學的需要，推动了某一方面研究工作的开展，同時又由於研究上的成就，推动了某一方面教學的开展。在著名的史學界前辈中，吕先生是把教學和研究结合得很好的典范，因而取得了丰硕的成果，既亲身培养出了不少著名的史學工作者，又写出了许多出色的史學著作。

　　這部《論學林集》，只是吕先生論著的一部分，但是内容比較豐富，涉及的面比較廣，其中既有與别人進行學術討論和發表自己見解的作品，又有許多依據自己的治學經驗，教導人們如何進行學習的著作，更有象《三國史話》那樣的通俗讀物。就指導人們閱讀古書的方法來說，遍及經、史、子等部分。就所論的學術内容來說，既有對專題的探討，又涉及文學史、思想史等各個方面。儘管這些著作，均作於二十年代到四十年

代,有其一定的局限性,還是有很多參考價值的。[吕思勉史學論著編輯組(楊寬執筆)一九八三年十一月,上海教育出版社一九八七年十二月出版]

一九八八年(戊辰)。去世後三十一年。

六月,江蘇省歷史學界在南京大學集會,紀念柳詒徵、鄧之誠、繆鳳林、吕思勉、陳恭禄、柴德賡等六位著名的史學家、教育家。上海等地的歷史學者也參加了這次紀念活動。

一九八九年(己巳)。去世後三十二年

三月,吕翼仁先生回常州,與常州文管會領導商议吕思勉故居修理方案,并一起帮助清理故居什物。兹录吕翼仁先生日記五条:

三月二十日(農曆二月十三日,星期一,多雲)。上午與舜祥、增富趁三三二次車返申。抵常後潘茂、達明、博元、增堯、虞裕來接,文化局用汽車先送我至文管會飲茶休息,並提出修理故居方案,後同至故居視察。四時後送我至縣直街招待所。

三月二十一日(農曆二月十四日,星期二)。晨,賀忠賢、戴博元來招待所,同至"故居"指揮工人清理三幞客堂後半間中什物。十時半回招待所午膳,下午一時半又至十子街繼續上午工作。工作結束後與博元偕至文管會,與潘、賀及朱(後至)研究整理"故居"方案。十六時半訪增富,回招待所。

三月二十三日(農曆二月十六日,星期四,雨)。晨,舜祥來,先偕至文管會,後至十子街,又回文管會,與卜女士約:下午一時半至"故居"相助清理。下午一時半與舜祥同至十子街,少時全珍、戴、卜均到,即動手清理。四時清理完畢,與全珍同至孫府弄,又同回招待所。

三月二十四日(農曆二月十七日,星期五,陰雨)。晨,舜祥請我至迎桂吃小籠。至文管會辭行道謝。回招待所午膳。下午博元來,言局長已歸,傍晚來見我,略坐即去。又有□君來爲我拍照。下午五時,局長、博元、潘茂、達明、忠賢(尚有二位不能記其姓矣),同至餐所進膳,席間議故居事,十九時半散。

三月二十七日(農曆二月二十日,星期一,多雲)。今日我與增富返滬。舜祥六時半即來所中,全珍、博元七時半來,八時增堯送增富來。少

頃潘茂君亦至。八時三刻達明隨車來，車可坐四人，我與增富、朱、潘二公乘小汽車，舜祥、全珍趁公共車，幾乎同時到達軟席候車室。因二張車票只可購二張月臺票，潘、朱乃將月臺票讓與舜祥、全珍，舜祥、全珍乃送我至車上。火車準時到滬，下車出北出口處，趁一一五路至廣中路，改趁九路至虹口公園，二時安抵滬寓。（《呂翼仁日記》，未刊稿）

一九九〇年(庚午)。去世後三十三年

五月十二日，呂翼仁女士將滬寓先生所藏書二十大箱運回常州先生故居。

五月九日（農曆四月十五日，星期三，多雲）。晨，邵玉健同志來，言昨日到滬，住西江灣路 142 弄 140 號大海旅館（花園路口），今日或明日常州可能有車來運書箱，湯亞洲同志可能押車云云。留之中飯，並約其六時來吃晚飯。

五月十二日（農曆四月十八日，星期六，陰，多雲）。下午二時，玉健、湯亞洲、沈濟皋、博元及常州輪船公司吳銀髮來，捆紮書箱搬至樓下，至下午五時三刻方畢。六時半，汽車來，裝車出發已七時半矣。此次運出之書共二十箱，乃家藏舊籍，擬放在常州先父故居中。（《呂翼仁日記》，未刊稿）

一九九一年(辛未)。去世後三十四年

二月十三日，呂翼仁女士將先生《中國民族史》書稿（第六章貉族至第十三章白族，第一二二至二三七頁）捐贈武進縣博物館收藏。五月二十五日，又將清光緒朝曆書錦裝本一匣捐贈武進縣博物館收藏。

六月，常州文管會戴博元先生來上海訪呂翼仁，翼仁先生托其將唐長孺先生題贈故居詩等交常州文管會。

六月十一日（農曆四月二十九日，星期二，陰雨）。下午二時，戴博元來，談至四時辭去，托其帶歸：（一）唐長孺先生題贈故居詩一首，（二）竹莊先生一九二六(年)致先父書六頁，（三）葉聖陶、周建人兩先生覆先父書一封，（四）燕謀師題贈故居詩照片一幀。（《呂翼仁日記》，未刊稿）

一九九二年(壬申)。去世後三十五年

十月，呂翼仁先生最后一次回常州，與文管會工作人員一起整理、登錄故

居舊物,并整理抄录故居所藏古籍书目等。

十月二十九日(農曆九月初四日,星期四)。上午九時四十分由張耕華相送至火車站,葉亦來,①同趁三四四次車回常。火車準時到常,舜祥、博元、小湯均在車站相接,用汽車送我們至文管會,晤潘主任、錢詠林、小邵,談片刻,即至舜祥家吃點心,然後至故居整理床鋪什物,又至舜祥家晚餐。以後除特殊情況外,三餐均在舜祥家,住在“故居”,與葉同榻。

十月三十日(農曆十月初五日,星期五)。晨,檢查破箱,尋得先父所刻筆洗及諸傳家舊物,由文管會戴博元先生登錄收藏。

十一月四日(農曆十月十日,星期三)。(整理抄錄)古籍書目(完)。

十一月五日(農曆十月十一日,星期四)。上午偕舜祥往買車票,併發電報與張耕華。

十一月七日(農曆十月十三日,星期六,多雲,陰)。上午十時半由萬家出發,博元、潘茂、錢萍、亞洲、全珍均來送。錢詠林亦在文管會門首相待。亞洲及全珍同趁汽車至火車站,舜祥趁公共車至火車站。舜祥及全珍送我及葉至車上。火車準時到滬,依慰上車相接。葉自南區出站返家,我與依慰則由北區趁一一五路車返家,抵寓,則吉龍坐待已久矣,談至四時半辭去。(《呂翼仁日記》,未刊稿)

是月,李永圻編撰的《呂思勉先生編年事輯》由上海書店初版。此書封面底紋系呂先生家藏磨兜堅室主人仿古箋紙木刻圖案,由上海社科出版社美編鄒越非先生設計。節錄其序文二段如下:

呂思勉史學論著編輯組同人,在整理呂先生的已刊、未刊的各種著述的過程中,同時留心搜集他的傳記資料,希冀輯成一編,使讀者讀之能夠明瞭其生平和其學術思想的演變,有助於研讀呂先生的著作。

這本編年事輯,主要依據呂先生的日記、書信、詩詞、文章以及其他各種傳記資料編輯成書。其中絕大部分資料是呂先生生前自己分類保存著的,這些材料既真實又寶貴,從此等處頗可見到前輩史家治學的精神和方法,足爲後學範式。

---

① 葉即葉理環,先生學生鄒兆琦先生夫人。

一九九四年(甲戌)。去世後三十七年

四月二十五日(農曆三月十五日)三時四十分,呂翼仁女士因患肺癌醫治無效,逝世於邯鄲路上海市建工醫院,享年八十一歲。十二月二十二日(舊曆甲戌冬至,即農曆十一月二十日),翼仁女士骨灰盒厝於常州市烈士陵園一區丙單元(思親廳)五〇一號,墓碑:呂翼仁先生之墓　李永圻敬立　一九九四年冬至

一九九六(丙子)。去世後三十九年

是年六月,紀念呂思勉生平與學術的論文集《蒿廬問學記》,由北京三聯書店出版。該書由俞振基編,顧廷龍先生爲"蒿廬問學記"題簽書名,但刊印時未及采用,現刊於《呂思勉先生年譜長編》(第一〇九二頁)。

一九九七年(丁丑)。去世後四十年。

九月,《呂思勉遺文集》由華東師範大學出版社出版。《呂思勉遺文集》約一百三十萬字,分上、下兩冊。上冊《蒿廬論學叢稿》,是呂先生於上世紀初至五十年代發表於各種雜志報紙上比較重要的論文;下冊爲《中國政治思想史十講》、《中國文化史六講》、《蒿廬札記》、《蒿廬詩稿》、《蒿廬文稿》的合集,絕大多數是呂先生生前未發表過的手稿與講課稿。

同月,先生遺稿《呂著中國近代史》由華東師範大學出版社出版。該書包括《中國近代史講義》、《中國近代史前編》、《中國近百年史概說》、《中國近世文化史補編》、《日俄戰爭》五種,除《日俄戰爭》曾於一九二八年由商務印書館出過單行本外,其餘四種都是未刊的講稿。

十月二十六日,由上海市歷史學會和華東師範大學歷史系、華東師範大學出版社共同發起的紀念呂思勉學術討論會在華東師範大學舉行。

二〇〇二年(壬午)。去世後四十五年。

六月,先生所著《呂著史學與史籍》由華東師範大學出版社出版,該書彙集先生有關史學與史籍的六種著述,包括《歷史研究法》、《史籍與史學》、《中國史籍讀法》、《史籍選文述評》、《史通評》、《文史通義評》。

六月,上海教育電視臺開始拍攝百集系列專題片"一代名師"。該片分現、當代兩大部分,每人一集,每集三十分鐘。先生列入現代部分,編導爲上海教育電視臺李俊傑先生,自六月起收集資料,采訪攝録,至十二月完成,於次年一月首播。

二〇〇四年(甲申)。去世後四十七年。

九月二十四日,常州呂思勉故居舉行開館暨呂思勉生平展開幕。常州市領導爲開幕式剪綵,來自上海、杭州及常州市有關單位的學者專家出席了開幕式。

二〇〇六年(丙戌)。去世後四十九年。

五月,常州鐘樓區西新橋關河綠地建成開放,綠地内塑有蕭统(《昭明文選》選編者)、劉勰(《文心雕龍》作者)、陳濟(《永樂大典》都總裁)、趙翼(史學家)、段玉裁(文字訓詁學家)、呂思勉(史學家)等六組常州歷史名人和近代學者的雕塑。

二〇〇七年(丁亥)。去世後五十年。

十月八日至九日,由常州呂思勉故居主辦,上海社會科學聯合會、華東師範大學歷史系協辦的紀念呂思勉逝世五十周年暨學術研討會在常州呂思勉故居舉行,

十一月二十八日,華東師範大學閔行校區舉行紀念呂思勉先生逝世五十周年暨思勉人文講座開講儀式。校黨委書記張濟順教授、呂思勉的家屬李永圻和歷史系主任余偉民教授在儀式上講話,王家范教授作《"新史學"旨趣實踐會通第一人》演講。

二〇〇八年(戊子)。去世後五十一年。

六月十四日,華東師範大學思勉人文高等研究院正式揭牌。思勉人文高等研究院爲实体性的研究机构,实行院务委員會领导下的院長负责制,院内設有院务委員會和學术委員會。目前院内所属的研究中心有:中國當代史研究中心、上海史研究中心、華东师范大學—康乃尔大學比較人文研究中心、中國近现代社會变迁研究中心、知识分子与思想史研究中心、经典与诠释研究中心、呂思勉學术研究中心、批评理论研究中心、ECNU－UBC 现代中國與世界聯合研究中心、知識與行動研究中心等。

二〇一一年(辛卯)。去世後五十四年。

十月二十一日,由華東師範大學思勉人文高等研究院與上海古籍出版社聯合舉辦的"《呂思勉文集》發布會"在華東師範大學閔行校區舉行。"呂思勉文集"自二〇〇五年開始出版,至是年十一月已出版了十八種二十六本。下

爲"吕思勉文集"的總目以及其包含的大致内容：

一、《白話本國史》(上.下，二〇〇五年七月出版)

二、《先秦史》(附作者自擬的札録，二〇〇五年七月出版)

三、《秦漢史》(附作者自擬的札録，二〇〇五年七月出版)

四、《兩晉南北朝史》(附作者自擬的札録，上、下，二〇〇五年十一月出版)

五、《隋唐五代史》(上、下，增補《總論》一章，及删節部分，二〇〇五年十一月出版)

六、《吕思勉讀史札記》(上、中、下，包括《燕石札記》、《燕石續札》以及其他已刊、未刊的讀史札記共七六三篇，二〇〇五年十二月出版)

七、《吕思勉論學叢稿》(二〇〇六年十二月出版)

八、《中國社會史》(即原《中國制度史》，增補了約九萬餘字删節，二〇〇七年十一月出版)

九、《中國民族史兩種》(包括《中國民族史》、《中國民族演進史》，二〇〇八年五月出版)

十、《中國近代史八種》(包括《中國近代史講義》、《中國近世史前編》、《中國近百年史概説》、《中國近代文化史補編》、《日俄戰争》、《國恥小史》、《本國史補編》、《中國近代史表解》，二〇〇八年八月出版)

十一、《中國通史》(即《吕著中國通史》，二〇〇九年四月出版)

十二、《中國文化思想史九種》(上、下，包括《醫籍知津》、《群經概要》、《經子解題》、《中國文化史六講》、《理學綱要》、《先秦學術概論》、《大同釋義》、《中國社會變遷史》、《中國政治思想史十講》，二〇〇九年四月出版)

十三、《文字學四種》(包括《章句論》、《中國文字變遷考》、《字例略説》、《説文解字文考》，增補了《字例略説》的最後一章《論文字之改革》，《説文解字文考》"序二"等，二〇〇九年八月出版)

十四、《史學與史籍七種》(包括《歷史研究法》、《史籍與史學》、《中國史籍讀法》、《史通評》、《文史通義評》、《古史家傳記文選》、《史籍選文評述》及《新唐書選注》的序、選目和注釋，二〇〇九年十一月出版)

十五、《吕著史地通俗讀物四種》(包括《蘇秦張儀》、《關岳合傳》、《中國地理大勢》、《三國史話》，二〇一〇年三月出版)

十六、《文學與文選四種》(包括《宋代文學》、《論詩》、《中國文學史選文》、《國文選文》，二〇一〇年六月出版)

十七、《吕著中小學教科書五種》(上、下，包括《國文教科書》、《新學制高級中學本國史》、《復興高級中學本國史》、《高中復習叢書本國史》、《初中標準教本本國史》,附錄:《中國通史教學提綱六種》①,二〇一一年六月出版)

十八、《呂思勉詩文叢稿》(上、下,包括《蒿廬詩稿》、《蒿廬文稿》、小說及各類文稿一百二十三篇,二〇一一年十月出版)

十月,劉西影女士主編的《呂思勉研究紀念文集》由南京大學出版社出版,下爲李學勤所撰序文的節錄:

> 呂先生在二十世紀歷史學中的崇高地位,是海内外有關學者所公認的。在這部《呂思勉研究紀念文集》裏,有論文提到嚴耕望先生《治史三書》對呂先生的評價。……嚴耕望在書中將呂思勉與陳寅恪、陳垣、錢穆三位合稱爲"現代史學四大家",他還說"呂思勉在民國時期學界的聲光不及其餘幾位"有三點原因,即"一,近代史學風尚偏向尖端發展,一味追求新領域,而呂思勉則屬通貫博贍一途;二,近代史學研究務以新史料取勝,而呂思勉比較重視傳統史料;三,呂思勉爲人樸質恬淡,不追名利,不求聲光,遠離所謂學術中心而默默耕耘"。"四大家"之說是否有當姑且不論,他所言三點,則恰是呂先生一生優長之處,是我輩後學應該學習並以之自勉的。

二〇一二年(壬辰)。去世後五十五年。

三月,作爲上海市哲學社會科學規劃課題《呂思勉先生年譜長編》經審核准予結項,鑒定等級爲優秀,並由上海市哲學社會科學規劃辦頒發結項證書。

據是年十二月十九日《文匯報》報導,《呂思勉先生年譜長編》已列入上海文化發展基金會二〇一二年度第二期上海文化藝術資助(出版)項目名單。

據十二月二十三日《常州晚報》報導:由市民政局、市社科聯和樓鳳山國際人文陵園共同發起"請名人回家"行動,於昨天上午在孟河樓鳳山國際人文陵園舉行了世澤名人園開園儀式。史學大家呂思勉魂歸故里,在此建衣冠塚和紀念像,成爲首位入園名人。

先生對葬埋習俗的看法,在《呂著中國通史》第十四章住行中有簡明的闡

---

① 即《本國史提綱》(一九四四)、《擬編中國通史說略》(一九五二)、《擬中國通史教學大綱》(一九五二)、《中國通史分期》(一九五二)、《魏晉南北朝史綱要》(一九五三)、《中國通史晉朝部分綱要》(一九五三)。

述,茲節錄如下:

> 厚葬之意,不徒愛護死者,又包含著一種誇耀生人的心思,而發掘墳墓之事,亦即隨之而起。讀《吕覽·節喪》、《安死》兩篇可知。當時墨家主張薄葬,儒家反對他,然儒家的葬禮,較之流俗,亦止可謂之薄葬了。學者的主張,到底不能挽回流俗的波靡。自漢以後,厚葬之事,還書不勝書。且將死者的葬埋,牽涉到生人的禍福,而有所謂風水的迷信。死者無終極(漢劉向《諫成帝起昌陵疏》語),人人要保存其棺槨,至於無窮,其勢是決不能行的。佛教東來,火葬之俗,曾一時盛行(見《日知録·火葬》條),實在最爲合理。惜乎宋以後,受理學的反對,又漸漸的式微了。現在有一部分地方,設立公墓。又有提倡深葬的。然公墓究仍不免占地,深葬費人力過多,似仍不如火葬之爲得。不過風俗是守舊的,斷非一時所能改變罷了。

十二月,《吕思勉先生年譜長編》由上海古籍出版社出版。該書分上、下兩册,一百五十七萬餘字,收録了吕先生的日記、書信、筆記、詩詞、時文、序跋、個人檔案及師友學生的回憶文字、學術評述等,爲吕思勉及現代學術史研究的重要資料。

二〇一三年(癸巳)。去世後五十六年。

據是年九月二十七日《解放日報》報導,《吕思勉全集》列入上海文化發展基金會二〇一三年度第一期上海文化藝術資助(出版)項目名單。

二〇一四年(甲午)。去世後五十七年。

八月,常州市政府採購中心公告:受常州市文物保護中心的委託,就吕思勉故居展覽提升工程進行公開招標採購,有關事項公告如下:吕思勉故居展覽提升工程,於二〇一四年八月二十日經過評審,中標單位爲江蘇大美天第裝飾工程有限公司,中標工期爲九十日(日曆日)。

二〇一五年(乙未)。去世後五十八年。

一月十日,常州吕思勉故居重新開放,來自南京大學、華東師範大學、南京師範大學等院校、科研機構的專家教授和常州市部分專家學者,就吕思勉先生的生平和學術研究及思想傳承進行了交流。兹録《常州日報》記者的報導：

　　中國常州網訊 昨天,我市召開呂思勉故居開放十周年暨紀念學術研討會,緬懷這位常州籍史學大家。副市長方國强出席活動並講話。

　　去年,我市對呂思勉故居進行養護,豐富展覽內容,提升展覽層次,目前已重新開放。

　　呂思勉生於常州一個詩禮傳家的書香門第,清代常州第一個狀元呂宮就是呂思勉的先祖。呂思勉故居位於十子街八號,始建于清咸豐元年(一八五一年),原有東、西兩宅。抗戰期間,西宅被日機炸毀,目前僅存東宅,共四進二十一間。一九八七年,呂思勉故居被列爲市級文物保護單位,二〇一一年成爲省級文物保護單位。

　　二〇〇四年,在呂思勉誕辰一百二十周年之際,呂思勉故居全面對社會開放。目前,養護後重新開放的故居除展出呂思勉生平事蹟和呂氏文化淵源,還陳列了呂思勉生前的不少珍貴古籍藏書。研討會上,來自南京大學、華東師範大學、南京師範大學等院校和科研機構的專家教授和我市部分專家學者,就呂思勉的生平和學術研究及思想傳承進行了交流。(《呂思勉故居重新開放 我市召開呂思勉學術研討會》,二〇一五年一月十一日《常州日報》)

附錄一：呂翼仁先生回憶四篇

回憶我的童年

常 州 十 子 街

我家世居常州十子街。現在常州已經改爲江蘇省轄市了。市區面積有九十四平方公里。可是我生長在那裏的年代，常州這個地名是沿襲着明清以來舊稱，僅不過是指當時武進縣的城區，雖是舊的府城，而並不算大，從東到西，從南到北，只有三華里，這就是當時所謂"穿城三里"，城墻城門也都保存着，走上城墻，還可看到亂草叢生殘留的雉堞。城門也還有實際的用處，記得江浙戰爭時，有時怕敗兵搶掠，就臨時閉城。後來城墻破壞，城磚陸續被人偷走，城墻也就逐漸廢棄了。

從前常州手工業最發達的梳篦業，遠銷南洋，我小時候最有名的梳篦鋪子是王大昌，然而王大昌不止一家，有真正王大昌，有老王大昌，後來又有石庫門王大昌。不過據老輩説，早前最有名的，還不是王大昌，而是西門外一家叫陸什麼的，當時幾家梳篦鋪爭吵，大家賭氣把梳篦抛到河裏，隔了一個時候打撈出來，只有那家叫陸什麼的店鋪的篦子，入水不散，一時名氣大響。這傳説究竟有幾分可靠性，我也説不上來，姑妄言之罷了。

常州食品中，出名的是小籠包子和大蔴糕。小籠包子有隨號的，有蝦仁的，有蟹粉的；大蔴糕有甜有咸，還可定做。我小時候常州還是個小城市，甚至居民家裏裝電燈的還不多，請客酬應，一般都是吃早點。早點除包子、蔴糕外，還有各種花色面，也好點菜喝酒，但夜市遠不如今天熱鬧。食品中有一種叫口香餅，現在已沒有了。口香餅小如目前五分的輔幣，兩面鬆脆，中間是糖餡，吃時略有香味，價格十分便宜，我小時候常吃。後來賣口香餅的店鋪少

489

了,再後來只有一家經營了,最後,干脆買不到了。估計是手工製作麻煩,盈利又薄,所以這種食品就被淘汰了。工業品中也有一種被淘汰的,就是羅篩絹(前面兩個字很可能寫錯),這是家庭工業品,門面很狹,只有一兩種顏色,質地也不柔軟,有類生絲,由於用度不廣,後來也沒有了。

十子街在常州城的東北部,是條又狹又短的橫街,東接娑羅巷,西通化龍巷。街中心是石皮鋪的,兩旁砌着磚石。由於街面狹,日照少,東西街梢又各有一口公井,家裏沒有井的居民,都到公井上陶米洗菜和拎水,不下雨的日子,街上也總是濕漉漉的,下雨之後,自然更沒有干的時候,特別是下了雪,雪被行人踩堅,成了凍雪,真是走一步滑一滑。甚至街中心的雪融化之後,兩旁一堆堆污泥凍雪,還要維持好些日子。

十子街盡管有這些缺點,也有其獨特之處。在以"多福多壽多男子"爲頌禱的年代,十子意味着多生貴子。所以在嫁娶吉日(我們那時叫做周堂),花轎哪怕繞道,也要經過十子街,花轎一肩接着一肩,整天鑼鼓聲不絕於耳。吉日前一天是鋪新,我們叫做鋪行架,箱籠也要經過十子街。這時候街道兩邊家家戶戶,門口都站着幾個大娘大姐,鋪新的日子看嫁妝,吉日良辰看新娘。實際上新娘坐在花轎裏是看不到的,但是送親的姑娘奶奶們坐的小轎,個個濃裝艷抹,珠光寶氣,後來送親的人索性不坐轎坐人力車了,看的人自然格外便於觀賞。

現在回想起來,使我驚異的,倒不是人們愛看花轎,而是人們何以百看不厭。十天裏,少說點也有兩三天是吉日,而那種場面其實是差不多的,究竟是什麼在吸引着人們呢? 我們家鄉有句俗語:"鏜鑼響,脚底癢",就是形容這件事的。

我家既然住在十子街,自然多少要受到影響。街上鏜鑼一響,我家女傭立刻把我抱起來,往肩膀上一放,嘴裏說:"我家寶寶看花轎去。"就飛快地往門外走。然而兩三歲的"寶寶",對繡花枕頭、絲綢被面和花轎,有什麼興趣呢? 一到門外就嚷着要回去,女傭始而裝聾作啞不睬我,我就大嚷之外,再加亂踢,這一來女傭只好帶我回去了。後來母親軋出苗頭,逢到這等時候,就對女傭說:"你們自己去看吧,別帶孩子了,孩子小,懂什麼呢?"

我盡管不愛看花轎,可大門外邊也有很多吸引我的事務:春天早晨叫賣馬蘭頭、枸杞頭的聲音,初秋傍晚,叫賣野菱的調兒,都抑揚有致,十分動聽。賣綾粉餛飩的,賣潮糕的,賣桂花糖芋奶的,賣糖粥的,篤篤地敲着竹板。捏麵人的,吹飽糖人的,賣蘭花豆油豆瓣的,賣山東大包的,賣小磨麻油的,賣糖炒栗子的,雖不曼聲叫賣,但經過十子街,經過我家門口,總有一定的時間,而且非常準時,有時竟可代時鐘。我常聽到傭人說:"今天時間還早,賣麻油的還沒有來呢。"或者說:"快四點了,可以去賣蘭花豆了。"家家戶戶只要牢牢掌握這些小販經過本街的時刻,包管能買到想買的東西,而最最富有詩意的,却是一深黃昏,油燈如豆,街上傳來"香又香,糯又糯,香炒熱白果"的叫賣聲,惜乎我那時是幼孩,今天也遠不是詩人,描繪不出當時的情景。

每天下午四點鐘左右,女傭就帶領我們(我和我的弟弟)到門口去玩。她一只眼鏡照看我們,一邊同左鄰右舍聊天,我們則想等小商販經過時,買點什麼吃吃。這種時候,我們和女傭也會發生矛盾。說實在話,我們孩子買點零碎吃,帶領我們的人至少要吃一半,所以在買什麼的問題上,她也要發言,由於愛好不同,常常爭執。例如女傭總愛吃油豆瓣蘭花豆,我和弟弟都要買捏麵人和吹飽糖人,而這些小販,偏偏在差不多的時候過我家門口,於是爭執範圍就擴大了:賣油豆瓣的自然站在女傭一邊,捏面的和吹糖的則對女傭狠狠地瞪眼。

我小時候特別喜歡"轉糖"。轉糖攤子上有個圓盤,上面劃成許多格,多數是"空門",但有幾格轉到時可以得彩。彩是糖小人,糖阿富,糖魚。平心說,糖的質地很純,沒有什麼添加劑,味道也不壞。一個銅子轉兩次,自然轉到空門的次數多。孩子做這類事情,目的並不在於利得,所以中固欣然,不中也不懊惱,但父親總不讓我轉糖,說這是一種賭博,若愛吃這種糖,他寧可出錢買。我自然不違背他,但總覺得買來的糖遠不如轉來的糖好吃,不知是不是賭博心理在作祟。

故　居

我家就住在十子街中段,稍稍偏東,坐北朝南,分爲東西兩宅,各有大門進出。兩門中間,還有三間房子,兩扇小門,外通十子街,内有一條長街,通東西兩宅的厨房,大約因爲房屋進深,人來人往,若都從大門出入,開門關門比較不便,所以小門是整天開着的,甚至爲了要保持小門敞開,我家將三間小屋租給別人家住,名爲租,實際上並不收錢,或者象徵性地收幾個錢,條件是給我家守門,讓我們通行。抗日戰爭前有很長一段時間,我父母曾將三間屋子借給我家老厨子顧金海夫婦居住。我家東宅在我祖父手裏就"典"給別人了。所謂典,是借房客一筆錢,以每月房租抵充利息。每次更換房客,修理房屋的費用,因爲父親拿不出錢,就都加在典費上,所以典費愈來愈大。我剛懂事的時候，典價是兩千多元，到抗戰初年收回時，已近四千元了。因爲典價大，房客難找，在裝修房屋一事上，我父母極力遷就房客，這樣，裝修費用就更大。所以每到房客更動的時間，我父母都愁眉不展。這種滋味，我們小孩子是不懂的。東宅有房客住居的時候，我們當然不能隨便進去，但舊房客已去，新房客尚未入屋的時候，就無異提供我們一個玩耍的新天地了。加以新天地中又有新事物：木工、泥水工、板條、磚瓦……工人忙忙碌碌，材料東堆西放，我們就在這些工人、材料中間，穿來穿去，跳進跳出，但一個時期之後，修理完畢，房客入屋，東宅又成禁區了。

西宅面積比東宅略小，大門進去是個門堂屋，在我們家鄉，這類門堂屋若再大一點，往往租給成衣鋪，目的當然不在租金，也是希望大門暢開，出進方便。我家因有小門出入，加以門堂屋小了點，所以沒有出租，大門經常關着，從門堂屋再進去是一個小園。門堂屋與小園之間有六扇屏門，平日只開一扇。園裏東邊有一間柴房，一口井，一株金桂，一叢淡竹，西面有株西河柳，西河柳可作藥用，種西河柳的人家又不多，所以經常有人來討。因爲是藥材，我們也不能不給，一株樹經常攀折，總只剩下半株，垂頭喪氣地站在那兒。

園的北部東邊是棵香圓，從不結果。西面是一架十姊妹，春天花繁葉茂，十姊妹和香圓之間是門，可通園北面的天井，這個天井我們都叫它天明堂，以別於我們臥室前面的天井（我們叫它明堂）。天明堂裏西邊是一棵千瓣石榴，東面是一架葡萄。每到初夏，綠蔭沉沉，可惜引來許多壁虎，有一次，一只小猫突然死了。大家疑心它不懂事，誤吃了小壁虎，爲了保護別的小猫起見，就把葡萄掘掉了。天明堂北面是三間廳，廳北面是三間翻軒，廳朝南，翻軒向北。東面一間翻軒是老厨子金海的臥室。翻軒北面又有一天井，天井兩邊是側厢，當時向東的側厢是女傭的臥室，西面側厢是儲藏室，[①]西側厢北面是厨房。[②] 這個天井裏沒有花木，只在階前種着各種顏色的鳳仙花、薄荷和藿香。天井北面是走廊，走廊北面是四樓四底的上房。走廊西端與厨房聯結，[③]開飯上菜時，就可以不在露天地裏經過了。

當時樓上四間，東面兩間是庶伯祖母的臥室，西面兩間是父親的書房和藏書室。樓下從東面數起，第一間是堂叔堂嬸的臥室，第二間是客堂和喫飯的地方，第三間是父母和我的臥室，第四間是從堂姑母和我弟弟的臥室。

---

① 應是東面。
② 應是東側。
③ 應是東端。

我初中畢業之後，父母就把東厢房收拾出來給我做書房，①女傭改住西厢房。② 東厢房面積不大，③最多不過十四五平方米，但東向有六扇玻璃短窗，陽光充足；一門通走廊，一門通父母和我的臥室，一門通西邊一間翻軒。翻軒朝北，夏天比較陰涼，所以每到夏天我就到翻軒裏去讀書（我寫到讀書兩字，不免臉紅，説實話，那時我一點不用功），翻軒無形中就成了我的夏書房。但因爲磚地陰濕，蚊蟲比較多，我又怕有蛇，所以只在晨、午才去那兒，一到傍晚，就收拾收拾書包走了。

我姑母和弟弟的臥室窗前有一個小天井，天井裏有個小花壇，種着秋海棠，但這個天井是死的，除了從窗口爬進去外，無法入内。爲了使小天井起死回生，我的書房裏又裝了兩扇玻璃門，直通天井，可是這天井實在太小了。有一次，兩只老鷹在天井上空搏鬥，四只翅膀伸展開來，天井裏頓時晝晦，一會兒，鬥敗的一只就落到天井裏來了，這對於我們姊弟真是天賜的寶貝，你們想想看，是只老鷹呢！又是送上門來的，怎能不捉住它?！但老鷹是鷙鳥，盡管鬥敗，還是目光炯炯，啄和爪又那麼鋒利，誰又敢在窗口爬出去（那時通天井的門還未開）捉住它呢？這時有人説，老鷹落在人家是不吉的朕兆，最好把它放走，但我和弟弟抵死不肯，一定要捉，就去找金海幫忙。金海拿來兩根又粗又長的竹竿，從窗口伸出去，想把老鷹按在地上，然後翻窗去逮住它。不想老鷹一見有竹竿伸進去，立刻抖抖羽毛，奮起兩翅，衝天飛走了。我和弟弟惋惜不已，一連幾天，講着老鷹。

西宅的最北面，在外墻與樓房中間，有一條露天的夾弄，因爲狹窄，不能説是天井，估計是爲了通風，所以留此空隙。由於在最北面，加以日照少，所以很陰涼。每到夏天庶伯祖母常坐在扶梯下邊狹窄弄口乘涼，身上只穿一件藍夏布背心，手搖大芭蕉扇，她説那個地方是老人堂，是她的天地。

我現在絮絮地講着西宅的種種，仿佛在説夢，抗戰後我們回到家鄉，西宅只剩下一口井和半株西河柳了。

最後，我還要補充幾句和西宅有關的事，就是那兒多蛇也多蜈蚣。房子舊，空屋多，園裏天井裏雜草叢生，但有時限於人力，有時爲了保留一點天趣，並不馬上清除，這就給它們提供了庇護所。才過清明，墻根屋角，就有蜈蚣出現，到了夏天，更不用説，晚上躺在竹床上納涼，忽然手臂上給什麼螫了一下，

---

① 應爲西厢房。
② 應爲東厢房。
③ 應爲西厢房。

一看,竹床邊上一條蜈蚣,急忙坐起來穿鞋子,鞋子裏又有一條。有天晚上,我們都在天井裏納涼,大家談笑得正高興,女傭顧蘭珍忽然大叫起來,原來蜈蚣爬到她褲管裏去了,等她走到房裏把褲子脫下,腿上已被螫了七八下。

有一次,我給蜈蚣螫了,這時我還小,只有兩歲多一點,啼哭個不住。有個傭人獻策,説只要用雞的口涎塗在傷口上,就能止痛,母親沒有別的辦法,也就姑妄聽之,可我家不養雞,只好到鄰家去借一只公雞,拎着雞腳倒掛着,希望它流出口涎,雞只是咯咯地叫,一滴口涎也沒有,無可奈何只得把它再送回鄰家雞巢。以後怎樣,我現在已記不起來,總之是鬧得大家凉意全無,渾身是汗。

我生平看到的最大一條蜈蚣,也是在我家裏。這是一個夏天的午後,大家才吃完西瓜,我突然看到凳腳旁邊爬出一條蜈蚣,足有市尺六寸,全身藍黑有光,頭(事實上不是它的頭)是紅褐色,我正想脫下鞋子來打它,不想一轉眼就看不見了,以後好幾天,我都十分警惕。

至於蛇,自然比蜈蚣更可怕,記得母親告訴過我,多年前她有一天到儲藏室去,看見一條蛇蟠在米囤上,我母親嚇得返身就走,其時有人對她説蟠在米囤上的蛇是倉龍,是發家朕兆,不可驚動,叫母親焚香祝告。過些時候再去看,蛇自然走了,蛇肯定不是焚香祝告才走,但像藏米的屋子那樣干燥的所在,蛇都會光顧,我家蛇之多,也就不難想見了。

我六七歲的時候,一天上午,金海來對母親説,他在井邊淘米的時候,看到一條四腳蛇,來吃淘米水。女傭也説在井邊洗衣時看到過蛇,母親就叫金海去找人捉蛇。當時我們家鄉有種以捕蛇爲專業的人,傳説手段最好的是個駝子。他原來並不駝背,一次爲人捕蛇,蛇鑽進陰溝,他撬開陰溝的蓋,也追踪進去,於是陰溝裏就展開了人蛇的搏鬥,蛇盤在他身上一晝夜,他終於把蛇殺死,但自己也成了駝子。這自然是傳説,但這類人中,確有技術高强的人。

三四天之後,金海帶着兩個中年人進來見我母親,説他們會捕蛇,母親請他們先查看園子。他們在園裏走了一圈之後,又走遍西宅,然後對母親説,宅子裏的確有野蛇,如果要他們捕捉的話,每一條價一元二角,蛇也要給他們。母親亟於要把蛇捉去,就依他們提出的條件。於是兩人先在園裏墻根屋角找尋蛇洞,然後做出蛇叫的聲音。接着在食指上涂了藥,蹲下身子,把食指伸進蛇洞去,這時我們全家(那天我父親也在家裏),都在園裏看捉蛇,團團圍在他身邊。他回頭來對我們説:"蛇馬上要咬我了。"話才説完,他突然屬聲説:"好,來!"猛地站起身來,一條蛇咬住他手指,給他拖了出來。他把蛇放在一個簍子裏，然後把手伸給大家看，整只手和下膊都腫了。他取出一種藥，涂在臂上手上，藥到那裏，那裏就消腫。我姑母問他，蛇咬他的時候，痛得屬害嗎？他説並不痛，只是心臟猛烈地顫動一下。這一天，一共捉到八條蛇，其中兩條是四脚蛇，别的蛇或是園裏捉到的，或是長街堂裏捉來的。一下子拿到九元六毛錢，蛇還在外。爲了取信，他們還拿出一種像墨臘一樣的黑藥給我們瞧，這是祖傳秘方，不論蛇傷還是蜈蚣黄蜂螫傷，都可醫治。他用黑藥在地上畫一個直徑兩尺以上的大圈，把剛才捉來的蛇放一條在圈子中央，那蛇沿着圈子來回游着，却不能越出圈子。母親另出六毛錢，買了一塊黑藥，這藥戰前一直珍藏着，戰後房屋被毁，當然不知去向了。

捕蛇人爲了使孩子高興，還做了精彩表演，第一種是夾黄蜂。他們看到黄蜂或大蒼蠅飛進窗來，就用一雙竹筷望空去夾，竟是百發百中；第二種是撕蛇，兩手捏着蛇的上下顎，只一撕，一條蛇就劈成兩爿，肚裏一顆顆白的什麽東西，連着血一同流出來。母親聽説撕蛇，早已回身進去，可是父親和我們孩子都要看，雖然我們也只看他撕一條蛇，但這天誰也没有能吃午飯。

第二天一早我就對父親講，我要學捉蛇，要拜那兩個捕蛇人做師傅，我要知道怎麽制蛇藥，給人家捉蛇醫傷。父親見我很認真（後來大人都説我當時的神氣很嚴肅），也認真地對我説："孩子，這是一種危險的行業，我不能讓你去學。"

"爲什麽危險呢？"我問。

"你不看見他把手指伸進蛇洞去讓蛇咬嗎？"

"不是有黑藥嗎？"

父親把我拉到身邊，摸摸我的頭説："不錯，有黑藥。"他稍稍頓了頓接着説："但蛇毒不是一樣的，那黑藥也許只能治一種蛇毒，要是遇見别種蛇毒，黑藥治不好，那就危險了。"

我想了一會兒説："那末那捉蛇的人也會被蛇咬死的，如果他被咬死，黑藥不是要絶種嗎？"我當時還不説"失傳"兩字。

我父親也想了想，顯然，他是想怎樣向我解釋我才能明白。後來他説："本地有那幾種毒蛇，捉蛇的人心裏是有數目的。但遠處的毒蛇，就和這裏的不一樣了。只要他們不到遠處去捉别種毒蛇，他們就没有危險。"

我當時是不是能理解父親的話，現在很難説，但聽到捉蛇人不會被毒蛇咬死，黑藥也不會絶種，也就放心了，以後没有再嚷着要學捉蛇。寫到這裏，我想起前幾天，（一九八六年七月三十日或三十一日）《文匯報》第四版報導虹口區一個做蛇買賣的人,將蛇放在蛇皮袋和酒甕內,夜間逸出四十幾條,數日之後,一位鄰居清晨起床,發覺門框上和臺上分別躺着三條一米長的蛇。又說這場蛇害已殃及附近居民,有的居民只能掩門閉窗入寢。這使我記起六十餘年前的往事,心裏想要是我當初真的學會捉蛇,説不定今天會去一顯身手。

我家中的蛇經此大捉以後,園裏的確不再出現了,但旁的地方並沒有完全絕迹。好幾年之後,那時東廂房已成爲我的書房。[①] 有一天母親站在姑母臥室的窗口,只見我書房的長玻璃門上,有一條大蛇,足有三尺長,手腕粗,母親失聲驚叫,蛇一聽見叫聲,立刻回過頭來,向母親張口吐舌,樣子十分可怕,母親立刻找來捉蛇的人(當然不是上次來的),捉蛇人在宅裏巡視一會,説是家蛇,不肯捉,就走了。

蛇有家野之分,捕蛇人又不肯捉家蛇,究竟是何理由,我到現在還不明白。

我 的 家 庭

在談我的家庭之前,先要講一下餘之三叔一房和我們一房的關係。

餘之三叔和我父親同出高祖翼士公之後,從世系的關係上看,已經在五服的邊緣,該説是很疏了,餘之叔父的父親朗山公在江西作官,死在任上,身後一無所有,却留下董夫人、側室包夫人和一子四女七口,我祖父就迎接他們到常州來住在一起,當時我祖父的負擔本來已經不輕,除妻子兒女外,還要負擔他的繼母華夫人和他的兩個姊姊,即是我的繼曾祖母和我的祖姑母的生活。

我祖父只做過幾年(一八九二至一八九七)江浦縣的縣學教諭,以後就以坐館爲生,據説當時修敬每月只有二十元,要維持這樣一個人口眾多的家庭,自然極其爲難,父親小時候本來是請了先生來家教讀的,可是十二歲以後,家裏就請不起先生,由我祖父母和我的姑母教他了。然而僅僅節流還是敷衍不過去,我祖父就將兩所市房賣掉一所。賣掉的市房坐落在那裏,我當然不知道,就是我父親也未必很清楚的,但另一所市房,我還有點影踪,是在常州南大街,可是在我有點懂事的時候,已經不能説是一所,恐怕只能是幾間。由於街道放寬,房屋面積就相應縮小,仿佛還經過一次火災,到抗日戰爭時候,就完全燒光了。

餘之叔父是肖狗的,比我父親小兩歲,小時候和父親一塊讀書。四個從堂姑母,大姑名馨,嫁於同邑史家,二姑名端,嫁與同邑林家,都是伯祖母董夫

---

① 應爲西廂房。

人生的，三姑名勤，肖鼠，嫁與同邑管雪忱先生，當時，雪忱先生在武漢藝專裏教圖畫，他是餘之夫人即我的孀母的從堂兄弟。我孀母名馥如，肖羊。四姑字瑞之，肖龍。三姑四姑和餘之三叔都是庶伯祖母包夫人所生。大姑後來是我的寄母，我的小名榮，也是她取的，據說我五行缺火，她就給我取了個榮字。二姑三姑很早就去世，我所以記得三姑肖鼠，因爲我小時候庶伯祖母跟我開玩笑，指着三姑説，她肖老鼠，叫她老鼠叔叔（我家傳統，侄兒侄女都稱姑母爲伯叔，稱伯叔爲寄爹），孩子懂得什麽呢？我就一直稱她老鼠叔叔，直到她去世。

四姑瑞之是舊曆壬辰（即一八九二年）生的，比父親小八歲，她到學齡的時候，我家已經請不起先生，由我的祖母親自教她讀書了，所以她也通文墨。她嫁與常州盛綏臣，婚後夫婦不睦，一直住在家裏，後來我弟弟出世，就由她撫育，所以我們和她感情特別好。

話再説回來，祖父（後來是我父親）負擔我從堂叔父一房的不容易，單看上邊所説就能理解了。一幫子學齡兒童，個個要讀書受教育，而且我家傳統是男孩子女孩子同樣受教育的；接下去男婚女嫁，還有兩個老人，生養死葬。我祖父是個極其寬厚而又極其端方的人，一九〇四年我父母結婚，一九〇五年他就病了，病了一年，一九〇六年去世。這就是説，我母親婚後才一年多，祖父就去世了，然而母親談到祖父，總十分感動。她常常講起兩件事：一是祖父病時不肯服藥，祖母常叫母親端着藥去給他喝，祖父爲了對新媳婦的禮貌，總是勉强喝了。另外一件事是祖父病危時，曾關照我祖母，説虞家小姐（指我母親）很忠厚，要照顧她。母親講到後面一件事的時候，有時還流泪。

現在談我的祖母。祖母當年作爲家庭主婦是極不容易的，家里人口多，經濟條件差，上面還有婆婆，即我的繼曾祖母華夫人。繼曾祖母是老實人，不善應變，家中開支等等，都墨守陳規，親戚來借貸的，也不問真僞，有求必應，這種借貸，自然是"有去無回"的了。這就增加了家庭的困難。旁人瞭解情況的，總勸祖母要撙節開支，可祖母怕婆婆不高興，却總是順着她。這局面，直到曾祖母去世後才逐漸扭轉。

祖母有過人的才智。她生在太平天國時代，戎馬倥傯，連《孟子》也沒有讀完，可到後來，能詩能文，也通曉經史，尤其難能的，是她督教子女讀書極其嚴格。祖父母只有我姑母頌宜和我父親一兒一女，姑母又長我父親九歲，祖母愛我父親自不用説了，瑞之姑母告訴我，父親結婚之後，祖母還總稱他"寶寶"。可是我父親交待功課時，若有半點含糊，書就從他頭上飛過去了。父親非常歡喜下棋，象棋圍棋都下得不差，他說十二歲時看到我祖父跟人下圍棋，心裏就很喜歡，但那時我祖母教他讀書，估計決不會允許他下棋。瑞之姑母還告訴我，祖母的外號叫老虎，她的甥兒有時叫她老虎舅舅，我姑母頌宜干脆不叫她母親而叫她老虎，大約也是小時候叫着玩，習慣以後就改不了口，正像我叫三姑母老鼠叔叔一樣。

父親六歲時從薛念辛先生讀書，姑母也從過薛先生。姑母非常聰慧，而且性格開朗，弟妹都極喜歡她，她出嫁之後，還天天盼望她回娘家，都說大姊姊一到，仿佛吹來了一陣春風，尤其是父親，只要有一點小病，就嚷着要姊姊，祖母只得派人去接她回來。

姑丈丁蒲臣（諱守銘）是祖父的學生，和父親一同從祖父讀《爾雅》。當時讀書要背，可是我父親却不願意背《爾雅》。他看到祖父讀書極其專心，而且一段書沒有看完的時候，決不放下書來做旁的事，就鑽這個空子。每到祖父聚精會神看書的時候，父親就把《爾雅》塞過去，說要背書，接着就背起來。等祖父看完一段書，開始聽父親背書，父親已背到最後幾句了。但我姑丈背《爾雅》十分認真，祖父賞識他，就把姑母許配他了。姑丈是駝子，文學上的造詣也不如我姑母，姑母遺下的幾首詞中，有一首就是代姑丈捉刀的。我小時候聽到這些事，很代姑母叫屈，認爲她作了《爾雅》的犧牲品。其實他們夫妻感情一直很好，最近我在父親遺稿內，看到姑丈的詞作，也很不錯，才覺得自己的看法是很幼稚的。

我父母結婚時（光緒三十年甲辰，公元一九〇四年），姑母已經去世了。她去世亦在甲辰，不過在我父母成婚以前。嫁給史家的大姑是否已經出嫁，我一時查考不出。① 但母親作新娘時，家裏至少還有三個小姑。祖母不獨督責子女讀書嚴，家裏規矩也很大，母親說，那時如果祖母不叫她坐，她這個作媳婦的，就只能侍立。我舅家家規也很嚴，但嚴的只有我外祖父，我外祖母却是開朗隨和的人。加以做媳婦和做女兒不同，祖母盡管嚴，姑母却敢叫她老虎，而且"老虎"也答應她，從此這個稱呼就公開地確定下來，母親盡管心裏叫她老虎，哪能出口呢？所以母親剛結婚時，也很不習慣夫家的生活。母親最怕二姑，因爲二姑每天給祖母梳頭，一邊梳頭，一邊就講新娘子怎麽樣怎麽樣。她並不一定講母親的壞話，目的也不一定是進讒，只是手裏有事，嘴巴閑着，講講罷了，但多言極易失口，甚至説好話，有時都會起反作用，何況姑媳間

---

① 已出嫁，但還同住一起，不過時日不長。

的鴻溝，已不是一家一戶一代的事，而是家庭制度的副産品呢？三姑還小，而且性格開朗，成天嘻嘻哈哈。只有四姑，當時才十二歲，因爲新房裏好玩，成天鑽在母親房裏。十二歲，還是個孩子，母親那時二十歲，也還是青年，這樣，一個孩子，一個青年就建立了親密的友誼。母親一生辛勞，四姑母成了她很好的幫手，四姑母一生多苦多難，母親是她有力的支柱。

外 祖 父 家

母親姓虞名菱，字縫蘭。外曾祖父諱映溪，做過浙江衢州府知府，外祖父紉荃公諱樹蓀，是廢清貢生。母親有一姊一弟，姊適同邑巢肇覺先生，生下一個女兒（巢心北）後，沒有幾個月就去世了。我的舅父諱祖同，號勤谷，上海大同大學畢業生，曾任上海商務印書館英文編輯，舅母同邑華瑞英女士。我沒有見到姨母，她在我出生之前七年就去世了，外祖母在我出生後去世，可是那麼愛我的外祖母，我竟會沒有一點印象。可是舅舅我還記得，他因爲讀書工作都在上海，難得回來，有時來看母親，也總是談正經事情，不大跟我們孩子搭訕，可是他有一個特長，卻吸引着我。他隨手畫人物狗馬，無不惟妙惟肖。有時母親歸寧，我們也跟着她住在外公家裏，晚飯之前，舅舅常拿一枝粉筆在飯桌的漆面上，畫出各種動物，可是我們看得出神時，傭人已端來飯菜碗碟，這些藝術創作，就給抹布擦掉了。舅舅畫畫從不保留，即使畫在紙上，畫完了也隨手將紙搏了，或是撕掉。他還送過我一匣英文方塊字，也在抗戰中毁了。

舅舅是外祖父母的老來子，比我母親小得多，身體瘦弱，高額頭，模樣很聰俊，可惜一九二三年（民國十二年）就去世了，甚至患的什麼病都沒有弄清楚。他從上海回到家裏時，腹部腫脹，骨瘦如柴，父親疑心他患的是蟲病，但也只是疑心，未經證實。舅父去世之後，舅家悲慘的情形，簡直没法形容。入殮那天，母親不讓我和弟弟去，所以我們直到"頭七"才去行禮。怕那種悲慘號慟的局面，把我們嚇壞；叔、嬸、姑母等去送入殮的，我家傭人去幫忙的，回到家裏，没有人吃得進晚飯的。

舅母華瑞英女士是很能幹的，氣量也很大，可惜没有參加工作。她能畫工筆仕女，我還保存着她贈送我的一把紈扇。今年（一九八六年）她已八十六歲，頭腦還很清楚。她青年守寡，盡管舅家家境不壞，但畢竟是不幸的，可是在那個時代，不幸的婦女多着呢。

舅家比較封建，重男輕女，所以姨母和母親沒有出嫁時，都沒有受過學校教育，也沒有聘請先生在家裏授課，姨母直到結婚之後，才爭取進了武進縣立女子師範學校,(我姨丈一度是武進女師的校長)這在當時也是極不容易的。當時一個姑娘訂了婚,若要進學校讀書,非征得夫家同意不可,若夫家比較開通,就索性結了婚再讀書。外祖父是不贊成女子受高等教育的。外祖父是一九三一年去世,那時我已十七八歲,是高中學生了。外祖父去世前幾年,見到母親就告誡她,切不可讓我考讀大學。母親自然知道這件事情做不到,有時隨口敷衍,有時往父親身上一推,母親也願意我上大學呢。有一次外祖父來看我母親,閒談了一會之後,照例又談到我的讀書問題,他捻捻胡鬚,沈吟了一會,說:"二小姐,①你和姑爹真是糊涂,女孩子二十歲不出嫁,就要到'填'字部裏去了"。當時我聽了這些話只是笑。這已是二十年代之末,怎怪得我的伯曾祖母要抱牌成親呢!

　　還有一件很可笑的事,我七八歲的時候,有一次,母親歸寧,因爲她本來不打算在舅家過夜,所以沒有帶我去。後來外祖父堅留她,她說孩子在家不放心,外祖父說,不要緊,我去接她。我弟弟是四姑母帶的,我是跟母親一床睡的,所以母親在舅家留宿,總要把我帶去。母親就把衣櫥鑰匙交給外祖父,叫我再帶些換洗的衣服去。外祖父雇了一頂小轎,直抬到我家廳上。他下轎之後,找到了我,説明來意,並把鑰匙交給我。我當時第一句話就問他:"外公,鑰匙是我母親給你的嗎?""當然羅",外祖父驚异地對我看看。我收拾了東西,就上了轎,站在外祖父的膝前,到了舅家,外祖父一見母親就說:"你女兒真不錯,會幫你管家了。"這次母親沒有責備我無禮,大約原諒我年紀還小。

　　外祖母去世之後,外祖父衣服什物之類,都是自己料理。父親極稱外祖父生活習慣嚴格,哪些衣服放在哪只箱子裏,都有一定,而且都有記錄。他房裏也總很清潔,桌子上書籍文具之類,安放得整整齊齊,這種整齊清潔,一望而知不是出於僕人之手的。父親這幾句話,給我印象很深,所以在我自理生活之初,衣服也分類安放,而且記錄下來。別看這是一件小事,不知節省了我多少時間。

　　母親性情溫和,婚前既沒有讀多少書,婚後也沒有爭取進學校,以文化程度論,只能寫寫家信,看看小説,記記日用賬。但她自尊心極强,氣量很大。我舅家在常州城裏房地産不少,收入頗爲可觀,但母親對家裏財産素來不問一聲,不談一句。未出嫁時,外祖父母總要給她些零用錢,親友家小姊妹來了,大家高興起來,有時玩雀牌,有時玩紙牌,有時擲骰子,作點小輸贏,是常

①　即虞菱夫人,排行二,故稱二小姐。

有的事。但出嫁之後，因爲我家清貧，手裏的零用錢就沒有以前寬了，有時回娘家，遇到小姊妹們坐下來"玩"的時候，母親總推托着不肯上場，而且從不談到夫家的景況。我祖父是一九〇六年（光緒三十二年丙午）去世的，他臥病了一年，醫藥喪葬，所費甚巨。父親當時二十二歲，是常州私立溪山兩級小學堂的教師。一個小學教師，收入自然不多，他只得把家裏較好的衣服賣掉，賣得一千三百元，償付醫藥喪葬的費用。我小時候，父母親各有一件灰鼠袍，沒有別的皮服了。直到一九三〇年，我滿了十六歲（我家的規矩，孩子不滿十六歲，不穿皮衣），在常州私立芳暉女子初級中學畢業之後，父親才買了兩件狐皮統子，一件山貓皮統子，他和母親各做一件狐皮袍，給我做了一件山貓皮袍，可惜這三件皮袍都在抗戰中，故鄉淪陷時失掉了。

自從祖父去世後，沈重的經濟負擔，就落在父親肩上，間接也就落在母親肩上。祖父去世後兩年，祖母也去世了。接下來大姑、二姑出嫁和伯祖母去世。父親料理伯祖母的喪事時，真到了羅掘俱窮的地步，可是還缺少一百多元，父親就同大姑（伯祖母的長女）商量，請她設法墊一墊，（大姑嫁與同邑史家，當時算是有錢人家）事後盡快歸還她，不料大姑一口拒絕，父親實在沒有辦法，只好向母親開口（開始不向母親商借，可能由於面子觀點），母親二話沒說，就把陪嫁的首飾，全數交給父親變賣，等一應開支完畢後，父親按捺不住，就走到客堂裏，叫"大姊出來"，一場風暴眼看就要爆發，好在這天來弔唁的親友不少，把父親勸住了。這件事是四姑和我講的，但我估計父親也沒有忘記。五十年代初，我搞文學翻譯工作，介紹蘇俄文學作品，那時的稿酬相對來說還不差，有一天，父親對我這樣講："目前稿費"收入雖然不少，但仍舊應該處處節約。我一世薪金和稿費收入也不少，但逢到家裏發生大事情，沒有一次不向人借錢的"。父親一生很少正面教訓我什麼，這一番若說是教訓，就是唯一的一次了。

母親不但在家庭經濟方面能和父親一心一德，使我們和堂叔一家和睦相處，在子女之間，也極爲公平，沒有半點重男輕女的思想，甚至還"偏愛"我一些。我有兩個哥哥，一個生於一九〇八年（光緒三十四年戊申），名叫阿健，一個生於一九一〇年（宣統二年，庚戌），名叫阿強，兩個都是打防疫針以致夭亡的（一九一一年，即宣統三年，辛亥）。據說在打針之前，他們還在園中戲嬉，十分活潑，一針打下去，頃刻間就完了。當時常州只有一個西醫。這次毛病，究竟由於打針手術的失誤，抑由於針藥過時變質，我就說不上了。母親還生過一個女孩，是我的姊姊，生在哪一年，我不清楚，不過出生不久就死了。我在這樣的背景下出生,父母特別疼愛也是理所當然的。還有一點,據説我小時候愛笑不愛哭,母親生我後没有奶餵我,找來奶媽我又不肯吃她的奶,餓得頭都抬不起來,但見了人還是笑,因此大人格外喜歡我。我從小就跟母親睡在一床,直到大學畢業。弟弟生下之後,母親自然無法帶兩個孩子,弟弟小時就由四姑帶領,大一點就跟父親一床睡。大家看到弟弟生後,母親還是帶領我,都説母親偏愛。照我看,偏愛是未必,有意抬高女孩子的身份倒是有的。我們一家,包括從堂叔家在内,多少有點重男輕女的,只有庶伯祖母,她極端疼愛我弟弟,每到母親責打弟弟時,她總極力勸阻,甚至滴下眼淚。不過她也喜歡我,所以“重男輕女”這四個字,内容也多種多樣,像我庶伯祖母,該説是重男而不輕女。她是極其慈祥的,男孩女孩同樣愛,不過覺得男孩在家庭裹有點特殊意義就是了。這種心情我實在説不清楚,只好希望讀者體會了。其次我家女傭,她們都是農村裹來的,都喜歡男孩子,遇到我們姊弟兩個闖了什麼“禍”,她們總把責任往我身上推,開脱我弟弟。這種時候,母親十分持平。她總是説:“你們别説了,我有數目,兩個都有份。”

盡管庶伯祖母有點重男輕女,可是我絕不在意,説實話,只要我父母不重男輕女,旁人怎麼樣,我是不大在乎的。我們姊弟倆都十分愛庶伯祖母,她身材矮小,面容秀美,脾氣也很隨和,可是我們誰也不知道她的身世,只知道她姓包。現在想起來,一定是個貧家姑娘,才被賣出來給人作妾。據説我伯祖父去世時,她還没滿二十歲,守了三十六年寡,撫育着兩女一子(三姑四姑和叔父)。我叔父没有專長,一輩子是小公務員和小職員,經濟一直不寬裕,加以和我嬸母不睦,四姑母又被遺棄在家,所以庶伯祖母内心深處,並不愉快。好在我們一家很和睦,我父母對她也很尊敬,只是因爲“庶”字當頭,我和弟弟不能稱她伯婆,只好稱她“太太”,母親也只能稱她“婆”。她和四姑住在樓上東西兩間房裹,叔嬸住在樓下東房,但她乳癌没有惡化之前,白天總在樓下,我父親若買了糕點糖果等回來,母親就用盆子裝上一部分,叫我們送去給太太、叔、嬸、姑母吃。我和弟弟都想討太太的好,爭着送過去。後來母親就不用爭了,這次哥哥送,下次弟弟送。可是話盡管這樣説,輪到我送的時候,弟弟還是跟在我後邊去了。輪到弟弟送的時候,我也和他同去。

上太太房裹去玩,真是我們的節目。母親管教我們很嚴,不論上誰的房裹去,絕對禁止我們亂翻東西和隨意開他們的抽屜。只有太太房裹,有對我們開放的一角,那是她的一個床頭櫃的兩個抽屜。她的床頭櫃和現在的形狀不同,是正方形,外觀完全是一張方凳,不過略高些,一面一扇門和兩個抽屜裹,抽屜裏盡是廢品、朝珠、缺邊的破銅錢、壞紐子、斷掉的鏈子索子、斷眼鏡脚……還有許多東西,簡直不知道有什麼用處,有些甚至於它們完好的時候,我們也說不出它們的名稱,太太總說這些是我伯祖父的遺物。

朝珠是伯祖父的遺物,一種是石質的,不透明的,有綠色的花紋;一種像玻璃,透明的。我和弟弟最喜歡透明的朝珠,總要把玩好一會,玩得盡興了,就把這些東西一樣樣放回抽屜,關上櫃門,然後告辭下樓。不但在我小時候,朝珠不是希罕物,抗戰之前,到處賣舊貨、廢品的小鋪子、小攤頭,都有那種石質綠紋的朝珠出賣,一兩個銅子就能買到。這種事我是記得十分清楚的,因爲娑羅巷斜對局前街上,就有兩三家這樣的舊貨攤。抗戰初期我從童丕繩老師學畫,才知道這種石質綠紋的朝珠,可以制成石綠,以後我回常州時,特意到處找這類賣廢品的小店小攤子,希望能買進石綠的原料,可是這種朝珠的踪影全沒有了,看來都給日本人搜羅去了。

現在再講我的庶伯祖母,庶伯祖母是患乳癌去世的,她去世時(一九二八年,民國十七年),我已經十四五歲了。在那個時候要治好這種惡症,可能性當然不大,加以她又不早點聲張,待大家知道她患這種病時,動手術的機會已經錯過了。加以餘之叔父誤信草藥醫生的話,説望江南子搗爛了敷,可愈此病。於是我家園裏種了許多望江南子,可是一敷之後,癌就提前潰爛了,當時沒有止痛劑等藥物,所以從病到死的過程是極其慘酷的。母親因爲她喜歡我們,所以叫我們一放學,先叫我們到她床邊請安問好。她去世的時候,大人們在她房裏號哭,我和弟弟摟抱着在自己房裏啼哭,不停地説:"太太沒有了,以後沒有太太了!"

父親挽庶伯祖母的對聯,我還記得大半:上聯是苦節三十六年,厚望後昆,痛樹靜風摧,終未甘回蔗境;下聯是沈疴千五百日,備嘗諸厄……,下邊記不得了。所以記不得,一定是我當時沒有懂得句子的意思,所以這些字句沒有在我頭腦裏生根,也就寫不出來了。

私塾生活

現在,我來談談我的私塾生活。

我沒有進私塾之前,是母親和瑞之四姑教我識方字的。我現在還記得母親在我們書桌上掛一塊小石板,上面用粉筆寫一個"羞"字。第二天我們那個認不得前一天教的方字,就得對着石板默坐。奇怪,這方法居然很有效,我和弟弟從來沒有受過罰。方字排成一行,用一根木戒尺壓着,始而順着次序讀,過若干遍以後，就更換方字排列的次序，看我們能不能認得？字數不多，大約八個或十個。識得若干方塊字以後，就教我們讀當時的小學教科書，直到我八歲那年和弟弟進私塾。

我究竟在幾歲時母親才教我識字，現在想不起了。但我識得的字也不會太少，因爲八歲那年進了私塾以後，常常趁老師午睡或他外出的時候，偷看他的《子不語》、《閱微草堂筆記》、《夜譚隨錄》等等。當然不會句句都懂，也有很多字認不得，但基本上能看得下去。

在我六七歲的時候，父親就和母親商量，請一位先生到家來教我和弟弟，我聽到他們商量，總是要求他們慢一點請先生。父親詫異說："我小時候聽到請先生就高興，爲什麼你們這樣怕讀書？"其實當時我們害怕的是陌生的先生，並不是讀書。也許我們小時候頑皮，傭人和厨子就用先生來嚇唬我們，不過這也只是我今天的猜測，因爲實在想不出害怕先生的理由。但由於我幼時有這種情況，所以我極不贊成大人用某個人去嚇唬小孩，如說"爺爺聽到後要怎麼了"，也反對別人對着小孩胡亂吹捧一個人，有一次一個熟人當我的面，對他的小女兒把我亂吹捧了一通，我從小孩的眼神裏立刻看出她和我疏遠了，因爲孩子不知這是無聊的吹捧，信以爲真，頓時覺得我們之間差距變遠。所以我以爲在孩子目前不得其當的毀譽，都是一種欺騙。不過這些是閒話，現在讓我言歸正傳。

我第一個私塾先生姓袁名其樂，是我舅舅介紹的。條件是供膳宿，每月八元修敬，後來加成十元。老師來的第一天，禮節十分隆重。父親到館子裏去叫了一席菜，請厨子到家裏來下鍋。另外還有四位陪先生的，一個是舅舅，一個可能是我表舅，其餘兩個是我父親和叔父。下邊設了爐臺。所謂爐臺，就是香爐和燭臺。這是宴請貴客的禮節，我小時候常州還十分通行。如請先生，請媒人，男方及其親屬宴請新娘，女方及其親屬宴請新婿等，都要用爐臺。在這樣隆重的筵席上，特客南面而坐，四名陪賓左右相陪，下邊不坐人，就放上香爐和燭臺，而且當真焚香點燭，在這種場合，特客要向主人道謝，要求撤去爐臺，然後才肯入席。舅舅結婚不久，我家宴請舅母，也用爐臺，當時舅母的"陪房阿姨"，就把帶來的紅呢氈毯鋪在地上，舅母要行大禮相謝，給我們攔住了，我們也撤去爐臺，大家入席。可是袁先生是鄉下人，他所以要住在我家，就是因爲離家遠。他不懂這個規矩，他就在擺着爐臺的桌上坐下，先生一就坐，傭人就在地上放下紅氈毯，我和弟弟就跪下來對他叩了頭，然後站起來，侍立在旁邊。先生吃了些酒菜，指指爐臺，對父親說："把這些東西拿開，讓孩子坐下吧！"父親當然遵命，於是下邊設了兩個坐位，讓我姊弟倆就坐。

此後袁先生就成爲我家的西席了。母親將西面一間廳堂用書箱和門簾隔開，作爲書房，書房背後一間翻軒作爲先生的卧室。每天早上七時半左右，厨子金海將四色小菜和稀飯送到書房，一般還有一樣點心，不外油條麻糕之類；午飯晚飯四菜一湯，兩葷兩素。先生很客氣，每頓飯總只動一樣葷菜。八時半我們上學，十一時半放"飯學"。下午照顧先生休息，一般要到一時半或兩時我們纔到書房去，三時半或四時就放晚學了。剛開學的時候，先生教的還是教科書，後來改教《論語》。早上一進書房就背前一天教的課文，背出以後才教新課，十行八行書，一直要哼到吃午飯。下午習字，最初是"描紅"，後來才寫"印本"。放學以後，叫我們在家畫地圖，可畫的不是我國分省地圖，而是常州三十六市鄉圖。當時父親在外地教書，有一次回來看到了，就提出要改畫中國分省圖。袁先生也同意了，但沒有能畫上幾張，袁先生就有別的工作，舉陸雲峰先生自代。

袁先生很和氣，從不叱罵我們，所以師生間感情很好。有一次舅舅來看望母親，順便到書房去看先生。那時正是嚴冬，天氣極冷。舅舅是嬌公子，狐皮袍外還加大衣，可是先生只穿一件布棉袍。我弟弟就說："衣敝緼袍，與衣狐貉者立，而不恥者，其衣也歟。"後來母親知道了，就怪我弟弟説話沒有分寸，還叫金海去給先生招呼，袁先生説："沒有關係，他們剛剛讀過這幾句書。"

星期天我們也放假，但袁先生往往星期天下午就回到我家來，他在房裏休息，只要先生回來，星期天晚上，我們就到他房裏去跟他玩，在知道他要離開我們的那些日子，跟他特別親熱。我們要他常來看我們，而且要他來時仍舊住在他房裏，他也一一允諾。惜乎不多時以後，陸先生就通知我們，說袁先生去世了。

在初讀舊書的時候，我也碰到一些困難。如遇到"庶"（例如"回也其庶乎"《論語》卷六）"幾"（例如"言不可以若是其幾也"《論語》卷七）和"庶幾"（例如"則齊其庶幾乎"《孟子·梁惠王下》）等，我就不大理解，問了先生，有時還不清楚。大概不同於口語的虛辭，小孩比較難懂。所以我後來教初級中學語文時，對於這類虛辭的講解，特別注意。

陸雲峰先生是受過學校教育的，所以除了國文之外，還教我們算術和英語。功課的安排是這樣：上午教國文，也就是《孟子》。我記得讀《孟子》的時候是要"通背"的。所謂通背，就是每天除背前一天教過的書外，還要把以前教過的一道背。我記得讀到《公孫丑章》下的時候，還要從"孟子見梁惠王"背，讀到《滕文公》上時，才不帶背《梁惠王》上而從《梁惠王》下開始背，所以每天單是背書，要化相當時間，現在這些章句也都還了先生了。説不定有人要説這樣的讀書，完全是浪費。但我認爲即使是浪費，也決不會是"完全"。首先我們要學好一種語文，該從感性的教材入手，多讀多背，正是入手的方法。對一個將來研究古代教育、古代政治哲學的人來説，《論》、《孟》固然大有用處，即使一個將來不以文史爲專業的人，讀一點舊書，也能提高其閱讀的能力和速率。因爲今天雖然通行語體文，但是"文夾白"的文章還是隨處可見，而且用處很大。文法是任何一種文字都有的，也是應該掌握的，但若對一種文字感性認識不足的時候，就先講文法，這文法就成架空的東西了。我們那個時代，除在教會學校讀書的人以外，學好英文的人實在不多，説不定毛病就出在這裏。我小時候死背《論語》、《孟子》誠然很苦，大家説我站在書房門口，一邊背書，一邊兩手絞門簾，絞了又放，放了再絞，直到背完三四章《孟子》。但我還是要謝天謝地，我的老師當時沒有教我文法，要我分析句法。以上所説，全是我的偏見，説不定都是錯誤，只希望讀到這篇東西的同志，有以教我了。

《論語》、《孟子》是老師教的，《中庸》、《大學》和部分《禮記》是父親暑假中教我的。父親除寒暑假外都不在常州。寒假太短，加以他白天晚上都要工作，根本沒有時間教我們，暑假長一點，而且天氣熱，在工作間歇的時候，就教我們讀《學》、《庸》了。他教書不要通背，甚至不要背書。每天教的新課，他要我們讀五十遍，再將昨天教的課文讀三十遍，前天教的讀二十遍。這樣，每天都讀一百遍書，而且每天教的課文，也都能讀到一百遍，只是分三天讀罷了。事實上，幾十行課文，讀到一百遍，決沒有背不出的，而且分作三天讀，就更便於記憶而不會遺忘。父親還特地給我們做了書籤。每張書籤上寫兩句五言詩，夾在書裏，每讀一遍，就抽出一個字，讀滿十遍，就把另一張十位數的書籤抽出一個字。這樣讀書，實在一點也不苦，只是九歲的孩子，對《大學》、《中庸》的精義，不能理解就是了。

讀完《學》、《庸》，就讀《禮記·檀弓》，接下去是《文王世子》等篇。這時父親的尺度放得更寬，只要我讀得"上口"，就是説，能讀得順流，就可以"派司"了。偶然也叫我們讀古文、古詩。我記得他教第一篇古文是《樂毅報燕惠王書》，第二篇是《太史公報任少卿書》。詩白居易的樂府和《長恨歌》、《琵琶行》，沒有教律詩絕句，他教我們詩的目的，是要我們在吟誦的時候懂得平仄聲。始而他讀一句，我們跟着讀，以後是我們和他一同讀。但即使同讀，我們讀錯平仄時，他仍能聽出了，糾正我們。古詩能吟誦，讀近體詩自然不成問題了。

父親選擇課文的標準，我當時並不理解，我當時體會到的，就是父親不論吟詩讀書，音調都很美。當時，讀四書是一種調子，讀古文是另一種調子，惜乎沒有錄音。否則就是極好的紀念品了。後來我在光華大學讀書的時候，晚會餘興時，同學還請父親讀詩詞，大家說他讀得好是因爲他學過崑曲。其實，那個時候，他因爲年齡大，身體差，中氣遠不如他教我讀詩的時候了。現在有很多人認爲父親會唱崑曲或者酷愛崑曲，實際並不如此。父親年輕的時候，興致自然好些，又能喝點酒。和朋友在一起的時候，猜拳行令之餘，有會吹笛子的，就吹一曲，有會唱崑曲的就唱幾句，父親跟着他們哼哼是有的，並沒有正式從師，更説不上入門了。父親吟詩讀書音調所以能美，據我看，一半由於讀音準，一半由於能充分體會詩文中的感情。所以調子高低疾徐，輕重緩急，聽上去沒有一點做作而能激動人心。我每次聽他讀"君子交絕，不出惡聲。忠臣去國，不潔其名"這兩句時，總是感到非常激動。

父親又是我家的好護士。一九三〇年我弟弟患傷寒去世，父親護理他三十七個日夜，母親護理他四十個日夜，這件事情暫且不説。我和母親生病，也總由他陪伴。他拿着一本書，一方銀朱硯，一支筆，一杯茶，一管水烟袋，就坐在病人房裏工作，不過平時低聲誦讀的，這時改爲默讀罷了。他按時給病人服藥，量體溫，喝水，或者問病人要不要吃點什麼。這種時候，我和母親總要求他出聲誦讀，因爲病中聽他抑揚有致的讀書聲，反而有一種寧靜的感覺，聽着聽着，有時還跟着他默讀，就不知不覺地睡着了。這樣的睡眠，於病體是十分有益的！直到今天我每次患病的時候，還會下意識地從枕上抬起頭來，對窗前的書桌邊看看。我在尋找誰呢？

再説兩句離題的話，上邊我已説過，父親教我的第一篇古文是《樂毅報燕惠王書》，他教國文的那幾年，也總選讀這篇文章，可見他欣賞的程度了，其實他不獨欣賞文章，在他想象中也描繪着樂毅的形象，父親不愛看京戲，説京戲的表情不如崑曲細膩，但在却不過情面時，也奉陪別人去劇場坐坐。有一次，我們硬拉着他去看京戲，這天的戲目中有一出是火牛陣，戲中扮田單的是老生，但樂毅却開了臉。父親低聲對我説："扮樂毅也應用老生。"還有一次，也是和父親一同看京戲，看的是草船借箭，父親看到劇中的諸葛武侯拉魯肅的鬍子，就説："唉，表演諸葛武侯應當表演得儒雅一點。"由此可見諸葛武侯也是我父親佩服的人物。

解放之後,京戲的"狀元祭塔"改爲"燒塔",父親很希望去看一次,我問他爲什麼想看這個戲,他説:佛教的勢力籠罩中國已一千多年了,不論戲劇還是小説,没有反抗佛法的。燒塔是向佛法挑戰,所以想去看一看。這不是他的原話,但意思大致如此。可惜父親那時身體已經很差,那出戲又不常常上演,竟没有看成。

三　燕渠

常州有個土音,"燕"(讀去聲)意思略同頑皮淘氣。我説略同,因爲用頑皮、淘氣去解釋"燕"還嫌太輕,若解作撒野,似乎又嫌重一點。我疑心"燕"是"野"的轉音,曾經請教過一位常州籍的研究語音學的朋友,他説不知道,所以我暫時只能存疑。等以後再請教别人了。

我們從陸雲峰先生讀書以後,比以前頑皮多了,讀了一會兒,就要求先生放我們"休息十分鐘"。休息的時候,因爲懼怕母親,不敢往上房去,只敢往園裏鑽。園和廳堂之間還隔一個院子,所以先生也不管我們。我們第一次"休息"約摸九點多鐘,正好是金海揀完菜到井上去淘米洗菜的時候。他買些什麼菜我們是完全不感興趣的。我們只注意他買的貓魚,看到貓魚裏有活的,就拿到書房裏去養起來。書房裏有兩張書桌,一張飯桌,先生和弟弟合用一張大書桌,先生南面而坐,我弟弟打橫。我獨用一張小方桌作爲書桌,有兩個抽屜。我們就把小魚養在抽屜裏,再放上幾塊磚頭,算是島嶼。現在我百思不解的是:那張小方桌是一般木料制成的,何以抽屜能不漏水?到園裏去挑活魚是我和弟弟共同的享受,現在魚養在我的抽屜裏,卻是我的獨樂了。我一邊讀書,一邊不停地把抽屜拉開又推上。有一次拉得猛了一點,抽屜裏的水涌向身邊,我不禁失聲説:"潮水來了!"弟弟聽到回過頭來,我們相視而笑。先生没有聽清,放下書本,問我:"你説什麼?"我裝作没有聽見,提高些嗓門讀書。

可是不論書桌抽屜多麼結實,盛水養魚到底是不行的,所以今天放下去的魚,明晨去看已經死了。經過若干次教訓以後,我們就決定另打主意。這時恰好來了個二寶。二寶是我家的小丫頭。

我小時候家裏有過幾個小丫頭。有的是她母親在我家幫傭,把女兒帶來算是丫頭,也掙點工錢,有的是她母親或祖母曾在我家幫傭過,後來把女兒送來的。這類小姑娘來時只有八九歲,到十五六歲能幹農活時,她父母就領她回去了。留在我家直到出嫁的,只有一個王春蘭。她是我記得的第一個丫頭。年齡比我大得多，我不到兩歲，她已十六七歲了。有一次母親回舅家去，春蘭陪我玩，她跳來跳去，引手舞脚，一不小心，在我左耳上打了一掌，據姑母説，當時我臉色慘白，好半天才哭出來。後來母親知道了，也沒有打罵她，只説了她幾句。可是我的左耳，却從此失聰，而且由於失聰，還喪失了平衡。春蘭幼時由父母作主，許配了人家，到她十八九歲時，她父母就來接她回去結婚。春蘭哭着鬧着要解約，可是她父母和夫家都不同意，到臨了，春蘭還是跟他們回去了。她婚後每隔三四年總來看望我們，總要在我家住上幾個月，生了孩子，也帶着同來，像回娘家那樣。她和我們感情都很好，我也絶不記她打聾我耳朵的讎，母親甚至不許我們叫她做丫頭時，我們給她取的名字。現在再回轉説二寶。

二寶和我差不多年紀，生得聰明伶俐，説實話，這點大的孩子除了傳話和陪我們玩耍，能做什麼呢？所以我和弟弟決定在園内開溝養魚以後，就要二寶來參加我們的活動。二寶一聽，磨拳擦掌，高興得不得了，我們三人立刻去踏勘開溝的地方。

我家的井是口好井，又清又深，倒在井邊的水也不會回到井裏去，所以淘米缸、搗衣石都放在井邊，淘過米，洗過衣服的水也就倒在近旁，日積月累成了一塊不到一公尺見方的窪地。我們決定溝從窪地開始，一直通到淡竹叢裏，大約兩丈多長。一經決定，就立即動手，那一塊地方，因爲平日人們走不到，所以特別蕪穢，亂草從沒有人去拔，而且泥塊石子特別多。所以我們三個拔草的拔草，撿泥塊石塊的撿泥塊石塊。我們放學以後，只到上房去兜一圈，和大人打過照面，立即到園裏勞動。二寶自然也不落後，見我們一走，一溜烟地跟出來了。完工那天，我們勞動得特別晚。母親找我們吃點心，一個也找不到，她説："這三個燕坯，不知在胡鬧些什麼，還不回來。"父親就到園裏來看看，只見我們衣上臉上手上全是泥漿，二寶滿臉通紅，我們渾頭大汗。父親説："快回去，母親在等你們哩！"我説："我們已經完工了，請你給這條溝起個名字吧！"父親笑了笑説："叫它三燕渠吧！"我拉着他不依，説："你爲什麼説我們'燕'？"父親又笑笑説："燕有什麼不好？你們不是剛讀過嗎？'子之燕居'……"①

三個人化了近二十天，挖了一條三燕渠，但渠裏從來不能積水，不論多少

---

① 吕翼仁先生曾與編者説，常州吕思勉故居内無堂號，如要書一個堂號，"三燕堂"倒也十分貼切。

水下去，都給底部和兩壁的泥土吸干，養魚自然更不用談了，但我們並不是全無收穫：以前淘米洗菜的水流不到淡竹叢，所以淡竹很憔悴，現在多少能吸收到點水分，所以變得有生氣了。而且能產出筷子那麼長和粗的笋；其次是那兒的亂草經我們清除之後，隨手丟在那裏的北瓜（俗稱飯瓜，上海人叫它南瓜。）籽，會發芽生長，在人不知鬼不覺的當兒，結出兩個大瓜來。在當時，北瓜是賤物，誰也不會去種它。（抗戰時期我們曾經在西宅廢墟上面，是種過北瓜的）但天生的北瓜，大家又當成寶貝了，女傭嘻嘻哈哈笑着，捧着兩個大瓜進來給母親看。這天大家吃了一頓北瓜煮麵條，第二天又飽吃一頓北瓜餅。

三燕渠不多時就被泥土石子填没，誰也没有胃口再去開了，但是那個地方（不是溝）却得了美名，不但三個"燕坯"稱它三燕渠，連父親也稱它三燕渠了。一次他説："今天我到園裏走走，在三燕渠看到一只野猫。"這時母親便會取笑他："你和着他們三燕，三燕，我看要成四燕了。"

二寶什麼時候離開我家，我已經記不起來，但在一件事情，她却給我一個壞印象。有一天，母親買了三只小鴨，給我們每人一只。二寶首先挑了一只大的。我和弟弟的鴨子都放在大脚爐裏，因爲爐蓋有孔，鴨子不會悶死。二寶因爲她的鴨子大，不願和我們的放在一起，就要由她單獨養。她以爲鴨子會泅水，就把小鴨子放在水缸裏，不想鴨子太小，一下子就淹死了。第二天一早，二寶趁我們還没起來，就把我們的小鴨，也放在水缸裏淹死。這件事當時我和弟弟都没有和她計較，但她給我的壞印象，大概終我之生不會磨滅了。

顧金海和顧盤娣

顧金海是我家厨子，年齡大約和父親差不多。他年輕時我没有看到。從我懂事起到他去世那一段時間裏，他却總是那個樣子。依我家的經濟條件論，雇個女傭幫着干點家務是完全可能的，至於雇傭厨子，就無此必要了。我父親叔父都難得回常州，加以父親不喜歡酬應，朋友來看他，也談論一會就走了，除非是外地來的朋友，才留喫飯留住。可是金海在我家的地位，却特別穩固，仿佛他不是我家雇用的而是我家的一分子那樣樣。這裏是有個緣故的：他的母親是父親的乳母。這位顧老太太直到我父母結婚還住在我家，據母親形容：她高瘦個兒，小脚，太陽穴上貼着兩個頭痛膏藥。我母親提到她就摇頭，因爲她愛到我祖母跟前去討好。討好當然不等於進讒，但説話輕重失當，或用辭不妥，也會引起誤會的。母親當時是新媳婦，自然不能不警惕。她有個諢名，叫奉聖夫人，這諢名决非我母親所取，因爲母親性格溫和，嘴巴也不尖利，這諢名肯定是不知那位姑母給她取的，由此也可想見她的爲人了。自從我有知識以來，家裏難得有人提起她。

金海性格隨和，同上下關係都很好，做的菜也不錯，不但平日，逢年過節，人來客往，幾盤幾碗也總料理得像個樣子。所以除了邀請外祖父到我家來喫飯之外，母親可以不下廚房。父親叔父不在家的時候，家裏只有他一個是壯年男子，有了他，門户火燭也放心些。而且他每天一早就出去買菜，所以消息靈通，如臨時閉城門啦，有散兵游勇在街上游盪，説不定會發生搶劫啦，"拉伕"啦，死囚執行槍決啦，城門上掛着死囚的頭顱啦，等等等等，都及時向母親匯報。我家廳後的翻軒，西邊一間原是袁先生的卧室，袁先生去後，就空在那裏，中間一間放雜物，東面一間就給金海作卧房了。金海每天飯後，總要午睡，到下午三四點才起來，回廚房去料理晚飯。所以下午四點鐘以後，他的卧室基本上是空着，朝北的房子本來陰暗，加以很少人去轉動，所以我們小時候，總覺得金海的卧室特別陰森可怕，我和弟弟便想象着有兩個精怪藏在金海卧室裏，一個叫做"暗宫"，一個叫做"夜宫"。我們仗手中的法寶——兩尺長的胡蘿蔔，要去制伏他們。這種想象，這類行動，我們相約絶對不同大人講，大人只見我們手持胡蘿蔔，爭先恐後地跑到金海房裏去，一會兒又尖聲叫着從房裏奔出來，不知我們在胡鬧些什麽，有時金海也從廚房裏探頭出來張望。原來我們假定二"宫"本領很大，一下子不能降伏他們，所以屢進屢退，逃出來後，再商量對策，預備下一次進軍。説老實話，如果我們一次就能降伏他們，我們不是又要設計新的游戲了嗎？從"暗"和"夜"兩個字來看，充分反映出孩子害怕黑暗的心理，但這類想象，也或多或少出於偷看《子不語》、《夜譚隨録》的賜與。

金海也有一個小缺點，就是既常常請假，假期滿後還要賴在家裏，不準時來上工。他家住在常州北鄉龍虎塘，離城不過十多里。憑他在我家的資格，他向母親請假，自然没有不準的道理。每到他請假的時候，母親就讓女傭代他做廚房裏的活，女傭原來的工作，就由母親姑母幫她做。經常這樣，女傭心裏自然不大樂意，又不便認真計較，就盡説些挖苦他的話，話題集中在金海怕老婆一事上。金海的夫人姓邱，是繼室，個子矮小，干農活是好手，説話做事也很爽脆。我家女傭就給她取個諢名叫"秋瓜頭"，是影射她矮小的。有一次女傭告訴母親説金海背上有被火叉打的傷痕。還有一次，又説金海的女人不讓丈夫到城裏來上工，因爲夏天不能關門，就用一張長板凳攔住門，自己躺在長凳上。後來金海趁她睡着的時候，就從凳子下面爬出來，逃回城裏來了。

這類話,母親聽了,只是笑笑,給我弟弟聽見了,就會去問金海:"你背上當真有火叉印嗎?"或是"你怎樣從長凳下邊爬出來的?"金海聽了,就故意板起臉,裝出生氣的樣子,問我弟弟:"這類話也是你做少爺的人講的嗎?"

我從小不喜歡進廚房,可我弟弟却愛鑽到廚房裏去玩,金海看見他走進去,就問他:"你來干什麼?"弟弟説:"我來幫你拉風箱。"我家西宅廚房裏有一座三眼竈,是燒飯的;一座煤爐,是炒菜的。煤爐燒煤,有一個風箱。炒菜嫌爐火不旺時,就拉風箱。金海説:"你還會拉風箱呢?!小姐不進門房,少爺不進廚房,給我快點出去吧。"這樣"少爺"就給"轟"出來了。其實金海怕我們在廚房被水火燙着,也嫌孩子礙手礙脚。

金海是看我們從小長大的,我們也從小就把他當做家裏的一員,即使現在,我在寫這類只有我一個人感興趣的瑣事,我心裏還是充滿了温暖。

女傭挖苦金海的話,固然不免添油加醋,但金海懼内,也是事實。記得有一年,那時,我已經是光華大學的學生了。金海忽然來上海找父親,説要出家做和尚了。父親苦苦勸他,買了兩張火車票,親自把他送回常州。這件事情之後,父親就和母親商量,把東(原十子街六號)西(十號)兩宅之間的三間小屋(八號),給他夫婦居住。此後金海免去城鄉奔走之勞,他夫人除了大忙季節,也總住在城裏,把農活交給兒子和媳婦。就在這樣的情況下,我認識了金海的孫女盤娣。

盤娣是金海的孫女。她祖母住進我家八號房屋之後,她跟着父母來探望祖父祖母時,有時就留下住幾天,她那時只有八歲。起初跟着金海只到廚房裏,站一會兒,東張張,西望望,不多時就回八號去了。我家大廳上本來放着好幾十只書箱。父親和我只有暑假才回來,母親姑母等即使偶然到廳上去,也不會去查看書箱。爲了謹慎起見,父親除了把書箱上鎖外,還用牛皮紙封條封好,有一年暑假,父親回來發現廳上書箱上的封條,大部分被撕破了。父親問母親,母親説没有的事,前兩天她還去看過,一切都好好的,兩人隨即又同到廳上去查看,果然多數封條撕破了。這時在旁的女傭説:"昨天金海的孫女在這裏轉來轉去,説不定是她做的好事。"給她一點破,事情果然有些像:撕破封條的都是下面一排書箱,叠在上邊的書箱,封條還是完整的,而且從撕破的情況看,也像出於兒戲而不是別有意圖。父親就叫傭婦不要聲張,他要親自考察一下。

第二天上午盤娣又來了,她先到廚房裏轉了轉,又在廚房門口站一會,隨後就走出去了。約摸她出去後三四分鐘,父親就踱到廳上去。一看果然,盤娣用指甲在剔書箱上的封條。她聽到背後腳步聲，回過頭來，一看見是父親，立刻住了手，她把兩手反放在背後，背部緊靠書箱，仰起頭，對父親看着，臉上一點沒有恐懼的神色。盤娣有一張圓臉，皮膚曬得黑黑的，小嘴有點翹，大眼睛裏流露出調皮的神氣，父親看着她反而不禁失笑起來。父親告訴她，封條是有意貼上去的，叫她下回不要撕破，又問她幾歲，叫什麼名字。她不回答，趁父親一不留神，撒腿便跑，回八號去了。

這次事之後，盤娣每次進來，就到我家客堂裏、房裏來玩了。她和我特別親熱，只要看到我，就不肯回家，能在我書房裏陪着我坐兩三個鐘點。那時我已讀完大學一年級的課程，暑假後要升大二，二十歲。暑假中回到家裏，即使談不上用功吧，也總要看看書，所以我起初並不歡迎她來，怕她干擾我。後來見她並不干擾我，就想教她認幾個字，再轉念一想，她到城裏來，不過玩幾天，到我家來，也不過偶然高興，未必肯認真識字，我又何必自找麻煩？這樣，她每次到書房裏來，我就給她一枝鉛筆，一張紙，讓她隨意亂畫，消磨時間。有時我高興，也畫條魚，畫只鷄，給她做"範本"。她可全不在乎，有範本也罷，沒有也罷，只要我在書房裏，她就陪着我。

這樣過了兩個星期，她提出來要跟我一同到上海去，她講這話的時候很認真，神氣也很固執。以後每天來總要問我還在常州住幾天，幾時去上海。有一天，我隨口敷衍她說："好吧！我帶你去，快去做一件新衣服。"這原是一句極無聊的話，她聽我說完就走了。以後她還是每天上我家來，但神色有點沮喪，而且絕口不提到上海去的話。起初我完全不在意，隔了好幾天，我問她說："你不想到上海去了嗎？"她背過身子去，歇了好一會，才低低說："我沒新衣服。"我聽了這話，真像挨了雷打，二話沒說，立刻到布店裏去剪了一件花布衣料，送給她，并且再三向她解釋，我不能帶她到上海去，並不是因爲她沒有新衣服。然而使我傷心的是：她能懂得的，只是我那句無聊的話。我解釋的話，她並不理解，這樣，我在這八歲的孩子面前，就無從彌補我的過失了。

我動身去上海那天，盤娣一早就來了，換了一件干凈布衫，頭髮刷得光溜溜，可能借用了她祖母的"刨花水"，説要送我上火車站。看光景火車站是一定要讓她去的了。母親吩咐多雇一輛人力車，讓金海帶着她送我們。我們進了車站，買了月臺票，金海把行李送上車廂，她跟着我們走到車廂裏，一看見我們找到座位，就老實不客氣地搶先坐了，還拍拍座位叫我和父親坐下。車窗外列車員的鈴聲已響了第二遍，是送客的人不得不下車的時刻了。金海把她提起來，夾在右邊脅下，和我們打了招呼，下車去了。火車開動時，我還看見盤娣躺在地上又蹬脚又哭。

這年寒假我回到常州，盤娣也常到我家來玩，一次她黯然地對我説：我送給她的衣服，她家給她弟弟做了衣服。

金海是一九四〇年去世的，那時已是抗戰時期，我和父母在上海，光華大學還在租界上開學，叔孃姑母在常州鄉下避難，金海也回到自己的家鄉，他去世的情況不詳，不過知道是病終的。一九四二年我們回到常州後，金海的夫人和她的妹妹還常到我家來。那時我家西宅已全部炸毁倒塌，我們只能用殘留的磚瓦和別人賣剩的木料，在廢墟上搭兩間房屋暫時居住。厨房是用毛竹和草蓋起來的。原來西宅的園子和大廳的舊址，我們清理清理種菜。邱夫人妹妹來看我們時，常帶點菜秧給我們，有時幫我們鋤鋤地，澆澆水。奇怪，滿是瓦礫石灰塊的菜畦，一經她們的手，就頓時改觀了。母親總説："你們看，邱家阿姆一動手，菜地就'眉清目秀'了。"

我和盤娣再次相逢，是勝利之後，我是特地到龍虎塘去看她們的，但不知怎的，我只看見盤娣一個人，她祖母、父母可能因事出外，現在我已記不清了。她已是十七八歲的大姑娘，而且出落得十分漂亮。她見了我仍舊十分熱情，拉着我的手，不住問長問短。可惜我們見面的時間太短，没有能真正"一傾積愫"。以致我帶着負疚的心情去看她，又不勝遺憾地回來。

以我自己的年齡來推算，現在盤娣已是六十出頭的人了。以她的聰明能幹，一定能過上健康愉快的生活，這是我衷心的祝頌。在當前開放政策下，説不定她已是萬元户了。毫無疑問，她一定還記得我，但她還記得我説的那句無聊的話嗎？還記得她當時聽了這句話後的苦痛嗎？也許記得也許記不得。可是我幾十年來負疚抱憾的心情，她大約想不到了。

過　　年

新年幾乎可説是孩子們的節日，在燈紅酒緑爆竹聲中，大人們的感受和孩子是完全不同的，孩子們盼望新年，除穿新衣，吃美食，收壓歲錢外，最主要的是大人事情多，酬應忙，根本没有功夫去管他們，即使管，也比平時要客氣些，最多口頭訓斥幾句。譬如説：你們這樣淘氣，要不是過新年，早就該打了。或者説：少胡鬧了，難道當真要吃壓歲棒？然而孩子們就在這忙亂的環境裏，獲得了自由感，不但是自由感，而且還有一種新鮮感。

在節前，只要嗅到一點節日的氣氛，就使我們興奮，節日的氣氛打哪兒開始呢？首先是母親用紅紙糊燭臺，因爲新年要祭祖宗，燭臺都要用梅紅紙重新糊過，其次是包"封子"，所謂"封子"，就是現在稱爲紅包的，把錢用紅紙包起來，在我小時候，這類"封子"一般是兩毛錢到六毛，很少上一元的，這是太太們出外，……（未完）（原刊《溫故》之八，廣西師範大學出版社，二〇〇七年五月出版）

先父呂思勉在抗戰中的生活片斷

一九三七年是我在上海私立光華大學修業期滿的一年。父親在光華大學執教多年，學校爲了照顧我們父女能在一起，就留我在校當助教，這時候，我父母十分高興，我的心情也很愉快，誰知道這種心情不久就給日本侵略者破壞了。

神聖的抗日戰爭號角，在盧溝橋吹響了。這時候，我在常州度暑假，父親還在光華大學的暑假學校上課。他得知戰事發生，就趕回常州，和我們商量今後行止。既然爆發全面抗戰，東南沿海一帶平坦之地，不能堅守是料得到的。但當時上海還沒有完全淪陷，光華大學仍可在上海租界裏開學上課。爲瞭解決暫時的生活問題和不脫離集體，一九三七年十月，我們一家三口，又從常州老家回到上海。這時常滬間火車已經不通，但旅行社還能托運衣箱等物，所以我們離開常州之前，就將較好的衣服，分裝在三只箱子裏，想等我們到達之後，請人托運來滬。我們隨身各帶一只破舊的藤篋，盛着幾件單袷衣服。不料我們到達上海才三天，旅行社就停止托運。不多時，上海和我的家鄉都相繼淪陷了。

父親雖在光華大學任教多年，但毫無積蓄。一則因爲光華是私立大學，經費不足。在我未入光華之前，年年欠薪，在我考入光華之後，每年又只發九個月薪水。再者，我們雖是小家庭，只有父母女三口，但我父親還負擔着我堂叔一家三口—叔父、嬸母和一個離婚在家的姑母的生活。在承平時代，父親的教薪再加上他的稿費，本來可以敷衍了，但現在，情況就大不相同。父親的教薪本來是二百四十元，助教月薪原定六十元，國難期間都打對折，父女二人薪水收入，每月一共只有一百五十元。在米珠薪桂的上海，已經夠拮據了，何況每月還要支付一筆房租？我記得一九三七年十月我們回到上海時，是住在愚園路儉德坊十七號的後客堂裏，一家三口擠在約摸十平方米的半間客堂裏，旅途的疲勞還沒有恢復，日寇已經轟炸滬西了，炸彈的爆炸聲整日不絕。愚園路是越界築路，居民感到不安全，都紛紛避入租界。當時我們要在安全一點的地方找個住處是極端困難的，首先是付不出一大筆房屋頂費，租金還在其次。幸而譚廉先生(字廉遜,常州人,地理學家,抗戰後期也曾在常州湖塘橋青雲中學教過書)的兒子譚新民住在在舊法租界愛麥虞限路,(今紹興路)租賃了一幢三層樓房子,他自住三樓,將二樓前後間分租給我們。我們算來算去,兩個房間的租金還是負擔不起,所以只租了一間前樓,亭子間由他另行租給別人。因爲我們和他家沾點親,他沒有收我們的頂費。我們從一九三七年十月直到一九四二年八月重回常州,這五個年頭裏搬了三次家:從愚園路儉德坊搬到愛麥虞限路惠安坊一百六十二號,從愛麥虞限路遷到福熙路(今延安路)八百三十七號,又從福熙路遷到霞飛路(今淮海路)蘭村十六號,一家三口始終擠在一個房間裏,一大一小兩張板床,一大一小兩張書桌,一張小方桌,兩架白木書架,幾只凳子,這就是我們的全部傢具。

　　常州初淪陷的時候,得不到一點家鄉的消息,過了些時候,消息傳來了:我家自住的房子,日寇轟炸常州火車站時震壞了。叔、嬸、姑母和一些親戚鄰居,全避到鄉下去了。又過了些時候,逃到鄉下去的人都陸續回城,有的寫信來,勸我們回去,説我家房屋目前還沒有倒塌,還好修理,若不及早修理,就完全報廢了。這時,常州城門口還有日本兵把守,行人出進,一定要嚮日兵脱帽鞠躬,父親堅決不肯回去,他説:"我已年過半百,大半輩子過去了,決不嚮日本人低頭!"就這樣,我家房屋就由敗壞而倒塌。木料等等,全被盜賣,屋裏什物,自然早已一空,但父親處之泰然。父親對抗日戰爭是有精神準備的,而且對長期抗戰也有精神準備。他認爲中國同日本的戰爭是必然要發生的,只是時間遲早問題,而且中國人也只有打勝這一仗,才能立足於世界。早在一九二七年四月和一九二八年十二月,也就是抗日戰爭之前十年,父親就兩次上書光華大學行政會。第一封信上提出《一個足食足兵的計劃》,希望學校提倡,學生帶頭,"造成能戰之民和充足維持民生之食"。他認爲若能做到這點,"吾國就能與人大戰十年,而無糧食匱乏之患"。寫第二封的時候,光華大學正擬擴建學生宿舍,父親就提出自己的看法。他認爲"以中國目前之處境,遲早總不免與凌我者一戰",但一朝起釁,戰略上不免要放棄一些地方,在不能堅守的地方,"室廬器用,必極簡單,俾遷徙便利,即毀之亦所損不多",他建議把當時的男生宿舍,讓給女生居住,而在鄉間另造男生宿舍,地區不必集中,建築不必講究,土墻茅屋就可以了,一旦戰爭發生,這些建築物,就不會被敵人利用了。這兩封信,都保存在父親的遺稿裏,現在讀起來,還十分感人。

　　父親的《呂著中國通史》分上下兩册,是在上海成爲"孤島"的時候寫的,書中充分發揮了中國抗戰必勝的信念。當時用此書作大學文科教材,影響較大。父親在本書最後一章《革命途中的中國》裏,啓示我國必然走向社會主義,必然走向民主政治。他還用"大器晚成"這句成語來預祝我國前途光明。他説:"中國既處於今日之世界,非努力打退侵略的惡勢力,決無可以自存之理。"又説:"我們現在所處的境界,誠極沉悶,却不可無一百二十分的自信心。豈有數萬萬人的大族,數千年的大國、古國,沒有前途之理?"象我的父親,真可説是有一百二十分信心的人了。所以他在孤島上那段時間裏,除認真教課以外,還努力寫作,除上面談到的《呂著中國通史》外,他的第一部斷代史《先秦史》,也在這個時期完成,一九四一年由開明書店出版。他還寫了多篇論文,並協助童丕繩先生編纂《古史辨》第七册,童先生在他的序言裏説:"這册古史辨,有三分之一以上是呂先生獨立校閱的,其他三分之二,是我和呂、楊二先生合校的。"由此可見我父親當年勤奮寫作的精神了。

精神狀況盡管昂揚,物質生活却愈來愈苦。在我們每月微薄的薪水中,還要硬性儲蓄一部分,以備疾病意外,以接濟常州的叔、嬸、姑母,而最主要的,是意識到靠着租界苟安,勢不能久。果然,我們愁慮的事情,一一發生了:一九四一年三月,我姑母因患乳癌,來上海醫治,死在醫院裏;一九四二年十月,我們回常州不久,叔父因病去世。當時都是棺葬,姑母的柩,還要從上海運回常州安葬,要不是我們平日節衣縮食,這兩件大事是應付不過去的。更嚴酷的是,一九四一年冬天,太平洋戰爭發生,不久,日寇就侵佔了上海租界。光華大學滬校停辦,我和父親實在不願在淪陷區過活,但當時母親身體極壞,醫生説她不宜遠行,所以我們暫時留在上海,等候機會到較近的游擊區去。

此時常州鄉間正在籌辦中學。青雲中學秘書主任張元白先生是父親在蘇州省立第一師範學校教書時的老同事。他得悉光華大學停辦,就寫信來邀我們父女回去教書。這時,常州守城門的日本兵已經撤走,父親就讓母親和我先回常州看看情況,再行決定。一九四二年五月,母親和我回到常州,暫住在我舅母家裏。幾天之後,我特地去看張先生,坦白地對他説:"父親和我在上海不是無業可就,是不願意就,所以回常州教書,首先考慮的是學校的立場,不能同敵僞有任何關係;其次是教薪,不能以僞幣支付。"這兩點,張先生對我作出保証,而且説:"我的熟人,在僞教育廳裏的不知凡幾,我要投僞,還到鄉下來嗎? 我現在既窮且病……"張先生説不下去了,我瞧着他憔悴而面無人色的臉,四壁空空的卧室,心裏也很難受,就同意和父親回常州教書。張先生的病,後來查明是食道癌,不到半年就去世了,但那次談話的情景和他的形象,還深深留在我腦海里,沒有一日淡忘。

父親和我既決定回故鄉教書，立刻發生了兩個困難問題：一是常州無處可住，二是上海住所裏的書籍怎麼處理？抗戰期間，常州城內受到嚴重破壞，一條作爲商業中心的大街，幾乎完全燒光，要租賃民房是非常困難的。於是我們同親戚商量，大家認爲還是在舊宅的廢墟上，自己蓋起兩間房子爲好。這時，父親恰好收到《先秦史》和《吕著中國通史》的稿費，也就同意自己蓋屋。我和母親收拾爐餘的磚瓦和木料，再添置一些，就請匠人動工。結果化費近五千元，一時羅掘俱窮，勉強蓋起兩間住房（上無天花板，下無底板）和一間小小的厨房（用毛竹爲柱，蓋的是草頂）。

七月裏，我獨自回上海接父親回裏。八月一日，我們回到常州。

我家是世代讀書的，常州家中原藏有古舊書一百三十餘箱，常州淪陷時，絕大部分被毁。父親在上海教書多年，我在大學裏學習四年，兩人歷年買進的書籍也不少，十之八九是新書和雜誌期刊。還有一部分是當時所謂"禁書"，現在我們自己要離開上海了，這些書既不能運回常州，又不便寄放在人家。後來還是靠着父親一個朋友，把部分書籍寄放在一個寺院裏，其中包括兩藤箱的近世史資料和剪報。可惜這部分書籍剪報，抗戰勝利後都未能收回，因爲經手的方丈死了。

父親和我回到常州之後，父親在湖塘橋青雲中學高中部和坂上鎮大劉寺輔華中學兩處上課，兩校約定用竹轎接送，後來改用獨輪小車接送。我第一學期在牛塘橋青雲中學初中部任教，第二學期調到高中部，和我父親在一起。我們不住在學校裏，學校代我們在村子裏租賃了一間房屋。一年之後，即一九四三年秋季，父親辭去兩校教職，隱姓埋名，在家專心撰寫《秦漢史》和《兩晋南北朝史》。

常州鄉間學校，教薪是以米支付的，大約每月一百二三十斤。我和父親同時教書的時候，一個人的薪水搬回家去作主食，一個人的薪水抵充油鹽燃料等零用。碰到米不能搬回來的時候，學校就想法子給我們"對劃"，讓我們到城裏指定的米店取米。薪米成色很糙，而且較濕，到城裏米店取米，一般要打很大的折扣，但那時我姑母、叔父都已去世，只有寡嬸和我們住在一起，那點米也足夠吃了，但一九四三年秋季父親辭去教職以後，就只有我一個人的薪水了。一九四四年秋到一九四五年夏，我在奔牛鎮麗江中學教書。每學期只有開頭三個月按米價發薪，以後三個月是照前三個月的米價發給。在當時米價一日數漲的情況下，三個月前一石米價，三個月後最多只能買三昇五昇。這時候是我們生活最艱苦的時候。一九四四年十一月十九日，父親到麗江來看我,來的時候是乘的班船,在鄉間住宿一夜,次日回城時,班船已經超重了,父親不敢上船。他想雇小車,但車資又付不起,就只好步行回城,在路上買了三塊燒餅充飢。奔牛鎮離城有三十多裏路,而父親那時,已是六十出頭的人了。

母親身體本來不好,一九四三、四四兩年,又大病兩次。一次只知是炎症,並沒查出那個部位發炎。當時還沒有青霉素,只有什麼“消治龍”和“大健鳳”,不但價格奇貴,而且假藥很多。另一次是肺炎,醫生誤診爲肋膜炎,説要抽出積水。結果積水沒有抽到,反把母親的肺刺破了,母親當時立刻大口吐血。醫生神色泰然自若,還對我們説,肋膜炎抽水,照例要吐血的,只是他事前沒有關照我們罷了。母親兩次患病,都是住院治療,醫藥費是很貴的,一次賣掉母親最後一個金戒指,另一次賣掉了父親的大衣。父親因爲身體瘦弱,衣服只揀輕暖的穿,冷天只着皮袍,從來不穿大衣。一九三七年十月我們去上海時,幾件皮袍全放在箱子裏,因爲托運不成,都損失了。這年冬天,給父親定制了一件大衣。如果賣掉這件大衣,父親就沒有禦寒的衣服了,所以我和母親心裏都很不忍,然除此之外,沒有一樣東西賣得出錢的。父親當時堅持要把大衣賣掉,而且説:“即使你們不出賣,我也決不再穿。”

開明書店是大力支持我父親寫作計劃的,每月預付千元稿費,等全書完成後再行結算。這在當時,不但在經濟上是支援,也使我父親的寫作計劃得以完成。但父親爲了要按期繳稿,每日非定稿兩千字不可。不論《秦漢史》還是《兩晉南北朝史》,都是專業性很強的學術著作,每天要定稿兩千字是極不容易的。父親在解放後的學術討論會上還説,他的《兩晉南北朝史》作於日寇入侵之時,論述五胡的部分,因爲激揚民族主義,不免稍失其平,以後有機會還要修改。可惜一九八三年上海古籍出版社再版此書之時,父親已去世二十餘年了。

父親除了寫作之外,買油鹽醬醋和豆腐漿等等,都是他的事,母親和嬸母的日常工作是洗衣做飯和照料菜圃。我用菜圃兩字,實在是大言不慚。當時爲了節省每天的菜錢,就在舊宅的廢墟上種菜。但屋基上滿是瓦礫和石灰塊,能種什麼菜呢? 最多只能在草叢裏種幾顆南瓜和靠墻的地方種一排扁豆。夏秋兩季,每天的菜譜是扁豆燒老豆腐和子薑炒南瓜。我在麗江中學的時候,每星期六都步行上城,走了三十裏路,又餓又累,總指望能在家裏找到一點可口的東西,可是打開菜櫥一看,只有扁豆和南瓜!父親本來不吃扁豆和南瓜的,但在無物可吃的情況下,也只能吃了。有次父母親和嬸母三人煮食了白扁豆,都中毒嘔吐,累日不得恢復。

　　一九四三年冬天,父親大病了一個多月,脈搏每分鐘達一百多次,病後很久還無力走下臺階。父親是一九五七年十月九日因心臟病和肺病去世的,一九四三年那次大病,實際上是肺病和心臟病的首次發作,致病的原因一是勞累過度,二是營養不良。

　　記得我父親從上海回常州時,城門口的日本兵雖已撤走,但街上有的地方還有日兵的崗哨,行人經過時,戴帽的要脱帽。父親發誓非光復不戴帽。直到一九四五年日寇投降,光華大學復校,他和我都來到上海,才買了一頂六合帽。父親説這種帽子,是明太祖平胡元後所制定,當年十二月,他就"戴之昂然歸故鄉"(語見父親日記《揚眉記》)了。

　　還記得我父親在上海租界没有收回之時,從來不肯上公園,因爲他早年看到過公園門口掛的"華人與狗不許入内"的牌子。抗戰勝利後,我國收回了租界。有一天,父親和我同去一個公園,進門後父親站在一個不高的土堆上,脱帽子,摸摸頭説:"現在我們揚眉吐氣了!"(原刊《江蘇文史資料選輯》第十七輯(紀念抗日戰爭勝利四十週年),江蘇古籍出版社一九八六年三月出版)

我在抗戰時期的兩年教書生涯

　　流光容易把人抛。離開了上海,回到我的故鄉 W 城,又有兩年了。

　　我們到上海去,原是爲了避兵。去的時候,火車已没有了,我一家三口,一父母和我,非老即弱,不能負荷行篋,而且那時還有人説:"帶了東西,也不能進租界,與其抛在路旁,還不如不帶的好。"因此我們只帶了一些替洗衣服,一切細軟,都留在家裏。誰知我們到上海才半個月,我家便整個的毁了。

　　上海居,本不易,何況我們又是赤手而來?父親和我,教薪所入,怎够維持家用?没奈何,只得抽空寫一點稿子,以資補助。這樣清苦生活,過了五年,直到民國三十年冬天,我和父親,便完全失業。這時,恰好我的故鄉鄉村中,辦了幾只中學,找我們去教書,於是我們便决意還鄉。

　　來的時候,我們本來没有什麽行李,在此五年中,雖添置了一些家用器具,却也没有什麽丢不掉的。只是戰前,父親本在上海教書;我也在上海讀書,兩個人的書籍,還不在少數。家中房屋,既已被毁,書籍便没法運歸,因此,在我們動身之前,不能不把這些書籍先安排好。一部分舊書,被我們硬擱在幾家親戚朋友處,一部分新書和雜誌,却没有人肯接受了。當柴燒罷,下不來這樣毒手,舍此而外,又没有别法,直等到寓中一切東西都搬空之後,屋角裏還堆了一大堆書。我們席地坐着，守着那些書發愁，結果，還是靠着一位姓汪的朋友，才把其中的一部分，寄存到一個宗教機關裏去。另一部分，終於燒掉了。這些書中，有一部分是絕版的，有些是禁書，即使在將來，也沒有把握一定可以買到。其中一小部分，我還沒看過。在這將分離未分離的片刻中，我對它們，分外留戀，恨不得一時都讀完了。諸君，"最後一課"，大約都讀過的罷，然而不到這種地步，誰又能體會到那個法國小學生的心情？

說起我的故鄉 W 城，在近數百年來，也算是文學藝術的中心。書店學校，都不算少，而且學校風紀，大都佳良。這次我回到家鄉的鄉校裏來教書，精神非常興奮，我不但憧憬着鄉村中風景的幽美，風俗的淳樸，我還想像着農村中的中學生是多麼可愛，一短衣赤足，膚色紅黑，面上常帶笑容，天真活潑，有着強烈的求知慾，遇事富於正義感。如果我能與這些青年在一起生活，該是多麼快樂？"受傷的地方，是需要新鮮血液來營養的，鄉村中的青年，便是現社會的新鮮血液。"我常常這樣想。

然而我回鄉已經兩年了，也曾換了兩只學校，鄉村中的情形，却極度使我失望。中國的農民，本來是很苦的。胼手胝足，往往還不能一飽，其勉強足以自給的，也不過家中有些食糧藥草之類而已。歲時伏臘，"烹羊炰羔，斗酒自勞"，便算是享福的了。手裏決不會有大量的現款。近兩年來，因爲通貨膨脹和食糧的畸形騰貴，農民手中的現金，便突然充裕起來。可是生活程度，却又不能正常地提高。於是不正當的娛樂，無意識的浪費，突然增加。賭博之風，因而大盛。十二三歲的小學生，上賭場一擲數千金，不算一件事。賭風一盛，竊案叠起。×小學裏有一個學生，竟不會說"六"而只會說"老猴"，老猴是什麼呢？原來 W 城有種賭博，謂之"跳猴"，多用三顆骰子，擲出二顆一色，而比較其餘的一顆，點數多寡，以定勝負的。六點最大，謂之老猴。這種事情，豈不駭人聽聞？我在校中時，常常有學生對我說："我們閑着沒事做，才讀書，只要糧食年年漲價，還怕吃不飽麼？知識對我們有什麼用呢？"因此在鄉校裏，用功的學生，實在千不見一，而鬧膳堂，打先生，偷考卷，却是家常便飯。本來因謀生而求知，已經算不得上乘，若因生活的充裕，因而輕視知識，其錯誤豈不更大？出之青年之口，豈不更令人痛心？

在商業發達的地方，人與人的關係，全由交換來維持，溫情美意，一筆抹煞，原是一件不幸的事情，然而也有相當於這種社會組織的道德，這便是所謂信用。在通都大邑，購買物品，反而不會吃大虧者以此。鄉間則不然，商業在農民是副業，在自己的家門口，擺下一個小攤，使老婦或孩子主其事，資本既小,也不浪費勢力,在這種局面下,當然用不到競争,你去買東西,他們便胡亂説一個價目,你肯買,最好;不買,也就算了。不幸鄉間商店少,這裏不買,別處竟會買不到,迫着你非硬着頭皮喫虧不可。還有更豈有此理的事:在×鄉是没有郵局的,只有一郵箱代辦所,門前掛着一只郵箱,裏面出售郵票,而郵票的售價,比應售的高上一二倍。我家是住在城裏的,因此便常常在信裏寄郵票給我。不料一次給郵箱代辦所裏的人發現了,便把我的信件郵票,全部没收。以後還常常拆看我的信件,信札也因而遺失了許多封。(但據×鄉的人説:像我這樣遭遇的人很多,因爲城中寄郵票來,對於他們的生意,殊爲不利,有時他們還因好奇、兒戲,而偷拆往來的信件呢。)

我生平不喜歡權威,對於學術上的權威,尤其厭惡,在我心目中:權威者,有時與名利有聯帶的關係者也。只要投身於一種權威之中,便可日漸接近名利,就算不因此謀利、沽名,也會妄自尊大,失去其獨立的研究性。可是在最近兩年,我又感到在學術上毫無定論的苦痛。我親聽見一位自己在教"東萊博議"的國文教員,攻擊別位國文教員,説他教"賈生過秦論",太舊,不合文學潮流;另一位中學校長,在衆人面前公開地説,與其聘請學者教授學生,還不如聘請小花臉式的教員,易於得到學生的歡心。從前,我常聽見別人説什麼"精神糧食不足啦"等等的話,當時總以爲是"濫調",今日方知果有這麼一件事。在這種毫無價值的批評之下,使一般努力自愛的人都感到灰心,荒唐的人易於飾非,狡詐的人易於欺世,難道權威果真是衰落時代的支柱,進步時代的障礙麼?(原題《閒話兩年》,署名左海,刊於《文藝春秋叢刊之一:兩年》,上海永祥印書館,一九四四年十月十日出版)

回憶我的父親—吕思勉先生①

我父親瘦弱、憔悴、帶點病態,但性格極其堅强,在原則問題上,絶不作任何讓步,待人盡管敦厚篤實,却也不是鄉願;學術上敢於堅持自己的意見,遇事也敢於直言。實際上我父親學術上的成就,同他堅强的性格也是分不開的。我家景況本來不好,到我祖父手裏,又負擔了我再從伯祖父一家的生活。

正因爲父親性格堅强,所以看問題比較樂觀,也總從好的方面着眼。大事情上這樣,小事情上也是這樣。一個人看問題,判斷事情,總難免有錯誤,

---

① 吕翼仁先生的這篇遺作,大約撰寫於二十世紀八十年代,後來經過她删削,兹將其僅存的部分編次如下,題目亦係編者所加。

但父親總是失之於過分樂觀而不是失之於過分悲觀。我舉兩件小事來説明父親的性格：有一次我同他談中國舊小説大半以團圓結局，不免庸俗。他不同意，説，這表示我們這個民族性情樂觀，向往光明。還有一次，我那時還在光華大學讀書，我們休假後從常州回校，他發現房裏書架上少了幾冊書。晚飯之後，他一邊抽烟，一邊在房內踱來踱去，看樣子在想事情。我估計同失掉的幾冊書有關，就問他，這幾本書不容易買到嗎？他説："哦！不，我是在想，誰這麼用功，會拿這幾本書呢？"

父親晚年肺結核病大發作的時候，往往高熱不退，病情危篤，他非但不焦慮，還經常安慰我和母親，説："凡事總有一個過程，疾病也是這樣，病勢兇險的時候，也是轉機到來的時候，我既然還能發高燒，表示我還有抵抗力。"我們聽他這樣説，雖然明知他是在安慰我們，但也多少鎮静些。

父親四歲時，知其外曾祖母不取不勞之獲事，感受極深，而且終身不忘。父親生平不苟取一文，但在三反及思想改造自我檢查的時候，還只説自己不貪污是由於沒有經手銀錢，又説缺課不補和爲了稿酬而著書，也該説是思想上的貪污，律己是極其嚴格的。父親平日很少叮囑我什麼事，但在解放初期五十年代，譯書稿酬較豐的年頭，有一次對我説，他一輩子挣的錢不少，但每遇到婚嫁喪葬等大事（他負擔我再從堂叔一家的生活），手頭總很拮據，有時還不得不借貸，叫我在收入較豐的時候，千萬注意節約。他對我講外高祖母不妄取藏金的故事，我也在髫齡，我也知道他不是隨便講的。我每想到父親這些遺訓，就不由得如臨深淵，如履薄冰了。

父親在親子之間，夫婦之間，昆弟之間，師生朋友之間，姻戚之間，感情都極深厚真摯。我總覺得他有一種强烈的責任感和一種知其不可爲而爲之的精神。這種性格，從好的方面説，精神生活比較豐滿，極少悔憾，但受騙上當，被人拖累的事，也在所難免。舉個例，光華大學初辦的時候，大西路比較冷静，晚上常有路劫的事發生。一個嚴冬的夜晚，有一個學生穿着單衣去見我父親，説在路上被劫了。父親住在學校宿舍裏，當然沒有多餘的寒衣，就脱下身上的皮袍給了他。幾天以後，父親在註冊處遇見那個學生。那學生説，先生，我欺騙你了。那天晚上我是賭輸了錢，不是遇劫。這件事，父親始終沒有對我談起，是事後多年母親對我講的。母親檢點行裝時，發現少了一件皮袍，問了父親才知道的。父親遇到這類事，總是説：在當時情況下，我不得不這樣，這樣做才心安理得。還有一次，也是抗戰之前，父親介紹一個親戚丁君到福建中國銀行做繕寫工作，但父親沒有資格作保，就轉懇當時常州農民銀行行長蔣君作保。丁君在銀行業務方面是個熟手，所以銀行裏主動叫他做出納工作。不多時，他在銀錢上出了毛病。當時懂法律的人，都說既然是銀行裏調他當出納，我父親可以不負責任，但我父親怕連累保人，不但代他賠償銀行裏的錢，還寄給川資讓他回鄉，又代他還清在家鄉的欠款，并力求保全他的產業。父親本無積蓄，因此負了一大筆債，好幾年才還清。事後父親寫信給他的姨表兄管君，談起這件事，說："總是娘面上的親戚……"

我想起父親這些事情，不期而然地聯想到一句話，列夫·托爾斯泰帶走了整整一個時代，我記不得這話是誰說的了。我也許不該把父親去比一個偉大的文學家，但總覺得父親帶走一種道德標準。

……有時他正在工作，有人找他"聊天"來了。他無可奈何，放下書本擱下筆，坐在那裏静静聽着，由客人天南地北講一通。客人去後，他疾首蹙額地對我說，他們有的是時間，但我來日無多了，我奉陪他們就像窮人奉陪闊人一樣痛苦。可是別人若來請教他什麼問題，他無不竭誠回答。五七年，他去世前幾個月，有位光華大學的舊同學來問他中國經濟史方面的資料，一連問了兩三個小時。父親每講一句話，都要掙扎一會，後來簡直失音了。我站在一旁干着急，又不敢下逐客令。說實話，這種時候，我並不怕得罪客人而是怕我父親不高興。客人去後，整個晚上，我父親幾乎不能開口，但並没有不快的表情。

他除了讀舊籍之外，又閱讀大量新書，尤其是社會科學方面的書，二十三歲後決心學歷史，所以他是在廣泛研究社會科學基礎上治史的，以治史的人而論，眼光就比較寬，眼界寬，看事情容易融會貫通，從縱的角度來說，就能着眼於事情的變化發展，從橫的角度來說，也有利於比較研究，父親所以能在史學方面作出較大的貢獻，說不定和他治學方法有關。父親早年就認爲歷史的基礎是社會科學，在研究歷史之前，對各種社會科學應當多少懂一點。他曾經提出中等學校應當教授社會學，以歷史事件爲注脚，來代替教授歷史，就是本的這個見解。

父親生於清季，清季民初正是我國内憂外患交迫的時候。父親懷着强烈的愛國愛民族的心情，也懷着要求改革的迫切願望。他知道要談政治要談改革，必須尊崇科學，尊崇由科學產生的新技術，單讀舊書是不中用的了，這是他廣讀新書的動機。他在一篇論治學的文章裏說，對現狀不滿，是治學問，尤其是治社會科學的真正動機，也是社會進步的根源。然而要改革，單有熱情是不够的，還要有改革的手段，這就要學習社會科學了。到了老年，他還說自己不是一個爲學術而學術的人，是應當隨自己的能力地位作出貢獻的。本着這樣的治學動機，是他易於接受馬克思主義的一個根本原因。在接觸馬克思主義之前，父親的道德觀是儒家的，大同是他的理想。（原刊《歷史教學問題》，一九九八年第二期）

附録二：吕思勉先生著作繫年

一八九七年(光緒二十三年,丁酉)　十四歲

《紀李廣發事》[原刊李永圻、張耕華《吕思勉先生年譜長編》(上海古籍出版社二〇一二年十二月出版)]

一八九八年(光緒二十四年,戊戌)　十五歲

《筆記・梁任公佚詩》[原刊李永圻《吕思勉先生編年事輯》(上海書店一九九二年十月出版)]

一八九九年(光緒二十五年,己亥)　十六歲

《讀〈通鑒論〉札記》(未刊稿)

《讀〈四庫全書總目提要〉札記》(未刊稿)

《筆記・科舉考試之荒謬》

《筆記・武進之教堂》(以上二篇原刊《吕思勉先生編年事輯》,又刊於《吕思勉先生年譜長編》)

一九〇〇年(光緒二十六年,庚子)　十七歲

《筆記・金聖嘆集》

《筆記・儒林外史》

《筆記・謝鍾英》

《筆記・庚子壬寅見聞雜録》[以上四篇原刊《吕思勉先生編年事輯》,又刊於《吕思勉先生年譜長編》]

《阮郎歸・大姊惠蘭花賦此謝之》

《壺中天慢》

《菊鐘分咏》[以上三首原刊《吕思勉先生編年事輯》,又刊於《吕思勉遺文集》下（華東師範大學一九九七年九月出版）、《吕思勉詩文叢稿》（上海古籍出版社版"吕思勉文集"二〇一一年十月出版）、《吕思勉先生年譜長編》]

一九〇一年（光緒二十七年，辛丑）　十八歲

《筆記・吕蕭庭》（原刊《吕思勉先生編年事輯》，又刊於《吕思勉先生年譜長編》）

一九〇二年（光緒二十八年，壬寅）　十九歲

《水龍吟》（原詩有殘缺）（原刊《吕思勉詩文叢稿》，又刊於《吕思勉先生年譜長編》）

《筆記・庚子壬寅物價紀實》[寫於一九〇〇至一九〇二年間，原刊《常州文史資料》第五輯（一九八四年十月出版），又刊於《吕思勉先生編年事輯》、《吕思勉先生年譜長編》]

《臨江仙・壬寅舟泊丹陽次詩舲韻》

《和達如木香詞》

《阮郎歸》

《蝶戀花》

《菩薩曼》

《卜算子・鶯》

《慢卷袖》（以上七首原刊《吕思勉先生編年事輯》，又刊於《吕思勉遺文集》下、《吕思勉詩文叢稿》、《吕思勉先生年譜長編》）

一九〇三年（光緒二十九年，癸卯）　二十歲

《筆記・癸卯年科舉》

《筆記・鼠疫》

《筆記・魏默深先生墓》（以上三篇原刊《吕思勉先生編年事輯》，又刊於《吕思勉先生年譜長編》）

《元旦》（原詩有殘缺，題目爲編者所加）

《二十初度》（原詩有殘缺，題目爲編者所加）（以上二首原刊《吕思勉先生編年事輯》，又刊於《吕思勉遺文集》下、《吕思勉詩文叢稿》、《吕思勉先生年譜長編》）

《絶句讀儒林外史》（原刊《吕思勉先生編年事輯》，又刊於《吕思勉詩文叢

稿》、《呂思勉先生年譜長編》)

一九〇四年(光緒三十年,甲辰)　二十一歲

一九〇五年(光緒三十一年,乙巳)　二十二歲

　　《未來教育史》[第一至四回;署名:悔學子,原刊《繡像小説》第四三、四四、四五、四六期(一九〇五年出版),又刊於《呂思勉詩文叢稿》]

一九〇六年(光緒三十二年,丙午)　二十三歲

　　《譽千府君行述》

　　《記潘振聲先生》(以上二篇原刊《呂思勉先生編年事輯》,又刊於《呂思勉詩文叢稿》、《呂思勉先生年譜長編》)

一九〇七年(光緒三十三年,丁未)　二十四歲

　　《中國女偵探》[署名:陽湖呂俠,上海商務印書館一九〇七年七月初版,一九一八年九月第二版,一九二三年再版。其中《血帕》一篇,刊於吳組緗等主編《中國近代文學大係・小説集七》(上海書店一九九二年一月出版)、於潤琦主編《清末民初小説書係・偵探卷》[(北京)中國文聯出版公司一九九七年七月出版],又刊於《呂思勉詩文叢稿》(全文)]

　　《除夕書感》(原刊《誠之詩稿》,① 又刊於《呂思勉先生編年事輯》、《呂思勉遺文集》下、《呂思勉詩文叢稿》、《呂思勉先生年譜長編》)

一九〇八年(光緒三十四年,戊申)　二十五歲

　　《日記・惜惜記序》(原刊《常州文史資料》第五輯,又刊於《呂思勉先生編年事輯》、《呂思勉先生年譜長編》)

　　《先妣行述(初稿)》(原刊《呂思勉先生編年事輯》,又刊於《呂思勉詩文叢稿》、《呂思勉先生年譜長編》)

　　《次文甫韻》

　　《戊申除夕》

　　《闌影》

---

① 《誠之詩稿》係一九五八年油印稿。

《風箏》

《踏青》(以上五首原刊《誠之詩稿》，又刊於《吕思勉遺文集》下、《吕思勉詩文叢稿》、《吕思勉先生年譜長編》)

一九〇九年(宣統元年，己酉)　二十六歲

《小學教授國語宜用俗語説》[原刊一九〇九年三月二十六日《民呼報》]

《春雪次叔陵韻》(原刊《誠之詩稿》，又刊於《吕思勉先生編年事輯》、《吕思勉遺文集》下、《吕思勉詩文叢稿》、《吕思勉先生年譜長編》)

一九一〇年(宣統二年，庚戌)　二十七歲

《初等小學國語科宜用通俗文議》(僅存篇目)

《全國初等小學均宜用通俗文以統一國語議》[原刊《吕思勉遺文集》上，又刊於《吕思勉論學叢稿》(上海古籍出版社"吕思勉文集"二〇〇六年十二月出版)]

一九一一年(宣統三年，辛亥)　二十八歲

《禁止遏糴以抒農困議》(原爲《東方雜誌》社徵文，原刊《吕思勉詩文叢稿》)

《常州謡辭四首》(署名：駑牛，原刊常州報刊，又刊於《吕思勉先生編年事輯》、《吕思勉先生年譜長編》)

《景易謡辭》(署名：景易，原刊常州報刊，又刊於《吕思勉先生年譜長編》)

《立憲古誼》[原刊《吕思勉遺文集》下，又刊於《吕思勉讀史札記》(上海古籍出版社"吕思勉文集"二〇〇五年十二月出版①)]

《筆記·候補官之窮》

《筆記·授時通考》

《筆記·寧遠某》

《筆記·士氣》(以上四篇原刊《吕思勉先生編年事輯》、《吕思勉先生年譜長編》)

《贈朝鮮金滄江》

《送叔陵之關東並簡青屏營口》

---

① 下文簡稱爲《吕思勉讀史札記》新版。

《歸裝》

《呈屠敬山先生》(原詩有殘缺)(以上四首原刊《誠之詩稿》,又刊於《呂思勉先生編年事輯》、《呂思勉遺文集》下、《呂思勉詩文叢稿》、《呂思勉先生年譜長編》)

一九一二年(民國元年,壬子)　二十九歲

《高等小學國語課本(改正本)》[一至三冊,華國銓編,呂思勉修訂,(上海)中國圖書公司出版。第一冊,一九一二年七月改正本第一版,一九一三年六月十四版;第二冊,一九一二年七月改訂本第一版;第三冊,一九一二年十二月改正本第一版,一九一三年六月改正本第十版]①

《論文官考試宜嚴》(原刊《呂思勉遺文集》上,又刊於《呂思勉論學叢稿》)

《偕詩舲達如游某氏園》(原刊《誠之詩稿》,又刊於《呂思勉先生編年事輯》、《呂思勉遺文集》下、《呂思勉詩文叢稿》、《呂思勉先生年譜長編》)

一九一三年(民國二年,癸丑)　三十歲

《新編中華民國國文教科書》②[一至十二冊,呂思勉輯、楊兆麟校訂,(上海)民國南洋圖書滬局一九一三年二月初版]

《新編共和國修身教授書》③[一至十二冊,呂思勉編輯、楊兆麟校訂,(上海)民國南洋圖書滬局一九一三年三月初版]

《高等小學新修身教科書》④[一至九冊,臧勵龢、楊晟編,楊擇、呂思勉校訂,(上海)中國圖書公司和記一九一三年三月初版]

《鼠疫可畏》(汪企由、呂思勉,原刊一九一二年十一月十八日《申報》第七版)

《鄭湘溪先生傳》(原刊《呂思勉先生編年事輯》,又刊於《呂思勉詩文叢稿》)

《三十初度與達如千頃捷臣飲滬上酒家》

《後三日復集》

《詩舲招叔遠同飲兼懷文甫》

---

① 部分版本參見王有朋《中國近代中小學教科書總目》,上海辭書出版社二〇一〇年五月出版。
② 此書見北京圖書館等編《民國時期總書目》(中小學教材卷),書目出版社一九九五年出版。
③ 此書見北京圖書館等編《民國時期總書目》(中小學教材卷)。
④ 此書見王有朋《中國近代中小學教科書總目》。

《題畫》

《次脊生韻》（以上五首原刊《誠之詩稿》，又刊於《吕思勉先生編年事輯》、《吕思勉遺文集》下、《吕思勉詩文叢稿》、《吕思勉先生年譜長編》）

一九一四年（民國三年，甲寅） 三十一歲

《日記·今生記序》（原刊《常州文史資料》第五輯，又刊於《吕思勉先生編年事輯》、《吕思勉先生年譜長編》）

《高等小學新修身教授書》〔一至九册，楊晟、吕思勉、臧勵成編纂，（上海）中國圖書公司和記一九一四年六月初版〕

《小説叢話》〔署名：成之、成，原刊《中華小説界》，第一年第三至第八期；又刊於《論學集林》（節録，上海教育出版社一九八七年十二月出版）、《二十世紀中國小説理論資料（一八九七年——一九一六年）》（全文，陳平原、夏曉虹編，北京大學出版社一九八九年三月出版）、《中國文論選》（近代卷下）（全文，鄔國平、黄霖編著，（南京）江蘇人民出版社一九九六年十一月出版）、《中國文學批評史新編》（王運熙主編，復旦大學出版社二〇〇一年十一月出版）、《吕思勉論學叢稿》（節録）、《吕思勉詩文叢稿》（全文）〕

《古代人性論十家五派》（原刊《吕思勉遺文集》上，又刊於《吕思勉論學叢稿》）

《筆記·暗殺》（原刊《吕思勉先生編年事輯》、《吕思勉先生年譜長編》）

《懷人》〔即《寄敬謀》，署名：沈知，原刊《小雅》第五期（一九三一年四月出版）；又刊於《誠之詩稿》、《吕思勉遺文集》下、《吕思勉詩文叢稿》、《吕思勉先生年譜長編》〕

《咏史》

《紙幣》（四首存二）

《春江花月曲》

《高漸離築》

《消夏雜咏》（竹徑、鬆寮、蕉窗、桐院）

《月夜聞笛》

《殘荷》

《水菸》

《蟲聲》

《螢火》

《扇》（四首存一）

《山居限六言》（以上十三首原刊《誠之詩稿》，又刊於《呂思勉先生編年事輯》、《呂思勉遺文集》下、《呂思勉詩文叢稿》、《呂思勉先生年譜長編》）

一九一五年（民國四年，乙卯）　三十二歲

《蘇秦張儀》［上海中華書局“學生叢書”一九一五年八月初版，一九二四年四月第六版，一九二八年十月第九版］

《敬告中等以上學生》［署名：輕根，原刊《中華學生界》第一卷第九期（一九一五年九月二十五日出版）；又刊於《呂思勉詩文叢稿》］

《蒙古種族考》［署名：輕根，原刊《大中華雜誌》第一卷第十一期（一九一五年十一月二十日出版）；又刊於《呂思勉遺文集》上、《呂思勉論學叢稿》］

《記黃韌之先生考察美國教育演詞並志所感》［署名：輕根，原刊《中華教育界》第四卷第十二期（一九一五年十二月二十五日）；又刊於《呂思勉詩文叢稿》］

《國體問題學理上之研究》（原刊《呂思勉遺文集》上，又刊於《呂思勉論學叢稿》）

《莊子宣先生傳》（原刊《呂思勉遺文集》下，又刊於《呂思勉詩文叢稿》、《呂思勉先生年譜長編》）

《蝸廬》

《寄餘之娄河》（以上二首原刊《誠之詩稿》，又刊於《呂思勉先生編年事輯》、《呂思勉遺文集》下、《呂思勉詩文叢稿》、《呂思勉先生年譜長編》）

《辛亥登文筆塔游人或見飛鳥而曰人是天邊之鳥鳥爲當地之人信然二語蓋諺而其人誦之也頻年作客追憶是言悵然有賦》［署名：沈知，原刊《小雅》第五期，又刊於《誠之詩稿》、《呂思勉先生編年事輯》、《呂思勉遺文集》下、《呂思勉詩文叢稿》、《呂思勉先生年譜長編》］

《呂博山招同屠歸父童伯章莊通百李滁雲夜飲》（原刊《呂思勉先生編年事輯》，又刊於《呂思勉遺文集》下、《呂思勉詩文叢稿》、《呂思勉先生年譜長編》）

一九一六年（民國五年，丙辰）　三十三歲

《新式最新國文教科書》（一至六冊）［中華書局一九一六年一月至一九二一年六月出版。第一冊，一九一六年一月初版，一九二一年二月四十一版，一

九二三年五月第七十版；第二册，一九一六年一月初版，一九二〇年六月第三十四版，一九二一年六月第四十版；第三册，一九一六年二月初版、第二版，一九二〇年二月第二十七版，一九二二年二月第三十九版，一九二二年七月第四十三版；第四册，一九一六年一月初版，一九一七年二月第六版，一九一八年十一月第十三版，一九二〇年七月第三十版，一九二二年六月第四十二版；第五册，一九一六年四月初版，一九一八年十一月第十三版，一九一九年一月第十五版，一九二一年八月第三十六版，一九二二年十月第四十四版；第六册，一九一六年四月初版，一九一八年十一月第十一版，一九二一年六月第二十九版]①

《今後學術之趨勢及學生之責任》[署名：輕根，原刊《中華學生界》第二卷第一期(一九一六年一月二十五日)，又刊入《吕思勉詩文叢稿》]

《高等小學校用　新式國文教科書》(一至六册)[中華書局一九一六年二月至四月出版。第一册，一九一六年四月發行，一九二〇年八月三十九版，一九二一年二月四十一版，一九二二年一月第五十版，一九二三年五月第七十版；第二册，一九一六年二月印刷發行，一九一八年十月第十六版，一九二一年八月第四十二版，一九二四年五月第六十二版；第三册，一九一六年四月印刷發行，一九一八年八月十一版，一九二〇年一月二十六版，一九二一年十一月第三十六版，一九二三年二月第五十七版；第四册，一九一六年二月發行，一九二一年七月三十四版，一九二三年五月第五十四版；第五册，一九一六年三月初版，一九一九年十二月二十五版，一九二三年五月第五十五版；第六册，一九一七年一月初版，一九二一年八月三十一版，一九二三年五月第四十九版]

《修習國文之簡易法》[署名：輕根，原刊《中華學生界》第二卷第二期(一九一六年二月二十五日)，又刊於《吕思勉詩文叢稿》]

《高等小學校用　新式地理教科書》(一至六册)[上海中華書局一九一六年三月至十二月初版。第一册，一九一六年三月初版，一九一七年八月八版，一九二二年五月第四十六版，一九二三年八月五十三版，一九二三年十月第五十五版，一九二四年五月第五十八、六十版；第二册，一九一六年八月初版，一九二一年八月第十一版，一九二二年四月第十三版，一九二二年十月第四十二版，一九二三年六月第五十二版，一九二四年五月第五十八、五十九版；

---

① 部分版本見於《民國時期總書目》(中小學教材卷)。

第三册，一九一六年十月初版，一九二〇年六月第九版，一九二一年五月第十版，一九二一年八月第三十四版，一九二二年十月第四十九版；第四册，一九一六年六月初版，一九一八年十二月第十一版，一九一九年一月第十三版，一九二四年二月第四十四版；第五册，一九一六年十二月初版，一九二二年十一月第三十八版，一九二三年六月第四十版，一九二四年三月第四十四版；第六册，一九一六年十一月初版，一九一八年七月第八版，一九二四年一月第四十四版〕

《教育本論》〔署名：輕根，原刊《中華教育界》第五卷第一期（一九一六年一月二十五日），又刊於《吕思勉詩文叢稿》〕

《新教育與舊教育》〔署名：輕根，原刊《中華教育界》第五卷第六期（一九一六年六月二十五日），又刊於《吕思勉詩文叢稿》〕

《高等小學校用　新式地理教授書》（一至六册）〔上海中華書局一九一六年七月至一九一七年一月出版。① 第一册，一九一六年七月初版，一九二四年五月第十三版，一九二四年五月第十六版；第二册，一九一六年八月初版，一九二一年八月第十一版，一九二三年四月第十三版，一九二三年九月第十五版，一九二四年五月第十六版；第三册，一九一六年十一月初版，一九二〇年六月第九版，一九二一年五月第十版，一九二四年五月第十六版；第四册，一九一六年十月初版，一九二四年五月第十二、十三版；第五册，一九一七年一月初版，一九二一年八月第八版，一九二二年四月第十版，一九二四年五月第十二版；第六册，一九一七年一月初版，一九一八年一月第三版，一九二一年四月第十一版〕②

《高等小學校用　新式歷史教授書》（一至六册）〔莊啓傳、吕思勉編輯，中華書局一九一六年九月至一九一七年一月出版。第一册，一九一六年九月初版，一九二一年一月第九版，一九二二年四月第十三版，一九二三年五月第十八版；第二册，一九一六年九月初版，一九二〇年五月第八版，一九二一年五月第九版，一九二二年四月第十二版；第三册，一九一六年十一月初版，一九一八年一月第三版，一九一九年十一月第六版，一九二一年八月第十版，一九二三年九月第十四版；第四册，一九一七年一月初版，一九二〇年五月第六版，一九二二年四月第十版，一九二四年六月第十二版；第五册，一九一七年

----

① 部分版本見《民國時期總書目（中小學教材卷）》。

② 《民國時期總書目（中小學教材卷）》作“一九一六年七月至一九二六年四月出版”，恐誤。

一月初版，一九二八年七月第三版，一九二一年八月第十一版，一九二二年四月第十三版，一九二三年九月第十四版；第六册，一九一七年一月初版，一九二〇年五月第八版，一九二一年五月第九版，一九二一年八月第十版，一九二四年六月第十四版]①

《關岳合傳》[上海中華書局"學生叢書"一九一六年八月初版，一九二〇年第四版，一九二三年第六版，一九二九年四月第十版]

《本論》[原十二篇，現存《共和（上、中、下）》、《哀隋》、《察吏》、《砭宋》、《議兵》、《學校》、《宗教》、《原亂》、《政俗》，原刊《吕思勉詩文叢稿》]

《論科舉與學校不可偏廢》（未刊稿）

《筆記·莊諧選録》（原刊《吕思勉先生編年事輯》、《吕思勉先生年譜長編》）

《代外舅題程青佩畫像贏而執塵》

《題人畫册》

《脊生過滬相訪賦詩見示次韻答之》（以上三首原刊《誠之詩稿》，又刊於《吕思勉先生編年事輯》、《吕思勉遺文集》下、《吕思勉詩文叢稿》、《吕思勉先生年譜長編》）

《偕研薖鍾英志堅游徐園》（原刊常州報紙，又刊於《吕思勉遺文集》下、《吕思勉詩文叢稿》、《吕思勉先生年譜長編》）

一九一七年（民國六年，丁巳）　三十四歲

《國耻小史》（上、下册）[上海中華書局"通俗教育叢書"一九一七年二月初版，一九一九年四月再版，一九二五年六月第十二版，一九三三年九月二三版，一九三六年十二月第二十四版，一九四一年續印]

《中國地理大勢》（上海中華書局"通俗教育叢書"一九一七年二月初版，一九二八年二月第七版）

《歐戰簡覽》（原刊《吕思勉詩文叢稿》）

《陳君雨農家傳》（原刊《吕思勉先生編年事輯》，又刊於《吕思勉詩文叢稿》、《吕思勉先生年譜長編》）

《有聞必録》

《滑稽》

---

① 部分版本見《中國近代中小學教科書總目》。

《法律果有效乎》

《惟愚者活動》

《茶肆中所聞》

《組織文社》

《賭博輸去豆洋》

《盤剥重利》(以上八篇署名爲"駑牛"、"企",刊於《武進商報》和《武進月報》、《呂思勉先生年譜長編》)

《主顧》(一至五)

《廣告》(二至十二)(以上二篇署名爲"駑牛"、"企",原刊《武進商報》和《武進月報》,又刊於《呂思勉先生編年事輯》、《呂思勉先生年譜長編》)

《致金松岑信》(原刊金松岑《天放樓近文》,又刊於《呂思勉先生編年事輯》、《呂思勉先生年譜長編》)

一九一八年(民國七年,戊午)　三十五歲

《論國人讀書力减退之原因》(原刊一九一八年三月十五日《時事新報》,又刊於《呂思勉詩文叢稿》)

《〈佛學易解〉介紹》

《〈北美瑜珈説〉介紹》(以上二篇原刊一九一八年六月六日《時事新報》,又刊於《呂思勉先生年譜長編》)

《職業教育之真際》

《學風變遷之原因》(以上二篇原刊一九一八年《時事新報》,又刊於《呂思勉先生年譜長編》)

《駑牛通信》(署名:駑牛,原刊常州報刊,又刊於《呂思勉先生編年事輯》、《呂思勉先生年譜長編》)

《筆記·金松岑談水利》(原刊《呂思勉先生編年事輯》、《呂思勉先生年譜長編》)

《筆記·貴妃漿》(原刊《呂思勉先生編年事輯》、《呂思勉先生年譜長編》)

《詩於爲予畫扇就所畫物成一詩題之》(原刊《誠之詩稿》,又刊於《呂思勉先生編年事輯》、《呂思勉遺文集》下、《呂思勉詩文叢稿》、《呂思勉先生年譜長編》)

《浣溪沙》(原刊《呂思勉遺文集》下,又刊於《呂思勉詩文叢稿》、《呂思勉先生年譜長編》)

一九一九年(民國八年　己未)　三十六歲

《醫籍知津》[收入《中國文化思想史九種》(上海古籍出版社"吕思勉文集"二〇〇九年四月出版)]

《論社會之根本改革》[原刊一九一九年《武進商報》第二十三、二十五、二十九期]

《論醫》(一至一四)

《子弟》(一至四)

《蘇常》

《歐洲前此戰爭兵數》(以上四篇原刊一九一九年《武進商報》,又刊於《吕思勉先生年譜長編》)

《筆記·省闈中壁上見异物》

《筆記·避疫》(以上兩篇刊《吕思勉先生年譜長編》)

《釋磨兜堅》(原稿有殘缺,原刊《吕思勉先生編年事輯》、《吕思勉先生年譜長編》)

一九二〇年(民國九年,庚申)　三十七歲

《新法國語教科書》(一至六册)①[劉大紳、戴杰、於人駿、王國元、吳俊昇、范祥善、吕思勉,繆珩、田廣生編,上海商務印書館一九二〇年七月至十月初版。第一册,一九二〇年七月初版,一九二〇年七月第五版,一九二〇年七月第十五版,一九二二年四月第五十版;第二册,一九二〇年七月初版,一九二〇年七月第五版,一九二〇年第十版,一九二〇年九月第十五版,一九二〇年十月第二十五版,一九二二年八月第四十版;第三册,一九二〇年八月初版,一九二〇年九月第五版,一九二〇年十二月第十五版,一九二二年四月第三十五版;第四册,一九二〇年九月初版,一九二〇年十月第五版,一九二〇年十二月第十版,一九二一年四月第二十五版;第五册,一九二一年二月初版,一九二二年三月第二十五版;第六册,一九二〇年十月第五版,一九二一年七月第二十版]

《高等小學校用　新法歷史參考書》(一至六册)[吕思勉、吳研因、王芝九編撰,上海商務印書館一九二〇年七月至一九二二年一月出版。第一册,一九二〇年七月初版,一九二一年一月第二版;第二册,一九二二年三月第四

---

① 　此書見於《中國近代中小學教科書總目》。

版；第三册，一九二一年四月第六版；第四册，一九二一年四月初版，一九二一
年五月第三版，一九二二年一月第九版；第五册，一九二一年六月初版，一九
二二年一月第九版；第六册，一九二二年一月初版］

《通信：論貨幣與井田》［原刊《建設》第二卷第六號（一九二〇年八月出
版），其論井田部分刊於朱執信、胡漢民、吕思勉、胡適、季融五、廖仲凱著《井
田制度有無之研究》（上海華通書局一九三〇年十月版），又改名爲《致廖仲
愷、朱執信論學書》，刊於《論學集林》、《吕思勉論學叢稿》］

《救濟米荒之一策》（原刊一九二〇年八月八日《武進商報》，又刊於《吕思
勉先生年譜長編》）

《對於群眾運動之感想》［署名：誠之，原刊《東方雜誌》第十七卷第十六號
（一九二〇年八月二十五日），又刊於《吕思勉詩文叢稿》］

《新舊文學之研究》（原刊《沈陽高師週刊》，又刊於《吕思勉遺文集》上、
《吕思勉論學叢稿》）

《白話本國史序例》（原沈陽高師油印稿，刊於《白話本國史》商務印書館
一九二三年九月版）

《國立沈陽高等師範學校中國歷史講義》（緒論）（原刊《吕思勉先生編年
事輯》，又刊於《吕思勉詩文叢稿》）

《國立沈陽高等師範國文史地部國文講義》［油印稿，“文評”部分改題爲
《〈國文選文〉文評》，原刊《吕思勉遺文集》上，又刊於《文學與文選四種》（全
文，上海古籍出版社“吕思勉文集”二〇一〇年六月出版）］

《沈游通信》①（原刊常州《月刊》，又刊於《吕思勉先生編年事輯》、《吕思勉
先生年譜長編》）

《□庵隨筆：後世惠民之政多西京所已有》（原刊《武進商報》，又刊於《論
學集林》、《吕思勉讀史札記》新版）

《義州游記》［原刊《沈陽高師週刊》，又刊於《吕思勉先生編年事輯》、《吕
思勉論學叢稿》、《大家小集：吕思勉集》（節錄，廣東花城出版社二〇一一年八
月版）、《吕思勉先生年譜長編》］

《南歸雜記》（署名：駑牛，原刊《沈陽高師週刊》，又刊於《吕思勉詩文叢

---

① 《沈游通信》原有五節，刊於常州《月刊》，現僅存三、四、五節刊印稿。又有《誠之北行後致南
中諸故人書》，内容大致與《沈游通信》同，原係民國九年吕先生寄劉脊生等家鄉好友之信函，由劉同葆
先生（劉脊生之子）節錄其中部分内容，刊於上海《大美晚報》副刊“史地叢話”（一九四〇年五月十三日
至十七日），現編者將兩文重復處删去，其餘部分連綴成文，可略見此文之原貌。

稿》、《吕思勉先生年譜長編》）

《〈一個不幸的娘們〉跋語》（署名：駑牛，原刊《沈陽高師週刊》，又刊於《吕思勉先生年譜長編》）

《士之階級》（署名：駑牛，原刊《沈陽高師週刊》，又刊於《吕思勉詩文叢稿》）

《歷史上的軍閥》（原刊《沈陽高師週刊》）

《答振甲君》

《答振甲君的一封信》（署名：駑牛，以上二篇原刊《沈陽高師週刊》，又刊於《吕思勉先生年譜長編》）

《沈陽大東門額取下保存説》（署名：駑牛，原刊《沈陽高師週刊》，又刊於《論學集林》、《吕思勉讀史札記》新版）

《讀〈國語表解〉後記》（原刊《沈陽高師週刊》，又刊於《吕思勉遺文集》上、《吕思勉論學叢稿》）

《誠之北行後致南中諸故人書》①（原刊一九四〇年五月十三至十七日《大美晚報》副刊"夜光"），又刊於《吕思勉先生編年事輯》、《吕思勉先生年譜長編》）

《筆記·張作霖》（原刊《吕思勉先生編年事輯》，又刊於《吕思勉先生年譜長編》）

《庚申端午客沈陽得敬謀寄詩次韵奉答》

《偕伯商西農遊朝鮮渡鴨緑江》

《白車站出乘人力車過鴨緑江橋長二千九百五十餘尺工事二年乃成云在橋上口占一詩》

《游義州公園口占一絶》

《義州》

《安奉車中》

《歸瀋陽與伯商西農飲於酒家而後入》

《贈小蘭外妹》

（以上八首原刊《誠之詩稿》，又刊於《吕思勉先生編年事輯》、《吕思勉遺文集》下、《吕思勉詩文叢稿》、《吕思勉先生年譜長編》）

---

① 此題目係原編者劉同葆所加。

一九二一年（民國十年，辛酉）　三十八歲

《校中特設專科提倡學會》

《改良飲食》（以上二篇僅存目）

《中國古代哲學與道德的關係》〔原刊《瀋陽高師週刊》第三十一、三十二號（一九二一年五月二十一日、二十八日），又刊於《呂思勉遺文集》上、《呂思勉論學叢稿》〕

《答程鷺於書》〔原刊《瀋陽高師週刊》第三十五、三十六、三十七、三十八、三十九號（一九二一年六月十八日、二十五日，七月二日、九日、十六日），又刊於《呂思勉先生編年事輯》（節錄）、《呂思勉遺文集》上、《呂思勉論學叢稿》、《舊文重讀——大家談語文教育》（節錄，徐達偉編，華東師範大學出版社二〇〇七年九月出版）〕

《〈請看北京看守所底黑闇〉書後》〔原刊《瀋陽高師週刊》第四九號（一九二一年九月二十四日），又刊於《呂思勉先生年譜長編》〕

《勿吉考（日文漢譯附有譯者識語）》〔原刊《瀋陽高師週刊》，"識語"又刊於《呂思勉先生編年事輯》、《呂思勉先生年譜長編》〕

《整理舊籍之方法》〔原刊《瀋陽高師週刊》，又刊於《呂思勉遺文集》上、《呂思勉論學叢稿》、《爲學十六法》（中華書局二〇〇七年十月出版）〕

《駑牛雜談：（一）個性》

《駑牛雜談：（二）資本制度》（署名：駑牛，以上二篇原刊《瀋陽高師週刊》，又刊於《呂思勉先生年譜長編》）

一九二二年（民國十一年，壬戌）　三十九歲

《乙部舉要》（一）〔原刊《瀋陽高師週刊》，又刊於《呂思勉遺文集》上、《呂思勉論學叢稿》、《大家小集：呂思勉集》（節錄）〕

《乙部舉要》（二）①（原刊《呂思勉遺文集》上，又刊於《呂思勉論學叢稿》）

《古代之印度與佛教》（原刊《瀋陽高師週刊》，又刊於《呂思勉遺文集》上、《呂思勉論學叢稿》）

《西域》（原刊《瀋陽高師週刊》，又刊於《呂思勉遺文集》上、《呂思勉讀史札記》新版）

———————————

①　原爲一九二二年五月二十六日在瀋陽高等師範學校達成會上的演講，收入《國立瀋陽高等師範學校中國歷史講義》刊印。

《對於本週刊兩週年紀念的感想和希望》[原刊《沈陽高師週刊》，又刊於《大家小集：吕思勉集》（節録）]

《爲鐵俠辯誣並問楊維□君》（原刊《沈陽高師週刊》，又刊於《吕思勉先生年譜長編》）

《筆記·氣候之异》（原刊《吕思勉先生編年事輯》，又刊於《吕思勉先生年譜長編》）

《吴春父椒父母夫人儲七十》（原刊《誠之詩稿》，又刊於《吕思勉先生編年事輯》、《吕思勉遺文集》下、《吕思勉詩文叢稿》、《吕思勉先生年譜長編》）

一九二三年（民國十二年，癸亥）　四十歲

《自修適用白話本國史》①（上海商務印書館一九二三年九月初版，一九二五年十一月第三版，一九二六年十一月第四版，一九三三年四月國難後第一版，一九三三年十月國難後第二版，一九三五年四月國難後訂正第四版）

《〈西營劉氏清芬録〉序》[原刊《西營劉氏清芬録》（武進劉氏尚絅草堂，一九二三年四月鉛印本），又刊於《吕思勉先生年譜長編》]

《群經概要》（油印講稿，原刊《中國文化思想史九種》）

《論詩》[油印講稿，原爲《中國文學史選文》的“韵文”部分，原刊《江西詩詞》一九九二年第一、二、三、四期（有删節），又刊於《吕思勉遺文集》上（有删節）、《文學與文選四種》（全文）]

《〈蘇師國文講義〉文評》[油印講稿，改題爲《國文選文》刊於《吕思勉遺文集》（節録“文評”部分），又刊於《文學與文選四種》（全文）]

《中國文學史選文》[油印講稿，原爲《中國文學史選文》的“散文”部分，刊於《吕思勉遺文集》（節録“文評”部分），又刊於《文學與文選四種》（全文）]

《中等學校熟誦文及選讀書目》（原刊《吕思勉遺文集》上，又刊於《吕思勉論學叢稿》、《爲學十六法》）

《讀諸子之法》（僅存篇目）

《辯梁任公陰陽五行説之來歷》[原刊《東方雜誌》第二十卷二十號（一九二三年十月二十五日），又刊於《古史辨》（第五册）、《論學集林》、《吕思勉論學叢稿》]

《三十年來之出版界（一八九四——一九二三）》（原刊《吕思勉遺文集》上，

---

① 二十世紀九十年代至今，《白話本國史》有多種再版、重印本，下按出版時間逐年編入。

又刊於《吕思勉論學叢稿》）

《外王母行述（初稿）》（原刊《吕思勉遺文集》下，又刊於《吕思勉詩文叢稿》、《吕思勉先生年譜長編》）

《陳覺孺夫人家傳》（原刊《毗陵莊氏族譜》，又刊於《吕思勉先生年譜長編》）

《劉君脊生傳》（原刊《吕思勉先生編年事輯》，又刊於《吕思勉詩文叢稿》）

《徐夫人吳氏傳》（原刊《吕思勉遺文集》下，又刊於《吕思勉詩文叢稿》、《吕思勉先生年譜長編》）

《譚廉、莊先識、吕思勉、陸繼讜啓事》（原刊《吕思勉先生編年事輯》，又刊於《吕思勉先生年譜長編》）

《筆記·白話詩》［原刊《吕思勉先生編年事輯》（有删節），又刊於《吕思勉先生年譜長編》］

《筆記·傳説因襲》（原刊《吕思勉先生編年事輯》，又刊於《吕思勉先生年譜長編》）

《奉化有三鳥》（原刊《吕思勉先生編年事輯》，又刊於《吕思勉遺文集》下、《吕思勉詩文叢稿》、《吕思勉先生年譜長編》）

一九二四年（民國十三年，甲子）　四十一歲

《更新初中教科書　本國史》（一至四册）（上海商務印書館一九二四年二月初版）

《本國史》[1]（署名：吕誠之，上海商務印書館一九二四年二月初版）

《新學制高級中學教科書　本國史》［上海商務印書館一九二四年二月初版，一九二七年一月第四版（附改正表），一九二九年九月第十三版，一九三〇年十二月第十八版，一九三二年五月國難後第一版，一九三二年六月國難後第五版，一九三二年十一月國難後第十一版，一九三三年六月國難後第一三版］

一九二五年（民國十四年，乙丑）　四十二歲

《日記·更循記序》（原刊《常州文史資料》第五輯，又刊於《吕思勉先生編

---

[1]　《本國史》僅見於北京圖書館等編：《民國時期總書目》（中小學教材卷）（書目出版社一九九五年版，第七六頁），該書題解云：“《本國史》，吕思勉（原題：吕誠之），上海商務印書館，一九二四年二月初版，二一〇頁，三二開，共一〇篇，分上古史、中古史（上、中、下）、近古史（上、下）、近世史（上、下）］爲作者所著的一部較通俗的通史。”又在題解最後一行末尾標有“B”，按此書體例，“B”表示該書爲北京圖書館所藏，然編者在北京圖書館（今國家圖書館）未能找到此書。

年事輯》、《吕思勉先生年譜長編》)

《國文教授祛蔽篇》[原刊《新教育》第十卷第三期(一九二五年四月),又刊於《吕思勉詩文叢稿》]

《國民自立藝文館議》[原刊《東方雜誌》第二十二卷第七號(一九二五年四月),又刊於《吕思勉詩文叢稿》]

《魏晉玄談》(原刊《吕思勉論學叢稿》)

《西漢哲學思想》(原刊《吕思勉遺文集》上,又刊於《吕思勉論學叢稿》)

《吕誠之先生來函(與謝俠遜函論象棋)》(題爲編者所加,原刊一九二五年《上海時報》,又刊於《吕思勉先生年譜長編》)

《贈劉藕舲》[署名:駑牛,原刊滬江大學學生自治會半月刊《天籟》第一五卷第二期(一九二五年十月十六日);又署名:沈知,刊於《小雅》第五期(一九三一年四月);又刊於《誠之詩稿》、《吕思勉先生編年事輯》、《吕思勉遺文集》下、《吕思勉詩文叢稿》、《吕思勉先生年譜長編》]

《惠山》

《黿頭渚》

《萬頃堂》

《贈通百》

《贈子修》

《忍齋出扇屬書賦詩贈之》(以上六首原刊《誠之詩稿》,又刊於《吕思勉先生編年事輯》、《吕思勉遺文集》下、《吕思勉詩文叢稿》、《吕思勉先生年譜長編》)

一九二六年(民國十五年,丙寅)　四十三歲

《日記·一取記序》(刊於《常州文史資料》第五輯,又刊於《吕思勉先生編年事輯》、《吕思勉先生年譜長編》)

《中國文字變遷考》[上海商務印書館"國學小叢書"一九二六年二月初版,一九三〇年四月收入"萬有文庫",一九三三年五月國難後第一版,一九三四年一月國難後第二版]

《經子解題》[上海商務印書館"國學小叢書"一九二六年四月初版,一九二七年七月再版;一九二九年十月收入商務印書館"萬有文庫"初版,一九三四年七月"萬有文庫"再版,一九三三年三月國難後第一版,一九三四年一月國難後第二版]

《中國韵文研究》（吕誠之講，孫蓀如記，原刊《學生文藝叢刊》第三卷第六期，一九二六年出版）

《章句論》（上海商務印書館“國學小叢書”一九二六年六月初版，一九二七年六月再版，一九三〇年四月收入“萬有文庫”，一九三三年五月國難後第一版，一九三四年五月國難後第二版）

《夏都考》［刊於《光華季刊》第二卷第一期（一九二六年十月出版），又刊於《光華大學半月刊》第二卷第二期（一九三三年十月二十五日出版）、《吕思勉讀史札記》（上海古籍出版社一九八二年八月出版①）、《吕思勉讀史札記》新版］

《象棋梅花譜》（校訂）（上海文明書局一九二六年十二月出版）

《非攻寢兵平議》（原刊上海滬江大學二十週年紀念《天籟報》特刊，又刊於《論學集林》、《吕思勉論學叢稿》）

《歷史上的民兵與募兵》（原刊上海滬江大學二十週年紀念《天籟報》特刊，又刊於《吕思勉遺文集》上、《吕思勉論學叢稿》）

《滬江大學丙寅年刊序》（原刊《滬江大學丙寅年刊》，又刊於《吕思勉先生編年事輯》、《吕思勉詩文叢稿》、《吕思勉先生年譜長編》）

《本校之國文部概况》（原刊《滬江年刊》第十一卷，一九二六年出版）

《毁清宫遷重器議》

《吴孺人傳》（以上二篇原刊《吕思勉先生編年事輯》，又刊於《吕思勉詩文叢稿》）

《筆記·劉小雲》（原刊《吕思勉先生編年事輯》，又刊於《吕思勉先生年譜長編》）

一九二七年（民國十六年，丁卯）　四十四歲

《日記·克由記序》（原刊《常州文史資料》第五輯，又刊於《吕思勉先生編年事輯》、《吕思勉先生年譜長編》）

《字例略説》（上海商務印書館一九二七年七月初版，一九三〇年收入“萬有文庫”，一九三三年三月國難後第一版，一九三四年五月國難後第二版）

《致光華大學行政會書》［改題爲《光華大學與國民自衛》，原刊《光華週報》第一卷第五、六期（一九二七年五月十一、十八日出版），又刊於《吕思勉先

---

① 下文簡稱《吕思勉讀史札記》初版。

生編年事輯》、《呂思勉論學叢稿》、《大家小集：呂思勉集》（節錄）、《呂思勉先生年譜長編》]

《長狄考》[原刊光華大學學生會編《光華期刊》第一期（一九二七年十二月出版），又刊於《呂思勉讀史札記》初版、新版]

《肖雲畫扇見詒詩以答之》

《送伯洪教授金陵》

《贈周子彥》

《贈聯玉》（以上四首原刊《誠之詩稿》，又刊於《呂思勉先生編年事輯》、《呂思勉遺文集》下、《呂思勉詩文叢稿》、《呂思勉先生年譜長編》）

一九二八年（民國十七年，戊辰）　四十五歲

《考試論》[原刊《光華期刊》第二期（一九二八年一月一日出版），又刊於《論學集林》（有刪節）、《呂思勉論學叢稿》]

《訂戴》[原刊《光華期刊》第三期（一九二八年五月出版），又刊於《呂思勉遺文集》上、《呂思勉論學叢稿》]

《日俄戰爭》[上海商務印書館一九二八年十月初版，一九三三年五月國難後第一版，又收入《呂著中國近代史》（華東師範大學出版社一九九七年九月第一版）、《中國近代史七種》、《中國近代史（一八四〇——一九四九）》（華東師範大學出版社二〇一二年一月第一版）]

《新唐書選注》[上海商務印書館"學生國學叢書"一九二八年十一月初版，一九三三年國難後第一版，"自序"收入《論學集林》、《呂思勉論學叢稿》；"自序"、"選目"和"注釋"收入《史學與史籍七種》（上海古籍出版社"呂思勉文集"二〇〇九年十一月出版）]

《再致光華大學行政會書》[原刊於光華大學中國語文學會《小雅》第一期（一九三〇年五月出版），又刊於《呂思勉先生編年事輯》、《呂思勉先生年譜長編》]

《大學雜談》（原刊《光華年刊（戊辰）》，又刊於《呂思勉詩文叢稿》）

《悼雲集序》（原刊《呂思勉先生編年事輯》，又刊於《呂思勉詩文叢稿》）

《象棋秘訣序》[原刊謝俠遜編《象棋大全》（大成書店印行），又刊於《呂思勉先生編年事輯》、《呂思勉遺文集》上、《呂思勉論學叢稿》]

一九二九年（民國十八年，己巳）　四十六歲

《日記·責己記序》[原刊《常州文史資料》第五輯，又刊於《呂思勉先生編

年事輯》、《呂思勉先生年譜長編》〕

《三公四輔五官六官冢宰考》〔原刊《光華期刊》第四期（一九二九年一月一日出版），又刊於《燕石續札》（上海商務印書館一九五八年一月出版），《呂思勉讀史札記》初版、新版〕

《中國婚姻制度論略》〔原刊光華大學社會學會《社會期刊》創刊號（一九二九年五月二十日出版）〕

《飲食進化之序》

《古代貴族飲食之侈》

《原酒》（以上三篇原刊《社會期刊》創刊號，又刊於《呂思勉遺文集》下、《呂思勉讀史札記》新版）

《史通點煩篇補》①〔原刊《光華期刊》第五期（一九二九年六月二十日出版）〕

《中國國體制度小史》

《中國政體制度小史》

《中國宗族制度小史》

《中國婚姻制度小史》

《中國階級制度小史》〔署名：呂誠之，以上五種制度史由上海中山書局一九二九年十月初版發行，一九三六年四月由上海龍虎書局合刊增訂第三版，改書名爲《史學叢書》。一九八五年除《中國階級制度小史》外，其餘四種制度史收入《中國制度史》（上海教育出版社一九八五年五月出版），《中國階級制度小史》收入《呂思勉遺文集》下。一九九四年收入上海書店影印"民國叢書"第五編（一九），二〇〇七年十一月收入《中國社會史》（上海古籍出版社"呂思勉文集"），《中國宗族制度史》有一九三五年上海龍虎書店增訂本〕

《鄉政改良芻議》〔原刊於光華大學政治學社《政治學刊》第一期（一九二九年十月十日出版），又刊於《呂思勉詩文叢稿》〕

《古學制考》②〔原刊上海《教育學報》第一期（一九二九年十二月出版）〕

《中國文化史六講》〔原爲一九二九至一九三〇年間任教於江蘇省立常州中學之講義，原刊《呂思勉遺文集》下；又收入《呂思勉中國文化史六講中國政

---

① 即《史通評・點煩篇》，評述與卷首一段稍有不同，參見《史學與史籍七種》。

② 此篇係《古學制》的初稿，《古學制》收入《呂思勉讀史札記》上。

治思想史十講》(天津古籍出版社"名家講義"叢書二〇〇七年一月出版);《吕思勉講中國文化》(北京九州出版社"吕思勉講史系列"二〇〇八年七月出版);《吕思勉講思想史》(南京鳳凰出版社"近代學術名家大講堂"二〇〇八年十一月出版)、《中國文化思想史九種》]

《楊君楚白傳》〔原刊《吕思勉遺文集》下,又刊於《吕思勉詩文叢稿》〕

《筆記·肇域志》〔原刊《吕思勉先生編年事輯》,又刊於《吕思勉先生年譜長編》〕

一九三〇年(民國十九年,庚午)　四十七歲

《史學研究法》〔原爲在光華大學任教時的講義,全篇分十一章,其中第二、三、四、七、八、九、十一章,曾以《史籍與史學》爲題,收入《論學集林》;餘下數章以《〈史籍與史學〉補篇》爲題收入《吕思勉遺文集》上。全文收入《吕著史學與史籍》(華東師範大學出版社二〇〇二年六月出版)、《吕思勉講國學》、《吕思勉講思想史》、《史學與史籍七種》〕

《古代賤商之由》

《古代商業情形》〔以上二篇原刊《光華大學經濟雜誌》創刊號(一九三〇年一月出版),又刊於《吕思勉遺文集》下、《吕思勉讀史札記》新版〕

《小雅發刊詞》〔原刊於光華大學中國語文學會:《小雅》第一期(一九三〇年五月出版),又刊於《吕思勉先生編年事輯》、《吕思勉先生年譜長編》〕

《一個足食足兵的計劃》(本文爲《致光華大學行政會書》和《再致光華大學行政會書》的合編,作者加有前言,原刊於光華大學中國語文學會編:《小雅》第一期,又刊於《吕思勉先生編年事輯》、《吕思勉論學叢稿》)

《孫厚父八十壽》(原刊《誠之詩稿》,又刊於《吕思勉遺文集》下、《吕思勉詩文叢稿》、《吕思勉先生年譜長編》)

《光華年刊題詞:課外活動》

《光華年刊題詞:體育》〔以上二則原刊《光華年刊(庚午)》〕

一九三一年(民國二十年,辛未)　四十八歲

《理學綱要》(上海商務印書館一九三一年三月初版,一九三四年四月國難後第一版)

《説文解字文考自序、後序》〔原刊《小雅》第五期(一九三一年四月出版),又刊於上海《中國學生》第三卷第六期(一九三一年七月出版)〕

《讀史通》①〔署名：輕根，原刊《小雅》第五期〕

《書觀堂集林胡服考後》〔署名：程芸，原刊《小雅》第五期〕

《紀念伍博純君月刊專號序》〔原刊一九三一年十一月四日《武進商報》，又刊於《呂思勉遺文集》下、《呂思勉論學叢稿》、《呂思勉先生年譜長編》〕

《宋代文學》〔上海商務印書館"百科小叢書"一九三一年八月初版，又收入"萬有文庫"再版，一九三三年三月國難後第一版，一九三五年五月國難後第二版。〕

《所謂鐵路附屬地者》〔原刊光華大學抗日救國會宣傳部《抗日旬報》第四期（一九三一年出版），又刊於《呂思勉詩文叢稿》〕

一九三二年（民國二十一年，壬申）　四十九歲

《日記·順事記序》〔原刊《常州文史資料》第五輯，又刊於《呂思勉先生編年事輯》、《呂思勉先生年譜長編》〕

《來皖後兩點感想》〔原刊《安大週刊》第八七期第一版（一九三二年五月二七日出版），又刊於《呂思勉先生編年事輯》、《呂思勉論學叢稿》，《大家小集：呂思勉集》（節錄）〕

《六藝》〔原刊《光華大學半月刊》第一卷第三期（一九三二年十一月一四日出版），又收入《燕石札記》、《呂思勉讀史札記》初版、新版〕

《六經之傳説記》〔原刊《光華大學半月刊》第一卷第四期（一九三二年十二月五日出版），又收入《呂思勉讀史札記》初版、新版〕

《王啓茵女士傳》〔原刊《呂思勉遺文集》下，又刊於《呂思勉詩文叢稿》〕

《勇以毅爲貴》

《蔡儒三》〔以上兩篇原刊《呂思勉先生年譜長編》〕

《筆記·習舉業爲欲之甚》〔原刊《呂思勉先生編年事輯》，又刊於《呂思勉先生年譜長編》〕

《偕鏡天肖雲正則游迎江寺》

《題嶠若斷齋課孫圖》（以上二首原刊《誠之詩稿》，又刊於《呂思勉遺文集》下、《呂思勉詩文叢稿》、《呂思勉先生年譜長編》）

一九三三年（民國二十二年，癸酉）　五十歲

《日記·平監記序》（原刊《常州文史資料》第五輯，又刊於《呂思勉先生編

---

① 此篇爲《史通評》之《六家第一》、《本紀第四》、《世家第五》和《稱謂》等評述之節錄。

年事輯》、《吕思勉先生年譜長編》）

《馬先之〈左傳纂讀〉跋》［原刊馬厚文《左傳纂讀》（上海華社出版，一九三三年二月出版），又刊於一九四七年十月二九日《東南日報》副刊"文史"第六十三期，又改名爲《馬先之〈左傳纂讀〉跋》刊於《論學集林》、《吕思勉論學叢稿》］

《焚書》［原刊《光華大學半月刊》第一卷第六期（一九三三年三月二十日出版），又改題爲《秦焚書》刊於《吕思勉讀史札記》初版、新版］

《楊朱之政治學説》［原刊《政治學報》第三卷（一九三三年五月二十日出版），又刊於《吕思勉讀史札記》初版、新版］

《半篇小説》［署名：勉，原刊《光華大學半月刊》第一卷第十期（一九三三年六月三日出版），又刊於《吕思勉詩文叢稿》］

《三皇五帝考》［原刊《光華大學半月刊》第二卷第一期（一九三三年十月十日出版），又刊於《古史辨》第七册、《吕思勉讀史札記》初版、新版］

《先秦學術概論》［上海世界書局一九三三年十月初版］

《釋亳》［原刊《光華大學半月刊》第二卷第三期（一九三三年十一月十日出版），又刊於《吕思勉讀史札記》初版、新版］

《崑崙考》［原刊《光華大學半月刊》第二卷第四期（一九三三年十一月二十五日出版），又刊於《吕思勉讀史札記》初版、新版］

《王省三先生小傳》［原刊《光華大學半月刊》第二卷第四期（一九三三年十一月二十五日出版），又刊於《吕思勉先生編年事輯》、《吕思勉詩文叢稿》］

《中國近代史講義》

《中國近世史前編》［以上二篇原爲任教於上海光華大學時之講義，後收入《吕著中國近代史》、《中國近代史八種》、《中國近代史（一八四〇——一九四九）》］

《健康之身體基於静謐之精神》［原刊《光華年刊（癸酉）》，又刊於《吕思勉詩文叢稿》］

《王冶梅畫譜予四歲時既耽玩之中有一幅題曰一江風雨送歸舟畫一人坐篷口一人蓑笠摇櫓而行心頗好之癸酉臘月病中夢身坐篷口而蓑笠者爲予摇櫓翼日夜夢中復作一詩以咏此事當時知昨夢之爲夢而不自知其仍在夢中也依夢境以成夢不亦异乎》

《蔣頌孚先生八十》（以上二首原刊《誠之詩稿》，又刊於《吕思勉遺文集》下、《吕思勉詩文叢稿》、《吕思勉先生年譜長編》）

一九三四年（民國二十三年　甲戌）　五十一歲

《日記·仁勇記序》（原刊於《常州文史資料》第五輯，又刊於《吕思勉先生編年事輯》、《吕思勉先生年譜長編》）

《復興高級中學教科書　本國史》（上、下）（上冊上海商務印書館一九三四年二月初版，下冊一九三四年八月初版。上冊：一九三四年九月第八版，一九三四年十月第十版，一九三五年五月第十六版，一九四六年一月第五十八版，一九四六年九月七十九版，一九四八年五月修訂本二十版。下冊：一九三四年九月第五版，一九三五年五月第十一版，一九三七年十一月第二十版，一九四一年六月第五十八版，一九四六年七月第五十版，一九四六年十二月第七十二版，一九四八年十月第八十二版）

《中國民族史》（一九三四年四月上海世界書局初版，一九三四年十二月再版，中國文化服務社一九三六年四月再版）

《毛詩傳授之誣》［原刊《光華大學半月刊》第二卷第六期（一九三四年三月十五日出版），又刊於《吕思勉讀史札記》初版、新版］

《馬鄭序周官之謬》［原刊《光華大學半月刊》第二卷第七期（一九三四年四月一日出版），又刊於《吕思勉讀史札記》初版、新版］

《毛詩訓詁之誤》［原刊《光華大學半月刊》第二卷第八期（一九三四年四月十五日出版），又刊於《吕思勉讀史札記》初版、新版］

《蒿廬札記·倉海君》［原刊《光華大學半月刊》第二卷第八期（一九三四年四月十五日出版），又刊於《吕思勉讀史札記》初版、新版］

《文質》（一）［吕誠之演講，語文學會演講股記，原刊《光華大學半月刊》第二卷第八期（一九三四年四月十五日出版），又刊於《吕思勉遺文集》上、《吕思勉論學叢稿》、《吕思勉先生年譜長編》］

《施聯玉〈説文部首淺譯〉跋》（原刊施聯玉《説文部首淺釋》，武進世界大東書局一九三四年四月出版，又刊於《吕思勉先生年譜長編》）

《百兩篇》［原刊《光華大學半月刊》第二卷第九期（一九三四年六月三日出版），又刊於《吕思勉讀史札記》初版、新版］

《山越》［原刊《光華大學半月刊》第二卷第九期（一九三四年六月三日出版），又刊於《吕思勉讀史札記》初版、新版］

《詩序》［原刊《光華大學半月刊》第二卷第十期（一九三四年六月十八日出版），又刊於《吕思勉讀史札記》初版、新版］

《吕誠之先生來函》［原刊一九三四年八月三日《武進商報》，又刊於《吕思

勉先生年譜長編》〕

《貉族考》〔原刊《中山文化教育館季刊》創刊號(一九三四年八月一五日出版)，又刊於《吕思勉讀史札記》初版、新版〕

《史通評》〔上海商務印書館一九三四年九月初版，一九三五年二月商務印書館收入"國學小叢書"再版〕

《左氏自相牴牾詩序襲之》

《蒿廬札記·朝鮮東徙之迹》

《蒿廬札記·辰國》

《蒿廬札記·越之姓》

《蒿廬札記·江漢常武》

《蒿廬札記·匈奴爲夏后氏苗裔》〔以上六篇原刊《光華大學半月刊》第三卷第一期(一九三四年十月十日出版)，又刊於《吕思勉讀史札記》初版、新版〕

《與人論〈新元史〉〈元史新編〉書》(原刊一九三四年十月二十一日《申報》第十五版，又刊於《吕思勉先生年譜長編》)

《蒿廬札記·荆卿燕丹》〔原刊《光華大學半月刊》第三卷第二期(一九三四年十月二五日出版)，又改題爲《論荆軻》刊於《論學集林》、《吕思勉論學叢稿》〕

《〈秦代初平南越考〉之商榷》〔原刊《國學論衡》第四期上《史傳》(一九三四年十一月十日出版)，又刊於《吕思勉遺文集》上、《吕思勉論學叢稿》〕

《怎樣讀中國歷史》〔原刊《出版週刊》第一〇二期(一九三四年十一月十日出版)，又刊於《論學集林》、《吕思勉論學叢稿》、《爲學十六法》〕

《蒿廬札記·李斯》〔原刊《光華大學半月刊》第三卷第三期(一九三四年十一月十日出版)，又改題爲《論李斯》刊於《論學集林》、《吕思勉論學叢稿》〕

《蒿廬札記·二世》〔原刊《光華大學半月刊》第三卷第三期，又改題爲《論秦二世》刊於《論學集林》、《吕思勉論學叢稿》〕

《蒿廬札記·淮南王》

《蒿廬札記·司馬宣王征遼東》〔以上二篇原刊《光華大學半月刊》第三卷第四期(一九三四年十一月二五日出版)，又刊於《吕思勉讀史札記》初版、新版〕

《蒿廬札記·司馬宣王之忍》

《蒿廬札記·晉武帝不廢太子》〔以上二篇原刊《光華大學半月刊》第三卷第五期(一九三四年十二月十日出版)，又刊於《吕思勉讀史札記》初版、新版〕

《大同釋義》(白話文)(原刊《吕思勉遺文集》下，又改名《中國社會變遷史》刊於《中國文化思想史九種》)

《評校〈史通〉序》(原刊《論學集林》，又收入《吕著史學與史籍》、《吕思勉論學叢稿》、《史學與史籍七種》)

《記吕頌宜女士》〔原刊一九三四年十月二日《武進商報》第六版，又刊於《吕思勉遺文集》下、《吕思勉詩文叢稿》、《吕思勉先生年譜長編》〕

一九三五年(民國二十四年，乙亥)　五二歲

《反對推行手頭字提倡制定草書》〔原刊《光華大學半月刊》第三卷第六期(一九三五年三月十日出版)，又刊於《江蘇教育》第四卷第四期(一九三五年四月十三日出版)、《吕思勉論學叢稿》〕

《蒿廬札記·大史公書亡篇》

《蒿廬札記·守藏室之史》(以上二篇原刊《光華大學半月刊》第三卷第六期，又刊於《吕思勉讀史札記》初版、新版)

《小抱遺經室經札·左右史》〔原刊《光華大學半月刊》第三卷第七期(一九三五年三月二五日出版)，又刊於《吕思勉讀史札記》初版、新版〕

《中國民族演進史》(一九三五年三月上海亞細亞書局初版發行，一九三六年中國文化服務社再版)

《文學批評之標準》〔原刊光華大學中國語文學會《中國語文學研究》(中華書局一九三五年三月出版)，又刊於《吕思勉遺文集》上、《吕思勉論學叢稿》，一九九一年收入上海書店"民國叢書"第五編(五十)〕

《禁奢議》〔原刊《文化建設》第一卷第七期(一九三五年四月十日出版)，又刊於《吕思勉詩文叢稿》〕

《小抱遺經室經札·周官五史》

《小抱遺經室經札·毁譽褒貶》〔以上二篇原刊《光華大學半月刊》第三卷第八期(一九三五年四月二十五日出版)，又刊於《吕思勉讀史札記》初版、新版〕

《竇叟甌蜀》〔原刊《雲南旅滬學會會刊》第二期(一九三五年四月三十日出版)，又刊於《燕石續札》、《吕思勉讀史札記》初版、新版〕

《高中復習叢書本國史》(上海商務印書館一九三五年五月初版，一九三七年四月改訂本第五版，一九四三年六月訂正蓉一版。又改題爲《本國史答問》收入《吕思勉遺文集》下)

《十年來之中國》[原刊《光華大學半月刊》第三卷第九、十期(一九三五年六月三日出版),又刊於《吕思勉先生年譜長編》]

《匈奴文化索隱》[原刊《國學論衡》第五期上《史傳》(一九三五年六月三十日出版),又刊於《吕思勉遺文集》上]

《初中標準教本　本國史》(一至四册)[一九三五年六月至十一月上海中學生書局初版,第一册一九三五年六月出版,八月再版;第二册一九三五年十一月出版;第三册一九三五年八月出版;第四册一九三五年十一月出版,一九三七年七月經教育部審定修正課程標準適用修訂再版]

《謝利恒先生傳》[原刊《中國醫學源流論》(澄齋醫社一九三五年六月初版),又刊於《吕思勉先生編年事輯》、《吕思勉詩文叢稿》]

《孔子大同釋義》(文言文,上、下)[原刊《文化建設》第一卷第十期(一九三五年七月十日出版)、第十一期(一九三五年八月十日出版),又改名《大同釋義》刊於《中國文化思想史九種》]

《論民族主義之真際》[原刊《教與學》第一卷第四期(一九三五年十月一日出版),又刊於《吕思勉論學叢稿》]

《魏晉法術之學三則》[原刊《光華大學半月刊》第四卷第一期(一九三五年十月十日出版),又刊於《燕石札記》,《吕思勉讀史札記》初版、新版]

《清談五則》[原刊《光華大學半月刊》第四卷第二期(一九三五年十月二十五日出版),又刊於《燕石札記》,《吕思勉讀史札記》初版、新版]

《晉人之矯誕》[原刊《光華大學半月刊》第四卷第三期(一九三五年十一月十日出版),又刊於《燕石札記》,《吕思勉讀史札記》初版、新版]

《好名之弊》[原刊《光華大學半月刊》第四卷第三期,又刊於《吕思勉讀史札記》初版、新版]

《讀馬爾薩斯人口論》[原刊《光華大學半月刊》第四卷第四期(一九三五年十一月二十五日出版),又刊於《吕思勉遺文集》下、《吕思勉讀史札記》新版]

《讀商君書》[原刊《光華大學半月刊》第四卷第四期,又改題爲《井田之廢》刊於《論學集林》、《吕思勉讀史札記》新版]

《奄城訪古記序》[原刊《光華大學半月刊》第四卷第四期,又改題爲《陳志良〈奄城訪古記〉跋》刊於《論學集林》、《吕思勉論學叢稿》]

《貨幣問題》[原刊《光華附中半月刊》第四卷第三期(一九三五年十二月一日出版),又刊於《吕思勉詩文叢稿》]

《中國政治思想史十講》(第一、二講)[吕思勉講、吕翼仁記,原刊《光華大學半月刊》第四卷第五期(一九三五年十二月十日出版)，又刊於《呂思勉遺文集》下、《呂思勉中國文化史六講中國政治思想史十講》、《中國文化思想史九種》]

《論中國戶口册籍之法》[原刊《光華大學半月刊》第四卷第五期，又刊於《呂思勉讀史札記》初版、新版]

《叢書與類書》[呂誠之講、黎祥燊記，原刊《光華大學半月刊》第四卷第五期，又刊於《論學集林》、《呂思勉論學叢稿》]

《胡考》[原刊《國學論衡》第六期《史傳》(一九三五年十二月三十一日出版)，又刊於《燕石續札》，《呂思勉讀史札記》初版、新版]

《潘君蕙蓀傳》(原刊《呂思勉遺文集》下，又刊於《呂思勉詩文叢稿》)

《光華年刊題詞：觀其會通》(原刊《光華年刊(乙亥)》)

一九三六年(民國二十五年，丙子)　　五十三歲

《姚舜欽〈秦漢哲學史〉序》[原刊姚舜欽《秦漢哲學史》(商務印書館一九三六年一月出版)]

《中國政治思想史十講》(第三講)[呂思勉講、呂翼仁記，原刊《光華大學半月刊》第四卷第六期(一九三六年三月十日出版)，又刊於《呂思勉遺文集》下、《呂思勉中國文化史六講中國政治思想史十講》、《中國文化思想史九種》]

《南强篇》[原刊一九三六年三月二十四日《時事新報》副刊"古代文化"第一期，又刊於《江蘇研究》第三卷第五、六期(一九三七年六月三十日出版)及《江蘇文化研究》(江蘇研究社一九三七年七月出版)、《呂思勉遺文集》下、《呂思勉讀史札記》新版]

《中國政治思想史十講》(第四講)[呂思勉講、呂翼仁記，原刊《光華大學半月刊》第四卷第七期(一九三六年三月二十五日出版)，又刊於《呂思勉遺文集》下、《呂思勉中國文化史六講中國政治思想史十講》、《中國文化思想史九種》、《大家小集：呂思勉集》(節錄)]

《中國政治思想史十講》(第五講)[呂思勉講、呂翼仁記，原刊《光華大學半月刊》第四卷第八期(一九三六年四月十五日出版)，又刊於《呂思勉遺文集》下、《呂思勉中國文化史六講中國政治思想史十講》、《中國文化思想史九種》]

《中國政治思想史十講》(第六講)[呂思勉講、呂翼仁記，原刊《光華大學

半月刊》第四卷第九期(一九三六年五月十日出版)，又刊於《呂思勉遺文集》下、《呂思勉中國文化史六講中國政治思想史十講》、《中國文化思想史九種》]

《中國政治思想史十講》(第七講)[呂思勉講、呂翼仁記，原刊《光華大學半月刊》第四卷第十期(一九三六年六月三日出版)，又刊於《呂思勉遺文集》下、《呂思勉中國文化史六講中國政治思想史十講》、《中國文化思想史九種》、《大家小集：呂思勉集》(節錄)]

《盤古非盤瓠》[原刊一九三六年八月十一日《時事新報》副刊"古代文化"第二十一期；一九三九年四月改定，收入《古史辨》(第七册)；又刊於《呂思勉讀史札記》初版、新版]

《中國文化東南早於西北説》[原刊《光華大學半月刊》第五卷第一期(一九三六年十月十七日出版)，又刊於《呂思勉遺文集》上、《呂思勉論學叢稿》]

《中國政治思想史十講》(第八講)[呂思勉講、呂翼仁記，原刊《光華大學半月刊》第五卷第一期(一九三六年十月十七日出版)，又刊於《呂思勉遺文集》下、《呂思勉中國文化史六講中國政治思想史十講》、《中國文化思想史九種》]

《中國政治思想史十講》(第九講)[呂思勉講、呂翼仁記，原刊《光華大學半月刊》第五卷第二期(一九三六年十一月七日出版)，又刊於《呂思勉遺文集》下、《呂思勉中國文化史六講中國政治思想史十講》、《中國文化思想史九種》、《大家小集：呂思勉集》(節錄)]

《喫飯的革命》[原刊《光華大學半月刊》第五卷第二期，又刊於《呂思勉詩文叢稿》、《大家小集：呂思勉集》(節錄)]

《中國政治思想史十講》(第十講)[呂思勉講、呂翼仁記，原刊《光華大學半月刊》第五卷第三、四期(一九三六年十二月八日出版)，又刊於《呂思勉遺文集》下、《呂思勉中國文化史六講中國政治思想史十講》、《中國文化思想史九種》]

《賈誼過秦論》

《新語采詩識》

《讀楚辭》[以上三篇原刊《光華大學半月刊》，又刊於《論學集林》、《呂思勉讀史札記》新版]

《作洪範之年》[原刊《光華大學半月刊》，又刊於《呂思勉遺文集》下、《呂思勉讀史札記》新版]

《北狄嗜利》[原刊《光華大學半月刊》，又改題爲《富弼勸遼興宗不用兵》

刊於《論學集林》、《呂思勉讀史札記》新版］

《貓乘》（刊於《呂思勉先生年譜長編》）

《貓墜入井》

《太平畜》

《貓友紀》［以上三篇刊於《大家小集：呂思勉集》（節錄），又刊於《呂思勉先生年譜長編》］

一九三七年（民國二十六年　丁丑）　五十四歲

《小抱遺經室經札・投畀豺虎》

《小抱遺經室經札・九刑》

《小抱遺經室經札・鄭人鑄刑書（上、中、下）》［以上三篇原刊《光華大學半月刊》第五卷第五期（一九三七年一月九日出版），又刊於《呂思勉讀史札記》初版、新版］

《中學歷史教學實際問題》［原刊《江蘇教育》第一、二期（一九三七年二月出版），又刊於《呂思勉遺文集》上（未刊識語）、《呂思勉論學叢稿》］

《燕石札記》（一九三七年三月上海商務印書館初版）

《象魏》

《五刑之屬三千》

《象刑》［以上三篇原刊《光華大學半月刊》第五卷第六期（一九三七年三月十六日出版），又刊於《呂思勉讀史札記》初版、新版］

《小抱遺經室經札・戮屍》

《小抱遺經室經札・纆》

《小抱遺經室經札・婦人無刑》

《小抱遺經室經札・贖刑》

《小抱遺經室經札・圜士即謫作》

《小抱遺經室經札・父子兄弟罪不相及》

《小抱遺經室經札・比伍相及》

《小抱遺經室經札・與於青之賞必及於其罰》［以上八篇原刊《光華大學半月刊》第五卷第七期（一九三七年三月三十日出版），又刊於《呂思勉讀史札記》初版、新版］

《研究歷史的感想》［呂思勉講、呂燮文記，原刊《新史地》第一期（一九三七年四月十五日出版），又刊於《呂思勉詩文叢稿》］

《小抱遺經室經札·墳墓》

《小抱遺經室經札·桐棺三寸非禹制》

《小抱遺經室經札·墓祭》

《小抱遺經室經札·死於兵者不入兆域》

《小抱遺經室經札·厚葬》

《小抱遺經室經札·殉葬》〔以上六篇原刊《光華大學半月刊》第五卷第八期(一九三七年四月二十日出版)，又刊於《吕思勉讀史札記》初版、新版〕

《讀山海經偶記》〔原刊《光華大學半月刊》第五卷第九期(一九三七年五月十日出版)，又刊於《吕思勉讀史札記》初版、新版〕

《書三皇五帝考後》〔原刊《光華大學半月刊》第五卷第九期〕

《陳登原〈歷史之重演〉序》〔寫於一九三六年十二月一四日，原刊陳登原《歷史之重演》(商務印書館一九三七年五月出版)，又刊於《吕思勉論學叢稿》〕

《小抱遺經室經札·古人不重生日》

《小抱遺經室經札·古人周歲增年》

《蒿廬札記·古史紀年》(上、中、下)〔以上三篇原刊《光華大學半月刊》第五卷第十期(一九三七年六月三日出版)，又刊於《古史辨》(第七册)、《論學集林》、《吕思勉讀史札記》初版、新版〕

《與衛聚賢論吴越文化書》〔原刊《江蘇研究》第三卷第五、六期(一九三七年六月三十日出版)，又刊於《江蘇文化研究》，又改題爲《論吴越文化》刊於《吕思勉讀史札記》初版、新版〕

《更新初級中學教科書本國史》(一至四册)〔上海商務印書館一九三七年七月初版，一九三七年八月十七版〕

《致徐哲東信》〔原刊《吕思勉先生編年事輯》，又刊於《吕思勉先生年譜長編》〕

《基本國文選文》〔原爲光華大學授課時的講義，其"文評"部分刊於《吕思勉遺文集》上，全文刊於《文學與文選四種》〕

《八一三事變後滬常見聞》〔原刊光華大學刊物，又刊於《吕思勉先生編年事輯》、《大家小集：吕思勉集》(節録)、《吕思勉先生年譜長編》〕

《率獸食人》(一)(原刊《吕思勉先生年譜長編》)

《筆記·陳野航夢游圖》

《筆記·劉石葊》(以上二篇原刊《吕思勉先生編年事輯》，又刊於《吕思勉先生年譜長編》)

一九三八年(民國二十七年,戊寅)　五十五歲

《民族英雄蓋吳的故事》[原刊《青年週報》第一期(一九三八年三月十二日出版),又刊於《呂思勉詩文叢稿》]

《古史家傳記文選》[(長沙)商務印書館一九三八年四月初版,一九三九年十二月再版;"導言"收入《呂思勉論學叢稿》,全文刊於《史學與史籍七種》]

《宦學篇》[原刊《中國青年》第一卷第六期(一九三八年十二月出版),又刊於《呂思勉遺文集》下,《呂思勉讀史札記》初版、新版,均有删節)、《呂思勉詩文叢稿》]

《論南北民氣之强弱》(原刊—一九三八年《中美日報》,又刊於《呂思勉論學叢稿》)

《處亂之道》(原刊《呂思勉讀史札記》新版)

《懷玉》

《率獸食人》(二)(以上兩篇原刊《呂思勉先生年譜長編》)

《五四運動的價值何在》(原刊《呂思勉先生編年事輯》,又刊於《呂思勉先生年譜長編》)

《鄞縣童亢聆詩聞先生五十壽辰徵求書畫啓事》(原刊《呂思勉遺文集》下,又刊於《呂思勉詩文叢稿》、《呂思勉先生年譜長編》)

《致汪千頃夫人信》[原刊《呂思勉先生編年事輯》,又刊於《呂思勉先生年譜長編》]

一九三九年(民國二十八年,己卯)　五十六歲

《夫人選老大夫爲傳》[原刊《文哲》創刊號(一九三九年一月一日出版),又刊於《燕石續札》及《呂思勉讀史札記》初版、新版]

《太康失國與少康中興》[原刊《説文月刊》第一卷第二期(一九三九年三月出版),一九四三年十一月合訂本三版,又刊於《呂思勉讀史札記》初版、新版]

《史學雜論》[署名:誠之,原刊《兼明月刊》創刊號(一九三九年五月十五日出版),又刊於《呂思勉先生編年事輯》、《呂思勉詩文叢稿》]

《唐宋以前之中日交際》[原刊《兼明月刊》創刊號,又改題爲《唐宋暨以前之中日交際》,刊於《呂思勉讀史札記》初版、新版]

《〈後漢書·襄楷傳〉正誤》[原刊《正風》第一期(一九三九年六月出版),又刊於《呂思勉詩文叢稿》]

《論基本國文》

《論基本國文（續）》〔以上兩篇原刊《清明》第一卷第五、六期（一九三九年□月□日、十月一日出版），又收録《吕思勉遺文集》上、《吕思勉論學叢稿》、《爲學十六法》（節録）〕

《青年時代的回憶》〔署名：程芸，原刊《青年半月刊》第一卷第二期（一九三九年十月三十日出版），又刊於《吕思勉先生編年事輯》（節録）、《吕思勉詩文叢稿》、《大家小集：吕思勉集》（節録）〕

《西王母考》〔原刊《説文月刊》第一卷第九期（一九三九年十月出版，一九四三年十一月合訂本三版），又刊於《吕思勉讀史札記》初版、新版〕

《三國史話》①〔原刊《知識與趣味》第一卷第一期起連載：《三國史話·楔子》原刊《知識與趣味》第一卷第一期（一九三九年十二月四日出版），《三國史話（一續）·外戚》原刊《知識與趣味》第一卷第三期（一九三九年十二月十一日出版），《三國史話（二續）·黄巾》原刊《知識與趣味》第一卷第五期（一九三九年十二月十八日出版），《三國史話（三續）·歷史和文學》原刊《知識與趣味》第一卷第七期（一九三九年十二月二十五日出版），《三國史話（四續）·董卓的擾亂》原刊《知識與趣味》第二卷第三期（一九四〇年一月十一日出版），《三國史話（五續）·曹操是怎樣强起來的》原刊《知識與趣味》第二卷第六期（一九四〇年一月二十一日出版），《三國史話（六續）·曹孟德移駕幸許都》原刊《知識與趣味》第三卷第三期（一九四〇年二月二十六日出版）〕

《張芝聯〈歷史理論引論〉案語》〔原刊《文哲》第一卷第八期（一九三九年十一月一日出版），又刊於張芝聯《我的學術道路》（三聯書店二〇〇七年十一月出版）〕

《一個合理的習字方法》〔原刊《知識與趣味》第一卷第六期（一九三九年十二月二十一日出版），又刊於《吕思勉先生年譜長編》〕

《女子從軍》〔原刊《光華附中第二十二屆畢業紀年刊》，又刊於《吕思勉讀史札記》初版、新版〕

《原兵》〔原刊《光華附中第二十二屆畢業紀年刊》，又改題爲《兵器長短》刊於《吕思勉讀史札記》初版、新版〕

《疇官》〔原刊《光華附中第二十二屆畢業紀年刊》，又刊於《論學集林》、《吕思勉讀史札記》初版、新版〕

---

① 以上諸篇後結集出版，參見一九四三年《三國史話》條。

《鄞李夫人壽序》[原刊《呂思勉遺文集》下、《呂思勉詩文叢稿》]

《許冠群四十》

《志義來出近作見示》

《予少時行文最捷應鄉舉時嘗一日作文十四篇爲同輩所稱道今則沈吟如在飯顆山頭矣及門中陳生楚祥文思最敏而思理周淡詩以張之》

《題畫》[以上四首原刊《誠之詩稿》，又刊於《呂思勉先生編年事輯》、《呂思勉遺文集》下、《呂思勉詩文叢稿》、《呂思勉先生年譜長編》]

一九四〇年（民國二十九年，庚辰）　五十七歲

《新年與青年》[原刊《青年半月刊》第一卷第六、七期合刊（一九四〇年一月一日出版），又改題爲《年節與歲首》刊於《呂思勉遺文集》上、《呂思勉詩文叢稿》、《大家小集：呂思勉集》（節錄）]

《倉儲與昏鈔倒換庫》[署名：程芸，原刊《青年半月刊》第一卷第六、七期合刊，又刊於《呂思勉遺文集》上、《呂思勉論學叢稿》]

《四史中的谷價》[原刊《知識與趣味》第二卷第一期（一九四〇年一月四日出版）；又刊於《呂思勉遺文集》上、《呂思勉論學叢稿》、《大家小集：呂思勉集》（節錄）]

《中國抗戰的真力量在那裏——中日文化程度比較》[署名：程芸，原刊一九四〇年一月二十一日《中美日報》，又刊於《呂思勉詩文叢稿》]

《童書業〈唐宋繪畫談叢〉序》[寫於一九四〇年一月二十六日，原刊童書業《唐宋繪畫談叢》（中國古典藝術出版社一九五八年五月出版），又刊於《呂思勉先生編年事輯》、《呂思勉論學叢稿》]

《婦女就業和持家的討論》[原刊《宇宙風》（乙刊）第二十一期（一九四〇年二月一日出版），又刊於《呂思勉詩文叢稿》]

《武士的悲哀》[署名：野猫，原刊一九四〇年二月二十二日《中美日報》副刊“堡壘”第四號，又刊於《呂思勉先生年譜長編》]

《何謂封建勢力》（署名：野猫，原刊一九四〇年二月二十三日《中美日報》副刊“堡壘”第五號，又刊於《呂思勉詩文叢稿》）

《呂著中國通史》（上冊）[上海開明書店一九四〇年三月初版，一九四六年八月第三版，一九四七年二月第四版，一九四八年五月第七版）

《思鄉原》[原刊《文哲》第二卷第一期（一九四〇年三月十二日出版），又刊於《呂思勉論學叢稿》]

《眼前的奇迹》(署名：六庸，原刊一九四〇年三月十五日《中美日報》副刊"堡壘"第十四號，又刊於《呂思勉先生年譜長編》)

《上海風氣》[原刊《宇宙風》(乙刊)第二十三期(一九四〇年四月一日出版)，又刊於《平論半月刊》一九四五年第三期(一九四五年十月出版)、《舊上海風情錄》(餘之等編，上海文匯出版社一九九八年一月出版)、《老上海寫照》(張遇、王娟編，安徽文藝出版社一九九九年三月出版)、《呂思勉詩文叢稿》]

《窖藏與古物》[原刊《宇宙風》(乙刊)第二十三期(一九四〇年四月一日出版)，又刊於《呂思勉詩文叢稿》、《大家小集：呂思勉集》(節錄)]

《論漢人行序之説》[原刊《群雅月刊》第一集第一卷(一九四〇年四月一日出版)，又刊於《呂思勉讀史札記》初版、新版]

《中國現階段文化的特徵》[署名：乃秋，原刊一九四〇年四月五日《中美日報》副刊"堡壘"第二十三號，又刊於《呂思勉詩文叢稿》]

《蔡子民論》[原刊《宇宙風》(乙刊)第二十四期(一九四〇年五月一日出版)，又刊於《呂思勉遺文集》上、《呂思勉論學叢稿》、《大家小集：呂思勉集》(節錄)]

《易大義》

《齊桓公存三亡國考》[以上二篇原刊《群雅》第一集第二卷(一九四〇年五月一日)，又刊於《呂思勉讀史札記》初版、新版]

《致劉重熙信》[原刊《復旦大學檔案館館藏名人手札選》復旦大學出版社一九九七年九月出版，又刊於《呂思勉先生年譜長編》]

《塞翁與管仲》[署名：小嚴，原刊一九四〇年五月二十四日《中美日報》，又刊於《呂思勉詩文叢稿》、《大家小集：呂思勉集》(節錄)、《呂思勉先生年譜長編》(節錄)]

《大九州考》[原刊《學術》第四輯(一九四〇年五月出版)，又刊於《呂思勉讀史札記》初版、新版]

《釋〈爾雅〉》

《論〈爾雅〉誰作》[以上二篇原刊《群雅月刊》第一集第三卷(一九四〇年六月一日出版)，又刊於《呂思勉讀史札記》初版、新版]

《諸葛亮南征考》[署名：程芸，原刊《青年半月刊》第二卷第三期(一九四〇年六月一日出版)，又刊於《論學集林》、《呂思勉讀史札記》新版]

《讀史隨筆·公厨、蔬食、民生簡便食堂、善舉》[原刊《宇宙風半月刊》百期紀念號(一九四〇年六月出版)，又刊於《呂思勉先生年譜長編》]

《爲什麽成人的指導不爲青年所接受》〔原刊上海《青年》第六、七、八期（一九四〇年□、□、八月出版），又刊於《吕思勉詩文叢稿》〕

《中國民族精神之我見》〔原刊《學林》第二期（一九四〇年十二月出版），又刊於《吕思勉遺文集》上、《吕思勉論學叢稿》、《大家小集：吕思勉集》（節録）〕

《西南對外交通之始》〔原刊《南鋒》第二期（一九四〇年十二月出版），又刊於《吕思勉詩文叢稿》〕

《論二戴記》（上、中、下）〔原刊《群雅月刊》第一集第五、六卷，又刊於《吕思勉讀史札記》初版、新版〕

《孤島青年何以報國》〔署名：駑牛，原刊《青年月刊》第三卷第一期，又刊於《吕思勉論學叢稿》、《爲學十六法》、《大家小集：吕思勉集》（節録）〕

《向慈善家進一言》（署名：駑牛，原刊《青年月刊》第三卷第九、十期，又刊於《吕思勉先生年譜長編》）

《光華大學十五週年紀念感想》〔原刊《光華大學十五週年紀念特刊》（一九四〇年出版），又刊於《大家小集：吕思勉集》（節録）〕

《先舅氏程君事述》（原刊《吕思勉遺文集》下，又刊於《吕思勉詩文叢稿》）

《嚴大家頌》（原刊《吕思勉遺文集》下，又刊於《吕思勉詩文叢稿》）

一九四一年（民國三十年，辛巳）　五十八歲

《兩封值得重提起的信》①（原刊一九四一年一月三日《正言報》）

《漢人訾産雜論》〔原刊《齊魯學報》第一期（一九四一年一月出版），又刊於《論學集林》、《吕思勉論學叢稿》〕

《狗吠》〔署名：談言，原刊《青年月刊》第三卷第二期（一九四一年二月十五日），又刊於《吕思勉先生編年事輯》（節録）、《吕思勉詩文叢稿》、《大家小集：吕思勉集》（節録）、《吕思勉先生年譜長編》〕

《論上古秦漢文學的變遷——序柳存仁〈上古秦漢文學史〉》〔原刊《宇宙風》（乙刊）第三十九期（一九四一年二月十六日出版），又刊於《吕思勉論學叢稿》〕

《漢世亭傳之制》〔原刊《學林》第四輯（一九四一年二月出版），又刊於《論

---

① 此即一九二七年《致光華大學行政會議書》與一九二八年《再致光華大學行政會議書》的合編，並加有題識。

學集林》、《呂思勉讀史札記》新版〕

《關於中國字的一個提議》〔原刊《宇宙風》(乙刊)第四十期(一九四一年三月一日出版)，又刊於《呂思勉詩文叢稿》〕

《史學上的兩條大路》〔署名：田力，原刊一九四一年三月六日《正言報》副刊"學林"第十三期，又刊於《呂思勉遺文集》上、《呂思勉論學叢稿》、《大家小集：呂思勉集》(節錄)〕

《讀崔東壁遺書》〔署名：駑牛，原刊《美商青年月刊》第三卷第三期(一九四一年三月十五日出版)，又刊於《論學集林》、《呂思勉論學叢稿》〕

《廣西女子》〔署名：駑牛，原刊《美商青年月刊》第三卷第三期(一九四一年三月十五日出版)，又刊於《呂思勉先生編年事輯》、《呂思勉詩文叢稿》、《呂思勉先生年譜長編》〕

《從我學習歷史的經過說到現在的學習方法》〔包括一《少年得益於父母師友》、二《我學習歷史的經過》、三《社會科學是史學的根基》、四《職業青年的治學環境》，原刊一九四一年三月十六至十九日《中美日報》副刊"堡壘"第一六〇、一六一、一六二、一六三號，又刊於《蒿廬問學記》(北京三聯書店一九九六年六月出版)、《呂思勉遺文集》上、《呂思勉論學叢稿》、《爲學十六法》、《大家小集：呂思勉集》(節錄)〕

《魏晉科斗文原於蟲書考》〔原刊《學林》第五輯(一九四一年三月出版)，又刊於《論學集林》、《呂思勉論學叢稿》〕

《青年修養和教育問題》①〔原刊一九四一年四月七日《正言報》，又刊於《呂思勉詩文叢稿》、《大家小集：呂思勉集》(節錄)〕

《論祿米之制》

《論祿米之制續篇》〔以上二篇原刊一九四一年四月十三、十四日《中美日報》，又刊於《呂思勉遺文集》上、《呂思勉論學叢稿》〕

《改良鹽法刍議》〔原刊《美商青年月刊》第三卷第四期(一九四一年四月十五日出版)，又刊於《呂思勉遺文集》上、《呂思勉論學叢稿》〕

《生活的規範》(上、下)(原刊一九四一年六月六、□日《正言報》)

《中國歷代之選舉制度》〔原刊《美商青年月刊》第三卷第六期(一九四一年六月十五日出版)，又刊於《呂思勉詩文叢稿》〕

《古史辨》(第七册)(呂思勉、童書業合編，上海開明書店一九四一年六月

---

① 原題缺失，標題係編者所加。

初版，收入《古史年代考》、《盤古考》、《盤古非盤瓠》、《三皇五帝考》、《唐虞夏史考》）

《秦漢移民論》［署名：呂克由，原刊《齊魯學報》第二期（一九四一年七月出版），又刊於《呂思勉遺文集》上、《呂思勉論學叢稿》］

《道教起源雜考》［原刊《齊魯學報》第二期（一九四一年七月出版），又刊於《呂思勉遺文集》上、《呂思勉論學叢稿》］

《拓跋氏先世》

《春秋史記皆史籍通稱》

《記府》

《空籍五歲》

《本紀世家皆史記前已有》

《史記於衆所習知之事皆弗論》

《名他人之學》［以上七篇署名：程芸，原刊《齊魯學報》第二期（一九四一年七月出版），又刊於《呂思勉讀史札記》初版、新版］

《五倫》［署名：程芸，原刊《齊魯學報》第二期，又刊於《呂思勉遺文集》下、《呂思勉讀史札記》新版］

《神异經》

《博物志》

《拾遺記》

《述异記》［以上四篇署名：左海，原刊《齊魯學報》第二期（一九四一年七月出版），又刊於《呂思勉讀史札記》初版、新版］

《論〈詩〉與歌謡》［原刊《文林月刊》第三期（一九四一年八月五日出版），又改題爲《詩經與民謡》刊於《論學集林》、《呂思勉論學叢稿》、《大家小集：呂思勉集》（節録）］

《中國歷代兵制之變遷》［署名：駑牛，原刊《青年月刊》第三卷第八期（一九四一年八月出版），又刊於《呂思勉先生編年事輯》（節録）、《呂思勉詩文叢稿》］

《追論五十年來之報章雜誌》［署名：程芸，原刊一九四一年九月二一日《正言報》，又刊於《呂思勉詩文叢稿》］

《肉食與素食》（原刊一九四一年十月二日《大美晚報》副刊"午刊"，又刊於《論學集林》、《呂思勉讀史札記》新版）

《活的史學研究法》［署名：程芸，原刊《學風》第二卷第三期（一九四一年

十月一五日出版），又刊於《呂思勉詩文叢稿》〕

《國文教學貢疑》（署名：程芸，原刊一九四一年十一月□日《中美日報》，又刊於《呂思勉先生編年事輯》、《呂思勉論學叢稿》）

《先秦史》〔上海開明書店一九四一年十二月初版發行（爲齊魯大學國學研究所專著匯編之二，附有人名、地名索引、引用書名及篇名索引），一九四七年三月再版。

《田賦征收實物問題》〔署名：鴛牛，原刊《青年月刊》第三卷第五期（一九四一年出版），又刊於《呂思勉遺文集》上、《呂思勉論學叢稿》〕

《疏食》（上）〔原刊一九四一年《大美晚報》副刊"午刊"第一期，又刊於《論學集林》、《呂思勉讀史札記》新版〕

《疏食》（下）〔原刊一九四一年《宇宙風半月刊》百年紀念，又刊於《論學集林》、《呂思勉讀史札記》新版〕

《論學術的進步》〔原題缺失，標題係編者所加。原刊一九四一年《中美日報》副刊"堡壘"第一一三號，又刊於《呂思勉詩文叢稿》、《大家小集：呂思勉集》（節録）〕

《學校與考試》〔署名：野貓，原刊一九四一年《中美日報》副刊"堡壘"第一四五號，又刊於《呂思勉詩文叢稿》〕

《自契至於成湯八遷考》〔原刊《群雅》第二集第二卷，又刊於《呂思勉讀史札記》初版、新版〕

《諸葛亮隨身衣食悉抑於官不別治生》〔署名：鴛牛，原刊《青年月刊》第三卷第七期，又刊於《論學集林》、《呂思勉讀史札記》新版〕

《改進史學係之一説》〔原刊《光華大學十六周紀念特刊》（一九四一年出版），又刊於《呂思勉先生年譜長編》〕

《呂誠之先生講經世》〔呂誠之講、國學研究組記録，原刊《光華學刊》（一九四一年），又刊於《呂思勉先生編年事輯》、《大家小集：呂思勉集》（節録）〕

《武進蔣君墓碣》〔原刊《文哲》第二卷第四期（一九四一年出版），又改題爲《蔣頌孚先生墓誌》刊於《呂思勉先生編年事輯》、《呂思勉遺文集》下、《呂思勉詩文叢稿》〕

《龔定庵先生百年祭》〔署名：程芸，原刊一九四一年《大美晚報》，又刊於《呂思勉先生編年事輯》、《呂思勉先生年譜長編》〕

一九四二年(民國三十一年,壬午)　五十九歲

《日記·更生記序》〔原刊《常州文史資料》第五輯,又刊於《呂思勉先生編年事輯》、《呂思勉先生年譜長編》〕

《致李漢怡信》〔原刊《呂思勉先生編年事輯》,又刊於《呂思勉先生年譜長編》〕

《關於上古秦漢文學史及其他(柳存仁〈上古秦漢文學史〉序、柳存仁〈俞理初先生年譜〉序)》〔原刊《文史教學》第四期,又刊於《東方文化》第一卷第二期(一九四二年七月三十一日)。《柳存仁〈俞理初先生年譜〉序》又刊於《呂思勉先生編年事輯》、《呂思勉遺文集》上、《呂思勉論學叢稿》、《大家小集:呂思勉集》(節錄)〕

《〈古文觀止〉評講錄》〔原爲任教常州青雲中學高二國文課講義,黃永年記,原刊《學術集林》卷三(上海遠東出版社一九九五年四月出版),又刊於《古文觀止》(插圖珍藏版,中國言實出版社二○○一年四月出版)、《呂思勉文史四講》(中華書局二○○八年三月出版)〕

《本國史(元至民國)》

《中國文化史》

《國學概論》〔以上三篇原爲任教常州青雲中學高二國文課講義,黃永年記,刊於《呂思勉文史四講》〕

《都會》(原刊《大衆》第一期(一九四二年出版),又刊於《呂思勉詩文叢稿》)

《中國近百年史講義》〔刊於《呂著中國近代史》,又收入《中國近代史八種》、《中國近代史(一八四○—一九四九)》〕

《蔣竹莊先生七十壽序》(原刊《呂思勉先生編年事輯》,又刊於《呂思勉詩文叢稿》、《呂思勉先生年譜長編》)

《莊育民喉科真髓序》(原刊《呂思勉先生編年事輯》,又刊於《呂思勉先生年譜長編》)

《常州物價紀實(一九四二—一九四五)》(原刊《呂思勉先生編年事輯》,又刊於《呂思勉先生年譜長編》)

《倭寇入犯遁迹滬濱辛巳冬租界淪陷翼年秋微服返里舊居盡毀茸小屋以居臥室隔墻即以種菜》

《周君畏容嘗見其子年未二十而英氣勃發旋去從軍隸三十五師日寇至戰死婁河劫後返里過舊時談燕處愴然隕涕》

《書所見》

《稍覺》

《檢書毀損過半》

《見獵》

《亂後還里教授鄉校寓湖塘橋顧姓顧君父母皆年逾七十矣寇至走湖北遭轟炸走湖南其父又走貴州而其母還里其父至貴陽十餘日病死至今不敢告其母顧君亦不敢服喪也》(以上七首原刊《誠之詩稿》，又刊於《吕思勉先生編年事輯》、《吕思勉遺文集》下、《吕思勉詩文叢稿》、《吕思勉先生年譜長編》)

一九四三年(民國三十二年，癸未)　六十歲

《日記·文興記序》[原刊《常州文史資料》第五輯，又刊於《吕思勉先生編年事輯》、《吕思勉先生年譜長編》]

《三國史話》(上海開明書店一九四三年一月初版發行，一九四四年四月贛一版，一九四五年渝一版，一九四五年六月東一版發行，一九四六年十二月第二版，一九四八年四月滬第三版)

《致陳楚祥兩封信》(原刊《吕思勉先生編年事輯》，又刊於《吕思勉先生年譜長編》)

《姜克群君興學記》(原刊《吕思勉遺文集》下，又刊於《吕思勉詩文叢稿》)

《榮女三十》

《再示榮女》

《春父七十》

《歸少時舊居》(以上四首原刊《誠之詩稿》，又刊於《吕思勉先生編年事輯》、《吕思勉遺文集》下、《吕思勉詩文叢稿》、《吕思勉先生年譜長編》)

《孝萱先生流徙南閩猶不忘母氏苦節詒書征詩可謂難矣率爾成章錄欽錫類》[原刊卞孝萱《現代國學大師學記》(中華書局二〇〇六年十月出版)，又刊於《吕思勉詩文叢稿》、《吕思勉先生年譜長編》]

一九四四年(民國三十三年，甲申)　六十一歲

《日記·強為善記序》(原刊《常州文史資料》第五輯，又刊於《吕思勉先生編年事輯》、《吕思勉先生年譜長編》)

《致陳研因、徐哲東信》(原刊《吕思勉先生編年事輯》，又刊於《吕思勉先生年譜長編》)

《吕著中國通史》(下册)(一九四四年九月上海開明書店初版，一九四六

年八月再版，一九四七年七月第四版，一九四八年五月第六版）

《論魏史之誣》［原刊《兩年：文藝春秋叢刊之一》（一九四四年十月十日出版），又刊於《吕思勉讀史札記》初版、新版］

《兩年詩話》［署名：程芸，原刊《兩年：文藝春秋叢刊之一》（一九四四年十月十日出版），又刊於《蒿廬問學記》、《吕思勉遺文集》上、《吕思勉詩文叢稿》、《大家小集：吕思勉集》（節録）、《吕思勉先生年譜長編》］

《沈延國〈周書集釋〉序》［原刊《兩年：文藝春秋之一》（一九四四年十月十日出版），又改題爲《沈子玄〈逸周書集釋〉序》刊於《論學集林》、《吕思勉論學叢稿》］

《崔浩論》［原刊《星花：文藝春秋叢刊之二》（一九四四年十二月一日出版），又刊於《吕思勉讀史札記》初版、新版］

《上海人的飲食——辟穀》

《上海人的飲食——烹調》［以上二篇原刊《上海生活》第一、二期（一九四四年十二月），又刊於《吕思勉先生年譜長編》］

《本國史複習大略》（原刊《吕思勉遺文集》上，又刊於《吕思勉中小學教科書五種》）

《論疑古考古釋古爲徐永清作》（原刊《吕思勉先生編年事輯》，又刊於《吕思勉詩文叢稿》）

《朱君祠堂記》（原刊《吕思勉遺文集》下，又刊於《吕思勉詩文叢稿》、《吕思勉先生年譜長編》）

《筆記·士子應舉》（原刊《吕思勉先生編年事輯》，又刊於《吕思勉先生年譜長編》）

《筆記·東洋和漢醫學實驗集》（原刊《吕思勉先生年譜長編》）

一九四五年（民國三十四年，乙酉）　六十二歲

《蠹魚自訟》［原刊《春雷：文藝春秋叢刊之三》（一九四五年三月十五日出版），又刊於《吕思勉先生編年事輯》（節録）、《吕思勉詩文叢稿》、《大家小集：吕思勉集》（節録）］

《歷史研究法》（上海永祥印書館一九四五年五月初版發行，一九四六年二月再版，一九四八年四月第三版）

《連丘病案》［原刊《朝霧：文藝春秋叢刊之四》（一九四五年六月出版），又刊於《吕思勉詩文叢稿》、《大家小集：吕思勉集》（節録）］

《日本降服了》(寫於一九四五年八月,刊於《呂思勉先生年譜長編》)

《連丘病案續》〔原刊《黎明:文藝春秋叢刊之五》(一九四五年九月出版),又刊於《呂思勉詩文叢稿》、《大家小集:呂思勉集》(節錄)〕

《上海路名亟宜復舊議》(原刊一九四五年十月一五日《青年日報》,又刊於《呂思勉先生年譜長編》)

《實行憲政時期的政黨》(原刊一九四五年十月二十八日《青年日報》,又刊於《呂思勉先生年譜長編》)

《中國的五年計劃》〔原刊《知識》第二期(一九四五年十月出版),又刊於《呂思勉先生年譜長編》〕

《抗戰的總檢討和今後的方針》〔原刊《青光半月刊》復刊號(一九四五年十月出版),又刊於《呂思勉詩文叢稿》〕

《戰後中國經濟的出路》(原刊《青光半月刊》復刊號,又刊於《呂思勉詩文叢稿》)

《戰後中國之民食問題》〔原刊《青光半月刊》第一卷第二期(一九四五年十一月一日出版),又刊於《呂思勉詩文叢稿》〕

《到朝鮮去搜書》(原刊一九四五年十一月六日《正言報》,又刊於《呂思勉先生年譜長編》)

《對於時局的誤解》〔原刊《月刊》創刊號第一卷第一期(一九四五年十一月十日出版),又刊於《呂思勉詩文叢稿》〕

《日本天皇的前途》(原刊一九四五年十一月十一日《青年日報》,又刊於《呂思勉先生年譜長編》)

《怎樣將平均地權和改良農事同時解決》〔原刊《青光半月刊》第一卷第三期(一九四五年十一月十五日出版),又刊於《呂思勉詩文叢稿》〕

《論文史》〔原刊《知識》第五期(一九四五年十一月十八日出版),又刊於《呂思勉遺文集》上、《呂思勉論學叢稿》、《大家小集:呂思勉集》(節錄)〕

《聞之痛心》(原刊一九四五年十一月二十一日上海《正言報》,又刊於《呂思勉先生年譜長編》)

《關於平賣的一個建議》(原刊一九四五年十一月二十二日《正言報》,又刊於《呂思勉先生年譜長編》)

《清查戶口與清除匪患》(原刊一九四五年十一月二十四日《大公報》,又刊於《呂思勉先生年譜長編》)

《柳樹人〈中韓文化〉序》〔原刊《中韓文化》(一九四五年十一月出版),又

刊於《吕思勉先生編年事輯》、《吕思勉論學叢稿》、《吕思勉先生年譜長編》〕

《日本人的短長》〔原刊《知識》第三期（一九四五年十一月出版），又刊於《吕思勉先生年譜長編》〕

《青年思想問題的根柢》〔原刊《上海青年》（一九四五年十二月一日），又刊於《吕思勉詩文叢稿》〕

《發現新世界者爲誰》〔原刊一九四五年十二月一日《正言報》，又刊於《吕思勉詩文叢稿》〕

《因整理土地推論到住的問題》（上）〔原刊《青光半月刊》第一卷第四期（一九四五年十二月一日），又刊於《吕思勉遺文集》上、《吕思勉論學叢稿》〕

《鳳鳴朝陽》（原刊一九四五年十二月二日《正言報》，又刊於《吕思勉先生年譜長編》）

《改良郵寄手續》（原刊一九四五年十二月五日《正言報》，又刊於《吕思勉先生年譜長編》）

《論新聞自由與説服异己》〔原刊一九四五年十二月六日《正言報》，又刊於《吕思勉先生年譜長編》〕

《漫談教育》〔署名：左海，原刊《月刊》第一卷第二期（一九四五年十二月十日出版），又刊於《吕思勉詩文叢稿》〕

《因整理土地推論到住的問題》（下）〔原刊《青光半月刊》第一卷第五期（一九四五年十二月十五日），又刊於《吕思勉遺文集》上、《吕思勉論學叢稿》〕

《論外蒙古問題》（上）〔原刊《平論半月刊》第七期（一九四五年十二月十六日出版），又刊於《吕思勉遺文集》上、《吕思勉論學叢稿》〕

《五都》（原刊一九四五年十二月十九日《正言報》，又刊於《吕思勉詩文叢稿》）

《中國的生命綫與世界和平》〔原刊《知識》第八期（一九四五年十二月出版），又刊於《吕思勉先生年譜長編》〕

《致光華大學校務委員會書》（原刊《吕思勉先生編年事輯》，又刊於《吕思勉論學叢稿》）

《如何培養和使用人才》（原刊於《吕思勉詩文叢稿》）

《淪陷區裏的民衆生活》（原刊於《吕思勉先生年譜長編》）

《抗戰何以能勝建國如何可成》（原刊一九四五年《正言報》，又刊於《吕思勉詩文叢稿》）

《治水的三階段》（原刊一九四五年《正言報》副刊“學林”第二期，又刊於

《吕思勉詩文叢稿》）

《民國三十四年大事記續》

《勝利年大事記》（三續）（以上二篇原刊《吕思勉先生年譜長編》）

《古代戰區比節考序》（原刊《吕思勉先生編年事輯》，又刊於《吕思勉先生年譜长編》）

《東南中學校歌》（原刊《吕思勉先生編年事輯》，又刊於《吕思勉詩文叢稿》、《吕思勉先生年譜長編》，又刊於《吕思勉先生年譜長編》）

《題王芝九及其夫人毛佩箴風雨同舟圖》（原刊《誠之詩稿》，又刊於《吕思勉先生編年事輯》、《吕思勉遺文集》下、《吕思勉詩文叢稿》、《吕思勉先生年譜長編》）

一九四六年（民國三十五年，丙戌） 六十三歲

《日記·揚眉記序》（原刊《常州文史資料》第五輯，又刊於《吕思勉先生編年事輯》、《吕思勉先生年譜長編》）

《論外蒙古問題》（下）［原刊《平論半月刊》第八期（一九四六年一月一日出版），又刊於《吕思勉遺文集》上、《吕思勉論學叢稿》］

《勝利年大事記》（原刊一九四六年一月一日《正言報》，又刊於《吕思勉先生年譜長編》）

《歷史上的原子炸彈》［原刊《新紀元》創刊號（一九四六年一月一日出版）］

《從章太炎説到康長素、梁任公》［原刊《月刊》第一卷第三期（一九四六年一月五日出版），又刊於章念馳《章太炎生平與思想研究文選》（浙江人民出版社一九八六年八月出版）、《吕思勉遺文集》上、《吕思勉論學叢稿》、《大家小集：吕思勉集》（節録）］

《論中學國文教科書》［原刊《上海青年》第二期（一九四六年一月十日出版），又刊於《吕思勉詩文叢稿》］

《革命與道德》（原刊一九四六年一月十三日《正言報》，又刊於《吕思勉先生年譜長編》）

《滑稽乎？嚴重乎？禁錮可乎？》（原刊一九四六年一月十五日《正言報》，又刊於《吕思勉先生年譜長編》）

《臺灣何時始通中國》［原刊《知識》第十二期（一九四六年一月出版）］

《老百姓對於國事的態度溯源》［原刊《世界文化》第四卷第二期（一九四六年二月二十五日出版），又刊於《吕思勉詩文叢稿》］

《論保甲》〔原刊《中國建設》第一卷第六期（一九四六年三月一日出版），又刊於《呂思勉遺文集》下、《呂思勉讀史札記》新版〕

《讀書生活發刊辭》（原刊一九四六年三月十一日《正言報》，又刊於《呂思勉先生年譜長編》）

《從民族拓殖上看東北》〔原刊一九四六年三月二十六日《文匯報》，又刊於《呂思勉遺文集》上、《呂思勉論學叢稿》、《大家小集：呂思勉集》（節録）〕

《千五百年前的特務》〔原刊《中國建設》第二卷第一期（一九四六年四月一日出版），又改題爲《三國之校事》刊於《呂思勉遺文集》下、《呂思勉讀史札記》新版〕

《兩種關於延安的書籍》〔原刊《文獻》第一卷第二期（一九四六年四月一日出版），又刊於《呂思勉詩文叢稿》〕

《呂思勉談派報問題》〔原刊一九四六年四月四日《文匯報》，又刊於《呂思勉先生年譜長編》〕

《物價偶憶》〔原刊《文獻》第一卷第四期（一九四六年五月一日出版），又刊於《呂思勉詩文叢稿》〕

《南京爲什麼成爲六朝朱明的舊都》〔原刊一九四六年五月五日《正言報》，又刊於《呂思勉遺文集》上、《呂思勉論學叢稿》、《大家小集：呂思勉集》（節録）〕

《東洋史上的西胡》〔原刊《永安月刊》第八四期五月號（一九四六年五月出版），又刊於《呂思勉遺文集》上（有删節）、《呂思勉論學叢稿》、《大家小集：呂思勉集》（節録）〕

《初級中學適用　本國史補充讀本》〔上海中學生書店一九四六年五月初版發行〕

《讀書的方法》〔原刊一九四六年六月三日《正言報》，又刊於《呂思勉論學叢稿》、《爲學十六法》、《大家小集：呂思勉集》（節録）〕

《忠貞》〔原刊《茶話》第二期（一九四六年七月五日出版），又刊於《呂思勉先生編年事輯》、《呂思勉詩文叢稿》、《呂思勉先生年譜長編》〕

《堂吾頭》〔原刊《月刊》第二卷第一期（一九四六年七月十日出版），又刊於《呂思勉詩文叢稿》〕

《汲冢書》（原刊一九四六年七月二十五日《東南日報》，又刊於《呂思勉讀史札記》初版、新版）

《再論汲冢書》(原刊一九四六年八月八日《東南日報》,又刊於《呂思勉讀史札記》初版、新版)

《滑國考》(原刊一九四六年九月二十日《益世報》,又刊於《呂思勉讀史札記》初版、新版)

《新中國地圖(中等學校適用)》(呂思勉、楊寬、黄素封編,上海震旦地圖出版社一九四六年十月初版)

《致大公報館書》(原刊《呂思勉先生年譜長編》)

《學制芻議》[原刊《改造雜誌》創刊號(一九四六年十一月十二日出版),又刊於《呂思勉論學叢稿》、《呂思勉先生年譜長編》]

《郡縣送故迎新之費》(原刊一九四六年十一月二十二日《益世報》,又刊於《呂思勉讀史札記》初版、新版)

《新生活鑒古》(上、下)(原刊一九四六年十二月十一、十三日《正言報》,又刊於《呂思勉論學叢稿》、《呂思勉先生年譜長編》)

《策試之制上》

《策試之制下》(以上二篇原刊一九四六年十二月二十日、□日《益世報》,又刊於《呂思勉讀史札記》初版、新版)

《童丕繩〈春秋史〉序》(原刊童丕繩《春秋史》(一九四六年初版),又刊於《論學集林》、《呂思勉論學叢稿》)

《漢儒術盛衰》(上、下)(原刊一九四六年《益世報》,又刊於《呂思勉讀史札記》初版、新版)

《飛行術》(原刊天津《民國日報》副刊"史與地",又刊於《論學集林》、《呂思勉讀史札記》新版)

《讀書與現實》(原刊一九四六年三月十八日《正言報》,又收入《呂思勉論學叢稿》)

《還都征故》[原刊《啓示》第一卷第一期(一九四六年出版),又改題爲《歷史上的遷都與還都》收入《呂思勉遺文集》上、《呂思勉論學叢稿》、《大家小集：呂思勉集》(節錄)]

《張詠霓先生創辦光華大學記》[原刊《張公約園逝世週年紀念册》(一九四六年印行),又刊於《光華大學廿二周六三紀念特刊》(一九四七年六月印行)、《呂思勉先生編年事輯》、《呂思勉先生年譜長編》]

《汪春餘先生壽序》[原刊《呂思勉遺文集》下,又刊於《呂思勉詩文叢稿》]

《張欽奇唐秀儀晶昏》

《贈先之》

《贈文术》（以上三首原刊《誠之詩稿》，又刊於《呂思勉先生編年事輯》、《呂思勉遺文集》下、《呂思勉詩文叢稿》、《呂思勉先生年譜長編》）

一九四七年（民國三十六年，丁亥）　六十四歲

《日記·忘食憂記序》（原刊《常州文史資料》第五輯，又刊於《呂思勉先生編年事輯》、《呂思勉先生年譜長編》）

《如何培養廣大的群衆的讀書興趣》［原刊《讀書通訊》第一二四期（一九四七年一月十日出版），又刊於《呂思勉詩文叢稿》］

《九品正中》

《訪問》［以上二篇原刊一九四七年一月十三日天津《民國日報》副刊“史與地”，又刊於《呂思勉讀史札記》初版、新版］

《學制芻議續篇》［原刊《改造雜誌》第二期（一九四七年一月十五日出版），又刊於《呂思勉論學叢稿》、《大家小集：呂思勉集》（節錄）］

《後魏吏治之壞》［原刊一九四七年二月七日上海《益世報》副刊“史苑”，又刊於十一月十八日天津《益世報》副刊“史地週刊”第六八期、《呂思勉讀史札記》初版、新版］

《治都邑之道》［原刊一九四七年二月十日天津《民國日報》副刊“史與地”，又刊於《論學集林》、《呂思勉讀史札記》新版］

《江南風氣之變》［原刊一九四七年二月二四日天津《民國日報》副刊“史與地”，又刊於《論學集林》、《呂思勉讀史札記》新版］

《限年入仕》［原刊一九四七年二月二十六日《東南日報》副刊“文史”，又刊於《呂思勉讀史札記》初版、新版］

《論晉書》（一至七）［原刊一九四七年三月七日上海《益世報》副刊“史苑”，又刊於《文史雜誌》第六卷第三期（文通書局一九四八年十月十五日出版）、《呂思勉讀史札記》初版、新版］

《秦漢史》［上海開明書店一九四七年三月初版發行］

《〈學風〉發刊辭》［原刊《學風》創刊號第一卷第一期（一九四七年四月一日出版），又刊於《呂思勉先生編年事輯》、《呂思勉詩文叢稿》、《呂思勉先生年譜長編》］

《如何根治貪污》［原刊《學風》創刊號第一卷第一期，又刊於《呂思勉論學叢稿》、《大家小集：呂思勉集》（節錄）］

《沈約宋書》(原刊一九四七年四月二日《東南日報》副刊"文史",又刊於《吕思勉讀史札記》初版、新版)

《歷日》

《用人以撫綏新附》(以上二篇原刊一九四七年四月二五日上海《益世報》副刊"史苑",又刊於《吕思勉讀史札記》初版、新版)

《史情自序》[原刊《學風》第一卷第三期(一九四七年五月一日出版),又刊於《吕思勉先生編年事輯》]

《中國人爲什麼崇古——史情一》(原刊《學風》第一卷第三期,又刊於《吕思勉詩文叢稿》、《吕思勉先生年譜長編》)

《毋赦》

《法粗術非妙道》[以上二篇原刊一九四七年五月九日上海《益世報》副刊"史苑",又刊於《吕思勉讀史札記》初版、新版]

《扶桑國法》

《校郎》[以上二篇原刊一九四七年五月一二日天津《民國日報》副刊"史與地",又刊於《吕思勉讀史札記》初版、新版]

《父爲子隱　子爲父隱》[原刊一九四七年五月一二日天津《民國日報》副刊"史與地",又刊於《吕思勉遺文集》下、《吕思勉讀史札記》新版]

《寒素》(原刊一九四七年五月一四日《東南日報》副刊"文史",又改題爲《選舉寒素之士》刊於《論學集林》、《吕思勉讀史札記》新版)

《還都紀念罪言》(原刊一九四七年六月五日《正言報》)

《歷史上的抗戰夫人》[原刊《學風》第一卷第六期(一九四七年六月十六日出版),又刊於《吕思勉詩文叢稿》]

《歷史係概況》[原刊《光華大學廿二周六三紀念特刊》(一九四七年六月出版),又刊於《吕思勉先生年譜長編》]

《崔浩魏記》

《吴均齊春秋》(以上二篇原刊一九四七年七月二日《東南日報》副刊"文史"第四十八期,又刊於《吕思勉讀史札記》初版、新版)

《行鈔奇談　僞鈔奇技》[原刊《學風》第二卷第一期(一九四七年七月十日出版),又刊於《論學集林》、《吕思勉讀史札記》新版]

《三國史話之餘——司馬懿如何人》[原刊《現實新聞週報》第一期(一九四七年七月二十五日出版),又刊於《論學集林·三國史話》、《吕著三國史話》(中華書局二〇〇六年版)、《三國史話》(中華書局"跟大師學國學"叢書二〇

○九年七月版①)、《呂著史地通俗讀物四種》]

《三國史話之餘——司馬氏之興亡》[原刊《現實新聞週報》第二期(一九四七年八月一日出版),又刊於《論學集林·三國史話》、《呂著三國史話》、《三國史話》(中華叢書版)、《呂著史地通俗讀物四種》]

《度量——論宋武帝與陳武帝》(一)[原刊《現實新聞週報》第三期(一九四七年八月八日出版),又刊於《論學集林》、《呂思勉論學叢稿》]

《度量——論宋武帝與陳武帝》(二)[原刊《現實新聞週報》第四期(一九四七年八月十五日出版),又刊於《論學集林》、《呂思勉論學叢稿》]

《度量——論宋武帝與陳武帝》(三)[原刊《現實新聞週報》第五期(一九四七年八月二十二日出版),又刊於《論學集林》、《呂思勉論學叢稿》]

《度量——論宋武帝與陳武帝》(四)[原刊《現實新聞週報》第六期(一九四七年九月三日出版),又刊於《論學集林》、《呂思勉論學叢稿》]

《度量——論宋武帝與陳武帝》(五)[原刊《現實新聞週報》第九期(一九四七年十月出版),又刊於《論學集林》、《呂思勉論學叢稿》]

《脈法》(原刊一九四七年十月十五日《東南日報》副刊"文史",又刊於《呂思勉讀史札記》初版、新版)

《梁啓超新評價》[原刊《現實新聞雙週報》第十期(一九四七年十月出版),又刊於《呂思勉論學叢稿》、《呂思勉先生年譜長編》]

《晉代豪門鬥富》[原刊《現實新聞雙週報》第十一期(一九四七年十月出版),又收入《論學集林》、《呂著三國史話》、《三國史話》(中華叢書版)、《呂著史地通俗讀物四種》]

《六經皆史之弊》(原刊一九四七年十一月五日《東南日報》副刊"文史",又刊於《呂思勉讀史札記》初版、新版)

《節注〈説文〉議》[原刊《讀書通訊》第一四五期(一九四七年十一月二十五日出版),又刊於《論學集林》、《呂思勉論學叢稿》]

《州郡秩奉供給》(原刊一九四七年十一月二十九日上海《益世報》副刊"史苑",又刊於《呂思勉讀史札記》初版、新版)

《絕菜患腫》(原刊一九四七月十二月三日《東南日報》副刊"文史",又刊於《呂思勉讀史札記》初版、新版)

《國防答問》[又名《國防古義》,原刊《國防月刊》第四卷第四期(一九四七

---

① 以下簡稱"中華叢書版"。

年十二月出版），又改題爲《漢唐邊防之策》刊於《呂思勉遺文集》下、《呂思勉讀史札記》新版〕

《唐以前無斷代史》〔原刊一九四七年天津《民國日報》副刊“史與地”，又刊於《呂思勉讀史札記》初版、新版〕

《江淹齊史》（原刊一九四七年《東南日報》副刊“文史”第四六期，又刊於《呂思勉讀史札記》初版、新版）

《開國之主必親戎》（原刊一九四七年《東南日報》副刊“文史”，又刊於《論學集林》、《呂思勉讀史札記》新版）

《減食致壽》

《手術》

《山濤》（以上三篇原刊一九四七年《東南日報》副刊“文史”，又刊於《呂思勉讀史札記》初版、新版）

《賊殺郡將不得舉孝廉》

《父母殺子同凡論》（以上二篇原刊天津一九四七年《民國日報》副刊“史與地”第二十一期，又刊於《呂思勉讀史札記》初版、新版）

《爲法急於黎庶緩於權貴》（原刊一九四七年上海《益世報》副刊“史苑”第三十三期，又改名爲《梁武帝寬刑法》刊於《呂思勉讀史札記》初版、新版）

《古今所無何八議之有》（原刊天津一九四七年上海《益世報》副刊“史苑”第三十四期，又改名爲《曲法失刑》刊於《呂思勉讀史札記》初版、新版）

《御史不宜司審理》

《赦前侵盜仍究》（以上二篇原刊天津一九四七年上海《益世報》副刊“史苑”第三十四期，又刊於《呂思勉讀史札記》初版、新版）

《諸署共咒詛》

《吉翰》（以上二篇原刊天津《民國日報》副刊“史與地”第三十五期，又刊於《呂思勉讀史札記》初版、新版）

《論美國助我練兵事宜緩行》（原刊《永安月刊》第九十二期，又刊於《呂思勉先生年譜長編》）

《許君松如傳》

《潘正鐸文木〈天南旅稿〉序》（以上二篇原刊《呂思勉先生編年事輯》，又刊於《呂思勉詩文叢稿》、《呂思勉先生年譜長編》）

一九四八年（民國三十七年，戊子）　六十五歲

《日記·思渠記序》（原刊《常州文史資料》第五輯，又刊於《呂思勉先生編

年事輯》、《呂思勉先生年譜長編》）

《兩晉南北朝史》［一九四八年十月上海開明書店初版發行］

《梁末被焚書籍》（原刊一九四八年一月七日《東南日報》，又刊於《呂思勉讀史札記》初版、新版）

《父子相似》（原刊一九四八年二月二十五日《東南日報》，又刊於《呂思勉讀史札記》初版、新版）

《四部》（原刊一九四八年三月二四日《東南日報》，又刊於《呂思勉讀史札記》初版、新版）

《方德修〈東北地方沿革及其民族〉序》［寫於一九四六年六月二十七日，原刊方德修《東北地方沿革及其民族》（開明書店一九四八年三月初版），又刊於《呂思勉遺文集》上、《呂思勉論學叢稿》］

《儒將》［原刊《國防月刊》第五卷第四期（一九四八年四月出版），又刊於《呂思勉遺文集》下、《呂思勉讀史札記》新版］

《吐蕃緣起》（原刊一九四八年七月二十二日《東南日報》，又刊於《呂思勉讀史札記》初版、新版）

《金人》（原刊一九四八年七月二十八日《東南日報》，又刊於《呂思勉讀史札記》初版、新版）

《中國文化診斷的一說》［原刊《中國建設》第六卷第五期（一九四八年八月一日），又刊於《呂思勉遺文集》上、《呂思勉論學叢稿》］

《中國文化診斷續說——教育界的彗星》［原刊《中國建設》第六卷第六期（一九四八年九月一日），又刊於《呂思勉遺文集》上、《呂思勉論學叢稿》、《大家小集：呂思勉集》（節錄）］

《輪迴》（原刊一九四八年九月一日《東南日報》，又刊於《呂思勉讀史札記》初版、新版）

《沙門致敬人主》（原刊一九四八年十月十三日《東南日報》，又刊於《呂思勉讀史札記》初版、新版）

《沙門與政》（上）（原刊一九四八年十月十三日《東南日報》，又刊於《呂思勉讀史札記》初版、新版）

《沙門與政》（下）（原刊一九四八年十月二十日《東南日報》，又刊於《呂思勉讀史札記》初版、新版）

《唐代吐蕃兵力》（原刊一九四八年十二月六日《東南日報》，又刊於《呂思勉讀史札記》初版、新版）

《光華大學小史》〔原刊《光華大學旅臺校友會第一屆年會年刊》（一九四八年十二月三一日出版），又刊於《光華通訊》第五期（一九四九年出版）、《呂思勉詩文叢稿》〕

《因禍而爲福轉敗而爲功》（原刊《呂思勉先生年譜長編》）

一九四九年（民國三十八年，己丑）　六十六歲

《日記・獨立記序》（原刊《常州文史資料》第五輯，又刊於《呂思勉先生編年事輯》、《呂思勉先生年譜長編》）

《女國》（原刊一九四九年二月二十七日《東南日報》，又刊於《呂思勉讀史札記》初版、新版）

《西山八國》（原刊一九四九年三月六日《東南日報》，又刊於《呂思勉讀史札記》初版、新版）

《唐代市舶》（原刊一九四九年三月二十日《東南日報》，又刊於《呂思勉讀史札記》初版、新版）

《官南方者之貪》（原刊一九四九年四月八日《東南日報》，又刊於《呂思勉讀史札記》初版、新版）

《張壽鏞先生傳略》（原刊《呂思勉先生編年事輯》，又刊於《呂思勉詩文叢稿》、《呂思勉先生年譜長編》）

《致朱琨三封信》（原刊《呂思勉先生編年事輯》，又刊於《呂思勉先生年譜長編》）

一九五〇年（庚寅）　六十七歲

《日記・謹庸記序》（原刊《常州文史資料》第五輯，又刊於《呂思勉先生編年事輯》、《呂思勉先生年譜長編》）

《唯物史觀中國史校記》（原刊《呂思勉先生編年事輯》，又刊於《呂思勉詩文叢稿》、《呂思勉先生年譜長編》）

《評〈唯物史觀中國史〉》（原刊《呂思勉詩文叢稿》，又刊於《呂思勉先生年譜長編》）

《論房地産稅》（原刊《呂思勉先生年譜長編》）

《光華工會的誕生與光華的前途》（與童養年合撰，原刊《光華大學二五週年特刊》，又刊於《呂思勉先生年譜長編》）

一九五一年(辛卯)　六十八歲

《日記·除惡記序》(原刊《常州文史資料》第五輯,又刊於《呂思勉先生編年事輯》、《呂思勉先生年譜長編》)

《致葉聖陶周建人建議便利漢字部書》(原刊一九五一年九月十九日上海《大公報》,又刊於《呂思勉先生編年事輯》、《呂思勉詩文叢稿》)

《論大學國文係散文教學方法》(原刊《呂思勉遺文集》上,又刊於《呂思勉論學叢稿》、《爲學十六法》)

《中國通史的分期》

《中國通史晉朝部分綱要》(以上二篇原刊《呂思勉遺文集》上,又刊於《呂著中小學教科書五種》)

《關於中國文字的問題》[原刊《呂思勉先生編年事輯》,又刊於《呂思勉詩文叢稿》、《大家小集:呂思勉集》(節録)]

《女弟子楊麗天至北京入軍事學校書來索詩賦此却寄》(原刊《誠之詩稿》,又刊於《呂思勉先生編年事輯》、《呂思勉遺文集》下、《呂思勉詩文叢稿》、《呂思勉先生年譜長編》)

一九五二年(壬辰)　六十九歲

《日記·致知記序》[原刊《常州文史資料》第五輯,又刊於《呂思勉先生編年事輯》、《呂思勉先生年譜長編》]

《擬編中國通史説略》

《擬中國通史教學大綱》

《魏晉南北朝史綱要》(以上三篇原刊《呂思勉遺文集》上,又刊於《呂著中小學教科書五種》)

《斷代史札録》[原刊上海古籍出版社“呂思勉文集”《先秦史》、《秦漢史》、《兩晉南北朝史》(二〇〇五年七月出版)]

《三反及思想改造學習總結》[原刊《常州文史資料》第五輯(改題爲《自述》,有删節),又刊於《呂思勉先生編年事輯》(節録)、《蒿廬問學記》(有删節)、《史學理論研究》(一九九六年第四期)、《呂思勉遺文集》上、《呂思勉論學叢稿》、《爲學十六法》(節録)、《大家小集:呂思勉集》(節録)。又收録《國史館現藏民國人物傳紀史料匯編》第十九輯(改題爲《呂思勉先生自述》,節録,臺灣國史館一九九九年八月初版),楊孝軒:《名家談生涯規劃》(臺灣尼羅河書房二〇〇一年五月初版)]

《日報版式印數静議》(原刊《呂思勉先生編年事輯》,又刊於《呂思勉先生

年譜長編》）

《書店宜印行完全書目議》（原刊《吕思勉先生編年事輯》，又刊於《吕思勉先生年譜長編》）

《題傅鈍安遺墨》（原刊《誠之詩稿》，又刊於《吕思勉先生編年事輯》、《吕思勉遺文集》下、《吕思勉詩文叢稿》、《吕思勉先生年譜長編》）

《聯語》（四七則，原刊《吕思勉遺文集》下；後又發現若干草稿，共六三則，又刊於《吕思勉詩文叢稿》、《吕思勉先生年譜長編》）

一九五三年（癸巳） 七十歲

《日記·老學記序》（原刊《常州文史資料》第五輯，又刊於《吕思勉先生編年事輯》、《吕思勉先生年譜長編》）

《史籍選文評述》（原爲任教華東師範大學歷史係“史籍選讀”課講義，“評述”部分刊於《吕思勉遺文集》上，全文刊於《史學與史籍七種》）

《致解放日報再議報紙發行書》

《致解放日報讀者來信組書》（以上二篇刊於《吕思勉先生年譜長編》）

《致陳楚祥兩封信》（原刊《吕思勉先生編年事輯》，又刊於《吕思勉先生年譜長編》）

《癸巳重九約真期集滬上公園嘯篁最先成即次其韻》（原刊《誠之詩稿》，又刊於《吕思勉先生編年事輯》、《吕思勉遺文集》下、《吕思勉詩文叢稿》、《吕思勉先生年譜長編》）

一九五四年（甲午） 七十一歲

《日記·莊敬記序》（原刊《常州文史資料》第五輯，又刊於《吕思勉先生編年事輯》、《吕思勉先生年譜長編》）

《中國史籍讀法》〔原爲任教華東師範大學歷史係“中國史籍讀法”課講義，原刊《史學四種》（上海人民出版社一九八一年十二月版）〕

《三國史話》（臺灣開明書店一九五四年五月臺一版，一九八四年四月臺六版）

《中國通史》（臺灣開明書店一九五四年臺一版）

一九五五年（乙未） 七十二歲

《日記·餘生記序》（原刊《常州文史資料》第五輯，又刊於《吕思勉先生編

《年事輯》、《吕思勉先生年譜長編》）

《筆記・高敬軒》

《筆記・樹木老人》（以上二篇原刊《吕思勉先生編年事輯》，又刊於《吕思勉先生年譜長編》）

一九五六年（丙申）　七十三歲

《文質（二）》

《尊隱》

《仁義》

《見解落後》

《致中共上海市委學校工作部信》（以上五篇刊於《吕思勉先生年譜長編》）

一九五七年（丁酉）　七十四歲

《論文字之改革》［原刊《吕思勉遺文集》上（有删節）、又刊於《吕思勉論學叢稿》、《文字學四種》上海古籍出版社“吕思勉文集”二○○九年八月版］

《古學制》

《宦》

《鄉校》［以上三篇原刊《華東師範大學學報》一九五七年第三期（一九五七年七月十五日出版），又刊於《吕思勉讀史札記》初版、新版］

《古史時地略説（上、續）》［原刊《華東師範大學學報》一九五七年第四期（一九五八年八月出版），又刊於《吕思勉讀史札記》初版、新版］

《經子解題》（臺北商務印書館一九五七年出版）

《筆記・金華亭》

《筆記・盛康續經世文編》

《莊仲威先生傳》

《汪叔良茹茶室詩序》

《弈棋之經歷》（以上六篇原刊《吕思勉先生編年事輯》，又刊於《吕思勉先生年譜長編》）

《外王父程君傳》

《先考妣事述》（以上二篇原刊《吕思勉遺文集》下，又刊於《吕思勉詩文叢稿》、《吕思勉先生年譜長編》）

《文木過濾出篋屬書口占相贈》（原刊《吕思勉先生編年事輯》，又刊於《吕

思勉遺文集》下、《吕思勉詩文叢稿》、《吕思勉先生年譜長編》）

一九五八年

《燕石續札》[上海人民出版社一九五八年一月初版發行，收入《吕思勉讀史札記》初版、新版，一九九一年十二月收入上海書店影印《民國叢書》第三編（八八）]

《中國未經游牧之世》

《兔園策》[以上二篇原刊《華東師範大學學報》一九五八年第一期（一九五八年一月一五日出版），又刊於《論學集林》、《吕思勉讀史札記》初版、新版]

一九五九年

《隋唐五代史》[中華書局一九五九年九月初版發行（以下簡稱中華書局版）未刊《總論》，有較多删改]

一九六〇年

《三國史話》[臺灣開明書店“文化社叢書”一九六〇年出版]

一九六二年

《先秦史》

《秦漢史》

《兩晉南北朝史》（以上三種由香港太平書局一九六二年出版）

《古史辨》（第七册）（香港太平書局一九六二——一九六三年出版）

一九六三年

《經子解題》（香港太平書局“國學小叢書”一九六三年出版）

《雲自在龕隨筆等三種》（即繆荃孫《雲自在龕隨筆》、劉文典《三餘札記》、吕思勉《燕石札記》合刊，楊家駱主編《中國學術名著》第六輯《讀書札記》第二集第三十八册，臺灣世界書局一九六三年四月初版）

一九六四年

《宋代文學》（香港商務印書館一九六四年三月出版，一九七三年一月重印）

《史通評》（香港太平書局一九六四年出版）

一九六五年

《新唐書選注》(臺灣商務印書館"萬有文庫薈要"一九六五年二月臺一版)

《經子解題》(臺灣商務印書館"萬有文庫薈要"一九六五年二月臺一版)

《字例略説》(臺灣商務印書館"國學小叢書"、"萬有文庫薈要"一九六五年十一月臺一版,一九九五年十月臺二版)

《章句論》(臺灣商務印書館"國學基本叢書"、"萬有文庫薈要"一九六五年出版)

一九六七年

《史通評》(臺灣商務印書館"人人文庫"一九六七年出版)

《字例略説》(臺灣商務印書館一九六七年臺一版)

一九六八年

《燕石札記》(臺灣商務印書館"人人文庫"一九六八年臺一版)

《經子解題》(臺灣商務印書館"國學小叢書"、"萬有文庫薈要之"一九六八年出版)

一九六九年

《中國通史》(上、下)(即《吕著中國通史》,香港上海印書館一九六九年一月第一版)

《秦漢史》(臺灣開明書店一九六九年出版)

一九七一年

《吕著中國通史》(臺灣樂天出版社"樂天人文叢書"一九七一年出版)

《新唐書選注》(臺灣商務印書館一九七一年臺一版,一九七七年臺二版)

一九七三年

《經子解題》(香港太平書局一九七三年出版)

一九七四年

《歷史研究法二種》[即何炳松《歷史研究法》(商務印書館一九二七年版)與吕思勉《歷史研究法》(上海永祥印書館一九四五年版)的合刊,臺灣華世出

版社一九七四年出版〕

《三國史話》(臺灣開明書店"文化叢書"一九七四年出版)

一九七五年

《燕石續札》(臺灣華世出版社一九七五年出版)

《白話本國史》(臺灣鼎文書局一九七五年出版)

《史通釋評》(蒲起龍釋、吕思勉評,臺灣臺北華世出版社一九七五年出版,一九八一年再版)

一九七七年

《章句論》(臺灣商務印書館"人人文庫"一九七七年三月臺一版)

《理學綱要》(臺灣華世出版社一九七七年出版)

《經子解題》(臺灣河洛圖書出版社"河洛文庫"一九七七年出版)

《隋唐五代史》〔上、下,臺灣九思出版社"九思叢書"(二十)一九七七年十二月臺一版,刪去前言〕

一九七八年

《經子解題》〔臺灣河洛出版社一九七八年出版〕

一九八〇年

《隋唐五代史》〔香港太平書局一九八〇年一月第一版(版本與中華書局版同)〕

一九八一年

《史學四種》(上海人民出版社一九八一年十二月第一版,收入《歷史研究法》、《中國史籍讀法》、《史通評》、《文史通義評》)

一九八二年

《吕思勉讀史札記》(上海古籍出版社一九八二年八月第一版,收入《燕石札記》、《燕石續札》及各類札記共五二六篇)

《先秦史》(上海古籍出版社一九八二年九月影印出版)

《古史辨》(第七册)(上海古籍出版社一九八二年十一月影印出版)

《小説叢話》(刊於《古代文學理論研究叢刊》第六輯一九八二年版)

一九八三年

《吕思勉舊體詩十一首》(刊於《常州古今·續毗陵詩録》一九八三年五月版)

《胡考》

《匈奴文化索引》[以上二篇收入林干《匈奴史論文選集》(一九一九—一九七九)(北京)中華書局一九八三年三月版]

《秦漢史》(上海古籍出版社一九八三年二月影印出版)

《兩晉南北朝史》(上海古籍出版社一九八三年八月影印出版)

《漢時珠玉之價》

《漢人不重黄金》

《漢聘皇后金》

《漢武以酷法行幣》

《皮幣》

《商賈以幣變易積貨逐利》

《居邊而富》

《牢盆》

《入中入邊之原》

《晉度田收租之制》

《户調之始》

《滂》

《疇官》

《冰鑒》

《盜摩錢質取鋊》[以上十五篇刊於《中華文史論叢》第一輯(總第二五輯),一九八三年二月版]

《劉君脊生傳》(刊於《常州文史資料》第三輯,一九八三年六月)

《吕思勉讀史札記》(臺灣木鐸圖書出版社一九八三年出版)

一九八四年

《隋唐五代史》[上海古籍出版社一九八四年一月影印出版(版本與中華書局版同),增刊總論]

《常州物價紀實》

《歲首日記序言抄》〔以上二篇刊於《常州文史資料》第五輯〕

《自述》〔即《三反及思想改造學習總結》，刊於《常州文史資料》第五輯，一九八四年十月出版（有刪節）〕

一九八五年

《中國制度史》〔上海教育出版社一九八五年五月第一版（有刪節），一九九八年五月第二版〕

《文字學四種》〔包括《章句論》、《中國文字變遷考》、《字例略説》、《説文解字文考》，上海教育出版社一九八五年六月第一版〕

《先秦學術概論》〔上海大百科全書出版社一九八五年六月第一版，一九九六年二月上海東方出版中心第二次印刷〕

《王省三小傳》〔刊於《光華校友通訊》第四期（一九八五年）〕

一九八六年

《吕思勉詩二首》〔刊於《中國當代詩詞選》，（南京）江蘇文藝出版社一九八六年十二月出版〕

《中國制度史》（上、下，臺灣丹青圖書公司一九八六年臺一版）

一九八七年

《中國民族史》（中國大百科全書出版社一九八七年十一月第一版）

《論學集林》（上海教育出版社一九八七年十二月第一版）

一九八八年

《理學綱要》（上海書店一九八八年三月影印出版）

《國史上的宗教》〔即《吕著中國通史》第十八章宗教。收入韓復智主編《中國史論集》（上册），臺灣茂昌圖書有限公司一九八八年八月修訂版初版。又收入中國通史研討會、臺北市木柵國立政治大學歷史係辦公室編《中國通史論文選集》，臺灣聖輯美術廣告事業有限公司一九九一年九月初版〕

一九八九年

《中國文字變遷考》〔收入《民國叢書》第一編（五三）語言文字類，上海書

店一九八九年影印出版〕

《歷史研究法》〔收入《民國叢書》第一編（七三）歷史地理類，上海書店影印一九八九年影印出版〕

《中國民族史》〔收入《民國叢書》第一編（八十）歷史地理類，上海書店影一九八九年影印出版〕

《中國文字變遷考》（《民國叢書》選印，上海書店一九八九年十二月影印出版）

一九九〇年

《理學綱要》（收入《民國叢書》第二編，上海書店一九九〇年影印出版）

《白話本國史》（收入《民國叢書》第二編，上海書店一九九〇年影印出版）

《文字學四種》（臺灣臺北華正書局一九九〇年出版）

一九九一年

《燕石札記》（收入《民國叢書》第三編，上海書店一九九一年影印出版）

一九九二年

《論詩》〔刊於《江西詩詞》一九九二年第一、二、三、四期（總第二三、二四、二五、二六期），未刊引詩原文〕

《吕著中國通史》（華東師範大學出版社一九九二年八月第一版，二〇〇五年十二月第二版）

《先秦學術概論》〔收入《民國叢書》第四編（〇〇一），上海書店一九九二年影印出版〕

一九九三年

《汪叔良茹茶室詩序》〔刊於《江西詩詞》一九九三年第一期（總第二七期）〕

《兩年詩話》〔刊於《江西詩詞》一九九三年第二、三期（總第二八、二九期）〕

《經子解題》（臺灣復文圖書出版社一九九三年六月影印第二版）

一九九四年

《盤古考》

《女媧與共工》〔以上二篇收入馬昌儀編《中國神話學選萃》，中國廣播電視出版社一九九四年二月出版〕

一九九五年

《〈古文觀止〉評講録》[吕思勉講、黄永年記，刊於《學術集林》（卷三），上海遠東出版社一九九五年四月出版]

《張咏霓先生創辦光華大學記》[收入《約園著作選輯》，中華書局一九九五年四月出版]

《史學研究方法要籍三種》[即陸懋德《史學方法大綱》，何炳松《歷史研究法》，吕思勉《歷史研究法》（《歷史研究法》、《白話本國史·緒論·歷史的定義》、《怎樣讀中國歷史》合刊，有删節），（臺北）翰蘆圖書出版有限公司一九九五年九月初版]

《字例略説》[商務印書館（香港）股份有限公司"新人人文庫"一九九五年十月第二版]

《經子解題》（華東師範大學出版社一九九五年十二月第一版，一九九六年三月第二版）

《歷史研究法》（臺灣臺北五南圖書出版股份有限公司一九九五年出版）

《光華小史》

《王省三先生小傳》

《自述》（節録）

《張咏霓先生創辦光華大學記》（以上四篇刊於光華大學校友會編纂《光華的足迹》，一九九五年刊印）

一九九六年

《中國民族史》[（北京）東方出版中心一九九六年三月第一版]

《自述——三反及思想改造學習總結》（刊於《史學理論研究》一九九六年第四期）

《經子解題》[商務印書館（香港）股份有限公司"新人人文庫"一九九六年五月第二版]

一九九七年

《致劉重熙信》（刊於《復旦大學檔案館館藏名人手札選》，復旦大學出版社一九九七年九月出版）

《吕思勉遺文集》（上、下，華東師範大學出版社一九九七年九月第一版）

《吕著中國近代史》（華東師範大學出版社一九九七年九月第一版，收入

《中國近代史講義》、《中國近世史前編》、《中國近百年史概説》、《中國近世文化史補編》、《日俄戰争》）

一九九八年

《談古史的閲讀與研究》［即《中國史籍讀法》六、七兩章，刊於胡道静主編《國學大師論國學》，東方出版中心一九九八年四月出版（篇名爲編者所加）］

二〇〇〇年

《吕思勉説史》［姜俊俊編，上海古籍出版社編入“名家説──‘上古’學術萃編”叢書二〇〇〇年五月第一版，收録《讀史札記》六十五篇］

二〇〇一年

《經子解題》［三聯書店（香港）有限公司“大師小作叢書”二〇〇一年四月第一版］

《三國史話》（遼寧教育出版社“新世紀萬有文庫”第五輯，二〇〇一年二月第一版）

二〇〇二年

《吕著史學與史籍》（華東師範大學出版社二〇〇二年六月第一版，收入《歷史研究法》、《史籍與史學》、《中國史籍讀法》、《史籍選文述評》、《史通評》、《文史通義評》）

《中國制度史》（上海世紀出版集團上海教育出版社二〇〇二年九月第一版，附“校後記”）

二〇〇五年

《致劉重熙信》（一九四〇，五）（原刊《百年復旦──復旦大學檔案館藏名人手札真本·典藏本》，上海人民出版社二〇〇五年一月版）

《白話本國史》（上海古籍出版社“吕思勉文集”二〇〇五年七月第一版）

《先秦史》（上海古籍出版社“吕思勉文集”二〇〇五年七月第一版）

《秦漢史》（上海古籍出版社“吕思勉文集”二〇〇五年七月第一版）

《兩晉南北朝史》（上海古籍出版社“吕思勉文集”二〇〇五年十一月第一版）

《隋唐五代史》(上海古籍出版社"呂思勉文集"二〇〇五年十一月第一版)

《呂思勉讀史札記》(上海古籍出版社"呂思勉文集"二〇〇五年十二月第一版)

二〇〇六年

《中國史》(即《復興高級中學教科書本國史》,上海古籍出版社二〇〇六年七月第一版)

《呂思勉論學叢稿》(上海古籍出版社"呂思勉文集"二〇〇六年十二月第一版)

《呂著三國史話》(插圖本)〔收入《三國史話》十六篇、《三國史話之餘》四篇、附錄札記十八篇,中華書局二〇〇六年十二月第一版〕

二〇〇七年

《中國簡史》(上、下)〔即《復興高級中學教科書本國史》,中國工人出版社二〇〇七年六月第一版,書前有推薦序,書末有附錄(《從我學習歷史的經過說到現在的學習方法》),章節前引呂書原文爲題頭,附插圖,文字上稍有改動〕

《中國社會史》(即《中國制度史》,增補了原階級一章,以及商業、財產、征榷、官制、選舉、刑法等章中删去的段落,上海古籍出版社"呂思勉文集"二〇〇七年十一月第一版)

二〇〇八年

《中國通史》(插圖珍藏版)〔即《白話本國史》,新世界出版社二〇〇八年一月第一版〕

《先秦學術概論》〔上海東方出版中心二〇〇八年一月第二版,附《經子解題》(未刊序言)〕

《呂思勉文史四講》〔呂思勉述、黃永年記,包括《國文——〈古文觀止〉評講錄》、《本國史》、《中國文化史》、《國學概論》,中華書局二〇〇八年三月第一版〕

《中國文化史》(插圖珍藏本)〔即《呂著中國通史》上冊,新世界出版社二〇〇八年三月第一版〕

《呂思勉中國文化史》(插圖珍藏版)〔即《呂著中國通史》上冊,海潮出版社收入"國學大講堂"二〇〇八年四月第一版,增添節目,有删改〕

《理學綱要》［江蘇文藝出版社“北斗叢書”二〇〇八年四月第一版］

《吕思勉經典文存》［洪治綱主編，上海大學出版社二〇〇八年四月第一版，收入：《文化史六講》、《古代人性論十家五派》、《中國古代哲學與道德的關係》、《古代之印度與佛教》、《西漢哲學思想》、《魏晉玄談》、《訂戴》、《蒙古種族考》、《歷史上之民兵與募兵》、《古史紀年考》、《漢人訾産雜論》、《秦漢移民論》、《先秦學術概論·總論》、《論讀經之法》、《論讀子之法》、《論吴越文化》、《釋仁》、《釋因》、《釋大順》、《小説叢話》、《新舊文學之研究》、《〈詩經〉與民歌》、《論文史》、《〈古史家傳記文選〉導言》、《怎樣讀中國歷史》，附吕思勉生平及著作年表］

《吕思勉講國學》［包括《經子解題》、《理學綱要》、《史籍與史學》，（北京）金城出版社“大家讀大家”叢書二〇〇八年五月第一版］

《中國民族史兩種》［包括《中國民族史》、《中國民族演進史》，上海古籍出版社“吕思勉全集”二〇〇八年五月第一版］

《吕思勉講中國政治》［包括《中國政治史》（即《吕著中國通史》下册）、《中國政治思想史十講》，九州出版社“吕思勉講史系列”二〇〇八年七月第一版］

《吕思勉講中國文化》［包括《中國文化史》（即《吕著中國通史》上册）、《中國文化史六講》、《中國近代文化史》，九州出版社“吕思勉講史系列”二〇〇八年七月第一版］

《吕思勉講三國》［九州出版社“吕思勉講史系列”二〇〇八年七月第一版］

《中國史》（上、下）［即《白話本國史》，中國社會科學出版社“大國歷史”叢書二〇〇八年六月第一版］

《中國近代史八種》［包括《中國近代史講義》、《中國近世史前編》、《中國近百年史概説》、《中國近代文化史補編》、《日俄戰争》、《國恥小史》、《本國史補編》、《中國近代史表解》，上海古籍出版社“吕思勉文集”二〇〇八年八月第一版］

《吕思勉講史》（上、下）［即《白話本國史》，長征出版社“領導幹部讀經典”二〇〇八年十月第一版］

《吕思勉講帝國前史》［即《先秦史》，長征出版社“領導幹部讀經典”二〇〇八年十月第一版］

《吕思勉講秦漢帝國》（上、下）［即《秦漢史》，長征出版社“領導幹部讀經典”二〇〇八年十月第一版］

《吕思勉講隋唐帝國》（上、下）［即《隋唐五代史》，長征出版社“領導幹部

讀經典”二〇〇八年十月第一版］

《中國文化十六講》［其中第一至第五講選自柳詒徵的《中國文化史》，第六至十三講選自呂思勉《呂著中國通史》上冊。長征出版社“領導幹部讀經典”二〇〇八年十月第一版］

《國史十六講》［其中第一至第九講選自張蔭麟的《中國史綱》，第十至十六講選自呂思勉《高級中學教科書本國史》。長征出版社“領導幹部讀經典”二〇〇八年十月第一版］

《呂思勉講思想史》［葛劍雄主編，收入《中國政治思想史十講》、《中國文化史六講》、《史籍與史學》，鳳凰出版社“近代學術名家大講堂”二〇〇八年十一月第一版］

《三國史話》［收入《三國史話》十六篇、《三國史話之餘》四篇、附錄札記文三十三篇，天津人民出版社“隱藏的大家”叢書二〇〇八年十二月第一版］

二〇〇九年

《中華民族源流史》［包括《中國民族演進史》、《中國民族史》，九州出版社“呂思勉講史系列”二〇〇九年一月第一版］

《每天學點中國史》［即《復興高級中學教科書本國史》，中央編譯出版社二〇〇九年一月第一版］

《袖珍中國史》［即《呂著中國通史》（節錄），人民日報出版社二〇〇九年一月第一版，二〇一二年六月第二版］

《呂著三國史話》（插圖本）［收入《三國史話》、《三國史話之餘》二十篇、《附錄》十八篇，中國青年出版社二〇〇九年三月第一版］

《中國通史》［即《呂著中國通史》，上海古籍出版社“呂思勉文集”二〇〇九年四月第一版］

《呂著中國通史》［當代世界出版社二〇〇九年四月第一版］

《中國文化思想史九種》［包括《醫籍知津》、《群經概要》、《經子解題》、《中國文化史六講》、《理學綱要》、《先秦學術概論》、《大同釋義》、《中國社會變遷史》、《中國政治思想史十講》，上海古籍出版社“呂思勉文集”二〇〇九年四月第一版］

《三國史話》［收入《三國史話》、《三國史話之餘》二十篇、附錄二十篇，中華書局“跟大師學國學”叢書二〇〇九年五月第一版］

《呂思勉文集》［收入《三國史話》、《讀三國史札記》、《秦漢史·三國》、《中

國文化史六講》，綫裝書店二〇〇九年七月第一版］

《文字學四種》［包括《章句論》、《中國文字變遷考》、《字例略説》、《説文解字文考》，上海古籍出版社“呂思勉文集”二〇〇九年八月第一版］

《中國文字變遷考》［臺灣臺中市文聽閣圖書公司“民國時期語言文字學叢書”二〇〇九年十月第一版］

《字例略説》［臺灣臺中市文聽閣圖書公司“民國時期語言文字學叢書”二〇〇九年十月第一版］

《説文解字文考》［臺灣臺中市文聽閣圖書公司“民國時期語言文字學叢書”二〇〇九年十月第一版］

《白話本國史》［中國友誼出版社“大家講史”叢書二〇〇九年十月第一版］

《先秦史》［中國友誼出版社“大家講史”叢書二〇〇九年十月第一版］

《秦漢史》［中國友誼出版公司“大家講史”叢書二〇〇九年十月第一版］

《兩晉南北朝史》［中國友誼出版公司“大家講史”叢書二〇〇九年十月第一版］

《隋唐五代史》［中國友誼出版公司“大家講史”叢書二〇〇九年十月第一版］

《中國歷代動亂十六講》［即《白話本國史》、《呂著中國通史》以及張蔭麟《中國史綱》部分章節節録，中國友誼出版社“國學經典藏書”二〇〇九年十月第一版］

《中國歷代興衰得失十六講》［即《白話本國史》、《呂著中國通史》以及張蔭麟《中國史綱》部分章節節録，中國友誼出版社“國學經典藏書”二〇〇九年十月第一版］

《文化十六講》［前五講取自柳詒徵《中國文化史》，後十一講取自《呂著中國通史》上册，中國友誼出版社“國學經典藏書”二〇〇九年十月第一版］

《國史十六講》［前九講取自張蔭麟《中國史綱》，後七講取自《呂著中國通史》，章節上有合併調整，中國友誼出版社“國學經典藏書”二〇〇九年十月第一版］

《三國史話》［收入《三國史話》十六篇、《三國史話之餘》二篇、《附録》二十四篇，中國三峽出版社二〇〇九年十一月第一版］

《三國史話》［商務印書館（香港）有限公司二〇〇九年十一月第一版］

《史學與史籍七種》［包括《歷史研究法》、《史籍與史學》、《中國史籍讀法》、《史通評》、《文史通義評》、《古史家傳記文選》、《史籍選文評述》及《新唐

書選注》序選目注釋，上海古籍出版社"呂思勉文集"二〇〇九年十一月第一版〕

《呂思勉講國學》〔包括《經子解題》、《國學概論》、《理學綱要》、《中國文化史》，華文出版社"國學經典藏書"二〇〇九年十二月第一版〕

二〇一〇年

《呂著史地通俗讀物四種》〔包括《蘇秦張儀》、《關岳合傳》、《中國地理大勢》、《三國史話》，上海古籍出版社"呂思勉文集"二〇一〇年三月第一版〕

《中國通史》〔即《呂著中國通史》，陝西師範大學出版社二〇一〇年五月第一版〕

《白話本國史》(插圖本)〔中國言實出版社二〇一〇年五月第一版〕

《呂著中國通史》(插圖本)〔中國言實出版社二〇一〇年五月第一版〕

《蘇秦張儀》〔臺灣文聽閣圖書出版公司二〇一〇年五月出版〕

《文學與文選四種》〔包括《宋代文學》、《論詩》、《中國文學史選文》、《國文選文》，上海古籍出版社"呂思勉文集"二〇一〇年六月第一版〕

《呂思勉講中國史》〔即《復興高級中學教科書本國史》，商務印書館(香港)有限公司二〇一〇年七月第一版〕

《中國史》〔即《白話本國史》，中國華僑出版社二〇一〇年十月第一版〕

《中國通史》〔即《呂著中國通史》，中國商業出版社二〇一〇年十一月第一版〕

《理學綱要》

《三國史話》

《先秦學術概論》(附《經子解題》)

《中國民族史》〔以上四種收入嶽麓書社"民國學術文化名著"叢書二〇一〇年十二月第一版〕

《秦漢史》〔收入商務印書館"中華現代學術名著叢書"二〇一〇年十二月第一版，書末附有《呂思勉先生學術年表》(呂方)、《呂思勉及其〈秦漢史〉》(王子今)二篇〕

二〇一一年

《中國大歷史》〔即《白話本國史》，湖南文藝出版社二〇一一年二月第一版〕

《三國史話》〔即《三國史話》、《三國史話之餘》、《附錄》三十六篇)，天津人

民出版社"經典常讀"二〇一一年四月第一版］

《中國通史》［即《呂著中國通史》，鳳凰出版社"插圖珍藏版"二〇一一年五月第一版］

《中國通史》（即《白話本國史》，武漢出版社"雙色典藏本"二〇一一年五月第一版，附"國民政府教育部關於取締呂思勉著《白話本國史》的訓令"）

《中國通史》［即《白話本國史》，中國致公出版社"雙色插圖珍藏本"二〇一一年五月第一版］

《呂著中小學教科書五種》（上、下，包括《國文教科書》、《新學制高級中學本國史》、《復興高級中學本國史》、《高中復習叢書本國史》、《初中標準教本本國史》，附錄：中國通史教學提綱六種，①上海古籍出版社"呂思勉文集"二〇一一年六月第一版）

《三國史話》［雲南人民出版社二〇一一年六月第一版］

《大家小集·呂思勉集》［廣東花城出版社二〇一一年八月第一版］

《呂思勉詩文叢稿》［上、下，舊體文稿、詩稿、小說和論學時政文稿，上海古籍出版社"呂思勉文集"二〇一一年十月第一版］

《民國國文課本》［即《新式高等小學國文教科書》，上、下，九州出版社"白話珍藏版"二〇一一年十一月第一版］

《中國通史》［即《呂著中國通史》，江西人民出版社二〇一一年十一月第一版］

《呂思勉學術文集》（上海人民出版社"思勉文庫"二〇一一年十二月第一版）

《中國近代史》［即《中國近代史講義》，嶽麓書社"民國學術文化名著"叢書二〇一一年十二月第一版，附"後記"一篇］

二〇一二年

《中國近代史（一八四〇—一九四九）》（收入《中國近世史前編》、《中國近百年史概說》、《中國近代史講義》、《日俄戰爭》、《國恥小史》、《中國近世文化史》，華東師範大學出版社二〇一二年一月第一版）

《中國通史》［即《白話本國史》，中國紡織出版社二〇一二年一月第一版，

---

① 即《本國史提綱》（一九四四）、《擬編中國通史說略》（一九五二）、《擬中國通史教學大綱》（一九五二）、《中國通史分期》（一九五二）、《魏晉南北朝史綱要》（一九五三）、《中國通史晉朝部分綱要》（一九五三）。

改原民國紀年爲公元紀年]

《中國通史》[上、下，即《白話本國史》，外文出版社二〇一二年一月第一版，改原民國紀年爲公元紀年]

《三國史話》[收入《三國史話》十六篇，附錄十一篇。附梁滿倉《〈三國史話〉的大家風範》，北京出版社"大家小書"二〇一二年一月第一版]

《大中國史》[即《白話本國史》，吉林出版集團有限責任公司二〇一二年三月第一版，改原民國紀年改爲公元紀年]

《中國通史》[即《吕著中國通史》，中國畫報出版社"精裝插圖本"二〇一二年五月第一版]

《中國民族史》[東方出版社"民國學術經典文庫"二〇一二年五月第一版]

《唐朝大歷史》[即《隋唐五代史》上册唐朝部分，章節標題係編者改寫，北京聯合出版社二〇一二年五月第一版]

《中國通史》[即《吕著中國通史》，長江文藝出版社二〇一二年六月第一版，附"中國歷代紀元表"]

《中國通史》[即《吕著中國通史》，外文出版社二〇一二年六月第一版，附《三國史話》]

《吕著中國近代史》(收入《中國近代史講義》、《中國近世史前編》、《中國近百年史概説》、《中國近世文化史補編》、《日俄戰争》，武漢出版社二〇一二年七月第一版)

《中國通史》[即《吕著中國通史》，中國華僑出版社"圖文珍藏版"二〇一二年七月第一版，原民國紀年改爲公元紀年，有删改]

《理學綱要》[東方出版社"民國學術經典文庫"二〇一二年七月第一版]

《中國大歷史》[即《白話本國史》，中國華僑出版社"圖文珍藏版"二〇一二年六月第一版，原民國紀年改爲公元紀年，地名加新注]

《中國政治思想史》(即《中國政治思想史十講》，中華書局"跟大師學國學"二〇一二年八月第一版，附《春秋戰國之學術思想》、《鴉片戰争前之國内情形》、《中國政治與中國社會》三篇)

《中國古代政治的特點》(即《中國文化診斷續説》節錄，《北京青年報》二〇一二年九月十四日)

《這不是王莽一個人的失敗》(即《中國社會變遷史》第十章《漢代的社會改革》節錄，《北京青年報》二〇一二年九月二十八日)

《漢朝大歷史》[即《秦漢史》節選(自第三章第二節劉項亡秦至第九章第

十二節孫權取荆州，未刊原第一章總論，部分章節標題係編者改寫，北京聯合出版公司二〇一二年九月第一版〕

《中國通史》〔即《白話本國史》，中國城市出版社二〇一二年九月第一版〕

《中國簡史》〔即《復興高級中學教科書本國史》，中國工人出版社“插圖珍藏版”二〇一二年九月第一版〕

《中國歷史　大師談》〔第一章至第八章第一節取自張蔭麟《中國史綱》（上古篇），第八章第二節至第十五章取自呂思勉《復興高級中學教科書本國史》，安徽人民出版社“大師經典”二〇一二年九月第一版。章節有所合併，部分標題係編者所擬〕

《歷史上之遷都與還都》〔即《還都征故》節錄，《北京青年報》二〇一二年十月十二日〕

《檢察官要有些“呆氣”》〔即《三國史話》第六節“後漢的地理”節錄，《北京青年報》二〇一二年十月二十六日〕

《中國文化　大師談》〔第一章至第五章取自柳詒征《中國文化》（上古篇），第六章至第十章取自呂思勉《呂著中國通史》之“婚姻”、“族制”、“衣食”、“住行”、“宗教”，安徽人民出版社“大師經典”二〇一二年九月第一版。章節有所合併，部分標題係編者所擬〕

《呂思勉講中國通史》（即《呂著中國通史》，（雙色插圖版）武漢出版社二〇一二年十月第一版）

《三國史話》（生活·讀書·新知三聯書店二〇一二年十月第一版）

《文明民族何以反被野蠻民族所征服》（即《中國民族精神發展之我見》節錄，《北京青年報》二〇一二年十一月二日）

《宋武帝與陳武帝的度量》〔即《論度量——論宋武帝與陳武帝》節錄，《北京青年報》二〇一二年十一月十六日〕

《白話本國史》〔中國畫報出版社精裝插圖本，二〇一二年十一月第一版〕

《中國通史》〔即《白話本國史》，新世界出版社二〇一二年十二月第一版。原民國紀年爲公元紀年〕

《中國民族史　中國民族演進史》（上海古籍出版社“世紀文庫”二〇一二年十一月第一版）

《白話本國史》（上海古籍出版社“大學經典”二〇一二年十一月第一版）

《國學知識大全》〔即《國學概論》、《經子解題》、《理學綱要》、《中國文化史》、《歷史研究法》、《史學與史籍》、《中國史籍讀法》合刊，吉林出版集團有限

責任公司二〇一二年十二月第一版]

《中國大歷史》[即《復興高級中學教科書本國史》，新世界出版社二〇一二年十二月第一版]

《中國大歷史》[即《白話本國史》，中國華僑出版社二〇一二年十二月第一版。附錄"呂思勉讀史札記精選"十六篇]

二〇一三年

《呂著中國通史》[中國社會科學出版社二〇一三年一月第一版]

《大師的國學課七：帝國的興衰》[即《復興高級中學教科書本國史》，（南昌）江西教育出版社"瞭如指掌叢書"二〇一三年一月第一版]

《大師的國學課八：先秦史》[江西教育出版社"瞭如指掌叢書"二〇一三年一月第一版]

《大師的國學課九：中國斷代史·秦漢卷》[即《秦漢史》，江西教育出版社"瞭如指掌叢書"二〇一三年二月第一版]

《大師的國學課十：中國斷代史·兩晉南北朝卷》[即《兩晉南北朝史》，（南昌）江西教育出版社"瞭如指掌叢書"二〇一三年二月第一版]

《大師的國學課十一：中國斷代史·隋唐五代卷》[即《隋唐五代史》，（南昌）江西教育出版社"瞭如指掌叢書"二〇一三年二月第一版]

《中國近代史》[包括《中國近代史講義》、《中國近世史前編》、《中國近百年史概說》、《中國近百年史補編》、《中國近代文化史補編》、《日俄戰爭》、《國恥小史》、《中國近代史表解》，金城出版社二〇一三年三月第一版]

《呂思勉　白話本國史》[上、下，吉林人民出版社"中國學術文化名著文庫"二〇一三年三月第一版]

《呂思勉　中國政治史》[即《呂著中國通史》（下冊）與《中國政治思想史十講》合刊，吉林人民出版社"中國學術文化名著文庫"二〇一三年三月第一版]

《呂思勉　秦漢史》[吉林人民出版社"中國學術文化名著文庫"二〇一三年二月第一版]

《呂思勉　經子解題　錢基博　經學通誌》[吉林人民出版社"中國學術文化名著文庫"二〇一三年三月第一版]

《蔣維喬　楊大膺　宋明理學綱要　呂思勉　理學綱要》[吉林人民出版社"中國學術文化名著文庫"二〇一三年三月第一版]

《吕思勉　中國民族史》[吉林人民出版社“中國學術文化名著文庫”二○一三年三月第一版]

《吕著中國通史》[上、下，中國華僑出版社二○一三年四月第一版]

《三國史話》[包括《三國史話》，中國畫報出版社二○一三年四月第一版]

《先秦史》(上、下，文白對照版，楊杰、余松松、張坤譯，沈陽出版社二○一三年四月第一版)

《中國的歷史》(即《白話本國史》，北京聯合出版公司、陝西師範大學出版社“大家寫給大家”叢書二○一三年四月第一版)

《吕思勉自述》[包括：第一篇自述生平，第二篇家傳，第三篇學術主張，第四篇治學方法]安徽文藝出版社“二十世紀名人自述系列”二○一三年四月第一版。

《大中國史》[即《吕著中國通史》下册，中國書店“圖文珍藏本”二○一三年五月第一版，標題稍有修改]

《中學生不可不知的中國通史》[即《吕著中國通史》上册，中國市場出版社二○一三年五月第一版]

《中國通史》[即《復興高級中學教科書本國史》，吉林出版集團有限責任公司二○一三年六月第一版]

《吕思勉　三國史話》[與《崔適　史記探源》合刊，吉林人民出版社“中國學術文化名著文庫”二○一三年六月第一版]

《中國文化史》[即《吕著中國通史》上册，安徽人民出版社“傳世經典文庫”二○一三年六月第一版，章下增添二級小標題]

《史學叢書》(即《中國國體制度小史》、《中國政體制度小史》、《中國宗族制度小史》、《中國婚姻制度小史》、《中國階級制度小史》合刊，知識産權出版社“民國文存”叢書二○一三年七月第一版)

《吕思勉中國史》[即《白話本國史》，當代中國出版社二○一三年八月第一版。原民國紀年加注公元紀年，原注釋有所删改]

《中國通史》[即《吕著中國通史》，光明日報出版社二○一三年十月第一版]

《秦漢史》(上、中、下，文白對照版，束江濤、張德强、張坤譯，瀋陽出版社二○一三年十二月版)

二○一四年

《中國通史》[即《吕著中國通史》，吉林大學出版社“中外經典文庫”叢書

二〇一四年一月第一版]

《中華史記》[即《白話本國史》，當代世界出版社"收藏書坊"叢書二〇一四年一月第一版]

《吕思勉說三國》[包括《三國史話》、《三國史論》，江蘇人民出版社"含章文庫"二〇一四年一月第一版]

《國學綱要》[即《國學概論》、《經子解題》、《理學綱要》、《歷史研究法》、《史學與史籍》、《史籍與史學》、《中國史籍讀法》、《中國文化史》合刊，金城出版社二〇一四年一月第一版]

《中國通史》[上、下，即《吕著中國通史》，成都時代出版社二〇一四年一月第一版]

《三國史話》（大字版，中國盲文出版社二〇一四年一月第一版）

《上下五千年》（即《復興高級中學教科書本國史》，北京聯合出版公司"中小學生必讀叢書"二〇一四年一月第一版）

《中國通史》（上、下，即《白話本國史》，北京聯合出版公司"民國大師文庫"二〇一四年一月第一版）

《秦漢史》（上、下，北京聯合出版公司"民國大師文庫"二〇一四年一月第一版）

《隋唐五代史》（上、中、下，北京聯合出版公司"民國大師文庫"二〇一四年一月第一版）

《中國民族史》（北京聯合出版公司"民國大師文庫"二〇一四年一月第一版）

《中國政治史》（即《吕著中國通史》下册與《中國政治思想史十講》合刊，北京聯合出版公司"民國大師文庫"二〇一四年一月第一版）

《經子解題》（與錢基博《經學通誌》合刊，北京聯合出版公司"民國大師文庫"二〇一四年一月第一版）

《吕著中國通史》（即《白話本國史》，中國華僑出版社二〇一四年一月第一版）

《吕思勉　中國近代史》（包括《中國近代史講義》、《中國近世史前編》、《中國近百年史概説》、《中國近代文化史補編》、《日俄戰争》，吉林人民出版社"中國學術文化名著文庫"二〇一四年一月第一版）

《白話本國史》[（上海）三聯書店"民國滬上初版書‧復製版"二〇一四年一月第一版]

《中國文字變遷考》［（上海）三聯書店“民國滬上初版書・復製版”二○一四年三月第一版］

《理學綱要》［（上海）三聯書店“民國滬上初版書・復製版”二○一四年三月第一版］

《先秦學術概論》［（上海）三聯書店“民國滬上初版書・復製版”二○一四年三月第一版］

《簡明中國通史》［即《呂著中國通史》下册，化學工業出版社二○一四年四月第一版］

《中國文化史十八講》［即《呂著中國通史》上册，化學工業出版社二○一四年四月第一版］

《中國制度史（索引版）》［即《中國社會史》上、下册，中國和平出版社“民國大師文庫系列叢書”二○一四年五月第一版］

《歷史研究法　中國文字變遷考》（上海科學技術文獻出版社“民國首版學術經典叢書”二○一四年五月第一版）

《理學綱要》（上海科學技術文獻出版社“民國首版學術經典叢書”二○一四年五月第一版）

《白話本國史》（上海科學技術文獻出版社“民國首版學術經典叢書”二○一四年五月第一版）

《中國通史》［即《呂著中國通史》，附《怎樣讀中國歷史》，古吳軒出版社二○一四年六月第一版］

《中國通史》［即《呂著中國通史》，上海人民出版社“百年史學經典”叢書二○一四年六月第一版］

《三國史話》［（北京）中華書局“民國閱讀經典”二○一四年七月第一版］

《中國通史》［即《呂著中國通史》，中國文史出版社二○一四年八月第一版］

《中國通史》［即《呂著中國通史》，天津人民出版社二○一四年八月第一版］

《中國政治史》［即《呂著中國通史》下册，鷺江出版社“呂思勉中國史系列”二○一四年八月第一版］

《中國通史》［即《呂著中國通史》，萬卷出版公司二○一四年九月第一版］

《三國史話》［即《三國史話》、《三國史話之餘》及三國史札三十五篇，江蘇美術出版社“生詞注音版”二○一四年九月第一版］

《吕思勉講中國文化史》[即《吕著中國通史》上册,當代世界出版社二〇一四年九月第一版]

《中國文化史》[即《吕著中國通史》上册,鷺江出版社"吕思勉中國史系列"二〇一四年十月第一版]

《三國史話》[即《三國史話》、《三國史話之餘》及後漢史論、三國史札十八篇,鷺江出版社"吕思勉中國史系列"二〇一四年十月第一版]

《中國通史》[即《白話本國史》,外文出版社二〇一四年十月第一版]

《吕思勉文集》[四卷,即《白話本國史》、《吕著中國通史》和《中國近代史》,民主與建設出版社二〇一四年十月第一版]

《中國近代史》[即《中國近代史講義》、《中國近世史前編》、《中國近百年史概説》、《中國近世文化史補編》和《日俄戰爭》合刊,江蘇人民出版社"含章文庫"二〇一四年十一月第一版]

《先秦史》[(南京)江蘇人民出版社"含章文庫"二〇一四年十一月第一版]

《秦漢史》[(南京)江蘇人民出版社"含章文庫"二〇一四年十一月第一版]

《兩晉南北朝史》[上、下,江蘇人民出版社"含章文庫"二〇一四年十一月第一版]

《隋唐五代史》[上、下,江蘇人民出版社"含章文庫"二〇一四年十一月第一版]

《中國政治思想史》[即《中國政治思想史十講》,中華書局"中國文化叢書"二〇一四年十一月第一版]

《中國文化思想十六講》[即《中國文化史六講》、《中國政治思想史十講》,漓江出版社二〇一四年十一月第一版]

《宋代文學》[(太原)山西人民出版社"近代名家散佚學術著作叢刊"二〇一四年十一月第一版]

《上下五千年》[即《復興高級中學教科書本國史》,北京聯合出版公司"新課標必讀叢書"二〇一四年十一月第一版]

《吕思勉史學四種》[即《歷史研究所》《史籍與史学》《中國史籍讀話》《文史通義評》会刊,(蕪湖)安徽師範大學出版社"百年國學經典選刊",二〇一四年十二月第一版]。

二〇一五年

《中國通史》[即《復興高級中學教科書本國史》,中華書局"彩圖珍藏版"

二〇一五年一月第一版〕

《中國通史》〔即《呂著中國通史》,民主與建設出版社二〇一五年一月第一版〕

《中國通史》〔上、下,即《呂著中國通史》,崇文書局"崇文館"第一輯二〇一五年一月第一版〕

《中國民族史》〔中國文史出版社"民國名家史學典藏文庫"二〇一五年一月第一版〕

《中國通史》〔上、下,即《白話本國史》,文史出版社"民國名家史學典藏文庫"二〇一五年一月第一版〕

《白話本國史》〔江蘇美術出版社"生詞注音版"二〇一五年一月第一版〕

《中國通史》〔即《呂著中國通史》,江蘇美術出版社"生詞注音版"二〇一五年一月第一版〕

《秦漢史》〔江蘇美術出版社"生詞注音版"二〇一五年一月第一版〕

《三國史話》〔即《三國史話》和《三國史話之餘》,商務印書館"民國大師經典作品集"二〇一五年一月第一版〕

《中國人,讀中國史——這個歷史最靠譜兒》,〔即《復興高級中學教科書本國史》,石油工業出版社二〇一五年二月第一版〕

《中國大歷史》〔上、下,即張蔭麟《中國史綱要》與《呂著中國通史》(上冊第十三章,下冊新朝以後)合刊,新世界出版社"典藏圖文版"二〇一五年二月第一版〕

《呂思勉談讀書治學》〔(武漢)華中科技大學出版社"閱讀季"二〇一五年四月第一版〕

《中國通史》〔即《呂著中國通史》下冊,(北京)中國紡織出版社"簡明插圖版",二〇一五年六月第一版〕

《中國通史》〔即《復興高級中學教科書　本國史》,中華書局"中國文化叢書·經典隨行"二〇一五年七月第一版〕

《呂思勉講歷史》〔中國工人出版社二〇一五年七月第一版〕

《中國通史》〔即《呂著中國通史》,新星出版社"精裝插圖版"二〇一五年八月第一版〕

《中國通史》〔即《呂著中國通史》,華東師範大學出版社"民國老課本"二〇一五年八月第一版〕

附錄三：學術評述與紀念文章

一九二七年

詹文滸：《評呂思勉先生的〈男女篇〉》,《光華週刊》第二卷第九期,一九二七年十二月十二日出版。

一九三〇年

夏　鼐：《呂思勉先生〈飲食進化之序〉的商榷》,《光華大學附中週刊》一九三〇年第一期。

一九三三年

張德鈞：《駁呂思勉〈理學綱要〉篇二之錯誤》,《海潮音》一九三三年。

《文化近訊·呂思勉》,《上海生活》一九三三年十二月十□日第四版。

一九三五年

雲　孫：《呂思勉著〈白話本國史〉訂訛》,《大公報·圖書副刊》第八一期,一九三五年五月三十日副刊《圖書》第八十一期。

熊夢飛：《評呂著高中本國史》,《教與學》創刊號,一九三五年七月出版。

之　屏：《讀呂思勉〈先秦學術概論〉書後》,天津《益世報》一九三五年九月十二日"讀書週刊"第十五期。

一九三六年

齊思和：《呂思勉著〈史通評〉》,《大公報》一九三六年八月十四日副刊《史地週刊》。

一九四一年

叔　納：《我們的史地系主任呂思勉先生：教授剪影》,《海沫》一九四一年第二期。

童書業：《介紹一部最有價值的中國通史》，《美商青年》第三卷第六期，一九四一年六月十五日。

一九四五年

《出版界消息》，《上海生活》一九四五年一月十四日第二版。

一九四六年

方德修：《與張東蓀先生論歷史的意義》，《東南日報》一九四六年十月十七日副刊《文史》第十五期。

一九四九年

勞干：《本國史教科書中的若干問題》，(臺灣)《大陸雜誌》第一卷第七期，一九四九年十月。

一九六二年

陳旭麓：《略論對歷史人物的翻案》，《文匯報》一九六二年十二月二日。

一九六三年

陳旭麓：《重要更正》，《文匯報》一九六三年一月十六日。

呂翼仁：《關於〈白話本國史〉的兩點説明》，《文匯報》一九六三年十一月二十六日。

一九七一年

趙元任：《我的語言自傳》，《歷史語言研究所集刊》一九七一年第四十三本第三分册。

一九七九年

《呂思勉》(條目)，《辭海》縮印本，上海辭書出版社一九七九年出版。

一九八〇年

湯志鈞：《現代史學家呂思勉》，《中國史研究動態》一九八〇年第二期。

一九八一年

黃永年：《回憶我的老師呂誠之（思勉）先生》，《學林漫錄》第四集，中華書局一九八一年十月出版。

湯志鈞：《現代已故史學家——呂思勉》，《中國歷史學年鑒》，三聯書店一九八一年出版。

一九八二年

稼　禾：《呂思勉的〈先秦史〉影印出版》，《人民日報》一九八二年八月二日。

夏　鼐：《呂思勉先生〈飲食進化之序〉的商榷》，《社會科學戰綫》一九八二年第三期。

楊　寬：《呂思勉先生的史學研究》，《中國史研究》一九八二年第三期。

汪紹先：《回憶"輔華"》，《常州文史資料》第二輯（一九八二年十月）。

一九八三年

錢　穆：《懷念呂思勉誠之師》，《八十憶雙親師友雜憶合刊》，臺灣東大圖書公司一九八三年一月版。

卜　中：《呂思勉先生的詩》，《新民晚報》一九八三年一月十二日。

卜　中：《呂思勉先生的愛好》，《新民晚報》一九八三年一月二十七日。

陳稼禾：《斷代史中的鴻篇——介紹呂思勉先生的〈兩晉南北朝史〉》，《古籍書訊》一九八三年第十四期。

陳麥青：《論誠之師書法》，《文匯讀書週報》一九八三年三月十四日。

紹　溪：《枯木逢春綻新蕾——簡介各種流派史學家的幾本著作》，《解放日報》一九八三年五月四日。

劉同葆：《關於呂思勉及先父贈他的詩》，《常州日報》一九八三年七月二六日。

楊廷福：《楊廷福自傳》，《中國當代社會科學家》第五輯，書目出版社一九八三年七月出版。

唐家安、楊明忠：《史學家呂思勉論象棋》，《象棋報》一九八三年十月十六日。

姜俊俊：《呂思勉和他的讀史札記》，《文匯報》一九八三年十月三十一日。

呂翼仁：《校友及老師簡訊》，《光華校友通訊》第一期（一九八三年）。

南　石：《呂思勉史學論著陸續出版》，《常州日報》一九八三年十一月八日。

顧祖年：《不讀史書，何知梗概——介紹呂思勉教授的著作和思想》，《常州廣播電視報》一九八三年十二月十日。

紹　溪：《遙寄呂思勉故居》，《解放日報》一九八三年十二月三十日。

一九八四年

嚴耕望：《通貫的斷代史家——呂思勉》，（臺灣）《大陸雜誌》第六十八卷第一期，一九八四年一月十五日。

謝榮祥、吳晟煒：《通讀廿四史，治學五十年——呂思勉誕辰一百週年前夕訪呂氏故居》，《文匯報》一九八四年二月十七日。

祖年、蔣昌：《愛國史學家——呂思勉》，《常州日報》一九八四年二月二十六日。

《近代史學家呂思勉先生簡介》，《常州廣播電視報》一九八四年四月七日。

王玉波：《要重視生活方式演變史的研究——讀呂思勉史著有感》，《光明日報》一九八四年五月二日。

黄永年：《呂思勉》，刊於張舜徽主編《中國史學家傳》，遼寧出版社一九八四年五月出版。

沈北宗：《常州古今兩大史學家——趙翼和呂思勉》，（香港）《大公報》一九八四年五月六日。

沈北宗：《史學家呂思勉的治學精神——紀念呂思勉先生誕辰一百週年》，《文匯報》一九八四年七月九日。

楊友仁：《呂思勉先生二三事》，（香港）《文匯報》一九八四年七月二十七日。

關國煊：《呂思勉》，刊於劉紹唐主編《民國人物小傳——傳紀文學叢刊之三十三》（六），臺北傳紀文學出版社一九八四年七月初版。

沈北宗：《呂思勉老師的節概》，《人物》第五期（一九八四年九月）。

沈北宗：《呂思勉的四部斷代史》，《書林》第五期（一九八四年九月）。

莊　葳：《記呂思勉先生》

鄒兆琦：《史學家呂思勉生平瑣記》

楊友仁、李漢怡：《呂誠之先生二三事》

葉百豐：《憶誠之先生》

楊　寬：《懷念呂思勉先生》

徐　震：《呂誠之先生六十壽序》

李永圻：《呂思勉先生編年事輯略》，以上七篇刊於《常州文史資料》第五輯（一九八四年十月）。

一九八五年

楊　寬：《呂思勉》，《中國史學家評傳》（下册），中州古籍出版社一九八五年四月出版。

俊：《〈隋唐五代史〉出版——呂思勉史學論著之一》，《古籍書訊》第二十一期，一九八五年四月三十日。

莊　崴：《記呂思勉先生》，《學林漫録》十一集，中華書局一九八五年八月出版。

尚　爲：《呂思勉先生的研究成果——文字學四種》，《教育書訊》第二十一期，一九八五年九月一日出版。

范　泉：《回憶"孤島"時期的文藝戰友們》，《上海孤島文學回憶録》，上海社會科學出版社一九八五年九月出版。

莊　崴：《介紹〈中國制度史〉》，（香港）《大公報》一九八五年十二月三十日。

沈北宗：《史學家呂思勉的治學精神》，《光華校友通訊》第四期。

一九八六年

莊　崴：《一部論述古代典章制度的專著》，《中國教育報》一九八六年一月十八日。

陳祥耀：《讀呂誠之師兩晉南北朝史》（詩一首），陳祥耀《喆盦詩集》，福州海峽文藝出版社一九八六年二月出版。

呂翼仁：《先父呂思勉在抗戰中的生活片斷》，《江蘇文史資料》第十七輯（紀念抗日戰争勝利四十週年專輯），江蘇古籍出版社一九八六年三月出版。

莊　崴：《一部論述古代典章制度的專著》，《書林》第四期。

《史學家呂思勉書法條目》，《書法報》一九八六年五月二十八日。

丁浩霖：《近代中國史學家呂思勉先生事略》，《江蘇文史資料選輯》第十八輯一九八六年八月出版。

張耕華：《飲譽中外學壇，却未受到重視：著名史學家呂思勉系列專著喜見天日》,《書刊導報》一九八六年十月二十三日。

蔡尚思:《值得回憶的呂思勉先生》,《中國近現代學術思想史論》,廣東人民出版社一九八六年十二月出版。

一九八七年

《歷史研究》編輯部:《把歷史的内容還給歷史》,《人民日報》一九八七年二月六日。

南開大學歷史系中國社會史研究室編:《中國社會史研究綜述》第一期,一九八七年二月十五日。

陳吉龍:《史學家呂思勉》,《常州文史資料》第七輯,一九八七年十二月出版。

陳吉龍:《呂思勉》,《中國書法家大詞典》。

吳大新:《博學勤奮的歷史學家呂思勉》,《常州社科通訊》(創刊號),一九八七年出版。

胡道静:《呂誠之先生〈醫籍知津〉稿本題記》,《社會科學戰綫》一九八七年第二期。

一九八八年

陳吉龍:《呂思勉》,《江蘇名人錄》。

陳吉龍:《庶幾竭吾才,靖獻思利濟——紀念呂思勉先生》,《常州教育學院學刊》一九八八年第三期。

陸仰淵:《紀念史學家前輩,開創史學研究新局面——江蘇六位史學家紀念會紀要》,《民國檔案》一九八八年第三期。

余鴻源:《史學遺著〈論學集林〉》,《解放日報》一九八八年三月二十六日。

紹　溪:《呂思勉爲曹操翻案》,《解放日報》一九八八年三月二十六日。

葉桂生:《論呂思勉的歷史觀》,《社會科學學報》,一九八八年第五期。

沈立行:《半個世紀前的禁書》,《解放日報》一九八八年六月二日。

戴博元:《不是桑田變滄海》,《中國紡織報》一九八八年六月十六日。

胡　嘉:《呂思勉先生二三事》,《人民政協報》一九八八年六月二十一日。

胡　嘉:《呂思勉與商務印書館》,《商務印書館館史資料》第四十一期(一九八八年七月三十日)。

一九八九年

　　任嘉堯：《記史學大師呂思勉》，（香港）《新晚報》一九八九年二月四日。

　　文　葆：《呂思勉現象》，《讀書》一九八九年第十期。

一九九○年

　　范　泉：《一段受盡磨難的坎坷歷程——我在永祥印書館工作的回憶》，《出版史料》一九九○年第一期。

　　玉　健：《呂思勉故居居民動遷大部分完成》，《文博之友》一九九○年第二、三期（合刊）。

　　馮　群：《常州古迹雜咏·七·訪史學家呂思勉》，《文博之友》一九九○年第二、三期（合刊）。

　　沈北宗：《五十年間——我與光華大學校友會》，《光華校友通訊》第八輯，一九九○年五月。

　　方正耀：《中國小説批評史略》，中國社會科學出版社一九九○年七月出版。

　　劉同葆：《呂思勉手札》，《書法報》一九九○年九月五日。

一九九一年

　　錢　杭：《宗族與宗法的歷史特徵——讀呂思勉〈中國制度史〉第八章〈宗族〉》，《史林》一九九一年第二期。

　　曹聚仁：《湖上雜憶》，《曹聚仁散文選集》，天津百花文藝出版一九九一年六月出版。

　　高天德：《一代名師育英才——記常州府中學堂的三位教師》，《江蘇教育》一九九一年十一月出版。

一九九二年

　　陳吉龍：《史學家呂思勉先生傳》，《文獻》一九九二年第一期。

　　萬學：《近代小説理論研究的豐碑：評呂思勉的〈小説叢話〉》，《臨沂師專學報》一九九二年第一期。

　　嚴耕望：《錢穆賓四先生與我》，臺灣商務印書館一九九二年三月出版.

　　馮　勤：《通讀二十四史》，《新民晚報》一九九二年五月二八日。

　　陳吉龍：《學問在空間，不在紙上——呂思勉的教育思想和實踐述略》，

《常州教育學院學刊》一九九二年第三期。

李永圻：《呂思勉先生編年事輯》，上海書店一九九二年十月第一版。

印永清：《呂思勉錢穆師生倆》，《華東師範大學校報》一九九二年十二月十二日。

一九九三年

陳平原：《小説史：理論與實踐》，北京大學出版社一九九三年一月出版。

楊　寬：《歷史激流中的動盪和曲折——楊寬自傳》，時報文化出版企業有限公司一九九三年三月出版。

范　泉：《呂思勉先生二三事》，《光華校友通訊》第十一輯，一九九三年六月三日。

范　泉：《呂思勉教授治史每多創見》，《光華校友通訊》第十一輯，一九九三年六月三日。

范　泉：《呂思勉軼事》，《新民晚報》一九九三年八月十三日。

戴景義：《做生日》，《新民晚報》一九九三年八月二十六日。

史　譚：《"娘子軍"的名與實》，《新民晚報》一九九三年十二月十三日。

一九九四年

蔣　昌：《愛國史學家呂思勉》，《工人生活》第一六四六期一九九四年五月二日（戚墅堰機車車輛廠）。

劉　金：《不滅的印象》，《解放日報》一九九四年五月十七日。

左　海：《父親軼事》，《椰城》一九九四年第五期（總第十八期）。

李永圻：《〈呂思勉先生編年事輯〉未刊詩稿》，《光華校友通訊》第十三輯，一九九四年六月。

一九九五年

經　富：《家藏野史未全貧解》，《雜文報》第六四一期（一九九五年一月十日）。

黄永年：《〈古文觀止〉評講録》，《學術集林》（卷三），上海遠東出版社一九九五年四月出版。

沈北宗：《悼左海》，《新民晚報》一九九五年四月十日。

顧祖年：《十年一夢何日圓——呂思勉故居隨想》，《常州日報》一九九五年四月十九日。

　　牟發松：《略論前輩學者對唐長孺先生治學的影響》，《文史知識》一九九五年第八期。

　　富　兵：《一九二七——一九三七年我國初中本國史教科書初探》，《首都師範大學學報》一九九五年第五期。

　　陳引馳：《吕思勉〈經子解題〉編後記》，《經子解題》華東師範大學出版社"二十世紀國學叢書"一九九五年十二月出版。

一九九六年

　　俞振基：《蒿廬問學記》，三聯書店一九九六年六月出版。收録：湯志鈞《現代史學家吕思勉》，楊　寬《吕思勉先生的史學研究》，胡　嘉《吕思勉先生的史學著作》，鄒兆琦《吕思勉先生與古代史料辨僞》，嚴耕望《通貫的斷代史家—吕思勉》，胡道静《讀吕誠之師〈醫籍知津〉》，章培恒《試論六朝文學的主流》，俞振基《熱情謳歌祖國進化的史學家——吕思勉》，王玉波《要重視生活方式演變史的研究》，錢　穆《回憶吕誠之老師》（即《八十憶雙親　師友雜憶》第二章《常州府中學堂附私立南京鍾英中學》），黄永年《回憶我的老師吕誠之先生》，王玉祥《懷念吕誠之老師》，方德修《深切的懷念，難忘的教誨》，陳楚祥《崇高的師表》，顧正武《懷念先師誠之先生》，葉百豐《憶誠之先生》，楊友仁、李漢怡《傳薪授徒　一片丹心——吕誠之先生二三事》，錢鍾漢《吕誠之先生的爲人和治學》，莊　葳《記吕思勉先生》，陳祥耀《吕誠之先生在無錫國專（滬校）講課簡記》，吕翼仁《先父吕思勉在抗戰中的生活片斷》，趙元任《回憶吕誠之先生》，唐長孺《誠之師紀念館開幕志慶》，吕思勉《自述》、《三反及思想改造學習總結》節録）、《自述學習歷史之經過》（即《從我研究歷史的經過説到現在的學習方法》）、《外王父傳》、吕思勉《先考妣事述》、吕思勉《兩年詩話》，黄永年《記吕誠之師講授的國文課》，方德修《吕思勉先生編著書籍一覽表》，方德修《吕思勉先生著述繫年》，李永圻《吕思勉先生編年事輯》（簡編）。

　　卞孝萱：《吕思勉作文倚馬可待》，《炎黄春秋》一九九六年第十一期。

一九九七年

　　富　兵：《一九二七——一九三七年我國初中本國史教科書初探（續）》，《首都師範大學學報》一九九七年第一期。

　　卞孝萱：《吴地史學家吕思勉自述史學淵源與成就》，《江海學刊》一九九七年第四期。

周　劭：《蔣廷黻與呂思勉》，《文匯讀書週報》一九九七年四月十九日。

龔留柱：《評半個世紀以來秦漢史編纂之得失》，《史學月刊》一九九七年第六期。

許紀霖：《不該忘卻的呂思勉》，《新民晚報》一九九七年十一月二十二日。

張耕華：《呂思勉與金澤榮》，《新民晚報》一九九七年十二月十二日。

一九九八年

鄒逸麟：《從紀念呂思勉先生所想到的》

周振鶴：《呂思勉先生整理舊史籍的意義》

羅義俊：《中國史學的學脈：呂思勉與錢賓四》

蕭功秦：《桃李不言，下自成蹊》

李向平：《不知風化，焉知山崩》

嚴耀中：《在社會中看宗教——淺説呂思勉先生的佛教研究》

莊輝明：《呂思勉先生與魏晉南北朝史研究》

劉學照：《愛國、述變、求真的《呂著中國近代史》，以上八篇刊於《歷史教學問題》一九九八年第一期。

張耕華：《治學　修身　改革社會——略論呂思勉的文化遺産》，《史學理論研究》一九九八年第一期。

姚大力：《潤物細無聲》

虞雲國：《論呂思勉的新史學》

呂翼仁：《回憶我的父親——呂思勉先生》，以上三篇刊於《歷史教學問題》一九九八年第二期。

張耕華：《人類的祥瑞——呂思勉傳》，華東師範大學出版社一九九八年四月第一版。

金性堯：《我的讀書格言》，《新民晚報》一九九八年五月二十七日。

王家範：《治史當盡心平氣——呂誠之先生史識感言》，《東方文化》一九九八年第五期。

劉學照、方平：《愛國·述變·求真——〈呂著中國近代史〉評價》，《學術月刊》一九九八年第八期。

蘇頌興：《呂思勉教女趣聞》，《中國名人教子的故事》，山東畫報出版社一九九八年九月出版。

魏紹昌：《介紹呂誠之的兩本通俗讀物》，《文匯讀書週報》一九九八年九月五日。

戴博元：《不是桑田變滄海》，《常州文史雜談》江蘇文史資料第一一一輯，江蘇文史資料編輯部出版發行一九九八年十月出版。

曹聚仁：《關於岳飛的評價》，曹聚仁《聽濤室人物譚》，上海人民出版社一九九八年十月出版。

金性堯：《趙飛燕姊妹》，《文匯報》一九九八年十一月二十九日。

范　泉：《呂思勉軼事》

范　泉：《回憶"孤島"時期的文藝戰友們》

范　泉：《迎着敵人的刺刀——我編〈文藝春秋叢刊〉的回憶》，以上三文刊於范泉《文海硝烟》，黑龍江人民出版社一九九八年五月出版。

一九九九年

戴博元：《呂思勉家世考》，《龍城春秋》一九九九年第二期。

李磊明：《呂思勉小説理論探微》，《華東師範大學學報》一九九九年第三期。

劉　凌：《史心之旅五十年——〈呂思勉遺文集〉》，《博覽群書》一九九九年第四期。

嚴壽澂：《此意深微俟知者——呂誠之先生史識述論》，（日）《百年》總第四期（一九九九年七月）。

二○○○年

杜朝暉：《略論呂思勉的假借理論》，《培訓與研究——湖北教育學院學報》二○○○年第一期。

王家範：《百年史學歷程回顧二題》，《歷史教學問題》二○○○年第一期。

張耕華：《呂思勉：史學大師》，上海教育出版社二○○○年五月第一版。

張耕華：《呂思勉談閱讀史書》，《社會科學報》二○○○年八月三十一日。

葉鵬飛：《呂思勉手稿》，《書法導報》二○○○年十月十八日。

唐家安、楊明忠：《呂思勉與象棋》，《象棋天地》第五輯，上海辭書出版社二○○○年十月出版。

二○○一年

黃永年：《從呂誠之師的〈歷史研究法〉説起》

黃永年：《引導我步入古代文史領域的入門書》，以上二篇刊於《學苑零拾》，華東師範大學出版社二〇〇一年一月出版。

郝　彤：《呂思勉：每讀書，都用紅筆做過圈點》，盛巽昌《二十世紀中華學人與讀書》，上海科學技術文獻出版社二〇〇一年九月出版。

山　風：《呂思勉否認"圍雅象俗"》，《棋牌世界》二〇〇一年第九期。

程勁松：《呂思勉：大師風範》，杜公卓：《麗娃河畔遺事》，華東師範大學出版社二〇〇一年十月出版。

二〇〇二年

洪認清：《呂思勉的治史特色和史學理論》，《中國史學思想通史》，黃山書社二〇〇二年二月出版。

范　泉：《呂思勉紀實》，《人物》二〇〇二年第三期。

張耕華：《識大而不遺細　泛覽而會其通——呂思勉傳》，姜義華《史魂》，上海辭書出版社二〇〇二年四月出版。

張耕華、李永圻：《呂思勉先生簡譜》，《淮陰師範學院學報》二〇〇二年第四期。

吳士勇：《論呂思勉"經世致用"的史學觀與實踐活動》，《淮陰師範學院學報》，二〇〇二年第四期。

孫燕華、王　曄：《走進呂思勉故居》，《揚子晚報》二〇〇二年六月十七日。

劉西影、薛文强：《史學大師的百年故居》，《揚子晚報》二〇〇二年七月八日。

馬　戎：《從王桐齡〈中國民族史〉談起——我國三十年代三本〈中國民族史〉的比較研究》，《北京大學學報》二〇〇二年第五期。

章義和：《呂思勉〈三國史話〉的意義》，《淮陰師範學院學報》二〇〇二年第六期。

蘇　曉、吳軼凡：《"一代名師"的歲月留痕——呂思勉的君子風度》，《每周廣播電視》二〇〇二年十二月二十五日。

二〇〇三年

張耕華：《呂思勉與二十世紀前期的新史學》，《華東師範大學學報》二〇〇三年第一期。

康桂英：《呂思勉與〈白話本國史〉》,《淮陰師範學院學報》二〇〇三年第一期。

張一農：《緬懷呂思勉先生》,《風采》(總第六八期)二〇〇三年第三期。

陳立柱：《百年來中國通史寫作的階段性發展及其特點概説》,《史學理論研究》二〇〇三年第三期。

王再默：《讀〈呂著史學與史籍〉書後》,《文匯讀書週報》二〇〇三年九月二十六日。

王家範：《中國通史編纂百年回顧》,《史林》二〇〇三年第六期。

孫敏震：《呂思勉先生歷史教學思想與實踐述論》,《淮陰師範學院學報》二〇〇三年第六期。

張耕華：《呂思勉的史學特色》,《歷史教學問題》二〇〇三年第六期。

二〇〇四年

陳其泰：《二〇世紀史家探索史學民族風格成就舉要》,《人文雜誌》二〇〇四年第一期。

葉朝良：《中國近代社會史研究的本土化——評〈呂著中國近代史〉》,《淮陰師範學院學報》二〇〇四年第一期。

陳輝娟：《呂思勉的宗族史研究及其史學意義》,《克山師專學報》二〇〇四年第一期。

翁長松：《呂思勉讀史書》,《名人與書》,格致出版社二〇〇四年五月出版。

吳谷平：《呂思勉的兩種通俗讀物》,《辮子,還是辮子》,文匯出版社二〇〇四年八月出版。

二〇〇五年

陳其泰：《新歷史考據學在斷代史和專史領域的成就：孟森、呂思勉和岑仲勉》,《二十世紀中國歷史考證學研究》,北京師範大學出版社二〇〇五年一月出版。

田　亮：《呂思勉的民族主義史學思想》,《抗戰時期史學研究》,人民出版社二〇〇六年四月出版。

樂　雨：《重新出版呂思勉著作的意義》,《古籍新書報》二〇〇五年五月二十八日。

王　剛：《日俄戰爭研究狀況述評》，《文史知識》二〇〇五年第八期。

張豈之：《呂思勉學案》，張豈之《民國學案》，湖南教育出版社二〇〇五年八月出版。

呂　健：《重新發現呂思勉》，《北京日報》二〇〇五年九月十四日。

張耕華：《一部不可遺忘的中國通史》，《南方周末》二〇〇五年九月二十二日。

安　迪：《呂思勉的"求其真相"》，《深圳商報》二〇〇五年十月十一日。

張耕華：《一位被冷落的史學大師——寫在〈呂思勉文集〉出版之際》，《光明日報》二〇〇五年十二月八日。

何　周：《簡論呂思勉的史料學思想》，《安徽大學學報》二〇〇五年第二十九期（增刊）。

陳輝娟：《二十世紀二十至四十年代中國歷史學家對中國宗族的研究》，華南師範大學二〇〇五年碩士論文。

二〇〇六年

卞孝萱：《解讀呂思勉〈自述〉》，《中國文化》二〇〇六年第一期。

張耕華：《〈中國制度史〉評述》，倉修良《中國史學名著評述》（四），山東教育出版社二〇〇六年二月出版。

陳吉龍：《呂思勉和中國第一部白話通史〈白話本國史〉》，《人文常州縱橫談》，常州市炎黄文化研究會二〇〇六年二月出版。

卞孝萱：《呂思勉自述治學》，《文史知識》二〇〇六年第五期。

田　亮：《略論呂思勉民族主義史學思想——以抗戰時期爲中心》，《同濟大學學報》二〇〇六年第六期。

張耕華：《呂思勉史學思想三題》，《淮陰師範學院學報》二〇〇六年第六期。

卞孝萱：《呂思勉的自述，附陳霸先論》，卞孝萱《現代國學大師學記》，中華書局二〇〇六年十月出版。

朱守良：《呂思勉：一個真正的學者》，《皖江近現代高等教育人物》，合肥工業大學出版社二〇〇六年十月出版。

任士英：《通貫古今的史學大師——呂思勉》，《學苑春秋——二十世紀國學大師檔案》，河南人民出版社二〇〇六年十一月版。

林鎮國：《二十世紀中國通史編撰史導論》，華東師範大學二〇〇六年碩士論文。

二〇〇七年

何　周：《淺論呂思勉》，《池州師專學報》二〇〇七年第一期。

方　寧：《呂思勉》，《風雅頌》，新世界出版社二〇〇七年一月出版。

劉西影：《夙夜強學以待問　疏通知遠而不誣——記呂思勉與學生黃永年》，《龍城春秋》二〇〇七年第一期。

趙學東　王東：《呂思勉與中國早期民族史學科體系的構建》，《西北民族研究》二〇〇七年第二期。

何　周：《淺論呂思勉的史學》，《池州師專學報》二〇〇七年第二期。

黃永年：《做學問不趕時髦　寫文章要補空白》，《南方都市報》二〇〇七年三月六日。

施建中：《會通典制與勾勒全貌——呂思勉的〈隋唐五代史〉》，馬寶珠主編：《二十世紀中國史學名著提要》，北京師範大學出版社二〇〇七年四月版。

黃阿明：《呂思勉論中國貨幣史》，《重慶社會科學》二〇〇七年第三期。

王曉清：《通史家風餘韵長——呂思勉學記》，《學者的師承與家派》，湖北人民出版社二〇〇七年三月出版。

喬繼堂、王槐茂：《呂思勉〈經子解題〉有何特點》，《國學六百問》，內蒙古大學出版社二〇〇七年五月出版。

虞雲國：《論呂思勉的宋史觀》，《史林》二〇〇七年第六期。

李永圻　張耕華：《呂思勉〈中國文化史·中國政治思想史講義〉後記》，《中華讀書報》二〇〇七年七月十一日。

周遠斌：《呂思勉與〈經子解題〉》，《光明日報》二〇〇七年七月二十六日。

周金貴：《呂思勉與〈經子解題〉》，《光明日報》二〇〇七年八月十五日。

呂翼仁：《回憶我的童年》，《溫故》二〇〇七年第八期。

卓愷返：《淺談史學大師呂思勉的三大教學方法及其價值》，《教學月刊》二〇〇七年第十期。

張　煒：《呂思勉先生冥辰五十週年祭》，《常州日報》二〇〇七年十月十六日。

王家範：《"新史學"旨趣實踐會通第一人》，《文匯報》二〇〇七年十二月十六日。

何成剛、陳亞東：《民國時期的幾部歷史普及讀物》，《中華讀書報》二〇〇七年十一月二十一日。

張念利：《論吕思勉通史撰述中社會學理論與方法的運用》，《首都師範大學學報》二〇〇七年第 S1 期。

何　周：《淺論吕思勉史學思想的幾個問題》，安徽大學二〇〇七年碩士論文。

王　娟：《中國現代史家民族通史研究的理論與方法》，安徽大學二〇〇七年碩士論文。

王　東：《論中國民族史學科構建論》，西北民族大學二〇〇七年碩士論文。

二〇〇八年

王家範：《吕著中國歷史教材研究芻議》，《歷史教學問題》二〇〇八年第一期。

黃　偉：《吕思勉的社會史研究》，《史學史研究》二〇〇八年第一期。

關詩佩：《吕思勉〈小説叢話〉對太田善男〈文學概論〉的吸入——兼論西方小説藝術論在晚清的移植》，《復旦學報》二〇〇八年第二期。

劉志琴：《歷史普及讀物出版的三次高潮》，《中華讀書報》二〇〇八年二月二十七日。

張　偉：《吕思勉：細節里的歷史》，《中國青年報》二〇〇八年二月二十七日。

李洪岩：《開明通達　史思深厚——讀吕思勉〈爲學十六法〉》，《中華讀書報》二〇〇八年三月五日。

孫琴安：《吕思勉：一本書應從頭至尾讀完》，《名人教你讀書》，上海教育出版社二〇〇八年四月第一版。

程念祺：《吕思勉先生的通史旨趣與“史界聲光”》，《南方周末》二〇〇八年六月十九日。

張耕華：《樸質恬淡長者　通貫周贍史家》，《南方都市報》二〇〇八年七月十三日。

王家範：《吕思勉與“新史學”》，《史林》二〇〇八年第十期。

康桂英：《吕思勉通史的研究現狀》，《湖北成人教育學院學報》二〇〇八年第六期。

王湜華：《師生皆巨子　宏著耀後世——讀〈吕思勉文史四講〉所感》，蘇州傳統文化研究會編《傳統文化研究》第十六輯，群言出版社二〇〇八年十二月版。

袁振堂：《吕思勉的史學成就及史學思想述論》，曲阜師範大學二〇〇八年碩士論文。

周　勇：《史學大師吕思勉的教學遺産》，《江南名校的中國文化教育》，二〇〇八年。

二〇〇九年

褚新蘭：《我們自己的房龍和韋爾斯——吕思勉與何炳松及其〈中國簡史〉〈世界簡史〉》，《海内與海外》二〇〇九年第一期。

張旭東：《吕思勉的"執微"》，《中華讀書報》二〇〇九年一月十四日。

何　周：《淺論吕思勉的史學功能觀》，《滄桑》二〇〇九年第一期。

龍　平：《讀吕思勉先生的〈三國史話〉》，《松州》二〇〇九年第一、二期。

徐樂帥：《先秦典籍與史學理論批評的雙璧交相輝映——〈國語〉、〈戰國策〉、〈史通〉、〈文史通義〉出版》，《古籍新書報》二〇〇九年二月二十八日。

何　周：《淺論吕思勉的史學修養觀》，《滄桑》二〇〇九年第二期。

丁　立：《中國史也可以這樣寫》，《東方早報》二〇〇九年三月二十九日。

徐樂帥：《探尋吕思勉的治學途徑——〈中國通史〉與〈中國文化思想史九種〉出版》，《古籍新書報》二〇〇九年五月二十八日。

徐樂帥：《探尋吕思勉的治學途徑》，《新民晚報》二〇〇九年六月七日。

徐樂帥：《探尋吕思勉的治學途徑》，《科學時報》二〇〇九年六月十一日。

張耕華：《吕思勉：博通周贍，質樸恬淡》，《社會科學報》二〇〇九年六月二十五日。

何家寬：《吕思勉的史書體裁及其實踐》，《滄桑》二〇〇九年第六期。

徐立凡：《中國傳統裏的制度經濟學——讀〈中國通史〉》，《華夏時報》二〇〇九年七月四日。

鄔國義：《青年吕思勉與〈中國女偵探〉的創作》，《華東師範大學學報》二〇〇九年第五期）

張耕華、李永圻：《〈中國女偵探〉的作者吕俠就是吕思勉》，《博覽群書》二〇〇九年第十一期。

劉西影：《史學大家吕思勉瑣記》，《常州日報》二〇〇九年十一月三日。

徐樂帥：《一本很好的史學入門書》，《古籍新書報》二〇〇九年十一月二十八日。

王　莎、戴忠萍:《呂思勉〈史通評〉關於古代史學發展沿革評論初探》,《東南大學學報》二〇〇九年十二月增刊。

王婷婷:《呂思勉通史編纂的成就及其價值》,曲阜師範大學二〇〇九年碩士論文。

李　波:《呂思勉與〈白話本國史〉》,華東師範大學二〇〇九年碩士論文。

二〇一〇年

王　剛:《呂思勉學術體系中的經學問題》,《史林》二〇一〇年第四期。

劉永祥:《呂思勉與歷史編纂的新探索》,《淮陰師範學院學報》二〇一〇年第四期。

顏晨華:《呂思勉是如何將歷史通俗化的》,《北京日報》二〇一〇年五月二十五日。

章立凡:《呂思勉先生的史識和史德——〈中國通史〉讀後》,《中國通史》導言,陝西師範大學出版社二〇一〇年五月新版。

胡子遠:《憶呂思勉先生二三事》,《蘇州大學報校報》二〇一〇年七月十四日。

李宗奇:《略論呂思勉對中學歷史教學認識》,《成功》二〇一〇年第七期。

陳　勇、張　慧:《中國現代史學學脈的傳承——呂思勉與錢穆》,《中國圖書評論》二〇一〇年第十一期。

李　波:《呂思勉與〈白話本國史〉》,《史學月刊》二〇一〇年第十二期。

何　周:《呂思勉的史書體例觀》,《滄桑》二〇一〇年第十二期。

袁振宇、袁振堂:《呂思勉史學思想綜述》,《赤峰學院學報》二〇一〇年第十二期。

王　莎:《論呂思勉〈史通評〉中的史學史及史學理論問題》,揚州大學二〇一〇年碩士論文。

溫曉靜:《呂思勉歷史教育思想與實踐研究》,華東師範大學二〇一〇年碩士論文。

鄭　靜:《論呂思勉的語文教育思想》,華東師範大學二〇一〇年碩士論文。

李文博:《淺論呂思勉的史學思想》,山東大學二〇一〇年碩士論文。

二〇一一年

《吕思勉熱心生活改革》

《吕思勉閱卷》

《吕思勉不低頭》，以上三篇刊於李浩《學者的故事》，湖南人民出版社二〇一一年一月出版。

袁振堂、李慧：《吕思勉的史學方法論》，《中北大學學報》二〇一一年第一期。

王子今：《吕思勉和吕著〈秦漢史〉》，《石家莊學院學報》二〇一一年第一期。

孫建軍、王東、崔星：《吕思勉史學思想及史學理論研究之述評》，《黑龍江生態工程職業學院學報》二〇一一年第一期。

李　波：《吕思勉與〈古史辨〉》，《史學史研究》二〇一一年第二期。

何　周：《淺論吕思勉的史料觀》，《古籍整理研究學刊》，二〇一一年第三期。

張國榮：《歷史知識社會化之路徑探析——以吕思勉〈三國史話〉爲中心的考察》，《淮北師範大學學報》二〇一一年第三期。

何　周：《吕思勉的考據學宗旨及原因》，《常州大學學報》二〇一一年第三期。

李　波：《吕思勉與清代常州學術》，《常州大學學報》二〇一一年第四期。

康桂英：《吕思勉通史撰述對其斷代史著作的影響》，《福建論壇》二〇一一年第五期。

康桂英：《吕思勉通史著述研究述評》，《湖南科技學院學報》二〇一一年第六期。

李　波：《從傳統士人到現代知識分子：論清末民初時期的吕思勉》，《常州工學院學報》二〇一一年第六期。

何　周：《簡論吕思勉的歷史考據成就》，《長春師範學院學報》二〇一一年第七期。

何　周：《吕思勉古書通例思想》，《蘭臺世界》二〇一一年第十九期。

張耕華：《吕思勉治學的創造精神》，《文滙報》二〇一一年十月十日。

何　周：《吕思勉的文獻辨僞實踐》，《古籍整理研究學刊》二〇一一年第五期。

何　周：《吕思勉的辨僞思想》，《淮北師範大學學報》二〇一一年第六期。

何　周：《呂思勉論史實失真的原因》，《内江師範學院學報》二〇一一年第六期。

劉　娟：《就〈章句論〉淺談呂思勉之文獻學思想》，《管理學家》二〇一一年第八期。

萬里鵬：《"吾無他長，惟足履實地"：呂思勉先生的爲人爲學》，《時代報告》二〇一一年第十期。

田文麗：《略論呂思勉、錢穆通史編撰思想的异同》，《劍南文學》二〇一一年第十一期。

劉曉雨：《光華大學三十年五位教授的國文教育思想》，華東師範大學二〇一一年碩士論文。

李宗奇：《南京國民政府時期中學歷史教學法研究（一九二九——一九三七）》，華中師範大學二〇一一年碩士論文。

二〇一二年

康桂英、盧光山：《呂思勉〈呂著中國通史〉的撰述特點》，《淮北師範大學學報》二〇一二年第一期。

張旭東：《新舊之間的呂思勉先生》，《讀書》二〇一二年第二期。

何　周：《呂思勉的導讀書目》，《四川圖書館學報》二〇一二年第二期。

丁波莉：《呂思勉的婦女觀》，《温州大學學報》二〇一二年第四期。

韓立平：《民國小學語文中的自珍自憐："山鷄症"與呂思勉〈國文教科書〉》，《書屋》二〇一二年第五期。

陳天林：《勤勉爲學疏通知遠　呂思勉的讀書治學》，《學習時報》二〇一二年七月二十三日。

劉立振：《呂思勉的婦女觀初探》，《長春理工大學學報》二〇一二年第九期。

林慶彰：《呂思勉先生著作在臺灣的翻印及流傳》，《僞書與禁書》，臺灣華藝學術出版社二〇一一年十一月出版。

李永圻、張耕華：《呂思勉先生年譜長編》，上海古籍出版社二〇一二年十二月出版。

王國華：《錢穆遇到的那些中學老師》，《羊城晚報》二〇一二年十二月五日。

張耕華：《呂思勉的史學觀》，《上海史學名家印象記》，上海人民出版社二

○一二年十二月版。

朱偉明：《記呂思勉先生的幾則逸事》,《上海史學名家印象記》,上海人民出版社二〇一二年十二月版。

李　波：《呂思勉與二十世紀前期的新史學》,華東師範大學二〇一二年博士論文。

何　周：《呂思勉的文獻學研究》,安徽大學二〇一二年博士論文。

二○一三年

劉西影：《呂思勉在家鄉教書摘記》,《鐘山風雨》二〇一三年第一期。

張耕華：《略論陳寅恪呂思勉治史風格的异同》,《學術月刊》二〇一三年第二期。

馮玉忠：《王岐山也讀呂思勉》,《南方周末》二〇一三年三月十四日。

祖述憲：《〈中國醫學源流論〉真正的著者是誰?》,《中華讀書報》二〇一三年三月二十日。

程念祺：《古代政治的兩面：集權與放任》,《東方早報》二〇一三年五月十九日。

程念祺：《"合同而化"的歷史通感》,《上海早報》二〇一三年六月九日。

李明奎：《呂思勉〈中國民族史〉解讀》,《文山學院學報》二〇一三年第四期。

李　波：《論呂思勉史學的學術風格——以呂氏通史著作爲例》,《常州大學學報》二〇一三年第五期。

張耕華：《呂思勉與唯物史觀》,《華東師範大學學報》二〇一三年第六期。

李　波：《呂思勉對顧炎武史學的繼承與發展》,《華東師範大學學報》二〇一三年第六期。

二○一四年

蔣逸人：《在光華大學受教於呂思勉先生的片段回憶》,《華東師範大學校報》第一五七八期,二〇一四年五月二十日出版。

蔣逸人：《先生教誨 未敢或忘》,《解放日報》二〇一四年八月十八日。

張耕華：《〈中國政治史〉導讀》,刊於呂思勉《中國政治史》,鷺江出版社二〇一四年八月版。

王　剛：《時勢與理路："整理國故運動"與呂思勉的史學道路》,《史林》

二〇一四年第二期。

李國峰：《呂思勉與中國史學研究》，《蘭臺世界》二〇一四年第十期。

李　波：《呂思勉對康有爲今文經説的繼承與揚棄》，《常州大學學報》二〇一三年第四期。

二〇一五年

虞雲國：《呂思勉好弈》，《齊魯晚報》二〇一五年一月十四日。

黄春宇、劉迪：《尋訪滬上學人故居·呂思勉故居山陰路 165 弄 66 號》，刊于《文匯報·文匯學人》二〇一五年一月二十三日。

江蔚雲：《我在正風學院中文系讀書的經歷》，《中華讀書報》二〇一五年四月一日。

張耕華：《〈白話本國史〉的修訂及其相關問題的思考》，《華東師範大學學報》二〇一五年第二期。

王　萌：《呂思勉〈白話本國史〉查禁風波探析》，《華東師範大學學報》二〇一五年第二期。

劉　超：《民族英雄的尺度：〈白話本國史〉教科書案研究》，《安徽史學》二〇一五年第二期。

傅小凡、鄒秀季：《民國時期呂思勉的朱子學研究》，《南昌大學學報》二〇一五年第二期。

樂愛國：《民國時期呂思勉〈理學綱要〉對朱子學的闡釋及其創新》，《南京社會科學》二〇一五年第四期。

林　崗：《論秦征南越的進軍路綫與方略》，《湖南科技大學學報》二〇一五年第二期。

盛亞軍：《從讀者接受的角度考察歷史普及讀物的寫作：〈以三國史話〉〈二千年間〉和〈大丈夫〉爲例》，《安慶師範大學學報》二〇一五年第一期。

姜慶剛：《呂思勉先生書信考釋》，《中國社會科學報》二〇一五年四月二十日。

莫　名：《尋些碎石好墊底——讀呂思勉兩部書》，香港天地圖書有限公司二〇一五年四月出版。

王　剛：《晚清民初"小説界革命"與呂思勉文學活動考論——晚清民初小説"深入期"中的呂思勉》，《問學——思勉青年學術集刊》創刊號，三聯書店二〇一五年七月出版。